中国农业综合开发年鉴

2005

中国农业综合开发年鉴编辑委员会

中国财政经济出版社

图书在版编目（CIP）数据

中国农业综合开发年鉴．2005 /《中国农业综合开发年鉴》编辑委员会编．—北京：中国财政经济出版社，2006.10

ISBN 7－5005－9413－5

Ⅰ．中… Ⅱ．中… Ⅲ．农业综合发展－中国－2005－年鉴 Ⅳ．F323.4－54

中国版本图书馆 CIP 数据核字（2006）第 119663 号

中国财政经济出版社出版

URL：http：//www.cfeph.cn

E－mail：cfeph @cfeph．cn

社址：北京市海淀区阜成路甲 28 号 邮政编码：100036

发行处电话：88190406 财经书店电话：64033436

北京新华印刷厂印刷 各地新华书店经销

889×1194 毫米 16 开 33.75 印张 906 000 字

2006 年 10 月第 1 版 2006 年 10 月北京第 1 次印刷

定价：158.00 元

ISBN 7－5005－9413－5/F·8168

（图书出现印装问题，本社负责调换）

《中国农业综合开发年鉴》

编辑委员会名单

赵玉民（北京市农业综合开发办公室副主任）
李志强（天津市农业综合开发办公室主任）
乔　满（河北省农业综合开发办公室主任）
赵建生（山西省农业综合开发办公室主任）
陈文平（内蒙古自治区财政厅副巡视员、农业综合开发办公室主任）
陈广君（辽宁省财政厅副厅长、农业综合开发办公室主任）
李新涛（大连市农业综合开发办公室主任）
雒鹏飞（吉林省农业综合开发办公室主任）
运连鸿（黑龙江省农业综合开发办公室常务副主任）
徐和平（上海市农业综合开发办公室副主任）
费伟康（江苏省农业资源开发局局长）
沈继宁（浙江省农业综合开发办公室主任）
胡望真（宁波市农业综合开发办公室主任）
罗建国（安徽省农业综合开发局局长）
孙婷婷（福建省农业综合开发办公室主任）
庄志杰（厦门市农业综合开发办公室主任）
章康华（江西省农业综合开发办公室主任）
曹云龙（山东省农业综合开发办公室主任）
迟华东（青岛市农业综合开发办公室主任）
张成智（河南省农业综合开发办公室主任）
魏详运（湖北省农业综合开发办公室主任）
罗志宏（湖南省农业综合开发办公室主任）
瞿志印（广东省农业综合开发办公室副主任）
李延忠（深圳市农业综合开发办公室主任）
李丽琪（广西壮族自治区农业综合开发办公室副主任）
曾德运（海南省财政厅副厅长、农业综合开发办公室主任）
刘念慈（重庆市农业综合开发办公室主任）
张其昌（四川省农业综合开发办公室主任）
龚晓宽（贵州省农业综合开发办公室主任）
赵新黔（云南省农业综合开发办公室主任）
赵宪忠（西藏自治区农业综合开发办公室主任）
杨志刚（陕西省农业综合开发办公室主任）
马自学（甘肃省农业综合开发办公室主任）
杨珠生（青海省农业综合开发办公室主任）
董　锋（宁夏回族自治区农业综合开发办公室主任）
夏玉华（新疆维吾尔自治区农业综合开发办公室副主任）
黄　辉（新疆生产建设兵团农业综合开发办公室主任）
侯培耀（黑龙江省农垦总局农业综合开发办公室主任）

《中国农业综合开发年鉴》

特约通讯员名单

一、国家农业综合开发办公室：

张　透　龚英秀　吴　川　何　冰　李若云　杜　原　樊继红
吴洪伟　王　鑫　李建民　石　践　孔　军　罗禄勇　王兰英

二、国家农业综合开发联席会议成员单位：

水利部　阎存立
农业部　罗　旭
国土资源部　朱晓冬
国家林业局　王新凯

三、各省、自治区、直辖市、计划单列市财政厅（局）、
农业综合开发办公室：

北京市　殷世红
天津市　赵　军
河北省　闫明珠
山西省　王引斌
内蒙古自治区　初晓密
辽宁省　任世忠
大连市　李晓峰
吉林省　侯英华
黑龙江省　任秀峰
江苏省　邱泽森
浙江省　赵国瑛
宁波市　陈　杰
安徽省　胡柳萍
福建省　林立启
江西省　罗　华
山东省　朱孝德
青岛市　刘碧录
河南省　施保清
湖北省　王　珂
湖南省　龚次元
广东省　刘柏文
深圳市　陆祖才
广西壮族自治区　曹延斌
海南省　梁振强
重庆市　马　平
四川省　林　峰
贵州省　杨长萍
云南省　刘　斌
西藏自治区　林　蓓
陕西省　贺红文

甘肃省	齐兴笃	新疆维吾尔自治区	王铁农
宁夏回族自治区	岳培军	新疆生产建设兵团	刘新东
青海省	史生德	黑龙江省农垦总局	刘　伟

《中国农业综合开发年鉴》

编辑出版工作人员名单

编辑部负责人： 张　透

编　辑　人　员： 龚英秀　吴　川　何　冰　李若云　付　涛　周　可　许　峰　陶汪泓　王彦浩　陈　吟　定立新

封　面　设　计： 邹晓东

版　式　设　计： 定立新

责　任　校　对： 徐艳丽

印　制　监　督： 刘春年

发　行　负　责　人： 定立新

前 言

2004年，既是农业综合开发的“改革年”，又是各项政策措施的“落实年”。在各级党委、政府的正确领导和有关部门的大力支持下，农业综合开发坚持以科学发展观统领开发工作，认真贯彻落实“中央1号文件”和财政部《关于改革和完善农业综合开发若干政策措施的意见》精神，全面深化改革，突出开发重点，完善投入政策，探索机制创新，加强科学管理，不仅为支持粮食生产和促进农民增收做出了重要贡献，而且迈出了农业综合开发改革创新、再创辉煌的坚实步伐。

2004年，农业综合开发工作成效显著。全年共投入农业综合开发资金256.70亿元，其中：中央财政资金85.65亿元，地方财政配套资金58.30亿元，银行贷款21.34亿元，自筹资金91.41亿元。这些资金是国家支持农业和农村经济发展的一笔数量可观、实实在在的投入。全年完成改造中低产田2 415万亩，新增粮食生产能力30.85亿公斤，对于扭转近年来全国粮食产量连年减少的趋势，确保国家粮食安全，做出了重要贡献。同时，积极扶持农业产业化经营，采取贴息、有无偿结合等多种方式，更加适应扶持龙头企业发展的需要，共立项扶持中央财政投资300万元以上的重点农业产业化龙头项目252个，其中相当大部分由国家级和省级农业产业化龙头企业承建，有效带动了农民增收。

此外，为适应新形势、新任务的要求，农业综合开发在改革创新上迈出了新的步伐。

一是突出开发重点，着力解决开发面铺得过大的问题。进一步加大对粮食主产区的倾斜力度。2004年，中央财政投入13个粮食主产区的农业综合开发资金54.6亿元，占全部农业综合开发资金的60.2%，比2003年增长8.38亿元，增长了18.2%，创历史新高。研究制定了开发县管理暂行办法。按照“总量控制、适度进出、奖优罚劣、分级管理”的原则，规范了开发县管理程序，实现了对开发县的动态管理。减少项目设置，整合项目类型。取消了科技示范项目，将原有项目整合为土地治理和产业化经营两类，以土地治理项目为重点；中央农口部门项目也按照1个部门只保留1—2类项目的要求，分别纳入土地治理和产业化经营项目范畴。实行规模开发。明确要求每个开发县只能安排1—2个土地治理项目，坚持按灌区、流域进行规划，中低产田改造项目治理面积，平原地区不低于1万亩、丘陵山区不低于5 000亩，着力推进规模开发。

二是抓住基本任务不放松，坚定不移地加强粮食生产能力建设。强化中低产田改造，建设稳产高产、旱涝保收的高标准基本农田。全年中央财政农业综合开发资金投入土地治理项目59亿元，其中80%以上用于中低产田改造。有的省份还将土地治理项目资金全部用于中低产田改造。中低产田改造亩投资标准也由2003年的400元提高到440元，提高了10%。积极支持优质粮食产业工程建设，对《国家优质粮食产业工程建设规划》确定的484个县（农场），进行重点倾斜，支持其在改造中低产田的基础上建设标准粮田，大力推进优质粮食基地建设。

三是进一步调整完善投入政策。在2003年调低地方财政资金配套比例的基础上，再次降低配套比例，突出解决经济不发达地、县的财政配套困难。全国农业综合开发中央与地方财政资金的配套比例由2003年的1:0.82进一步降低为1:0.66，其中粮食主产区由1:0.74降低为1:0.5，同时将省本级在地方财政中承担的配套比例由70%以上调整为80%以上，原则上取消国家扶贫工作重点县和财政困难县的配套任务。加大财政无偿资金投入力度，土地治理项目中央财政资金全部实行无偿投入；分类确定农业产业化经营项目中央财政有偿、无偿资金的投入比例。调整后，中央财政无偿、有偿资金比例为80:20，无偿资金的比例比2003年提高了9个百分点。同时积极开展农民筹资投劳政策的调研工作，准备对《国家农业综合开发农民筹资投劳管理暂行规定》进行修订。

四是积极探索机制创新。继续完善以农民为主体的开发机制，明确土地治理项目的确立要以"农民要办"为前提，产业化经营项目的确立要以带动农民增收为前提，让更多的农民从中受益。制定出台了《国家农业综合开发投资参股经营试点管理暂行办法》，按照财政资金"只参股、不控股"的原则，在主产区开展了投资参股经营试点工作。继续探索农业综合开发资金与其他支农专项资金相互配合、统筹安排使用的项目试点。积极探索建立财政资金的引导机制，充分发挥财政资金"四两拨千斤"的作用。

农业综合开发管理工作，也在改革中不断得到规范和加强。第一，管理制度更加健全和完善。相继研究制定了开发县管理办法、投资参股经营试点办法、工程建设监理办法、项目资金公示制和项目建设标准等。开展了《国家农业综合开发资金和项目管理办法》修订工作。修订后的办法待部长办公会议审议通过后，将作为部门规章、以财政部部长令形式颁发。第二，继续强化对项目建设实施全过程的监管。明确划分中央和省级农发办的权限职责，严把项目评审立项关，简化计划审批，规范项目计划的调整事项。第三，进一步修改完善资金分配的"综合因素法"，将资金分配与工作绩效考核紧密挂钩，奖优罚劣，并严格要求实行资金"专人管理、专账核算、专款专用"制度，明确凡不实行县级报账制的开发县，一律取消其开发县资格。第四，加强检查验收。2004年，在地方自查的基础上，国家农发办派出19个组对项目建设情况进行了重点抽查。第五，进一步加强统计和宣传工作。重新修订了统计报表，首次在公开刊物上公布了1988—2003年农业综合开发的统计数据。在中央电视台《新闻联播》、《人民日报》等重要新闻媒体上，积极宣传报道了农业综合开发，有效地扩大了农业综合开发的社会影响。

2004年，胡锦涛总书记、温家宝总理、回良玉副总理，以及中央农村工作领导小组的领导同志，先后到项目区视察指导，对开发工作给予了充分肯定；财政部党组高度重视，多次专门听取汇报，研究农业综合开发工作；社会各界对农业综合开发工作也给予了广泛好评。

可以说，一年来，农业综合开发的工作环境更加有利，工作水平不断提高，改革成效逐步显现，开创了农业综合开发工作的新局面。

《中国农业综合开发年鉴（2005）》，内容丰富，不仅全面系统地记述了2004年全国农业综合开发工作，还收集了详实的农业综合开发统计数据，对广大读者了解、研究农业综合开发，对基层农业综合开发工作者全面学习农业综合开发业务、规范使用统计数据，都提供了一份不可多得的历史资料。希望通过对《中国农业综合开发年鉴》的有效运用，为做好新阶段的农业综合开发工作，为全面建设农村小康社会，支持农村和谐社会建设发挥更大的作用。

《中国农业综合开发年鉴》编委会

编辑说明

1.《中国农业综合开发年鉴2005》记述了自2004年1月1日至2004年12月31日我国农业综合开发的工作概况，主要汇集了这期间的相关资料。“2005”是本书编撰成书的年号，也应在2005年出版，虽由于种种客观情况，延迟至今，但仍冠以“2005”的年号。

2.由于本书的编辑时间较长，其间编委会人员有较大变动，因此，本书的编委会由出版时的任职者组成。同时，为忠于史实，在“第九部分　机构人员”中的人员及职务仍以2004年12月31日时的任职者及其职务为准。

3.本书“第五部分　重要法规选编”入选文件的时间范围在2004年7月1日至2005年6月30日。这与全书其他部分有所不同，主要是承袭了前两卷年鉴的做法，务请读者注意。

此外还需要说明的是，这一部分里文件的排序情况：所有文件按照财政部“财发”字在前、国家农业综合开发办公室“国农办”字在后的顺序排列，其他字号的排在最后。相同字序的文件按时间先后来安排。

4.关于行政区划和各部门的排序。本书中凡涉及行政区划、国务院所属部门等单位的顺序时，按照《中华人民共和国行政区划简册2002》和国务院所属部门在国务院的序列来排列，计划单列市排在其所在省的后边。

5.本书“第二部分　地方和部门农业综合开发工作”没有上海市和厦门市的稿件。

6.本书第四部分的名称有所改动，将上年“县市农业综合开发工作交流”中的“县市”字样改为“基层”。这样其内容涵盖更广些，对实际内容的表达也更准确些。

7.本书中除编委会名单和第七部分外，凡人员职务，都以2004年12月31日时的状况为准。本书第七部分所选文章来自报刊、杂志或书籍，所注明的作者职务是文章最初发表时的职务，本书选入时仍保持原样，未做改动。

8.本书各篇文章中涉及到资金数额的，均按以下方式表述：满万的以万为单位，超过亿的以亿为单位，保留两位小数，四舍五入。这样做是为使文字叙述清楚，格式整齐划一。至于准确的资金数额，请以本书统计资料中的数据为准。

《中国农业综合开发年鉴》编辑部

2006年9月

2004年4月24日，中共中央总书记、国家主席胡锦涛视察海南省琼海市加积镇龙寿洋农业综合开发中低产田改造项目区。

2004年6月9日，中共中央政治局常委、国务院总理温家宝在湖北省枝江市桑树河村农业综合开发项目区视察时，与该村农民曾祥华亲切交谈。曾祥华向总理反映：“国家扶持我们搞农业综合开发，沟渠修好了，农田整好了，种了这么多年的田，现在的耕作条件最好！”

2004年5月4日，中共中央政治局常委、中纪委书记吴官正视察贵州省都匀市大坪镇农业综合开发优质猕猴桃苗圃种植基地。

2004年4月7日，中共中央政治局委员、国务院副总理回良玉在视察湖南省韶山市农业综合开发项目区时与农民亲切交谈。

2004年3月28日，中共中央政治局委员、广东省委书记张德江视察广东省阳东县北惯镇平地村农业综合开发项目区。

2004年1月6日，财政部副部长廖晓军在全国农业综合开发工作会议上作题为“深化改革，加强管理，为确保国家粮食安全和增加农民收入做出新贡献”的讲话。

2004年7月，财政部国家农业综合开发办公室常务副主任赵鸣骥（左一）在四川省成都市邛崃区农业综合开发项目区调研。

2004年8月，财政部国家农业综合开发办公室副主任刘世江（左一）在西藏自治区林芝地区就饲草加工、畜牧养殖项目进行调查。

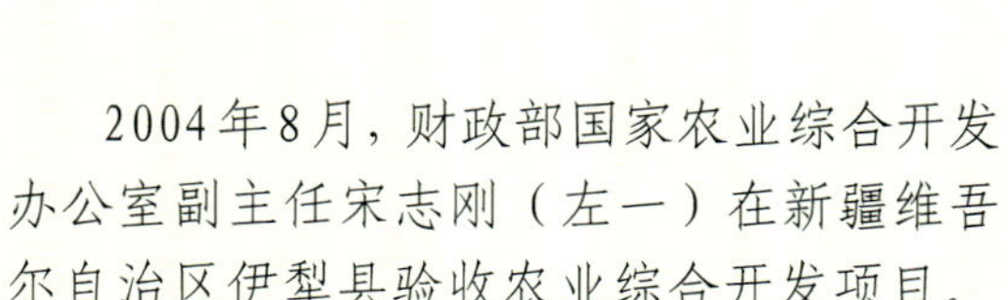

2004年8月，财政部国家农业综合开发办公室副主任宋志刚（左一）在新疆维吾尔自治区伊犁县验收农业综合开发项目。

黑龙江省双城市京哈路农业综合开发现代化示范园区正在收割玉米。

湖北省仙桃市农业综合开发万亩优质粮食基地的油菜丰收在望。

贵州省德江县农业综合开发项目区排洪河道两旁的稻田烤烟长势喜人。

河北省巨鹿县农业综合开发项目修建的机耕路。

宁夏回族自治区青铜峡市金沙湾农业综合开发节水示范项目修建的节水灌溉设施。

新疆维吾尔自治区轮台县农业综合开发中低产田改造项目修建的灌排渠系。

广东省高州市曹江镇中低产田改造项目修建的灌排渠。该项目总投资420万元，改造中低产田7500亩，通过项目实施，新增和改善灌溉面积6500亩，新增粮食生产能力75万公斤，带动项目区农民增收280万元。

辽宁省北宁市农业综合开发中低产田改造项目修建的排水站。

山东省惠民县魏集镇农业综合开发项目修建的组合式桥涵建筑物。

云南省弥勒县新哨镇农民踊跃参加农业综合开发投工投劳。该项目为农业综合开发2004年优质粮食基地项目，建设过程中，项目区农民群众共计投入劳动工日4.6万个，折合人民币92万元。

广东省惠州市惠阳区平潭镇农民踊跃参加农业综合开发投工投劳。该项目为农业综合开发2004年中低产田改造项目，项目总投资945万元，改造中低产田1.66万亩，发动农民投入劳动工日2万多个，折合人民币52万多元。

目　录

第一部分

重要文献

第二部分

国家农业综合开发工作

第三部分

地方和部门农业综合开发工作

第四部分 基层农业综合开发工作交流

第五部分 重要法规选编

统　计　资　料

农业综合开发基本情况表

全国农业综合开发项目统计表

农业综合开发世界银行项目统计表

农业综合开发部门项目统计表

文　选

第八部分

大　事　记

第九部分

机 构 人 员

第十部分

附 录

第一部分

重要文献

中共中央　国务院关于进一步加强农村工作提高农业综合生产能力若干政策的意见（节选）

（2004年12月31日　中发［2005］1号）

……

二、坚决实行最严格的耕地保护制度，切实提高耕地质量

……

（六）努力培肥地力。中央和省级财政要较大幅度增加农业综合开发投入，新增资金主要安排在粮食主产区集中用于中低产田改造，建设高标准基本农田。

三、加强农田水利和生态建设，提高农业抵御自然灾害的能力

……

（八）狠抓小型农田水利建设。重点建设田间灌排工程、小型灌区、非灌区抗旱水源工程。加大粮食主产区中低产田盐碱和渍害治理力度。加快丘陵山区和其他干旱缺水地区雨水集蓄利用工程建设。地方政府要切实承担起搞好小型农田水利建设的责任。在坚决按时取消劳动积累工和义务工制度的同时，各地要积极探索新形势下开展农田水利基本建设的新机制、新办法。要严格区分加重农民负担与农民自愿投工投劳改善自己生产生活条件的政策界限，发扬农民自力更生的好传统，在切实加强民主决策和民主管理的前提下，本着自愿互利、注重实效、控制标准、严格规范的原则，引导农民对直接受益的小型农田水利设施建设投工投劳，国家对农民兴建小微型水利设施所需材料给予适当补助。

六、继续推进农业和农村经济结构调整，提高农业竞争力

……

（十九）重点支持粮食主产区发展农产品加工业。大力扶持食品加工业特别是粮食主产区以粮食为主要原料的加工业。粮食主产区要立足本地优势，以发展农产品加工业为突破口，走新型工业化道路，促进农业增效、农民增收和地区经济发展。采取财政贴息等方式，支持粮食主产区农产品加工企业进行技术引进和技术改造，建设仓储设施。

七、改革和完善农村投融资体制，健全农业投入机制

……

（二十二）加快农村小型基础设施产权制度改革。要在总结经验的基础上，加大改革力度，明晰产权，明确责任，充分调动各方面投资建设和管好农村小型基础设施的积极性。农民自建或自用为主的小微型工程，产权归个人所有，由乡镇人民政府核发产权证。对受益户较多的工程，可组建合作管理组织，国家补助形成的资产归合作组织所有。对经营性的工程，可组建法人实体，实行企业化运作，也可拍卖给个人经营。对业主开发建设的农村基础设施，地方人民政府要给予扶持，并规范其收费标准和服务行为。加快小型农村水利工程管理体制改革步伐。推进农村小型基础设施产权制度改革，要充分尊重农民意愿，维护工程原受益体的合法权益。

加强农业综合生产能力建设
推进农村经济社会全面发展

——在中央农村工作会议上的讲话（节选）

回良玉

（2004年12月28日）

……

三、大力加强农业综合生产能力建设，全面增强农业发展后劲

……

加强土地产出和资源综合利用能力建设。我国的基本国情，是人口众多、耕地不足、淡水匮乏、生态脆弱。要以较少的消耗获得较多的产出，以较少的资源支撑经济社会的持续发展，必须合理开发利用和严格保护资源。耕地是国家粮食安全和农业生产力的基本要素，是不可再生、不可替代的稀缺资源，也是现阶段容易忽视、容易流失的宝贵财富。要实行最严格的土地管理制度，切实保护好耕地特别是基本农田，确保基本农田总量不减、用途不变、质量不降。努力提高耕地质量，加快中低产田改造，加快实施“沃土工程”，鼓励农民珍惜和保护耕地，建设和利用好耕地。大力加强农田水利基本建设，加大灌区建设和改造力度，积极推进小型农村水利工程管理体制和产权制度改革，加快推广普及节水灌溉和旱作农业技术。

……

四、继续加大政策扶持力度，积极推进农村改革和结构调整

2004年中央出台的促进粮食增产、农民增收的各项政策措施，特别是“两减免、三补贴”等政策，符合农业农村实际，符合农民要求，在实践中行之有效，2005年要继续稳定、完善和强化。总的原则是，已经实行的政策不能变，已经给农民的实惠不能减，并且还要不断加大支持力度。不仅要进一步调动农民务农种粮的积极性，而且要注重调动地方政府重农抓粮的积极性。一是加大农业税免征减征力度。对国家扶贫开发工作重点县实行免征农业税试点。进一步降低农业税税率，同步降低农业税附加。全面取消牧业税。对国有农垦企业实行与所在地同等的农业税减免政策。因减免农（牧）业税而减少的地方财政收入，由中央财政增加转移支付给予适当补助。有条件的地方，可以自主决定农业税免征试点。二是加大对农民的补贴力度。继续对种粮农民实行直接补贴，有条件的地方要提高补贴水平。较大幅度增加良种补贴和农机具购置补贴。三是加大对农业基础设施建设和科技进步支持力度。建立小型农田水利补助专项资金。在预算内经常性固定资产投资和国债资金中，安排小型水利基础设施建设项目。继续增加农业综合开发资金。继续推进“六小工程”建设。继续增加农业科技投入。加快超级稻等重大科研成果的推广。四是加大对产粮大县财政支持力度。中央财政安排专项资金，对产粮大县和财政困难县实行转移支付。调整中央财政对粮食风险基金的补助比例，并通过其他经济手段筹集一定资金，支持粮食主产区加强生产能力建设。五是加大对扶贫开发和农村社会事业支持力度。进一步增加扶贫开发资金，切实落实新增教育、卫生、文化、计划生育等事业经费主要用于农村的规定，用于县以下的比例不得低于70%。采取上述政策措施，2005年中央新增财政性支农资金将超过2004年。这表明，中央的支农政策不仅是连续的和稳定的，而且在进一步完善和强化。

深化改革 加强管理
为确保国家粮食安全和增加农民收入作出新贡献

——在全国农业综合开发工作会议上的讲话

廖晓军

（2004年1月6日）

这次全国农业综合开发工作会议，是贯彻落实中央农村工作会议、全国财政工作会议和国家农业综合开发联席会议精神的一次重要会议，也是新一届政府成立以来财政部召开的第一次全国农业综合开发工作会议。会议主题是：以“三个代表”重要思想和党的十六大精神为指导，客观分析当前农业综合开发的形势，着重研究改革创新机制、加强科学管理等问题，进一步提高农业综合开发工作水平，为确保国家粮食安全和增加农民收入作出新贡献。下面，我讲几点意见。

一、当前农业综合开发形势和面临的主要任务

当前，我国农业和农村经济正处在新的发展阶段。党中央、国务院提出了要把增加农民收入作为新阶段的中心任务和基本目标，制定了“多予、少取、放活”的方针，采取了一系列政策措施，农业和农村经济发展取得巨大成就。去年以来，各地区、各部门按照中央的要求，加大了解决“三农”问题的力度，克服了突如其来的非典疫情的严重冲击，战胜了多种自然灾害频繁发生的严重影响，赢得了农业和农村经济继续平稳发展、农民收入继续恢复性增长、农村社会继续保持稳定的难得局面。同时，农业和农村经济发展中也存在着许多矛盾和问题，突出的是农民增收困难，并且出现了一些影响国家粮食安全的因素和苗头，农民增收问题和粮食安全问题相互交织、互为影响。

最近召开的中央农村工作会议，深入分析了当前农业和农村形势，强调一定要从全局和战略的高度，充分认识促进农民增收的重大意义，千方百计地增加农民收入，同时，要把促进农民增收和发展粮食生产有机地统一起来，下大力气保护和提高粮食综合生产能力，确保国家粮食安全，并制定了一系列更直接、更有力、更明确的综合性政策措施。最近召开的全国财政工作会议，也进一步明确了财政大力支持解决“三农”问题的思路和措施，提出必须从统筹城乡经济发展的战略高度，按照公共财政和WTO规则的要求，调整和改革财政支农方式，完善财政支农政策，更有效地加大对农业和农村的支持和保护力度，改善农民生产和生活条件，促进农民增收，让公共财政的阳光逐步照耀到农村，让公共财政的甘露逐步滋润到农民。随着中央农村工作会议和全国财政工作会议精神的贯彻落实，我国农业和农村经济发展必将出现一个新局面、新气象。

农业综合开发既是我国农业和农村经济工作的一个重要组成部分，也是财政支农的一个重要手

段。科学分析和判断当前农业综合开发的形势，是进一步做好农业综合开发工作的重要前提。我们要着眼全面建设小康社会的战略目标，立足农业农村经济发展和财政工作的全局，善于认清本质和主流，充分看到有利条件和积极因素，进一步增强做好农业综合开发工作的信心和决心。

第一，党中央、国务院高度重视农业综合开发。农业综合开发是党中央、国务院加强农业的一项重大决策，是国家支持和保护农业的重要举措。在中央文件和领导同志讲话中，对农业综合开发有许多深刻精辟的重要论述和明确要求。《中共中央国务院关于促进农民增加收入若干政策的意见》中强调要“继续增加农业综合开发资金，新增部分主要用于主产区”。温家宝总理曾在第四次联席会议上的讲话中指出，“实践证明，农业综合开发是社会主义市场经济条件下，国家支持和保护农业发展的一个有效手段，是巩固和加强农业基础地位的一条重要途径，是提高农业综合生产能力的一项关键措施，是促进农业可持续发展的一个重要推动力量”。回良玉副总理在中央农村工作会议上的讲话中，要求“加强农业综合开发，加快中低产田改造，建设高标准基本农田，扩大高产稳产、旱涝保收面积”。去年我陪同回副总理看了一些地方的农业综合开发项目，他给了很高的评价，在联席会议上讲到，现在到地方看到搞得比较好的项目区，多数是农业综合开发项目。党中央、国务院的高度重视和支持，是继续推进农业综合开发的根本保证。

第二，财政部党组十分关心和支持农业综合开发。财政部党组把农业综合开发作为财政支持解决“三农”问题的重要措施之一，十分关心和支持这项工作。近年来，部党组多次专题听取农业综合开发工作汇报，对农业综合开发工作作了一系列重要指示。金人庆部长、楼继伟副部长等部领导多次对农业综合开发工作作重要批示，既充分肯定成绩，又指出了存在的问题，并提出了十分明确而具体的工作要求。金部长等部领导还表示，要抽时间亲自到项目区调研。同时，近年来中央财政尽力增加对农业综合开发的投入。2002年、2003年中央财政农业综合开发资金分别比上年增加10亿元、8亿元，分别比上年增长了15.8%、10.9%，增幅是比较高的。所有这些，充分体现了部党组对农业综合开发工作的坚强领导和关心、支持。这必将极大地增强大家继续做好农业综合开发工作的信心和动力。

第三，农业综合开发取得了公认的显著成就、积累了丰富的经验。农业综合开发经历16年的发展，取得显著成就，既为推动我国主要农产品实现总量平衡、丰年有余的历史性转变作出了重大贡献，又为增加农民收入发挥了重要作用；既推进了农业基础设施和生态环境建设，又推进了农业和农村经济结构的战略性调整。地方政府赞扬农业综合开发资金实实在在地用于农业项目，对于改善农业生产条件和生态环境，具有不可替代的重要作用。中央农口有关部门普遍认为，农业综合开发实行综合性的开发方式，取得综合效益，已经成为适合我国国情的保护和支持农业发展的重要途径。项目区农民群众赞誉农业综合开发是为农民办实事、办好事的“富民工程”、“德政工程”，衷心拥护并积极参与农业综合开发。有关各方的充分肯定和大力支持，为继续做好农业综合开发工作提供了良好的环境和条件。

同时，农业综合开发在实践中积累了许多宝贵的经验。回良玉副总理把农业综合开发的基本经验概括为20个字，即“改善条件、综合发展、民办公助、合力开发、规范管理”。这些在实践中创造和积累起来的成功经验，充分说明农业综合开发是对我国农业投资体制的一种创新，是我国农业投资体制改革的一个成功的实践，为今后的农业综合开发提供了应该遵循的基本准则，奠定了良好的基础。

第四，继续推进农业综合开发具有十分重要的意义。回良玉副总理在联席会议上的讲话中指出，“推进农业综合开发，是践行‘三个代表’重要思想的具体体现”，“立足农业综合开发15年的发展实践，着眼全面建设小康社会的战略目标，继续大力推进农业综合开发，对于改善农业生产条件，发展农村生产力，增加农民收入，加快农村小康建设步伐，具有十分重要的意义。”我们要深刻领会回副总

理讲话精神，从贯彻“三个代表”重要思想的高度，从全面建设小康社会的大局，充分认识新阶段农业综合开发的重要意义。结合当前形势，农业综合开发对于解决农民增收问题，保护和提高粮食生产能力，保证国家粮食安全，都具有十分重要的作用。

农民增收困难，主要表现在全国农民人均纯收入连续多年增长缓慢，1997—2002年年均增长不到4%，城乡居民收入差距持续扩大，特别是粮食主产区农民收入增长幅度低于全国平均水平，许多纯农户的收入持续徘徊甚至下降。解决农民增收问题，事关全局，意义重大。农业综合开发坚持以农业主产区特别是粮食主产区为重点，通过加强农业产前、产中、产后的基础设施建设，建立优势农产品和特色农产品生产基地，推进优势农产品区域化布局；通过扶持农业产业化龙头企业、专业合作经济组织，促进农业产业化经营发展；通过加快引进和推广新品种、新技术，推行农业标准化生产，提高农产品质量和安全水平，对于增加农民收入，发挥着越来越重要的作用。从近五年的情况看，全国农业综合开发项目区农民人均纯收入，平均比同期全国农民人均纯收入高220多元。

粮食问题是关系经济安全和国计民生的重大战略问题。近年来，出现了粮食播种面积持续减少、粮食生产连年减产、粮食库存逐步下降的情况，粮食生产能力受到削弱，粮食安全存在隐患。党中央、国务院对此高度重视，中央经济工作会议和中央农村工作会议都强调了粮食安全问题。加强粮食生产能力建设是确保国家粮食安全的重要基础。没有稳定可靠的粮食生产能力，就没有稳定可靠的粮食安全。农业综合开发采取农业、林业、水利、科技等综合措施改造中低产田、配套改造中型灌区灌排工程，能够显著改善农业生产条件和生态环境，增强农业抵御自然灾害的能力，有效地保护和提高粮食综合生产能力。1988—2003年，农业综合开发累计改造中低产田4.14亿亩，增加粮食生产能力758亿公斤，成为提高粮食综合生产能力的一项关键措施。因此，农业综合开发对于长期保证国家粮食安全，肩负着重要使命。

农业综合开发取得巨大成就和宝贵经验，得到党中央、国务院的高度重视和有关各方的充分肯定和支持，赢得了继续前进的有利形势，是各级党委、政府正确领导与广大农民群众努力奋斗的结果，也是全体农业综合开发工作人员辛勤工作、各有关部门和单位大力配合支持的结果。在此，我代表财政部党组向大家并通过大家向全国所有农业综合开发工作人员，致以崇高的敬意！同时，也向所有关心和支持农业综合开发工作的部门和单位特别是农业综合开发联席会议各成员单位，表示衷心的谢意！

全面分析和认识农业综合开发的形势，还必须清醒地看到存在的问题。当前农业综合开发存在的主要问题是：开发的机制和体制，与市场经济发展存在不相适应的地方；开发的面铺得过大，有些地方项目和资金安排比较分散，重点不突出，效益不高；有些地方项目和资金管理薄弱，违纪违规问题时有发生，有的还相当严重。如何看待这些问题：第一，这是农业综合开发发展进程中出现的问题。农业综合开发取得了显著成就，做出了重要贡献，这是主流，不能因为出现这样那样的问题，就否定农业综合开发工作。第二，对这些问题必须高度重视。有些问题带有一定的普遍性，有些问题性质很严重，并且造成了非常恶劣的影响，严重妨碍了农业综合开发工作。切实解决这些问题，是涉及农业综合开发全局，关系农业综合开发事业前途和命运的大事，对此，一定要有足够的认识。第三，这既是挑战也是机遇。这些问题涉及开发的机制、体制和管理等多个方面，解决这些问题是一个严峻的挑战，必须下很大的力气，采取综合性的措施。同时，这也是一个机遇，这些问题解决好了，整个农业综合开发的工作水平就会上一个新的台阶。第四，要坚持用改革和发展的办法解决这些问题。通过改革创新开发的机制和体制，为农业综合开发事业发展注入强大的动力，是解决这些问题的根本出路。绝不能一味沉浸在农业综合开发是“德政工程”的光环中，满足于已经取得的成绩，因循守旧，墨守成规，不思进取。总之，我们既要辩证地看待存在的问题，更要高度重视这些问题，努力通过改革和发展来逐步解决这些问题。

根据当前农业和农村工作及农业综合开发的形

势，按照党中央、国务院关于新阶段农业和农村工作的方针政策和对农业综合开发工作的要求，当前和今后一个时期农业综合开发工作的总体要求是：以“三个代表”重要思想和党的十六大精神为指导，紧紧围绕全面建设小康社会的目标，以农业主产区特别是粮食主产区为重点，着力以改造中低产田为主加强农业基础设施和生态建设，建设高产稳产、旱涝保收的高标准基本农田，提高农业综合生产能力特别是粮食综合生产能力，保证国家粮食安全；着力推进农业和农村经济结构的战略性调整，大力支持优势农产品产业带建设，积极推进农业产业化经营，提高农业综合效益，增加农民特别是主产区种粮农民的收入。进一步改革完善投资政策和运行机制，切实加强项目和资金管理，不断提高农业综合开发工作水平。根据这个总体要求，近期工作的着力点要放在深化改革、加强管理上。通过改革创新机制，加强科学管理，再创农业综合开发事业的新辉煌。

二、加速推进农业综合开发机制创新

农业发展进入新阶段以来，农产品供求关系、农村劳动力就业格局和转移动因、农民收入增长的主要来源、农村发展对城镇和国民经济的依赖性程度、我国农业与世界农业的关联程度、农业和农村发展的内涵等，都发生了重大变化。回良玉副总理指出：“新阶段农业和农村发展的重大变化，既为农村经济和社会发展带来了许多新气象和新机遇，也带来了不少新课题和新挑战，对农村经济增长方式、运行机制和管理体制的转变提出了新要求和新任务。”同时，回副总理明确要求农业综合开发要“进一步改革完善投资政策和运行机制”。金人庆部长最近多次要求农业综合开发要探索体制创新、机制创新，首先是观念创新，善于运用政府主导和市场机制相结合，创造更有效的实施办法。我们要按照国务院和部党组的要求，进一步增强改革的历史责任感和自觉性，加速推进农业综合开发的机制创新，不断开创农业综合开发的新局面。只有不断改革创新，才能保持长盛不衰的生命力。

要充分认识到，加速推进农业综合开发的机制创新，既是解决当前农业综合开发工作中诸多问题的迫切要求，也是推动农业综合开发事业长期稳定发展的动力和保障，是一篇关系农业综合开发工作全局的大文章。我们要立足当前，着眼长远，坚持解放思想，与时俱进，敢为人先，勇于实践，在改革中找出路，在创新中求发展。改革创新的方向和目标是，建立适应社会主义市场经济、公共财政管理体制和农村改革要求，适应新阶段农业和农村经济发展需要的运行机制和管理体制。在改革创新机制的过程中，要注意把握好几条基本原则：

一是把观念创新放在首位。这是实现机制和体制创新的前提和先导。要适应市场经济发展要求，以与时俱进的思想，敢于打破陈旧过时的条条框框，突破一切不合时宜的思想观念，不断增强改革创新的意识。确立全局观念，把农业综合开发放到农业和农村经济发展全局中统筹考虑，根据客观形势的发展变化，不断赋予开发新的内涵。增强法制观念，提高坚持依法行政的自觉性和水平。

二是确立科学的发展观。组织实施农业综合开发，既要尊重自然规律，又要尊重经济规律；既要提高农业综合生产能力、保证粮食安全，又要提高农业综合效益、促进农民增收；既要加强农业基础设施建设，又要推进农业结构调整；既要加强中低产田改造，又要保护和改善生态环境，努力促进农业和农村经济的全面、协调和可持续发展。

三是坚持市场取向。发挥市场在资源配置中的基础性作用，是发展市场经济的基本要求。为适应这个要求，凡是市场办得了和办得好的事情，农业综合开发就不要参与；凡是可以利用的市场机制和手段，农业综合开发都要充分利用，真正把政府主导和市场机制有机结合起来。

四是注重以人为本。要把提高开发成效，增加农民收入，提高农民生活质量和整体素质，维护好、实现好、发展好广大农民群众的根本利益，作为改革和创新农业综合开发机制的最终目的。改革的成效如何，最终要看是否进一步解放和发展了农村生产力，广大农民群众是否满意。

当前，要全面贯彻落实财政部最近印发的《关于改革和完善农业综合开发若干政策措施的意见》。

这个《意见》是根据国家农业综合开发第一次联席会议精神，在深入调研、广泛征求地方和有关部门意见的基础上形成的，符合与时俱进的要求，体现了各方面对新阶段农业综合开发规律的科学认识。贯彻落实《意见》，核心是完善政策，关键在于加强管理，本质是改革创新。各级财政部门、农业综合开发办事机构既要遵循政策的基本精神，又要从本地实际出发有所创新，把《意见》中的政策细化、实化、具体化。在贯彻落实过程中，要抓住几个关键问题：

（一）突出开发重点

为突出重点，集中力量支持主产区提高粮食生产能力，增加种粮农民的收入，《意见》中已经确定了农业综合开发扶持的农业主产区及粮食主产区的范围，并规定从今年起每年将新增中央财政资金用于农业主产区。为此，一是严格控制开发范围。切实加强项目县管理，原则上不再审批新增项目县。同时，制定实行“末位暂停”，实现奖优罚劣、动态管理的具体办法。对确实没有开发潜力的县，要及时退出开发范围。做到：总量控制，动态管理，有进有出，突出重点。二是列入农业主产区的省（区），都要根据本地区各县（市）农业和粮食生产的实际情况，研究确定重点开发的县（市），在资金和项目安排上进一步加大倾斜力度。非农业主产区的省份，也要向粮食生产条件好的地区倾斜。三是整合项目。按照《意见》的要求，地方项目和部门项目都要进行整合，各地区和有关部门要积极支持和配合这项工作。四是项目安排必须相对集中。要下决心减少项目个数，扩大项目规模，发挥规模效益，决不能继续“撒胡椒面”。

（二）创新运行机制

要适应社会主义市场经济发展的要求，引入市场机制，利用市场手段，将政府主导与市场机制相结合，调动各方面的积极性，真正建立以农民为主体、政府引导、社会各方参与的农业综合开发运行机制。一是完善以农民为主体的机制。充分尊重农民的意愿，切实采用民主的方法调动农民搞农业综合开发的积极性，把一家一户农民想办但办不了、办不好的事情，办实办好，让农民得到看得见、摸得着的利益，自觉地接受项目区农民群众的监督，努力促进农民增收。二是完善自我积累、滚动开发机制。当前要重点做好经营性开发的试点工作。这是农业综合开发的一件大事，也是一件新事，要制定和完善试点办法，积极稳妥地做好试点工作。会议期间大家要认真讨论，以便集思广益。三是完善财政资金引导机制。要通过贴息、补助等多种方式，吸引信贷资金以及民间资本、工商资本等社会资金以及外资用于农业综合开发，充分发挥财政资金“四两拨千斤”的效果，逐步形成全方位、多渠道、多途径的农业综合开发投入格局。四是探索形成资金配合的机制。积极探索农业综合开发资金与扶贫开发资金、农业生态建设资金、农村中小型基础设施建设等支农资金相互配合、统筹安排的投资机制，提高资金使用效果。

（三）大力支持优势农产品产业带建设

所有位于农产品优势区域的农业综合开发项目县，都要按照优势农产品区域布局规划的要求，紧紧围绕优势农产品产业带建设统筹安排各类农业综合开发项目。对位于优势区域的项目县申报的农业综合开发项目，在同等情况下要给予优先扶持。优势农产品区域布局规划以外的地区，也要围绕扶持具有地方特色的主导产品和优势产业，统筹安排农业综合开发项目。

（四）加大对农业产业化龙头企业、农民专业合作组织的扶持力度

按照龙头企业发展的实际需要、农民直接受益程度等因素，分别采取贴息、补贴、投资参股、借给有偿资金等灵活多样的扶持方式。坚持扶大扶优扶强的原则，扶持的企业必须是国家级和省级产业化龙头企业。制定和完善对农民专业合作经济组织和农产品专业协会的扶持政策，坚持民办、民管、民受益的原则，重点扶持以产品或产业为纽带组织起来的农民专业合作经济组织。

（五）继续增加资金投入

财政作为政府集中资源和调控分配的重要手段，对于支持农业综合开发，促进“三农”问题的解决，负有重要的责任。2004年，中央财政新增农业综合开发资金8亿元，比去年增长了9.9%。

同时，充分考虑地方财政的困难，适当调减了农业主产区和西部地区省份财政资金与中央财政资金的配套比例。各地区也要增加对农业综合开发的投入，足额落实配套资金。对此，不能简单地算地方账，要算经济账、政治账，不能以财政困难为由，忽视对农业的支持，减少对农业综合开发的投入，最终影响农民的利益。要积极争取更多的资金，因为我们是在为农民办事。部分地方财政配套比例下降后，如果今年预算已按原比例安排了资金，就不要退回去了，要继续用于农业综合开发。

（六）转变工作职能

党的十六届三中全会提出，要转变政府经济管理职能，深化行政审批制度改革，切实把政府经济管理职能转到主要为市场主体服务和创造良好发展环境上来。各级农业综合开发办事机构要按照中央的要求，把农业综合开发项目和资金管理作为主要职责，把主要精力放到加强项目和资金管理上来。合理划分各级农业综合开发办事机构的管理权限，简化审批程序，进一步规范项目审批工作，提高项目审批的透明度。同时，加强规划和政策指导，及时向社会发布项目申报指南等信息，为项目建设单位和广大农民申报和实施项目提供服务。充分尊重农民的生产经营自主权，把着眼点放在通过项目建设，改善农民的生产生活条件，引导农民按市场需求组织生产，提高农业生产的组织化程度，促进农民增收，而不是直接指挥农民生产。

三、大力提高农业综合开发管理水平

农业综合开发面临的新形势、新任务，对管理工作提出了新的更高的要求。当前农业综合开发工作中出现的问题，也说明管理工作还不到位，还有不少差距。与改革创新农业综合开发机制和体制紧密结合，树立先进的管理理念，采取科学的管理方式，运用有效的管理手段，不断提高管理质量和水平，是提高整个农业综合开发工作质量和水平的客观要求，是当前加强农业综合开发工作的重要举措和关键环节。必须进一步统一思想，提高认识，把加强管理作为关系到农业综合开发是否有生命力、关系到农业综合开发事业成败的大事，振奋精神，奋发图强，求真务实，真抓实干，持之以恒，坚持不懈地抓下去。

（一）健全管理制度

农业综合开发的各项管理工作，都要落实到制度上。这是提高农业综合开发管理水平的前提和基础。农业综合开发在多年来的实践中，已经建立了一整套项目和资金管理制度，为确保开发资金使用效果发挥了重要作用。为适应新形势的要求，规范管理，堵塞漏洞，要进一步健全和完善管理制度。该修订的制度要抓紧修订，需要新出台的制度要抓紧制定。制度的修订和制定要经过深入调查研究，广泛听取地方和有关部门的意见，使制度的形成真正建立在科学民主、切实可行的基础上。当前，为落实财政部关于改革和完善农业综合开发若干政策措施的意见，国家农发办对国家农业综合开发项目和资金管理暂行办法作了修订，提交这次会议讨论以后将尽快下发，并且正在陆续修订和制定其他一些具体制度和规定。各地区要结合本地实际，抓紧研究制定贯彻落实的具体措施和办法，使农业综合开发项目和资金管理的每一个环节都有章可循。同时，要建立健全管理责任制，逐步建立责任追究制度，实行项目谁审批、谁负责，把责任落实到人。

（二）完善管理机制

加强管理工作，关键是要建立比较完善的管理机制。一是要完善项目管理机制。推行项目法人负责制、工程监理制和立项招投标制，建立项目效益监测机制。完善建后工程管护制度，明确产权主体和利益主体，确保工程长期发挥效益。二是完善资金监管机制。根据公正、公平、公开和奖优罚劣的原则，进一步完善财政资金分配的综合因素法。严格对农业综合开发资金实行专人管理、专账核算，专款专用。严格推行规范的县级报账制。改进和完善委托放款的办法，进一步扩大试点范围。三是健全监督检查机制。要把监督检查工作经常化、制度化、规范化。在加强日常检查的同时，做好中期检查、专项检查和竣工项目验收工作。积极利用社会中介机构参与项目监督检查工作。积极推行项目和资金公示制，自觉接受全社会特别是广大农民群众的监督。四是建立奖优罚劣机制。抓紧制定农业综

合开发资金违纪违规处罚制度。对违规违纪问题，一定要严肃查处，坚决做到令行禁止，取信于民，并认真分析原因，采取针对性、可操作性强的应对措施。同时，要加强对各级农业综合开发办事机构工作绩效的考核，将财政资金的投入与工作绩效考核情况挂钩，向工作先进地区倾斜。

（三）突出加强管理的薄弱环节

着力加强管理工作中的薄弱环节，是提高农业综合开发管理水平的重要措施。一是加强项目前期评估论证工作，切实提高选项的科学性。从去年检查的情况看，各地调整项目计划的现象相当普遍，有的甚至引发了其他违纪违规问题，项目前期评估论证不充分、选项不准是一个重要原因。因此，要改进评估方法，注重发挥专家的作用，建立严格的评审责任制，切实提高项目评估论证的水平和质量。二是加强项目实施过程中的管理。项目实施过程中的管理是项目管理的中心环节。加强这个环节的管理，有利于及时发现和解决问题，保证项目建设质量。但是目前存在注重项目竣工验收，轻视项目执行中管理的倾向，必须尽快扭转。三是加强统计工作。准确的统计数据是科学决策的重要前提。长期以来农业综合开发统计工作一直非常薄弱，存在统计数据不准、资料不全、指标不衔接、使用不规范等问题。去年国家农发办已经采取了一些加强统计工作的措施，取得初步成效。各级农业综合开发办事机构都要进一步改进和加强统计工作，抓紧完善统计制度和方法，明确统计责任，切实提高统计数据的准确性、科学性和及时性。四是解决各级农业综合开发办事机构的违纪违规问题。为保证农业综合开发资金规范、安全和有效运行，各级农业综合开发办事机构必须严格执行有关各项政策制度，在加强对项目建设和资金使用单位资金管理的同时，首先杜绝自身的违纪违规现象。今后对农业综合开发机构自身出现挤占、挪用资金等违纪违规问题的，一律从严处罚。

（四）改进工作作风

进一步改进工作作风，是做好新阶段农业综合开发工作的重要保障。农业综合开发关系到亿万农民群众的切身利益，各级农业综合开发办事机构及工作人员，要按照“三个代表”重要思想的要求，牢固树立服务“三农”的意识，强化责任意识和大局意识，坚持廉洁从政，勤政为民，踏踏实实地为农民办好事、做实事，真正做到情为民所系、权为民所用，利为民所谋。要深入到项目区农民群众中，想农民之所想，急农民之所急，办农民之所盼，扎扎实实地为农民办实事。要察实情、重实际，讲实话、求实效，不图虚名，不务虚功，不做表面文章，不提脱离实际的高指标，不喊哗众取宠的口号，杜绝劳民伤财的“形象工程”、“政绩工程”。进一步加强调查研究，既要深入研究农业综合开发全局性、战略性和前瞻性问题，又要深入基层掌握农业综合开发工作的真实情况，提出改进工作的意见和建议。

（五）加强队伍建设

做好新形势下的农业综合开发工作，对农业综合开发队伍的理论水平、知识结构和工作能力，都提出了新的更高的要求。努力建立一支素质高、善于学习、勇于开拓的农业综合开发队伍，是完成农业综合开发目标和任务的人才保证。各级党委、政府要认真落实回副总理在联席会议上讲话的要求，“切实加强对农业综合开发工作的领导，把这项工作放在整个农业和农村工作的重要位置，稳定和加强农业综合开发工作机构，充实人员力量，使之与承担的工作任务相适应”。“各有关部门要紧密配合，不断增强开发的合力”。各级财政要适应新阶段工作需要，尽力安排农业综合开发事业经费，为做好农业综合开发工作提供必要的财力保证。各级农业综合开发办事机构要把加强培训作为一项既十分重要又非常紧迫的任务，切实加大培训力度，不断提高农业综合开发队伍的整体素质。各级农业综合开发工作人员要发扬刻苦钻研的精神，自觉加强学习，在理论联系实际上下功夫，切实加强和改善自身素质。

让我们紧密团结在以胡锦涛同志为总书记的党中央周围，自觉实践“三个代表”重要思想，认真贯彻落实中央农村工作会议、全国财政工作会议和国家农业综合开发联席会议精神，坚定信心，扎实工作，与时俱进，开拓进取，不断开创农业综合开发的新局面，为解决好“三农”问题，加快农村小康建设步伐，做出新的更大的贡献。

第二部分

国家农业综合开发工作

全国农业综合开发工作综述

2004年，农业综合开发牢固树立和落实科学发展观，认真贯彻落实《中共中央、国务院关于促进农民增加收入若干政策的意见》（中发［2004］1号）精神，围绕提高农业综合生产能力和增加农民收入，加大投入，完善政策，创新机制，规范管理，提高水平，为粮食增产和农民增收做出了重要贡献。

一、树立和落实科学发展观，坚定不移地提高农业综合生产能力

提高农业综合生产能力是党中央、国务院赋予农业综合开发的首要任务，是农业综合开发的立足之本和重要评价标志，也是农业综合开发树立和落实科学发展观的具体体现。2004年，农业综合开发坚持用科学的发展观统领各项工作，用科学的发展观理清工作思路，用科学发展观深化改革，用科学的发展观创新机制，用科学的发展观转变作风，采取有力措施，加强中低产田改造，改善农业生产基本条件，积极支持以粮食加工转化为主的龙头企业，促进农业产业化经营，坚定不移地提高农业综合生产能力特别是粮食生产能力，促进农民增收。农业综合开发在历年稳步提高农业综合生产能力的基础上，新增粮食生产能力30.85亿公斤、棉花生产能力0.51万公斤、油料生产能力1.56亿公斤、糖料生产能力5.48亿公斤，项目区直接受益农民人均增收350元。

（一）增加财政资金投入

《中共中央、国务院关于促进农民增加收入若干政策的意见》强调，要“继续增加农业综合开发资金”。为此，中央财政继续加大对农业综合开发的投入力度，2004年安排资金90.55亿元，比2003年安排资金增加9.55亿元，增长11.9%（根据财政资金决算，当年农业综合开发中央财政资金实际支出85.65亿元），为支持农业和农村经济发展，提高农业综合生产能力，促进农民增收，提供了重要的资金保证。同时，继续加大利用外资投入农业综合开发的力度，其中由中央财政统借统还的利用世界银行贷款2亿美元的“加强灌溉农业三期项目”，通过了世行项目准备团的实地考察，完成了项目建议书的评估工作；利用世界银行贷款1亿美元的“农业科技推广项目”，进入谈判签约阶段；利用英国赠款449.8万美元的“面向贫困地区人口的农村水利改革项目”正式启动，进入实施阶段。部分地方财政也努力增加农业综合开发资金投入。河南省省本级财政预算除了足额安排配套资金以外，还多安排1 000万元用于农业综合开发；江西省政府决定从2004年开始省财政逐年增加农业综合开发预算，并且每年从土地出让金收入中拿出15%作为省级农业综合开发财政配套资金，2004年安排了3 000多万元。

（二）重点扶持粮食主产区

按照中共中央、国务院关于农业综合开发资金“新增部分主要用于主产区”的要求，2004年中央财政农业综合开发资金加大对粮食主产区投入，共安排投入13个粮食主产区54.6亿元，占中央财政安排农业综合开发资金的60.3%，比2003年增加8.38亿元，增长了18.2%，创历史新高。同时，各地也加大了对本地区粮食主产县的投入力度，13个粮食主产区农业综合开发财政资金用于粮食主产县的部分，平均达到60%以上。湖北省对水稻种植面积在50万亩以上的13个重点县进行集中投入，每个重点县农发财政资金平均高达1 106万元，比2003年提高了近三倍。河南省政府决定从全省121个开发县（市、区）中，选出24个粮食总产量和商品量高、中低产田面积大的产粮大县，集中农业综合开发70%的财政资金，实行连续3

年重点投入。

（三）加强中低产田改造

改造中低产田，改善农业生产条件，建设稳产高产、旱涝保收的高标准基本农田，是农业综合开发的重中之重。国家农业综合开发办公室2004年明确要求粮食主产区用于中低产田改造的财政资金不得低于土地治理项目财政资金的90%，其他地区（除个别生态治理任务比较重的地区以外）不得低于80%。全年农业综合开发中央财政资金安排投入土地治理项目63.16亿元，其中80%以上用于中低产田改造，共改造中低产田2 415万亩，比2003年增加704万亩。其中13个粮食主产区共改造中低产田2 007万亩，占全国农业综合开发中低产田改造面积的83.1%，比2003年增加641万亩。黑龙江、安徽等省将土地治理项目财政存量和新增资金全部用于中低产田改造项目。同时，为提高中低产田改造的标准和质量，2004年中低产田改造亩投入标准由2003年平均每亩400元提高到440元，提高了10%。农业综合开发新增和改善灌溉面积2 083万亩，新增和改善除涝面积718万亩，新增农机总动力95.8万千瓦，为加强农业基础设施建设，改善农业生产条件，提高农业综合生产能力作出了重要贡献。

（四）支持优质粮食基地建设

农业综合开发承担了优势产区中低产田改造的重任。13个粮食主产区安排在优势产区内的改造中低产田面积达到1 400万亩，占这些地区中低产田改造面积的69.8%。同时，农业综合开发对《国家优质粮食产业工程规划》中的484个县（农场）进行重点倾斜，增加中央财政资金投入。为了增强对优质粮食产业建设基地的带动作用，增加种粮农民的收入，农业综合开发大力扶持粮食加工企业，提高粮食的附加值，2004年共扶持重点粮食加工项目46个，有力地促进了粮食产业化经营。

（五）积极推动农业产业化经营

2004年，农业综合开发中央财政扶持产业化经营项目的资金达25.45亿元，共扶持种植经济林、蔬菜、花卉等优质高效经济作物70.36万亩，发展水产养殖面积56.39万亩，扶持农产品加工和农业生产服务项目429个。农业综合开发已成为推动我国农业产业化经营的一条重要途径。同时，农业综合开发适应市场经济发展要求，积极探索扶持产业化经营的新路子。坚持严格选项、扶优扶大扶强的原则，改进项目的评审方式，制定“项目可行”的基本标准和“项目不可行”的硬性标准，并在产业化龙头项目的申报条件中明确许多硬性量化指标，以规范立项工作，提高项目对农民增收的带动作用。农业综合开发扶持农业产业化经营中央财政资金中，53%用于扶持中央财政投资300万元以上的283个重点项目，这些项目绝大多数由国家级和省级农业产业化龙头企业承建。通过对优秀产业化龙头项目的扶持，有效地增强了对优势农产品基地特别是优质粮食基地的带动作用。适应新形势、新任务的要求，农业综合开发明确提出可以采取贴息、补贴、投资参股、有无偿相结合等灵活多样的扶持方式对农业产业化项目予以扶持，并按照民办、民管、民受益的原则，制定和完善对农民专业合作经济组织的扶持政策。

（六）加强中型灌区和生态综合治理项目建设

为完善农田灌排体系，2004年农业综合开发共安排了27个与中低产田改造紧密相关的中型灌区节水配套改造项目建设。同时，加强草场改良、农田林网、水土保持、防护林体系、土地复垦等生态综合治理项目建设，全面改善农业生产基本条件，提高农业资源利用效率。全年共完成草场建设面积254万亩，增加农田林网防护面积1 041万亩。

二、完善政策，提高农业综合开发效益

农业综合开发认真贯彻落实财政部《关于改革和完善农业综合开发若干政策措施的意见》，实事求是地调整完善投入政策，规范开发县管理，整合项目，规模开发，切实解决开发面铺得过大问题，进一步提高农业综合开发效益。

（一）进一步降低地方财政资金配套比例

为减轻地方特别是农业主产区财政配套压力，有利于地方农业综合开发财政配套资金及时足额到位，2004年全国农业综合开发中央财政与地方财政资金的配套比例，由2003年的1:0.82降低为

1∶0.66，其中粮食主产区省份的配套比例由原来的1∶0.74调整为1∶0.5；同时，将省本级在地方财政配套中承担的比例由70%以上调整为80%以上，原则上取消了国家扶贫工作重点县和财政困难县的配套任务。这是近年来力度最大的一次调整，不仅初步解决了配套难的问题，而且也调动了各地努力增加投入的积极性。山东省政府决定取消全省30个经济欠发达县的县级财政配套任务，所需的2 000多万元配套资金全部由省级财政承担。

（二）降低财政资金有偿投入比例

从2004年起，财政部取消了农业综合开发土地治理项目中央财政资金10%的有偿投入，实行全部无偿投入，并分类确定农业综合开发产业化经营项目中央财政资金有偿、无偿投入的比例。调整以后，中央财政农业综合开发资金无偿、有偿投入比例为80∶20，无偿投入的比例比2003年提高了9个百分点。同时，为积极稳妥地化解以前年度土地治理项目中央财政资金有偿投入形成的债务风险，财政部对2003年及以后年度到期的中央财政有偿资金债务进行了清理，提出了适当核减土地治理项目中央财政有偿资金债务的初步方案。

（三）认真研究农民筹资投劳问题

为适应新形势的要求，进一步完善农业综合开发中农民筹资投劳的政策，国家农业综合开发办公室就该问题组织了专题研究，拟按照既要充分调动项目区农民群众筹资投劳搞开发的积极性，又要与农村税费改革政策相衔接的要求，对《国家农业综合开发农民筹资投劳管理暂行规定》（国农办［2003］162号）进行修订完善，使这项政策更加符合农村工作实际，更加有利于发展农业经济，更加有利于增加农民收入。

（四）规范和加强开发县管理

为解决开发面铺得过大问题，国家农业综合开发办公室制定了《国家农业综合开发县管理暂行办法》，明确开发县管理要遵循“总量控制、适度进出、奖优罚劣、分级管理”的原则，进一步规范开发县的新增、恢复、暂停、取消、适时退出和行政区划变更后的确认等不同情况的审定程序。通过规范管理，开发县数量增长过快的势头得到有效控制，实现了动态管理，严明了开发纪律，奖优罚劣机制开始运行。2004年全国只新增8个农业综合开发县，比2003年减少56个。同时，全国有13个县退出了开发范围，相应新增13个粮食主产县。很多地区对现有开发县也实行了轮换制、“末位暂停”和“末位轮休”制度等，效果也很显著。如安徽省通过实行开发县轮换制，将开发潜力小或工作业绩差的22个县轮换下来，轮换腾出的资金全部用于产粮大县。

（五）整合项目类型

从2004年起取消了专项科技示范项目，将农业综合开发项目整合为土地治理项目、产业化经营项目两类，以土地治理项目为重点。土地治理项目由原来的6小类项目整合为3小类项目，并以中低产田改造项目为重点。产业化经营项目由原来的4小类项目整合为3小类项目，重点扶持国家级和省级产业化龙头企业。同时，对中央农口部门农业综合开发项目也进行了整合，一个部门只保留1—2类项目，并分别纳入了土地治理和产业化经营项目范畴。

（六）实施规模开发

要求每个开发县每年只能安排1—2个土地治理项目，根据“统筹规划、集中投入、连片开发”的原则，按灌区、流域或某一相对集中连片的耕地进行全面规划，中低产田改造项目的年度治理面积平原区不低于1万亩、丘陵山区不应低于5 000亩。从实施结果看，13个粮食主产区共安排中低产田改造项目1 335个，平均每个开发县安排1.19个，项目个数比2003年减少了60%，平均每个项目区治理面积提高了40%。安徽省土地治理项目由2003年的195个减为66个，减少了129个；内蒙古自治区安排土地治理项目108个，比上年减少205个。江苏省当年用中央财政新增资金集中安排了15个项目，每个项目的治理面积达3万亩。

三、创新机制，增强农业综合开发活力

适应社会主义市场经济、公共财政管理体制和农村改革要求，适应新阶段农业和农村经济发展需要，2004年农业综合开发按照改革的总体要求，

创新运行机制，不断增强自身活力。

（一）完善以农民为主体的机制

土地治理项目的确立，必须以“农民要办”为前提；产业化经营项目的确立，必须以能带动农民增收为前提，让更多的农民从中受益。各地贯彻落实这一要求，开展了许多有益的探索。安徽省阜阳市探索实行项目单项工程“业主负责制”，让农民在开发中唱主角，并最大程度地受益，在一定程度上解决了前期规划不科学、施工进度慢、质量监督难、建后管护不力和效益难以长期发挥等一系列问题，为不断创新农业综合开发运行机制，积累了经验。

（二）创新自我积累、滚动开发的机制

根据财政部党组的指示精神，在主产区开展了农业综合开发投资参股试点工作。这项试点，是创新农业综合开发机制的新尝试，是实现自我积累、滚动开发的新探索，具有重要意义。财政部专门制定了《国家农业综合开发投资参股经营试点管理暂行办法》，积极开展试点。全年中央财政共安排试点资金2.98亿元，重点扶持了一批以粮食加工转化为主的农业产业化龙头企业。

（三）积极发挥财政资金的引导作用

财政部制定了《农业综合开发项目中央财政贴息资金管理办法》，进一步扩大对龙头企业利用信贷资金的贴息。各地在这方面也进行了很多尝试。江苏省农业综合开发将招商引资工作业绩纳入对地市农业综合开发工作考评的内容之一，通过加强项目区基础设施建设、努力做好服务工作等有效办法，吸引和带动工商资本、民间资本、外资等资金进入农业综合开发项目区。到2004年底，该省农业综合开发项目区引进“三资”项目378个，合同利用“三资”46.5亿元，实际到账资金22.9亿元，明显地做大了农业综合开发资金的“蛋糕”。

（四）积极探索农业综合开发资金与其他相关资金相互配合、统筹安排的投入机制

很多地区积极探索以县为单位，实行农业综合开发资金与土地整理、扶贫开发、农业生态建设、农村中小型公益设施建设等其他支农资金相互配合、统筹安排的投入机制。云南省寻甸县在项目区内将农业综合开发资金与扶贫、退耕还林资金结合使用，探索“以县为单位，建立协调机制、统一规划、统筹安排；坚持资金用途不变、各记其功”的有效做法，提高支农资金的整体效益。

四、加强管理，确保资金安全运用和项目建设成效

农业综合开发把加强管理作为关系到是否有生命力、关系到事业成败的大事，统一思想，提高认识，树立先进的管理理念，采取科学的管理方式，运用有效的管理手段，不断提高管理质量和水平。

（一）健全管理制度

制定了开发县管理办法、投资参股试点管理暂行办法、土地治理项目工程建设监理办法、土地治理项目和资金公示制暂行规定、土地治理项目建设标准等。重点修订了《国家农业综合开发资金和项目管理办法》，制度建设又迈出了一大步。

（二）强化项目建设的全过程管理

全面加强项目的事前监管，严把评审立项关。改进计划批复方式，按照权责统一、分级管理的原则，由国家农业综合开发办公室和省级农业综合开发办事机构对计划内容分别审批，并研究制定了农业综合开发项目调整、变更的操作规程。全面推行土地治理项目的公示制、工程监理制，修订完善了项目建设标准。继续组织开展专项检查工作，继续采取直接验收和委托省际间相互验收等形式，集中力量开展竣工项目验收工作。甘肃省结合工作实际，在全省开展了“农业综合开发规范管理年”活动，进一步强化项目全过程管理，并使管理工作科学化、制度化、规范化、程序化。

（三）确保资金分配和使用规范、安全、有效

修订《农业综合开发财政资金分配暂行办法》，进一步规范农业综合开发中央财政资金分配。在资金使用中重点抓好“安全性”，除严格实行专款专用、专账核算、专人管理制度外，还明确了一条“高压线”，就是对不实行县级报账制的开发县，取消其开发县资格，以保证资金使用安全。各地在实施县级报账中还不断探索规范的报账模式。如山西省实行了以“统一的项目预算、统一的资金拨付、统一的会计核算、统一的报账流程”为特征的县级

报账制。同时，各地还采取多种方式加强财政有偿资金的管理，加强了对资金和项目管理的考核，对资金使用的“跟踪问效”机制也逐步强化。吉林省制定农业综合开发资金管理考核办法；安徽省制定了项目资金监管处理暂行规定。这些探索和尝试，对于规范资金使用具有重要意义。为强化“跟踪问效”机制，国家农业综合开发办公室分别下发了《关于加强已建成科技示范项目运行监管的紧急通知》和《关于加强农业综合开发专项科技示范项目运行监管和农业综合开发国有资产处置管理的指导意见》，进一步加强对农业综合开发科技项目财政资金形成的国有资产管理。

五、转变作风，提高农业综合开发工作水平

各级农业综合开发办事机构狠抓作风和能力建设，转变观念，求真务实，不断提高农业综合开发工作水平。

（一）基础性、前瞻性工作力度加大

按照“科学、规范，真实、准确，简要、实用”的原则和要求，结合工作中遇到的有关问题，在深入调研的基础上，修订了农业综合开发统计报表，进一步加强和改进农业综合开发统计工作。为让社会更多地了解和认识农业综合开发，宣传农业综合开发工作，首次向《中国财政年鉴（2004)》提供了1988—2003年农业综合开发统计数据，填补了农业综合开发统计方面的一项空白。在认真总结国家农业综合开发“十五”规划执行情况的基础上，启动了“十一五”规划的编制工作，明确了规划编制原则和工作思路，细化了工作安排。为系统真实地记录农业综合开发历史，反映农业综合开发成就与经验，汇集有关农业综合开发的重要资料，编辑出版了《中国农业综合开发年鉴1988—2003》，为研究农业综合开发工作提供了珍贵的资料。

（二）宣传工作有了新突破

各级农业综合开发办事机构重视农业综合开发宣传工作，围绕提高农业综合生产能力特别是粮食综合生产能力、促进农民增收和深化改革、创新机制、加强管理等重点、热点问题开展宣传，工作有了新突破。中央电视台《新闻联播》栏目，以四川省都江堰市项目建设为切入点，对农业综合开发工作进行了报道。《人民日报》、《经济日报》、《农民日报》、《中国财经报》等重要媒体先后刊登了一批关于农业综合开发的有影响力的文章和消息。做好《中国农业综合开发》杂志编辑出版和发行工作，充实栏目内容，丰富政策信息，努力把杂志办成宣传开发成就、交流工作经验的舆论阵地。农业综合开发内部宣传资料的编发和重要信息的报送等工作也比较及时。

（三）调查研究成果显著

按照农业综合开发改革意见要求，国家农业综合开发办公室围绕深化改革、创新机制和加强管理，开展了系列调查研究工作，提出了发挥农业综合开发优势、加强粮食生产能力建设，积极推进农业综合开发投资参股试点工作，完善以农民为主体的农业综合开发机制等方面的政策建议，得到部领导的肯定。在财政部优秀论文、优秀调查报告和优秀公文评选中，有12篇文章获得奖励。地方各级农业综合开发办事机构，按照要求并结合各自工作实际，认真进行调研，及时报送调研材料，反映调研成果，提出建议和意见，为农业综合开发政策调整和制度完善提供了有力的支持。

（四）作风和能力建设有新进展

各级农业综合开发工作人员认真学习领会中央有关作风和执政能力建设的精神，进一步增强使命感和责任感。脚踏实地，实事求是地调整完善农业综合开发政策，健全资金和项目管理制度。改进工作方式，加强部门间的联系和沟通，主动上门汇报工作，虚心听取意见和建议。高度重视人民来信，及时处理，基本做到件件有着落、封封有回音。继续坚持和完善民主决策制度，重大事项由集体研究决定。加强学习和培训工作，提高干部的政策理论水平和业务素质。坚持党风廉政建设和业务工作“两手抓”，做到“两手都要硬”。工作作风的转变和能力的提高，为农业综合开发工作提供了有力保障。

（财政部国家农业综合开发办公室综合处供稿，李建民执笔）

农业综合开发资金投入与管理

2004年，国家农业综合开发办公室以“深化改革、加强管理”为主线，在完善政策、创新机制和加强管理方面大胆探索，狠抓落实，努力提高农业综合开发资金管理水平。

一、坚持实事求是，积极改革和完善资金投入政策

（一）科学合理地确定地方财政资金配套比例

2004年初，国家农业综合开发办公室出台了《财政部关于调整农业综合开发资金若干投入比例的规定》，根据农业综合开发重点和各地财力的实际状况，适当调整了农业主产区和西部财政困难地区地方财政配套比例。调整后全国中央财政与地方财政的总体配套比例由1:0.82降为1:0.66；农业主产区由1:0.74降为1:0.5。总体配套比例降低后，为突出解决地、县两级财政困难，减轻其配套压力，明确规定地方财政分级配套比例省本级总体上承担80%以上，地（市）、县承担20%以下。其中国家级扶贫重点县和财政困难县原则上取消县级配套，由此减少的配套资金由省级负担。这是近年来力度最大的一次调整。科学合理的比例不仅为地方落实配套资金提供了可能，也调动了各地努力增加农业综合开发投入的积极性。

（二）调整了各类项目财政资金有无偿比例

为适应公共财政管理要求，2004年，国家农业综合开发办公室取消了土地治理项目中10%的有偿资金投入，实行全部无偿投入。仅此一项，2004年土地治理项目即增加6个亿的中央财政无偿资金。产业化经营项目无偿、有偿比例则按照项目类型分别确定，产业化龙头项目仍为20:80；多种经营项目调整为30:70。中央农口部门的水土保持、土地复垦、良种繁育项目等也调整为全部无偿投入。如果统筹考虑两类项目调减的有偿资金比例，2004年中央财政无偿、有偿比例达到78:22，无偿资金的比例比2003年提高了7个百分点，显著减轻了农民借用有偿资金的债务负担水平，成为农业综合开发扶持粮食生产和种粮农民的又一重大举措。同时，将产业化经营项目的有偿资金回收期限由第4年开始回收延长至第5年开始回收，第6年全部还清。另外规定，自2004年起，中央财政有偿资金占用费不再上交中央，留给地方用于支付委托银行贷款手续费或继续用于滚动开发。

（三）修订和完善了中央财政资金分配办法，改革了下达投资控制指标的方式

2004年，国家农业综合开发办公室起草修订了《农业综合开发财政资金分配暂行办法》，进一步完善了“综合因素法”，并据此测算了资金分配方案。一是提高了农业主产区系数所占的比重，加大了对农业主产区和粮食主产区的投入力度。全年中央财政农业综合开发资金用于13个粮食主产区省份54.66亿元，占全国中央财政农发资金总量的60.2%。其中用于粮食主产区的新增资金占全年新增资金的83.4%。2004年中央财政投入粮食主产区的农发资金比2003年增加8.38亿元，增长了18.2%，投入规模创历史新高；二是加强了对下级农业综合开发办事机构工作绩效的考核，增加了“项目建设”、“制度执行”等工作质量因素，使中央财政农发资金的分配与各地农业综合开发工作开展和完成情况更加紧密挂钩；三是继续单独设置奖惩因素，凡在竣工验收、审计和专员办检查中发现挤占挪用项目资金的，一律按违纪金额的3倍扣减投资指标。2004年，全国各地因在农发资金项目管理过程中存在的违纪问题而被扣减的中央财政资金指标合计达1.03亿元，充分体现了奖优罚劣的原则。

将产业化经营项目投资指标由指令性改为指导

性，最终根据项目准备及评审情况，确定各地产业化经营项目投资规模。2004年，产业化经营项目经过严格评审后，结余中央财政资金2676万元，被调剂用于其他地区评审可行的产业化经营项目。原拟用于投资参股项目的投资控制指标有1.61亿元转作本省土地治理项目，从而有效避免了个别地方由于担心有偿资金无法回收而将资金滞留，或为了完成指令性投资指标而拼凑项目的现象，提高了农发资金的使用效益。

二、不断深化改革，努力探索和创新资金投入机制

（一）完善投资参股经营试点管理办法，创新财政资金投入机制

2004年，国家农业综合开发办公室正式启动农业综合开发投资参股经营项目试点工作，通过实地调查、召开座谈会等形式进行了深入细致的调查研究，提出了投资参股的实施方案，并草拟了《农业综合开发投资参股经营项目试点管理办法》。

实行投资参股经营试点，是农业综合开发资金运行机制的创新和积极尝试。对企业实行投资参股，既可以促使农业产业化企业发展壮大，又可以参与分红或回收资金继续用于农业综合开发，真正实现滚动开发；通过明晰项目产权，可以有效解决农业综合开发项目国有资产产权界定不清的问题；财政资金只参股不控股，财政与企业建立的是一种利益共享、风险共担的关系，有利于增强项目业主的责任意识，提高资金使用效益。

（二）制定贴息资金管理办法，探索财政资金引导机制

财政贴息是吸引银行贷款投入农业综合开发的有效方式，符合市场经济体制下转变政府职能的要求，相对于其他投入方式，在吸引银行贷款和其他社会资金方面，作用更为明显。为完善财政资金引导机制，充分发挥财政资金“四两拨千斤”的引导作用，2004年，国家农业综合开发办公室完成了《农业综合开发财政资金引导机制问题研究》课题，研究提出了新时势下进一步完善财政资金引导机制的政策建议。同时，草拟制定了《农业综合开发项目中央财政贴息资金管理办法》，明确由中央财政专项安排贷款贴息资金，重点对产业化龙头企业的固定资产投资贷款进行贴息，以利于吸引更多银行贷款投入农业综合开发项目。

（三）积极争取回收有偿资金与预算安排挂钩，完善财政资金滚动发展机制

从2001年起，中央财政回收的有偿资金直接缴库，实行收支两条线管理。近年来，有偿资金已进入回收高峰期，每年回收额都在十几亿元左右，而预算每年增加的中央财政农发资金只有不到十亿元，农业综合开发滚动发展的后劲不足。为解决这一问题，使回收的农发有偿资金“取之于农，用之于农”，增加农业综合开发资金投入规模，2004年，国家农业综合开发办公室就有偿资金管理问题积极地与有关部门和领导沟通协商，提出了回收资金与预算安排挂钩及设立专项资金用于经营性开发的建议。在此基础上，进一步提出了恢复“农发有偿资金专户，将回收的有偿资金连同投资参股收益一起纳入专户进行管理”的建议，并积极探索委托资本运营机构对农发有偿资金进行资本运作的可行性，以确保有偿资金放得出、收得回，真正实现滚动发展。

三、力求标本兼治，切实加强农发资金监督和管理

（一）加强制度建设，实现科学管理

1. 修改完善资金管理制度。随着改革的不断深化，农业综合开发的一些政策已发生了较大的调整和变化，现行的规章制度有的已不适应形势发展的要求。2004年，国家农业综合开发办公室着手修订完善了《农业综合开发资金和项目管理办法》、《农业综合开发财务管理办法》和《农业综合开发资金会计制度》，力求政策与实践相符。

2. 加强县级报账制度。实行财政无偿资金县级报账，是确保农发资金专款专用、提高使用效益的一项重要措施。为进一步规范县级报账制，2004年初，国家农业综合开发办公室印发了《国家农业综合开发办公室关于进一步加强农业综合开发资金县级报账工作的通知》。明确要求所有农业综合开

发县，必须严格实行县级报账制，并把农业综合开发部门项目资金也纳入县级报账范围。同时规定从2004年起，凡是没有实行县级报账制的，一律取消其农业综合开发县资格。

3. 积极推行工程监理制度。2004年，国家农业综合开发办公室下发了《国家农业综合开发土地治理项目工程建设监理办法（试行）》，规定国家立项实施的土地治理项目中，年度财政投资10万元以上（含10万元）的单项工程（包括小型水库、拦河坝、排灌站、机电井、防渗渠道、机耕路、桥涵闸等），要委托专业监理单位或者具有监理资格的专业人员进行监理，并从2004年度项目开始实施。监理制的推行，对确保农业综合开发项目工程建设质量，提高资金使用效益具有十分重要的意义和作用。

4. 规范水毁补助资金使用办法。2004年初，国家农业综合开发办公室修订了《农业综合开发水毁工程修复补助资金使用管理暂行办法》，明确了水毁修复资金的补助原则、使用范围、申报审批和管理监督的程序，使水毁工程修复补助资金的管理和使用更加规范。

5. 研究制定农业综合开发财政资金配套保障办法。为促进地方各级财政部门及时足额落实地方财政配套资金，国家农业综合开发办公室制定了《农业综合开发财政资金配套保障办法》，依据各省、自治区、直辖市已经落实的地方财政配套资金数以及中央财政与地方财政资金配套比例，测算分配各地中央财政农业综合开发资金指标，以保障各地足额落实配套资金。

（二）综合运用审计、中介检查等手段，加大资金监管力度

1. 高度重视审计反馈意见，积极探索聘请社会中介机构开展检查的新方式。针对审计反映的广东化州市和雷州市在资金管理中存在的问题，国家农业综合开发办公室首次尝试聘请社会中介机构（中天银会计师事务所）对农发资金进行专项检查，收到了较好的效果。

2. 进一步规范对违规违纪问题的处理。2004年初，国家农业综合开发办公室修改完善了《农业综合开发资金违规违纪处理暂行办法》，针对违规违纪的不同情况提出了相应的处理措施，使资金违规违纪问题的惩处真正做到有章可循。

（财政部国家农业综合开发办公室计财处供稿，李若云执笔）

农业综合开发土地治理项目管理

党中央和国务院赋予农业综合开发的基本任务是以粮食主产区为重点，突出中低产田改造，加强农业基础设施建设，提高农业特别是粮食综合生产能力，促进农民增收，确保国家粮食安全。2004年国家农业综合开发办公室紧紧围绕这一基本任务，深入贯彻落实2004年中央一号文件、国家农业综合开发联席会议和财政部党组的有关要求，采取一系列重要举措，取得了显著的成效，受到了项目区农民群众的普遍称赞，得到了中央领导的充分肯定。正如胡锦涛总书记2004年4月24日在视察海南省项目区所指出的：“农业综合开发着重抓好农田基础设施，解决农田灌溉问题，改善农业生产条件，对保证粮食增产、增加农业效益和促进农民增收非常重要。”

一、以粮食主产区为重点，加强农田基础设施建设

（一）加大对粮食主产区基本农田建设

2004年中央一号文件强调：“现有农业综合开发等资金要相对集中使用，向粮食主产区倾斜。继

续增加农业综合开发资金，新增部分主要用于主产区。”为了贯彻落实中央这一要求，国家农业综合开发办公室采取了以下有效措施：一是进一步明确了农业综合开发的基本任务，即：“以农业主产区特别是粮食主产区为重点，着力加强农业基础设施建设，提高农业特别是粮食综合生产能力，保证国家粮食安全。”二是加大对粮食主产区投入力度。2004年全国中央农业综合开发存量财政资金中54.66亿元投入到粮食主产区省份，占资金总量的60.2%（比2003年提高了4.4%）；全年中央农业综合开发新增财政资金9.65亿元中的8.05亿元集中投入到粮食主产区，占新增资金总量的83.4%，全面落实了中央一号文件的有关要求。三是加强粮食主产区农业基础设施的建设。全年粮食主产区农业综合开发投入土地治理项目建设的总投资达68.68亿元，其中投入中低产田改造项目建设的总投资为61.77亿元，占土地治理项目总投资的89.9%；其中投入中低产田改造项目建设的财政资金为41.36亿元。全年粮食主产区共计完成中低产田改造面积达1 485.87万亩，比2003年主产区改造面积增加了513.63万亩，增长幅度达52.8%，占全国完成中低产田改造面积的61.5%。由此可见，农业综合开发在加强粮食主产区农业基础设施建设中发挥了重要作用。

（二）加强对粮食主产县的扶持力度

《国家农业综合开发办公室关于编制2004年农业综合开发土地治理项目计划的通知》（国农办[2004]14号，以下简称“《通知》”）明确要求“各地的土地治理项目安排要向粮食主产县（市、区和农场）倾斜，切实以中低产田改造项目为重点，尤其要加强对基本农田保护区内的中低产田改造。”大部分粮食主产区和非粮食主产区省份的农发办事机构按国家农业综合开发办公室的要求，积极采取措施，切实加强对粮食主产县（市、区和农场）的支持。如粮食主产区的湖北省集中了全省用于农业综合开发土地治理项目财政资金中的63%，重点支持20个水稻主产县的标准粮田建设，其中种植面积在50万亩以上的13个县，平均每县用于标准粮田建设资金达1 106万元，比2003年提高了3倍。安徽省从全省93个开发县中择优确定了21个产粮大县作为重点，将全省农业综合开发土地治理项目财政资金中约50%的部分集中投入到21个重点县，使每个重点县平均的财政投资额比2003年提高了近一倍。非粮食主产区的陕西省也向粮食主产县实行倾斜政策，2004年投入全省确定的24个粮食主产县的农业综合开发财政资金平均达401万元，比非粮食主产县高出了53%。

（三）积极支持农业部《国家优质粮食产业工程建设规划》（简称“《规划》”）中重点县的标准粮田建设

为积极贯彻落实国务院的有关要求，国家农业综合开发办公室从大局出发，主动支持农业部《规划》中属于农业综合开发县范围内的重点县的标准粮田建设，2004年在安排中央农业综合开发财政新增资金时，明确要求粮食主产区各省应加大对《规划》内472个重点县标准粮田建设的投入。粮食主产区各省认真贯彻落实，如湖北、四川等省将2004年新增土地治理项目中央农业综合开发财政资金全部投入到《规划》内重点县的标准粮田建设。2004年粮食主产区各省支持《规划》内重点县标准粮田建设共计完成投入总额31.64亿元，占粮食主产区土地治理项目完成总投资的46.1%，其中完成农业综合开发财政资金20.92亿元，占粮食主产区土地治理项目完成农业综合开发财政资金总量的46.6%。全年粮食主产区共建成标准粮田面积达772.43万亩。

二、突出中低产田改造，加强农业尤其是粮食生产能力建设

2004年全国共计完成中低产田改造面积达2 415.13万亩，比2003年中低产田改造面积增加了728.97万亩，增长43%。中低产田改造项目建设无论是数量还是质量上较往年相比，都取得了新突破、新成效。由于建设了一大批旱涝保收、稳产高产的基本农田，使全国项目区农业特别是粮食生产能力有了显著提高。全年全国项目区新增主要农产品生产能力：粮食30.85亿公斤，棉花0.51亿公斤，油料1.56亿公斤，糖料5.48亿公斤。此外，

全年全国项目区农民收入增加总额52.3亿元，农民人均增收214.9元。

（一）整合项目类型，突出开发重点

2004年国家农业综合开发办公室根据农业综合开发的基本任务，为了突出改造中低产田，下决心对农业综合开发土地治理项目进行了大力的整合，将土地治理项目原来的6小类整合为中低产田改造、生态综合治理和中型灌区节水配套改造3小类，并明确了以中低产田改造项目为重点。为此，在《通知》中明确要求："各个开发县土地治理项目应突出中低产田改造，集中力量支持建设旱涝保收、稳产高产基本农田，促进粮食等大宗优势农产品产业发展。"这项政策受到各地的普遍欢迎和拥护。如黑龙江、安徽等省将土地治理项目的农业综合开发财政存量和新增资金全部用于中低产田改造项目建设。内蒙古、吉林、辽宁和江苏等省（区）将土地治理项目农业综合开发财政增量资金全部投入中低产田改造项目建设。

（二）明确投入比例，提高投资标准

为了保证对中低产田改造项目的投入，2004年国家农业综合开发办公室在《通知》中首次明确了各省份中低产田改造项目占土地治理项目农业综合开发财政投资的投入比例，即："西部生态环境较差的省份用于中低产田改造项目财政投资不得低于土地治理项目财政总投资的80%，其他省份不得低于90%。"由于各地农发办事机构的认真落实，全年全国农业综合开发中低产田改造项目建设共完成投资总额达106.12亿元，占全国土地治理项目完成投资总额的90.3%，其中全年全国中低产田改造项目建设共完成财政资金为73.11亿元（比2003年增加了47.66亿元），占全年全国土地治理项目建设完成的财政资金总额的91.5%（比2003年提高了40.9%），达到了国家确定的目标要求，创历史新高。同时，为了保证中低产田改造的建设标准和质量，国家农业综合开发办公室将2004年中低产田改造亩投资标准，由2003年的400元提高到440元，并鼓励各地在保持治理规模的前提下，提高亩投入标准。2004年全国中低产田改造亩均投入水平实际达到了439元，比2003年实际水平提高了57元。其中北京、上海、大连和宁波等经济发达地区中低产田改造亩均投入标准都在1 000元左右。

（三）控制项目个数，扩大治理规模

针对以前土地治理项目特别是中低产田改造项目存在项目个数多、单个项目区治理面积小而散的突出问题，按照"规模开发，集中连片；建设一个，成效一个"的原则，2004年国家农业综合开发办公室对各地安排土地治理项目第一次提出了有针对性的硬性要求：一是项目安排个数要集中，即："每个开发县用于土地治理项目财政投资在500万元以上的，可以安排2个项目；财政投资在500万元以下的，只能安排一个项目。"二是项目区治理集中连片面积要扩大，即："一个土地治理项目只能有一个项目区，项目区治理面积要相对集中连片，年度单个中低产田改造原则上平原地区不得低于一万亩，丘陵山区不低于五千亩。"各地严格按以上要求筛选、安排和组织实施项目，使全国土地治理项目建设呈现出规模开发、连片治理的良好态势。2004年全国共建设了2 730个土地治理项目，比2003年减少了2 034个（减幅42.7%）；其中中低产田改造项目2 410个，平均每个开发县中低产田改造项目仅有1.2个，比2003年减少了1.1个（减幅47.8%）。由于中低产田改造项目的个数得到了有效控制，使每个项目区的治理面积有了较大幅度的增加，全国平均每个中低产田改造项目区治理面积达到了1.09万亩，比2003年增加了45%。

（四）狠抓水利措施，实现旱涝保收

围绕建设旱涝保收基本农田的目标，2004年各地农发办事机构进一步强化了以节水为主的水利工程建设。全年全国投入土地治理项目水利措施的农业综合开发资金总额达69.57亿元，占全年全国土地治理项目完成总投资的59.2%，其中全年全国水利措施完成财政资金50.09亿元，占全年全国土地治理项目完成财政资金的62.7%。2004年全国建设了一大批农田水利工程，如修建小型水库467座，新建和完善机电井4.96万眼，修建衬砌渠道2.57万公里等。同时，为了解决中低产田改造项目区的外部水利灌排条件，还加大了对中型灌区

节水配套改造项目的建设步伐。从2004年开始，国家农业综合开发办公室明确要求各地除了继续利用水利部农业综合开发资金安排中型灌区节水改造项目外，还可以在地方土地治理项目投资规模内安排中型灌区节水改造项目。吉林、浙江、宁夏三省（区）率先在地方土地治理项目投资规模内安排了中央财政资金2 408万元，用于4个中型灌区节水配套改造项目的建设。经过建设，全年全国共计新增和改善灌溉面积1 863.41万亩，新增和改善除涝面积717.75万亩，新增节水灌溉面积968.85万亩。由于全国项目区加强了水利工程建设，使项目区治理后的中低产田达到了旱涝保收的目标要求。

三、不断完善政策，努力创新机制

为了保证实现以粮食主产区为重点、突出中低产田改造这个目标任务，国家农业综合开发办公室认真开展调研，认真完善政策制度，积极创新开发机制。

（一）研究制定政策制度

1. 为了严格控制开发范围，加强国家农业综合开发县管理工作，根据财政部《关于改革和完善农业综合开发若干政策措施的意见》（财发［2003］93号）的有关规定，研究制定了《国家农业综合开发县管理暂行办法》（国农办［2004］26号，以下简称“《办法》”），进一步明确了开发县新增、恢复、暂停、取消、适时退出和行政区划变更确认等事项的管理程序、方式、权限等。2004年国家农业综合开发办公室按照《办法》确立的“总量控制、适度进出、奖优罚劣、分级管理”原则，从严审批新增和恢复开发县的问题，全年全国实际新增和恢复开发县16个，比2003年新增和恢复开发县数量净减少了48个，减幅达75%，很好地控制了开发县数量，为集中资金扶持粮食主产县创造了更好的条件。

2. 参照国家水利、农业、林业等部门的有关行业技术标准，结合农业综合开发项目建设的自身特点，重新研究制定了《国家农业综合开发土地治理项目建设标准》（国农办［2004］48号，以下简称“《标准》”）。新《标准》确定了重新设置后的中低产田改造、生态综合治理、中型灌区节水配套改造三类土地治理项目的建设标准，进一步明确细化了各类项目建设的任务目标、建设内容和具体措施。新《标准》与原《标准》相比更加符合实际情况：一是中低产田改造项目建设标准更符合“旱涝保收、高产稳产”的具体要求；二是土地治理项目建设标准更体现北方与南方、平原地区与丘陵山区的自然条件差异。新《标准》的实行，使全国土地治理项目建设管理工作更为科学、规范。

3. 按照“政务公开”的要求，为提高农业综合开发土地治理项目和资金的透明度，更好地接受农民群众和社会的监督，国家农业综合开发办公室研究制定了《国家农业综合开发土地治理项目和资金公示制暂行规定》（国农办［2004］35号，以下简称“《规定》”）。《规定》不仅确定了公示制的原则、直接责任人和方式等具体内容，而且要求土地治理项目必须在项目申报、实施和竣工验收三个阶段在村内进行公示。《规定》的出台，为农民群众和社会各界对土地治理项目进行监督提供了可靠的制度保障，有效地防止了弄虚作假行为的发生，从而保证了工程项目建设质量，受到项目区农民群众的广泛称赞。

4. 研究制定了《国家农业综合开发土地治理项目工程建设监理办法（试行）》（国农办［2004］49号，以下简称“《监理办法》”）。《监理办法》明确规定：“国家立项实施的土地治理项目中，年度财政投资10万元以上（含10万元）的单项工程纳入监理范围，包括小型水库、拦河坝、排灌站、机电井、防渗渠道等”，“应委托专业监理单位进行监理”，“负责监理的单位应按照工程建设合同控制工程建设投资、建设工期和工程质量”等。《监理办法》的执行，为加强对农业综合开发土地治理项目建设监理工作，确保工程建设质量，提高资金使用效益奠定了良好的基础。

（二）改革创新机制

1. 完善以农民为主体的开发机制，调动农民筹资投劳积极性。2004年国家农业综合开发办公室根据土地治理项目“以农民要办”为前提的原

则，要求各地积极探索在社会主义市场经济条件下农业综合开发农民筹资投劳的新机制、新办法。各地在实践中总结和探索出了竞争立项、财政补助、以奖代补和产权制度改革等有效的做法和经验。如四川省农发办实行项目区竞争方式，要求全省104个开发县按计划安排项目区个数的2倍申报，上级把项目区农民自愿筹资投劳签字率的高低作为申报竞争和筛选的一个重要依据，实行项目区的差额竞争选项。通过竞争，全省共选出了农民积极性高的162个项目区，大大激发了农民筹资投劳的主动性，真正实现了从“要我干”到“我要干”的转变。河南省实行财政补助方式，全省多数市县对项目区农民购置机井配套的水泵和管道，实行财政资金补助20%至30%，农民筹措70%至80%的办法，得到了广大农民群众的拥护和支持。

2. 积极探索农发资金与其他支农资金有机结合机制。根据回良玉副总理要求的“要逐步对现有农业项目、农业资金进行整合，积极探索农业综合开发与扶贫开发、农业生态建设、农村中小型基础设施建设等相互配合、统筹安排的投资机制”，国家农业综合开发办公室认真贯彻落实，并取得了初步成效。所扶持的云南省寻甸县三结合试点项目，通过将农业综合开发、扶贫开发、退耕还林三种资金有机结合，2002—2004年，共整合支农资金1.01亿元，改造中低产田面积6.1万亩，改良草场面积2万亩，推广优质稻、马铃薯、蔬菜种植面积9.5万亩，建设三位一体沼气池1 869口，建安居房115套，建水窖1 710平方米，退耕还林4.9万亩。通过整合支农资金，不仅提高了农业综合生产能力，而且有效地遏制了返贫现象，还巩固了退耕还林成果，实现了“三赢”。浙江省农发办与省国土厅积极配合，将土地整理项目资金与中低产田改造项目资金有机结合，既增加了耕地面积，又提高了中低产田改造投入和建设标准。

（财政部国家农业综合开发办公室项目管理一处供稿，杜原、许峰执笔）

农业综合开发产业化经营项目管理

2004年，是农业综合开发深化改革、取得突出成就的一年。一年来，产业化经营项目管理认真贯彻落实“中央1号文件”精神和《财政部关于改革和完善农业综合开发若干政策措施的意见》，不断强化管理，改革创新，积极探索扶持产业化经营的新路子，在推进工作创新、规范项目管理等方面迈出了新步伐。实际工作中，始终把增加农民收入作为根本出发点和落脚点，通过扶持具有明显竞争优势的农业产业化龙头企业，推进农业产业化经营，促进农业和农村经济结构的战略性调整，提高农业综合效益，带动农民增加收入，推动农村小康社会建设。农业综合开发已成为国家扶持农业产业化经营的重要力量。

一、推进农业产业化经营工作成效明显

2004年农业综合开发在全国共扶持产业化经营项目1 036个，其中：种植项目352个，养殖项目356个，农产品加工项目387个，农业生产服务项目42个；累计投入农业综合开发财政资金33.70亿元，引导企业自筹、银行贷款等各项投入合计72.57亿元。这些项目的实施和建成，大大推进了项目区农业产业化经营进程，取得了明显成效。

2004年通过实施产业化经营项目，建成经济林、设施蔬菜、设施花卉、药材等各类种植基地56.51万亩，建成水产养殖基地56.39万亩，畜禽养殖1.49亿头、只。

据统计，2004年全国农业综合开发产业化经

营项目建成后，共新增干鲜果品1.34亿公斤，新增蔬菜3.09亿公斤，新增花卉3 138.85万株，新增药材4 448.63万公斤，新增水产品5 715.49万公斤、肉类1.27亿公斤、蛋类1 470.55万公斤、奶类2.49亿公斤；加工转化农产品62.38亿公斤；农产品交易额31.16亿元。年新增总产值270.92亿元、年新增增加值99.44亿元、年新增利税42.08亿元，年直接受益农户数量371.56万户、年直接受益农业人口数1 130.87万人，直接受益农民年收入增加68.40亿元，年新增就业人数72.80万人。

二、项目管理得到进一步规范和加强

（一）公开发布项目申报指南

为了广泛动员社会力量参与农业综合开发，在更大范围内择优选项，提高选项透明度，2004年2月在《农民日报》刊登了《2004年国家农业综合开发扶持产业化龙头项目申报指南》，明确了农业综合开发扶持产业化龙头项目的基本原则、扶持范围和重点、扶持对象、项目申报单位基本条件等项目申报事宜。

（二）坚持突出重点

在区域布局上，突出农业主产区特别是粮食主产区；在扶持的重点产业方面，主要包括优质专用小麦、优质专用玉米、优质水稻、优质棉花、高油大豆、“双低”（低芥酸、低硫甙）油菜、“双高”（高产、高糖）甘蔗、蔬菜、花卉、干鲜果品、畜禽、乳品、水产品、特色农产品等系列加工；在扶持对象上，重点扶持国家级和省级重点农业产业化龙头企业；同时，提高重点产业化经营项目的投资标准，加大了对重点产业化经营项目的扶持力度。据统计，2004年共扶持中央财政投资300万元以上的重点产业化经营项目（直辖市和计划单列市为200万元）共计283个，中央财政投资总额达13.50亿元，占中央财政产业化经营项目总投资的57.80%。

（三）完善项目评审方式

项目评审是项目立项环节的重要工作，进一步完善专家评审制是提高项目决策科学化的重要前提。针对过去项目评审数量过多、专家来源过于集中等问题，2004年对评审方式进行了改革，按照“异地评估，三不见面”的原则，对各地申报的中央财政投资300万元以上的项目进行了封闭评估，取得了良好效果。一是制定了《国家农业综合开发2004年度产业化龙头项目评估人员责任制》，明确了评估专家的责任、义务和工作纪律。二是广泛聘请专家，参加评估的专家来源广、素质高，专业结构合理，保证了项目评估质量。三是坚持专家独立评估与讨论相结合的评审方式，分级负责，层层把关，责任明确，保证了项目评估意见的科学性、准确性。

（四）简化项目计划审批手续

按照权责统一、分级管理的原则，从2004年开始，凡中央财政投资300万元以上（含300万元）的重点产业化经营项目，由国家农业综合开发办公室评审和批复项目计划；其他项目由省级农发办事机构评审和批复项目计划，报国家农业综合开发办公室备案。

三、各项政策措施不断完善

（一）实事求是调整项目分类设置和有无偿资金比例

针对原有产业化经营项目的分类设置和不同的有无偿资金比例不便于实际操作的问题，在认真调查研究基础上，实事求是地进行了政策调整。产业化经营项目的分类，由原“产业化龙头”、“多种经营”两类调整设置为“种植养殖基地”、“农产品加工”和“流通设施”三类，更加准确反映了产业化经营项目的建设内容。同时，明确规定：从2005年开始，所有产业化经营项目中央财政资金的有无偿比例统一调整为75:25；以省为单位，每年用于重点产业化经营项目的资金不得低于中央财政产业化经营项目资金的50%；重点产业化经营项目扶持的对象为国家和省级农业产业化龙头企业（含省级农业综合开发办事机构审定的龙头企业）；从2005年开始，一般产业化经营项目原则上也要由具备独立法人资格的单位承担。

（二）明确项目申报的基本条件

对于申报产业化经营项目的单位，明确规定了应达到的基本条件，提高项目申报的“门槛”，坚决把一些“皮包公司”拒之门外。对于不符合条件的项目，一律不予受理。这些基本条件主要包括：项目申报单位或其控股单位应具有独立的法人资格；经营期一般在2年以上，有一定的经营规模和经济实力，有较强的自筹资金能力；近两年资产负债率小于70%，银行信用等级A级以上（含A级）；开发产品市场潜力大，竞争优势明显；带动能力较强，与农户建立了紧密、合理的利益联结机制；建立了符合市场经济要求的经营管理机制。

（三）制定严格项目评审标准

根据《国家农业综合开发项目评估暂行办法》和农业综合开发产业化龙头项目的立项原则、立项条件，明确了项目评估的内容和评审标准，严格遵循“项目可行”的十项基本标准和“项目不可行”的八项硬性标准，分别从项目建设的必要性、可行性、经济合理性，以及项目的指导思想，选项标准，实施条件，项目承建单位资质和经营业绩、资产负债状况，项目可研报告附件等方面，严格进行项目评估。

（四）改革投资控制指标下达方式

针对过去先下达投资指标、再申报项目，致使投资指标切块到地方后，出现项目好坏一个样、项目多少一个样的情况，从2004年开始，改革了产业化经营项目中央财政投资控制指标的下达方式，即根据投资规模，先报项目，后定指标。一个省如符合立项条件的项目少，则削减其投资规模，据实确定其投资指标，剩余资金用于全国范围内择优选项。实践证明，这种做法优于原有投资基数法，有利于建立鼓励竞争、奖优罚劣的投入机制；同时，有利于鼓励资源优势突出、项目管理水平相对较高的地区加快产业化经营的发展步伐。

（五）完善对农民专业合作经济组织扶持政策

明确要坚持“民办、民管、民受益”的原则，重点扶持以产品或产业为纽带组织起来的农民专业合作经济组织，规定了扶持的条件，要求对农民专业合作经济组织申请的符合立项条件的项目，应一视同仁乃至优先予以扶持。扶持的基本原则是：优势产业明显；具有法人资格；经营管理规范；与会员建立起紧密型的利益联结机制。

四、投资参股经营试点工作迈出坚实步伐

为进一步深化改革，创新管理机制，不断提高农业综合开发水平，2004年首次选择河北等9个农业主产区省份进行了农业综合开发投资参股经营试点。这项试点，是创新农业综合开发机制的重要举措，是实现自我积累、滚动开发的新探索，具有重要的现实和长远意义。全国共安排中央财政投资参股资金2.98亿元，确定投资参股经营项目27个，重点扶持了一批以粮食加工转化为主的产业化龙头企业。从实际执行情况看，总体运行状况良好，投资参股经营试点工作已迈出坚实步伐。

（一）开展充分调研，认真做好各项前期准备工作

投资参股经营是农业综合开发机制创新的一件大事，为贯彻财政部党组指示精神，切实做好该项工作。2004年上半年，围绕该项工作，国家农业综合开发办公室进行了比较充分的准备和全面调查。特别是多次组织专门调查组赴农业主产区省份深入调研，同时广泛、客观地听取了各方面意见。在此基础上，加深了对实行投资参股经营试点重要性的认识，增强了工作的信心，为全面做好投资参股经营试点奠定了良好基础。

（二）注重建章立制，为搞好试点提供制度保证

为了使投资参股经营试点工作科学化、规范化，国家农业综合开发办公室注重从制度建设入手，在充分调研和广泛征求意见基础上，制定了《国家农业综合开发投资参股经营试点管理暂行办法》。该办法明确了投资参股经营的基本原则、项目立项条件和申报要求、项目审定和计划审批程序、投资收益和国有股权管理要求等内容，在制度上保证了投资参股经营试点工作的顺利进行。

（三）严格专家评审，把好项目立项关

投资参股经营的一个关键环节是提高选项的准确性，从而尽可能降低投资风险。为此，国家农业综合开发办公室对投资参股经营项目制定了更为严格的评审标准，同时强化评审专家责任，建立评审

专家责任制。为使评审结果更加客观、公正，单个项目的专家数量由过去的3名改为4名独立评审。在评审程序上，坚持按专家个人评阅、小组评议和大组讨论，层层把关。此外，还增加考核项目企业法人代表素质内容，凡申报投资参股经营项目的企业，其法人代表须具有较强的责任心、事业心，有开拓创新精神，懂经营、擅管理等现代企业家管理素质。

（四）坚持只参股不控股，根据项目状况确定财政投资参股规模

投资参股经营实现了国有资本与民营资本的有机融合，其目的是发挥国有资本的引导作用，进而扶持壮大民营龙头企业，而不是政府直接办企业，更不能形成新的国有控股企业，这样才能充分发挥民营经济高效灵活的经营机制，实现国有资本的保值增值。因此，试点工作中始终坚持财政资金只参股不控股的原则，具体参股比例，综合考虑项目实际需要、企业的股本结构以及资产变现能力等因素予以确定。

（五）严格资产评估，维护国家出资人权益

对评审可行的拟投资参股企业进行资产评估，是农业综合开发财政资金是否最终投资参股的基本依据，也是农业综合开发投资参股经营立项的最重要环节。为保证评估结果客观、公正，确保国家在投资参股过程中的持股比例不至于被人为降低，采取招标方式择优选择资产评估机构，委托其对拟投资参股企业进行资产评估。评估不仅要求如实反映企业资产状况和质量，而且要从企业财务状况进行严格把关，真正做到全面摸清拟投资参股企业的家底，防范国家投资风险。在资产评估过程中，共有8家经专家评审初步可行的拟投资参股企业，因财务数据失真等原因而被取消投资参股立项，从而防止了国家财政投资的失误。

（六）采取委托监管，进一步强化省级财政部门工作责任

投资参股经营就是改革创新农业综合开发投入方式，建立滚动开发、良性循环的新机制，并非要将中央财政资金“大撒把”。为进一步强化省级财政的工作责任，采取了中央与省级财政部门签订委托监管协议的做法，中央财政农业综合开发投资参股资金委托省级财政部门进行监管，同时明确各自的权利和义务，提出省级财政部门必须严格履行监管职责，对因监管不力造成中央财政投资参股资金损失的，应当承担相应的补偿责任和行政责任。

（财政部国家农业综合开发办公室项目管理二处供稿，樊继红执笔）

农业综合开发科技项目管理

提高项目科技含量和项目区农民科技素质，不断促进农业科技进步，是农业综合开发的一项重要任务，也是提高项目区农产品市场竞争力，促进农业增效、农民增收的重要手段。为不断提高农业科技含量，推动农业科技进步和农业结构调整，2004年，农业综合开发继续推广应用先进适用农业技术，引进示范高新技术，加强农民技术培训，通过推动农业科技进步，在促进农业增效、农民增收中发挥示范和带头作用。

一、科技投入概况

农业综合开发资金中的科技投入，包括土地治理项目中科技投入、产业化经营项目中科技投入和专项科技示范项目投入三部分。2004年，土地治理项目及产业化经营项目中的科技投入继续用于项目技术服务、技术培训、推广良种良法及购买必要的仪器设备等公益性投入。专项科技示范项目仍然以示范推广先进适用农业技术为主要建设内容，通

过推进农业产业化经营，达到促进区域优势产业升级、提高优势农产品竞争力、调整农业结构、增加农业效益和农民收入、探索形成不同区域优势产业先进适用技术支撑体系的目的。2004年以科技推广综合示范项目为主，通过大规模推广应用先进适用农业技术，促进区域农村经济发展。以加强农业基础设施建设为重点，继续进行农业现代化示范项目建设。

二、科技投入逐年增长

2004年，农业综合开发完成科技投入12.38亿元。其中土地治理项目完成科技投入6.05亿元；专项科技示范项目完成投入6.33亿元。科技投入约占农业综合开发总投入256.70亿元的4.8%。科技总投入中，财政投入9.17亿元，约占农业综合开发财政总投入143.95亿元的4.3%。

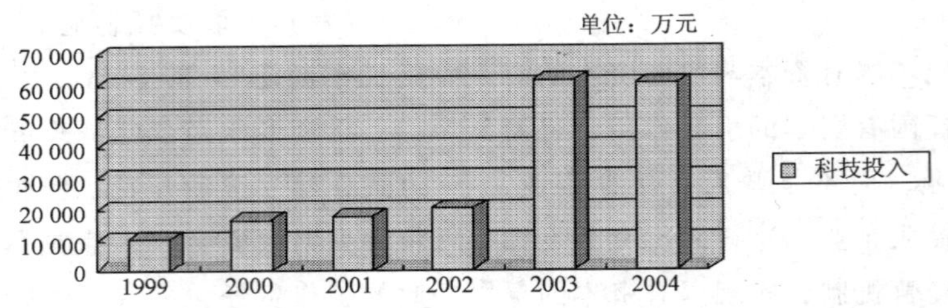

图1　1999—2004年土地治理项目科技投入增长情况

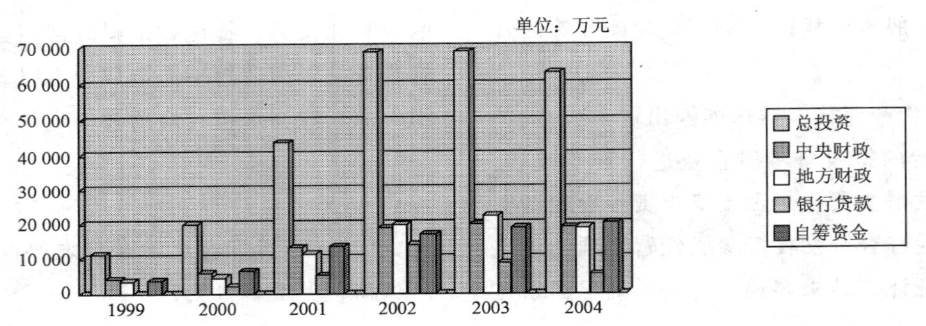

图2　1999—2004年专项科技示范项目投入增长情况

三、专项科技示范项目建设

农业综合开发专项科技示范项目是农业综合开发的重要组成部分，包括高新科技示范项目、科技推广综合示范项目和农业现代化示范项目。2004年，农业综合开发围绕充分发挥专项科技示范项目的示范推广和辐射带动作用，提高项目区科技含量和农民科技素质，做了大量工作。按照国家农业综合开发第四次联席会议提出的“两个着力、两个提高”的要求，以市场为导向，以效益为中心，在改善农业基本生产条件的基础上，着力进行农业先进适用技术的推广示范及农业高新技术示范，加速科技成果转化，推动项目区农业科技进步，培育区域主导产业，调整和优化农业产业结构，促进产业化经营，探索形成不同区域最先进适用的开发模式。

2004年，专项科技示范项目完成投入6.33亿元，其中财政资金3.77亿元，银行贷款5 401.02万元，自筹资金2.02亿元。续建专项科技示范项目及农业现代化示范项目89个。

四、专项科技示范项目管理

自2004年起，国家不再新立专项科技示范项目。2004年是2002年立项项目实施的最后一年，也是2003年最后一批立项项目实施的关键一年，在建项目较多，如果疏于管理，就不能善始善终建

设好。为此，对专项科技示范项目的管理提出严格要求。

（一）加强已建成及在建专项科技示范项目的运行监管

为加强已建成及在建专项科技示范项目的运行监管，财政部专门发文，要求各地充分发挥已建成专项科技示范项目的科技示范辐射作用，克服“重申报、轻管理”，“重投入、轻效益”的倾向，把发挥已建成科技示范项目的作用放在比建设新项目更为重要的位置。要重视项目运行的监管，如发现已建成项目未能发挥应有作用乃至运行停滞、工程设施闲置，要认真查找原因，督促县级农发办事机构及项目经营单位有针对性地采取补救措施。凡经营机制不活的，要转变机制；项目经营单位经营不力的，要更换经营单位；技术依托单位技术力量薄弱的，要更换技术依托单位；经营方向与市场脱节的，要及时转变经营方向。工程设施确实不能发挥效益的，要按照有关规定，采取公开拍卖、协议转让等形式，及时进行产权转让，盘活资产。正在建设的专项科技示范项目要引以为戒。

要保证各类资金的及时足额到位，并严格按规定用途和经批准的项目计划使用资金。尤其要切实加强无偿资金管理，严格实行县级报账制。对于专项科技示范项目资金使用情况，国家农发办要进行专项检查，各省（区、市）农发办（财政）要进行定期检查。如滞留、挤占挪用项目资金或擅自调整项目计划，一经查实，要从严处理并终止项目、收回资金。

（二）加强专项科技示范项目财政无偿资金形成国有资产的处置管理

为加强专项科技示范项目财政无偿资金形成国有资产的处置管理，财政部专门发文，规定对财政无偿投资形成的经营性农发国有资产，包括设施农业示范基地、养殖场所建设和养殖设备购置、加工场所建设及加工设备购置、组培中心、工厂化育苗、苗圃、购置仪器设备、排灌站、机电井、购置农业机械等，要加强管理。各地对于通过省级验收的专项科技示范项目，要根据各个项目中央财政无偿投资中投入上述范围的份额确定该项目农发国有资产的额度。管理原则是，对于纳入农发国有资产处置管理范围的资产，不实行投资参股的方式，国家也不参与资产经营收益分配，项目经营单位必须遵循“可以无偿使用，但不可无偿转让，不能作为个人或企业的股份”的原则进行管理。要按照要求，及时做好资产界定、资产登记（包括使用登记、变动登记、注销登记）、资产评估等事项。在发生资产的转让、出售、拍卖等行为时，要按照农发国有资产处置程序处理。农发国有资产处置收益上缴中央财政。

五、科技投入成效显著

2004年，农业综合开发土地治理项目科技投入中，对农民开展技术培训885.11万人次，示范推广了一大批先进成熟适用技术，显著提高了农民科学种田水平，促进了农业结构调整，提高了农业效益，增加了农民收入。

2004年，通过专项科技示范项目建设，农业综合开发项目区引进、示范、推广优新品种652个，示范推广应用先进适用技术813项，不算辐射带动，仅示范推广规模就达147万亩，总结形成了一些先进成熟适用的技术体系和开发模式，有效地推动了农业科技成果产业化进程，一批具有发展前景的主导产业得到了较大的扶持，项目区农业产业化经营水平得到了明显的提高，较大幅度地提高了区域优势农产品市场竞争力，显著地提高了农业效益，增加了农民收入。

六、积极改革创新，不断促进农业科技进步

（一）积极创新科技推广费使用和管理模式

目前在土地治理项目中安排一定比例的财政资金，用于良种良法引进示范推广、技术培训和购置小型仪器设备等科技推广措施。这些资金的使用和管理方式是否符合实际情况，使用效果如何，多年以来一直没有进行深入地调查研究。今后要深入调查研究，积极改革科技推广费的使用和管理模式，找出影响当前科技推广效益的瓶颈环节，搭建适合实际情况的科技推广平台，进一步提高资金使用效益和项目区的科技含量和科技水平。

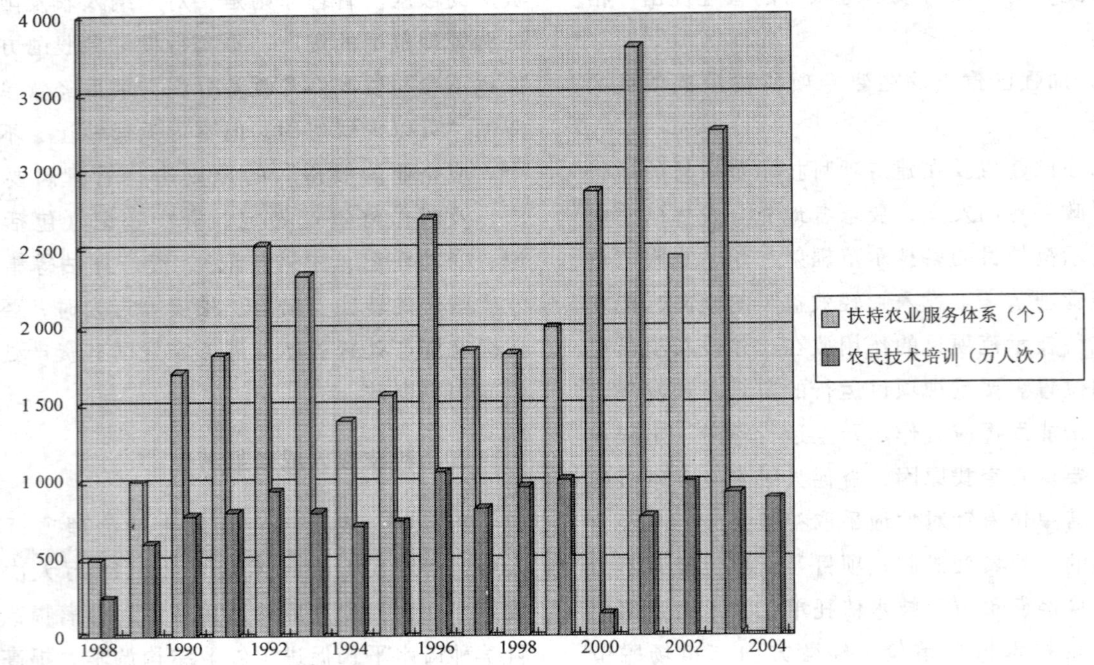

图3 1988—2004年土地治理项目科技措施主要任务完成情况

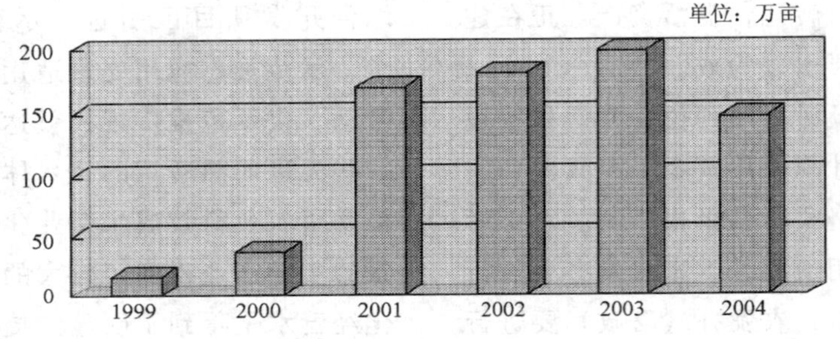

图4 1999—2004年专项科技示范项目示范推广面积情况

（二）以机制创新促进项目良性发展

农业综合开发项目的选项和政策措施的制定，必须有科学的依据，今后在土地治理项目中要大力推广节水技术和旱作农业技术，加快种子、种苗和种畜繁育体系建设，加快品种更新换代，加强先进适用技术推广，把农业综合开发项目区建成农业科技示范区和推广基地。产业化经营项目要继续积极探索市场导向机制、多元投入机制、产业化经营机制、企业化管理机制和技术合作机制等，提高项目科技含量，延续科技开发的生命力，促进农业综合开发项目良性发展。要完善农业信息服务、农产品质量标准体系及检验服务建设，实现农户小规模生产与农产品大市场相结合，推进农业现代化建设进程。

（三）以科学发展观指导科技开发工作

党的十六大和十六届三中、四中全会提出要牢固树立以人为本，全面、协调、可持续的科学发展观。对于农业综合开发科技工作，一要以人为本，即把农民的利益作为一切工作的出发点和落脚点；二要全面发展，即统筹兼顾，着眼于效益、社会、生态等各方面的发展；三要协调发展，即要各方面发展相互衔接、相互促进、良性互动；四要可持续

发展，就是既要考虑当前利益，又要兼顾未来发展的需要。这就要求我们本着为农民谋利益，既讲求经济效益、又保证可持续发展的原则，确定农业综合开发科技项目扶持的内容、扶持的方式、资金的投向、效益的评价等诸多环节，实现综合效益的最大化。

（财政部国家农业综合开发办公室项目管理三处供稿，吴洪伟执笔）

农业综合开发外资项目管理

2004年，农业综合开发利用外资工作又有新进展，利用世界银行贷款加强灌溉农业二期项目（以下称“世行二期项目”）全面完成，利用世界银行贷款加强灌溉农业三期项目（以下称“世行三期项目”）前期准备工作进展顺利，利用世界银行贷款农业科技项目（以下称“世行科技项目”）建议书获得国家发展和改革委员会批准，并完成项目评估工作，利用英国国际发展部赠款面向贫困人口的农村水利改革项目（以下称“英国政府赠款项目”）正式实施。

一、世行二期项目全面完成

世行二期项目自1998年底开始实施，截至2004年底，项目建设任务全面完成。2004年完成的主要工作有：

（一）顺利完成国家项目建设任务

世行二期项目国家项目主要建设任务是：国家农业综合开发培训基地建设，信息管理系统建设，以及组织项目管理人员进行国内外培训考察。

2004年是培训基地建设任务较重的一年，为了加快培训基地建设进度，年初，制定了详细的建设计划，并按时完成了基建任务，同时，就培训基地建设涉及报账问题做了认真研究，提出了结余资金使用的意见和建议，加快了世行贷款的提款报账进度。同时，2004年，国家农业综合开发办公室先后组织项目管理人员赴英国和澳大利亚，分别就环境监测体系的建立与运行，生态农业的政策与管理等专题进行培训；赴南非、希腊就农民专业合作组织管理的相关问题进行了考察；并指派2名项目管理人员赴美国就财政扶持农业的政策和措施专题做了为期三个月的短期培训。通过海外培训考察活动，开阔了视野，拓宽了思路，提高了项目管理人员的工作水平。

截至2004年底，世行二期项目已累计完成投资1.31亿元，全面完成项目建设任务。培训基地建设方面，旧楼改造、污水处理工程和新建综合楼等工程全部完工，累计完成培训基地建设面积14 520平方米。信息系统建设方面，采购信息管理系统和办公设备731台（套），为进一步构建项目信息管理的工作平台奠定了基础。培训考察方面，累计完成国内外考察和培训274.6人月，组织项目管理人员就世行项目管理、财务管理、信息管理、采购管理、监测评价等诸多内容进行了专项培训；就农民专业经济合作组织、小流域治理、农业保险等诸多领域进行了专题考察。

（二）加强协调，完成水库大坝加固等尾欠工程

江苏省小塔山水库、安徽省龙河口和佛子岭水库等3座水库涉及下游世行二期项目区灌溉供水安全问题，因此，《项目协定》有关条款明确要进行除险加固。3座水库的除险加固工程虽未列入项目投资，但江苏、安徽两省已在《项目协定》中承诺项目实施期间完成除险加固，故该工程也作为项目检查和竣工报告的内容。由于水库除险加固工程投资大、涉及部门多，审批程序复杂，截至世行的第11次检查（2004年3月29日至4月12日），3座

水库大坝的除险加固工程仍未全部完工。为此，两省农发局多次向省政府及有关部门汇报，积极协调行业主管部门和审批部门的关系，落实3座水库的除险加固工程投资。经多方努力，2004年底，3座水库除险加固工程均已完工。

（三）提交竣工报告，加强项目后续管理

2004年6月13日至7月2日，世行方面派出了项目竣工报告团，对项目进行了全面验收。为了做好世行二期项目竣工验收，国家农业综合开发办公室组织有关专家和项目省有关人员精心编制完成全项目竣工报告和12个专题报告。世行方面对这些报告进行了认真、细致的审查，并提出具体修改意见和建议。在此基础上，国家农业综合开发办公室对该报告进行了进一步的修改、完善，最终形成世行二期项目竣工报告提交世行。

根据世行管理程序要求，世行方面还要在项目完工5年后进行后评价，考评项目综合效益和项目工程设施的运行情况，因此，国家农业综合开发办公室要求5个项目省狠抓项目后续管理，要采取租赁、拍卖、承包等多种切实可行的建后管护措施，明晰产权归属，办理移交手续，落实管护主体，确保项目工程设施充分发挥效益，迎接世行项目后评价。同时，在建立农民用水协会的项目区，要保障协会正常运行，充分发挥协会的工程管护职能。

二、积极做好世行三期项目准备工作

世行三期项目的主要目标是通过以改造中低产田为主要内容的农业基础设施建设，提高农业综合生产能力，增加优势农产品、无公害农产品和绿色农产品产量；通过推广农业标准化生产和加强农民组织化建设，推进农业生产现代化进程，增加农民收入；通过农业生态环境建设以及建立科学的用水、管水机制，推动项目区农业生产的可持续发展。

该项目涉及黄淮海平原的河北、江苏、安徽、山东、河南5省29个市的107个县。项目建设内容包括节水灌溉、农业标准化与组织化建设、农业生态环境建设与管理、机构发展和支持四方面。项目总投资39.36亿元，其中利用世行贷款2亿美元（折合人民币16.54亿元），地方财政配套11.61亿元，项目区农民群众筹资投劳11.21亿元。2004年，所做的主要工作有：

（一）做好项目建议书的修改报送和可行性研究报告的编制工作

2004年4月8日，财政部办公厅收到《国家发展改革委办公厅关于修改利用世行贷款加强灌溉农业三期项目建议书有关问题的复函》（发改办农经［2004］532号），据此，国家农业综合开发办公室组织水利部、农业部专家和项目5省有关人员，会同建议书编制单位农业部规划设计研究院对项目建议书进行了全面修改，并于2004年8月25日以《财政部关于报送利用世行贷款加强灌溉农业三期项目建议书（修改稿）的函》（财发函［2004］1号）再次向国家发展和改革委员会报送项目建议书。

为加快项目准备进度，在修改项目建议书的同时，2004年4月29日，国家农业综合开发办公室下发了《国家农业综合开发办公室关于利用世行贷款加强灌溉农业三期项目有关事宜的通知》（国农世便［2004］1号），要求各省着手编制项目可研报告。各级农发办按照国家农发办的统一部署，委托有资质的专业机构，在行业部门的配合下，聘请各方面的专家，顺利完成了项目可研报告编制工作。

（二）有关各方积极配合，认真做好项目准备工作

在履行国内项目审批程序的同时，世行方面的项目准备工作也在有条不紊的开展，为了配合做好该项工作，各项目省农发办按照国家农发办的要求和统一部署，及时完成项目准备所需可研报告及其他相关材料的编制工作，内容包括子项目选择标准、项目目标与规划、项目管理安排、项目投资概算、采购计划、社会与环境影响评价、农民用水协会发展计划、农民专业合作经济组织发展计划、农民合作经营试点计划、绿色食品发展计划、水资源平衡分析、综合节水计划等。

2004年9月6日至29日，世行方面派出项目准备团，对省、县两级项目准备工作进展情况进行

了实地检查和审查，抽检的县有河北省无极县、江苏省新沂市、安徽省怀远市、山东省沂水县和莒南县、河南省梁园区。世行专家高度评价了各省、县可研报告及其他材料的编制质量，同时提出了具体修改意见和建议，并要求所有项目县可研报告达到同样的深度和质量。

2004年11月15日至12月4日，世行方面再次派出项目准备团，在京审查所有省级和县级可研报告，世行专家充分肯定了各级项目办的工作，同时要求省级农发办开始准备项目实施计划，国家农发办准备全项目可研报告和实施计划，为项目评估做好准备。

（三）围绕项目准备，做好相关专题的培训工作

世行三期项目准备工作是一项系统工程，涉及农、林、水、经济分析、社会评价以及环境监测与管理等诸多内容，为按时、高质量地做好这项工作，国家农发办积极开展相关专题的培训，提高各级项目管理人员工作水平。2004年4月28日，国家农发办举办了世行三期项目可研报告编制工作培训班，就可研报告编制提纲、附表以及专题报告编制提纲向5省项目办人员进行了统一部署，并就相关问题进行了解释和说明，确保了项目可研报告编制方法和数据口径的一致性。2004年6月4日，国家农发办邀请水利部有关专家，就水平衡分析方法举办了资源性节水的新方法专题培训班，各省项目办有关人员及承担水平衡分析工作的水利部门相关人员参加了会议，为做好项目区水资源平衡分析和后续的水资源管理工作打下了良好基础。

三、扎实做好世行科技项目前期准备工作

农业综合开发利用世行贷款1亿美元的农业科技项目旨在提高农业高新技术的转化效率，加快优良品种、高新技术和先进实用技术的推广，优化项目区农业生产结构和农业资源配置，提高农业综合效益，增加农民收入。

项目总投资为18.19亿元，其中：利用世行贷款1亿美元（折合人民币8.27亿元），项目4省各级财政配套资金为4.14亿元，项目区企业和农民自筹5.80亿元。1亿美元世行贷款具体分配额度为：湖南省1 940万美元，安徽省1 940万美元，黑龙江省1 940万美元，陕西省3 940万美元，国家项目办240万美元。世行贷款对外由中央财政统借统还，对内实行农业综合开发政策。

经各级农发办和世行等多方精心筛选，世行科技项目优选了74个子项目，涉及62个农业综合开发县（市）。按建设内容划分，建设优质农产品种植示范区和良种繁育基地20个；建设优质经济林果示范区和种苗繁育基地12个；建设畜禽养殖示范和良种繁育基地27个；建设农产品加工项目2个；建设新产品新技术推广示范基地4个；建设农业科技市场、农产品检测认证中心和农民技术培训体系等内容的综合类项目9个。按建设地点划分，湖南省12个，安徽省13个，黑龙江省19个，陕西省30个。

2004年，世行科技项目前期准备工作取得较大进展。9月7日，国家发展和改革委员会批准了项目建议书，11月15日，国家农业综合开发办公室向该委报送项目可行性研究报告。12月30日，国家环境保护总局批准了项目环境影响评价报告书。同时，世行方面也于9月29日完成项目评估。世行科技项目前期准备工作基本完成。具体工作有以下四方面：

（一）做好项目建设书修改和报批工作

按照国家发展和改革委员会的要求和初审意见，国家农业综合开发办公室对2003年上报的项目建议书进行了修订，相应补充了有关各子项目建设条件、产品目标市场分析、技术方案、工程方案、效益分析等方面的资料。同时，对不符合世行和国家农业综合开发政策要求的子项目予以取消，对建设内容相似的子项目予以合并，对投资结构不合理的子项目予以调整，明确了投资方向，细化了投资概算，完善了项目建设内容。

2004年4月下旬，国家发展和改革委员会委托中国国际工程咨询公司对项目建议书进行了评估论证。该公司组织专家，通过实地考察、专家提问、专家组评估等多种形式，对项目建设的必要性、项目选点、项目产品定位和建设方案等诸多内

容进行了审查和评估。评估认为："世行科技项目指导思想明确，选项合理，技术先进实用、技术依托单位可靠，产品市场前景较好，符合农业发展方向和国家产业政策。"2004年6月4日，该公司向国家发展和改革委员会提出了《关于利用世界银行贷款农业科技项目建议书的评估报告》（咨农水［2004］603号）。

2004年9月7日，国家发展和改革委员会以《关于利用世界银行贷款农业科技项目建议书的批复》（发改农经［2004］1900号）发文，正式批准了世行科技项目建议书。

（二）做好项目可行性研究报告编制工作

为及时完成可研报告的编制工作，国家农业综合开发办公室专门召开了可研报告编制工作会议，就编制世行项目可研报告进行专题培训，明确方法，统一思想。一是细化了各子项目的建设内容和投资概算，确保了各项具体投资内容规模和单价的合理性；二是按照国家发展和改革委员会批复建议书的建议和世行的评估意见，结合各项目省的实际情况，相应调整投资内容，宜增则增，宜减则减；三是统一了可研报告的编制方法和口径，使各级汇总数据保持一致，保证了报告数据的可信度和准确性，确保了可研报告编制的顺利完成。2004年11月10日以《财政部关于报送利用世界银行贷款农业科技项目可行性研究报告的函》（财发函［2004］2号）发文，向国家发展和改革委员会报送项目可研报告。

（三）积极配合世行，做好科技项目评估工作

2004年9月20至29日，世行方面对该项目进行了评估。为确保评估工作的顺利进行，国家农业综合开发办公室及时完成了实施计划、采购计划、监测计划、技术援助培训计划等报告的编制工作。同时，在专家的协助下，完成了社会评价报告、环境评价报告、病虫害管理计划、少数民族发展计划等特殊报告的编制工作，全部报告20多万字，为项目评估打下了良好的基础。

评估过程中，双方在投资安排、保障政策、实施方案等诸多方面达成高度一致。在世行、国家农业综合开发办公室和承担世行科技项目4省农发办的共同努力下，项目评估顺利完成，取得了良好效果，得到了世行的高度评价。

（四）做好项目环境影响评价工作

环境影响评价是世行项目审批的重要环节，也是项目可行与否的判断依据。为及时完成项目环境影响评价报告的编制和审批工作，国家农业综合开发办公室委托中国环境科学研究院组织项目环境影响评价工作。主要内容有5个方面：一是项目建设对生态环境的影响；二是项目建设对农业经济和发展的影响；三是地下水的开采和保护；四是使用农药，化肥对土壤的影响；五是养殖加工项目对地面水和大气的影响。各项目省和项目承建单位对该项工作非常重视，严格按照环保要求进行项目设计调整。2004年10月份，完成环境影响评价报告，并于2004年10月9日以《国家农业综合开发办公室关于报送利用世界银行贷款农业科技项目环境影响报告书》（国农办函［2004］44号）的文件形式报送国家环境保护总局审批。该报告得到了专家的好评，顺利通过了评审。2004年12月30日，国家环境保护总局以《关于利用世界银行贷款农业科技项目环境影响报告书审查意见的复函》（环审［2004］601号）发文，正式批准了世行科技项目环境影响评价报告，确保了项目后续审批工作的顺利进行。

四、英国政府赠款项目正式实施

英国政府赠款项目，由水利部和国家农业综合开发办公室分别组织实施，英国国际发展部委托世行负责项目的管理工作。经过一年多的赠款申报准备工作，该赠款于2003年12月获得英国政府批准，2004年9月19日，财政部与世行签订了利用英国国际发展署赠款面向贫困人口的农村水利改革项目《赠款协定》，标志着该项目正式实施。2004年主要进行了以下工作。

（一）选定项目省份，明确相关政策

面向贫困人口的农村水利改革项目的建设目标是通过在农业综合开发项目区内建立农民用水者协会，促进农村小型水利工程管理体制改革，解决项目区内已建成的水利工程运行管护问题。按照世行的要求，英国政府赠款项目分两阶段实施，2004

年4月至9月为项目准备期，2004年9月至2006年9月为项目实施的第一阶段，2006年9月至2008年12月为项目实施的第二阶段。

为了做好项目准备工作，2004年6月4日，国家农业综合开发办公室下发了《关于利用英国国际发展部赠款实施面向贫困人口的农村水利改革项目有关事项的通知》（国农办［2004］53号）。确定项目实施为8个省（区）：河北、河南、山东、甘肃4省为第一阶段项目实施省，江苏、安徽、四川省和新疆自治区4省（区）为第二阶段项目实施省；赠款资金分配为：河北、河南、山东、江苏各50万美元；甘肃、新疆、四川各60万美元；安徽40万美元。同时还要求：项目配套资金全部由各项目省省财政承担，不再要求农民筹资投劳；该资金对各项目省全部为无偿资金；不抵顶各省中央财政农业综合开发资金；加强项目的组织领导。各项目省按要求认真落实国内配套资金，出具了配套资金承诺函；成立了由财政、农发、水利、民政等有关部门组成的项目领导小组，设立了项目管理办公室。

（二）精心编制项目实施计划，积极进行项目准备

为了保证项目顺利实施，国家农业综合开发办公室积极组织各项目省精心编制项目实施计划，初步确定项目第一阶段拟建农民用水者协会136个，其中示范型协会22个，新建推广型协会114个。世行方面分别于2004年3月、6月、8月和11月分4次派出了项目准备团，对项目准备工作进行考察，审查项目实施计划。同时，国家农发办配合世行设计完成了项目管理信息系统，并与水利部分别就各项前期工作进行了认真调研和协商，包括项目实施计划、监测指标、实施进度安排等，使两部门项目在设计的格式和标准上尽量一致，确保项目准备工作的顺利进行。

（三）签定《赠款协议》，项目正式启动

经过与世行反复协商，国家农业综合开发办公室就《赠款协议（草案）》征求各项目省意见，并组织有关专家，进行认真研究和仔细推敲，多次对《赠款协议（草案）》进行了修改。2004年9月13日，财政部与世行签订了利用英国国际发展署《赠款协议》，标志着该项目正式实施。根据《赠款协议》，国家农业综合开发办公室于2004年12月8日在中国华夏银行开设美元专用账户，账户核定分配额为45万美元，用于支付项目建设活动所需的物资、工程和咨询服务的合理费用。

9月17日，水利部、国家农业综合开发办公室与世行在北京共同举办了项目启动仪式。英国国际发展部、世行、水利部及国家农业综合开发办公室领导出席了启动仪式并讲话，8个项目省农发办的主要负责同志也参加了启动仪式。11月2日至6日，国家农业综合开发办公室在山东威海举办项目启动培训班，对8省（区）、市、县3级项目220名管理人员进行系统培训。培训内容涉及农民用水者协会组建和运行、项目监测评价、项目采购、提款报账、财务管理和信息管理系统建设等。

（财政部国家农业综合开发评审中心外资一处、外资二处供稿，罗禄勇、王兰英、王勇执笔）

农业综合开发项目评估、检查和验收

2004年是农业综合开发历史上改革创新的一年。农业综合开发项目评审、检查和验收工作坚持求真务实，以强化资金和项目科学管理为目标，在完善政策、创新机制等方面，迈出了重要的步伐，

进一步转变思想观念和工作作风，较好地完成了各项任务。

一、完善农业综合开发有关规章制度

国家农业综合开发办公室认真落实《关于改革和完善农业综合开发若干政策措施的意见的通知》精神，把加强管理作为关系农业综合开发前途和命运的大事来抓，健全管理制度，完善管理机制，突出加强管理中的薄弱环节，着眼于资金运行和项目建设的全过程监管，通过严格管理来推进工作。一是实现竣工项目验收和评审工作制度化、规范化。国家农业综合开发办公室制定了《国家农业综合开发竣工项目验收管理暂行办法》，修改完善了《国家农业综合开发项目评估暂行办法》。同时，根据验收方法改革的新形势，进一步规范委托试行工作，制定了内部使用的《国家农业综合开发竣工项目委托省际验收试行办法》，充分发挥互验工作的优势，为今后做好省际间互验工作打下了牢固基础。二是规范参加项目评估工作人员行为，制定了《国家农业综合开发办公室项目评估人员责任制》、《国家农业综合开发办公室委托专家暂行办法》和《国家农业综合开发办公室专家委托协议》，并开始在工作中认真执行，切实提高立项的科学性、准确性。三是加强农业综合开发受托社会中介机构的管理，制定了《国家农业综合开发办公室关于委托社会中介机构暂行规定》，规范受托社会中介机构的行为。

二、完成项目评审工作

（一）中型灌区配套改造工程项目评审

2004年3月12日至3月25日，国家农业综合开发办公室组织5个评估组对山西省临汾市、内蒙古自治区奈曼旗、青岛市胶南市、黑龙江省宁安县、吉林省辉南县、辽宁省沈抚县、江苏省宿豫县、浙江省安吉市、福建省霞浦县、湖南省茶陵县、广西自治区邕宁县、重庆市梁平县、陕西省眉县、新疆自治区拜城县等14个2004年中型灌区配套改造工程项目进行了实地评审。同时，委托水利部农业综合开发办公室对四川省眉山市和乐山市、安徽省肥东区和江西省宜春市、河南省卫辉市和河北省灵寿县等6个中型灌区配套改造工程项目进行了考察评估。

申报的所有项目建设内容均为旧灌区修缮和改造，其现状是：渠道和渠系建筑物年久失修，干支渠渗漏严重，渠道丧失防洪能力，渡槽、管道和倒虹吸带病运行，安全无保障。各评估组通过对项目水资源分析、资金筹措、技术设计方案、干群积极性等方面的考察评估，认为有20个项目水资源较为充足，供需平衡；地方配套和自筹资金的落实有保障；项目技术设计方案和建设内容基本合理，而且能与农业综合开发土地治理项目区相衔接，符合立项条件。在评估中，也发现了一些问题，如：勘测设计费、建设管理费和不可预见费等3项费用超过规定比例，个别单项工程费用计算不够清楚等等。对此，评估组按有关规定和要求，加强了对项目投资概算的复核工作。在与项目当地水利勘测设计部门等单位沟通的基础上，对其中14个项目可行性研究报告投资概算中的3项费用、个别建安工程和管理用房等进行了核减，单个项目中最少核减15.5万元，最多核减199.96万元，有效节约了投资。

（二）重点产业化经营项目评审

2004年4月18日至4月24日，国家农业综合开发办公室组织专家对各地申报的2004年国家农业综合开发重点产业化经营项目进行了评审。申报项目共298个，涉及的产业领域主要包括：粮油、果蔬加工，畜禽养殖及加工，水产养殖及加工，中药材加工，茶叶加工等。按照“异地评审”的原则，华北、中南区的项目在吉林省长春市评审；东北、西南区的项目在河北省赤城县评审；华东、西北区的项目在北京市延庆区进行评审。参加评审工作的专家共计83名，分别来自北京、山西、吉林、辽宁、山东、江苏、江西、安徽、湖南、广东、湖北、陕西等省（区、市），改变了以往评审专家主要来自北京地区的状况，优化专家地域结构。同时，参评专家大多在国家级科研院所和省级农科院及农业院校就职，经常参加国家级和省级项目的评估，熟悉各地情况和一般项目评估原则，不仅针对可行性研究报告本身，还根据当地资源、市场、技

术等方面对项目进行综合判断，提出了一些有益的意见和建议。

在整个评审过程中，国家农业综合开发办公室工作人员按照《2004年产业化龙头项目评估工作人员责任制》的要求，只为评审过程提供有关政策、内容等方面的咨询；会务组的工作人员只为评审工作提供后勤保障，做好保密工作，不干涉专家意见。评审专家能够按照规定的评审内容、标准与形式，独立、客观的开展工作。经过系统、科学评审，专家组的意见为：建议立项扶持的项目205个，占评审项目总数的68.8%；基本可行项目60个，占评审项目总数的20.1%，建议不予立项扶持的项目33个，占评审项目总数的11.1%。

根据项目立项的有关程序，在专家对可行性研究报告评审的基础上，国家农业综合开发办公室于5月13日至23日组织5个考察组，对22个需考察的项目进行了实地考查评估，并结合分组情况同时抽取了4个评审结论为可行的项目进行实地核查。实地考察评估的项目涉及天津、内蒙古、辽宁、黑龙江、宁波、江西、河南、湖北、广东、海南、广西、新疆等12个省（区、市）。考察中，项目单位对专家提出的问题做了比较合理可信的解释，通过答辩以及审核项目单位出具的补充材料及相关证明材料，考察组认为，绝大多数项目的主要问题是可行性研究报告表述不清、部分内容与实际情况存在出入，造成集中评审时专家对项目存在疑义。经过审查，21个项目建设的必要性充分，技术方案可行，经济效益和社会效益显著，财政资金投向符合国家农业综合开发的规定，建议予以立项。另外，经现场核实，评审结论为可行的内蒙古自治区鄂尔多斯市亿利公司甘草加工、黑龙江农垦总局的九三油脂大豆磷脂深加工、江西省的年产万吨气调理保鲜食品工程、湖北省安陆市优质稻精深加工等4个项目，实地考察结果与集中评审结论一致。

（三）投资参股试点项目评审

2004年9月23日至27日，国家农业综合开发办公室在河北省承德市开展了内蒙古、辽宁、吉林等十个省（区）46个投资参股项目评审工作。共聘请院校和科研单位专家学者28人，专家基本熟悉农业综合开发产业化经营项目的立项条件及有关政策，专业素质高、敬业负责。在整个项目评审过程中，严格按照评审标准和要求，分别从项目建设的必要性、可行性、经济合理性，以及项目的指导思想，选项标准，实施条件，项目承建单位资质和经营业绩、资产负债状况等方面，严格进行把关。

经过系统、科学评审，专家组认为46个项目中，建议投资参股扶持的项目30个，占评审项目总数的65.22%；不可行的项目16个，占评审项目总数的34.78%。符合立项条件的30个项目共同特点是：符合国家产业政策和相关行业发展规划，申报项目属农业综合开发产业化龙头项目扶持范围和重点；立项指导思想明确，带动项目区农民增收效果较为显著；项目申报企业符合农业综合开发投资参股经营项目立项条件，具备建设项目的条件和能力，企业法人诚实度较高；建设方案可行，技术路线合理；预期经济效益较好；申报材料较为齐全，符合有关程序等。同时，为确保农业综合开发投资参股经营项目评审结论客观和准确，专家组还就部分可投资参股的项目提出了进一步补充材料的要求。专家组认为不可行的16个项目的主要情况是：存在股本结构不符合农业综合开发财政资金只参股，不控股的原则；技术、工艺、设备比较落后，项目科技含量不高；产品设计不合理，市场前景不明朗，抗风险能力弱；建设用地未落实，或土地产权不清晰；申报材料不全，附件、附表存在缺项，申报材料与附件、附表不符等问题。

在专家集体评议项目可行性研究报告的基础上，国家农业综合开发办公室采取邀请招标的方式，确定6家资产评估机构，对所有拟投资参股经营项目承建企业的资产经营状况进行详细评估核实，合理确定国有股份的比例，提高了决策的科学性和准确性。

三、开展项目和资金的专项检查

2003年财政部监督检查局会同国家农业综合开发办公室对农业综合开发项目与资金进行了专项检查，各地对检查中发现的问题进行了认真整改。对此，部领导作了“整改有成效，但还要继续抓”

的批示。2004年，国家农业综合开发办公室继续组织开展了农业综合开发项目与资金检查工作。6月至7月，各地按照《国家农业综合开发办公室关于继续开展农业综合开发项目和资金检查工作的通知》（国农办［2004］51号）要求，以项目县为基本单位进行了自查自纠。自查的范围包括：2001—2003年立项在建的专项科技示范项目；2001—2003年立项的产业化龙头项目；1998—2003年安排的水毁工程项目；2003年核销2001年度以前到期中央财政有偿资金落实情况，债权债务关系的解除情况。

8月中旬至9月底，国家农业综合开发办公室针对各省份查出的主要问题，结合今年农业综合开发竣工项目验收工作，对19个省（区）的30多个县（市）进行了专项核查。发现以下主要问题：一是存在调整项目计划现象。个别项目由于前期准备工作不充分，设计不合理，具体实施时遇到不适宜情况需要调整计划。少数项目由于市场变化、自然灾害等客观原因而不得不调整计划。二是地方财政配套资金未足额落实。检查中发现，除北京、天津、上海、各计划单列市和东部沿海地区能够比较好地落实地方财政配套资金外，中部粮食主产区和西部地区均不同程度存在地方财政配套资金不足的问题，特别是个别专项项目配套资金到位情况不理想。但各地方应配套财政资金完成比率总体呈现逐年增加的趋势。三是资金管理有待于进一步加强。从抽查资金使用情况来看，以前的土地治理项目财政有偿资金债务不够落实，个别县（市）呆账核销手续需进一步完善，基层财务管理人员业务水平参差不齐。四是项目管理基础工作不够扎实，项目实施中监管力度相对薄弱。

2004年是实行农业综合开发项目和资金专项检查的第二年，各地思想统一、高度重视，抽调业务骨干深入实地检查，把本次检查作为监督、促进农业综合开发工作的一个重要手段，检查范围大、项目多，查出的问题明显减少，问题的严重程度也进一步降低。国家农业综合开发办公室于12月下发了《国家农业综合开发办公室关于2004年农业综合开发项目与资金专项检查情况的通报》（国农办［2004］307号），要求各地认真分析产生问题的原因，采取切实可行的措施加以整改。

四、认真做好项目验收工作

2004年农业综合开发验收工作任务较重。在验收方法上，借鉴2003年试行的委托省际验收的经验，增加了委托验收省，充分调动和发挥省级农业综合开发办事机构在验收工作中的责任感和积极性。同时，探索性的委托社会中介机构对专项项目进行验收。

2004年8月下旬至9月底，国家农业综合开发办公室组织18个验收组，对北京、天津、内蒙古、湖南、湖北、江西、海南、宁夏等8个省（区、市）2001—2003年一般农业综合开发项目和河北、山东、河南、四川、重庆、新疆等30个省（区、市）63个农业综合开发专项项目（包括17个生态建设项目、3个产业化经营项目、25个科技示范项目、21个水毁工程修复项目）进行了验收。8个省（区、市）的一般农业综合开发项目，建设范围共涉及360个县（市、区）、32个县级农（牧）场。验收中抽查了5个地（市），重点抽验了26个县（市、区），抽验项目县数占应验收项目县的7.2%。科技示范项目和多种经营项目涉及28个县（市、区），全部进行抽验，抽查率为100%。生态建设项目涉及32个县（市、区），重点抽验了26个，抽验项目县数占应验收项目县的81.3%。水毁工程修复项目涉及214个县（市、区），重点抽验了34个，抽验项目县数占应验收项目县的15.9%。

2004年共有77人参加验收工作，其中国家农业综合开发办公室19人，累计28人次，抽调地方财政、农业综合开发部门和中央农口有关部门各类专业人员58人，累计61人次。在验收方式上，仍以国家农业综合开发办公室人员带队验收为主，同时加大省际间验收工作力度，委托吉林、江苏、安徽、湖南和云南分别对湖南、海南、江西、四川和湖北农业开发竣工项目进行了验收。委托三家会计师事务所对浙江、福建和广西水利骨干工程项目及农业综合开发专项项目进行验收，也取得了较好的效果。

实地抽验表明，2004年竣工验收的项目，基本完成了国家农业综合开发办公室批复的各项投资和建设任务，工程质量及项目、资金管理水平有了进一步提高，但同时也存在地方财政配套资金到位不及时、执行农业综合开发财务会计制度不严格、尾欠工程和管护措施不够落实等问题。为了严肃财经纪律，严格项目和资金管理，国家农业综合开发办公室于12月下发了《国家农业综合开发办公室关于2004年农业综合开发竣工项目验收情况的通报》（国农办［308］号），要求各有关省（区、市）要充分认识项目和资金管理中存在问题的严重性，以国家农业综合开发办公室验收为契机，举一反三，进行认真整改，明确整改任务、落实整改责任、确保整改到位。

五、充实专家队伍

2004年国家农业综合开发办公室进一步完善了专家库建设，充分发挥专家在农业综合开发项目宏观决策、政策制定方面的咨询服务和提高农业综合开发项目决策的科学性的参谋作用。以满足申报项目涉及的各个领域的工作实际需要出发，向中央农口有关部门和单位、全国部分农业院校、部分省农业综合开发办事机构，分别发送了《关于推荐国家农业综合开发专家的函》。累计收到599名各类专家的推荐资料，其中：中央农口部门单位推荐101名、农业院校推荐199名、各省农业综合开发办事机构推荐299名。国家农业综合开发办公室经认真审核，选择部分专家纳入专家库实行动态管理，并与相关专家签订“专家委托协议”，明确了权利与责任。同时，利用办公自动化系统，在专家分类、查询、跟踪评价等方面取得较大进步，为更好的完成项目评审工作奠定了基础。

（财政部国家农业综合开发评审中心评审三处供稿，石践执笔）

农业综合开发干部培训及信息系统建设

农业综合开发干部培训及信息系统建设作为农业综合开发工作的重要组成部分，2004年紧紧围绕提高农业综合开发干部的综合素质和业务管理水平这一核心，通过强化管理、深化改革、优化服务，为提高农业综合开发工作水平，发挥了重要作用。同时，着力进行了培训基础设施、办公网络条件的改善，为进一步搞好农业综合开发培训及信息工作创造了良好的条件。

一、认真做好干部培训工作

为提高农发干部的综合素质和业务管理水平，造就一支政治坚定、业务过硬、作风优良，具有完成和担当新时期农业综合开发任务的高素质的干部队伍，2004年国家农发办重点抓了以下几项工作：

一是举办财政业务知识、业务技能系列专题讲座。邀请参与行政许可法编写人员、财政部相关司局领导及办领导主讲了“行政许可法是一部规范政府共同行为的重要法律”、“关于竞争上岗”、“西藏文化”、“关于农业综合开发实行投资参股经营的有关问题解答”等专题讲座。通过系列专题讲座，同志们开阔了视野，提高了依法行政的意识，明确了岗位责任及要求，明晰了农业综合开发投资参股经营的基本原则和措施，确立了进一步深入研究的方向。

二是组织业务培训班。11月2日至5日，在山东威海市举办了面向贫困人口的农村水利改革项目培训班，重点培训了用水者协会组建和可持续运行的程序、质量标准及要求；世行项目管理的内容和要求；货物、咨询服务采购及支付报账等。通过培训班的学习，使学员清楚地了解到用水者协会的组

建、运行程序，明晰了世行项目管理的具体内容，对今后工作具有很强的指导意义。

三是安排国内、国外实地考察、培训。年初组织了部分省市人员对SIDD发展较早、较好的湖南、山东、新疆、河北进行了实地考察，使大家对如何作好该类项目有了更清楚的认识和思路；组织办内和相关省的同志赴英国、澳大利亚、南非、土耳其、希腊等国对环境监测、农业项目运行管理等问题进行考察培训，收到了良好的效果。

二、继续搞好培训基地建设

2004年，国家农发办克服了各种困难，继续抓紧进行了培训基地建设，完成的主要工作有：

（一）完成了综合楼和健身馆主体工程

培训基地建设工程分别在7月和11月完成了综合楼4 583平方米和健身馆2 811平方米的主体工程建设。施工期间克服了地下有大量橡皮土、巨石等困难，经设计钻打了63根护坡桩，总长度746米，混凝土数量840立方米。在进行地基处理时，还发现不明电缆和水管，经查询，为军用管线，经积极协调并取得部领导和部队认可，对军用水管和军事电缆进行了改道处理，为下一步工程扫清了障碍。

（二）完成室外景观绿化设计工作

围绕农业综合开发和世界银行贷款项目这一主题，组织设计单位的专家对培训基地室外景观绿化进行了精心设计，出台了设计方案和设计效果图，并进行多次讨论修改。该设计方案艺术地表现了五大洲的农业形态、生长条件，突出了中国农业生态园的特点，同时对世行投资此项目做了纪念性铭刻。

（三）完成多项设备、工程询价招标工作

按照世行规定，对培训基地需配置的冷冻机组、发电机组采取国内招标方式进行了招标采购；对中标工程中由甲方负责采购的泳池、桑拿洗浴设备等采取国内询价方式进行了招标采购，并完成了以上设备的安装工作。对室外管线、景观绿化工程采取了国内询价方式进行了招标采购，完成了室外管线的挖掘工程，景观绿化工程完成了部分场地清理和材料准备工作。

（四）完成了各期工程向世界银行的报账手续

根据工程施工进度，施工单位将该期完成的工程量以清单形式向工程监理单位进行申报，由监理单位据实对申报工程量进行审核，经与造价咨询单位的复核确认，定期向世界银行进行了报账。2004年，培训基地建设工程累计从世行报得工程款1 181万元，报账工作的准确、及时，为工程建设顺利进行提供了资金保障。

为保证培训基地建设工作有序进行，加快建设进度，培训基地建设工程一直坚持工程例会制，每周一为工程例会日，工程建设相关部门人员参加，总结上周工作情况，研究、解决存在的问题，部署下一周的工作任务，并形成会议纪要印发有关部门和领导，同时及时将工程中重大事项向建设领导小组报告。

三、积极筹备项目管理软件工作

开发全国农发项目管理软件系统是国家农发办多年以来的计划，2004年8月，经过对几年来有关资料的收集、研究和整理，在有关部门的协助下，按财政部金财办《关于编制2005年“金财工程”和财政信息化建设项目经费预算的通知》要求，国家农发办正式向财政部提交了“国家农业综合开发项目管理软件系统”建设申请，编制了项目管理软件可行性研究报告等有关资料。全国农发项目管理软件系统是以项目管理为核心，以计划管理为纽带，以支付审核监控系统为重点，以图像、数字、文字和声音为传输手段，利用先进的信息技术，支撑以土地项目管理和多经项目管理为主的大型综合软件管理系统，它能实现动态反映农发土地、多经等所有项目当前及历史信息和资料，完成及时查询、实时监控、准确收集财务和统计资料等任务，达到全面了解和准确掌握农发项目情况，规范农发项目管理和提高管理工作效率的目的。预计该项目管理软件系统建成后，对农发项目管理主要有三方面的影响，第一，将为农发项目统计提供真实、准确的数据，为正确实施农发项目决策，提供及时准确的信息；第二，将大大提高国家农发办及

省（市、区）农发办对农发项目的监管，进一步规范项目管理，为国家农发办及省（市、区）农发办进行项目中期检查和项目竣工验收提供极大的便利；第三，使全国农发项目管理更加公开、透明，促使全国农发系统的政务公开。

为保证2005年农发项目管理软件建设扎实有效开展，为深化农发项目管理软件系统可行性研究工作，2004年12月，国家农发办在国家会计学院举办了“国家农业综合开发管理软件系统”研讨会，宁夏、河北、湖北、江苏和广东五省农发办及其有关单位的18位同志参加会议。经过对农业开发管理信息系统目标、需求及解决方案进行认真深入地研究讨论，与会同志更加明确了国家农发办项目管理软件系统建设的需求和目标，并提出了实现需求的初步构想。大家一致同意，2005年要全面开展以农发项目管理需求为导向，优化农发项目管理流程，做好国家农发办项目管理软件建设需求的深入研究，为软件开发公司编制软件做好充分的准备。

四、及时做好与部内外网衔接工作

2004年，国家农发办搬回财政部办公，为符合国家保密局有关政府内网使用的规定和满足财政部保密工作的要求，国家农发办与财政部办公厅等有关司局反复协商、共同努力，及时、成功地完成了局域网的搭建，并连通了财政部的内外网。这使国家农发办能充分利用财政部的网络资源，与财政部内各司局的信息得以充分共享，并为与各地财政系统农发办搭建了新的联系渠道。

（财政部国家农业综合开发评审中心评审一处、评审三处供稿，孔军、王鑫执笔）

第三部分

地方和部门农业综合开发工作

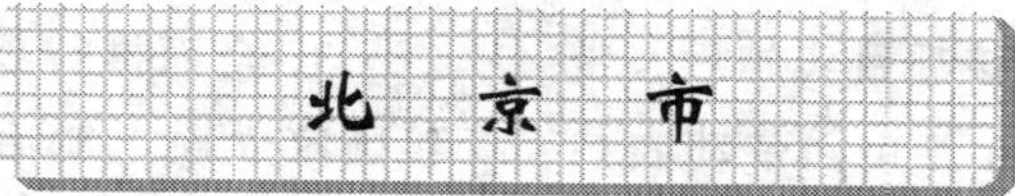

北京市

2004年，北京市农业综合开发工作适应新阶段北京市农业和农村经济发展需要，创新开发机制，加强科学管理，农业综合开发水平不断提高。

一、项目和资金执行及效益情况

北京市现有国家级农业综合开发项目区10个，即房山区、大兴区、门头沟区、顺义区、平谷区、怀柔区、密云县、昌平区、延庆县、通州区。

（一）项目建设情况

2004年，北京市农业综合开发完成土地治理项目26.92万亩，其中：中低产田改造24.56万亩，生态综合治理2.36万亩；完成农业综合开发产业化项目13个，其中：种植项目3个，养殖项目5个，加工项目3个，储藏保鲜项目1个，其他项目1个。

（二）资金投入情况

2004年，北京市农业综合开发中央项目总投资3.16亿元，其中：中央财政投资8 246万元，地方财政配套资金1.65亿元，自筹资金6 843.61万元。

土地治理项目总投资1.31亿元，其中：财政资金1.07亿元，自筹资金2 483.80万元。产业化经营项目总投资1.26亿元，其中：财政资金8 740万元，自筹资金3 824.81万元。科技示范项目总投资1 535万元，其中：中央财政投资300万元，地方财政配套资金700万元，自筹资金535万元。

（三）项目效益情况

2004年，通过实施农业综合开发项目，项目区取得了良好的经济效益、社会效益和生态效益。一是农业生产条件及生态环境进一步改善，项目区主要农产品生产能力显著提高。新增和改善灌溉面积21.69万亩，新增和改善除涝面积10.93万亩，增加农田林网防护面积5.17万亩，增加机耕面积4.17万亩，新增农机总动力6 778.5千瓦，控制水土流失面积31.5平方公里。新增粮食产量2 776.5万公斤，油料80.37万公斤，饲草作物50万公斤；二是农业产业结构得到优化，增加了农民收入。新增蔬菜200万公斤，水产品32万公斤，加工转化农产品1 016万公斤，年新增利税4 216.2万元。

二、农业综合开发的基本做法和经验

（一）突出开发重点，提升项目水平

1. 加大中低产田改造力度，提高农业综合生产能力。一是充分利用农业、林业、水利、农机等各项措施，消除阻碍农业增产的障碍因素，确保农民增产增收。如顺义区北务镇的菜农由于交通不便，加之农田水利设施不配套，每亩地收入不足400元，经农业综合开发改造后，农田水利设施建设和农业机械化条件得到明显改善，每亩收入达到700多元。二是注重规模，集中连片。各级农发部门在项目立项时，严格按照要求，选择规模较大、集中连片的中低产田，进行集中治理，建设了一批规模大、标准高的高标准基本农田。

2. 以结构调整为重点，积极培育区域主导产业。2004年，北京市农业综合开发以着力推进农业结构调整向纵深发展，进一步发挥资源优势为目标，狠抓了种植、养殖基地的发展，形成了一批具有地区特色的种植养殖产业。如：房山区红小豆产业、怀柔区西洋参产业、昌平区淡水鱼产业、大兴区采育镇葡萄产业、顺义区优质种羊产业等。主导产业生产规模化水平有了明显提高，经济作物比重进一步加大。

3. 发挥财政资金的导向作用，加速推进农业现代化进程。2004年，北京市农业综合开发充分发挥农业开发资金的导向推动作用，抓产业链、扶产业点、促产业面，从整体上推进农业产业化经营。推进农业产业化，重点在于狠抓龙头企业，扩大其影响规模，以龙头带动基地和农户。如通州区通济达农产品加工及配送项目，该项目实施后，带动的基地由原来6万亩发展到30万亩，带动农户达7万户，进一步提升了郊区农业的产业化水平。同时，推进农业产业化有利于形成京郊优质作物的区域规模经营和区域分工，从而发挥出财政资金宏观调控农业产业区域布局的积极作用。

4. 以科技为先导，不断增强农业的综合竞争力。2004年，在农业综合开发建设中，项目区突出科技的先导力量，实施了农业现代化科技创新工程和农业现代化人才培训工程，为郊区的农业和农村现代化提供了强有力的科技支撑，也增强了农业的综合竞争能力。

（二）加强项目管理，提高建设质量

加强项目管理是农业综合开发工作的关键。2004年，北京市各级农发部门结合北京市实际情况，积极探索，努力实践，不断加强农业综合开发项目管理，提高了项目的建设质量。

1. 科学规划，充分论证，确保工程质量。质量是工程的生命线，而规划设计是工程的前提，为确保北京市农业综合开发工程建设质量，市农发办严把项目选项和规划设计关。一是严格筛选项目，各区县农业综合开发项目报送后，市农发办综合考虑主导产业、区域布局、项目基本情况、配套资金落实能力等综合因素，严格筛选项目；二是组织水利、林业、农业、农机等部门专家，严格按照国家有关建设要求，对项目建设内容进行严格的规划论证，实现了项目规划设计的统一、规范、科学、合理，杜绝了没有设计就施工或边设计边施工的现象。

2. 严格计划管理。国家农发办下达北京市年度投资控制指标后，市农发办及时召开全市项目计划编制工作会议，根据各区县农业综合开发实际情况，将控制指标及市级配套如数分配到项目区。并要求项目单位按有关制度要求，做好项目实施计划编制工作，实施计划一经国家批复，任何单位和个人不得擅自调整、变更项目建设地点和主要建设内容。如在实施过程中，实施计划确需调整、变更的，要及时按规定上报调整、变更申请，批准后方可执行。

3. 全面推行项目公示制和工程监理制。2004年国家立项土地治理项目全面推行了项目公示制和工程监理制。在项目实施前，将项目建设内容、工程措施、投资额度、资金来源向广大农民群众张榜公布，增加透明度，接受村民的监督。在项目实施过程中，对年度财政投资10万元以上的单项工程全面试行工程监理制，共涉及17个乡镇，土地治理面积25.82万亩，工程总投资1.27亿元，其中：财政资金1.03亿元（中央财政资金3 438万元，地方财政配套资金6 876万元）。通过试行工程监理制，进一步规范了农业综合开发工程建设参与各方的建设行为，实现了建设工程投资效益最大化。

4. 加强项目检查验收。在项目检查上，做到经常化，各级农发部门严格按照国家有关验收标准，每年组织农、林、水等有关部门的专业技术人员对项目建设情况进行检查验收，对发现的问题及时纠正，并限期整改。2004年7月，根据国家农发办《关于做好2004年农业综合开发项目竣工验收工作的通知》（国农办［2004］111号）文件精神要求，在各项目区自验的基础上，市农发办组织有关人员对2001—2003年农业综合开发项目进行了重点抽验。检查内容包括：基础资料是否齐全、会计处理是否规范、各项计划建设内容完成情况及管护措施落实情况。2004年9月16至21日，国家农发办组织水利部及上海、江苏、内蒙古、吉林等有关省（市、区）农业综合开发专家对北京市大兴区、昌平区2001—2003年农业综合开发项目进行了重点抽验。检查验收主要内容包括项目前期准备情况，项目计划完成情况，项目管理运行机制情况，项目建成后的社会、经济和生态效益情况，各级财政资金到位、拨借与使用情况，银行贷款、集体和农民自筹资金落实情况等。国家验收组听取了市农发办及大兴、昌平两个区农发办2001—2003年农业综合开发工作情况汇报，随机抽验了大兴区榆垡、青云店镇、昌平区百善、小汤山4个乡镇，并对其2001—2003年农业综合开发项目完成、资

金使用、工程管护等情况进行了全面检查。通过检查，验收组对北京市2001—2003年农业综合开发项目管理、资金使用等方面给予了充分肯定。

（三）规范资金管理，提高资金使用效益

资金的有效投入和规范管理是搞好农业综合开发项目建设的前提保证。2004年，北京市按照国家农发办有关规定，不断规范资金管理，提高资金使用效益。

1. 建立地方财政配套资金预算制度。为确保配套资金的落实，市、区县财政部门根据当年中央财政资金投入规模，确定本级配套资金数额，及时列入当年财政预算，确保了地方财政配套资金及时足额到位。

2. 进一步完善资金报账程序、规范资金报账手续。2004年项目实施前，组织建设单位对单项工程进行工程预算和成本核算，由建设单位和施工单位签定合同。在施工期间，农发办与建设单位和监理人员到现场进行施工监理，发现问题及时纠正。单项工程完工后，施工单位提交竣工报告，建设单位自验后，申请农发办和监理人员共验。验收合格后，农发办凭验收单、工程合同和原始凭证，直接拨款。

3. 加强监督检查，确保资金安全运行。农业综合开发资金来源渠道多、涉及面广、支出政策性强、管理难度大。为确保农业综合开发资金专款专用，安全运行，各级农发办不断加大检查力度。在项目实施中，定期与不定期对资金使用情况进行检查。同时，配合财政部专员办、审计局等部门对项目资金进行外部审计。对在内部检查和外部审计中发现的问题，及时予以纠正。

（北京市农业综合开发办公室供稿，殷世红执笔）

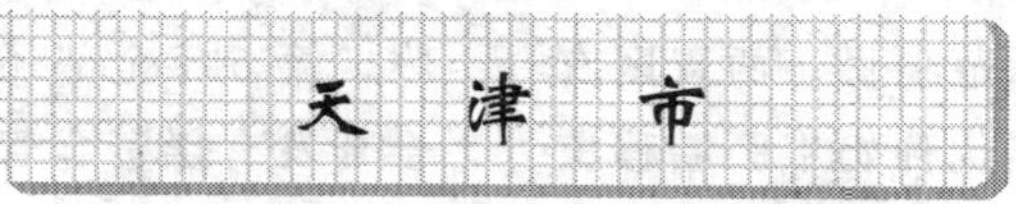

天　津　市

2004年，天津市农业综合开发工作不断规范和加强项目和资金管理工作，加大对农业综合开发项目的投入，农业开发项目区农业生产基本条件得到明显改善，农业综合生产能力得到显著提高，增加了农民收入，较好地完成了全年的各项工作任务。

一、农业综合开发基本情况

2004年，天津市共实施18个农业综合开发项目，涉及11个项目区（县），总投资规模3.20亿元，其中：财政资金2.22亿元。土地治理项目8个，治理面积26.5万亩，总投资1.37亿元，其中：财政资金1.11亿元；产业化经营项目7个，总投资1.32亿元，其中：财政资金6 882.90万元；高新科技示范项目2个，总投资1 370万元，其中：财政资金1 000万元；现代化示范项目1个，总投资1 587.05万元，其中：财政资金1 000万元。

二、农业综合开发项目建设及效益情况

（一）土地治理项目

2004年天津市土地治理项目以蓟县、宝坻区、武清区、静海县、宁河县5个项目区县作为全市的粮食主产县，共安排中低产田改造21.5万亩，占全市中低产田改造面积的81.13%。截止2004年12月31日，已完成中低产田改造项目30.32万亩，新建排灌站68座，新打、修复机井639眼，开挖疏浚渠道47.99公里，渠系建设物193座，改良土壤面积9.8万亩，新增农田防护林网面积4.06万亩。据统计，2004年项目区农民年纯收入增加总额5 229.05万元，新增粮食生产能力5 020.5万公斤、棉花234.25万公斤、油料35万公斤、饲料作物42万公斤。中低产田改造项目的实施，不仅使

项目区农业生产基本条件大为改善，防灾抗灾能力增强，同时增加了项目区农民的收入，提高了农业综合生产能力，增加了农产品产量，为天津市农业可持续发展做出了一定的贡献。

（二）产业化经营项目

天津市按照国家农业综合开发办公室关于产业化经营项目“重点扶持国家级和省级产业化龙头企业”的要求，来安排和实施2004年度产业化经营项目。截止2004年12月31日，产业化经营项目完成投资1.32亿元，年新增总产值1.35亿元，年新增增加值5 908.85万元，年新增利税3 420.53万元，项目区受益农民人数达50 998人，受益农民年收入增加额9 881.8万元，新增农村劳动力就业人数1 828人。产业化经营项目的实施将进一步促进天津市农业产业结构的调整和增加农民收入。

（三）科技示范项目

2004年是完成科技示范类项目建设任务的关键性一年，天津市共涉及3个在建科技类示范项目，分别是：武清区高新科技示范项目、西青区农业现代化示范项目、宁河县高产优种奶牛胚胎移植高新科技示范项目。天津市农业综合开发办公室严格按照国家农业综合开发办公室批复的项目实施计划组织实施，截止2004年12月31日，3个科技示范项目年度建设任务已完成投资2 959.05万元，辐射带动能力和示范作用不断显现，据统计，科技示范项目年新增总产值6 415.3万元，年新增增加值5 736.4万元，年新增利税1 911.2万元，项目区受益农民人数达7 500人，受益农民年收入增加额2 793.2万元，年培训劳动力就业人数8 500人。取得了较好的经济效益、社会效益和生态效益。

三、农业综合开发工作主要做法及成效

（一）调整了农业综合开发资金投入比例，减轻了区（县）财政的配套压力。

为适应建立公共财政管理体制的要求，加快天津市农业产业结构调整，增加农民收入，不断提高农业综合生产能力，近年来随着国家对天津市农业综合开发资金投入不断增加，中央、市级财政资金投入规模的不断加大，区（县）财政落实配套资金的难度越来越大，为减轻区（县）财政配套资金的压力，经研究并报国家农业综合开发办公室同意，天津市农业综合开发中央财政资金、市级财政配套资金和区（县）财政配套资金的比例由原来的1:1:1，调整为1:1.4:0.6，即市本级财政承担地方财政配套资金的70%，区（县）财政承担地方财政配套资金的30%，从而减轻了区（县）财政配套资金的压力。

（二）降低有偿资金比例，加大有偿资金回收力度

按照国家的有关规定，从2004年起天津市土地治理项目取消了中央、市级财政资金10%的有偿投入，实行全部无偿投入。产业化经营项目有偿、无偿的比例由原来的80∶20，调整为70∶30。在降低有偿资金比例的同时，针对产业化经营项目大多见效慢、回报率低且资金拨付时间相对较长的特点，延长了有偿资金回收期限，由原来的第4年开始回收，第5年全部还清，改为第5年开始回收，第6年全部还清。同时，按照财政部《农业综合开发有偿资金管理暂行规定》的要求，加大了对到期有偿资金回收的力度，各项目区（县）加大了有偿资金的回收力度，按期偿还了中央和市级财政有偿资金，从而确保了市级财政配套资金足额落实到位和按期归还中央财政有偿资金。

（三）加强了农业综合开发县级报账制工作

按照国家农业综合开发办公室《关于进一步加强农业综合开发资金县级报账制工作的通知》的要求，2004年天津市各项目区（县）进一步规范实行农业综合开发资金县级报账制，认真执行报账制的有关规定。天津市农业综合开发办公室一方面要求各项目区（县）严格执行现行的报账制的有关规定，另一方面根据各项目区（县）对现行报账制提出的有关意见和建议进行反复研究和修改，写出了关于修改现行报账制的调研报告。

（四）配合审计部门做好对全市农业综合开发项目的审计工作

自2004年年初起，天津市审计局对天津市农业综合开发办公室和各项目区（县）2001至

2003年度农业综合开发项目资金拨付、使用及管理方面的情况进行了审计。在审计期间，各级农发部门与市审计局紧密配合，对全市三年来的农业综合开发项目进行了认真全面的审计，有关项目区（县）对审计中发现的问题积极进行整改，市审计局对全市各级农业综合开发办公室三年来不断规范和加强资金管理工作，特别是执行国家农业综合开发财务制度、县级报账制，做好基础工作等方面给予了高度评价。

（五）不断加强财务基础工作

2004年天津市各级农业综合开发部门，认真学习贯彻执行财务管理办法、会计制度、县级报账制的有关规定，在做好财务管理基础工作的同时，加强决算的汇总、编制工作，提高决算质量，按期完成上报了农业综合开发资金决算报表、统计报表、季度报表等各项财务报表，2004年天津市农业综合开发资金决算报表被国家农业综合开发办公室评为二等奖。

（六）继续规范和加强项目管理工作，确保工程建设质量。

2004年天津市继续规范和加强项目管理工作，各项目区（县）按照天津市农业综合开发办公室制定的项目建议书、可行性研究报告编写提纲的要求，在做好选项工作的同时，较好地完成了2004年度农业综合开发项目建议书、可行性研究报告的编报工作。天津市农业综合开发办公室按照项目的申报和审批程序，组织有关专家认真做好项目论证工作，确定了天津市2004年农业综合开发项目，天津市上报的由国家农业综合开发办公室评估论证的2个土地治理项目和5个产业化经营项目顺利通过了国家级论证。同时，按照《县级农业综合开发操作规程》的要求，为规范和加强农业综合开发项目扩初设计的编制和评审工作，土地治理项目由水利局水科所统一编制扩初设计，产业化经营项目由财政投资评审中心对项目扩初设计进行审核，从而确保了农业开发项目工程质量和资金的合理使用。在此基础上，天津市农业综合开发办公室对项目区（县）上报的项目实施计划进行了认真的审核，按期保质保量地完成了项目计划的编报工作，并及时将2004年度农业综合开发项目计划批复到项目区（县）。

（七）积极推行工程监理制、公示制和招投标制

按照《国家农业综合开发办公室关于印发〈国家农业综合开发土地治理项目工程建设监理办法（试行）〉的通知》的要求，天津市在2004年土地治理项目实施中按照规定对土地治理项目工程建设进行监理。同时，产业化经营项目的建设单位也聘请了有资质的单位进行了监理，通过项目工程监理制使全市农业综合开发项目的工程建设质量得到提高、建设标准得到保证。

按照《国家农业综合开发土地治理项目和资金公示制暂行规定》的要求，天津市2004年度在有土地治理项目的区（县）实行了土地治理项目公示制，取消了标志牌，建立了公示牌，增加了土地治理项目的透明度。

2004年天津市各项目区（县）和项目建设单位继续开展招投标试点工作，从试点的情况看，无论从招投标的程序还是招投标的内容均取得了一定的经验，为下一步在全市范围内开展此项工作奠定了基础。

（八）加强调研和宣传工作

为加强调研工作，在总结历年工作的基础上，天津市农发办制定下发了《关于认真做好天津市2004年度农业综合开发调研工作的通知》，全市共完成了调研报告8篇，按期上报了天津市上半年农业和农村经济形势分析材料，同时完成了关于农业综合开发县级报账制的调研报告。为加强宣传工作，天津市农业综合开发办公室要求各项目区（县）加大农业综合开发宣传的力度，《中国财经报》对天津市三年来农业综合开发工作的成绩进行了宣传报道，北辰区、宁河县、大港区、西青区、塘沽区先后在《天津日报》、天津电视台等多家媒体分别宣传了农业综合开发工作。

（九）圆满完成国家级验收工作任务

2004年国家农业综合开发办公室对天津市2001至2003年度农业综合开发竣工项目进行了国家级验收工作。天津市各级开发部门围绕这一中心

工作，按照市农业综合开发办公室的统一部署，认真进行了验收前的各项前期准备工作。首先，结合2003年度农业综合开发竣工项目验收工作，对全市11个项目区（县）2001至2003年度农业综合开发竣工项目进行了全面细致的检查验收，对检查验收中发现的问题，要求有关区（县）限期进行整改，有关项目区（县）按照市农业综合开发办公室整改意见的要求，积极进行整改工作，从而确保了全市三年农业综合开发竣工项目验收工作的顺利完成。其次，各项目区（县）按照市农业综合开发办公室的要求，上报了本区（县）《2001至2003年度农业综合开发竣工项目验收报告》和三年农业综合开发项目情况的位置图及光盘，市农业综合开发办公室在此基础上，组织有关人员按期完成上报了《关于申请国家农业综合开发办公室对我市2001至2003年度农业综合开发竣工项目验收的报告》、《天津市2001至2003年度农业综合开发项目验收报告》、《天津市2001至2003年度农业综合开发工作总结》、《天津市2001至2003年度农业综合开发资金管理工作的总结》等有关文字材料，绘制了2001至2003年度项目区位置图并按年度编制了文件汇编，同时将全市三年的农业综合开发工作情况刻录成光盘。经过全市各级农发系统同志们的共同努力，较好地完成了验收前各项前期准备工作，为圆满完成国家级验收工作任务奠定了基础。国家验收组在天津验收期间听取了全市农业综合开发工作情况的汇报，观看了农业综合开发工作情况的录像资料，检查了天津市2001至2003年度农业综合开发项目的所有批复文件、市级财政配套资金和有偿资金的借款合同及项目档案资料，重点抽查了西青区和北辰区农业综合开发项目。国家验收组对天津市2001至2003年度农业综合开发项目建设和资金管理及内部管理等各项工作给予了充分肯定。

（天津市农业综合开发办公室供稿，赵军执笔）

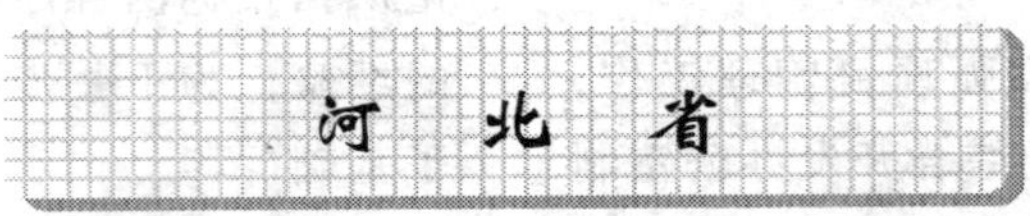

河　北　省

2004年，河北省农业综合开发工作以中低产田改造为中心的农业基础设施建设，改善农业生产条件和生态环境，推进农业结构调整和农业产业化建设，创新机制、突出重点、强化管理，取得了显著成效。

一、农业综合开发的任务及完成情况

河北省121个开发县（市、区），全年共投入农业综合开发资金8.03亿元，其中，财政资金5.2亿元，自筹资金2.54亿元，银行贷款2 929万元。重点实施了海河平原土地治理项目、产业化经营项目、坝上生态农业工程项目和专项科技示范项目。全省改造中低产田82.4万亩，生态综合治理12.21万亩，建设产业化经营项目34个，续建专项科技示范项目6个。配合农口有关部门实施了太行山绿化、名优经济林（花卉）、土地复垦、秸秆养畜、草场改良、良种繁育、水利骨干工程配套等项目。

二、农业综合开发工作的主要成效

（一）围绕确保粮食生产安全，加强了农业基础设施建设

2004年，河北省农业综合开发继续坚持以中低产田改造为重点，加强农业基础设施建设，改善了农业生产基本条件，提高了农业综合生产能力，特别是粮食生产能力，为确保粮食安全做出了贡献。中低产田改造项目突出了节水这一重点，在不同区域因地制宜地采取不同形式，发展节水灌溉，建设高产、节水、高效的高标准基本农田。中低产田改造项目共安排资金3.23亿元，其中财政资金2.6亿元，改造中低产田82.4万亩。项目建设内容

包括铺设地下防渗管道、新打或维修机井、灌溉电力配套设施建设等水利措施，推广良种、整修农路、改良土壤等农业措施和营造农田防护林等林业措施。

（二）支持优势农产品产业带建设，推进了农业产业结构调整和产业化经营

按照全面规划、分步实施、重点建设的思路，选择优势农产品和优势主导产业，集中扶持。突出对产业明显、发展前景好的项目重点扶持。对带动能力强、企业机制新、生产经营好的产业化龙头企业连续扶持。并按区域布局重点扶持了畜牧、林果、蔬菜三大主导产业和花卉苗木、食用菌等新兴产业。安排项目时优先安排龙头带基地，基地连农户，产业优势明显，带动作用强，运营机制好的农产品加工类重点龙头项目和农民直接受益的靠粮食转化的肉蛋奶项目。把农产品生产、加工、销售连接起来，延长产业链条，实现农产品加工转化增值。畜牧业扶持的重点是奶牛业，林果业重点扶持优质苹果、沙地梨、京东板栗、太行山大枣等优质干鲜果品基地建设。坝上地区和京津周围地区重点扶持冷凉区错季蔬菜和花卉苗木产业发展。全省产业化经营项目共安排资金2.02亿元，其中财政资金7 900万元。建设的项目有：产业化经营项目30个，其中以奶牛为重点的养殖项目12个，投入财政资金3 500万元；种植业项目3个；加工项目9个；储藏保鲜项目4个；产地批发市场项目1个；其他项目1个。此外，建设参股经营项目4个。

（三）突出重点抓科技示范项目实施，提高了项目区农业科技水平

围绕发展优势农产品生产和农业特色主导产业，针对农业科技进步中的关键问题和薄弱环节，引进、开发、示范、推广国内外农业先进品种、先进技术，加快项目区科技兴农的步伐。一方面突出抓好科技示范园区建设。专项科技示范项目共安排资金3 008.58万元，其中财政资金1 411.42万元，重点抓在建的三河、藁城、蠡县、桃城区、清河、邯郸县等6个专项科技示范项目。通过先进适用技术和先进品种的引进推广，进一步提高项目区的科技水平和科技贡献率。另一方面集中项目建设中的科技措施资金，突出抓先进适用技术的引进与推广。全省共投入1 526万元科技资金集中使用于科技配套措施项目，共安排科技推广项目34个，培训项目区农民20万人次，购置仪器设备95台件。科技推广主要内容是优质专用小麦、玉米、水稻等作物和无公害蔬菜新品种、新技术、旱作农业栽培技术及先进灌溉技术等。

（四）搞好农业生态建设，促进了农业可持续发展

平原项目区建设林路框架工程，营造农田防护林，改良土壤，改善农业生态环境。丘陵山区和坝上地区，紧密配合大的生态工程项目建设，以流域、区域为单元，对区域生态进行综合治理，对区域生态资源要素进行优化配置，建设高产稳产田，为退耕还林工程创造有利条件。生态综合治理项目共安排资金8 300万元，完成生态综合治理面积12.21万亩。

（五）外资二期项目顺利通过国家验收，外资三期项目正式立项

外资二期项目自1998年开始实施到2003年竣工，共完成投资11.9亿元，其中世界银行贷款5 000万美元，地方财政配套4亿元，完成中低产田改造任务400万亩，已于2004年3月份顺利通过国家竣工验收，并获得好评。在外资二期项目竣工的同时，积极争取世行外资三期项目。外资三期项目计划总投资7.37亿元，其中世行贷款4 080万美元。

（六）农业综合开发宣传工作取得新成效

积极向杂志、报刊提供稿件，在《人民日报》、《农民日报》、《河北日报》、《中国财经报》、河北电视台等多家新闻媒体宣传河北省农业开发工作。《人民日报》2004年6月22日头版头条以《不求项目有标牌，但求百姓有口碑——河北农业开发好钢用在刀刃上》为题，对河北省农业综合开发成果和求真务实的作风进行了报道，这是河北省农业综合开发立项开发以来首次高规格报道，在全省乃至全国农业开发系统引起了广泛的关注；2004年6月29日在中央电视台二套“金土地”栏目播报了尚义县坝上生态农业工程建设成果，河北电视台新闻

节目多次播出农业开发消息；《河北日报》、《河北经济报》多次报道农业开发成果与经验。2004 年是宣传力度最大，档次最高，效果最好的一年，也是各级领导和全社会更加关注、重视农业开发工作的一年。

三、推进农业综合开发的主要工作措施

（一）围绕全省农业农村中心工作，确定农业开发基本思路

2004 年，河北省委、省政府对农业综合开发工作重视程度进一步提高，河北省委六届五次全会专题研究农业农村问题，并提出通过农业开发，加强农业基础设施建设，改善农业生产条件，来保证粮食安全，增加农民收入。河北省农开办继续落实“两个着力、两个提高”的开发方针，着力加强农业基础设施建设和生态环境建设，提高农业综合生产能力，保证粮食安全；着力推进农业和农村经济结构的战略性调整，积极推进农业产业化经营，提高农业综合效益，增加农民收入。进一步完善投资政策，创新开发运行机制，严格项目和资金管理，与时俱进，求真务实，努力开创全省农业综合开发工作的新局面。

（二）突出重点，下决心解决开发面铺得过大的问题

按照国家农业综合开发联席会议精神和河北省政府要求，在财力有限的情况下，突出重点，集中投入，实现重点突破，加强项目县的管理，原则上不再新增开发县数量，对确实没有开发潜力的县（场）及时退出了开发范围，对开发潜力大的农业大县确需新进入开发范围的要坚持进一退一、力争多退少进。同时向农业主产区特别是粮食主产市县倾斜，项目安排相对集中，明确扶持重点，减少项目个数，扩大项目规模，发挥规模效益，不“撒胡椒面”。农业产业化经营项目以畜牧、蔬菜、林果为重点，突出扶持以奶牛、肉牛、肉羊和生猪为主的畜牧业，突出扶持市场前景好，带动效应大、农民受益多的龙头企业。2004 年，加大了对 24 个重点县和 2 个坝上重点示范区土地治理项目的投入力度。重点县的主要条件是资源优势明显，结构调整好，工作先进，项目资金管理规范，地方领导重视，群众积极性高。重点县投资规模达到了开发县平均投资规模的 150% 以上。

（三）坚持科学的发展观，走以人为本、全面协调可持续发展的路子

在贯彻落实科学发展观方面，重点抓了以下几个方面，一是继续坚持以中低产田改造为重点，加强粮食主产区基本农田农业基础设施建设，为增强农业综合生产能力特别是粮食生产能力、确保国家粮食安全作出贡献。二是走可持续发展的路子。中低产田改造突出节水这一重点，在安排 2004 年项目时，把投资重点放在了节水措施上，把农业开发项目区建成高标准节水农业示范区。在加强农业基础设施建设的同时，注重加强农业生态环境建设，促进农业可持续发展。土地治理项目通过改良土壤，涵养水源，防风固沙，推进生态建设。坝上生态农业工程项目，以改善生态环境和增加农民收入为目标，以流域、区域为单元，对区域生态资源进行综合治理，对区域生态资源要素进行优化配置，促进农业的可持续发展。三是推进农业结构调整，促进农业产业化经营。土地治理项目围绕结构调整和优势农产品产业带建设改造中低产田。产业化经营项目围绕结构调整和优势农产品产业带建设扶持龙头建基地，促进优势农产品产业化。

（四）创新机制，推动农业开发工作健康发展

2004 年，河北省农业开发办公室在不断创新机制方面进行了积极的探索和实践，重点从 8 个方面进行了机制创新。一是项目县动态管理机制，坚持“总量控制，有退有进、违规淘汰、末位暂停”，打破“终身制”，实行动态管理。二是创新投入机制，完善财政资金引导机制，利用市场手段，充分调动项目区广大农民、地方政府和其他各方面投入农业综合开发，参与农业开发的积极性。按国家农业综合开发要求，积极进行经营性开发的试点准备工作。三是竞争立项的机制，坚持公平、公正、公开、透明的原则，坚持专家评审、择优选项。四是工程建设质量保障机制。除农民投工投劳的工程外，其他大的土建工程通过招投标选择施工队，建立健全工程质量监督、检查、验收制度，确保高质

量建设项目。五是农发资金安全运行机制，进一步完善县级财政报账制，管好用好农发资金。六是项目运行机制，所建项目产权明晰，使用管护、维修相统一，责权利紧密结合。七是激励和约束机制，对项目计划执行情况、项目和资金管理情况进行检查、评比和奖优罚劣，开展争先创优，促进工作开展。八是责任追究机制，各级农业开发部门内部实行责任制，坚持谁考察谁负责，谁审查谁负责，谁验收谁负责。

（五）坚持求真务实，全面加强项目管理

一是深入细致地做好项目前期工作。积极推行专家评审制、项目法人制和招投标制。在编制项目计划之前，自下而上和自上而下征求项目区干部群众意见，为了使项目更加科学合理，河北省对重点项目直接审定扩初设计，其他项目由各市组织审定，并报省农发办备案。省农发办对各市审定的扩初设计进行抽查，通报抽查情况，对设计不认真、审定走过场的追究相关市农发办和有关专家的责任，扣减相应投资规模。二是强化项目计划的严肃性。在项目执行过程中，要求不得随意变更项目计划，严格按计划和设计施工，确需变更的按国家农发办和省农发办规定的权限和时间及时报批。对擅自变更和先变更后申报的作为违规违纪问题进行处理。三是坚持求真务实。项目建设坚持高标准、高质量，确保立项一个，成功一个，建设一处，发挥效益一处，不再强调统一建设标志碑，坚决杜绝华而不实的“形象工程”、“虚假工程”和“政绩工程”，坚决杜绝豆腐渣工程，实实在在为项目区农民办实事。四是建成项目明确产权，落实管护责任，健全管护制度，加强跟踪监测，防止人为损坏，确保长期发挥效益。

（六）强化监督检查，全面加强资金管理

一是切实落实“专款专用、专账核算、专人管理”的规定。二是进一步规范和全面推行财政资金县级报账制，坚决杜绝挤占、挪用开发资金，认真贯彻落实财政部农发资金财务管理办法和新的会计制度，重点抓好财务管理，杜绝大额现金支出和白条入账。三是按规定时限及时拨付资金，不滞留，不延期拨付，不用当期资金抵顶归还到期有偿资金，不虚列支出、套取财政资金、空转财政资金。四是全面推行大宗物资集中采购，千方百计降低工程造价和成本。五是进一步加强有偿资金的管理，加强对项目单位资产经营情况和信誉情况的检查审计，落实抵押担保手续，确保到期资金的回收。六是改进中期检查和竣工验收办法，实行奖优罚劣。对平时工作中掌握的项目和资金管理存在较多问题的县和项目直接确定为重点检查对象，对其他县和项目的检查继续实行随机抽取。把每年安排的集中检查和平时经常性检查结合起来，把本系统组织的检查和审计检查、财政监督检查、利用社会中介机构检查结合起来。2004年省级检查就是参照专员办的检查方法对2003年度项目和资金进行检查，每个检查小组都有一名会计事务所的人员参加，实行检查验收工作责任制，并不断强化验收结果全程责任追究制，改变审定项目与验收项目责任不清的问题。通过检查评比客观公正地确定各项目市县的位次，作为奖惩依据。检查完后，对评出的海开土地治理项目“红旗县”、产业化经营“优胜项目”和坝上生态农业工程“创业杯”先进县进行奖励，对发生严重违规违纪问题的、检查评比中属于末位的或存在较大问题的县按照国家农发办有关规定暂停或取消立项资格。继续按照基数加因素的方法来确定各市投资规模，并逐步加大工作因素比例。

（七）加强制度建设，实行规范管理

2004年，河北省农开办根据国家农发办新的政策修订完善了《项目资金分配和奖惩办法》、《土地治理项目抓重点县和示范区意见》、《农业综合开发项目年度检查评比办法》、《土地治理科技项目管理办法》、《产业化经营项目竞争立项办法》、《创新开发机制指导性意见》、《坝上生态农业工程示范区建设意见》、《省办工作规则》等制度；转发了国家农发办下发的《土地治理项目和资金公示制暂行规定》、《土地治理项目监理办法》、《土地治理项目建设标准》、《开发县管理暂行办法》、《加强农发资金县级财政报账制的通知》等，进一步推进了项目和资金的规范化管理。

（八）加强队伍建设，努力转变工作作风

首先，加强学习。河北省农开办党总支印发了《关于创建学习型机关的安排意见》，2004年6月3日至7日，利用三天时间，组织全体党员干部集中学习了“三个代表”重要思想及其理论、依法行政、深化对河北省情的认识、坚持可持续的发展观、党风廉政建设和党员监督条例等内容，聘请河北省委党校四位教授来省农发办授课。进一步增强大局意识、责任意识，自觉践行“三个代表”的重要思想。第二，提高业务素质。为了提高开发人员业务素质，许多市上半年进行了业务培训。河北省农业开发办公室组织了资金决算、外资项目管理、产业化经营项目的培训。第三，转变作风。强化“三农”意识，增强危机感和使命感，坚持廉洁从政，勤政为民，真正做到情为民所系，权为民所用，利为民所谋。经常深入到项目区农民群众中，调查研究，了解实情，及时发现和解决存在的问题，不断改进工作。扎扎实实地为农民办实事、办好事，不做表面文章，不摆花架子，不搞劳民伤财的“形象工程”、“政绩工程”。第四，加强领导。积极争取各级党委、政府及各有关部门对农业综合开发工作的支持，机构分设的农业开发和财政部门要互相协调配合，共同做好工作。

（河北省农业综合开发办公室供稿，闫明珠执笔）

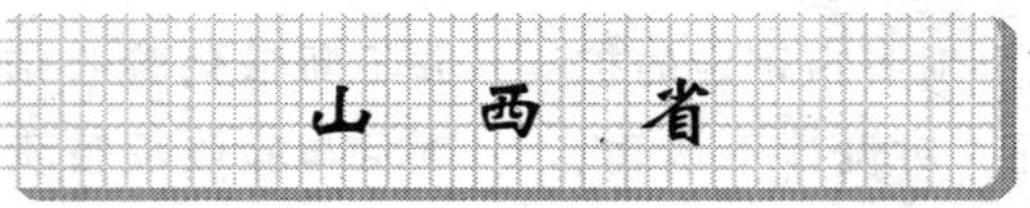

山　西　省

2004年，山西省农业综合开发部门认真贯彻中央一号文件精神和国家农业综合开发的各项方针政策，紧紧围绕全面建设小康社会的目标，努力增加投入、突出开发重点；深化改革、创新机制、强化管理，较好地完成了全年开发任务，为山西省农业和农村经济发展，增加农民收入做出了新的贡献。

一、2004年山西省农业综合开发基本情况

山西省2004年国家农业综合开发项目共涉及大同、朔州、忻州、吕梁、太原、晋中、临汾、长治、运城、晋城、阳泉11个市的62个县（市、区），以及山西省监狱局、劳教局、农科院、农业厅、林业厅、水利厅和国土资源厅7个部门。

同时，为了加大农业综合开发的力度，扩大开发规模，山西省财政厅还从省级预算内安排专项资金，对省立项农业综合开发项目县及粮食重点县的中低产田改造项目进行扶持。省立项的5个开发县是汾阳县、浮山县、沁水县、潞城市和榆次区。

（一）国家农业综合开发项目资金投入情况

2004年，全省共完成国家农业综合开发项目总投资6.76亿元，其中财政资金3.29亿元，自筹资金2.86亿元，银行贷款6 100万元。

分类项目资金投入情况如下：

1. 土地治理项目。完成总投资2.92亿元（其中当年投资2.45亿元，上年结转投资0.47亿元），占计划3.35亿元的87.2%。其中财政资金2.06亿元（其中当年财政资金1.66亿元，上年结转财政资金4 000万元），占计划2.37亿元的86.9%；自筹资金8 600万元。

2. 产业化经营项目。完成总投资3.24亿元(其中当年投资2.92亿元，上年结转投资3 200万元)，占计划3.78亿元的85.7%。其中财政资金7 000万元（其中当年财政资金5 400万元，上年结转财政资金1 600万元），占计划8 800万元的79.5%；自筹资金1.93亿元；银行贷款6 100万元。

3. 科技示范项目。完成总投资1 600万元（其中当年投资1 100万元，上年结转投资500万元），占计划2 600万元的61.5%。其中财政资金900万元（其中当年财政资金700万元，上年结转财政资

金200万元)，占计划1 400万元的64.3%；自筹资金700万元；银行贷款未完成。

(二)国家农业综合开发项目建设及效益情况

1.土地治理项目。2004年，全省共完成国家农业综合开发土地治理项目64.43万亩(其中当年任务51.08万亩，上年结转13.35万亩)，占计划73.84万亩的87.3%。其中中低产田改造57.51万亩(其中当年任务45.63万亩，上年结转11.88万亩)，占计划65.89万亩的87.3%；生态综合治理6.92万亩(其中当年任务5.45万亩，上年结转1.47万亩)，占计划7.95万亩的87.1%。完成的主要工程措施：新建和修复机电井1 166眼，修建衬砌渠道343.64公里，渠系建筑物8 883座，新修和拓宽机耕路1 135.29公里，修梯田埂347.29公里，购置农业机械和设备等438台套，营造农田防护林9.56万亩，技术培训16.5万人次。项目效益情况：项目区共新增和改善灌溉面积42.62万亩，新增节水灌溉面积26.59万亩，增加农田林网防护面积40.58万亩，增加机耕面积11.12万亩。共新增粮食生产能力7 802.5万公斤，棉花124.01万公斤，油料71.1万公斤，饲料作物519.95万公斤。项目区直接受益农户13.4万户，直接受益农业人口49.9万人，人均增收223.2元。

2.产业化经营项目。2004年，全省共完成国家农业综合开发产业化经营项目25个(其中当年任务21个，上年结转4个)，其中种植项目3个(其中经济林1.01万亩，设施蔬菜72亩，药材1万亩)，养殖项目10个(畜牧养殖年出栏4.54万头，年末存栏4.26万头)，加工项目9个，储藏保鲜项目3个。通过产业化经营项目的实施建设，项目区共计新增干鲜果520万公斤，肉405.66万公斤，奶1 473万公斤，蛋100万公斤；加工转化农产品3.08亿公斤。新增总产值4.03亿元，新增利税7 987.53万元。项目区直接受益农户4.65万户，直接受益农业人口16.7万人，直接受益农民年收入增加总额1.04亿元，新增就业人数7 291人。

3.科技示范项目。2004年国家农业综合开发科技示范项目完成示范及推广面积1.12万亩，完成品种、技术引进、示范及推广15项，技术培训0.6万人次。科技示范项目的实施，扩大良种种植面积3.72万亩。年新增总产值6 291.13万元，新增利税1 278.28万元。项目区直接受益农户7 994户，直接受益农业人口2.73万人，直接受益农民纯收入增加总额2 338.21万元，培训合格劳动力3 312人。通过项目的实施建设，项目区农业生产条件得到明显改善，农业综合生产能力显著提高，农业结构得到了进一步调整，为全省农业和农村经济发展，增加农民收入和确保国家粮食安全做出了积极的贡献。

二、狠抓资金投入，突出开发重点，全面提高农业综合生产能力

2004年，中央财政新增山西省农发资金1 746万元，增长8.2%，山西省财政也把增加农业综合开发资金投入作为财政支持“三农”工作的重点，在国家降低了山西省地方财政配套资金比例的情况下，省级预算不但没有减少农发资金投入，而且还增加了2 327万元，比上年增长22.1%，是近几年来增加最多的一年。除保证国家批复的农业综合开发项目按规定落实省级财政配套资金外，还安排了4 800万元用于省立项的农业综合开发，重点支持了山西省粮食主产区中低产田改造项目。充分体现了山西省财政对农发工作和“三农”工作的重视与支持。也为扩大农业综合开发规模，让更多的农民群众受益，提高更大范围的农业综合生产能力，提供了强有力的资金保障。

为了集中资金办大事、突出重点抓关键，把有限的资金用于解决制约农业生产的主要因素上，山西省在资金安排和选择项目上突出了四个重点：一是向粮食主产区倾斜，加大中低产田改造力度，确保粮食安全。2004年，山西省用于土地治理项目的财政资金达2.06亿元。开发治理面积64.43万亩，其中改造中低产田57.51万亩；二是发挥区域优势，促进产业结构调整，大力扶持龙头企业和专业合作经济组织。2004年，全省用于产业化经营项目财政资金达6 979.68万元，先后扶持了产业化经营项目39个；三是实施生态工程建设，推进可持续协调发展。2004年用于农业综合开发生态建

设的财政资金达4 308.87万元，重点支持了黄河上中游水土保持项目、太行山绿化项目和雁门关生态畜牧经济区建设，以及农业综合开发生态综合治理项目；四是重点扶持了永济、大同、祁县三个农业综合开发科技示范区建设。通过扶持，永济、大同、祁县三个科技示范区已为当地的农业生产起到科技示范引导的作用。

三、深化改革，创新机制，不断增强农业综合开发的内在活力和动力

2004年，山西省农发办根据财政部《关于改革和完善农业综合开发若干政策措施的意见》，结合全省的实际情况，落实了四项政策，建立和完善了三项机制。

（一）落实三项政策，促进农业综合开发健康发展

1.加大对粮食主产区投入力度的政策。2004年，山西省农业综合开发土地治理项目70%以上的资金集中用于了粮食主产区特别是粮食主产区的中低产田改造项目。省立项的5个项目县和13个中低产田改造项目，以及国家增量资金安排的8个中低产田改造项目和2个土地出让金安排的中低产田改造项目，全部在粮食主产区实施。充分体现了向粮食主产区倾斜的政策。

2.调整了地方财政配套政策。按照财政部《关于调整农业综合开发资金若干投入比例的规定》，中央财政与省地方财政配套比例由过去的1:0.85降为1:0.5，对此根据山西省各地经济发展和财力状况，通过调查测算，在既能调动各市增加农业综合开发资金投入的积极性，又能确保配套资金足额的情况下，科学合理地确定了地方财政资金配套比例。总体上，省财政承担地方配套资金的82%，大大地减轻了市县财政的配套压力，为落实农发资金投入政策，确保资金足额到位起到了积极的作用。

3.完善了农民筹资投劳政策。2004年，山西省农发办根据《国家农业综合开发农民筹资投劳管理暂行规定》，在调查研究的基础上，结合实际，对农民筹资投劳做了具体的规定。降低了农民筹资投劳的比例，由原来的1:1降为1:0.7，明确规定自筹资金和投工投劳各占50%。特别是对省立项的土地治理项目，规定了农民筹资投劳仅占省财政资金的50%，其中自筹资金和投工投劳分别为25%。

（二）完善三项机制，进一步增强农业综合开发内在活力

1.建立了省立项农业综合开发机制。2004年，国家降低了山西省地方财政配套资金比例，减少了省财政用于国家立项的农业综合开发配套资金3 500万元，但山西省财政不仅没有减少省级农发资金预算，而且年初还将此项预算增加了1 362万元，增长比例为12.9%。山西省财政厅还决定，将节余的配套资金用于省立项的农业综合开发。为此，山西省农发办还制定下发了《山西省农业综合开发项目和资金管理暂行办法》。

2.完善了农业综合开发投入机制。2004年，在山西省财政厅领导的大力支持和有关处室的积极配合下，从山西省省级集中的土地出让金收益中安排农业综合开发资金965万元，用于农业综合开发。同时，利用市场机制，发挥财政资金“四两拨千斤”的作用，吸引“大户”投入农业综合开发。进一步拓宽了筹资渠道，做大了开发蛋糕。

3.完善了农民为主体的开发机制。2004年，在全省范围推行了土地治理项目的工程招投标制、公示制。并按照农村税费改革的有关规定，对土地治理项目严格执行“一事一议”的制度，落实群众自筹资金和投工投劳。所有申报的土地治理项目必须按规定经过村民大会（或村民代表大会、村民小组会议）三分之二以上的人员签字同意后方能申报项目。项目计划一经批复下达，必须张榜公布，在开发的全过程中农民充分享有参与权、决策权、知情权、监督权，使过去“要我开发”变为“我要开发”，确立了农民在农业综合开发中的主体地位。

四、健全制度，强化管理，努力提高农业综合开发管理水平

2004年，在制度建设和管理方面山西省主要做了以下工作。

（一）健全制度，规范农业综合开发管理工作

2004年，根据国家的有关政策，结合山西省实际，制定了《山西省农业综合开发项目和资金管理暂行规定》、《关于调整农业综合开发资金若干投入比例的规定》等9个有关农业综合开发项目和资金管理的制度规定。

2004年，为了切实加强山西省农业综合开发的组织领导，山西省政府领导批准，调整了“山西省农业综合开发领导组成员”，并以山西省政府办公厅的名义下达了正式文件。6月8日，由山西省人民政府副秘书长主持，召开了第一次领导组联席会议。范堆相常务副省长亲临会议，详细听取了近年来全省农业综合开发工作的汇报，并对全省农业综合开发取得的成绩给予了充分的肯定，对今后的工作做出了重要的指示。会后以山西省政府办公厅的名义下发了《会议纪要》，大大激励了各级农发部门搞好农业综合开发的热情。

（二）强化管理，提高农业综合开发管理水平

在抓好制度建设的同时，山西省在强化项目和资金管理方面重点抓了三项工作。

1. 加强项目前期准备工作，完善项目评审制，严把立项第一关。山西省农发办要求各级开发部门和财政部门要切实加强项目的前期准备工作，对所有申报的土地治理项目必须进行实地考查评估，在此基础上组织有关技术人员实地勘测，依据技术规范和行业标准编制工程设计任务书和工程预算，最后形成年度农业综合开发计划，上报省农发办。省农发办组织具有实践经验的技术人员和有关专家进行集中评审，并按照统一制定的项目评审原则和规定，进行初步评审打分。对计划编制和项目初步设计存在问题较多、打分结果排在后20名的开发县，再集中进行现场质疑、专家评审，对其存在的问题及时加以纠正，从而尽可能地保证项目计划和工程设计科学合理。与此同时，山西省农发办对所有开发县编报的项目计划和工程设计的评审意见及存在问题、打分结果建立项目评审档案备查，并反馈给各市、县，认真加以修改落实。这样做不仅提高了项目计划编制的质量和科学性，解决了以往项目计划与工程预算脱节的问题，而且在一定程度上也增强了管理人员科学严谨的工作意识，为顺利组织实施项目计划、加快项目批复和施工进度奠定了良好的基础。

在对产业化经营项目的管理上，山西省农发办采取了集中评审与聘请中介机构实地考查评估相结合的办法。一般产业化项目按照统一制定的评审标准，经专家评审择优立项；对投资额较大的重点产业化项目，省农发办委托省财政投资评审中心和会计师事务所进行实地考查评审，出具验资报告和偿债能力分析报告，在确保还款且符合规定的立项条件下，方可立项扶持，从而大大增强了项目的真实性和可信度，为科学选择项目奠定了基础。

2. 加强资金管理，确保农发资金安全运行和有效使用。如何确保农发资金安全运行和有效使用，是整个农业综合开发工作的核心任务，也是衡量农发工作成绩的主要指标。在资金管理上，山西省首先从预算管理入手，严格按照国家有关规定，将农业综合开发资金纳入各级财政预算管理，使资金管理具有法律约束力和保障力。同时对各市、县的配套资金落实情况和整个资金到位情况进行考核，并将考核结果作为安排项目和资金的重要依据。同时为了加快预算资金支出进度，山西省农发办从自身做起，要求工作人员在接到中央财政预算指标后必须在15个工作日内下达预算指标和项目批复；要求市级财政和农发部门在接到省下达的预算指标和项目批复后，要在15个工作日内连同市级配套资金下达预算指标和项目批复。这样不仅保证了配套资金的落实，也加快了预算支出进度。其次，加强以报账制为核心的财务管理，确保资金安排有效使用。2004年，山西省针对全省农业综合开发资金报账制发展不平衡、一些地方报账程序不规范、会计核算不严密等问题，及时下发了文件，要求进一步加强农业综合开发资金县级报账制管理，各开发县必须按照规定实行县级报账制，对不实行县级报账制的将取消其开发县资格。与此同时，山西省农发办还组织了全省县级报账制和财务会计培训班，并将县级报账流程和会计核算编制成模拟账用于培训教学，收到了良好效果。截至目前，山西省所有开发县全部实行了报账制，还有相

当一部分县实行了会计电算化。第三，加强对有偿资金的管理。为了进一步摸清农业综合开发有偿资金的管理使用的情况，了解和掌握有偿资金形成坏账的原因，归避财务债务风险，2004年山西省农发办下发了《关于做好2003年以前省级财政农业综合开发土地有偿资金摸底调查的通知》，全面开展了对全省历年到期的周转金归还和欠账情况的调查工作。同时，加强了2004年全省农业综合开发到期有偿资金的回收工作，全省共收回到期有偿资金3 425万元，占到期有偿资金的61.1%。

3. 加大监督检查力度。监督检查是农业综合开发项目和资金管理的一个重要内容和关键环节，也是确保农业综合开发各项政策得以落实的重要措施。2004年，山西省农发办采取全面检查与重点抽查相结合，专项检查和工程验收、中期检查和竣工验收相结合的办法，先后在全省范围内组织了农业综合开发项目和资金管理年检查验收、农业综合开发项目和资金管理大检查以及对农业综合开发科技项目中期检查评价和对部门项目的验收工作。通过检查验收，表扬奖励先进，及时纠正解决存在的问题，严格按规定处理违反财经纪律的问题，进一步提高了山西省农业综合开发的管理水平，保证了农业综合开发工作的健康发展。

4. 狠抓基础工作，不断提升农业综合开发管理的质量。2004年，山西省把填报“农业综合开发项目计划报表”、“资金决算报表”、“项目统计报表”和“资金季度报表”作为重点基础工作来抓。省农发办要求各级财政部门和农发部门无论是上报项目计划、资金决算还是统计报表，都必须做到内容详实、数字准确、分析具体、按时完成工作任务，并将上述四套报表作为各市、县工作考核的内容，与资金分配挂钩，以此促进各地切实加强农发基础工作，提高整体管理水平。同时还召开了全省农业综合开发决算、统计报表座谈会，认真分析工作中存在的问题，研究部署今后的工作，并表彰了资金决算和统计报表工作的先进单位，调动各级财政部门和农发部门做好各项管理基础工作的积极性。2004年，在省内各地和省农发办的共同努力下，省农发办按时完成了全省农业综合开发计划编制和资金决算、统计报表、季度报表的汇总编报工作，受到国家农发办的好评，其中2003年度资金决算荣获全国评比二等奖。

为了提高项目计划和工程预算编制的质量，建立统一、规范、科学的预算编制方法，2004年，山西省还组织具有实践经验的技术人员和有关专家编制了《农业综合开发工程图集》和《农业综合开发预算编制手册》，填补了农业综合开发工程与预算管理方面的两项空白，为建立农业综合开发行业标准奠定了基础，也为全省建立统一、规范、科学的工程技术管理和预算编制奠定了基础。

五、加大宣传力度，进一步扩大农业综合开发的影响

为了宣传党和国家农业综合开发的方针政策，集中展示1990年—2004年这十五年来山西农业综合开发的奋斗历程和辉煌业绩，2004年10月，山西省成功地举办了“山西省农业综合开发十五年成就展”。展厅面积1 000多平方米，展出图片1 000多幅，文字20 000多字，展示农产品千余种。历时三天的展览共接待全省各级农发部门、财政部门以及项目区的干部群众和社会各界人士、中小学生近万人，还吸引了110多家企业到会展销产品、洽谈贸易和技术合作，共签订了12份定货合同和协作意向，合同金额达3 757万元。展览充分体现了党和国家确定的农业综合开发方针政策的巨大生命力及其对促进农业农村经济发展、增加农民收入的巨大推动力，赢得了各级领导和社会各界对农业综合开发的普遍关注和支持，也极大地调动和鼓舞了广大农发干部和项目区群众进一步搞好农业综合开发的积极性和热情，产生了良好的社会效应。

为了配合“十五年成就展”，还举办了“三晋农业综合开发巡礼”特别报道活动。中国财经报、农民日报、山西日报、山西电视台、山西广播电台、山西经济时报、山西农民报、农民信息报等多家新闻媒体的20多名记者参加了这次活动。记者们深入20多个开发县进行采访报道，编写播发有关农业综合开发的稿件70多篇。集中地宣传了山

西省农业综合开发取得的显著成就。

2004年，山西省农发办还编印了5期《山西省农业综合开发》杂志、7期简报，给山西省财政厅报送信息53条；完成了《山西农业综合开发进一步保证粮食安全的定位与思考》、《农业综合开发促进农民增收》和《立足当地、突出重点，走持续稳定的农业综合开发之路》三篇调研报告，按时上报了国家农发办。

六、加强农业综合开发办事机构和干部队伍建设

首先，在机构职能建设上，山西省要求各级农发部门尽可能与省农发办机构在设置上做到上下对口，理顺机构职能，配备相应的技术和管理人员，以适应农业综合开发的需要。截至目前，山西省11个市级农发办有7个设在财政部门，1个归口财政管理，3个是独立的事业单位。县级农发办一半以上归口财政部门管理，为落实配套资金和保证资金到位起到了积极的作用。

其次，在提高干部队伍素质上，狠抓业务培训，举办了全省农业综合开发财务管理、资金报账制、决算、统计培训班。还采取每会必训的方法，将项目评审、决算布置、检查验收与业务培训结合起来，尽可能地利用各种场合和机会学习、掌握农发工作的方针政策和业务知识。

第三，在作风建设上，结合“行风评议”，“创建人民满意的公务员”和党风廉政建设活动，切实加强农业综合开发系统的队伍建设和作风建设；要求各级农发部门的干部职工加强政治理论学习和业务学习，牢固树立为人民服务的公仆意识，以执政为民、廉洁自律、求真务实、开拓创新为工作要求，为山西省农业和农村发展做出新的贡献。

（山西省农业综合开发办公室供稿，王引斌执笔）

内蒙古自治区

一、农业综合开发基本情况

2004年，内蒙古自治区农业综合开发项目涉及78个旗（县），8个农牧场管理局；计划总投资10.16亿元，其中财政资金5.57亿元、自筹资金3.62亿元。用于中低产田改造4.36亿元，计划改造中低产田96.6万亩；草原建设投资1.65亿元，计划完成草原建设124.14万亩；产业化经营项目45个，计划投资4.05亿元。截至2004年末，内蒙古自治区已完成农业综合开发投资8.87亿元，共改造中低产田89.9万亩，改良草场和人工种草100.45万亩，完成产业化项目建设35个。

二、农业综合开发项目建设取得的成效

（一）经济效益

2004年通过实施土地治理项目，全自治区主要农产品新增生产能力为：粮食1.1亿公斤，棉花30万公斤，油料594.84万公斤，糖料928.6万公斤，干草1.32亿公斤，饲料作物1.61亿公斤。项目区年直接受益农户95 296户，直接受益农牧民361 842人，项目区直接受益农牧民收入增加总额1.43亿元。实施产业化经营项目，新增蔬菜120万公斤、花卉153.6万枝、药材156万公斤、肉类476.5万公斤、奶934.86万公斤、加工转化农产品2.19亿公斤；年新增总产值5.65亿元，年新增增加值2.51亿元，年新增利税1.16亿元；直接受益农牧民年新增纯收入总额1.71亿元，年直接受益农牧户81 992户，年直接受益农牧民284 981人，年增加就业人数18 466人，其中增加农牧民就业人数16 478人。实施科技示范项目，年扩大良种种植面积0.2万亩；年新增总产值1 198万元，年新增增加值592万元，年新增利税345万元；项目区年直接受益农户8 308户，直接受益农牧民29 670人，项目区直接受益农牧民年收入增加总额311万元。年培训合格劳动力4 677人。

（二）社会效益

内蒙古自治区农业综合开发工作始终坚持正确的指导思想，适时地将农业综合开发目标调整为把农牧业增产和农牧民增收紧密结合。很多项目区通过实施农业综合开发，改善了生产条件，安排了农村劳动力就业，增加了农牧民收入，发展了当地经济，促进了农村经济繁荣和社会稳定。

2004年，全区新增和改善灌溉面积95.01万亩，新增和改善除涝面积12.88万亩，新增节水灌溉面积89.96万亩，节水量7 200.11万立方米；增加机耕面积44.74万亩，新增农机总动力5 862.65千瓦；扩大良种种植面积58.76万亩。

农业综合开发项目的建设，使项目区就业人数大大增加。扩大良种种植面积，加强了农业适用技术的推广应用，将适用技术和高新技术结合起来，提高了农业综合开发的技术含量，加强了对广大农牧民的科技培训，提高了农牧民科学种田、科学养畜的能力和水平。

（三）生态效益

近年来，内蒙古自治区农业综合开发加大了保护生态环境的力度，把保护生态环境与改造中低产田放在同等重要的位置。在丘陵山区，重点搞好项目区周边的水土保持林、水源涵养林；在平原地区，重点建设农田防护林；草原建设项目突出抓好人工种草和草场改良，有效遏制草场沙化、退化。2004年项目区新增农田防护林网防护面积78.67万亩，治理沙化土地面积503.3万亩，控制水土流失面积142.67万亩，在一定程度上恢复原有植被，提高了森林覆盖率，改善了生态环境和农民生活环境。

三、主要做法和经验

（一）坚持以粮食主产区为投入重点，加快中低产改造步伐

根据当前农业和农村工作及农业综合开发的形势，按照党中央、国务院关于新阶段农业和农村工作的方针政策和对农业综合开发工作的要求，2004年内蒙古自治区农业综合开发坚持以农业主产区特别是粮食主产旗（县）为投入重点，共投入中央财政资金2.08亿元用于粮食主产区中低产田改造。

（二）坚持以节水灌溉为中低产田改造项目的主要建设内容，为调整农业种植结构创造条件

农业综合开发初期，我国粮食供需矛盾突出，内蒙古自治区农业综合开发工作的指导思想是以改造中低产田和开垦宜农荒地为重点。从1995年起，内蒙古自治区确立了以改造中低产田、扩大水浇地面积为重点，全面禁止开垦宜农荒地，把节水灌溉作为土地治理项目主要建设内容的指导思想。2000年起自治区要求所有项目区必须要有节水措施，每年扩大节水灌溉面积100万亩，占全区新增节水灌溉面积一半以上。2004年，内蒙古自治区农业综合开发土地治理项目重点支持了河套平原发展井黄双灌、东四盟市井灌区发展深井电泵结合地埋管理灌溉模式、河库灌区发展高标准衬砌渠道灌溉等不同类型的节水模式的实施。

（三）认真落实内蒙古自治区党委、政府确定的农牧业产业化经营意见

2004年，农业综合开发产业化经营项目按照《内蒙古自治区党委、政府关于进一步推进农牧业产业化经营的意见》，全力支持发展六大主导产业。本着市场导向、效益优先、发挥优势的宗旨，自治区农业综合开发严把立项关，坚持宁缺勿滥的立项原则，积极支持了目前已在国内市场居领先地位的优势产业，做大做强乳、肉、绒产业和具有一定规模的龙头企业；培育壮大粮油、马铃薯、饲草饲料产业。2004年，内蒙古自治区农业综合开发投资参股经营两个项目——鄂尔多斯市四季青农业开发有限公司年产1.2万吨精选羊肉生产线扩建项目和赤峰市塞飞亚集团有限责任公司年产2万吨禽类熟食制品工程扩建项目，中央财政投资参股2 500万元。鄂尔多斯市和赤峰市农发部门按照有关要求，积极稳妥地做好经营性开发试点的各项工作，为全区农业开发参股经营开了一个好头。

近年来，内蒙古自治区农业综合开发把产业化经营项目资金主要投入在为龙头企业建设稳定的基地方面，与农牧民直接签订有偿资金借款合同，使农牧民与企业成为利益共同体。这是一条扩大企业生产规模，直接增加农牧民收入的成功经验。2004年，农业开发产业化经营项目共投入财政资金1.11亿元。其中在呼市、包头、鄂尔多斯市为伊利、蒙牛奶源基地建设和其他养殖项目投入5 003万元，促进了农区畜牧业的发展。一些农业开发连续扶持的加工企业也起到了龙头作用，如赤峰的塞飞亚、海拉尔市的元盛、锡林浩特的众新兴公司、鄂尔多斯市的四季青公司和科尔沁牛业等肉类加工企业，共投入财政资金9 212万元。此外，在部分盟市扶持一些苗木、花卉及蔬菜基地建设，共投资658万元。

（四）坚持农业开发资金先配套后拨款和“三专”的管理模式

近年来，内蒙古自治区各级农发办严格执行国家农发办出台的一系列关于农业综合开发财务和会计管理的规范性文件，基层财会人员的素质比过去有所提高，经常性的层层监督检查也对纠正农业综合开发资金管理中的不规范行为起到了重要作用。实践证明，农业综合开发资金不离开财政渠道、多种经营项目不离开农牧民渠道是保证资金安全运行的成功经验。在资金拨付上，内蒙古自治区采取了先用自筹、后用配套的办法，有偿资金回收是农业综合开发的一项重要工作，近几年来，自治区农发办除定期专门组织人员催收外，主要采取了还款与下一年投资挂钩的做法，产生了很好的效果，2003年到期有偿资金回收率达90%以上。

（五）坚持引进、推广国内外先进农业科技成果，提高科技在农牧业生产中的贡献率

通过培训提高农牧民科学种田水平和推广先进农业科技成果，是农业综合开发的重要建设内容。从2002年起，自治区农发办直接拿出一部分资金，安排区直院校和科研院所的科技人员在农业综合开发项目区推广一批高水平农业适用技术，带动开发区提高农业科技贡献率。2004年农业综合开发加大了科技推广力度，在项目区推广科技成果和技术14项。同时重点盟、市也拿出一部分资金请大专院校科研院所的科技人员在农业综合开发项目区大力推广农业适用技术。

（六）坚持以增加草业生产和生态建设为农业综合开发草原建设的重点

农业综合开发草原建设项目的重点是实施大面积人工种草和草场改良，逐渐改变散养散放的牧业生产方式，尽快使草原绿起来，使牧民富起来。项目实施以来，自治区农发办始终把草场建设作为项目建设的主要内容，在有条件的地区大力发展人工种草，在改良草场的措施上，引导牧民搞划区轮牧、采取免耕法播种优质牧草、实行林草兼种，这些措施都较大幅度地提高了单位面积产草量，深受广大牧民的欢迎，取得了较好的效果。近年来，自治区农发办在家庭牧场大力推行因地制宜地修建小塘坝、小水池，有效利用天上水和截流地表水，为扩大灌溉草场面积和实现草原畜牧业的可持续发展进行了有益的探索。农业综合开发草原建设项目的实施，在改善畜牧业基础条件的同时，也使牧民和一些基层干部的观念意识发生了很大变化，多数牧民和牧区干部已经认识到了草原建设的重要性，群众筹资投劳进行草原建设的积极性不断提高。

2004年，内蒙古自治区把农业综合开发草原建设项目与牧区结构调整和生态环境治理结合起来，为全面建设牧区小康社会奠定基础。除此之外，近年来农业综合开发推行的综合利用农牧业资源、项目区集中连片建设、资金跟着项目走、无节水措施不予立项等原则被实践证明是行之有效的做法，在今后的农业综合开发中仍要继续坚持。

（七）积极组织全区农发项目验收，实行奖优罚劣

根据《国家农业综合开发项目和资金管理暂行办法》的有关规定，由自治区农业综合开发领导小组办公室、自治区农业开发评审中心、自治区审计厅及有关单位人员组成8个验收组，于2004年6月到7月，对全区12个盟市的78个旗（县）和8个国有农牧场的2001—2003年农业综合开发项目进行了全面检查验收。针对验收中发现的问题，及时召开有关盟、市会议，就如何纠正审计查出的问

题作了专项部署，要求所有违纪单位在2004年底之前将挪用、挤占资金全部归位。对违规违纪严重的盟（市）、旗（县）严格执行了奖优罚劣政策。

（内蒙古自治区农业综合开发办公室供稿　初晓密执笔）

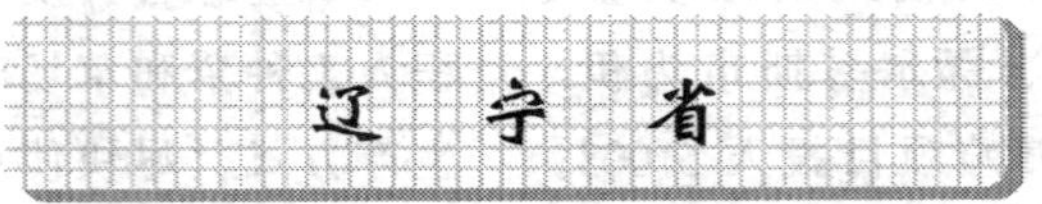

辽宁省

2004年，辽宁省农业综合开发认真贯彻落实《财政部关于改革和完善农业综合开发若干政策措施的意见》，坚持“改善条件、综合发展、民办公助、合力开发、规范管理”的基本原则，努力增加投入，加强农业基础设施和生态环境建设，积极推进农业产业化经营，推动了农业和农村经济的发展。

一、农业综合开发基本情况

2004年，辽宁省农业综合开发项目共涉及14个市的60个县（市、区），全年实施开发的基本情况如下：

（一）资金投入情况

2004年，辽宁省完成农业综合开发总投资23.43亿元，其中财政资金8.49亿元、银行贷款4.2亿元、农民群众自筹资金10.74亿元。

土地治理项目共完成投资8.33亿元，其中财政资金4.87亿元、银行贷款2 500万元、农民群众自筹资金3.21亿元。产业化经营项目共完成投资14.09亿元，其中财政资金2.72亿元、银行贷款3.92亿元、农民群众自筹资金7.44亿元。科技示范项目共完成投资3 752.39万元，其中财政资金2 673万元、银行贷款260万元、农民群众自筹资金819.39万元。

（二）项目建设情况

土地治理项目计划完成较好。2004年土地治理项目进一步集中连片，落实改造中低产田项目90个，完成中低产田改造114.39万亩，完成生态综合治理10.84万亩。

产业化经营项目计划进展顺利。2004年全省农业综合开发产业化经营共完成种植项目7个、养殖项目26个、加工项目20个。发展经济林1 500亩、设施蔬菜700亩、设施花卉600亩、水产养殖9.75万亩。开展了经营性开发试点工作，按照投资参股经营应遵循的原则，经过认真的筛选、评估，确定了沈阳、营口、盘锦市的4个重点产业化龙头项目，投入投资参股财政资金6 400万元，按照《公司法》，授权资产运营机构进行运营。

科技专项示范项目计划全部完成。2004年全省实施科技推广综合示范项目共引进品种、技术218项，示范及推广面积6 100亩，技术培训15 000人次。

二、农业综合开发项目取得的效益

（一）改善了农业基本生产条件和生态环境

通过开发，加强了农业基础设施建设，成果主要有：兴修水利，新建扩建小型水库1座，新建和修复机电井10 128眼，衬砌渠道140.84公里；加强农业和农机措施，改良土壤35.83万亩，修机耕路1 248.74公里；造林16.51万亩；开展技术培训101.8万人次。通过农业综合开发的填平补齐、挖潜改造、配套成龙，项目区基本上形成了“旱能灌、涝能排、田成方、树成行、渠相连、路相通”的规范化高产稳产农田。通过土地治理项目建设，改善了农业生产条件及生态环境，新增和改善灌溉面积96.86万亩，新增和改善除涝面积21.79万亩，新增农田林网防护面积79.31万亩，增加机耕面积17.11万亩，新增农机总动力51.4万千瓦。

通过加强农业基础设施建设，推动了农业生产基地的发展，形成了一批各具特色的优质农产品主产区。如，昌图县加大对付家乡、古榆乡等七个乡镇的投入力度，现改造水浇花生6万亩，牵动花生种植面积扩大已达到20万亩，形成闻名全省的花生生产加工基地。

（二）提高了农业综合生产能力

通过土地治理项目建设，2004年新增粮食生产能力1.67亿公斤、油料366.50万公斤、糖料204.11万公斤、干草2 409.5万公斤、饲料作物1 075万公斤。通过产业化经营项目建设，新增干鲜果品4.3万公斤、蔬菜405万公斤、花卉1 000万枝、药材104.8万公斤、肉621万公斤、蛋231万公斤、奶2 827万公斤、水产品3 068.79万公斤。

（三）促进了农民增收

农业综合开发推动了农业结构调整，增加了农民收入。通过专项科技示范项目建设，共扩大良种种植面积11.13万亩，新增总产值2.11亿元、增加值1.76亿元。通过发展产业化经营项目，扶持龙头企业，使其一头连接千家万户的农民，一头连接千变万化的市场，把市场信息及时传递给农户，并迅速反馈、落实到农产品的生产、加工和销售等环节之中，避免了盲目生产造成的积压，对农业结构调整起到了引导示范作用。沈阳市绿丰食品有限公司作为辽宁唯一的出口肉牛、肉羊加工产品的企业，带动农户6 000多户，年产值达3亿元，出口创汇1 500万美元。东陵区榆园酸菜加工项目，生产的产品被沈阳市政府评为放心食品，年加工蔬菜近亿斤，带动周边农户7 000户，拥有生产基地3万亩。

为了加快了农业现代化步伐，2004年，农业综合开发完善农产品质量检测体系6个，扶持农技服务站42个，优质农产品种植面积达到48.17万亩。

三、农业综合开发采取的主要措施和做法

（一）突出农业综合开发重点

辽宁省依据各地主要农产品的产量等指标，按照省政府2004年农村工作会议界定的范围，确定康平、法库、新民、辽中、苏家屯、台安、海城、东港、北宁、凌海、黑山、大石桥、彰武、阜蒙、辽阳、灯塔、铁岭、昌图、开原、西丰、建平、盘山、大洼等23个产粮大县（市、区）为全省农业综合开发重点县。从2004年起，新增农业综合开发资金重点用于粮食主产区。2004年，辽宁省农业综合开发向粮食主产区倾斜，全省23个产粮大县的土地治理项目财政投资占全省的60%，中低产田改造任务量占全省的59%。

（二）调整农业综合开发区域布局

根据农业部《优势农产品区域布局规划》和本省实际情况，辽宁确定全省的优势农产品为专用玉米、高油大豆、环渤海水果、肉牛、水产品及水稻、蔬菜、水果、小杂粮、花卉、特色产品等，要求农业综合开发围绕这些优势农产品，进一步调整优化农业综合开发区域布局，发展优势产业和优势产品，努力形成各具特色的优势产区。主要的做法是：大力促进沿海发达地区优质稻米、水产、水果和畜牧业发展；稳定提高中部平原地区粮食生产和精品农业质量；突出特色搞好辽东地区绿色稻米开发、天然林保护，发展林果药材经济；加大力度发展辽西干旱地区旱作农业、林、草经济和畜牧业；快速实现辽北地区粮牧并举的产业格局。重点扶持辐射带动作用强的产业化龙头企业，鼓励农民建立起县有紧密的利益联结机制的专业合作经济组织，积极推进产业化经营，促进农业和农村经济结构的战略调整，提高农业的综合效益。

（三）完善农业综合开发地方财政配套资金政策

2004年国家降低了辽宁省农业综合开发地方财政配套比例，由上年的中央财政与地方财政1:0.82的比例，降为1:0.6。国家降低地方财政资金配套比例后，辽宁省级财政安排农发项目的配套资金数额增加，要求市级财政安排农发项目的配套资金数不能比上年下降，并且所安排的配套资金要占市、县两级农发项目配套资金的60%以上。同时，辽宁省对19个省扶贫工作重点县和民族自治县给予资金配套补助照顾，这些县财政配套资金比例占省、市、县三级地方财政配套资金的5%以

内，减轻这些县的配套压力。

（四）改革和创新管理制度，提高管理的科学化、规范化水平

《财政部关于改革和完善农业综合开发若干政策措施的意见》下发后，辽宁省结合实际，形成了《辽宁省关于改革和完善农业综合开发若干政策措施的实施意见》。同时，按照改革意见的总体要求，制订和完善了一系列具体办法，包括《辽宁省农业综合开发县级报账制实施办法》、《辽宁省农业综合开发土地治理项目和资金公示制实施细则》、《辽宁省农业综合开发土地治理项目财政资金绩效评价暂行办法》，并对招标投标、工程建设监理、投资参股经营等工作提出了具体实施意见。如对2004年申报的185个项目全面开展了项目评估，对实现项目决策科学化、减小项目投资风险、防范腐败行为都具有重要的意义。为了使项目管理更加公开，也为了接受群众监督，以及更广泛地吸引民间资本、工商资本和外商资本参与农业开发，使选项的范围更广，从2004年起辽宁省全面实行了公示制。在土地治理项目的建设过程中和竣工后，将项目和资金管理情况及时向项目区受益农户公示。以答记者问的形式，通过新闻媒体向社会公布了产业化经营项目申报的指导思想、重点建设内容及相关要求，从而使项目申报工作更加公开、公平，既增加了透明度，也扩大了农业综合开发的影响面。综合配套健全的制度，使开发工作越来越规范。

（五）强化监督检查，确保各项工作措施落到实处

2004年辽宁组织了对2003年度项目的验收，开展了项目和资金大检查，进行了46个中低产田改造项目的绩效评价工作，并积极参与和配合各级审计部门、财政监督局对全省农业综合开发资金进行监督检查，发现并及时解决资金运行中存在的各种问题。一年来，经过努力工作，农发资金管理、项目管理工作有了比较突出的进步，长期以来存在的各种资金管理上的问题有了明显的减少，资金运行水平和项目建设质量有了较大的提高。8月30日至31日，辽宁省政协郭延标主席和董万德、张成伦、徐文才副主席视察了农业综合开发工作并给予了充分肯定。参加视察的辽宁省政协领导一致认为，农业综合开发是国家公共财政支农数量大、农民受益最直接的民心工程，实践已经充分证明中央这个决策是非常正确的。它对加快农村经济发展、落实以人为本的科学发展观、打破城乡二元结构和振兴辽宁老工业基地具有特殊意义，所以各级领导和全社会都应该对农业综合开发给予更多的关注。

（六）加强调查研究，强化队伍建设

一是开展调查研究，并形成了《辽宁省农业综合开发财政有偿资金管理现状》、《关于经营性开发有关问题的调研报告》、《关于科技示范项目国有资产产权管理问题的调研报告》等8篇调研报告，其中有2篇发表在国家级刊物《中国农业综合开发》上。通过调查研究，为制订制度和办法提供了依据。二是开展宣传工作，在《农民日报》、《辽宁日报》等新闻媒体上宣传农业综合开发。如：在《辽宁日报》以厅领导答记者问的形式，宣传农业综合开发的有关政策；组织拍摄了电视片《为了农民增收》；编发《农业综合开发信息》21期。三是加强人员培训等基础性工作。举办培训班，对全省农业综合开发项目管理工作人员进行了业务培训，使他们对当前农业综合开发政策的理解水平有所提高，从而提升了他们的业务水平、工作能力。加强农业综合开发资金决算和统计年报工作，2004年辽宁省农业综合开发资金决算工作在全国系统的年度评比工作中荣获二等奖。四是加强思想作风建设。2004年辽宁省农发办组织全体同志认真学习党的十六大和十六届四中全会精神，使大家对树立科学的发展观、搞好农业综合开发、促进城乡协调发展有了更深刻的认识，增强了为人民服务和集体主义的观念，形成了扎扎实实工作、廉洁自律、按程序办事、不利用职权谋取私利的良好风气。

（辽宁省农业综合开发办公室供稿，任世忠、修玉萍执笔）

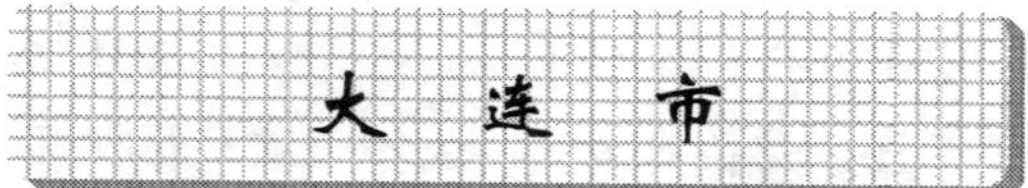

大　连　市

2004年，大连市农业综合开发以提高粮食产量和增加农民收入为目标，坚持集中投入、连片开发、综合治理的原则，以农业特别是粮食主产区为重点，以改造中低产田为主，集中精力建设一批旱涝保收、稳产高产的基本农田，着力促进粮食等大宗优势农产品的产业发展；抓好部分小流域地区的综合治理，提高农业可持续发展能力。同时按照一定要体现和充分发挥区域优势的原则，选择带动农民致富能力强、附加值高的农产品加工项目进行重点扶持，取得了明显的成效。

一、农业综合开发的基本情况

2004年，国家农发办核定大连市农业综合开发项目县7个，分别是甘井子区、旅顺口区、金州区、瓦房店市、普兰店市、庄河市和长海县。2004年农业综合开发项目涉及大连市59个乡镇、94个行政村、82.59万农业人口。项目区乡镇现有耕地113.46万亩，占全市的33.14%；中低产田面积51.25万亩，占全市的31.75%。项目区乡镇粮食总产量为2.99亿公斤，占全市的30.47%。项目区乡镇涉及农民纯收入总额34.56亿元。

2004年，大连市农业综合开发共计划改造中低产田20.79万亩、生态综合治理工程3.24万亩、水产养殖8.11万亩。计划实施中低产田改造项目44个、生态综合治理项目4个、种植项目3个、养殖项目11个、加工项目11个、储藏保鲜及产地批发市场项目2个、农业现代化示范项目1个、农业高新科技示范项目1个。经过一年的努力，土地治理项目完成中低产田改造14.81万亩，生态综合治理1.97万亩，完成了计划建设任务的68.16%。产业化经营项目共完成水产养殖7.15万亩、经济林1 000亩、设施蔬菜100亩、设施花卉470亩，完成加工项目7个、储藏保鲜及产地批发市场项目2个。现代化示范项目建设计划基本如期完成，高新科技示范项目完成0.2万亩，完成计划的62.5%。

2004年大连市农业综合开发项目计划总投资8.59亿元，其中财政资金2.56亿元、自筹资金3.7亿元，银行贷款2.33亿元。经过一年的努力，实际完成投资额6.56亿元，其中财政资金2.05亿元，自筹资金2.84亿元、银行贷款1.66亿元，完成计划的70.88%。

土地治理项目实际完成总投资8 703万元，其中财政资金7 385万元、自筹资金1 317万元，完成计划的58.8%；产业化经营项目实际完成5.04亿元，其中财政资金6 991万元、自筹资金2.68亿元、银行贷款1.66亿元，完成计划的74.47%；科技示范类项目实际完成总投资1 711万元，其中财政资金1 409万元，自筹资金302万元，完成计划的52.77%。

二、农业综合开发取得的效益

通过2004年度农业综合开发项目建设，大连市农业生产条件及生态环境进一步得到改善，取得了良好的经济效益、社会效益和生态效益，为实现农业增产和农民增收的目标做出了突出贡献。

2004年，土地治理项目新增灌溉面积11.26万亩，新增节水灌溉面积8.41万亩，年节约水量912.95万立方米；增加农田林网防护面积0.78万亩，控制水土流失面积38.41平方公里；新增粮食产量6 156.7万公斤、大豆146万公斤、干草及饲料作物2 484万公斤；项目区年直接受益农业人口9.58万人，直接受益农民年纯收入增加额为5 713万元，年人均增收596元。产业化经营项目新增水产品2 546.59万公斤、加工转化农产品5 233.69万公斤；增加农产品交易额2.06亿元，年新增利税3.46亿元；项目年直接受益农业人口7.77万人，直接受益农民年收入增加额为 9 369 万元，年人均增收 1 206 元，年新增就业人数 5 346 人。农业专项示范项目年扩大良种种植面积 0.33 万亩，年新增农业总产值 3 638 万元，项目区年直接受益农业人口 1.08 万人，直接受益农民年纯收入增加额共计为 1 612 万元。

三、农业综合开发的主要措施和做法

（一）建立农业综合开发联络员工作制度

为更好地协调和促进大连市农业综合开发工作，根据大连市政府刘俊文副市长的指示精神，大连市农发办下发了《关于建立大连市农业综合开发联络员工作制度的通知》（大财发［2004］177 号），从 2004 年 6 月起建立农业综合开发联络员工作制度。农业综合开发联络员工作制度的建立，改善了各部门参与农业综合开发的工作方式，提高了各部门参与农业综合开发工作热情，为进一步提高大连市农业综合开发各项工作水平创造了条件。

大连市农办准备从 2005 年的立项工作开始，请各联络员全方位参与大连市农业综合开发工作，包括参与市农发办组织的各项课题调研工作；参与市农发办重要政策、办法的制定；参与大连市农业综合开发项目前期工作；参与大连市农业综合开发竣工项目的验收工作。

（二）认真做好庄河市兰店高新科技示范项目竣工验收的准备工作

2004 年 8 月 27 日—8 月 30 日，国家农业综合开发竣工项目验收组一行 4 人对 2000 —2002 年庄河市兰店高新科技示范项目进行了全面验收。此次竣工项目验收工作时间紧、任务重，且项目竣工时间同验收时间相距较长，县、区农发办及项目建设管理人员变更较大。市农发办及庄河市农发办克服困难，全力以赴督促项目建设单位认真搞好了各项建设内容整改，抓好档案文档资料的补充、调整和整理工作，保证了国家农发办竣工验收组的正常验收。

2004 年大连市农业综合开发工作得到了各级领导的充分肯定，但认真总结，还有以下一些问题需在今后的工作中加以解决：一是项目前期准备工作仍然不足，可行性研究报告、扩初设计标准不高；二是虽然三令五申，但部分地区仍存在未经请示便擅自变更、增减项目建设内容的问题，尤以土地治理项目中水利设施建设内容的调整较多；三是有的乡镇项目管护措施不到位；四是部分产业化经营项目银行贷款难落实，部分资金落空。

（大连市农业综合开发办公室供稿，李晓峰执笔）

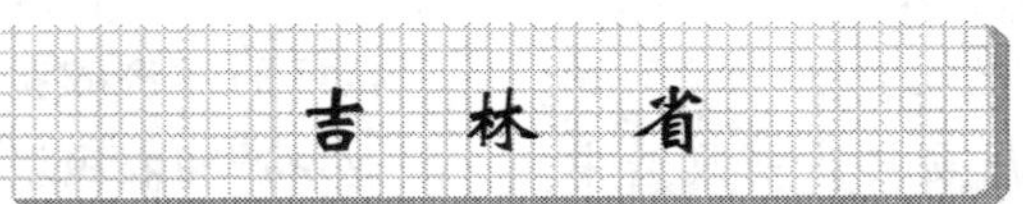

吉　林　省

2004 年，吉林省农业综合开发工作按照中央一号文件的精神要求，紧紧围绕推进农业机械化、十大产业开发和小康示范村建设三大工程，集中资金办大事，突出重点抓关键。主要的工作思路是：通过加强农业基础设施和生态建设，提高农业综合生产能力和农产品综合竞争能力；通过推进农业和农村经济结构的战略性调整，大力支持优势农产品产业带建设；积极推进农业产业化经营，提高农业综合效益。

一、农业综合开发的基本情况

2004 年，吉林省国家农业综合开发总投资计划为 22.4 亿元，其中财政资金 8.6 亿元、自筹资金 11.8 亿元、银行贷款 2 亿元。涉及 61 个开发项目县，计划改造中低产田 166.4 万亩、生态综合治理 18.5 万亩、中型灌区节水配套建设项目 2 个；扶持产业化经营种植项目 12 个、养殖项目 27 个、加工项目 22 个、产业批发市场项目 2 个；实施科

技示范项目2个。截至2004年底，吉林省农业综合开发投资完成17.6亿元，其中财政资金完成6.2亿元、自筹资金完成9.8亿元，完成总投资计划的83%。完成中低产田改造133.7万亩，占年度计划的80%；生态综合治理16.3万亩，占年度计划的88%；产业化经营种植项目完成8个，占年度计划的67%；养殖项目完成22个，占年度计划的82%；加工项目完成15个，占年度计划的68%；产地批发市场项目完成2个，占年度计划的100%。

二、农业综合开发取得的主要成效和经验

（一）扎实推进重点项目建设

一是加强了农业基础设施建设，提高了农业综合生产能力。2004年，吉林省农业综合开发共配套建设了35个灌溉区，18个排涝区，启动了世界银行自主灌排区项目，建设了一大批水利工程，维修加固小型水库26座、拦河坝45座、排灌站29座，打机电井1 140眼，衬砌渠道230公里，修建渠系桥涵闸建筑物670座、机耕路1 163公里。农业基础设施的改善，有效地提高了吉林省农业抵御自然灾害的能力，为吉林省粮食生产实现历史性跨越和保证国家粮食安全做出了贡献。

二是通过推进农业机械化，促进了农业生产降低成本、提高效益，增加了农民收入。2004年，吉林省农业综合开发在前两年试点的基础上，在9个县（市、区）的10个乡（镇、场）进行了全程农业机械化试点。据初步统计，试点项目区通过实行农业机械化，使斤粮成本降至0.21元，比一般性生产成本降低36%。通过农业机械化解放出来的大批劳动力，或组成副业合作社，或外出打工，收入较其他村屯平均高出25个百分点。通过机械化合作社的建设，促进了农村生产关系的调整，从而促进了新时期农村生产力的发展。

三是重点支持“十大产业”建设，促进了农业产业结构调整。2004年，吉林省农业综合开发重点支持了以德大公司、吉发集团为龙头的家禽养殖及加工业，以皓月集团、金昌集团为龙头的肉牛养殖及加工业，以九牛乳业公司为龙头的奶牛养殖业，以裕丰米业为龙头的优质粮种植及加工业，以精气神集团为龙头的生猪养殖及加工业，以富绅集团为龙头的绿色有机蔬菜种植及加工业，以图们特产实业、珍源药业为龙头的“北药”产业基地等“十大产业”建设。通过“公司+基地+农户”的形式，以农产品订单为载体，引导千家万户农民有目的地进行农业产业结构调整，带动农民增收致富。

四是把生态农业作为主要内容，为农业可持续发展提供示范。生态项目作为农业综合开发的重要内容，吉林省农发办在项目安排上一直对其给予高度重视。今年，全省共改良草场16.3万亩，植树造林4.4万亩，有效地缓解了土壤沙化、碱化和水土流失的程度，改善了农业生态环境，项目区的农业生产形成了良性循环。

五是坚持依托科技的方针，进一步强化农业综合开发的样板示范功能。继续坚持依托科技搞开发的原则，2004年吉林省投入专项科技示范资金3 017万元，建设了2个国家农业综合开发科技示范项目、14个省级科技示范区，吸引吉林省5所大专院校、科研院所和100多位科技人员参与农业综合开发项目建设。他们常年活跃在项目建设第一线，示范推广先进适用的农业技术，培训农民，形成了适合全省不同区域的开发建设模式。在科技示范区的带动下，各种先进适用的技术在项目区得到了普遍推广和应用，提高了农业的科技含量。

六是推动小康示范工程建设，使农业综合开发成为农村小康建设的重要力量。根据省财政小康村建设的总体规划，农业综合开发对小康村进行产业支撑，增加了小康示范村的造血功能，为小康村长期地发挥示范作用打下了坚实的基础。在吉林，农业综合开发已经成为全面建设农村小康社会的一支重要力量。

（二）项目资金管理实现新突破

2004年是吉林省农业综合开发的“资金管理效益年”。在选好项、立好项的基础上，吉林把加强农业综合开发资金管理作为重要内容来抓，着重练好内功，集思广益，实现了农业综合开发项目资金管理方法的重大创新。

1. 实现了农业综合开发项目管理方法的创新。

（1）实行项目建设全过程监督制度。在立项环

节，实行专家评估论证制度、竞争立项制度，实现了农业开发项目立项的公平、公正、公开；在项目实施环节，实行招标投标制度（施工合同制）、监理制、预（决）算制和县级报账制，保证了农发项目的建设质量、工程进度和资金安全；在项目竣工环节，实行验收制、资产移交制和落实管护责任，确保农业综合开发项目长期发挥效益。

(2) 实行竞争立项，增加选项的科学合理性和透明度。2004年，吉林省对产业化经营龙头项目、中型灌区节水配套项目和生态项目实行了全省范围内的竞争立项。此外，还对产业化经营项目可研编制单位进行了招标，由省农发办进行组织，不同行业的专家按照科学、合理、择优、突出重点、集中投入的原则进行民主评议和打分，实行淘汰制。通过竞争立项，把符合当前开发政策精神、农业资源条件优越、开发潜力大、农民群众愿望强烈、资金配套能力强的项目，优先纳入农业综合开发的扶持范围。这一做法体现了“阳光财政”精神，使农业综合开发选项、立项工作接受各级、各部门和社会各界的监督，进一步提高了农业综合开发项目立项和财政资金安排使用的透明度和科学性，起到了从源头上预防腐败现象发生的作用。

(3) 实行农发项目资金使用向农民公示制度。2004年，在农机化项目立项时，由吉林省农发办领导带队，直接深入农户家中征询意见。有270多户农民直接参与，积极为农发项目献言献策。对其他项目，也要求各市、县在上报农业综合开发项目时，要附有农民代表同意建设农发项目的签字，变“要我干”为“我要干”。在农业综合开发项目建设过程中，也注意接受广大农民群众的监督，使农业综合开发资金使用更加公开和透明。

(4) 对产业化经营项目跟踪问效。为了加强农业综合开发项目管理，吉林省农发办对近两年扶持的59个农业综合开发重点产业化项目进行了跟踪检查监测工作。通过对监管责任落实情况、财政投资到位及债务落实情况、项目单位的资金使用及建设任务完成情况、辅助账建账情况四个方面的跟踪监测发现，通过农业综合开发资金扶持的项目，在促进一方经济发展、带动农民增收致富方面发挥了重要作用。完工的项目创出优质产品品牌19个，在同行业中占领了较大的国内市场份额，还有一部分产品打入国际市场。截至2003年末，累计实现销售收入9.5亿元、利税1.2亿元，受益农民增收1.8亿元，辐射种植面积30万亩，辐射养殖户1.2万户。同时，吉林省农发办的《跟踪监测报告》提出了加强产业化项目管理的建议，为今后开展产业化经营项目提供了可资借鉴的历史资料，并系统地总结了搞好农业综合开发产业化经营项目的基本经验。

2. 实现了农业综合开发资金管理方法的创新

(1) 坚持实行按因素法分配农业综合开发资金。近几年，吉林省对农业综合开发中央财政资金实行了按因素法分配，按照11项影响因素，对各个市（州）进行打分，在综合考虑各市（州）的开发县数量的基础上，分配中央财政资金，体现了资金分配环节的公平、公正、公开和透明。

(2) 加强了以县级报账制为核心的资金管理制度。2004年，县级报账制工作得到了进一步的规范。吉林省明确要求各地县级报账制做到“五有”，即：有招标投标或承包合同，有单项工程和总工程预算，有工程阶段性验收和总验收的合格单，有工程支出合法正规的原始发票。同时，结合审计和系统内检查，加强监督约束。

(3) 建立了农业综合开发资金管理考核体系。为了规范农业综合开发资金管理，提高农业综合开发资金管理水平和使用效益，吉林省在深入研究和广泛征求意见的基础上，制定了农业综合开发资金管理考核办法，规定从会计基础工作、资金到位情况、资金支出情况、有偿资金管理、财务监督检查5个方面，按45个具体考核指标全面考核各市(州)、县（市、区）农业综合开发办公室资金管理情况。考核按优秀、合格、不合格确定等次。优秀单位为诚信单位，合格单位为协议单位，不合格单位为禁批单位。考核本着公平、公正、公开的原则进行。考核结果作为安排下一年农业综合开发投资控制指标和暂停或取消项目县资格的重要依据，同时也是考核各级农业综合开发办公室工作绩效的重要指标。资金管理考核体系的建立，促使了各市、县农业综合开发办公室更加重视资金管理工作，严

格执行各项规章制度，有力地促进了资金管理水平的提高。

(4) 狠抓资金到位工作。吉林省农发办始终把农业综合开发资金到位作为一项重要工作来抓。对资金到位实行平时按季调度、施工季节按月调度的办法，逐批计划、逐批指标调度并随时通报情况。同时，适时下达预算资金安排建议数，督促各地将配套资金列入年度预算。另外，还采取召开全省农发资金调度会的方式，督促资金支出进度慢的地区加快资金拨付进度。

(吉林省农业综合开发办公室供稿，侯英华执笔)

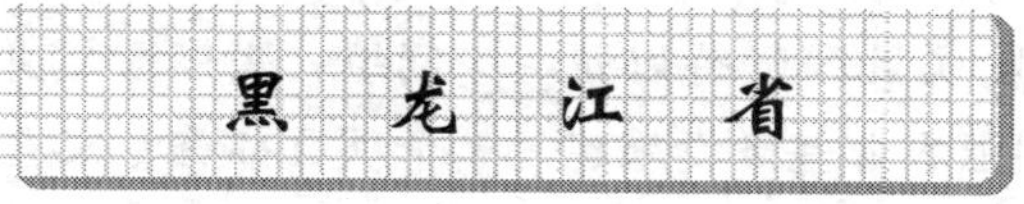

黑龙江省

一、农业综合开发基本情况

2004年，黑龙江省农业综合开发共涉及84个县（市、区），共建设农业综合开发项目203个，完成162个，占计划的80%。其中土地治理项目139个，完成102个，占计划的73.4%；产业化经营项目59个，完成58个，占计划的98%；科技示范项目5个，完成2个，占计划的40%。共投入农业综合开发资金11.15亿元，比上年增加8.8%，其中中央财政资金4.54亿元。全省共完成中低产田改造164.63万亩，完成生态综合治理11.54万亩。产业化经营项目的种植、水产养殖、畜牧养殖及储藏保鲜和产地批发市场项目全部完成计划任务；完成加工项目15个，占计划的93.3%。科技示范项目中的高新科技示范项目完成0.58万亩，占计划的100%；科技推广综合示范项目完成7.3万亩，占计划的67.6%。

二、农业综合开发取得的主要成效

(一) 项目区农业基础设施建设进一步加强

2004年，共修建小型水库4座，修建拦河坝11座、排灌站10座，新打和修复机电井2 526眼，架设输变电线路569.08公里，开挖疏浚渠道3 422.14公里，衬砌渠道95.6公里，埋设管道39.3公里，修筑渠系建筑物4 013座，建设喷滴灌农田面积68.4万亩；改良土壤53.7万亩，造林9.9万亩，完成草场改良2.4万亩，建设良种繁育基地25.8万亩；建仓库及晒场19.56万平方米，购良种337.79万公斤，购置设备431台套，修建机耕路2 577.25公里，购置农业机械2 456台套，购置农业科技推广设备561台件，技术培训40.69万人。

加强农业基础设施建设使项目区农业基本生产条件得到明显改善。2004年，新增和改善灌溉面积135.68万亩，新增和改善除涝面积32.59万亩，新增节水灌溉面积94.57万亩，年节约水量达6 975.78万立米；通过造林和退耕还林、还草等措施，增加农田林网面积77.15万亩，控制水土流失面积92.88万亩，新增农机总动力2.2万千瓦，增加机耕面积44.67万亩。

(二) 农业产业化经营有新的发展

2004年，黑龙江省农业综合开发推广以基地为载体的畜牧业、奶牛产业、玉米产业、大豆产业、马铃薯产业、红干椒产业等产业发展模式，做大做强产业链条，加快了产业化进程。产业化项目共投入资金3.56亿元，共建设各种基地87万亩。通过这些项目的实施，发展了订单农业，提高了农产品的市场竞争能力和粮食品质。通过一年的开发建设，农业综合开发扶持的绿色食品、奶牛、肉牛、亚麻、马铃薯等重点产业链条进一步完善，区域主导产业进一步发展和壮大。

(三) 项目区农业综合效益显著

2004年，农业综合开发项目区年新增粮食生产能力1.62亿公斤、干草400.1万公斤、饲料作物2.43亿公斤、干鲜果2.07万公斤、蔬菜29万公斤、肉456.24万公斤、蛋270万公斤，奶1 398.3万公斤、水产品0.1万公斤。项目区农民新增纯收入达2.35亿元，人均增收729.07元。

三、农业综合开发的主要经验和做法：

（一）以提高农业综合生产能力为根本任务，大力加强农业基础设施建设

2004年，全省农业综合开发项目区坚持以抗旱水源工程建设为重点，大力加强农业基础设施建设。全省农业综合开发用于农业基础设施建设的投资6.42亿元，占土地治理项目总投资的89.7%。项目区坚持专业队伍常年施工，大搞春秋两季农田基本建设突击会战，抓紧修路、打井和田间工程建设。通过项目建设，有效改善了项目区农业生产条件，提高了抗御自然灾害的能力，为稳步提高农业综合生产能力奠定了坚实基础。

（二）突出重点，大力扶持优势产业发展

一是加大对粮食主产区的扶持力度。对国家确定的全省44个国家优质粮食产业工程建设重点县，共投入财政资金3.36亿元，扶持优质水稻、专用玉米、优质大豆、优质马铃薯、优质杂粮五大粮食产业带。全年共完成粮食主产区优质粮食基地建设134.07万亩，占中低产田改造面积的85%。二是加大对特色种植业、养殖业及加工业的扶持力度。省级重点扶持大豆、奶牛、肉牛、生猪、蛋禽、果蔬、亚麻、马铃薯八大优势产业；市（地）、县重点扶持万寿菊、红干椒、葵花、烤烟、北药、名特鱼、肉羊、绒山羊等优势产业。

（三）推进科技措施创新，着力提高项目区科技含量

一是在大豆行间覆膜技术推广上有新进展。继2003年在嫩江、克东等6个县（市）先行试点安排大豆行间覆膜技术示范项目后，2004年已将这项技术推广到全省22个大豆主产县，经初步测产，取得了亩均增产30%的成效。二是在省农业科技创新示范上有新进展。2004年重点进行了现代化农业技术展示园建设、寒地种质资源库改造升级建设、特色园建设、新技术及配套设备引进、基础设施建设、技术培训与服务、良种基地建设、北方绿化树种引种驯化基地建设、高产奶牛配套保鲜饲料基地建设。经过一年的建设，黑龙江省农业科技园区基础设施建设任务基本完成，部分技术创新和示范项目对全省农业发挥了良好的导向和带动作用。三是与科研单位和科研院校的合作有新进展。黑龙江省农业开发办公室组建了由省内大专院校、科研院所50多名专家组成的农业综合开发专家咨询顾问组，坚持每个项目挂靠一个科研单位或院校，每个项目都有专家进行全程技术指导和服务，为提高项目区农业综合开发项目的科技含量提供了有力支撑。

（四）加强项目中期检查，切实提高农业综合开发项目和资金管理水平

2004年下半年，黑龙江省农业开发办用近一个月时间，对2003年农业综合开发项目进行了中期检查，共检查农业综合开发项目县（市）34个，涉及项目86个，占2003年项目总数的26%。其中土地治理项目59个，多种经营项目16个，科技示范和推广项目11个，分别占受检项目总数的69%、19%和12%。从检查结果看，2003年项目和资金管理较好的县（市、区）12个，占受检县（市、区）和单位总数的35%。按项目划分：优良项目36个，占受检项目总数的42%；合格项目42个，占49%；不合格项目8个，占9%。黑龙江省农业开发办公室将检查情况在全省范围内进行了通报，对先进的提出表扬，对存在一般问题的提出批评并限期整改，对问题较大的单位予以削减项目与资金等惩戒，对个别问题严重、经过整改仍不达标的县（市）给予了停项制裁。

（五）广泛开展招商引资，努力增加农业综合开发投入

一是利用中国哈尔滨国际经济贸易洽谈会（简称“哈洽会”）招商。按照黑龙江省有关领导的指示，省农业开发办公室参加了第十五届哈洽会，设展厅280平方米，参展产品有10大类170多种，图片7大类100多幅，并配有《向现代农业迈进》电视专题片和《蓬勃发展的黑龙江农业综合开发》、

《农业综合开发招商引资指南》等彩印宣传册，展会期间，农业综合开发以参展规模较大、标准较高、特色鲜明而广泛吸引了中外客商。展会上农业综合开发共推出招商引资项目65个，其中签约项目7个；签约总额约4.97亿元，其中引进外资约2.5亿元。二是与国家开发银行合作招商。通过去北京和邀请国家开发银行来哈尔滨洽谈，达成了利用开发银行贷款进行农业综合开发项目建设的协议。

（六）扶持百村经济发展，积极探索农发扶持农业和农村经济发展的新路

2004年，黑龙江省农业开发办公室在全省建立了100多个村级经济发展示范点，利用财政和农业综合开发资金扶持，采取定目标、定项目、定措施、定责任、定奖惩的“五定”措施，探索在不同资源、不同类型和不同条件下，采取不同措施，加快村级经济发展的新思路，力争经过一至三年的推进，确保实现农业生产条件、农业生态环境、农业经济结构、农业生产方式和农民生活水平“五个明显变化”，为全省加快解决“三农”问题和促进村级经济发展发挥示范作用。在落实扶持项目上，遵循国家农业综合开发财政资金政策，根据不同村的不同资源和不同条件，选定项目，投入资金。全年共投入农业综合开发资金1.28亿元，平均每个村投入64万元。在落实责任机制上，省、市（地）、县（市）三级财政和农发办共同定责任、抓落实，年终将联系点目标完成情况作为评选先进优秀和提拔使用干部的重要考核依据。对于目标完成好的村，下一年度给予10万元的项目资金奖励；对负责与示范点联系的人员，也给予表彰和适当的物质奖励。

（七）加强调研和宣传工作，为深入推进农业综合开发营造良好的舆论环境

一是黑龙江省各级农发办都把调研、宣传工作纳入农发工作重要日程，定期研究、定期部署、定期总结，并将调研、宣传工作纳入目标管理责任制管理。二是努力建设一支高素质的通讯员、信息员队伍，省农发办建立通联站，全省农发系统共确定通讯员18人，信息员84人。三是省、市（地）、县（市）农发办坚持与新闻媒体保持紧密联系，积极向各级新闻单位投稿。2004年，全省各级农发办先后在国家农业综合开发刊物、中央电视台、《黑龙江日报》、黑龙江电视台、《黑龙江画报》等各级新闻媒体发表稿件130多篇，还通过编印大型画册、制作多媒体光盘和电视专题片等形式对全省农业综合开发工作进行了系统宣传。四是落实经费，为加强农发调研、宣传工作提供物质保证。黑龙江省各级农发办坚持在办公费用紧张的情况下，优先安排宣传经费，提供设备，全省大多数市、县农发办都配备了摄影、摄像等器材。五是落实责任，建立农发调研宣传工作激励机制。省农发办通联站对各位通讯员、信息员在有关刊物和《农业综合开发信息》上发表文章的数量、质量、稿件的采用率等进行统计，制订出奖惩办法，年终进行评比，兑现奖惩。

2004年黑龙江省的农业综合开发工作虽然取得了一定成绩，但仍然存在一些不容忽视的问题。主要是一些项目建设任务还没有全部完成，有的项目建设质量还不达标，项目管理的机制和制度还不够完善，资金管理方面还存在一些不规范、到位迟缓、有偿资金还款难等问题，个别地方还存在挤占、挪用等违纪违规现象。此外在项目建后管护、产权管理等方面还有待于深入研究和探索更完善、有效的机制，干部的业务能力和素质还有待于进一步提高。对这些问题应给予足够重视，并在今后的工作中切实加以解决。

（黑龙江省农业综合开发办公室供稿，任秀峰、张广仁执笔）

江 苏 省

2004年，江苏省农业综合开发以促进粮食增产、农业增效、农民增收为目标，狠抓农业基础设施建设，积极扶持优势农产品生产，着力推进农业产业化经营，农业综合开发工作又登上了一个新的台阶。全年完成农业综合开发总投资6.67亿元，其中，财政投资3.05亿元。具体来说，2004年江苏省在农业综合开发方面重点抓了以下六个方面的工作。

一、集中资金，突出重点，切实解决农业开发面铺得过大问题

（一）突出重点区域

2004年全省积极加大农业特别是粮食主产区的投入，将58%的土地治理项目资金和51%的产业化经营项目资金投向了全省的农业主产区——苏北地区。为进一步突出对主产区的扶持，省级财政配套也突出向苏北倾斜。从2004年开始，苏北省级财政配套达90%（其中宿迁达95%），取消县级财政配套。苏中配套80%，苏南配套70%。全省10个优质稻米和6个特色蔬菜产业化综合示范区也是农业综合开发的投资重点区域，2004年16个综合示范区改造中低产田49万亩，并重点扶持了6家优质稻米和4家特色蔬菜加工企业，共投入财政资金2.04亿元，占全省国家农业综合开发项目财政资金的33%。

（二）突出重点产业

2004年，全省组织各地编制了“农业综合开发扶持优势农产品产业发展三年实施计划”，进一步加大了扶持优势农产品产业发展的力度，明确要求各县按照省政府确定的16个优势农产品产业发展规划，重点选择1—2个产业进行集中扶持、连续投入。绝大部分县、市注意了集中连片开发、将规模开发与产业发展有机结合起来，计划质量高，规划科学、详尽。到2004年年底，省、市、县三级的产业发展规划已全部编制完毕。今后三年，项目一律在规划的区域内组织实施，一年一小片，三年一大片。凡不符合实施计划和重点扶持产业条件、不在规划范围内的项目，原则上不予立项。

（三）突出重点建设内容

江苏省坚持把加强农业基础设施建设、提高农业综合生产能力作为农业综合开发工作的一项长期重要任务，在资金投向上，将70%以上的土地治理项目资金用于农田基础设施建设。2004年，农业综合开发开挖疏浚沟渠3 598.48公里，衬砌渠道1 254.37公里，埋设管道32.81公里，修建桥涵闸渡槽等渠系建筑物26 877座，新建及改造灌排泵站614座，新打及修复配套机电井733眼，共改造中低产田和建设优势农产品基地146.18万亩。

（四）突出规模开发

从2004年开始，全省农业综合开发下决心减少项目个数和所涉及的乡镇数目，扩大项目规模，发挥规模效益。为保证项目区建一片，成一片，受益一片，在项目区安排上，坚持按照灌区、流域来统一规划，连片治理。对存量资金安排的项目实行严格的审查制度。每个县原则上只安排一个土地治理项目，一个项目只安排一个项目区，涉及的乡镇一般不超过2个。2004年存量土地治理项目只安排了102个项目，涉及乡镇数228个，比2003年减少了97个。特别是在安排国家农业综合开发增量项目时，只安排在14个项目县，绝大多数项目的开发任务达3万亩，是1988年以来规模最大的单个项目。

二、科学规划，积极扶持，大力推进全省优势农产品产业发展

（一）科学编制扶持优势农产品产业发展计划

为了将农业综合开发扶持优势农产品产业发展的工作落到实处，在充分调研的基础上，2004 年全省组织 20 多位专家编制了全省优质稻米产业和特色蔬菜产业发展实施计划，并组织各地编制了县级农业开发扶持优势农产品产业发展实施计划。

（二）积极扶持产业化龙头企业

2004 年，全省共扶持了产业化经营项目 44 个，平均每个项目财政投资达 360 万元，其中重点扶持了 9 个优质稻米和 5 个特色蔬菜加工项目，这 14 个项目的总投资占全省产业化经营项目总投资的 45%。重点扶持的高邮双兔米业公司、如东宝宝集团，以及新沂正康食品公司和宿豫罐头食品公司等加工企业已成为全省优质稻米和特色蔬菜产业发展的龙头企业。为加强对企业的跟踪服务，江苏省对近年来农业综合开发扶持过的企业进行了考评，向项目建设质量好、项目效益高、带动能力强、还款及时的 30 家企业授予了“农业综合开发重点龙头企业”的称号，同时为龙头企业提供了一些跟踪服务。2004 年 8 月下旬，举办了全省优质稻米产业化培训班，邀请了 7 家优质稻米加工龙头企业的负责人参加了为期 2 天的培训。在第三届中国优质稻米博览交易会上，农业综合开发在显著位置设立专区，集中展示了近 3 年来农业综合开发扶持的 15 家稻米加工企业的 46 种产品。

（三）建设优质稻米和特色蔬菜产业化综合示范区

2004 年，全省安排用于优质稻米基地建设的财政投资 1.2 亿元，占全省土地治理项目的 37%；安排用于特色蔬菜基地建设的财政投资 5 660 万元，占全省土地治理项目的 18%。为重点突破、典型推进，2004 年在全省建立了 10 个优质稻米产业化综合示范区和 6 个特色蔬菜产业化综合示范区。其中如优质稻米产业化综合示范区东海县平明镇，经过近几年的农业综合开发，建成了 10 万亩的优质水稻基地。以优良的环境和优质的水稻资源为载体，平明镇引进了神州东港米业有限公司、惠康油脂有限公司和天宫环保有限公司，分别加工稻米、米糠油和环保型餐具。三个企业的引入，有力地拉长了平明的水稻产业链条，在周边地区起到了良好的示范辐射作用。

三、加大投入，政策引导，积极完善农业综合开发投入机制

（一）积极调整地方配套政策，增加省级财政资金的投入

2004 年省级配套比例由 2003 年的 67%提高到 80%，全年省级财政投资额比 2003 年增长 8 500 万元。为体现对经济欠发达地区的扶持，全省继续实行差别配套政策，对苏北地区、苏中六县、黄桥老区和茅山老区省级配套达 90%，取消了县级财政配套。

（二）着力完善财政资金引导机制

开展招商引资是发挥财政资金导向作用、创新农业综合开发投资机制的有效形式。2004 年江苏专门出台了《江苏省农业综合开发招商引资工作意见》，在全系统建立招商引资季度通报制度，实行专项考核。据统计，全省共引进项目 378 个，其中民间资本项目 217 个、工商资本项目 98 个、外商资本项目 63 个，合同利用“三资”46.5 亿元，实际到账资金 22.9 亿元。

（三）探索完善以农民为主体的农业综合开发机制

2004 年全省项目区普遍比较集中，项目涉及乡镇少，每个项目区乡镇土方工程量相对较大。为保证项目区土方工程实施到位，项目县及乡镇通过会议、广播、电视、报纸、印发宣传材料等方式，向项目区的广大干部群众宣传农业综合开发的目的、意义，介绍农业综合开发的政策规定和实施实要求，在一事一议的范畴下，发动农民群众积极实施土方工程。一些项目区农民群众积极性很高，出现了老少齐上阵、万人搞会战的壮观场面。2004 年 10 月中旬，扬州市在高邮市界首镇隆重举行了国家农业综合开发增量项目土方工程建设开工仪式，近万人参加了工程会战。

四、示范引导，科技点金，切实做好新阶段农业综合开发科技工作

（一）加大了科技推广力度

根据国家农业综合开发项目和资金管理办法，土地治理项目用于科技推广的财政资金可达到5%—10%。为加大科技推广力度，充分发挥科技的带动作用，从2004年起，全省的科技推广费提高到10%。

（二）继续加强专项科技示范项目管理

2004年，江苏省严格按照国家批复的计划组织实施睢宁、句容和海门等3个国家专项科技示范项目，在项目管理上，力度不减，要求不降，程序不少。3个项目实施顺利，成效明显，已成为当地展示现代农业的重要窗口。

同时，为加快区域性农业主导品种、主推技术的示范应用，2004年全省建设了21个省级科技示范项目。这些科技示范项目紧紧依托科技单位的专家队伍，围绕当地优势农产品产业发展，引进新品种、推广新技术，有效地推动了当地优势产业的发展。

（三）转化推广了一批科技成果

围绕全省优势农产品产业发展规划，结合农业综合开发项目的实际需要，2004年全省组织专家编制了《农业综合开发新品种、新技术推广指南》，指导各地重点推广了一批优质、无公害、标准化技术。同时，围绕优质稻米和特色蔬菜产业发展，扶持了24个单项科技示范推广项目。另外，还积极探索了科技推广模式，由项目区出题目，通过竞争招标确定技术依托单位，实行项目建设单位和技术依托单位之间的双向选择。2004年10月中旬，在徐州成功召开了全省农业综合开发科技工作会议，有力推动了这项工作的深入开展。

五、强化管理、完善制度，全面提高项目规范化管理水平

（一）以完善项目库和项目评估为重点，进一步加强项目前期工作

全省组织开发了《江苏省农业综合开发项目库管理软件》，并积极推广应用，有效地提高了项目入库工作的效率。在加强项目评估论证方面，充实、调整了农业综合开发项目评估专家库，评估专家涉及水利、农业、财务、林业、加工、经济等10多个行业，共300多人。同时，改进了项目评估方式，改过去封闭评审材料为现场答辩与实地考察相结合，评估工作更加公正、合理。

（二）以推行县级统一招标为重点，规范项目工程招标投标制度

在总结经验的基础上，全省全面试行了县级项目工程竞争性招标投标，由项目建设单位与县级管理部门共同组织招标，规范了招标程序，降低了工程造价，得到了基层干部群众的好评。2004年10月25日，金湖县隆重召开农业综合开发工程公开招标会议，在12个竞标单位中，县内外5家施工单位以315万元的总造价竞标成功，比预算节约资金17万元。

（三）以项目工程监理为重点，健全项目监管制度

江苏省以国家正式出台监理办法为契机，结合全省实际情况，提出对所有中沟以上建筑物全面推行监理，鼓励对所有工程打包进行监理。2004年有7个市由市级统一招标聘请监理单位，所有监理人员持证上岗，对工程实施全过程跟踪监督。如，徐州市由市级统一组织，聘请有资质的单位对全市2004年度土地治理项目土建工程实施建设监理，签订了工程监理合同11份，涉及合同金额2 860万元，38名监理人员进驻8个县的32个项目，对工程质量、进度和投资等全过程进行控制，工程质量明显提高。

（四）以完善项目档案管理为重点，规范农业开发基础工作

2004年江苏省修订完善了《江苏省农业综合开发项目档案管理暂行办法》，并制订了农业综合开发档案管理的第一个标准——《江苏省农业综合开发项目档案案卷质量标准》。新的档案管理办法适应了新时期开发管理工作的要求，为查询、追踪和管理提供了便利。

六、大胆探索，勇于实践，积极创新项目和资金管理机制

（一）全力推行项目公示制

为进一步提高项目和资金管理工作的透明度，主动接受农民群众和社会各界监督，2004年1月

出台了《江苏省农业综合开发项目管理公示暂行办法》，对农业综合开发项目立项、建设、验收各个环节实行公示，并明确规定项目管理公示执行情况将作为验收、考核的重要内容。2004年，江苏对年度国家产业化经营项目在《新华日报》上发布了公开选项公告，取得了良好的效果。

（二）积极探索项目法人责任制

按照国家农发办和省政府的要求，2004年全省积极推行了土地治理项目法人责任制试点工作，在充分调研的基础上出台了《江苏省农业综合开发土地治理项目法人责任制试行办法》，并在苏北、苏中选择了人员力量强、管理水平高、机构比较健全的铜山、宝应、如皋三个县进行试点。三个试点县根据本地实际情况，确定了项目法人，开始对项目实施全过程负责。

（三）建立奖优罚劣的激励机制

2004年是江苏省落实项目激励机制力度最大的一年，一个重要的举措是对获得“创业杯”的先进县奖励项目增加了投资。此次评奖设一等奖2个，每个奖项目资金150万元；二等奖7个，每个奖项目资金100万元；三等奖10个，每个奖项目资金60万元。在2004年5月17日召开的全省农业综合开发工作会议上，省委张连珍副书记、省政府黄莉新副省长亲自为获奖单位颁了奖。

（江苏省农业资源开发局供稿，邱泽森、赵唯伟执笔）

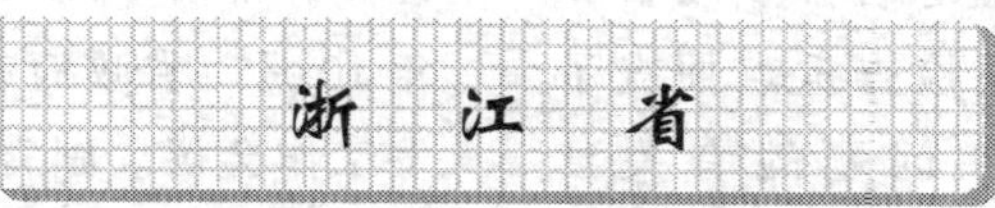

浙　江　省

2004年，浙江省农业综合开发办公室积极争取省政府领导对农业综合开发工作的重视与支持，4月，省政府重新建立了浙江省农业综合开发协调小组，并召开了第一次会议。省农业综合开发办公室按照章猛进常务副省长的重要指示，提出了5项落实措施，进一步推动了全省农业综合开发工作。9月，省农业综合开发办公室还建立了省农业综合开发协调小组成员单位联络员制度，进一步密切与协调小组成员单位的联系。在各级农发办的共同努力下，在有关部门的大力支持下，浙江省较好地完成了2004年农业综合开发工作。

一、严格管理，精心实施2004年度项目

根据各地项目申报情况，2004年初省农业综合开发办公室编制了年度项目计划报国家农业综合开发办公室审批，并根据国家农业综合开发办公室的批复，及时下达2004年项目计划和项目资金。2004年，全省国家立项农业综合开发项目总投资13.12亿元，其中中央财政投入2.74亿元、地方财政配套投入4.13亿元，农民和企业自筹资金投入4.28亿元，银行贷款1.97亿元。全省改造中低产田46.4万亩，建设山区小流域农业生态工程4.44万亩、中型灌区节水改造配套项目1个，续建科技示范项目3个；扶持产业化经营项目55个，其中重点产业化经营项目9个、一般产业化经营项目46个。同时，认真实施省级农业综合开发项目。2004年，省财政共投入省级立项农业综合开发项目资金2 570万元，建设土地治理类项目4.68万亩，扶持产业化经营项目2个。2004年下半年省农业综合开发办公室还对2005年度农业综合开发项目进行考察评估，为2005年工作打下良好基础。

经过努力，浙江省2000—2002年度国家立项农业综合开发项目通过了国家验收，成绩优秀，并得到了国家农业综合开发办公室的通报表扬。

二、完善制度，加强项目和资金管理

2004年，省农业综合开发办公室制定了《浙江省农业综合开发奖惩办法》，将财政资金的投入

与工作绩效考核情况挂钩，真正落实奖优罚劣的激励机制。同时，强化资金和财务管理，下发了《国家农业综合开发中央农口部门项目和资金管理有关问题的通知》，规范了国家农业综合开发中央农口部门项目和资金管理有关政策的执行。省农业综合开发办公室还下发了《关于 2005 年度国家农业综合开发项目申报事项的通知》，改进了产业化经营项目申报程序。另外，省农业综合开发办公室制定了《浙江省国家农业综合开发土地治理项目工程招投标指导意见》等管理办法，进一步规范了全省农业综合开发项目和资金管理。

三、开展专项检查，维护政策制度的严肃性

为强化农业综合开发项目和资金管理，2004 年 3 —6 月，省农业综合开发办公室配合浙江省财政监督检查局对全省 2003 年农业综合开发项目和资金开展了专项检查。此次专项检查重点抽查了 20 个市、县（市、区），对存在问题的有关县（市）下发了整改意见，以确保项目按要求实施。为了更好地完成科技示范项目建设任务，2004 年 5 月，省农业综合开发办公室分别对兰溪市、绍兴县、余杭区、桐乡市、嘉善县科技示范项目区进行了中期检查，督促有关市、县加快项目进度，确保项目建设质量。省农业综合开发办公室还对 2003、2004 年度重点产业化经营项目进行了检查；完成了东阳市、三门县 2002 年专项生态项目的省级验收，并通过了国家验收。按有关规定，对德清县 2000 —2002 年度农业综合开发项目建设存在的突出问题进行了严肃处理，给予德清县暂停立项 1 年的处罚并通报全省。

四、加强调查研究和业务培训

按照全国农业综合开发工作会议精神，结合浙江省实际，省农业综合开发办公室下发了《关于加强农业综合开发调查研究的通知》，布置了 10 个调研课题。各地十分重视调研工作，均按要求完成调研任务，大部分调研文章质量较高。省农业综合开发办公室还于 2004 年 12 月举办了全省农业综合开发办公室主任培训班，进一步提高了全省从事农业综合开发工作干部的业务素质。

五、总结经验，部署今后两年工作

为了总结 2000 年以来全省农业综合开发工作经验，部署今后两年全省农业综合开发工作，2004 年 10 月，省政府在金华市召开了全省农业综合开发工作会议。副省长、省农业综合开发协调小组组长茅临生到会作了重要讲话，省财政厅厅长、省农业综合开发协调小组副组长黄旭明作工作报告。省财政厅副厅长沈继宁及省农业综合开发协调小组成员和各市、县（市、区）分管农业的副市长、县长、农业综合开发办公室主任参加了会议。会议还表彰了全省农业综合开发的先进集体和先进个人。

（浙江省农业综合开发办公室供稿，赵国瑛执笔）

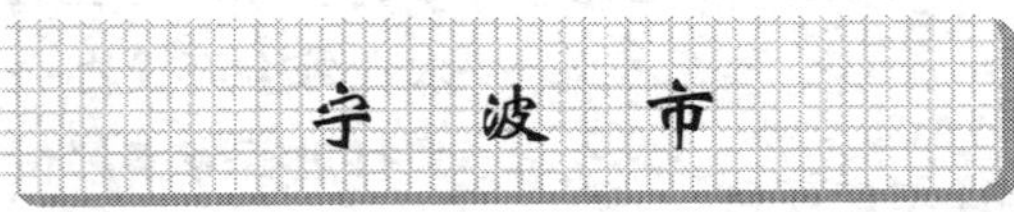

宁波市

2004 年，宁波市农业综合开发工作抓住机遇，突出重点，强化管理，完善政策，各项工作成效明显。项目区农业基础设施进一步改善，农业产业化经营进一步推进，农业综合生产能力进一步提高，农民收入进一步增加，农业综合开发地位进一步提升，开发规模和管理水平又上了一个新台阶。

一、农业综合开发的基本情况

按照投资少、见效快、效益高、地方和群众积极性高、资金配套能力和有偿资金还款能力强的选

项标准，宁波市农业综合开发办公室确定鄞州区、余姚市、慈溪市、奉化市、宁海县、象山县、镇海区、北仑区等8个县（市）、区为2004年度农业综合开发项目区，其中土地治理项目涉及7个县（市）、区，产业化经营项目涉7个县（市）、区。

2004年宁波市农业综合开发主要建设任务为包括三大类项目。一是土地治理项目，涉及中低产田改造项目19个，面积18.61万亩；小流域治理项目2个，面积3.76万亩。项目计划总投资1.28亿元，其中中央财政资金3 157万元、地方财政配套资金6 527万元、自筹资金3 149.58万元。二是产业化经营项目14个，项目计划总投资1.33亿元，其中中央财政资金2 960万元、地方财政配套资金5 920万元、自筹资金4 413.14万元。三是专项科技示范项目——慈溪市农业现代化示范项目。项目计划总投资1 582.94万元，其中中央财政资金300万元、地方财政配套700万元、自筹资金582.94万元。

截至2004年底，宁波市农业综合开发有关项目进展顺利，按照从项目批复到全面竣工为一年一个周期计算，基本做到了时间过半，工程进度过半。共完成中低产田改造6.94万亩、小流域治理1万亩。包括2003年结转完成部分，宁波市全年共完成农业综合开发资金投入2.96亿元，其中财政资金1.6亿元、银行贷款3 910万元、自筹资金9 656.35万元。

二、主要工作成效

2004年，宁波市农业综合开发办公室围绕“农业增效、农民增收、农业发展”的目标，精心组织，认真实施，扎实工作，圆满完成了各项开发建设任务，取得了显著成效。

（一）精心准备，北仑区高新科技示范项目顺利通过国家验收

2004年9月，国家农业综合开发办公室对宁波市2000—2002年农业综合开发项目进行了验收，认为宁波市农业综合开发项目工程质量优良，资金管理规范，验收准备工作充分，圆满地完成了国家下达的各项建设任务，取得了预期的效益。这说明几年来宁波市狠抓项目规范管理、加强资金监督力度，取得了显著的成果，标志着宁波市农业综合开发工作逐步步入规范、健康发展的轨道。

（二）狠抓进度，农业综合开发项目进展顺利

2004年宁波市农业综合开发克服了项目批复迟、施工期雨水多的困难，精心组织实施，狠抓工程进度，较好地完成了年度建设任务。根据统计，2004年农业综合开发土地治理项目建设灌排渠系162.65公里，改良土壤0.69万亩，修建、新建机耕路145.91公里，购置农业机械30台套，营造农田林网0.52万亩，培训农民0.50万人；多种经营项目完成改扩建产业化龙头项目2个；专项科技示范项目建设完成农业现代化示范项目0.25万亩，引进新品种6个，推广新技术5项（推广面积0.6万亩），完成种植业生产基地0.1万亩、经济林生产基地0.02万亩。项目区新增和改善灌溉面积6.2万亩，新增和改善除涝面积5.24万亩，增加农田林网防护面积4.33万亩，新增机耕面积1万亩。预计新增主要农产品生产能力粮食320.5万公斤、棉花14万公斤、油料8万公斤。

（三）加强监督，强化了对项目和资金的日常检查

2004年，宁波市农业综合开发办公室与财政部专员办、市审计局及财政监督处密切配合，对各地项目资金使用情况进行了多次检查。通过检查，及时发现了各地在项目实施中的问题，并根据国家有关政策进行了处理，确保了项目资金高效安全的运行。

（四）完善制度，规范了基础管理工作

在这方面宁波市农业综合开发办公室重点抓了两项工作。一是规范前期工作，建立完善项目库和专家评估制度。主要做法是统一项目库申报格式，制订了土地治理和产业化经营项目入库标准文本，对产业化经营项目可行性研究和土地治理项目初步设计实行专家评审制度，加强了对拟申报国家立项项目的考察和评估。二是加强绩效考评。制订了《宁波市农业综合开发土地治理项目绩效考评暂行办法》，先选择鄞州区进行绩效考评工作试点，取得经验后在全市逐步推开。

三、基本经验和做法

(一) 积极筹措项目资金，保障农业综合开发建设需要

资金是农业综合开发项目顺利实施的保障，宁波市各级农业综合开发办公室和财政部门从实际出发，积极探索，大胆实践，努力筹措项目资金。一是多渠道筹措市、县两级财政资金。各级财政对农业综合开发配套资金予以优先安排，预算内安排不够的，从农发基金或其他预算外资金中弥补，确保财政配套资金100%到位。二是把中央财政用于土地治理项目的有偿资金全部转化为无偿使用，由宁波市财政来统一归还，减轻了项目区农民的还款负担。三是拓宽农业综合开发资金投入渠道，用活用足浙江省有关土地整理政策，在中低产田改造的同时，进行土地整理、平整来获得新增耕地指标，并将新增耕地有偿转让后的收入作为镇村自筹资金。

(二) 坚持项目管理和资金管理两手抓，严把四关

一是切实强化项目前期准备工作，严把立项关，对项目建议书、可研报告和初步设计的编制格式、编制资质要求和申报程序进行了明确的规定，分门别类建立了土地治理和多种经营项目库，认真做好立项前的考察评估工作。二是积极推行招标投标制度和质量监督（监理）制度，严把施工关。如，象山、鄞州等地把农业综合开发工程集中起来由县、区招投标中心实行统一招标，宁海、余姚等地规定当年工程质量验收较差的施工单位三年内不得参与农业综合开发招投标。三是对项目加强日常检查，实行分级验收，严把验收关。四是全面实行县级报账和委托放款的办法，严把财务关。

（宁波市农业综合开发办公室供稿，陈杰执笔）

安 徽 省

安徽省2004年农业综合开发项目区主要分布在全省17个市、84个县（市、区）和三个省直单位的9个直属国营农场。全年计划总投资7.86亿元，其中财政资金5.11亿元、自筹资金2.34亿元，银行贷款4 120万元。

2004年度全省农业综合开发项目共完成投资7.04亿元，其中上年结转投资3.71亿元，全部完成。完成2004年计划总投资3.33亿元，占计划的42.14%；完成财政资金1.8亿元，占计划的34.94%。土地治理项目共改造中低产田（含水毁工程修复项目）129.3万亩，其中2004年度项目完成投资1.66亿元，占计划的34.4%；财政资金完成8 886.66万元，占计划的27%。完成生态综合治理8.5万亩，其中2004年度项目完成投资2 128.5万元，占计划的46.9%；财政资金完成1 308.41万元，占计划的42.1%。产业化项目共完成61个，其中2003年结转任务44个，总投资1.08亿元，全部完成；完成2004年任务17个，总投资1.27亿元，占计划的52.3%。国家科技推广综合示范项目2004年度实际完成投资2 992.6万元，其中完成上年结转投资1 039.8万元，全部完成；完成当年项目计划投资1 952.9万元，占年度计划投资的90.1%。

2004年，全省农业综合开发工作紧紧围绕粮食安全和农民增收的目标，突出重点抓关键，大力深化改革、创新机制、完善政策、加强管理，开创了农业综合开发工作新局面。

一、深化改革，创新机制，努力开创农业综合开发工作新局面

(一) 结合实际，提出改革新思路

2004年，全省农业综合开发工作改革思路，

概括起来就是“一个加大、三个围绕、四项试点，六项管理”。

“一个加大”，即加大开发投入力度。首先积极争取中央财政投入；其次确保地方财政配套投入；第三，积极探索多渠道地引资开发，通过贴息、补助、产权改革、业主负责制等多种形式，调动农民自主投入，加大开发的投资总量。

“三个围绕”，即围绕重点搞开发。一是围绕保证粮食安全这个目标，按照“向粮食主产区倾斜”的要求，对粮食增产潜力大、产业优势明显、开发成效显著的部分县（市、区）加大开发投入，进行重点开发；二是围绕发展全省农业十大主导产业，按照扶优、扶大、扶强的原则，重点扶持国家级和省级产业化龙头企业；三是围绕优势农产品产业带建设，统筹安排农业综合开发项目。

“四项试点”，即积极探索农业综合开发的新模式。一是搞好经营性开发，即进行投资参股试点；二是开展扶持农村专业合作组织试点；三是开展招商引资试点；四是开展促进农村土地经营权流转的试点。

“六项管理”，即创新管理机制，强化项目资金管理。一是实行重点开发，全省每年确定20个左右的农业综合开发重点县进行重点投入，加大开发力度；二是改革项目管理体制，对重点县实行省级直管，并实行农业综合开发专管员制；三是切实解决项目开发面铺得过大的问题，以市级为单位，对所属项目县实行轮换制；四是加强项目立项评估，全面推行专家评审制和实地考察制；五是大力推进项目选项和工程建设招投标制及工程建设监理制；六是推行项目资金公示制和县级报账制。

（二）全面推出改革新举措

首先，突出向粮食主产区倾斜的开发思路，实行了重点开发制。2004年土地治理项目投资，根据耕地面积、开发潜力、粮油产量、产业优势和开发成效等指标，采取省局初选、专家评审、竞争立项的方法确定了21个重点开发县，在投资规模上予以倾斜。其中平原地区投资规模在800万元以上，山区在650万元以上。21个重点县总投资占全省土地治理项目投资额度近一半。产业化项目方面，根据省农业产业化领导小组推荐和专家评审，以全省51%的产业化项目资金集中扶持10家国家级和省级产业化龙头企业，每个项目安排的中央财政资金均超过500万元，充分体现了“集中资金办大事”的工作要求。

其次，解决开发面过大问题，实行了项目县轮换制，轮换县当年不再安排新的土地治理项目。2004年有22个县成为首批轮换县，轮换面达到全省开发县的三分之一。

第三，加强监管，设立专管员联系制度。根据省财政管理体制改革的要求，从2004年起，对重点县实行省直管，做到“六个到县”，即投资规模确定到县、项目评估到县、项目计划管理到县、资金拨付到县、债权债务到县、管理责任到县。

第四，整合项目资金，提高开发成效和水平。为此，2004年安徽整合了项目类型，减少项目设置。取消了科技示范项目，将原有项目整合为土地治理和产业化经营两类，以土地治理项目为重点，同时加大扶持国家级和省级产业化龙头企业的力度。为了实行规模开发，坚持“统筹规划、集中投入、连片开发”的原则，安徽省按灌区、流域或某一相对集中连片的耕地对开发项目进行全面规划。采取的主要措施，一是大幅压缩项目数量，提高项目开发面积，规定包括重点县在内的所有开发县每年只安排1个项目，中低产田改造项目的年度治理面积平原区不低于1万亩、丘陵山区不应低于5 000亩；二是提高项目建设标准，平原地区中低产田改造建设标准不低于400元/亩，山区不低于500元/亩，进一步提高项目建设的水平和质量。对产业化经营项目，国家规定重点龙头项目中央财政资金不能低于300万元，全省实际上按不低于500万元的标准安排项目申报。

第五，实事求是地调整和完善农业综合开发资金政策。一是调整财政资金配套政策。在国家将安徽省农业综合开发中央与地方财政资金的配套比例由原来的1:0.7调整为1:0.5后，进一步完善省、市、县三级财政配套政策。省本级在地方财政配套中承担的比例由70%调整为80%，上调10%；取消了国家级和省级扶贫工作重点县的财政配套任务，改由省级财政代配；根据市级财力的情况，合理划分了市级配套任务。二是降低财政有偿资金比例。从2004年起，取消了土地治理项目中央财政资金10%的有偿投入，实行全部无偿投入。分类确定产业化经营项目中央财政有偿、无偿资金的投入比例。调整以后，中央财政无偿资金和有偿资金的比例为80:20，无偿资金的比例比2003年提高了9个百分点。

二、加大投入，突出重点，大力支持粮食主产区和产业化龙头企业发展

（一）进一步加大农业综合开发投入力度

2004年，全省农业综合开发投资规模取得了新突破，其中各级财政投入突破5.5亿元。能达到这一水平，一是因为抓住了中央财政资金向农业主产区投入的机遇，积极争取国家支持。2004年中央财政安排农发资金37 046万元，比2003年增加7 046万元，增长23.49%。二是在省财政厅领导的高度重视下，省财政配套资金达到1.94亿元，继续保持大幅增长。三是积极督促市、县落实财政配套投入。2004年市、县财政配套在大幅下调配套比例的情况下，资金到位情况有了根本性好转。

（二）大力支持粮食大县和重点产业化龙头企业发展

2004年，安徽省在加大投入的同时，进一步调整资金投向，大力支持粮食大县和重点龙头企业发展，促进粮食增产和农民增收。一是进一步加大对粮食主产县的投入。2004年中央财政投入农业综合开发土地治理项目资金2.37亿元，用于粮食主产县1.73亿元，占73%。其中2004年新增的中央财政农业综合开发土地治理项目资金5 090万元全部用于粮食主产县。每年粮食主产县农业综合开发财政资金投入规模达到500万元以上，比2003年项目县平均投资规模增加了近一倍。二是进一步加大对国家级、省级产业化龙头企业的投入力度。2004年，围绕省委、省政府确定的农业十大主导产业，加大了对产业化龙头企业的投入力度，用于扶持7个重点产业化经营项目的财政资金为1.062亿元，占全部产业化经营项目财政资金的64.5%，比2003年增加5 000万元，增长了1倍。投向每个重点产业化项目的中央财政资金规模达到了500万元以上，比2003年增加了一倍。

三、突出开发宗旨，采取更加直接的措施，大力促进农民增收

首先，减免农民有偿资金债务，促进农民增收。一是降低有偿资金比例。从2004年起，土地治理项目取消过去10%的有偿投入，实行全部无偿投入。仅此一项，即增加2 300万元财政无偿资金，显著减轻了农民有偿资金债务负担，成为农业综合开发促进农民增收的重要举措。二是减免农民有偿资金债务。省财政厅决定从2004年起减免农民负担的农业综合开发土地治理项目财政有偿资金债务，原则上不再向农民回收，改由省、市、县三级财政按5:3:2的比例承担。为落实债务减免措施，省对市、县财政有偿资金债务进行了全面清理。同时，按省直管县要求，将多经产业化项目财政有偿资金全面落实到县，由县直接回收。据统计，这项措施的落实，共减免农民财政有偿资金债务负担6.7亿元，项目区农民因此年均可增收60元。

其次，出台农机补贴政策，促进农民增收。为鼓励和支持农民使用先进、适用的农业机械，省里在充分调研的基础上率先出台农机补贴政策。从2004年起，在项目资金中安排800万元财政无偿资金专项用于项目区农民购置农机补贴。

第三，扶持农民专业合作组织，促进农民增收。2004年在萧县、广德两个县开展支持农民专业经济合作组织试点，共安排330万元，各扶持1个专业协会型产业化龙头企业，通过协会把农民组织起来，带动农民增收。

第四，以项目为依托，开展招商引资活动，促进农民增收。2004年出台了招商引资政策，并取得初步成效。芜湖市依托农业高科技项目，引进了荷兰王国资金注入项目，盘活了国有资产，取得良好效果。据不完全统计，全省以项目为平台，招商引资项目达80多个，引进各类资金达6 000多万元。

第五，全面开展产业化经营项目投资参股试点，促进农民增收。为搞好投资参股项目试点，安徽省在国家农发办的大力支持和精心指导下，做了大量的准备工作。经过国家农发办直接组织专家论证、实地考察和资产评估等程序，选定大平油脂作为试点企业，投入财政资金达到2 700万元，进一步提高了大平油脂加工能力，辐射带动作用明显增强。

四、强化对农业综合开发全过程的管理，确保项目资金安全

首先，健全了项目资金管理制度。陆续出台了开发县管理办法、投资参股试点管理暂行办法、土地治理项目工程建设监理办法、土地治理项目和资金公示制暂行规定、土地治理项目建设标准、违规违纪处罚暂行办法等，形成了较为完备的管理制度体系，进一步提高了依法开发的水平。

其次，加强对项目建设的全过程管理。一是严把评审立项关。分别发布了2004年土地治理和产业化经营项目的《申报指南》，省农发局对产业化经营项目和重点县的土地治理项目进行实地考察，严把项目评估立项关，提高项目立项水平。二是严格控制初步设计的编制、审批环节，规范项目计划的调整事项，全面推行土地治理项目的公示制、工程监理制，制定了较为完善的土地治理项目初步设计编审规范。三是深入开展对在建项目的中期检查。积极督促市、县认真开展项目资金管理工作，重点推进了会计电算化、县级报账制和招标投标制等。继续开展农业综合开发项目和资金大检查，通过检查，整改了一批市、县，处罚了个别严重违规县。四是认真开展竣工项目验收。在维持国家、省三年总验收制度的情况下，从2004年起，市、县对土地治理项目实行一年一验，省级进行抽验。

第三，让农民全程参与农业综合开发。2004年，全省农业综合开发工作坚持“以人为本”，充分尊重农民意愿，保证农民对项目立项、建设和运行的知情权、参与权、监督权和管理权，通过全面推行项目和资金管理公示制，畅通了农民群众对农业综合开发工作的监督渠道，极大地调动了农民主动参与开发、自觉增加投入的积极性。

第四，深入实际，开展调查研究工作。2004年，安徽省围绕农业综合开发资金和项目管理，针对财政资金引导机制、项目竞争选项、县级报账、项目资金决算编审制、如何充分尊重农民意愿搞开发、农民筹资投劳等问题开展了一系列专题调研。深入的调研工作帮助农发部门了解和掌握了项目建设和资金管理情况，提高了决策水平，增加了农业综合开发工作的预见性。

第五，做好部门项目的日常管理工作。本着立足财政、服务部门的指导思想，积极参与部门项目从立项、建设到验收的全过程，充分发挥财政部门的职责，积极筹措资金，及时拨付资金，管好用好项目资金，促进部门项目建设。

第六，做好国家科技示范项目的监管工作。一是对即将竣工的国家农业综合开发固镇县科技推广综合示范项目进行审计，及时发现问题，督促其进行整改，确保通过国家验收。二是及时编报和批复了庐江、怀宁、裕安三个在建项目的年度实施计划，并组织对实施情况进行检查。三是加强已建成项目的运行监管和产权管理工作。在充分调研的基础上，对科技示范项目投资形成的资产进行了清理和核实，按照国有资产产权管理规定和程序，进行产权界定和管理，有效地防止了国有资产流失。

五、稳步推进世行项目前期工作，抢抓安徽农业发展新机遇

一是全面启动世行加灌三期项目前期工作。省里组织开展了可研报告编制培训，完成了农民专业协会、绿色农产品生产、农业合作经营等试点项目建设内容核定工作，确定可研报告评估重点指导县，通过了世行三期项目准备团的检查。这些工作为2005年世行加灌三期项目进入预评估、评估及追溯期实施阶段奠定了良好基础。二是完成了世行科技项目的前期准备工作，为转入实施阶段奠定了基础。2004年，围绕世行科技项目前期准备工作，完成了项目建议书的编制和评估工作，完成了世行评估准备工作，参加了世行组织的采购培训工作，

通过了世行评估团的正式评估，为 2005 年全面转入项目实施阶段创造了良好条件。

六、加强宣传和培训，为农业综合开发工作营造良好氛围

一是各级农发部门都加大了宣传工作的力度。省局加强了宣传工作的指导，各地积极响应，围绕农业综合开发增收增效这一主题，多方向报纸、电视台投稿。合肥、蚌埠、淮北、农垦等地的农发新闻多次在《安徽日报》的 A1 版、B1 版上刊发以及在省电视台新闻节目中播出，扩大了农业综合开发影响。二是抓好对重大活动的宣传。围绕全省农发工作会议等重要活动，在《安徽日报》、安徽电视台、《农民日报》、《现代农村报》等主流媒体上编发专版或提供新闻线索，集中宣传报道农业综合开发工作。2004 年，在省级报纸共编发农业综合开发宣传专版 15 个，头版头条发表新闻稿件达 6 次。三是进一步做好内部宣传工作，充分利用厅财政网、财政信息、财政年鉴、财会杂志、农发简报、农发网等宣传媒介，及时向全省财政和农发系统发布农发工作重要信息，加深财政系统对农发工作的了解程度，同时也为农发工作留下珍贵的历史印迹。

此外，为提升全省农业综合开发干部队伍的素质和业务水平，围绕开展会计电算化、世行项目可研报告编制等重点工作，组织了多次培训，提升业务工作水平。

（安徽省农业综合开发局供稿，胡柳萍执笔）

福　建　省

2004 年，福建省农业综合开发工作坚持以提高农业综合生产能力和增加农民收入为目标，加大资金投入，明确开发重点，完善投资政策，加强制度建设，创新工作机制，抓好项目实施，较好地完成了各项任务，取得了明显成效。

2004 年全省（不含厦门，下同）国家立项的农业综合开发项目涉及 8 个设区市、53 个项目县(市、区)，计划实施土地治理项目 73 个（中低产田改造项目 65 个、小流域治理项目 4 个、水毁工程修复项目 4 个)，产业化经营项目 32 个（重点产业化龙头项目 6 个、一般产业化经营项目 26 个)；计划续建科技示范项目 3 个（农业现代化示范项目 1 个、农业科技推广综合示范项目 2 个)。项目计划总投资 8.39 亿元，其中中央财政资金 1.87 亿元、地方财政配套资金 1.80 亿元、自筹资金 2.75 亿元、银行贷款 1.97 亿元。到 2004 年 12 月底，完成项目总投资 9.02 亿元，其中财政资金、自筹资金、银行贷款分别完成 4.22 亿元、2.88 亿元、1.92 亿元。土地治理项目已完成投资 3.67 亿元，其中财政资金、群众自筹资金及投工投劳折资分别完成 2.74 亿元、9 300 万元。已改造中低产田 68.44 万亩，完成投资 3.5 亿元；小流域治理项目已建设 3.37 万亩，完成投资 1 677.25 万元。产业化经营项目已完成投资 5.11 亿元，其中财政资金、自筹资金、银行贷款分别完成 1.30 亿元、1.92 亿元、1.89 亿元。已建设种植项目 11 个，完成投资 1.04 亿元；建设养殖项目 8 个，完成投资 6 708 万元；改扩建加工项目 13 个，完成投资 3.11 亿元。科技示范项目已完成投资 2 453 万元，其中财政资金、自筹资金、银行贷款分别完成 1 823 万元、310 万元、320 万元。

农业综合开发项目实施完成后，农业综合效益得到明显提高。通过实施土地治理项目，项目区可新增和改善灌溉面积 40 万亩，新增和改善除涝面积 12 万亩，新增节水灌溉面积 21 万亩，年节水量 5 931 万立方米；增加机耕面积 28 万亩，新增农机

总动力15 267千瓦，扶持农技服务站60个。预计项目区可年新增粮食生产能力4 629万公斤；年直接受益农户22万户，年直接受益农业人口89万人，直接受益农民年纯收入增加总额1.6亿元，农民人均年新增纯收入180元。通过实施产业化经营项目，预计项目建成投产后，新增生产能力9 483万公斤，加工转化农产品1.41亿公斤；年新增总产值8.98亿元、增加值4.68亿元，年新增利税1.53亿元；年直接受益农户5.86万户，年直接受益农业人口23万人，直接受益农民年纯收入增加总额9 126万元，农民人均年新增纯收入400元，年新增就业人数7 698人。通过实施科技示范项目，扩大良种种植面积0.52万亩，年新增总产值1.55亿元、增加值4 617万元，年新增利税2 148万元；年直接受益农户1.03万户，年直接受益农业人口3.6万人，直接受益农民年纯收入增加总额2 096万元，农民人均年新增纯收入582元，年培训合格劳动力2 060人。在生态效益方面，通过开发治理，项目区新增加农田林网防护面积18万亩，控制水土流失面积17平方公里。在开发治理的同时，注重生态环境的保护和建设，提高了抵御自然灾害的能力，形成了田园化格局，改善了项目区的生态环境和农民的生产、生活环境，实现农业资源的合理利用和良性循环，促进了农业可持续发展。在社会效益方面，项目区基本建成了高产、稳产、节水、高效的基本农田，农业生产条件得到根本改善，农业基础设施建设得到加强，抵抗自然灾害的能力得到提高，成为招商引资的基地；加大了农业结构调整的力度，推进了农业产业化经营，提高了农业科技含量，加快了农村剩余劳动力的转移，辐射和带动周边非项目区农业发展，增加了地方财政收入，农业生产效益和农民收入得到显著提高，深受广大农民欢迎。农民称赞农业综合开发项目为“惠民工程”。

一、调整投资政策，完善开发制度

福建省本着改革创新、完善政策、加强管理的原则，并充分考虑省内各地经济发展水平与财政实力，研究制定了《关于改革和完善福建省农业综合开发若干政策措施的意见》，重点是调整了农业综合开发投资比例，在保证达到中央财政与地方财政1:1配套总比例的前提下，对不同项目县规定了中央财政与地方财政1:1.1、1:1、1:0.9三种配套比例；进一步提高省级财政配套比例，省级财政配套明显向贫困县、山区县倾斜，规定设区市级财政配套必须占市、县两级财政配套总额的一半以上，取消乡镇财政的配套任务，实实在在降低了贫困县的财政配套比例，有效地减轻了基层财政的配套压力。同时，还针对进一步加强资金县级报账、提高土地治理项目建设标准、实行项目和资金公示制、加强开发县管理、推行工程建设监理制以及强化项目和资金管理等方面工作制定了一系列规章制度文件，确保农业综合开发项目的实施与管理更加有章可循，为切实提高开发水平奠定了坚实的制度基础。

二、加大财政资金投入，突出开发重点

在2004年中央对福建的农业综合开发投入基本保持上年水平的情况下，省财政本着支持农业发展的原则，集中财力办大事，突出重点抓关键，增加省本级配套资金1 500万元，加上回收的到期省财政有偿资金的再投入，切实加大了对农业综合开发的投入力度。各市、县政府也不同程度地增加了农业综合开发财政投资。在加大投资的同时，福建省根据资源条件与开发潜力，在现有的53个农业综合开发项目县中及时确定了32个重点开发县，在继续贯彻省委、省政府支持山区发展有关政策的前提下，加大对重点开发县的投入力度。2004年实施的农业综合开发项目中，中低产田改造项目投资已经占土地治理项目总投资的90%以上，重点产业化项目投资已经超过产业化经营项目总投资的50%以上，32个重点开发县项目总投资已经占全省项目总投资的70%以上。全年开发重点突出，在保粮食与优势特色农产品增产的同时，重点保证了农民增收。

三、发挥区域优势，突出开发特色

福建十分注重结合地方资源条件和经济、技术

优势，紧紧围绕省委、省政府提出的建设三个产业带（临海蓝色产业带、闽东南高优农业产业带、闽西北绿色产业带）、培育发展四大主导支柱产业（水产业、畜牧业、林竹业、园艺业）和九个重点特色产品（畜禽、笋竹、水产、蔬菜、水果、食用菌、茶叶、花卉、烤烟）的目标，坚持连片规模开发、按产业化开发、科技型开发三种开发模式，通过引进名、特、优、新品种，建立有区域优势的高优农业基地，大力发展特色农业、创汇农业和绿色食品产业，拓展农产品加工业，壮大带动力强的农产品加工龙头企业，全省已经形成了闽西北以优质米、畜禽、竹业、食用菌为主，闽东南以果茶、水产、花卉、蔬菜为主的产业开发带。沿海经济较发达地区和部分山区县、市的土地治理项目区经过成片治理后，农业生产条件明显改善，成为农业产业化龙头企业和外商投资企业建设优势农产品基地的首选，有效推动了农业结构调整和产业化经营。产业化经营项目更加注重建设效益，合理控制种养业投资规模，加大农产品加工业与服务业的投资比重，重点培育农业产业化国家级与省级龙头企业。科技综合示范推广项目在发挥优势和特色上作足文章，漳浦县、惠安县、长乐市、新罗区始终将名、特、优及新的果蔬、水产、畜品种的引进、培育、示范、推广作为科技开发的重点。从总体上看，农业综合开发的各类项目都做到了因地制宜，发挥优势，突出特色。

四、项目管理更加严格，资金管理更加规范

全省各地在实施农业综合开发项目中非常重视项目管理与资金管理，整体管理水平在2004年中进一步提高。在项目管理中，全省已基本做到科学规划、合理设计、认真实施，普遍实行了可研报告与实施方案专家评审制、工程建设招投标制、工程质量监理制。在资金管理中，严格执行专人管理、专账核算、专款专用的财务“三专”制度；农业综合开发资金县级报账制的实行更加规范，报账资金支出审批制度更加健全，基本上杜绝了白条与大额现金支出；有偿资金投放全面实行了县级财政部门委托银行贷款制度，本年度到期有偿资金催收力度最大，回收比例也是历年来最高的，保证按时归还了中央财政到期有偿资金。同时，福建省还普遍执行了项目和资金公示制、村民自筹“一事一议”制，使项目前期工作更加扎实，工程建后管护更加落实。由于项目管理与资金管理更加严格规范，2004年全省农业综合开发计划建设项目不仅数量完成得足，而且质量做得好，其中，漳浦骨干水利工程建设项目经国家农发办委托的中介机构审计后，已经通过国家验收。

五、加强资金监督，实行项目跟踪问效

福建省各级政府、人大、政协以及农业综合开发领导小组组成单位的领导特别重视支持农业综合开发工作，经常深入项目区督促检查项目建设，了解开发效益，指导工作，协调解决问题，促进项目按时保质保量完成。省人大常委会组织了对全省农业综合开发工作的专题调研和视察，充分肯定了农业综合开发取得的成效，总结了主要做法与经验，提出了问题与建议。农民关注工程质量，许多项目区农民特别是村里有威望的老人参与质量监督，成为工程监理的有效补充。全省对农业综合开发项目已经形成了各级政府和部门监管、工程监理、包干负责人督促、农民监督、中介机构审核五个方面互为补充的全方位跟踪问效与监督机制。2004年全省继续开展了项目和资金大检查，在设区市和项目县全面深入自查的基础上，对2002年、2003年度项目进行抽查，发现问题及时进行整改；加强了对项目县开发工作的绩效考核，完善考核办法和考核指标，重点考核各项开发制度执行情况、项目执行情况、日常工作情况，把考核结果继续作为资金因素分配法和暂停、取消项目县的重要依据；加强了对资金情况的检查监督，定期对资金的到位、使用情况进行检查和审计，发现问题及时纠正，确保专款专用。

六、坚持改革创新，积极探索试行更加有效的管理办法

福建省在农业综合开发工作中积极尝试更有效的管理办法，主要的有：按照权责统一、责任到人

的原则，建立健全分地区包干责任制，省农发办由两名工作人员组成一组，一期三年包干负责两个地区，对项目和资金管理实行全过程指导和监管，将包干地区工作完成情况作为包干人员年终考核的重要参考依据；每个设区市确定一个县开展土地治理项目公开竞争立项试点，并计划在今后逐步把竞争机制从试点向全面推广；扩大开发资金报账范围，从2004年度项目开始，规定群众自筹资金也纳入报账资金管理；寻找土地治理项目自筹资金筹集新办法，想方设法促使在土地治理项目区内已经建设或将要建设优势农产品基地的农业产业化龙头企业出资建设，以相应减少农民自筹资金数额；总结推行泉港区、漳浦县、福鼎市、周宁县的做法，委托社会中介机构对完工工程决算进行审核，以降低工程造价；健全细化资金因素分配法与验收评分办法，提高市、县两级财政实际配套能力与有偿资金投放回收比例两个主要因数在因素分配中的比重，实行奖优罚劣，将验收评分标准全面细化；同时对所有影响开发项目完工数量与质量的各环节工作进行合理量化，增强可操作性，使全省各市、县之间的验收结果更具可比性，为搞好省对市、县的验收评价和奖惩提供更充分、更有力的依据。

（福建省农业综合开发办公室供稿，林立启执笔）

江　西　省

2004年，江西省农业综合开发工作按照省委、省政府提出的“山上建银行、山下建粮仓”的农业发展战略思路，坚持“突出重点，规模开发”的原则，大力推行农业综合开发质量管理年活动，不断创新农业综合开发的机制、体制和制度，圆满完成了年度农业综合开发的各项任务。

一、认真学习贯彻新一届政府国家农业综合开发第一次联席会议和全国农业综合开发工作会议精神

新一届政府国家农业综合开发第一次联席会议和全国农业综合开发工作会议召开后，省委、省政府高度重视，省委彭宏松副书记、省政府危朝安副省长作了重要批示，召集省有关部门，专题研究贯彻落实会议精神的问题，并于3月12日专门召开了全省农业综合开发工作会议。省财政厅和省农发办联合下文，转发了关于贯彻落实全国会议精神的意见，在全省农业综合开发系统掀起了一个学习贯彻全国会议精神的高潮。省农业综合开发办将按照省委、省政府提出的“山上建银行、山下建粮仓”的农业发展战略目标，进一步解放思想，转变工作思路，改进工作作风，立足于江西农业实际，合理开发农村资源，优化项目资金配置，创新项目经营方式、组织方式和扶助方式，不断强化开发队伍自身建设，推进江西农业综合开发事业全面发展。

二、顺利通过了国家农业综合开发办对2001—2003年度农业综合开发项目的验收

2004年9月4日至21日，国家农业综合开发办对江西省2001—2003年度国家农业综合开发项目进行了检查验收。验收组重点抽验了宜春市市级、丰城市、高安市、吉安县、安远县及临川区等1市5县（市、区）的项目建设和资金使用情况。通过验收，验收组对江西省农业综合开发所取得的成绩给予了充分肯定和高度评价。验收组认为，江西省各级政府和有关部门对农业综合开发工作十分重视，不但全面完成了以中低产田改造为主的农业综合开发任务，而且能够把国家的政策与本省实际有机结合起来，创造性地开展工作，因地制宜、分类指导，科学布局、整体推进，探索出了符合江西实际的四大开发模式，工作走在全国前列，也有力

推动了江西农业产业结构的战略性调整，为确保国家粮食安全、发展江西优势农业产业、增加农民收入发挥了重要作用。验收组评价，江西农业综合开发的项目规划设计、工程质量较高，资金管理严格，项目档案健全，项目建设达到了国家农业综合开发的验收标准，验收合格。其中临川项目区工程质量被评为优良工程。此次验收有力地推进了全省农业综合开发工作。

三、圆满完成了以中低产田改造为重点的年度开发任务，农业综合生产能力显著提高

为保证完成年度计划任务，确保工程质量，江西省从年初就进行了组织动员，要求各地精心安排、及时动手，做好项目实施工作。一是要求加快项目实施进度，集中人力、财力和物力，抓时间，抢进度，确保工程如期完成。二是要求调度好项目资金，督促项目资金尽快到位，以满足项目工程实施的需要。三是要求认真把好工程质量关，进一步完善项目招标、工程监理等各项管理制度，加强对工程施工监督，发现问题及时处理。通过各级农发办和项目区广大干部群众的共同努力，2004 年农业综合开发计划任务较好地完成。全年共完成土地治理项目投资 5.08 亿元，其中财政投资 3.5 亿元、自筹资金 1.58 亿元。完成中低产田改造 79.97 万亩、优质粮食基地 7.5 万亩、节水农业示范基地 8.08 万亩、生态农业基地 23.5 万亩。共新建小型水库 5 座，扩建加固水库 47 座，修建小型拦河坝 26 座，修建排灌站 38 座，新打机电井 90 眼，修复配套机电井 15 眼，完成输变电路配套 103.6 公里，开挖疏浚渠道 2 054.3 公里，衬砌渠道 725.45 公里，埋设管道 65.58 公里，修建渠系建筑物 12 615 座等。在项目实施和资金的管理使用上，各地注重把财政资金用于扶持产业建设的基础设施、公共设施和生态环境方面，解决了一家一户办不了、办不好的事情，为实现产业可持续发展夯实了基础，创造了条件，开发效益有了显著提高。2004 年，通过土地治理项目的实施，新增和改善灌溉面积 66.26 万亩，新增节水灌溉面积 12.86 万亩，年节水量 2 816.95 万立方米；新增机耕面积 16.66 万亩；新增粮食生产能力 1.82 亿公斤、棉花 112.21 万公斤、油料 1 225 万公斤。项目区年直接受益农户 351 467 户，人数 1 455 965 人，农民新增纯收入总额 2.33 亿元。

四、积极推进了优势农产品开发，规模效益初见成效

2004 年，江西省继续实施“一县一业”的开发战略，把土地治理、多种经营和科技示范三类项目有机结合起来，集中资金大力推行优势农产品开发。根据资源优势，对全省 73 个开发县（市、区）产业进行区域布局，规划为丘陵山区特色经济作物产业（赣南果业）、平原特色经济作物产业、稻草畜禽产业。一年中，全省各级开发机构紧紧围绕确定的产业来安排项目，集中资金进行优势产业开发，大力扶持农产品加工服务项目建设，培育和扶持龙头企业和龙头项目，实行产供销、农科教、贸工农一体化经营的产业战略，“一县一业”的开发格局在全省得到进一步巩固和完善。2004 年全省农业综合开发共建设优质农业产业基地 60 万亩，其中有赣南果业基地 20 万亩，蔬菜、蚕桑、药材等特色经济作物基地 20 万亩，优质稻—草—畜禽生产基地 20 万亩。这些优势农业产业基地已成为江西省农业和农村经济发展的新亮点，有力地促进了全省农业产业结构战略性调整，提升了江西农业的市场竞争力。如今赣南脐橙已成为全国的知名品牌，并有希望做成全国第一、世界一流的大产业；赣抚平原和吉泰盆地草畜禽和无公害蔬菜等产业比往年有了较大的发展。江西在发展农业优势产业过程中，还加大了对龙头企业的扶持力度，2004 年全省有 12 个种植、养殖、加工项目被列入了国家农业综合开发产业龙头项目，对优势产业的发展起到了较好的辐射带动作用。同时，结合国家高新科技示范项目的实施，围绕确定的产业开发，重点抓好广昌县太空莲和赣南脐橙种苗等良种繁育体系建设，完善了科技服务体系，为提高产业的整体水平提供了强有力的科技支撑。据统计，全年多种经营项目完成年度投资 3.37 亿元，其中财政资金 1.37 亿元、银行贷款 7 267 万元，自筹资金 1.26 亿元、

其他资金230万元；科技示范项目完成年度投资1 057万元，其中财政资金857万元、自筹资金200万元。通过多种经营项目的实施，新增加工项目16个，改扩建项目12个，引导和扶持广大农民对农业产业结构进行调整，大力发展优质高产高效农业，壮大加工及服务业，优化农村经济结构，为农业产业化发展奠定了基础，转化了农村剩余劳动力。通过多种经营项目的实施，新增干鲜果1 386万斤、蔬菜2 076万斤、水产品119.86万公斤、肉类484.2万公斤，加工转化农产品2亿公斤；年新增总产值4.75亿元，年新增增加值2.64亿元，直接受益农民456 892人，受益农民年收入增加总额2.09亿元。通过科技示范项目的实施，扩大良种种植面积2.28万亩，年增总产值2 704万元，直接受益农民59 596人。

五、措施制度不断完善，管理工作得到进一步加强

为保证项目顺利实施和产业开发效益，省农业开发办制订了《江西省农业综合开发项目实施和产业开发年度验收考评办法》，对各开发县的项目实施、资金管理和产业建设进行一年一验一评制，通过检查验收评比，建立奖优罚劣机制，使项目资金安排逐步向优势产业地区和开发工作卓有成效的县（市、区）倾斜。2004年3月至6月，省农业开发办分组对73个开发县2003年的项目实施和产业建设情况进行了全面的检查、验收、评比，对先进县（市、区）进行了表彰。检查验收的情况显示，在项目实施中各地普遍推行工程招标投标制、项目专家评审制、项目立项公示制、财政资金县级报账制、项目立项评估论证制等制度，开发管理工作得到明显加强，逐步迈入了科学化、制度化、规范化的轨道。从检查验收情况看，项目实施和资金到位及使用管理情况都好于往年。

六、创新农业开发机制，不断为农业综合开发工作注入新的活力

一是创新了农业综合开发的投入机制。为了吸引社会各界投资农业综合开发，加快农业综合开发步伐，江西省各地按照“国家引导、民办公助、滚动开发”的原则，本着与时俱进的要求，积极探索农业综合开发与招商引资相结合的新途径，并取得了一些成功的经验，培育了一批典型单位。如安义县把蔬菜产业开发与招商引资有机结合起来，按照开发政策，对投资蔬菜产业开发的外商，在农田基本建设和加工方面给予扶助，吸引了广东从玉菜业集团投资8 600多万元到项目区建设蔬菜生产、加工出口基地。目前此项目已建成田成方、渠硬化、大棚连片、自动喷灌的高标准蔬菜生产基地10 000多亩，并采用了现代农业工厂式作业方式，呈现出一派丰收景象。东乡县按照“旱能灌、涝能排”的要求，帮助外商搞好农田基础设施建设，并帮助其培训农民，吸引了外地客商在小璜项目区建立800亩荷兰豆、扁豆订单基地，对带动项目区蔬菜产业的发展发挥了重要作用。

二是创新了经营组织形式。通过加大对经营大户、开发大户的扶持力度，充分发挥“能人”的示范带动作用，带动当地百姓，促进优势产业的形成和发展。同时加大了对农业产业化龙头企业的扶持力度，积极推行“龙头企业＋中介组织＋农户”、“公司＋农户”等组织形式，完善龙头企业和农户之间利益共享、风险共担的机制，充分发挥龙头企业对农民增收的带动作用。2004年度全省共有12个项目被列入国家农业综合开发产业化龙头项目，安排资金2亿多元。这些大都属于农业开发优势产业范围的项目的实施，不仅有力地增强了龙头企业的辐射带动作用，而且能促进产业优化升级，增强产业的市场竞争力。

三是创新了科技开发机制。结合国家高新科技示范项目的实施，围绕优势产业开发，2003年度江西省重点抓好高安水稻、广昌县太空莲和寻乌县脐橙种苗等良种繁育体系的建设，引导各开发县分类开发，寻求与高等院校、科研院所的联系，通过建立紧密性或松散性的农业科技开发实体，完善农业综合开发的技术服务及创新体系，及时把先进适用的农业技术转化为现实生产力，增强主导产业的科技含量和市场竞争力。如为促进赣南果业向纵深发展，农业综合开发的科技示范项目帮助赣南建立

了一个600万株的脱毒脐橙种苗基地，为赣南脐橙产业的发展在种苗上提供了保证。

（江西省农业综合开发办公室供稿，罗华执笔）

山东省

2004年，山东省农业综合开发按照“区域化布局、规模化开发、基地化建设、标准化生产、产业化经营、外向化发展”的思路，以中低产田改造和扶持产业化龙头企业为重点，群策群力，开拓创新，真抓实干，高标准、高质量地全面完成了各项开发建设任务。

一、基本情况

2004年，山东省农业综合开发项目共涉及113个县（市、区）和1个监狱农场。安排农业综合开发总投资为10.77亿元，其中财政资金6.87亿元、自筹资金3.57亿元、银行贷款3 328万元。计划安排中低产田改造167.2万亩、生态综合治理5.2万亩；安排产业化经营项目56个，其中种植业项目18个、养殖业项目19个、加工项目19个；安排专项科技示范项目3个。根据农时季节，山东的农业综合开发项目一般跨年度实施。国家批复山东2004年项目计划后，全省各地采取各种措施，在搞好规划设计的基础上，认真组织开发建设。截至2004年12月底，山东省农业综合开发共完成投资8.91亿元，其中财政资金5亿元、自筹资金3.57亿元、银行贷款3 328.8万元。全年共改造中低产田151.78万亩，生态综合治理项目完成7.89万亩；发展经济林4.03万亩，新增畜禽养殖582.72万只，新建、扩建加工项目26个，建设农业高新科技推广综合示范区0.08万亩。其他建设任务于2005年4月底全部建成。上述项目完成后，产生了良好的经济效益、社会效益和生态效益。2004年共新增和改善灌溉面积150.96万亩，新增和改善除涝面积103.6万亩，增加林网防护面积114.82万亩，控制水土流失面积55万亩，新增主要农产品生产能力为粮食3.83亿公斤、棉花603.05公斤、油料542.7万公斤、果品352万公斤、蔬菜6 680万公斤、肉类769万公斤、水产品92万公斤，项目区农民人均新增纯收入达380元以上。完成的开发建设任务，不仅有效地提高了开发区农业综合生产能力，而且使区域内农业产业化格局得到进一步优化，新的优势农业产业带逐步凸显，为山东省农业和农村经济发展注入了新的生机和活力。随着农业科技成果推广应用程度的提高，科技进步对项目区农业和农村经济发展的支撑作用日益增强，农业和农村经济结构更加合理，实现了农业增产、农民增收，密切了党群关系，促进了当地经济社会的发展和稳定。

二、主要工作

（一）进一步明确农业综合开发的指导思想

2004年5月，山东召开了全省农业综合开发工作会议，在深刻分析农业和农村经济新形势的基础上，进一步明确了新阶段农业综合开发的指导思想和主要任务是：以“三个代表”重要思想和党的十六大精神为指导，树立科学的发展观，紧紧围绕全面建设小康社会的目标，以农业主产区特别是粮食主产区为重点，按照“区域化布局、规模化开发、基地化建设、标准化生产、产业化经营、外向化发展”的总体思路，作好“三篇文章”，突出“三个重点”，建立“三个机制”，全面提高农业综合开发水平，为全省农业和农村经济发展做出更大贡献。“三篇文章”就是加强农业基础设施建设、促进农业结构调整和以科技进步、提高农民素质为

动力推进农业增长方式转变。“三个重点”就是抓好产业化经营和对龙头企业的扶持，搞好中低产田改造，搞好优势农产品产业带的建设。“三个机制”就是以财政资金为引导，信贷资金、工商资本和外资等广泛参与的多元化投入机制；市场化运作与政府指导相结合的管理机制；自我积累、滚动开发机制。

（二）进一步突出农业综合开发的重点

农业综合开发是整个农业和农村工作的重要组成部分，山东紧紧围绕“三农”开展工作，在区域布局上，以农业主产区尤其是粮食主产区为重点。2004年用于全省65个粮食主产县（市、区）的投资达到6.3亿元，占整个开发投入的61.7%。在项目安排上，重点突出中低产田改造和产业化龙头企业，全省中低产田改造面积占土地治理面积的97%，产业化龙头项目占产业化经营项目总投资的60%。在产业选择上，重点突出11类优势农产品，提高农业的综合竞争能力。

（三）进一步创新农业综合开发机制

2004年，山东立足农业和农村经济发展新形势，及时调整政策，创新机制。在政策上，主要是“三个倾斜”：向农业主产区尤其是粮食主产区和30个经济欠发达县倾斜，向优势产业带和优势农产品倾斜，向中低产田改造和产业化龙头企业倾斜。在机制上进行“五个创新”：创新以农民为主体的开发机制，创新自我积累、滚动开发机制，创新财政资金的引导机制，创新资金整合配套机制，创新农业综合开发管理机制。一年的实践证明，上述政策和机制创新，完全符合新形势的要求和山东的实际情况，为山东的农业综合开发注入了新的生机与活力。2004年，山东省农发办成功地进行了第三次土地治理项目公开竞争立项招标工作，取得了很好的效果。

（四）进一步提高项目管理水平

山东始终把强化管理作为农业综合开发工作的重中之重来抓，通过抓关键环节，全方位提高农业开发管理水平。首先是抓项目的评估论证关。省里成立了省级农业综合开发专家库，无论是土地治理项目、产业化经营项目，还是科技项目及世行项目，都请有关专家进行评估论证，实现科学决策，提高立项的准确性。其次抓项目建设关。在项目建设中，全面推行了工程招标投标制、项目和资金公示制，落实质量管理责任和管理措施。同时，还加大监督检查力度，全年组织了两次全省范围内的巡回检查，发现问题及时解决，限期整改。第三是抓项目运行管护工作，在管护主体、管护制度、管护队伍、管护政策的落实上狠下功夫，积极探索利用市场机制和手段进行工程管护的路子，做到了项目竣工，管护上马。有的地方对树木和水利工程实行竞价拍卖或租赁承包等，明确了产权归属，落实了管护主体。有的按照“谁受益、谁负担”、“以工程养工程”的原则，解决管护资金，落实管护措施。许多项目区建立起了经济自立的管护机制，进入了良性发展的轨道。

（五）调研宣传实现新突破

2004年山东省农发办狠抓调研和宣传工作，取得了显著成效。一年中全办共安排6个专题调研题目，明确分工，责任到人，高标准、高质量地完成调研任务并上报国家开发办。同时，为研究新问题、探讨新思路、制订新举措，山东农发办会同省财政厅在全省范围内开展了“新形势下农业综合开发”大型研讨活动。全省开发系统围绕“新形势下农业综合开发如何在‘三农’工作中发挥应有作用”、“如何以科学发展观为指导搞好农业综合开发”等19个题目展开深入研讨，撰写了一大批主题明确、论点新颖、内容丰富的论文。为了扩大农业综合开发的影响，山东省农发部门加强与新闻媒体的沟通和联系，采取多种形式、通过多种渠道宣传农业开发的好经验、好做法及取得的成就。11月初，山东农发办组织邀请人民日报、新华社、经济日报等国内主流媒体到项目区参观采访，进行了一次集中宣传报道。全年共在《人民日报》、《经济日报》、新华网、《大众日报》、山东电视台、《中国农业综合开发》等新闻媒体上发表文章17篇。

（六）队伍建设呈现新局面

山东农发办围绕“内强素质，外树形象”的总体要求，从学习教育入手，以思想和作风建设为核心，以制度建设作保证，努力打造一支一流的开发队伍。在机关内部建设上，制订了《山东省农业综合开发办公室工作规则》，对机关各项工作的运转进行了规范。在开发系统建设上，拟订了《山东省农业综合开发工作绩效考核办法（暂行）》，对市级农业综合开发工作进行全方位的量化考核，把考核结果作为分配年度开发资金和安排开发项目的主要依据，在开发系统中树立一种争先创优的干事创业精神。

在全党全社会高度重视"三农"工作的新形势下，农业综合开发工作的地位越来越重要。农业综合开发要完成新阶段的艰巨任务，从山东的实践看，工作中还存在几个"不适应"。一是财政投入的增长幅度不大，与巨大的开发潜力和要求不相适应。山东是全国农业大省、粮食主产省、农产品加工出口大省，但尚有7 000万亩中低产田有待改造；在国家宏观调控的大背景下，龙头企业求贷困难，迫切需要开发的扶持和帮助。二是一些农业综合开发政策措施安排滞后，与中央大的方针及农村实际不相适应。如农村税费改革后，对农业综合开发的县以下自筹资金和农民投资投劳问题、新的农村土地政策下农业综合开发项目建设涉及农民承包地调整问题等，都需要根据实际做出相应的政策安排。三是农业综合开发的某些管理措施缺位，与新形势对农业综合开发提出的新要求不相适应。如土地治理项目建成后的管护制度尚不完善，影响项目效益的发挥。这个问题的主要症结在于管护资金缺乏来源以及行政约束力的软弱。四是农业综合开发机构队伍现状与面临的繁重任务不相适应，突出表现在思想观念离科学发展观的要求仍有一定距离，专业人员不足、素质不高等。

（山东省农业综合开发办公室供稿，朱孝德执笔）

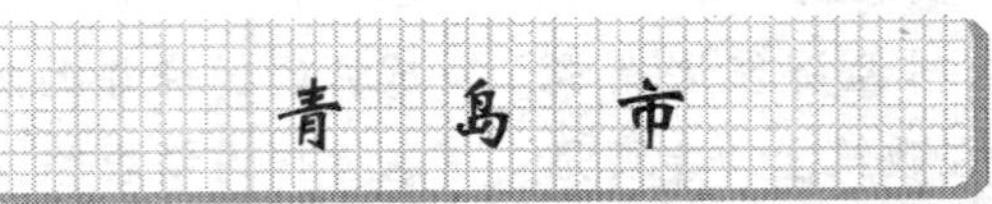

青 岛 市

2004年，青岛市农业综合开发工作以效益为中心，以农业增效、农民增收、财政增收为落脚点，全面完成了年度农业综合开发任务，推动了青岛市农业和农村经济的全面发展。

一、基本情况

2004年，青岛市所属的国家农业综合开发项目县莱西、平度、胶南、胶州、即墨等五市及城阳、崂山、黄岛等三区实施了年度国家农业综合开发项目。全年共实施产业化经营项目和多种经营项目17个，其中重点产业化龙头项目7个，一般产业化龙头项目5个，一般多种经营项目5个；实施土地治理项目13个，其中平度市、莱西市、即墨市、胶南市、胶州市各2个项目，城阳区、崂山区、黄岛区各1个项目。13个土地治理项目共涉及39个乡镇及街道办事处的212个行政村，全年共完成土地治理总面积19.61万亩。2004年青岛市农业综合开发总投资规模2.25亿元，其中土地治理项目投入总资金为9 924万元（中央财政资金2 676万元，青岛地方配套资金5 352万元，农民自筹资金1 896万元）。占投资总额的44.1%；产业化龙头项目和多种经营项目总投资1.26亿元，其中中央财政资金2 675万元（有偿资金2 077万元）、青岛地方财政配套资金5 350万元、项目单位自筹资金3 975万元、银行贷款600万元。各项资金均及时、足额到位，圆满完成了全年的建设任务，取得了显著的经济、社会和生态效益。

二、主要做法

在农业综合开发工作中，青岛市认真贯彻落实农业综合开发的各项方针政策，紧密结合实际，因地制宜搞开发，取得了较好的成果。

（一）坚持把“基础性、示范性、引导性”作为农业综合开发的投资方向和立项的重要原则

按照国家农业综合开发的有关路线、方针、政策，青岛市始终坚持从实际出发，因地制宜，充分发挥农业综合开发的“基础性、示范性、引导性”。农业综合开发的“基础性”原则，就是致力于农田基础设施建设和生态环境建设。“示范性”原则，就是通过项目区的开发建设，提高产量和效益，为农业发展生产起到示范作用。“引导性”原则就是通过农业综合开发建立起一种多元化多渠道的投入机制，吸引社会资本和外资投向农业，通过农业综合开发来打基础，通水、通田、通路，平整土地，植树造林，吸引社会上多种经济成份对项目区的关注和投入，加快农业综合开发的前进步伐。

（二）因地制宜，突出重点，择优选项

根据青岛市水资源匮乏且项目区大部分在贫水区的特点，结合中央农村工作会议和全国农业综合开发工作会议精神以及关于农业和农村工作的整体部署和要求，以提高粮食产量、增加农民收入和农副产品的社会有效供给为目标，坚持集中投入、连片开发、综合治理的原则，加大了中低产田的改造力度，大力开发节水灌溉项目，抓好农业综合开发的精品工程，不断改善农业生产条件，促进粮食生产稳定发展，同时利用青岛市沿海滩涂多的自然优势，择优发展多种经营及产业化龙头项目，为青岛市的农业奠定了坚实的基础。

（三）将农业综合开发项目的规划实施与支持农业、农村经济结构调整和促进农业产业化经营相结合

青岛市农业综合开发在项目实施中，除注意以产业化经营项目和多种经营项目的实施直接支持农业、农村经济结构调整外，土地治理、科技示范、扶贫开发的规划实施也基本上都在由单纯的项目开发规划、布局转向选择支柱、高效产业的开发。按照比较优势的农业资源开发原则，整个农业综合开发都在围绕着支柱产业来统筹安排项目。以支柱、高效产业为统帅，把土地治理、产业化经营、扶贫开发以及其他社会资金的安排使用有机地结合起来，成为农业综合开发新的发展任务。

（四）加强调查研究，增进各部门协调配合

农业综合开发是一项系统工程，它的顺利开展需要依靠大量真实客观的信息和资料，因此，青岛市特别重视对农业综合开发工作的调查研究。青岛市在项目立项、实施、验收及建后管护整个过程中，一贯坚持实事求是的态度，深入乡镇和项目区调查研究，及时获得真实可靠的第一手资料，为加强项目建设的监督管理提供客观有效的信息，也为领导的正确决策提供可靠的依据。同时，农业综合开发工作也离不开相关部门的支持和配合，为此，青岛市农发办加强同有关部门的沟通和协调，形成了青岛市财政、审计、水利、林业、畜牧、水产、农机等有关部门共同参与开发的良好氛围，群策群力，有力地促进了农业综合开发工作的进展。青岛市财政局不仅在资金上及时调度拨付，而且积极参与农业综合开发项目的论证和检查指导工作。青岛市审计局按照年初制定的工作计划，选派得力人员对青岛市农业综合开发项目资金配套、使用等情况进行了审计，并出具了审计报告，为农业综合开发工作发挥了积极作用。青岛市水利、林业、畜牧、水产、农机等农口部门抽调有关技术专家，参加了农业综合开发专家技术指导小组，从项目论证到检查验收全过程地参与了农业综合开发项目建设，为农业综合开发提供了技术保障。

（五）组织业务知识培训，提高农发工作人员的业务素质

新时期农业综合开发面临的形势和任务发生了新的变化，国家对农业综合开发在指导思想上也适时做了调整，出台了一系列新政策。农业综合开发的内容和技术手段不断推陈出新，这就要求必须加大培训力度，以适应新形势下开发工作的实际需要。2004 年，青岛市结合工作实际，采取以会代训的形式，对农业综合开发工作人员进行了短期的业务知识培训，系统学习了国家农业综合开发的新政策，深刻领会了新时期国家农业综合开发的指导思想和精神内涵，提高了农业综合开发工作人员的素质，为进一步做好青岛市的农业综合开发工作奠定了坚实的基础。

三、主要成效

(一) 加快了农业结构调整步伐，推进了农业产业化进程

农业生产条件的改善和农业综合生产能力的提高，为青岛市农业结构调整和发展农业产业化奠定了坚实的基础。青岛市把农业结构调整列入农业综合开发的重要内容，以市场为导向，以提高农业产出效益、增加农民收入为目标，按照适应市场、因地制宜、突出特色、发挥优势的原则，积极改变低效益的农业生产结构，发展效益高的多种经营生产。在农业综合开发项目区积极引导农民调整和优化农业种植结构，加快引进、选育、推广优良品种，提高农产品品质，大力发展蔬菜、花卉、果茶、经济林、畜牧和水产等优势产业，逐步形成专业化、基地化、规模化生产格局，2004 年扩大良种种植面积 5.29 万亩，扩大优质农产品种植面积 10.85 万亩，其中优质粮食种植面积 2.06 万亩。新增粮食生产能力 1 953 万公斤，新增油料生产能力 221 万公斤，新增蔬菜生产能力 800 万公斤，取得了良好的经济效益。

(二) 农业基本生产条件和生态环境明显改善，抵抗灾害能力显著增强

由于青岛市土地治理项目区大都是贫水区，改田必先治水，因此，青岛市积极开展了以蓄水、调水、节水为主要形式的科学治水工作，加大了农田水利基本建设的力度。2004 年用于实施水利措施的投资为 7 779.4 万元，占土地治理项目总投资的 77.9%。通过建平塘、筑拦河坝及发展节水灌溉等措施，新增灌溉面积 11.35 万亩，改善灌溉面积 4.08 万亩，新增和改善除涝面积 7.4 万亩，新增节水灌溉面积 6.41 万亩，年节水量达 1 140.2 万立方米，有效地解决了项目区灌溉难的问题，使原来的中低产田变成了旱涝保收的高产稳产田。

(三) 大力扶持农副产品加工龙头企业，充分发挥其辐射带动作用

青岛市在农业综合开发中注意对规模大、带动面广、辐射力强的龙头企业予以重点扶持，促其上规模、上档次。2004 年重点扶持产业化经营项目 17 个，其中重点产业化龙头项目 7 个，一般产业化龙头项目 5 个，一般多种经营项目 5 个。据统计，通过实施这些多种经营项目，新增蔬菜生产能力 800 万公斤，水产品加工能力 240 万公斤，肉类加工能力 117 万公斤。同时，农业产业化项目带动农户 72 810 户，安排农村劳动力 6 302 人，受益农户增收总额 1.63 亿元，加快了农民增收的步伐。

(四) 提高了项目区农民素质，积极推动了农业科技进步

2004 年青岛市用于农业科技推广的投入为 339 万元，共培训农民 19 400 人次，购置科研设备 80 台。通过科技示范项目的建设，明显增强了项目区乡镇农业技术服务能力，显著提高了项目区农民的科技、文化素质和科学种田水平，有效地推动了农业科技成果的转化。为落实农业综合开发的农业科技推广措施，青岛市通过市场调查，大力引进名、特、稀农作物品种，优化品种结构，提高土地单位产出效益，全年购良种 20.5 万公斤，扩大良种种植面积 5.29 万亩，扩大优质农产品种植面积 10.85 万亩。同时，大力推广先进适用的生产新技术，发展农业现代化示范区、农业科技示范基地 4.25 万亩，积极推广农技配套高产栽培技术、平衡施肥技术、脱毒栽培技术、蔬菜大棚栽培技术、种子包衣技术等农业新技术；积极组织农民赶科技大集、举办培训班，发放“明白纸”，多渠道、多形式地向农民传授农业新技术，提高农民的综合素质。通过以上措施，提高了农业综合开发的科技含量。

四、问题与不足

2004 年青岛市的农业综合开发工作迈出了坚实的一步，圆满完成了国家下达的农业综合开发计划和工作任务，取得了明显的成效。但是，工作标准和项目建设标准离国家的要求还有一定的差距，主要表现在：一是少数项目区治理、开发标准不够高；二是少数乡镇农业综合开发财务管理制度较薄弱，核算手续不完善；三是个别项目单位未按规定实行专人管理、专账核算，项目单位之间会计科目设置、账务处理不一致，核算方法不统一，有偿资

金没有及时拨付到位；四是对农业综合开发与农业增效、农民增收的结合点有待于继续探索，需继续创新管理方法。

（青岛市财政局、农业综合开发办公室供稿，于建青、刘碧录执笔）

河南省

2004年，在国家农业综合开发办公室的大力支持和指导下，河南省农业综合开发工作紧紧围绕提高农业综合生产能力，狠抓各项政策措施的落实，全面完成了年度开发工作任务，为全省农村经济发展和小康社会建设做出了应有的贡献。

一、2004年度农业综合开发基本情况

2004年，全省农业综合开发项目涉及18个省辖市121个县（市、区），共完成农业综合开发土地治理和多种经营项目投资10.28亿元，其中中央财政资金3.63亿元、地方配套资金2.33亿元、项目区农民自筹资金3.42亿元、银行贷款9 084万元。安排中低产田改造和沙地治理105万亩，修复水毁项目区10.4万亩；扶持产业化龙头项目12个，一般产业化经营项目34个；安排省本级科技示范项目24个。这些项目的实施，对于加快中低产田改造、支持农业主产区特别是粮食主产区的发展，推动优势农产品区域布局和产业化发展，增加农业综合开发科技含量，提高粮食综合生产能力、增加农民收入，起到了重要的作用。

二、2004年所做的主要工作

（一）围绕“两个基地”建设，集中资金，突出开发重点

2004年，河南省农业综合开发工作通过“两个集中、两个打破”的方式，初步实现了资金集中投放，突出了开发重点。

两个集中：一是集中资金，向农业主产区倾斜。2004年共安排周口、商丘、驻马店、南阳、信阳等5个农业大区财政资金1.99亿元，占农业综合开发财政投资的45.6%，比2003年增长10%。二是集中资金向粮食大县倾斜。全省70个粮食生产大县2004年安排投资项目65个，占粮食大县总数的93%；安排财政资金2.19亿元，占中央和省级财政投资的67.5%，比2003年提高了26个百分点。

两个打破：一是打破长期以来单个开发面积分散的现状，使平均单个开发面积由2003年的0.46万亩提高到2004年的0.9万亩，提高了近一倍。二是打破长期以来形成的“终身制”和“铁饭碗”，在开发项目的安排上引入竞争机制。2004年全省在安排土地治理存量资金项目时，有11个省辖市结合工作绩效考核和验收评价情况，对24个开发县实行了“末位暂停”；安排增量资金时，又对15个（县、市、区）实行了“轮休”。这一做法有效地激发了开发县的危机感和紧迫感，进一步调动了其搞好农业综合开发的内在动力。

（二）围绕农业结构调整，大力发展产业化龙头企业，促进农产品增值和农民增收

一是全年安排优势农产品加工项目12个，发展优质、优势农产品产业带面积90多万亩，投入财政资金9 117.25万元，占产业化经营项目中省财政投资的64%。二是产业化经营项目向农业龙头企业、优势产业化企业倾斜。全年安排农业综合开发产业化项目资金1.35多亿元，重点扶持国家和省级确认的10个龙头企业，使单个项目扶持额度由过去的100万元提高到现在的300万元以上，有些项目达到500万—1 500万元，促进了企业上规模、上水平，发挥了农业龙头项目的带动辐射作

用。三是积极参与投资参股经营试点工作，争取到2个投资参股经营项目，国家财政参股资金达到2 500万元。

（三）加大科技开发投入，抓好项目区新技术、新品种推广

一是在完成省级配套的同时，筹资380万元科技推广示范专项资金，加大全省农业综合开发的科技投入。二是以农业综合开发科技项目为载体，吸引国家和省科研教学单位的高层次科技人员投身农业综合开发主战场。2004年，共吸引了中国科学院、中国农科院、河南省农大、河南省农科院等10个单位的72名专家，深入项目区示范推广农业先进适用技术、新品种96项次，培训项目区群众1.2万多人次。三是设立“河南省农业综合开发科技进步奖”，2004年评定出“河南省农业综合开发科技进步奖”29项，奖励基层农业科技人员790人，拿出10多万元对优秀科技成果进行了奖励。

（四）积极争取国家利用世行贷款加强农业三期灌溉项目

国家农发办已批准河南省三期项目安排在五大灌区7个市的20个县（市、区），计划改造中低产田146万亩，项目计划总投资7.42亿元，其中世行贷款3.37亿元，地方财政配套资金1.69亿元，自筹资金2.36亿元。与此同时，河南省还与世行合作争取到世行英国发展部的国际赠款项目——“面向贫困人口的农村水利改革项目”，计划总投资827万元，其中赠款50万美元，国内配套资金413.5万元，并按要求确定了民权、确山等5个项目县（市）。

（五）创新管理机制，不断提高农业综合开发管理水平

一是引入竞争机制。在项目县之内，每年的项目安排采取竞争办法，通过比开发条件、比群众积极性、比工作基础等来确定项目区，变“要我干”为“我要干”。二是理顺利益关系，落实管护责任。对项目区的井、泵、林等实行拍卖、买断或承包，多渠道、多形式地探索管护机制。三是所有工程项目全部实行公示公告制、招投标制、项目监理制、群众全程参与制、资金管理县级财政报账制、项目竣工决算验收制，全部项目资金在县级财政实行专人、专账、专户封闭管理。四是采取暗访、抽查、复验等办法搞好项目监督检查，发现问题及时整改，提高项目管理水平。

（六）周密部署项目资金大检查，认真整改，成效明显

2004年6月25日至9月15日，在全省深入开展了项目资金大检查工作。通过县级自查、市级复查、省级对竣工项目抽查，对重点龙头项目逐一排查，基本弄清和解决了农业综合开发工作中存在的主要问题，为接受国家检查验收以及今后的规范管理奠定了良好基础。

（七）注重调查研究和宣传工作，不断提升农业综合开发的地位和形象

2004年，省农发办共完成调研报告50多篇。通过“办内动态”、报刊、杂志，经常性地进行农业综合开发宣传。有部分市、县还组织人大代表、政协委员到项目区视察指导，对农业综合开发起到了积极的推动作用。

（八）抓好机关自身建设和队伍建设

2004年，在全省农业综合开发系统中有计划地开展了创建学习型机关的活动，机关的政治理论和业务知识学习、精神文明建设等工作都有了明显的进步，干部职工思想政治素质进一步提高，干事创业的热情更加高涨，有力地促进了全省农业综合开发工作的健康发展。

2004年，经过全体同志的共同努力，河南省农业综合开发较好地完成了各项任务，取得了一定的成绩，但工作中还存在一些困难和问题。一是河南人口多，底子薄，农业生产条件差，中低产田面积大，群众要求开发的积极性高，投入与需求的矛盾十分突出。二是全省农业综合开发工作存在着不平衡性。三是农业综合开发资金、项目管理水平有待进一步提高。这些问题需要在今后的工作中认真研究解决。

（河南省农业综合开发办公室供稿，施保清执笔）

湖　北　省

2004年，湖北农业综合开发工作紧紧围绕“确保国家粮食安全和促进农民增收”的目标，按照“深化改革、加强管理”的要求，不断创新开发机制，强化科学管理，努力在探索中总结经验，在实干中完善提高，在创新中加大力度，粮食综合生产能力显著提高，项目区农民收入稳步增长，为推进农村小康社会建设做出了新的贡献。

一、农业综合开发基本情况

2004年，湖北省农业综合开发涉及83个县（市、区、场），全年共投入农业综合开发资金7.84亿元，其中中央财政资金3.34亿元、地方财政配套1.41亿元、银行贷款5 190万元、自筹资金2.56亿元。全年完成土地治理项目总投入4.46亿元，产业化经营项目总投入2.91亿元，科技示范项目总投入1 772.1万元。全年共建设土地治理项目121个，治理面积112万亩，比2003年增加50多万亩；实施产业化经营项目21个、产业化龙头项目11个；建设科技示范项目2个。

二、突出重点，精心规划，农业综合开发成效卓著

2004年，湖北农业综合开发以省委、省政府提出的九大优势农产品产业带和九种特色农产品基地建设为主线，努力做到“三个着力、三个提高”，即着力以改造中低产田为主，加强农业基础设施和生态建设，建设高产稳产、旱涝保收的高标准基本农田，保护和提高农业综合生产能力特别是粮食综合生产能力；着力推进农业和农村经济结构的战略性调整，提高农业综合效益，增加农民收入；着力推进农业产业化经营，扶大扶强龙头企业，提高农业综合开发对县域经济发展和做大财政收入“蛋糕”的贡献率。在项目规划布局和选项申报上，紧紧围绕主导产业和优势产业，严格做到“四个结合”，即项目选项与农业结构调整相结合、与优势农产品产业带和特色农产品基地建设相结合、与发挥财政职能促进县域经济发展相结合、与农田水利建设和扶贫开发相关项目的整合相结合。同时，按照“集中投入、连片开发，连续投入、规模开发，讲求效益、产业开发”的原则规划和筛选项目，确保高起点、大规模、高标准。在土地治理项目的安排上，严格限制项目个数，突出开发重点，每个项目县（市、区、场）每年只安排1个土地治理项目，做到统筹规划、分步实施、规模连片。

（一）大力加强农业基础设施建设，进一步改善了农业基本生产条件

2004年，按照集中资金办大事、突出重点抓关键的原则，湖北农业综合开发紧缩开发范围，重点支持了粮食主产区基本农田建设，将全省农业综合开发土地治理项目资金全部用于中低产田改造项目，重点支持了46个粮食主产县（市）的中低产田改造，特别是20个水稻生产重点县（市）的高产农田建设，坚持按灌区、流域或某一相对完整连片的水稻生产农田进行分年实施、总体推进。全年用于支持20个水稻生产重点县（市）农业综合开发的财政投资达2.2亿多元，其中中央财政投资1.5亿多元，占全省农业综合开发土地治理项目中央财政投资的67%以上。13个水稻种植（水田）面积在50万亩以上的重点县（市），每县（市）农业综合开发财政投资达1 370万元，比2003年增加近800万元，增长了1.38倍；每县（市）连片建设高产农田面积4万亩以上，比2003年增加2.3万亩，增长129%。7个水稻种植（水田）面积在45万—50万亩的重点县（市），每县（市）农业综合开发财政投资达703万元，比2003年增加200多万元，增长了50%；每县（市）连片建设高产农

田面积2万亩以上，比2003年增加0.54万亩，增长37%。20个重点县（市）全年基本农田治理面积达74万亩，比2003年增加41万亩，增长了1倍多。通过对中低产田的综合治理，全年新增和改善灌溉面积68.47万亩，新增和改善除涝面积39.23万亩；新增节水灌溉面积33.61万亩，年节水量4 793.5万立方米；增加林网防护面积37.94万亩；新增机耕面积31.76万亩，新增农机总动力24 697.76千瓦；扩大良种种植面积36.33万亩；扶持农业科技服务站点182个，完善农产品质量检测体系50个，优质农产品种植面积63.17万亩，其中优质粮食种植面积43.01万亩；全年新增粮食1.23亿公斤、棉花483.18万公斤、油料2 266.69万公斤。项目区直接受益农民年收入增加总额1.43亿元，农民年人均纯收入增加155.31元。

（二）大力支持优势农产品发展，进一步优化了农业结构

2004年，湖北农业综合开发按照国家农业综合开发办公室和省委、省政府确立的优势农产品区域规划布局，坚持面向市场，充分发挥比较优势，紧紧围绕支持优势农产品产业带建设，统筹安排各类农业综合开发项目，重点扶持了优质粮、油、水产品、中药材、茶叶、生猪、经济林等具有区域优势和地方特色的优势产品和特色产业，扩大了市场适销对路的优质稻米、双低油菜以及蔬菜、水果、水产品及畜牧业的种养规模，有力地推动了全省农业结构的调整和优化。如平原湖区大力发展具有比较优势的优质稻、水产品项目，培育了新的经济增长点；鄂西山区充分利用当地资源优势，积极扶持无公害特种蔬菜、药材、经济林及绿色系列产品的发展，结构调整成效显著。全年建成经济效益较高的经济林、蔬菜、药材基地3.65万亩，优质水产养殖基地0.11万亩，部分项目区农产品优质品率达到了90%以上。

（三）大力支持龙头企业发展，扎实推进了农业产业化经营

2004年，湖北农业综合开发紧紧围绕主导产业，坚持扶大、扶优、扶强的原则，分别采取贴息、补贴、借给有偿资金等灵活多样的形式，加大了对丹江口市柑橘种植、京山县白马蛋鸡养殖、英山有机茶种植、恩施市石灰窑窑归种植等21个产业化龙头企业的扶持力度。同时，还积极争取到监利县银欣集团新型大米健康方便食品和宜都市丰岛集团果蔬罐装食品加工2个项目为农业综合开发投资参股经营性项目试点开发，为农业综合开发扶持龙头企业发展、带动农民增收致富探索新的途径。通过项目实施，年新增干鲜果品1 598万公斤、蔬菜900万公斤、药材339.08万公斤、水产品149.5万公斤、肉1 014.5万公斤、蛋50万公斤、奶60万公斤，新增加工转化农产品1.13亿公斤；年新增总产值8.19亿元，新增增加值2.99亿元，新增利税1.4亿元；新增就业人数1.63万人，其中新增农村劳动力就业人数1万多人。

三、注重创新，讲求实效，项目和资金管理水平不断提高

（一）完善机制，充分发挥了市场的作用

1. 进一步完善了项目管理机制。一是为把市场机制引入项目管理，充分体现公开、公平、公正的原则，在全省积极推行了项目立项招投标制。通过《湖北日报》等新闻媒介向社会公开2004年产业化经营项目立项申报信息，向社会公开招标，进一步扩大了选项范围，提高了选项质量。二是为进一步深化农业综合开发项目管理机制改革，规范农业综合开发项目评估和相关的咨询活动，增强农业综合开发项目选项的准确性和立项决策的科学性，提高农业综合开发项目的质量和效益，2004年初，正式成立了湖北省农业综合开发项目评审专家委员会。评审专家由有关大专院校和科研院所从事农业、畜牧、水产、水利、食品加工和宏观经济、财务会计等方面的专家、教授等30多人组成，省财政厅副厅长王华新任主任委员。评审专家委员会的委员除参加农业综合开发项目的前期考察、评审和评估论证工作外，还参与全省农业综合开发年度计划、中长期规划的论证，参与全省农业综合开发重要项目的检查验收，参与有关农业综合开发专题调研工作或课题研究，并为全省农业综合开发有关工作提供技术、政策和管理咨询及人员培训等等。农

业综合开发项目评审专家委员会的成立和积极运作，推动湖北省逐步建立起了制度化、专业化的农业综合开发项目评审机制，把湖北农业综合开发各项管理工作特别是项目前期管理工作提高到了一个新水平。三是严格实施《国家农业综合开发项目招投标管理暂行办法》，加强了项目工程建设招投标和工程物资政府采购工作，确保了项目工程建设质量和效益。四是严格执行了工程监理制度，规范监理程序，并全面推行了项目财政专管员制度，加强了项目建设的全过程监管，确保了工程建设质量。

2. 进一步创新了资金管理机制。一是建立了科学的资金分配机制。为进一步规范农业综合开发投资分配行为，建立有效的竞争和激励机制，科学合理地分配农业综合开发财政投资控制指标，根据财政部和国家农发办农业综合开发财政资金综合因素分配办法，在深入调研、广泛征求意见的基础上，制定了《湖北省农业综合开发财政投资控制指标分配试行办法》(以下简称《办法》)。《办法》本着公开、公平、公正和科学合理、突出重点及奖优罚劣的原则，明确了农业综合开发土地治理和产业化经营两类项目投资控制指标的具体分配办法，以增强财政投资分配的透明度。其中：土地治理项目投资控制指标按常用耕地面积因素、商品粮因素、工作质量因素、专项奖励因素和处罚等综合因素确定，各因素按政策倾向设置不同的权重，以充分体现向粮食主产区倾斜的政策要求及以工作业绩定投资的指导思想；产业化经营项目实行以项目定投资，择优选项、竞争立项的分配办法。《办法》的出台，标志着湖北彻底改变过去按基数加因素分配投资的做法，真正建立了科学、规范的投资分配新机制，对进一步提高资金管理的使用效益起到了良好的促进作用。二是改革农业综合开发项目资金拨付方式，实行项目资金直达制，省级财政将农业综合开发资金全部直接拨付到县（市）农业综合开发资金专户，县（市）农发办按规定将资金直接拨付到项目建设单位，大大减少资金运行的中间环节，有效地避免了项目资金滞留、挪用现象。三是继续对农业综合开发项目资金实行专人、专账、专款专用的“三专”管理制度，进一步完善县级财政报账制度，出台了对《湖北省农业综合开发资金县级报账核算管理实施细则》的补充规定，明确了实行县级报账的农业综合开发资金范围，细化报账程序，健全报账手续，规范报账管理行为，确保了项目资金的安全使用。

（二）严格督查，健全了内外监督机制

为进一步加强对项目资金的管理，2004 年，湖北组织开展了经常性的项目资金检查活动，取得了明显效果。一是在全省组织开展了 2001—2003 年度农业综合开发竣工项目的县级自查自验、市级全面检查验收和省级重点抽验工作，为顺利通过国家验收做准备。2004 年初，按照国家农业综合开发竣工项目验收的标准和方式，下发了省级自验标准和验收考核评分标准，对全省各市、县的自验工作进行了全面安排，明确了验收工作的要求，统一了验收标准。在各开发市、县（市）自查普验的基础上，省农发办借调有关专家和专业技术人员，组成了 6 个省级验收小组进行了省级验收。各验收小组坚持实事求是、客观公正、统一标准、严格把关的原则，统一采取观看录像资料、听取汇报、核查财务账目、查看档案资料、实地抽验检查项目区、走访农户和交换意见等方式，全面普验与重点抽验相结合，查验工程与查验资金相结合，看、听、评、议相结合，对 17 个开发市、州（含 3 个省直管市）进行了普验；按照随机抽样的方式，对 16 个开发县（市、区）的 52 个土地治理项目区、20 个多种经营项目、2 个专项科技示范项目进行了重点抽验。省级重点抽验之后，省农发办又根据验收情况召开了全省农业综合开发项目验收通报会，要求各地对自查、督查、抽查中发现的问题，积极制定措施，落实责任，认真整改，并举一反三，不断完善各项制度办法，从源头上杜绝项目和资金管理违纪违规问题的发生。二是重点开展了科技示范项目、产业化龙头项目、水毁工程修复项目及呆账核销资金落实情况的“四项专项检查”。国家农发办在全国部署开展 2004 年农业综合开发项目和资金专项检查工作后，湖北迅速下发了开展专项检查的文件，提出了自查工作的具体要求，明确了省、市、县三级农发办督查、自查工作的责任。各地领

导高度重视，组成专班，采用聘请专业人员、项目验收与检查相结合、室内检查与室外检查相结合等方式，实行拉网式检查。市（州）农发办在各县（市）自查的基础上，深入到项目县（市、区）进行了实地督查。省农发办也组成4个检查组，由办领导带队分赴枣阳、襄阳、汉川等12个县（市、区）进行督查和重点抽查。对各地自查和省重点抽查发现的问题，逐条逐项地提出了加强整改的具体意见和要求，做到限期整改，不打折扣。三是加强了对2004年水稻生产重点县（市）的督查。6月17日至19日，先后赴仙桃市、天门市等地实地督查了两市申报的2004年农业综合开发土地治理项目规划和建设情况。四是在全省大力推行了农业综合开发项目资金公示（公告）制，让农业综合开发资金使用和项目建设广泛接受群众监督和社会监督。五是积极接受和引进审计等社会中介机构对全省农业综合开发项目的监督检查。多种形式的监督检查的扎实开展，对加强和改善开发县（市）的项目和资金管理工作，减少、防范和杜绝各类违纪违规问题起到了一定的积极作用。

（三）严格处罚，全面实施了“三条禁令”

为确保农业综合开发事业健康发展，湖北采取通报批评、调减投资额度、暂停立项资格等措施，加大了对农业综合开发资金违纪违规等重大问题的查处惩罚力度和责任追究力度。一是加大了处罚力度。针对2003年检查中发现的问题，扣减了3个县（市）2004年土地治理项目中央财政投资额度646万元，暂停了1个县农业综合开发项目立项资格。二是加大了制度建设力度。为防微杜渐，力求通过反面典型促使各地吸取教训，湖北省一方面研究制定和修订完善了项目库管理制度、县级报账制、财政资金直达制等项目资金管理制度和办法；另一方面在全省全面实施了“三条禁令”：第一，严禁挤占、挪用和截留农业综合开发项目资金。所有项目资金（包括产业化经营项目有偿资金），必须按照国家批复的计划无条件用到项目上，不允许以任何理由、任何形式、任何借口挤占、挪用和截留。如有违反，一经查实，一律暂停其立项资格。第二，严禁擅自调整农业综合开发项目计划。所有农业综合开发项目计划一经批准，必须严格执行，如确需调整、变更或终止，必须严格按国家农发办颁发的规定履行报批手续，经批准后，方能调整、变更或终止。如有违反，一经查实，一律暂停其立项资格。第三，严禁弄虚作假。如有弄虚作假，一经查实，一律暂停其立项资格。“三条禁令”的实施，对促进各地严格执行国家农业综合开发政策制度、确保项目按计划顺利实施起到了积极作用。

四、深入调研，强化宣传，夯实了农业综合开发工作基础

（一）干部培训成效显著

为提高干部队伍综合素质和业务水平，湖北省按照年初制定的培训计划，开展了以会代训等多种形式的干部培训工作，力求为农业综合开发事业打造一支业务熟练、作风扎实、开拓创新、奋勇拼搏的干部队伍。全年组织开展了省级验收和专项检查工作培训，进行了20个水稻生产重点县（市）高产农田项目规划及建设培训。2004年12月初，举办了首次全省农业综合开发项目和资金管理综合培训班，全省各开发市、州、县（市、区、场）和省监狱管理局从事农业综合开发项目管理和资金财务工作的同志共180多人参加了培训。培训班由省农发办从事项目管理、资金财务管理的同志和在基层工作、具有丰富实践经验的同志授课，就实际工作中遇到的农业综合开发项目管理政策、项目计划报表应用、项目库管理、项目扩初设计编制、农业综合开发资金县级报账核算、资金财务管理、资金决算报表编制、项目统计报表编制以及农业综合开发部门项目资金管理等方面的难点和热点问题进行了系统培训和讲解。参加培训的同志普遍反映，这次培训改变过去传统的单项专业培训，使参加培训的人员既学习了项目管理知识，又了解了资金财务管理知识，还研究探讨了若干热点、难点问题，形式新颖，内容丰富，针对性和实用性都比较强，对做好农业综合开发工作很有帮助。

（二）宣传活动丰富多彩

一是利用《湖北农业综合开发》信息简报宣传国家的开发政策、反映各地开发动态、交流推广开

发经验。全年编印简报18期，取得了较好的宣传效果。二是利用电视台、电台、报纸等各种新闻媒介大力宣传全省农业综合开发工作。全年向新闻媒体投稿40多篇次，其中《湖北农业综合开发实施"三条"禁令》等多篇被《湖北日报》、湖北人民广播电台等采用。2004年7月，还在《农村新报》(《湖北日报农村版》)复刊20周年专刊第8版，以《培植农业后劲，夯实增收基础》为题，图文并茂地宣传了全省的农业综合开发工作。三是积极借助《湖北财政信息》和《国家农业综合开发简报》宣传农业综合开发工作。《农业综合开发的一个成功实践》、《湖北省农业综合开发突出加强粮食主产县(市)标准化基本农田建设》、《贯彻落实全国农业综合开发工作会议精神湖北省抓好六个方面工作》先后被《国家农业综合开发简报》第23期、24期和"贯彻落实全国农业综合开发工作会议精神专刊"第16期刊发；《2004年我省农业综合开发突出四大重点》等6篇被《湖北财政信息》采用，并以"农发专题"的形式重点宣传了全省的农业综合开发工作，展示了农业综合开发干部队伍的精神风貌。

（三）调查研究成果丰硕

2004年，湖北组织了多种形式的调查研究活动。一是组织开展了农业综合开发经营性开发专题调研，在广泛征求意见、潜心讨论研究的基础上，形成了经营性开发专题调研报告。2004年2月初国家农发办调研组来湖北咸宁、宜昌等地进行农业综合开发经营性开发问题专题调研时，湖北向调研组提交了《关于国家农业综合开发经营性开发调研有关情况的汇报》，阐述了对经营性开发财政投资参股试点的认识，提出了开展试点的初步设想及打算。二是为探索农业综合开发国有资产产权管理的新途径、新办法，确保农业综合开发国有资产保值增效，组织开展了科技示范项目农业综合开发国有资产产权管理专题调研，并向国家农发办上报了《关于农业综合开发科技示范项目国有资产产权管理问题的调研报告》及情况调查表。三是积极开展了农业综合开发投入分配机制等多项调查研究。通过调研，为新时期农业综合开发工作的理论创新、制度创新、机制创新提供了科学依据，为进一步总结经验、制定政策、科学决策、规范管理、全面促进农业综合开发事业的发展奠定了坚实的基础。

2004年，湖北农业综合开发工作得到了省委、省政府以及各级党政领导的充分肯定，受到广大农民群众以及社会各界的好评。中共中央政治局委员、湖北省委书记俞正声同志多次强调农业综合开发在农业和农村工作以及增加农民收入中的重要地位和作用，要求"农业综合开发要向粮食主产区和种粮农民倾斜，特别是对粮食主产区年久失修的农田排灌设施，要制订规划、加大投入、逐年改造。……真正使粮食主产区的种粮农民得到实惠"。省长罗清泉、常务副省长周坚卫等同志多次主持召开省长办公会，专题研究农业综合开发支持高产农田建设等问题。省委副书记邓道坤同志2004年3月2日专门就农业综合开发工作作出重要批示："我省农业综合开发成效显著，项目区变化大，农民普遍受益，是支持农民增收，改善农村生产、生活条件的有效途径。长期以来，从事农业综合开发的同志付出了辛勤的劳动，做出了贡献。要适应新形势的变化，创新开发思路，要建立符合市场经济原则的开发机制和管理体制。既要向上多争项目，又要加强项目的管理，特别是资金管理，使项目的实施造福于农民。"副省长刘友凡同志亲自撰写的《实施农业综合开发，大力发展优势产业》，在《中国农业综合开发》2004年第2期发表，对新阶段农业综合开发支持优势农产品发展提出了新思路、新要求。2004年，湖北农业综合开发资金决算编报工作被财政部评为一等奖，并获得"2003年度农业综合开发资金决算编报工作先进单位"荣誉称号。湖北省农业综合开发的信息宣传和调研工作也得到国家农发办的肯定。

（湖北省农业综合开发办公室供稿，柳以洲、王　珂、姚中亮、葛松涛执笔）

湖 南 省

2004年，湖南省农业综合开发以加强农业基础设施建设、增加农民收入为根本出发点和着力点，加大工作力度，加强规范管理，创新体制机制，比较圆满地完成了各项工作任务，取得了较好的工作成效。

一、2004农业综合开发基本情况

2004年湖南省农业综合开发涉及14个市州的90个县（市、区、场）。全年共完成农业综合开发项目总投资11.38亿元，其中财政资金4.47亿元，银行专项贷款1.02亿元，单位和群众自筹资金3.69亿元，其他资金153万元。共改造中低产田107.5万亩，生态综合治理3.55万亩，种植经济林3.15万亩、设施蔬菜3.1万亩、中药材1.27万亩、设施花卉0.42万亩，发展水产养殖0.63万亩，年出栏大牲畜2.27万头、家禽340万羽，建成农副产品加工项目16个，支持了一批农业科技示范推广项目和农林水等部门项目。

湖南省的农业综合开发取得了显著的经济、社会和生态效益，主要表现在：

一是改善了农业生产基本条件，增强了农业发展后劲。全省共新建、维修和加固小型水库99座，新建和改造排灌站359座，修建拦河坝230座，打机电井97眼，硬化衬砌灌排渠道3 220.96公里，修建渠系建筑物14 761座，修建机耕路976.94公里，建设良种基地6.89万亩，改良土壤30.93万亩，造林9.15万亩，建设苗圃0.23万亩，新增加改善灌溉面积86.9万亩，新增和改善除涝面积29.7万亩，新增节水灌溉面积23.03万亩，增加农田林网防护面积10.03万亩，增加机耕面积23.5万亩。项目区农业基础设施和农业生态环境大为改善，防灾抗灾能力明显增强。

二是提高了农业综合生产能力，增加了农产品产量。通过实施农业综合开发，项目区共新增粮食生产能力1.55亿公斤、棉花182.72万公斤、油料1 360.62万公斤、糖料400万公斤、干草2 210万公斤、肉类238.5万公斤、水产品81万公斤、药材2 300万公斤、奶615万公斤、蔬菜4 900万公斤、干鲜果2 022.88万公斤，对确保国家粮食安全、丰富农产品供应发挥了重要作用。

三是促进了农村经济发展，增加了农民收入和财政收入。农业综合开发通过集中部分资金对有资源优势和比较优势、有区域特色和市场前景、有知名品牌和科技含量的农业产业化龙头企业予以重点扶持，对优势农产品和特色农产品开发予以积极支持，促进了农业规模经营和农业产业化发展，带动了农业结构调整和农民增收，也培植了一批地方财源，增加了当地财税收入。据统计，农业综合开发项目直接受益农户53.21万户，直接受益农民年纯收入增加总额4.23亿元，项目区农民人均年纯收入比非项目区高214.35元。

四是密切了党群、干群关系，发挥了辐射示范作用。项目区农民群众长期想办而未办到的事，通过农业综合开发得到了解决，农民群众获得了实实在在的利益，有力地提高了党和政府在农民群众中的威信，密切了党群、干群关系。同时，由于实行集中投入、规模开发、高标准治理，建成了一批田成方、渠成网、路相通、旱能灌、涝能排、集中连片标准高、工程配套形象好、综合治理成效大、具有现代农业特征的农业综合开发项目区，在湖南农村起到了辐射带动和示范作用。

二、主要工作措施

（一）积极争取领导重视

为了贯彻落实中央一号文件和全国农业综合开发工作会议精神，湖南省政府于2004年5月在长沙

召开了有各市（州）政府分管的市（州）长、财政局分管的局长和农发办主任参加的全省农业综合开发工作会议，杨泰波副省长亲临会议并就湖南省农业综合开发工作面临的形势、任务及要求作了重要讲话。这次会议在全省反响很好，各地都召开专门会议进行了传达贯彻，提出了具体的贯彻意见和措施，并狠抓落实，成效明显。11月份，湖南省人大常委会主任会议专题听取了农业综合开发情况汇报，并对农业综合开发立法管理等重大问题提出了明确要求。12月，湖南省财政厅党组全体成员听取了农业综合开发工作情况汇报，增加了省级财政配套资金，解决了省本级农业综合开发事业费问题，初步拟定了湖南省农业综合开发办公室机构设置和人员配备实施方案。领导的重视和支持，为湖南省农业综合开发工作顺利发展奠定了良好的基础。

（二）努力争取中央投入

为了扩大农业综合开发规模，湖南省积极向财政部和国家农发办争取中央财政支持，取得了较好成绩。2004年国家安排湖南省农业综合开发中央财政投资4.44亿元，比上年增加7 326万元，增长19.8%（全国平均增长11.9%）。其中：新增土地治理项目中央财政无偿投资5 620万元，争取产业化经营项目中央财政调剂资金656万元，增加自然灾害损毁工程修复项目及部门项目资金1 050万元。同时，完成了世行贷款（中央财政承贷投入）2 000万美元的农业科技项目的前期准备及评估论证工作，项目已经正式签约，2005年开始全面实施。

（三）进一步突出开发重点

为了切实解决开发面铺得过大的问题，2004年，湖南省进一步加大了对粮食主产区的支持力度，增加了粮食主产县土地治理项目的存量投资规模，并将新增农业综合开发投资的80%以上投放到粮食主产县，重点改善农业生产基本条件。湖南省明确要求开发县要按灌区、流域或某一相对集中连片的耕地全面规划，综合治理，中低产田改造项目的年度治理面积平原区不低于10 000亩，丘陵山区不低于5 000亩。同时，进一步加大了对农业产业化的扶持力度，安排中央和地方农业综合开发产业化龙头项目财政资金8 439万元，重点扶持了16个有一定规模、产品有市场竞争优势、经济效益比较好、能带动农民增收的国家级、省级农业产业化龙头企业。

（四）加强项目管理，严格项目实施

2004年，湖南省把严格管理放在突出位置，不断强化对项目建设和资金运行的全过程管理。首先，严格项目立项管理。所有土地治理项目和产业化经营项目，都必须由市（州）农业综合开发办公室进行实地考察评估，并组织专家对项目可行性进行论证和评审；所有重点产业化经营项目，都必须由省农业综合开发办公室组织技术力量深入实地考察论证，再组织省内专家进行认真评审，从而提高了立项的科学性和选项的准确性。其次，严格对项目实施的管理。坚持按设计组织施工，按工程进度拨付资金，按计划批复进行验收，做到资金跟着项目走；同时，积极推行项目工程招投标制、大宗建设物资政府采购制、工程监理制、土地治理项目和资金公示制等制度，降低了工程成本，提高了项目建设标准和工程质量。再次，严格对资金的监管。实行农业综合开发资金财政报账制，严格按规定程序和手续及时办理项目资金的报账，实行专账核算、专户储存、专人管理、专款专用，将经常性检查与竣工验收相结合，确保农业综合开发资金安全高效运行，提高了资金的使用效益。

（五）组织省级项目验收，顺利通过了国家验收

2004年6月，湖南省农业综合开发办公室组织5个验收组，采取随机抽样的方式，对全省2003年度农业综合开发竣工项目进行了检查验收，并根据验收情况进行了综合评比，邵阳市、常德市、怀化市、郴州市、益阳市、湘西自治州被评为先进单位。同时，对验收中发现的问题及审计反映的情况，提出了具体、明确的整改措施和要求，督促各地及时、认真地整改。

2004年8月下旬至9月中旬，国家农业综合开发办公室对湖南省2001—2003年度农业综合开发竣工项目进行了验收。验收组选择长沙、株洲、益阳三市的7个县（市、区）作为抽验对象，对农业综合开发项目准备、项目实施、资金管理、开发效益、内务管理等进行了全面的检查验收。由于前期

准备工作扎实，项目和资金管理严格规范，工程建设质量标准较高，开发效益显著，湖南省的农业综合开发工作得到了验收组的高度评价，第五期农业综合开发项目顺利通过了国家验收。

（六）深入调查研究，完善管理制度

一是针对资金管理使用不规范、监督不力、存在白条入账和大额现金支付等问题，在充分调查研究、座谈讨论的基础上，根据新的形势和新的特点，修改完善了农业综合开发县级报账制，制定了《湖南省农业综合开发资金财政报账实施细则（试行）》，对报账管理机构及人员、报账管理的职责、报账的程序、报账凭证的管理、报账资金的会计核算、监督检查等问题作出了明确规定，并于2004年11月印发各地执行。此项措施从资金源头上加强了财政监督管理。

二是针对开发面铺得过大、开发资金比较分散、开发重点不够突出的问题，对农业综合开发项目县轮换问题进行了多次调查研究、座谈讨论，根据《国家农业综合开发县管理暂行办法》的规定，结合湖南省实际，制定了《湖南省农业综合开发项目县轮换暂停制实施方案》，按照总量控制、比例暂停、公平竞争、规范管理的原则，开发县轮换暂停以五年为一周期，年度轮换暂停比例为全省开发县总量的20%左右。该办法从2005年起在全省执行。这样，可以真正集中资金，突出重点，形成有序竞争，不断提高开发水平和效益。

三是针对农业综合开发机构关系不顺，部分市、县机构臃肿、人浮于事，农业综合开发工作经费无保障、出现挤占挪用项目资金等问题，对各市（州）、县农业综合开发机构、人员、经费问题进行了专题调查。通过多次召开座谈会、广泛征求意见、反复研究讨论，出台了《关于进一步加强农业综合开发系统管理工作的意见》，提出了机构设置要有利于系统管理、人员编制要体现精干高效原则、事业费安排要有利于工作开展、自办实体要彻底脱钩等意见，对建立全省精干、高效、廉洁、务实的农发队伍将发挥应有的作用。

（七）加强干部培训，提高队伍素质

湖南省农业综合开发系统在不断加强和改进思想政治教育的同时，把业务学习培训和勤政廉政教育摆在突出位置，努力提高干部队伍业务和思想素质。2004年组织开展了不同类型、不同层次的业务学习和培训，有效提高了干部队伍的业务素质和政策水平；抓好勤政廉政建设，开展经常性的勤政廉政教育，使农发系统同志做到了头脑清醒，警钟长鸣，洁身自好，拒腐防变。同时，完善制度，堵塞漏洞，进一步建立健全了有关规章制度，提高了工作的透明度和规范性。

三、面临的困难及需要解决的问题

一是地方财政配套难。农业综合开发实行中央财政与地方财政资金配套安排。前几年，中央安排的农发资金规模不大，且有偿部分比例较高，地方可以回收周转使用，配套压力不大。但近几年来，随着中央农发资金规模不断扩大，且有偿比例降低，地方财政特别是省级财政配套任务越来越重，财政预算安排的农业综合开发配套资金存在较大缺口，影响农业综合开发项目的顺利实施。

二是有偿资金回收难。农业综合开发特别是产业化经营项目资金中的相当大部分属于有偿投入。前几年由于农产品价格低迷，农业比较效益低下，加上自然灾害频繁，致使部分已建成的项目特别是以种、养业为建设内容的多种经营项目有偿资金难以回收，有些甚至已形成呆账。投入农业基础设施建设的有偿资金，虽然社会效益较好，但债权债务难以落实到千家万户，资金回收已不可能。有偿资金难以回收，影响到开发项目的顺利实施和整个农业综合开发的良性发展。

三是机构和队伍建设有待加强。湖南省农业综合开发机构归口不一，部分市、县存在着机构关系不顺、部门协调比较难、人员管理不规范、经费来源无保障等问题，影响了农业综合开发工作的正常开展。同时，农发队伍的政治和业务素质也有待进一步提高，以适应新时期农业综合开发工作的需要。

（湖南省农业综合开发办公室供稿，龚次元执笔）

广　东　省

2004年，广东农业综合开发以开展“规范管理年”活动为载体，积极贯彻落实中央农村工作会议精神，努力推进制度创新和管理创新，大力开展农田基础设施建设，积极扶持农业龙头企业，为项目区改善农业生产条件、提高农业综合生产能力、加快农业产业化步伐、增加农民收入、确保粮食安全、建设和谐广东做出了应有的贡献。

一、基本情况

2004年，广东农业综合开发安排项目的开发县包括17个地级市和省监狱农场的35个县（场），计划总投资5.02亿元。与2003年相比，开发县减少5个，计划总投资减少8 887.7万元。

（一）投资规模

2003年结转投资3.55亿元，其中财政资金2.35亿元。2004年计划投入5.02亿元，其中财政资金3.08亿元，银行贷款5 927万元，自筹资金1.35亿元（包括投工投劳折资3 463.94万元）。根据实际需要调减投资额840.23万元，其中调减财政资金1 288.43万元，调增自筹资金283.2万元，调增银行贷款165万元。对比2003年，2004年土地治理项目、产业化经营项目、科技示范项目的计划总投资、财政资金均有不同程度的减少（表1）。截至2004年12月31日，实际完成投资5.2亿元，其中财政资金3.48亿元、自筹资金1.15亿元、银行贷款5 701.8万元。

表1　**2004年计划投资及与2003年度对比情况表**　单位：万元

项目	2004年				2004年对比2003年的增长率			
	年度总投资	土地治理项目	产业化经营项目	科技示范项目	年度总投资	土地治理项目	产业化经营项目	科技示范项目
当年计划投资	50 194.9	27 370	18 717	4 107.9	-15.04%	-9.41%	-21.62%	-17.67%
其中：财政资金	30 790	20 260	7 940	2 590	-24.56%	-17.37%	-39.32%	-19.31%
银行贷款	5 927		4 817	1 110	-11.87%		-12.97%	-6.72%
自筹资金	13 477.9	7 110	5 960	407.9	16.76%	24.85%	13.33%	-30.82%

（二）开发范围及变动情况

2004年，广东省国家农业综合开发县包括广东省监狱农场，广州市的增城市，汕头市的潮阳区、澄海区，韶关市的始兴县、南雄市、翁源县，梅州市的兴宁市、五华县，惠州市的博罗县、惠阳区，江门市的新会区、台山市、鹤山市，佛山市的高明区、三水区、南海区、顺德区，湛江市的徐闻县、廉江市、吴川市，肇庆市的高要市、封开县，茂名市的高州市、茂南区、电白县、茂港区，清远市的清城区，揭阳市的揭东县，云浮市的新兴县、云城区、罗定市，河源市的连平县、紫金县，珠海市的斗门区，阳江市的阳东县、阳春市以及潮州市的潮安县等共38个开发县。其中，35个开发县安排了2004年度农业综合开发项目，广东省监狱农场、广州市的增城市、江门市的鹤山市则未安排项目。

2004年，广州市的花都区、韶关市的仁化县、云浮市的云安区退出开发范围；江门市的开平市、湛江市的雷州市、茂名市的化州市因发生违纪违规问题而被取消开发县资格；由于行政区划变动，惠州市的惠阳市划分为惠城区、惠阳区，汕头市的潮阳市划分为潮阳区、潮南区，经国家审定批复，认真惠阳区、潮南区为开发县，惠城区、潮阳区为非开发县；佛山市的顺德区、云浮市的云城区、韶关市的南雄市通过国家农业综合开发办公室的评估审定后成为了国家农业综合开发新增开发县。

（三）项目建设进度

1. 土地治理项目

（1）改造中低产田项目。2003年结转任务量25.3万亩，2004年计划治理面积50.64万亩（均为改造中低产田项目，比2003年减少治理面积10.66万亩），任务量调减0.08万亩。截至2004年12月31日，按"田成方、树成行、路相通、渠相连、旱能灌、涝能排"的标准，建成高产稳产农田31.63万亩，结转2005年任务量44.23万亩。在2004年项目实施过程中，完成扩建加固小型水库3座，修建拦河坝21座，修建排灌站26座，修建机电井36眼，衬砌渠道539.1公里，修筑渠系建筑物2 866座，完成土壤改良20.92万亩，修机耕路257.89公里，购农业机械651台，造林4.03万亩，技术培训18.13万人次，科技示范推广9.46万亩。

（2）生态综合治理项目。2003年结转此项投资额22万元，其中财政资金13万元。截至2004年12月31日，计划任务全部完成。

2. 产业化经营项目

2003年结转项目14个（其中种植项目1个，养殖项目2个，加工项目10个，产地批发市场项目1个）；结转投资1.63亿元，其中财政资金9 034.12万元。2004年立项11个（其中种植项目1个，养殖项目2个，加工项目8个）；计划投资1.87亿元，其中财政资金7 940万元，自筹资金5 960万元，银行贷款4 817万元。根据实际需要，调减加工项目1个，调增投资额852.28万元（其中调减财政资金202.72万元，调增自筹资金757万元，调增银行贷款298万元）。2004年完成产业化项目7个（其中种植项目1个，养殖项目1个，加工项目5个）；完成投资1.8亿元，其中财政资金6 449.05万元，自筹资金6 074万元，银行贷款5 481.8万元。结转2005年产业化经营项目17个（其中种植项目1个，养殖项目3个，加工项目12个，产地批发市场项目1个）。结转2005年资金2.06亿元，其中财政资金1.14亿元。

3. 专项科技示范项目

2004年计划建设的专项科技示范项目有佛山市高明区科技推广示范项目、佛山市高明区现代化示范项目、广州市英吉利高新科技示范项目及肇庆高要市现代化示范项目等4个，其中广州市英吉利高新科技示范项目被终止并变更为广州市优质黄羽肉鸡高新科技示范项目。2003年结转投资4 883万元，其中财政资金2 979万元。2004年度计划投资4 107.9万元，其中财政资金2 590万元，自筹资金407.9万元，银行贷款1 110万元。根据项目建设的需要，调减投资204.74万元，其中调减财政资金105.74万元，调增自筹资金34万元，调减银行贷款133万元。2004年完成投资3 563.41万元，其中财政资金2 517.11万元，自筹资金826.3万元，银行贷款220万元。结转下年投资7 576.05万元，其中财政资金4 546.15万元。

二、主要成效

（一）改善了农业生产条件，提高了农业抵御自然灾害的能力

农业综合开发土地治理项目的实施，通过山水田林路综合治理，大大改善了项目区农业生产条件，提高了项目区农业抵御自然灾害的能力。项目区新增和改善灌溉面积30.35万亩，新增和改善除涝面积13.22万亩，新增节水灌溉面积15.55万亩，年节水量4 911.18万立方米，扩大良种种植面积8.68万亩。2004年，广东发生了冬春连旱和半个世纪以来最严重的秋季旱情，全省共70个县（市、区）受旱，受旱总面积达977.67万亩，其中重旱305.36万亩，干枯57.12万亩，但江门市、梅州市、汕头市等地项目区的水稻生产仍然保持了高产稳产的态势，亩产同比增加50公斤以上。全省2004年粮食总产量仍达到了1 390万吨，同比减少仅2.8%，在大灾之年保持了总产稳定。

（二）促进了农产品流通，推进了农业产业化经营

一是催生了农民专业合作经济组织。农业综合开发项目的实施，推进了项目区优势农产品的发展和农业产业结构的调整，促进了农产品的规模化发展。项目区农民以此为契机，纷纷自发成立专业合作经济组织，提高了农民的组织化程度和抵御市场风险的能力，加速了农产品流通。据统计，至2004年底，全省农民专业合作经济组织已经发展到近1 000家，带动农户84万户，实现年经营服务总收入31.5亿元。

二是促进了农业龙头企业的发展壮大。2004年扶持了25家农业龙头企业（含2003年结转项目），实现年新增总产值2.17亿元，促进了项目区经济作物和优质水产品的发展，推进了农业产业化经营。

（三）提高了农业综合效益，实现了农民增收

农业综合开发通过改善农田基础设施建设、增强农民科技意识和市场意识、提高农产品科技含量、提高农产品附加值，使项目区农业综合效益得到显著提高，农民收入得以明显增长。一是土地治理项目的实施使项目区新增粮食生产能力3 869.86万公斤、油料226.76万公斤、糖料28.03万公斤，项目区直接受益农民15万户，年纯收入增加总额达1.61亿元。

二是产业化经营项目的实施实现了企业、农民双赢。2004年新增蔬菜生产能力12万公斤，加工转化农产品2 598.26万公斤；农产品交易额6 600万元，年新增总产值2.17亿元、增加值1.08亿元，新增利税3 781万元；直接带动17 412户农民增收4 608.5万元，年新增就业人数6 400人。

（四）推进了农业机械化发展，完善了农业社会化服务体系

一是完善了农机服务体系。2004年，项目区共投入337.04万元财政资金，补贴农民购置联合收割机等农用动力机械651台（套），使项目区新增机耕面积7.11万亩，新增农机总动力2 559.14千瓦，有力地推动了农业机械化进程。如惠州市博罗县项目区实施国家农业综合开发项目后，实现了抛秧率100%、机耕率100%、机收率95%。

二是完善了科技服务体系，共扶持、建立了农技服务站14个，完善农产品质量检测体系15个，培训农民20多万人次，进一步推进了农村科技服务体系建设。

三是完善了良种服务体系。共投入301.57万元，建设良种基地2.69万亩，兴建仓库2 110平方米、晒场6 500平方米、苗圃179亩，发放良种4.3万公斤。

（五）密切了党群关系，促进了和谐农村社会的构建

2004年农业综合开发项目的实施，取得了显著的综合效益，对农业增产、农民增收和农村社会稳定发挥了重要作用，得到了项目区群众的热烈欢迎和充分肯定，密切了党群、干群关系，促进了广东农村社会的和谐发展。项目区农民对农业综合开发项目赞不绝口，纷纷称这是党的一项真正的“民心工程”、“德政工程”，是贯彻落实中央农村工作会议精神的具体体现。湛江吴川市一位80多岁的老农民为表达内心的感激之情，亲自向市农发办赠送了“综合开发，利国利民”的牌匾。

三、主要措施和做法

2003年底至2004年初，广东省几个开发县的2000—2003年度项目被国家有关部门相继查出了不少问题，财政部、国家农发办因此先后在全国进行通报，并对广东作出了取消开发县、扣减指标、暂停计划批复和资金下拨等处罚，一些地方由此一度背上了沉重的思想包袱，个别地方甚至丧失了信心和斗志。面对被动而复杂的工作局面，广东化压力为动力，将2004年定为农业综合开发“规范管理年”，全面推进各项整改工作，大力开展制度创新和管理创新，着力提高管理水平，增强农发队伍信心，鼓舞农发队伍士气，取得了显著的成效，全省农业综合开发实现了由情绪消极、士气低落到精神振奋、信心倍增的转变，各项管理工作逐步走入正轨。

（一）大力加强整改工作，着力解决项目和资金管理中存在的突出问题

一是统一思想，理清工作思路。2004年4月底，广东召开了全省农业综合开发工作会议，副省长李容根同志及省农业厅、财政厅的有关领导同志参加了会议。会议充分肯定了近年来广东农业综合开发取得的成绩，对一批先进单位和先进个人进行了表彰，分析了存在的问题及其产生的原因，对问题较多的开发县进行了通报和处罚，部署了进一步加强整改工作的措施，提出了进一步提高管理水平的工作思路，从而统一了全省农发队伍的思想，明确了努力方向，解除了思想包袱，鼓舞了士气，增强了大家做好工作的信心。

二是精心组织，周密布置，全面开展项目和资金管理大检查。2月成立了广东省农业综合开发整改工作领导小组。3—5月先后两次在全省范围内部署开展自查自纠，并以广东省农业厅、财政厅名义派出数个督查组，聘请会计师事务所人员参加，奔赴各地进行了督导和抽查。通过不断加强县级自查、地级复查、省级抽查，全省整改挪用项目财政资金问题共涉及资金764.3万元，整改虚列支出套取财政无偿资金问题共涉及资金353.4万元，新落实市、县财政配套资金5 339万元。

三是改防结合、标本兼治地推进整改。针对检查中发现的问题，5月份专门召开了全省农发办主任紧急会议，研究制定了改、罚、防三位一体的整改措施，对一些地方擅自调整项目计划等历史遗留问题积极稳妥地进行了处理，并通过健全管理制度、夯实基层基础工作，实现改防结合、标本兼治。

（二）大力推进管理创新，着力提高工作效率

一是创新管理方式。推行简政放权，明确各级各部门的职责，基层能解决的，由基层解决；企业能解决的，由企业解决；群众能解决的，由群众解决；可委托中介机构解决的，由中介机构解决。2004年省农发办、财政厅已将土地治理项目评估权、扩初设计批复权、50万元以下的项目调整审批权等下放到地级以上市。

二是创新项目管理。对产业化经营项目，扩充、完善了农业综合开发项目评审专家库，强化了项目主体资格审查、专家室内评议、实地考察、企业现场答辩、中介机构参与企业财务状况审查、项目公示等环节，提高了选项立项的质量；对土地治理项目，进行了前期工作改革，变过去“提交项目建议书——提交可研报告——进行扩初设计”的“三步走”为由县级农发办直接按照扩初设计的要求编制项目规划设计方案；出台了《土地治理项目规划设计纲要》、《项目调整、变更或终止实施细则》等制度。各市还根据当地的实际情况，制订了一系列管理规章制度。例如，湛江市在吴川县推行了土地治理项目竞争立项机制；茂名市制订了《茂名市国家农业综合开发项目和资金管理办法》；惠州市制订了《惠州市农业综合开发工作考评办法》，建立了考评机制；江门市制订了《江门市实施国家农业综合开发项目招标投标具体操作规程》。

三是创新资金管理。进一步推行了有偿资金委托银行贷款制度；强化了资金使用情况报告和分析制度，地市级财政部门每季度对资金拨付进度及使用情况进行深入分析，并书面报告省财政厅；建立了财政资金使用绩效评价制度；密切配合审计部门，将农业综合开发资金审计纳入了审计常规工作；聘请注册会计师近百人次到市、县检查县级报账制执行情况，到产业化经营项目单位承担审计、财务工作，规范了资金管理。

四是创新管理手段。推进了农业综合开发管理信息系统的开发，至2004年底已经完成系统需要分析和部分模块的开发工作。

（三）大力缩小开发范围，着力突出集中投入

一是在2003年开发范围有所缩小的基础上，2004年进一步明确“一县一项目一片地”，规定一个县原则上只能安排一个土地治理项目，有效地解决了往年打一枪换一个地方的分散投入方式。全省土地治理项目的数量由2003年的103个减少到2004年的51个，单个土地治理项目的平均财政投资由290万元增加到390万元，平均治理面积由5 900亩增加到9 800亩；投资重点进一步向东西两翼、粤北山区倾斜，2004年东西两翼、粤北山区土地治理项目财政投资占全省的70%。

二是坚持扶大扶优扶强，积极推进产业化经营

项目建设。全省11个产业化经营项目中有5个重点项目，投入财政资金总计5 600万元，占全省产业化经营项目财政投资的70%，其中扶持潮州华海集团、广东农科集团、湛江恒兴集团等优秀农业龙头企业的财政投资均达1 000万元以上。

（四）大力加强队伍建设，着力提升整体素质

一是加强了作风建设。在开展整改工作的同时，在全省农发干部队伍中开展警示教育，要求广大农发干部吸取教训，举一反三，树立正确的人生观、价值观和政绩观，大兴求真务实之风，克服形式主义，扎扎实实地为农民办实事、办好事。

二是加强了廉政建设。全省农发系统强化了廉政教育和廉政纪律，建立了项目安排集体决策制度、土地治理项目资金因素分配制度；省农发办内部出台了不准违规安排项目、资金等“三不准”制度。一年来，全省农发系统未发现“问题”干部。

三是加强了业务素质建设，提高了各级农发工作人员的管理水平。2004年相继举办了全省农业综合开发会计人员培训班、土地治理项目计划会审培训班、新增开发县业务培训班，编印了《农业综合开发政策汇编》等业务资料。为了较快地提高各级农发工作人员的管理水平，农发办还组织全省市级及部分县级农发办人员，赴浙江、江苏、山西、四川等9个省份进行了为期一周的考察学习，进一步开阔了视野，增长了见识，更新了观念。

四、存在的问题主要及下一步工作打算

尽管广东农业综合开发在2004年励精图治，各项工作均取得了明显的进展，但由于基础差、底子薄，各地仍然存在一些突出的问题，主要表现在：有的地方还没有走出过去的阴影，怕做工作、怕挨批评、怕犯错误；项目和管理仍然存在薄弱环节，如前期工作准备不充分，有偿资金不敢下放等；人手少、任务重的矛盾十分突出，省、市、县三级农发工作人员均极度缺少，全省农发队伍长期处于超负荷运转的状态，且随着开发规模的扩大和管理要求的提高，这种矛盾还会越来越突出，且农业综合开发队伍的整体素质有待提高。

针对这些问题，广东将着力解决项目和资金管理中存在的薄弱环节，全面提升开发水平，重点做好以下七方面的工作：一是推进制度创新，加强制度建设，积极出台适合广东省实际需要的管理办法。二是建立健全项目和资金管理体系，规范项目和资金管理。三是改革管理模式，推行简政放权，实行分级管理。四是强化监督检查，加大审计监督力度，引进人大、政协及社会舆论监督机制。五是积极争取各级党委、政府的重视与支持，努力拓展融资渠道，加大投入力度。六是协调好各方关系，努力创造良好的工作环境。七是夯实基层基础工作，大力提高开发队伍素质。

（广东省农业综合开发办公室供稿，刘柏文执笔）

深　圳　市

一、2004年农业综合开发基本情况

2004年深圳市的两个开发县（宝安区和龙岗区）共实施了3个中低产田改造项目、2个产业化经营项目、1个农业高新技术示范项目（续建）和1个农业现代化示范项目（续建），累计投入项目资金7 308.23万元，其中中央财政资金1 350万元、地方财政配套资金2 800万元、单位自筹资金3 158.23万元。通过项目建设共改造中低产田3 300亩，增加养猪规模2.8万头，新增总产值4 516万

元，新增增加值2 200万元。项目建设有力促进了都市农业发展，取得了良好的经济、生态和社会效益。

二、2004年农发工作成效

2004年深圳市的农业综合开发工作注重因地制宜，突出效益农业，围绕深圳都市农业的发展目标，重点抓好农田基础设施建设，大力发展节水农业，突出改善农业生态环境，注重支持骨干龙头企业，取得了显著成效。

（一）围绕都市农业发展目标，拓宽开发领域

深圳紧邻香港，目前香港鲜活农产品消费的很大部分靠深圳提供，且深圳市区的农产品市场体系比较发达，从国内市场和国际市场看，发展都市农业都有独到的优势；深圳又是珠江三角洲和香港都市农业的衔接区，发展都市农业有良好的区位优势；最重要的是，目前深圳的经济发展水平已具备了大力支持和反哺农业的能力。这些优势为深圳探索发展现代农业模式，创造了良好机遇和条件。

深圳市2004年农业综合开发项目，围绕都市农业发展目标，先后支持建设了市寰通农产品有限公司等2个无公害农产品生产基地项目；农牧公司瘦肉型供港活猪等2个出口创汇型优势农产品项目；农业科技试验示范基地等2个以农业技术示范推广、农业科普教育、旅游观光农业和综合利用农业生态资源为主的生态农业项目。这些项目的实施，提升了都市农业档次，进一步拓宽了农业综合开发领域。

（二）全面推行项目法人开发模式

为了保证项目建设质量，提高资金使用效益，深圳市在农业综合开发项目建设上全面推行项目法人开发模式，近几年的项目基本上都是由法人单位进行开发建设。项目建成后，由项目建设单位具体负责项目的建后管护和经营管理，切实提高了项目建设单位的质量意识和责任意识，提高了资金使用效益。如深圳市农牧实业有限公司实施的深农猪配套系生态种养现代化示范项目，取得了明显经济效益，2004年该公司出栏商品猪13.5万头（其中种猪1.6万头），销售收入1.7亿元，实现利润1 578万元，分别比2003年增长3.4%、31.12%和37.82%。

（三）大力推行财政和项目法人合力投入机制

在项目投入机制上，深圳市坚持“国家引导、配套投入、民办公助、滚动开发”的方针，大力推行财政部门和项目法人单位合力投入机制，不要项目区农民出资，项目自筹资金全部由项目法人单位筹集。2004年，农业综合开发项目法人单位共筹集资金2 845万元投入到农业综合开发项目上。

推行财政和项目法人合力投入机制，吸引了民间资本投入农业综合开发，提高了项目建设标准。寰通公司甲子塘蔬菜基地项目，在完成计划安排的81万元自筹资金的情况下，公司又从不同渠道筹集资金1 000多万元投入项目区，把蔬菜基地建成了有遮阳网覆盖的高标准田园化生产基地，并实现了施肥配方化、灌溉自动化、管理程序化的要求。目前基地生产的蔬菜大部分出口到新加坡市场。

（四）严格项目评审，确保选准项目

都市农业项目具有市场化程度高、科技含量高、投入产出高的特点，项目选择有一定难度。深圳市为了提高农业综合开发项目选择的透明度，确保选准项目，在项目选择上，一是按照立项原则引入市场竞争机制，公开项目选择标准和具体要求，让有关企业或单位自主申报项目；二是规范立项程序，全面推行项目选择专家评审制，坚持在各单位申报项目的基础上，聘请项目评审专家小组，对项目逐个以实地踏勘和评审专家小组集体评审相结合的办法进行评审；三是市农发办根据评审专家小组意见确定项目，并实行以评审专家小组为主的集体负责制和项目选择失误责任追究制。

由于严把了立项关，已建成的农业综合开发项目取得了明显的经济效益、生态效益和社会效益，有力促进了都市农业的发展，建设了一批像碧岭生态村和20万头深农牌三元杂交猪等深圳都市农业新亮点工程。2003年的碧岭生态村土地治理项目建成后，进一步改善了项目区的生产和生态环境条件。2005年4月，著名水稻育种专家袁隆平看中

了项目区的良好生产和生态环境条件，决定把超级水稻的育种基地选在碧岭生态村。

（五）试行农发项目绩效考核制度

随着公共财政框架的初步确立，我国财政管理改革已逐步进入以支出管理改革为重点的新阶段。为了进一步做好新时期农业综合开发工作，强化农发项目的绩效管理，提高财政资金的使用效益，及时了解项目的实施情况和结果，总结项目实施的经验和教训，市农发办于2004年8月组织力量对深圳市农牧公司2000年以来实施的农发项目绩效进行了考核。

考核的依据主要是《国家农业综合开发项目和资金管理暂行办法》、《国家农业综合开发项目建设试行标准》等农业综合开发的有关文件，以及国家农发办批复的项目实施计划等。在考核中，主要采用定量分析和定性分析相结合的方法，通过实地考察项目、召开座谈会、查阅有关资料等形式，考核了近几年深圳市农牧公司的农发项目实施和经济效益等有关情况。考核结果表明，深圳市农牧公司实施的农发项目，基本实现了预期目标，取得了明显成效，但在项目管理上也还存在诸如少数财务开支手续不太规范和部分项目建设没有实行招标等问题。针对存在问题，市农发办已要求相关单位对这些问题及时进行了整改。

（深圳市农业综合开发办公室供稿，陆祖才执笔）

广西壮族自治区

2004年，广西农业综合开发以提高农业综合生产能力为工作出发点，坚持将改革中低产田作为开发重点，努力改善农业生产条件，积极扶持农业产业化经营，促进粮食增产和农民增收；以提高资金效益为核心，进一步完善农业综合开发的投入政策，完善项目运行机制，规范项目和资金管理，基本完成了全自治区2004年农业综合开发的各项任务。

一、基本情况

（一）项目和资金规模

1.国家立项的农业综合开发项目和资金规模。广西2004年的农业综合开发范围仍然维持61个项目县。项目资金总规模达到了5.35亿元，比上年的4.32亿元增加6 955万元，增长24.02%。其中用于土地治理项目3.92亿元，产业化经营项目1.43亿元。2004年广西农业综合开发资金来源构成为：

存量部分资金总规模为5.01亿元。其中：中央财政资金2.16亿元（其中有偿资金3 978万元、国家农业综合开发办公室分别下达广西2004年中央财政农业综合开发资金投资控制指标2.12亿元、奖励项目中央财政资金投资控制指标357万元）；地方财政配套资金1.08亿元（其中自治区财政有偿资金2 121万元、自治区本级财政配套资金8 630万元）；农民自筹现金、实物折资投入1.78亿元（现金、实物折资1 141万元，投工投劳折资1.03亿元）。存量资金中，用于土地治理项目3.58亿元，其中中央财政资金1.63亿元，自治区财政配套资金6 509万元，项目县财政配套资金1 627万元，群众自筹1.14亿元；用于产业化经营项目1.43亿元，其中中央财政无偿资金1 327万元、有偿资金3 978万元，自治区财政配套资金2 121万元（全部实行有偿使用），项目县财政配套资金532万元，群众自筹资金6 367万元。

增量部分资金总规模为3 415万元。其中：中央财政资金1 552万元，广西地方财政配套资金776万元（其中自治区财政配套621万元），农民自

筹现金、实物折资投入1 087万元（现金、实物折资109万元，投工投劳折资978万元）。增量资金全部用于土地治理项目。

2. 中央农口部门农业综合开发项目和资金规模。2004年，国家农业综合开发办公室安排广西中央农口部门项目财政资金规模为1 665万元，其中中央财政资金990万元（其中有偿资金413万元），地方财政配套资金675万元（其中有偿资金165.2万元）。主要用于：水利项目1个，财政资金规模780万元（全部无偿），其中中央财政资金400万元，地方财政配套资金380万元；林业项目5个，财政资金规模525万元（含有偿资金343万元），其中中央财政资金350万元，地方财政配套资金175万元；优势特色农产品开发示范项目2个，财政资金规模360万元（含有偿资金235.2万元），其中中央财政资金240万元，地方财政配套资金120万元。

3. 地方立项的农业综合开发项目和资金规模。为加快广西农业综合开发项目糖料主产区和粮食主产区建设步伐，进一步促进广西的粮食稳定增长，增加农民收入，自治区加大了对农业主产区的投入力度，确立了自治区立项的项目26个，财政资金总规模为7 080万元，其中自治区本级财政安排5 920万元，项目县财政配套1 120万元。资金全部用于土地治理项目，其中共向19个项目县的优质粮食基地项目投放财政资金5 520万元，向7个项目县的优质糖料基地项目投放财政资金1 560万元。

（二）资金投入与项目完成情况

1. 财政收支预算执行情况（根据2004年财政财务汇总决算反映，下同）。2004年，广西农业综合开发财政资金实际支出4.98亿元，比上年增长13.14%。支出项目中，用于国家立项开发的土地治理项目投资3.44亿元、产业化经营项目投资9 500.68万元、高新科技项目投资1 120.71万元。用于地方立项开发的土地治理项目投资7 616.1万元、产业化经营项目投资1 419.5万元、高新科技项目投资429.8万元。

2. 财政有偿资金使用和回收情况。2004年，广西共投放财政有偿资金7 843.9万元，其中用于土地治理项目1 134.5万元（中央农口部门项目）、产业化经营项目6 669.4万元、高新科技项目40万元。应回收本年到期有偿资金7 645.87万元，本年实际回收6 288.78万元，回收率82.25%；应回收累计到期有偿资金4.73亿元，累计回收3.73亿元，累计回收率78.79%。

3. 项目建设完成情况。截至2004年底，全自治区61个国家立项的项目县以及自治区立项的26个项目县都严格按项目计划实施了项目建设。

二、主要做法和取得的成效

（一）积极采取措施，努力落实地方财政配套资金，增加农业综合开发投入

《中共中央、国务院关于促进农民增加收入若干政策的意见》（中发［2004］1号，简称“中央一号文件”）出台后，自治区各级政府高度重视“三农”工作，在安排部署本地农业和农村工作时，都把农业综合开发工作摆在了重要位置，把增加农业综合开发投入，改善农业生产条件，提高农业综合生产能力，进一步增加农民收入作为工作的突破口，积极采取措施，想方设法增加投入。一是认真贯彻落实《农业法》和中央一号文件精神，加大对农业综合开发投入的力度，确保农发资金投入总量的增加。二是配足应配的财政资金。一方面，在安排年初预算时，比照上年的农业综合开发项目资金规模，尽早落实所需的财政配套资金；另一方面，加强预算执行情况分析，杜绝项目资金上的假配套。三是督促项目县认真细致地做好农民群众的宣传发动工作，积极引导他们对农发项目的投入。

（二）集中财力，突出农业综合开发的重点

2004年，广西按照回良玉副总理“突出开发重点”、“下决心解决开发面铺得过大问题”的讲话精神，结合农业综合开发资金有限的实际，坚持“有所为有所不为”，坚持“集中投资办大事、突出重点抓关键”的原则，突出农业综合开发重点。

一是维持广西现有项目县的开发规模，将开发

重点转移到糖料主产区和粮食主产区。财政部《关于改革和完善农业综合开发若干政策措施的意见》（财发［2003］93号）确定广西为糖料主产区，并列入全国17个农业主产区之一。与此同时，自治区党委、人民政府《关于认真贯彻〈中共中央国务院关于促进农民增加收入若干政策的意见〉的通知》（桂发［2004］6号），确定了桂北、桂东南的32个粮源基地县为广西农业综合开发的重点，并在资金和项目安排上进一步加大倾斜力度。

二是重点支持以中低产田改造为主要任务的农业基础设施建设，进一步促进粮食和糖料生产能力。根据国家农业综合开发办公室关于主产区中低产田改造的财政资金不得低于土地治理项目财政资金的90%、其他地区不得低于80%的有关规定，2004年广西农业综合开发财政资金重点投入到以中低产田改造为主要任务的农业基础设施建设。全年实际完成中低产田改造69.76万亩，完成优质粮食种植面积13.24万亩；扩建加固小型水库16座，新建和修复机电井28眼，新（扩）建排灌站30座，完成衬砌渠道1 182.35公里；新增农机总动力40 657.8千瓦；修建机耕路525.08公里，增加机耕面积14.48万亩；新增和改善灌溉面积41.32万亩，新增和改善除涝面积14.46万亩，增加农田林网防护面积5.79万亩。农业基础设施的建设为改善广西农业特别是粮食和糖料生产条件以及生态环境奠定了物质基础，增强了农业抗御自然灾害的能力，也大大提高了农业的竞争能力和主要农产品生产能力。据统计，2004年项目区新增粮食1.17亿公斤、糖料4亿公斤。项目区直接受益农户为25.36万户，直接受益农业人口达107万人，农民年纯收入增加总额1.91亿元。

三是重点扶持农业产业化经营，促进农民增加收入。扶持农业产业化经营是农业综合开发加强农业综合生产能力建设的一项重要措施，自治区始终坚持把增加农民收入作为扶持农业产业化经营的根本出发点和落脚点，重点扶持辐射带动作用强的农业产业化经营项目。2004年扶持国家重点产业化龙头项目3个，同时还安排横县等项目县多种经营项目17个，扶持经济林及设施农业种植基地、畜牧水产养殖基地项目建设。通过项目建设，新增干鲜果品68万公斤、蔬菜120万公斤、水产品2 003.54万公斤、奶制品86.38万公斤，加工转化农产品2 889.36万公斤，农产品交易额6.35亿元；新增总产值2.44亿元，新增增加值3 136.74万元，新增利税3 136.74万元；直接受益农户为2 145户，直接受益农业人口达29 305人，直接受益农民年收入增加总额9 423.56万元，新增就业人数2 449人。

四是重点扶持隆安县丁当镇规模养鸡示范基地建设。为了认真落实回良玉副总理2004年4月视察隆安县丁当镇禽流感疫情时所作的指示，自治区农业综合开发办公室及早参与隆安县规模养鸡示范基地项目（总投资300万元，其中中央财政资金150万元）的前期准备工作和项目申报工作，并安排60万元资金作为自治区本级财政配套资金，确保了项目的顺利实施。

（三）完善农业综合开发投入政策，调动各方参与农业综合开发的积极性

一是降低项目县财政配套资金的比例，缓解项目县财政配套压力。2004年财政部调整了广西地方财政配套比例，即中央财政资金与地方财政资金配套比例由原来的1:0.52调整为1:0.5。相应地广西也及时调整了自治区与项目县财政配套比例，即由原来的0.7:0.3调整为0.8:0.2，同时对财政比较困难的项目县，鼓励有能力的市级财政适当承担所属项目县的配套资金。

二是降低财政有偿资金比例，逐步化解财政债务风险。2004年财政部明确规定取消了土地治理项目中央财政资金10%的有偿投入，因此，从2004年起，土地治理项目资金全部实行了无偿投入。同时，还根据财政部、国家农业综合开发的有关政策规定，分类确定了产业化经营项目自治区本级财政有偿、无偿资金投入的比例。对产业化经营项目有偿资金回收期限也作了相应的调整，即由现在的第四年回收延长至第五年开始回收，每年回收50%，第六年全部还清。

三是调整农民筹资投劳比例，减轻农民负担。为减轻农民负担，确保农业综合开发项目的顺利实

施，广西根据财政部、国家农业综合开发的有关政策规定，并结合自治区的实际情况，及时调整了农业综合开发资金投入中农民筹资投劳所占的比例，即将原来的农民筹资投劳占中央财政投资的100%降低到70%。同时，自筹资金、投工投劳折资的比例也由原来的0.5:0.5，调整到0.1:0.9。

（四）加大监督检查力度，规范管理行为，不断提升农业综合开发管理水平

一是规范管理。在资金管理方面，对农业综合开发资金严格执行“三专”（专人、专户、专账）管理制度，坚持专款专用，防止挤占挪用；对农业综合开发资金中的无偿资金部分，严格实行县级财政报账制；积极推行农业综合开发资金公示制度；完善现行的有偿资金财产担保抵押制度，加强农业综合开发财政有偿资金的清理回收工作。在项目管理方面，加强项目前期准备工作，完善项目库管理制度，全面推行项目专家评审责任制；同时，根据国家农业综合开发办公室关于印发《国家农业综合开发县管理暂行办法》的通知（国农办［2004］26号）精神，按照“总量控制，有进有退，违规淘汰，末位暂停”的原则，对现有61个项目县进行动态管理，严格工作绩效考核，按一定比例实行末位暂停，有重点地加大对单个项目的投资力度，实施规模开发。

二是配合自治区财政厅财政监督检查局，继续开展项目资金检查。自治区财政厅监督局于2004年8、9月，组织力量对2003年度全区农业综合开发资金管理和使用情况进行了专项检查。检查的主要内容是各级财政部门和项目单位按照国家和自治区的有关规定管理和使用农业综合开发资金的情况，包括检查项目申报立项、组织实施、资金筹集与使用管理是否符合有关规定，项目完成后是否按规定进行竣工验收、移交管护及运行情况如何等。通过检查，自治区财政厅监督局认为，在广西各项财政专项资金管理中，农业综合开发专项资金的管理是比较规范的。

三是大力推行财产担保抵押制度，保证财政有偿资金的安全运行。一方面，加大农业综合开发财政有偿资金的清理回收力度；另一方面，注意总结完善现行的财产担保抵押制度，从制度上确保财政有偿资金按期足额回收，化解和降低财政风险，维护财政政策的严肃性。

三、存在的主要问题

广西农业综合开发尽管取得一定成绩，但由于多方面的原因，目前仍面临着一些亟待解决的问题。一是农业综合开发资金缺口大，现有资金根本无法满足广西中低产田的改造需要。此外，全自治区现有病险水库1 137座，占水库总数的26%，水利设施老化失修严重，灌溉保证率低，农作物每年平均受旱面积达1 167万亩，改善这一状况需要大量资金。二是中低产田改造亩投资标准低。农业综合开发土地治理项目的中低产田改造亩投资标准虽有所提高，但相对于广西丘陵山区为主的地形特点来说仍然偏低，开发质量有待进一步提高。三是少数产业化龙头项目及多种经营项目存在选项不准的问题。少数地方在选项时，对市场把握不很准确，市场发生变化后，导致项目效益不理想，造成财政有偿资金难以回收。四是项目管理、资金管理有待加强。五是建后管护较弱，影响投资效益长期发挥。六是农民筹资投劳到位低。这些问题有待今后逐步解决。

（广西壮族自治区农业综合开发办公室供稿，曹延斌执笔）

海 南 省

2004年，海南省农业综合开发工作坚持以改造中低产田为重点，认真抓好农田基础设施建设，建设高产、稳产、高效农田，提高农业综合生产能力；加大对龙头企业农副产品加工、运销、冷藏、产地批发市场等领域的扶持力度，推进农业和农村经济结构的战略性调整，促进农业优势农产品产业的发展，提高农业综合效益，增加农民收入；明确以项目和资金管理为核心，深化改革，加强管理，转变工作作风，不断提高农业综合开发工作水平。

2004年海南省农业综合开发项目区涉及全省18个市、县的40个乡镇；项目涉及行政村506个，涉及总人口115万人。全年农业综合开发的基本情况如下。

一、投资规模及建设任务

（一）2003年结转项目执行情况

土地治理项目结转投资2 537万元，完成投资2 537万元，占计划的100%。全年完成中低产田改造2.25万亩，衬砌排灌渠道14公里，改良土壤1.5万亩，修建机耕路4.3公里，购置农业机械24台、套，完成造林任务0.3万亩，进行农业科技示范推广4.8万亩，进行技术培训3.7万人次。

产业化经营项目结转投资3 629万元，完成投资3 629万元，占计划的100%。全年发展经济林0.25万亩，完成水产养殖0.04万亩，完成加工项目5个。

高新科技项目结转投资590万元，完成投资590万元。其中：定安县农业综合开发科技推广综合示范项目完成投资220万元，完成推广面积0.2万亩；陵水县农业综合开发科技推广综合示范项目完成投资370万元，完成推广面积0.23万亩，技术培训200人次。

（二）2004年项目执行情况

2004年计划投资3.76亿元，其中财政资金2.46亿元、自筹资金1.31亿元。完成投资3.39亿元，其中财政资金2.31亿元、自筹资金1.07亿元。

土地治理项目计划投资2.51亿元，完成投资2.73亿元。全年完成中低产田改造46.93万亩；修建小型水库6座，衬砌灌排渠道975.61公里，修建配套建筑物53 902座；改良土壤6.1万亩，修建机耕路584.69公里，购置农用动力机械和配套农机具1 000台（件）；造林0.45万亩，建设苗圃140亩；进行技术培训8万人次，实施农业科技示范推广1.3万亩。

产业化经营项目计划投资1.21亿元，完成投资9 181万元。完成设施花卉400亩、水产养殖面积700亩，完成加工项目1个、储藏保鲜项目1个、产地批发市场项目1个。

陵水县科技推广综合开发示范项目完成投资470万元，完成示范推广1 500亩，技术培训2 000人次。

二、开发成效

（一）高标准改造了一批中低产田

海南省水利设施基础较差，特别是农田水利设施建设起步晚、标准低，大部分农田的灌排系统基本处于未开发状态，严重制约了农业生产特别是反季节瓜菜的生产，影响了农民收入增长。农业综合开发抓住这一主要矛盾，集中力量，合理规划，高标准、高质量实施农田整治项目。经过重点改造的田洋全部达到旱能灌、涝能排、路相通、渠相连的标准，并且达到节水灌溉的要求，成为旱涝保收的高产良田。如2004年琼海市加积镇中低产田改造项目区，万亩土地经过整治后，建成了田成方的现代农田。整治前灌溉1次要半个月，整治后只需

5—6天。整治前日降雨50毫米就发生洪灾，排水要7天以上；整治后日降雨100毫米，1天就能排干。

（二）促进了农业产业结构调整

海南省紧密结合农业产业结构调整的实际情况，找准农业综合开发支持农业产业结构调整的“切入点”、“着力点”和“牵引点”，将农业综合开发项目区建成可看、可学、有效益的农业产业结构调整生产基地和示范区。

1. 将改造中低产田与推动反季节瓜菜生产结合起来。首先是在选择开发项目时，优先将项目安排在发展反季节瓜菜生产潜力大、群众热情高的地方。其次，在高标准改造中低产田的过程中，从规划上、建设上都优先，充分考虑是否有利于反季节瓜菜生产。如琼海、定安、陵水等市、县，在以高标准整治农田的过程中，抓住了排水不畅这一制约当地反季节瓜菜发展的“瓶颈”，重点解决田洋的排涝问题，为发展反季节瓜菜生产创造了有利的条件。

2. 充分利用改造后农田状况良好的基础条件，综合利用科技、农业等开发措施，支持和引导农民在改造的“农综田”上因地制宜发展反季节瓜菜、优质米等特色品种的生产，将改造后的“农综田”建设成高效农业生产基地，成为农民的“致富田”，在当地农业产业结构调整中发挥示范和带动作用。由于灌溉条件和田间交通条件的改善，保证了生产用水和生产资料、农产品的运输，提高了土地利用率。凡是农业综合开发整治过的田洋，基本实现了一年三熟制。

3. 支持了一批符合海南省农业产业结构调整方向、能发挥本地资源优势、具有示范和带动作用的种植、养殖和加工项目，积极培育各具特色的主导产业，大力推进农业产业化经营。2004年共安排中央财政资金3 200万元，支持13个农产品种养、加工、市场建设等项目，其中，在文昌市和澄迈县分别建设了加工、冷藏、交易、运销等功能较为齐全的产地批发市场，解决了当地和周边农副产品销售难问题，有力地推进了当地农业产业化发展进程；另外，5个农产品深加工和运销项目以及6个特色农产品种植、养殖项目都在抓紧建设中。这些项目的建设，在当地的农业产业化经营和农业产业结构调整中起到了重要的带动和示范作用，有效地促进了农民收入的增长。

（三）提高了农业综合开发的科技含量

海南省具有得天独厚的自然条件，发展农业特别是热带高效农业潜力很大，但由于农业科技含量低，造成农业生产效益不高，制约了热带农业的发展。因此，海南省把农业科技的推广和应用作为农业综合开发的一项重点工作来抓。一是认真组织农业综合开发高新科技示范项目的实施，指导定安县实施好国家立项的科技推广综合示范项目。二是以良种良苗基地建设为依托，大力推进优势农产品建设步伐。结合农业结构调整目标，加大对优势农产品的扶持力度，解决农业发展中种子种苗的优质、良种化问题，重点抓好瓜菜育苗基地建设。在种子种苗基地建设上，实行统一规划、逐年实施的办法。2004年安排资金500万元，重点在临高、东方、海口、文昌、万宁等五市（县）建设2万多平方米瓜菜育苗标准大棚，为当地发展冬种生产提供优质种苗。

三、项目管理

（一）加强项目评估

严格按照国家农业综合开发项目管理要求，对土地治理项目、产业化经营项目，认真进行评估，把好立项关。2004年共有11个市（县）的土地治理项目中央财政资金达到500万元以上，7个土地治理项目中央财政资金在500万元以下；9个产业化经营项目中央财政投资在300万元以上，4个产业化经营项目中央财政投资在300万元以下。按照分级管理原则，海南省农业综合开发办公室对7个土地治理项目和4个产业化经营项目组织专家进行了评估。

（二）推行工程招投标制和工程监理制等管理方式

根据《国家农业综合开发项目招标投标管理暂行办法》，制定了《海南省农业综合开发农田整治工程招标投标细则》，各市（县）农业综合开发办

公室也研究制订了农田整治工程招标投标实施方案。2004年，海南省农发办要求各市（县）对所有农田整治项目工程，都要按照公开、公平、公正的原则，把竞争机制引进到项目工程建设中，采取公开招标方式选择施工队伍并加强管理。对未按要求实行公开招标投标的，不允许开工。2004年全省农田整治工程招标投标工作推进较快，全省18个市（县）都采取了公开招标投标方式选择施工队伍。通过推行招标制和项目法人制，引进了一批优良工程队，明确了责任，增强了工程建设的透明度，避免了工程施工过程中人情关系的影响。同时，按照《国家农业综合开发土地治理项目工程监理办法（试行）》的要求，积极开展工程监理试点工作，共有9个市（县）对工程进行了监理。

（三）加强监管，严把工程质量关

2004年突出了对工程质量的监管力度。一是采取有效措施，加强对预制构件制作的材料、工艺等方面的监督和检查，实行“四统一”，即统一水泥、统一砂石、统一配比、统一模具，对预制件采取验收合格选用制，不合格的坚决打掉，以此保证预制构件质量。二是海南省农业综合开发办在农田整治实施阶段，派出工作人员到各个市（县）了解、检查施工进度和质量情况，发现问题及时纠正处理。经初步检查，2004年整治的农田从标准上、质量上、外观上都比2003年有了很大的提高。

（四）继续完善农田整治工程检查评比制度

一是在2004年初抓好对2003年项目的检查评比工作。为促进各市（县）更好地完成建设任务，制订了农田整治工程的检查评比制度，并于2004年1月份开展了2003年农田整治项目的检查评比活动。活动中组织了10多位水利专业技术人员、财政部门人员分两个组进行交叉检查，对项目的财政资金到位、群众投资投劳、配套资金、工程完成量、工程设计、工程质量、组织管理等方面情况进行检查、打分、评比，对获奖的市（县）以省政府的名义进行表彰，对工程完成较差的市（县）通报批评并限期整改。二是进一步完善农田整治工程建设检查评比办法，为2004年项目的检查评比工作做好准备。

四、资金管理

（一）实行倾斜政策，促进资金到位。

一是首先保证土地治理项目，特别是农田整治项目建设的资金投入。二是及时下达市（县）财政配套资金任务，要求市（县）在年度预算中足额安排。三是抓好项目专款的及时拨付到位工作。资金预算下达到市（县）后，为防止项目资金被占用，要求市（县）财政部门按照工程进度，制订农业综合开发专款的分月拨款计划；同时针对往年市（县）不同程度占用农业综合开发项目资金的情况，实行“跟踪”办法，制订项目建设和资金报账拨付情况表，从2004年10月下旬开始，每10天汇总一次，及时掌握项目建设进度和资金拨付情况。发现资金拨付与项目建设进度相违背的现象，及时进行检查和纠正。规定对占用项目资金的市（县），取消原下达的项目，追回下拨的资金，并且减少或取消下年度的项目投资计划。这些措施有力促进了项目资金的及时拨付到位，为项目的顺利进行提供了资金保证。

（二）加强有偿资金的发放和回收管理

1. 加强和改善对有偿资金的发放管理，避免再形成新的债务风险。在继续实行省财政厅对市（县）有偿资金借款采取财政部门“统借统还”办法的同时，完善有偿资金管理。研究出台了《海南省农业综合开发多种经营项目和资金管理暂行规定》，对产业化经营项目从立项审批、借款办理、资金拨付、资金监督等方面都作了具体的规定。特别是规定产业化经营项目借款，业主必须按规定提供合法、有效的抵押物作担保，并且提交省财政厅审核，帮助市（县）把好借款担保抵押关，在加大对项目支持的同时，努力降低财政借款风险，促进借款项目按计划完成建设。同时要求市（县）财政和农发机构要相互配合，加强对产业化经营项目建设和资金的管理，坚持按进度拨款，保证项目顺利进行。

2. 抓好有偿资金回收管理工作。一是省对市（县）实行“统借统还”的管理办法和奖励制度，对不按时还款的，将进行通报批评、调减年度项目计划，并且从市（县）可用财力中扣还；对完成回收任务好的市（县），给予表扬和增加下年度的项目投资计划，调动了市（县）还款的积极性。二是通过司法程序进行回收借款取得较大进展。目前，三亚市、澄迈县和东方市等地的“司法收借”工作都取得了一定的成效。三是不厌其烦抓回收工作。2004年6月以来，海南省农业综合开发办公室领导分别带领工作组，到各市（县）、各单位催收到期资金，进一步讲明政策，落实回收措施。

五、项目验收

2004年9月6日至21日，国家农业综合开发办公室对海南省2001—2003年农业综合开发存量项目和高新科技、生态建设农业、热带水果基地三个单项工程进行了验收。同时，结合验收对海南省农业综合开发项目和资金检查中发现的问题的整改情况和2002年水毁工程修复情况进行了核查。海南省2001—2003年农业综合开发竣工项目共涉及全省18个市（县），验收组重点抽查了琼海市、万宁市和三亚市等3个市（县），占立项开发市县总数的17%。对每个市（县）分别随机抽取2个土地治理项目和1—2个多种经营项目进行了检查验收，占3市（县）项目涉及乡镇的53%、土地治理计划任务的54%、多种经营项目的38.5%。验收组按照验收程序和要求，在听取汇报、观看录像资料片的基础上，分成项目和资金两个组，分别采取审查账证、调阅档案资料、实地检查和与农民座谈等形式进行了验收。

验收组认为，海南省2001—2003年农业综合开发项目较好地贯彻了国家农业综合开发的指导思想和原则，基本完成了国家下达的各项计划任务，主要工程建设标准较高、质量较好，综合治理措施得力；地方配套资金基本完成，资金管理较为规范；开发效益显著，农业基本生产条件和生态环境得到明显改善，农业产业结构调整迈出了新步伐。根据验收组的建议，国家农业综合开发办公室同意海南省农业综合开发项目通过验收。

六、领导视察

2004年4月24日，中共中央总书记、国家主席胡锦涛在出席博鳌亚洲论坛年会后在海南考察工作，其间在琼海市考察了琼海市农业综合开发龙寿洋农田整治项目。龙寿洋农田整治项目是2003年国家立项的农业综合开发中低产田改造项目，面积8 500亩。当胡总书记看到田间灌排渠道纵横交错、道路相连，大片水稻等农作物郁郁葱葱，到处生机勃勃的景象时，非常高兴，顶着烈日察看水稻生长情况，并同正在稻田里劳动的农民亲切交谈。他听取了琼海市委书记的汇报，了解到该田洋2003年经国家农业综合开发办公室立项支持，实施农田整治，极大地改善了农业生产条件，为发展粮食生产和优势农产品打下良好基础的情况后，对该田洋的规划设计和建设质量都非常满意，对琼海市政府下大力气抓农业和农村基础设施建设的做法给予肯定。他指出：农业综合开发着重抓好农田基础设施建设，解决了农田的灌溉、排涝问题和交通问题，改善了农业生产条件，对保证粮食生产、提高农业效益、增加农民收入非常重要。要继续抓好农田基础设施建设，保护基本农田，落实好良种补贴和减负政策，既要充分调动农民种粮的积极性，努力促进粮食生产，又要切实保护农民的利益。

胡总书记的视察和指示对海南省今后进一步做好农业综合开发具有重要的意义。

总结海南省2004年的农业综合开发工作，虽然取得了一定成绩，但仍存在一些问题，主要有：地方财政配套资金未能全部落实；个别市（县）存在占用农业综合开发资金的现象；各市（县）农业综合开发工作发展极不平衡，个别市（县）对农业综合开发工作重视不够，资金到位和项目建设完成情况不理想；群众参与开发的积极性没有很好地调动起来；管理工作的制度化、规范化建设有待加强等。这些问题，将在下一步工作中加以解决。

（海南省农业综合开发办公室供稿，梁振强执笔）

重　庆　市

一、开发概况

2004年，重庆市国家农业综合开发项目区县（自治县、市）有34个。国家农发办批准的重庆市农业综合开发项目计划为：土地治理49.47万亩，其中改造中低产田44.37万亩，农业生态工程5.1万亩；多种经营项目15个，其中国家级产业化龙头项目6个，一般产业化经营项目9个，专项示范项目5个。土地治理、多种经营和专项示范项目计划总投资6.30亿元，较2003年的3.68亿元增长70.97%，其中中央财政资金1.88亿元，较2003年的1.64亿元增长15.05%；地方财政配套资金1.19亿元，较2003年的1.57亿元减少3 844万元（主要是政策调整和区县配套减少）。截至2004年底，重庆市完成土地治理项目47.74万亩，其中改造中低产田42.84万亩；农业生态工程4.9万亩。完成农业综合开发项目资金总投资5.80亿元，其中中央财政资金完成2.19亿元，地方财政配套资金完成1.11亿元，银行贷款7 133万元，自筹资金1.78亿元。

二、开发成效

（一）改善了农业基础条件，为提高农业综合生产能力做出了重要贡献

2004年，重庆市农业综合开发共完成土地治理项目面积47.74万亩，其中改造中低产田42.84万亩，农业生态工程治理完成4.9万亩。项目区加强了以水利、道路等为主的农业基础设施建设，通过工程措施、生物措施、农耕农艺措施的综合运用，大大改善了项目区水利排灌、农机耕作、交通运输、土壤肥力等农业生产条件和农业生态环境，增强了保土、保水、保肥的能力，农业综合生产能力大为提高，农业可持续发展能力大为增强，农业生产运输、农产品加工、农民生活条件及生态环境得到明显改善，受到了广大农民群众的高度赞扬。潼南县、南川市、梁平县、秀山县四个粮食重点项目实施县（市），在改造农业基础设施、提高农业综合生产能力方面，上了新台阶，起到了重点示范的作用。

（二）调整和优化了农业结构，为提高农业效益做出了重要贡献

重庆农业综合开发紧紧结合农业产业化建设，大力推进农业结构的调整和优化，柑橘、油菜、花椒、中药材、花卉苗木等特色农产品基地建设得到了快速发展。在土地治理项目改造基础条件、推动农业结构调整的同时，全市2004年度实施的农业综合开发产业化经营项目，有力地促进了柑橘、生猪、中药材、蚕桑、花卉苗木、榨菜等特色产业的发展，增强了龙头企业的带动能力，农业产业化经营水平有了新的提高，农业综合开发项目区的农业区域特色逐步凸现，初步形成了平坝优质粮油、三峡库区优质柑橘、近郊无公害蔬菜、山区中药材、主城周边花卉苗木等各具特色的产业区域和产业带。

（三）推进了农业科技进步，为提高农民素质做出了重要贡献

2004年，重庆农业综合开发实施的国家级科技示范项目和现代化示范项目，引进推广了榨菜、笋竹、花卉苗木等优良品种近20个，对农民进行了技术培训，起到了较好的示范带动作用。在土地治理项目区，又通过安排部分资金用于引进新品种、推广新技术和培训农民等科技措施，使项目区农民的市场意识和科技意识得到了明显增强，出现了不少农民“土专家”，农民的整体素质和经营水平得以明显提高。

（四）增强了农业整体实力，为增加农民收入做出了重要贡献

农业综合开发注重在“综合”二字上下功夫，着力改善农业生产条件，大大降低了农业生产成本，通

过推行农业机械化耕作和收割等措施，减轻农民的劳动强度。同时，配套建设的许多便民设（措）施，大大改善了农民起居、出行等生活条件，为农村小康建设奠定了坚实基础。农业综合开发项目，着力推进农业和农村经济结构的战略性调整，发展了特色产业，提高了农业比较效益，促进了农民收入的增加。据不完全统计，重庆农业综合开发项目区农民年人均纯收入比非项目区高出280元以上，一些项目区要高出500—1 000元。巫溪县白鹿镇后坪流域土地治理项目区，通过基础设施建设和农业结构调整，大力发展具有山区特色的党参、黄姜、冬花等中药材，农民人均纯收入从治理前的1 061元增加到治理后的1 526元。项目区农民通过农业综合开发，摆脱了贫困，在脱贫致富奔小康的道路上迈出了坚实的一步。

三、主要做法

（一）积极争取，努力增加投入

2004年是重庆农业综合开发历史上中央财政投入增量最大的一年，国家投入的资金比上年增加2 464万元，增长15.05%。2004年中央投入重庆农业综合开发的财政资金为1.88亿元，重庆市级财政配套资金7 800万元，均为历年最多。同时市财政拿出250万元，采取贴息办法，吸引银行贷款8 011万元，用于产业化龙头项目和特色农产品基地建设。

（二）突出重点，实施规模开发

一是突出对重点项目县的投资。按照中央“增加对粮食主产区的投入，向主产区倾斜”的要求，重庆市农业综合开发确定了南川市、潼南县、梁平县、秀山县等4个具有粮食生产优势的县（市）和万州区、永川市、江津市、开县、奉节县、忠县等6个具有柑橘生产优势的区县市，作为农业综合开发投入建设的重点，对这些重点项目县投入的资金增长近50%。二是突出基础设施建设，重点进行中低产田改造。全市农业综合开发项目财政资金的75%投入了土地治理项目，在改造治理中突出了水系和路系建设，这两个方面的投入达总投入的80%以上，把基础设施建设摆在了突出位置。三是突出解决“开发面铺得过宽”的问题。2004年重庆市农业综合开发土地治理项目从上年的75个减少到51个，产业化经营项目由上年的34个减少到15个，自然灾害损毁项目由上年的20个减少到15个。四是突出支持农业产业化“百万工程”建设。重庆农业综合开发除大力扶持发展优质粮油和柑橘产业外，还积极配合相关部门，把农业综合开发项目区基础设施建设与11个农业产业化“百万工程”建设有机结合，加快了全市优势农产品产业基地建设的步伐。

（三）狠抓关键，强化项目全程管理

2004年，重庆市把加强项目全程管理作为重中之重的大事来抓，在项目前期申报立项、中期实施建设以及竣工验收三个关键环节上狠下功夫，进一步规范了项目管理。在项目前期工作方面，坚持对2005年度土地治理的申报项目现场调查踏勘，坚持对新建产业化经营项目实行专家评审制度。在组织项目实施方面，把好三关：一是计划关。各项目县制定详细项目计划方案上报汇总，经国家批准后严格按计划实施。二是规划关。在土地治理项目实施前认真搞好规划设计，科学合理布局，规划图比例控制在1:2 000以内。三是检查验收关。重庆市农发办组织进行了年度项目中期检查，对发现的问题及时提出改进措施，加强了事前控制。严格了项目验收，对验收中发现的问题进行认真分析研究，提出整改措施，并对问题较多和较为严重的区县，给予了严肃处理。

（四）开拓创新，增强开发活力

一是实行了因素分配法。坚持奖优罚劣，严格按照各因素增减投资，进一步增强了项目资金分配的公正性。二是试行了公开申报立项办法。对产业化经营项目，在网络媒体上发布选项公告和项目编报指南，扩大了选项范围，实现了项目申报的公开。三是建立了项目管理工作责任制。对项目前期立项选点、中期检查、竣工验收等实行检查组问责制，坚持“谁检查验收、谁签字负责”，确保项目检查不走过场，增强了检查工作的责任性。

（五）加强考核，搞好政务工作

一是加强了宣传工作。重庆市农业综合开发加强了与新闻媒体的合作，积极组织稿件在各种媒介上刊登或播放。2004年重庆市农业综合开发办公室成功建立了全市农业综合开发网站，与《重庆经

济报》联合开办了专栏。全市在《中国农业综合开发》杂志上发表的稿件达9篇。中央电视台新闻联播节目报道了巫溪县上磺镇羊桥坝园区的建设发展情况。二是加强了调查研究。2004年，重庆市农业综合开发办公室把调查研究作为年度考核的重要内容，并组织全系统干部深入基层、深入农户，扎实开展专题调研，完成调研文章近40篇，有的调研文章还发表在各级刊物上。三是加强了目标考核。2004年，重庆市农业综合开发进一步完善了系统年度工作目标考核办法，并进行认真考核，评出一等奖8个，二等奖24个。

（重庆市农业综合开发办公室供稿，马平执笔）

四　川　省

2004年，四川省农业综合开发围绕粮食安全和农民增收两大目标，立足中低产田土改造和推进农业产业化经营两大任务，在优化结构，完善政策，改革创新，加强管理，严肃纪律等方面做了大量卓有成效的工作。

一、项目投资及建设情况

2004年，经国家农业综合开发办公室批准，乐山市马边县、峨边县、金口河区退出了国家农业综合开发项目，全省农业综合开发项目县由2003年的110个减少为107个，占全省总县数的58.5%。

（一）项目投资及完成情况

2004年，四川省农业综合开发实施的项目包括中央立项的土地治理、产业化经营、专项科技示范项目，农口部门项目和省级立项的产业化项目。所有项目计划总投资18.63亿元。其中：财政投资近9.2亿元，农民和企业自筹投资8.87亿元，银行贷款5 605万元。在财政投资中，中央财政投资近5.08亿元，地方财政投资4.12亿元。

在所有项目计划总投资中，中央立项的土地治理、产业化经营、专项科技示范三类项目计划总投资11.96亿元。其中：财政投资6.73亿元（中央财政4.44亿元，省财政1.87亿元，市、州、县财政4 184万元），农民和企业自筹投资4.70亿元，银行贷款5 308万元。

据统计，项目实际完成总投资近11.25亿元。其中：土地治理完成投资4.02亿元，产业化经营完成总投资3.22亿元，专项科技示范项目完成总投资1 221万元。未完工程结转下年度跨年实施。

（二）项目建设情况

2004年，四川农业综合开发土地治理项目包括改造中低产田和草原（场）建设两个方面。计划改造中低产田土172.41万亩（其中2003年结转28.34万亩），完成80.59万亩，为年度计划的47%；草原（场）建设计划9.12万亩，完成6.84万亩，为年度计划的75%。

产业化经营项目计划总任务为37个（2003年结转24个），建设完工19个，为年度计划的51%，终止项目5个。

实施专项科技示范项目3个，其中：农业高新科技示范项目1个，农业科技推广综合示范项目2个。计划示范推广面积3.95万亩，其中农业高新科技示范1.3万亩，农业科技推广综合示范面积2.3万亩，实际完成2.05万亩，为年度计划的47%；计划引进新品种7个，完成4个；新技术4项完成了3项。

二、资金和项目管理工作

（一）突出重点，优化结构

一是土地治理项目资金按照“合理分配增量，继续调整存量，使开发重点进一步向农业主产区特别是粮食主产区集中”的原则进行分配。中央增量资金指

标全部分配给主产区县，对非主产区县的存量资金部分按5%的比例继续进行压缩，调整给农业主产区县。此外，对资金规模过小的3个县，按程序申请退出了国家开发县。二是产业化经营项目围绕重点产业和支柱产业发展。在投入方向上，种、养、加兼顾，突出了养殖业和农产品精深加工；在扶持对象上，对各种经济组织形式一视同仁，突出了对民营经济的扶持；在建设规模上，注意大中小结合，突出了大中型骨干项目的建设；在运行机制上，突出了产业化经营模式，优先扶持与农户利益联结比较紧密和规范的项目，不能带动农户的龙头企业不扶持，没有龙头企业带动的基地不扶持。

（二）土地治理项目全面推行了项目区竞争立项办法

2004年土地治理项目的安排引入了竞争机制，全面推行项目区竞争立项办法。项目县不超过5个的市州，由市州农发办直接组织竞争立项工作；项目县超过5个的市州，由各县组织竞争立项工作，市州农发办进行指导和监督。实际运作结果是，竞争立项一般都达到了“二争一”、“三争一”的比例，最高的达到“十七争一”。

（三）继续创新项目建设监督机制

土地治理项目主体工程施工单位的选择采取招投标方式，在项目建设中推行工程监理制度，对大宗材料的采购实行政府采购或集中购买。

（四）全力搞好投资参股项目试点工作，推进农业产业化经营和农发项目投入机制创新

2004年，国家农发办确定四川省为产业化经营项目投资参股试点工作省份。按照“坚持条件，宁缺勿滥；立足优势，突出重点；全省竞争，择优扶持；严格程序，公开透明；委托监管，规范操作”等一系列原则，四川省做了大量前期工作，向国家农发办推荐了2004年的备选项目。最后，经国家农发办审定，安排四川省投资参股项目9个，一般项目4个，国家投资参股项目财政资金9 266万元，占全省产业化项目财政资金的91%，一般产业化项目的财政资金占9%。

（五）进一步完善地方配套资金政策，减轻市县压力和负担，保证配套资金全面落实到位

从2004年起，全省地方配套资金省、市、县三级分担比例由原来的“七一二”改为“八一一”，省级承担比例由70%提高到80%。对国家扶贫工作重点县10%的县级配套，一律由省级承担。产业化项目省级配套资金无偿使用的比例调整为“三七开”。省级财政配套中的有偿资金，比照中央资金的政策，把回收期延长一年。从2004年开始，省级配套中的有偿资金不再计收占用费，实行“有偿无息”政策。

（六）加强管理，强化监督

1.“硬化”土地治理项目的前期工作，推行“六个必须”。从2004年起，土地治理项目的规划选择必须事前征求农民意见，必须提交项目建议书，必须编制详细的初步设计或实施方案，必须绘制规定的图纸，必须编制相应的概预算，必须以适当方式进行公示。

2.集中连片，规模开发，提高开发的整体效益。从2004年起，土地治理项目财政资金500万元以下的县，一律只安排一个项目片，超过500万元的县，只安排两个项目片。丘陵地区每一片至少5 000亩，平原地区每一片至少10 000亩，坚决杜绝零星分散的项目片。全年各类土地治理项目一共安排167片，比上年的350片减少183片，减少幅度为52.3%；全省中低产田土改造项目单片平均面积达到7 911亩，比上年平均水平3 777亩增加了4 134亩，增幅为109.5%。

3.坚持并完善项目立项筛选程序。2004年，项目立项筛选坚持并完善专家评审、部门会商、投票表决、领导审批的程序，建立了实地考察评审制度，确保项目选择的公开、公平、公正。通过规范严密的程序和大量的前期工作，从306个项目中筛选推荐了22个国家产业化经营项目，最终获准立项13个，省上立项14个。

4.加强省级直接监管，发挥监督作用。省农发办结合年度中期检查和验收工作，再次组织了一次全省自查，县级自查面达到100%，市州抽查面达到100%。省农发办组织8个工作组，对42个县直接进行重点抽查和省级验收，省级重点抽查面达到全省项目县的38%。省农发办还直接开展了产业化项目执行情况的跟踪检查，对18个2003年国

家重点产业化项目和省级招商项目进行了专项检查，重点对项目建设情况和无偿资金报账使用情况进行检查。对省级检查中发现的违反规定的事项，给予了相应的严肃处理。

5. 严肃纪律，坚决杜绝重大违纪违规行为。省农发办对2003年省级验收检查中发现的违纪违规问题，给予严肃处理，通报全省，并纳入绩效考核的内容，与2004年土地治理项目控制指标的分配进行挂钩。为了对违纪违规行为起到震慑作用，省农发办出台了严厉的处罚制度，规定从2004年起，对挤占挪用截留财政资金、申报虚假项目、以新还旧、严重占压拖欠财政资金、工程质量发生重大问题、使用假发票做假账、拒不执行县级财政报账制、拒不执行"三专制度"（专人管理、专账核算、专款专用）等八种严重违纪违规行为，只要出现其中一种行为，就暂停或取消项目县资格。

6. 抓好到期有偿资金的回收、归还工作。2004年全省各市、州及部门实际应归还到期有偿资金2.22亿元（2003年到期近1.96亿元，往年到期未还1.13亿元，延期归还8 620万元），截止到12月31日，各市、州及部门已归还1.58亿元，还款率71.2%；省农发办归还中央到期有偿资金7 727.81万元，还款率100%。同时，回收撤消项目资金1 823.2万元，回收率70.3%。

7. 组织投资项目收益入库。依照《四川省农业综合开发省级地方项目投资资金管理暂行规定》，与省国资公司清算后，将省财政农业综合开发投资华西乳业和绿色药业两个项目的投资转让净收益及分红收益共计2 525 238.46元解交入库，实现了农业综合开发资金的良性循环和滚动开发。

三、加强宣传工作

与四川电视台合作拍摄制作了四川15年农业综合开发成果电视专题片，在国家农业综合开发杂志上发表改革、探索性文章若干。

（四川省农业综合开发办公室供稿）

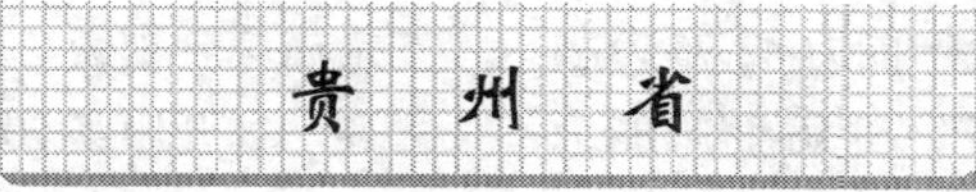

贵　州　省

2004年，贵州省农业综合开发办公室认真组织实施了2004年农业综合开发项目，较好地完成了计划批复的投资和建设任务。

一、基本情况

（一）计划投资批复及完成情况

贵州省2004年的农业综合开发项目区涉及全省9个市（州、地）62个县（市、区、特区）以及贵州省监狱管理局和贵州省林业厅所属的5个农、林场，共67个开发单位。2004年，国家农发办共批复贵州省农业综合开发项目计划总投资4.41亿元，其中，土地治理项目总投资2.93亿元（财政资金1.95亿元，自筹资金9 759.6万元），产业化经营项目总投资1.37亿元（财政资金5 838万元，自筹资金5 979.3万元，银行贷款1 860.08万元），科技综合示范项目总投资1 191.38万元（财政资金710万元，自筹资金481.38万元）。至2004年底，共完成投资4.27亿元（其中财政资金近2.7亿元），占计划的96.84%。其中，土地治理项目完成投资2.51亿元（其中财政资金1.75亿元），占计划的85.78%，产业化经营项目完成投资1.45亿元（其中财政资金6 975.5万元），占计划的106.16%；科技推广综合示范项目完成投资1 309.1万元（其中财政资金732万元），占计划的109.88%。

（二）项目执行情况

1. 土地治理项目完成情况。截止到2004年12月31日，贵州省共改造中低产田（土）67.35万亩；小型水库3座，占计划的50%；排灌站22座，占计划的75.86%；衬砌渠道697.2公里，占计划的107.2%；改良土壤6.73万亩，占计划的98.53%；良种繁育基地1.19万亩，占计划的44.07%；技术培训109 965人次，占计划的106.96%；生态综合治理项目3.34万亩。

2. 产业化经营项目完成情况。贵州省2004年度产业化经营项目实施完成后，共完成种植项目2个，养殖业项目5个，加工项目13个，储藏保鲜项目2个，产地批发市场项目1个。建成经济林0.4万亩，花卉0.2万亩，药材0.8万亩，畜禽养殖0.01万头（只）。

（三）效益情况

经济效益：贵州省2004年农发项目区新增和改善灌溉面积25.62万亩，新增和改善除涝面积8.34万亩，新增节水灌溉面积3.09万亩，增加机耕面积10.57万亩，扩大良种种植面积14.47万亩。新增农机总动力6 080.01千瓦，新增粮食生产能力5 389.15万公斤，新增油料生产能力842.45万公斤，新增饲料生产能力2.07亿公斤。新增总产值6.96亿元，新增利税1.18亿元。年新增鲜奶生产能力177.5万公斤，新增蔬菜生产能力21万公斤，花卉生产能力42.75万枝(株)，药材生产能力35.26万公斤，鲜奶生产能力670.75万公斤，年新增干果1 032万公斤。项目区农民人均纯收入2 076元，比2003年增长7.6%，高于全省平均增长水平。

生态效益：贵州省2004年农发项目区控制水土流失面积112.79平方公里，治理小流域面积3.34万亩。同时，通过生态沼气池等设施的配套建设，改善了项目区生态环境和农民生活环境，项目区生态环境明显改善。

二、主要成绩及经验

（一）农业综合生产能力得到增强，综合效益更加明显

按照“统筹规划，突出重点，择优扶持，强化科技，注重效益，富裕农民”的指导思想和“实际、实用、实效”的原则，贵州省2004年对项目区的选择更加合理，布局更加科学，重点更加突出，效益更加明显。在项目区内，因地制宜，突出重点，按照把土地治理项目建成种植业优势农产品基地、把产业化经营项目建成优势农产品生产有效载体的目标，将中低产田（土）改造项目、产业化经营项目进行整合，达到了提高土地综合生产能力的目的。这主要表现在三个方面。一是治理重点更加突出。在实施土地治理项目时，突出粮食主产区和优势农产品产区，努力改善农业基本生产条件，紧紧抓住贵州省农业生产工程性缺水的主要矛盾，每年将土地治理项目60%以上的财政资金，集中用于水利基础设施的建设。在项目实施中，以改造中低产田为主，围绕小坝区、小灌区、小流域进行水利骨干工程的配套建设。如金沙、惠水、德江、绥阳等县的土地治理项目，把田间耕作道与沟渠有效结合起来，使之既是田间步道又是灌溉工程，节约了项目投资，达到了实用与实效的双重效应，深受群众欢迎。二是综合效益更加明显。在项目实施过程中，将产业化经营项目安排在土地治理项目区内实施，将项目投资重点向具有一定规模的特色产业及其基地倾斜，将土地治理项目资金和产业化经营项目资金有机结合，在同一项目区内集中使用，使项目区走上了山水林田路综合治理，工程措施、生物措施、农艺措施综合配套，农林牧副渔综合发展的可持续发展之路。如开阳县2003年度的三合项目区，围绕奶牛基地建设，配套相关的引水、机耕道等基础设施建设，调整了以种草养畜为主的种植结构，同时，产业化经营项目扶持的三联乳业公司将鲜奶收购、加工、销售，作为龙头项目，促进了产业结构的调整，带动了周边农户的增收，形成了“公司+基地+农户”的开发治理模式，取得了较好的经济效益和社会效益。三是项目区农业综合生产能力得到增强，农民收入明显提高。多数农业综合开发项目区通过中低产田（土）的改造，基本实现了旱涝保收，稳产高产，综合生产能力得到了明显提高。

（二）农业产业化经营稳步发展，经济效益日益突显

一是充分发挥龙头企业开拓市场、组织销售、辐射带动的功能，坚持扶优、扶大、扶强的原则，扶持一批市场优势明显，产品质量高，经济效益好，能够带动农户进入市场，增加农民收入，具有

一定规模的农业产业化龙头企业。二是进一步完善产业化经营项目招商制，实行竞争立项办法。继续扩大项目招商试点并试行公示制，逐步实现项目招商、公示的制度化。2004 年贵州省农发办在《贵州日报》和农经网上向社会公开发布招商指南，吸引民间资本、工商资本和外商资本参与农业综合开发。三是集中投入，提高资金使用效益。在产业化经营项目上，通过农业产业化经营，发展高附加值、高商品率的产业和产品。结合贵州特色经济和产业化区域布局，重点发展以蔬菜、花卉、中药材为主的种植业，在城郊发展以奶牛养殖为主的养殖业，畜牧主产区发展以肉牛、瘦肉型猪、山羊养殖为主的养殖业和以农产品加工、储藏保鲜为主的加工服务业。重点扶持产业关联度大、技术装备水平高、具有较强竞争力、信誉好的国家级和省级龙头企业。2004 年，贵州省基本形成了一批优势农产品加工企业和特色产业基地。如罗甸县，通过近几年农业综合开发的扶持，建成了贵州省最大的蔬菜基地，年销售收入达 8 000 多万元，约 10%的蔬菜专业户年收入达 3 万元，基地人均年收入增加 1 500元以上，有力地支持了当地产业结构的调整。遵义县虾子镇的辣椒产业，2004 年销售额已超过 4 亿元，带动农户种植辣椒 100 多万亩，有力地推动了一方经济的发展。兴义市桔山镇笔山村利用农发资金建成气调保鲜库后，收购、储藏的农产品调剂了上市周期，使当地的蔬菜、水果旺季不滞销，淡季不脱销。2004 年，该气调保鲜库共实现销售收入 560 万元，实现利润 30.5 万元，获得了明显的经济效益。贵州省连续三年扶持的广顺农场羊艾养殖加工项目，2004 年生产鲜奶 4 000 多吨，实现销售收入 1 600 万元，利润近 100 万元，生产的“羊艾牌”鲜奶、酸奶、AD 钙奶、果奶、屋型包装系列奶等十多个产品深受消费者欢迎，日上市奶品 5 万份，热销贵阳及周边地区，产销量居全省奶业第三位。该项目的发展，实现了生产、加工、销售一条龙的发展道路，为农民增收、企业增效发挥了良好的示范作用，收到了显著的经济效益和社会效益。

（三）科技含量不断增加，示范作用逐步增强

项目区科技含量不断增加，辐射带动作用不断增强，农业增长方式不断转变。贵州省结合实际，加大了科技推广费占农业综合开发财政资金的比例，加强了农民技术培训和新技术、新品种、新设施的引进和示范推广。如普定县引进的冬闲农田免耕种植大蒜技术，引进示范 200 亩“板田大蒜”，带动种植面积 1 530亩。每亩收蒜薹 350 公斤，蒜头 350 公斤，每亩收入超过 1 500 元。2004 年，项目区科学种田水平大大提高，良种良法的推广、覆盖率均达到 100%。项目区内建设的稻鱼工程、U 型渠道、“四位一体”沼气池、大棚蔬菜、“三元”杂交瘦肉型商品猪等项目，收到了明显的经济效益和社会效益，起到了良好的示范带动作用，有力地促进了农发项目区生产方式和经济增长方式的转变。

（四）配套资金到位率明显提高，资金管理更加规范

一是加强和规范资金管理，减少资金拨付的中间环节，提高资金使用效益。各级农发办在保证资金安全的情况下，按照上级批准的投资计划和建设任务，对项目建设单位上报的实施方案、施工合同、竣工决算等资料进行审核并进行现场验证，积极配合财政部门按进度做好资金拨付工作，确保项目款及时、足额、按进度拨付。二是在资金管理上严格实行“三专”管理和“县级报账制”。全省 67 个农发单位基本上都实行了县级报账制并开始运用“久其软件”，会计核算的理论水平和技术水平不断提高。同时省农发办对项目资金还进行阶段审计，定期检查项目资金到位使用情况，保证农业综合开发项目资金真正用于项目建设。2004 年省农发办主持进行了全省项目资金大检查，发现违反财经纪律的现象明显减少。三是加大资金匹配检查力度。积极配合协调财政部门，对项目验收和大检查中发现的不配套、少配套和擅自改变国家配套政策的情况，坚决予以纠正。2004 年，贵州省农发办结合贵州 52%的农发县是贫困县的实际，在省级财政承担 80%的基础上，明确由所属市（州、地）承担地方配套的 15%，县级财政承担 5%的配套政策，减轻了国家重点贫困县的配套压力，确保了各级财政配套资金及时、足额到位。2004 年，全省地方应配套资金 1.01 亿元，实际到位资金达 99.9%。其中：省级应配套 7 091 万元，实际到位 100%；地、县级应配套

3 039万元，实际到位3 027.9万元，占应配套资金的99.9%。配套资金到位率与往年相比，上升了5个百分点。四是加大资金回收力度。各级农发办协同各有关部门，运用法律法规，对到期有偿资金进行有效回收。同时，贵州省农发办把各地归还当年到期财政有偿资金作为年度工作考核和分配下年度农发财政资金的重要指标，调动了各地归还到期财政有偿资金的积极性，加快了有偿资金的回收进度。到12月底，全省累计回收到期财政有偿资金7 275.53万元，占当年应回收资金7 429.45万元的98%，比上年同期提高了5个百分点。项目“效益还款”比例增加，“财政垫还”比例下降。五是加强呆账核销工作。严格按国家财政部的有关要求，对符合核销条件，申报手续齐全，程序到位的项目都已和项目单位办理了核销手续，切实减轻了项目县沉重的债务包袱。六是农发事业费得到较好落实，违规开支得到有效遏制。从2004年全省抽验的情况看，各地都不同额度安排了事业费，基层农发办挤占项目经费的现象基本杜绝。如贵阳市财政局给市农发办每年安排的专项事业费达100万元，市农发办将其中50%以上用于补助各县农发办，有力地支持了基层农发办的工作。

（五）项目管理更加规范，工作责任更加到位

一是加强项目前期工作。前期工作从选择项目区开始，在勘察、设计、编报项目建议书和可行性研究报告等各个环节上认真把关，切实做到规划项目合理，设计可行。如项目区的选择，各地在立项前都坚持了事先征得项目区三分之二以上农户同意的原则，并按规定将项目区的现状图、规划图、子项目设计图等资料提前准备到位。二是认真进行项目评估。项目建议书、可行性研究报告、扩初设计等都及时组织有关专家进行认真评审，提高立项的合理性、可行性和科学性。三是进一步规范项目竞争招投标制。通过公开招投标，公平公正确定施工单位，确保工程质量。四是完善监督检查制度，进一步推广项目工程监理制。凡经国家立项实施的土地治理项目，年度财政资金投入在10万元以上的，县级农发办指派专人对项目实施进行全程监督检查，并进行工程建设监理。在项目实施过程中，各级农发办明确专人负责，并经常深入到项目工程实施现场，发现问题及时解决，确保工程顺利实施。五是坚持和完善项目和资金公示制，项目透明度增大，农民积极性增强。在土地治理项目的建设过程中和竣工后，将项目和资金管理情况及时向项目区受益农户公示，保证群众的知情权和参与权。如锦屏等县，在项目实施前，广泛征求群众意见，尊重农民意愿，充分听取各种建议；在项目实施中，遇到问题，及时召集项目区群众开会，协调解决矛盾；项目实施后，又设立了公示牌，对项目投资规模、资金的匹配、项目建设地点、项目建设内容、工程数量等情况进行公示，接受群众监督，得到了基层各级干部群众的广泛好评。六是坚持竣工验收制度。在每项工程完工后，组织有关专业技术人员进行工程竣工验收，按照国家农发办有关政策要求，贵州省2004年省级抽验率达到30%，地、县验收率达到100%。七是项目建成后的管护责任制落实到位。各县本着“谁受益、谁管护”的原则，制定了管护制度，落实了管护人员和管护经费。在工程竣工后，多数县都与乡镇或水利、农机等相关部门办理了产权移交手续，制定了工程管护制度和相应的管护措施，规定了相关的权利和义务。

（六）项目评估更加规范，效果更加明显

一是在项目评估方式上创新。对土地治理项目和一般产业化经营项目采取专家评估和领导政策把关相结合的方法，既确保政策的导向性，又保证经济技术的合理性和可行性。对国家组织评估的产业化重点龙头项目的初评，采取封闭式评审方法，纪检人员到场监督。这样做既保证专家评估的独立性，又保证了程序的合法性。二是对专家队伍实行动态管理，使专家队伍的结构更加趋于合理，专家的责任更加明确，并且实行“谁评估、谁负责”的评估责任制，使评估质量进一步提高。三是采取专家、农发管理人员、基层干部群众三结合的方式，直接到项目现场评估。在查阅项目相关资料的基础上，充分听取项目实施单位的意见后，提出优化方案和可行性建议，以确保立项的准确性、科学性和合理性。

（七）规章制度进一步完善，配套措施进一步落实

一是推广项目区竞争立项制。要优先选择当地

政府和群众积极性高的、实施效益预期会比较好的、符合条件的地方作项目区，立项开发，并采取竞争立项的办法，通过公开招（投）标来立项。二是完善项目建设和资金使用县级快报制度。要求各项目建设单位按月将项目工程进度和财务支出进度上报县级农发办。地级财政局或农发办以季报形式向贵州省财政厅和贵州省农发办报送农业综合开发财政资金季度报表。三是制定相关规章制度。贵州省农发办在充分听取各市（州、地）意见和大量调查研究的基础上，根据国家农发办的有关规定和要求，出台了《项目区规划、项目立项和实施的有关要求》、《项目验收暂行办法》、《项目评估暂行办法》、《关于农业综合开发土地治理项目建议书的编写要求和审定的暂行意见》、《山区园田化和梯田化治理试行标准》、《农业综合开发土地治理项目可行性研究报告编写要求》、《关于发展农业产业化经营项目的指导意见》、《贵州省农业综合开发土地治理项目建设投资估算标准（试行）》、《产业化龙头项目初评办法》和《专家管理办法》等相关配套制度，使管理更加规范和科学。

（八）工作作风更加扎实，工作效率进一步提高

一是省级农发办率先带头，经常深入基层调查研究，倾听基层意见，掌握第一手资料，及时帮助基层干部和群众解决实际问题。同时，加强项目的中期监督检查，确保农业综合开发的各项政策措施和工作部署落到实处。据统计，贵州省农发办各处（中心）负责同志全年平均下基层都在130天以上，共写出有价值的调研报告10多篇，为领导决策提供了依据。二是工作效率进一步提高。贵州省农发办各处（中心）针对自己的工作特点，在总结经验的基础上，形成了认真负责，超前谋划，脚踏实地的工作作风，抓住工作中的重点、难点问题，实事求是地进行处理和安排，多数工作任务都得到了迅速、及时的完成。三是及时掌握工作动态，认真总结和推广取得的新成果和新经验。2004年贵州省农发办编发了7期《贵州农业综合开发简报》，及时、准确地传递工作中的各种信息，为进一步提高工作水平提供了理论阵地。

（贵州省农业综合开发办公室供稿，杨长萍执笔）

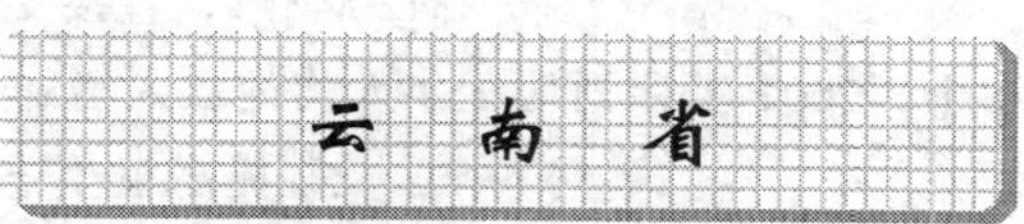

云　南　省

2004年，云南省农业综合开发以农业增效、农民增收为目标，通过完善政策、创新机制和加强管理，在继续加强农业基础设施建设和生态治理的同时，进一步加大推进农业产业化发展的力度，为云南省农业和农村经济发展做出了新的贡献。

一、基本情况

2004年，云南省农业综合开发项目涉及全省16个州（市）67个县（区、市）889个乡镇，总人口2 213.36万人，其中：农业人口1 924.58万人，占项目县总人口的87%。

（一）投资计划及完成情况

2004年本年全省农业综合开发项目总投资计划6.04亿元（不含投资参股经营项目），其中：财政资金3.72亿元，自筹资金1.97亿元（其中投工投劳折资8 240.5万元），银行贷款3 488万元。分项目投资计划及完成情况如下：

1. 土地治理项目。2004年项目总投资计划4.09亿元，其中：财政资金2.84亿元，自筹资金1.24亿元（投工投劳折资7 990.5万元）。当年共完成投资3.55亿元（含上年结转的2.42亿元），结转下年2.96亿元。

2. 产业化经营项目。2004年项目总投资计划1.89亿元，其中：财政资金8 357万元，自筹资金

7 023 万元（投工投劳折资 250 万元），银行贷款 3 488万元。当年共完成投资 2.09 亿元（含上年结转的 1.08 亿元），结转下年 8 757.95 万元。

3. 科技示范项目。2004 年项目总投资计划 677.49万元，其中：财政资金 400 万元，自筹资金 277.49 万元。当年共完成投资 1 284.95 万元（含上年结转的 1 057.46 万元），结转下年 450 万元。

（二）任务计划及完成情况

2004 年，云南省农业综合开发除完成上年结转任务外，已完成了 2004 年部分项目建设任务，还有部分项目建设任务需结转下年完成，具体情况如下：

1. 土地治理项目。

中低产田改造项目：上年结转任务量 70.82 万亩，2004 年计划 81.77 万亩，实际完成 95.37 万亩，结转下年 57.31 万亩。

生态综合治理项目：上年结转任务量 3.83 万亩，2004 年计划 0.5 万亩，实际完成 3.79 万亩，结转下年 0.54 万亩。

2. 产业化经营项目。

种植项目：上年结转项目 12 个，2004 年计划 19 个，完成 21 个，结转下年 10 个。

养殖项目：上年结转项目 1 个，2004 年计划 3 个，完成 2 个，结转下年 2 个。

加工项目：上年结转项目 10 个，2004 年计划 11 个，完成 12 个，结转下年 9 个。

储藏保鲜项目：上年无结转。2004 年计划 1 个，当年完成部分任务，结转下年部分任务。

产地批发市场项目：2004 年无计划。上年结转 1 个项目，2004 年全部完成。

3. 科技示范项目。

高新科技示范项目：2004 年无计划。上年结转示范及推广面积 0.11 万亩，2004 年全部完成。

科技推广综合示范项目：上年无结转。2004 年计划示范及推广面积 1.4 万亩，全部结转下年。

（三）开发效益

1. 改善了项目区生产条件，提高了农业综合生产能力。通过土地治理项目的实施，项目区新增和改善灌溉面积 59.58 万亩，新增和改善除涝面积 6.69 万亩，新增节水灌溉面积 13.65 万亩，年节约水量 1 712.56 万立方米，增加机耕面积 10.89 万亩，扩大良种种植面积 41.39 万亩，有效地解决了制约项目区生产发展的主要问题，增强了抗御自然灾害的能力。同时，完善了农产品质量检测体系 17 个和农技服务站 17 个，这些社会化服务体系为发展农业生产、繁荣农村经济、增加农民收入奠定了坚实的基础。

2. 提高了优势农产品生产能力。通过 2004 年项目的实施，优质农产品种植面积达 40.82 万亩（其中优质粮种植面积 28.18 万亩），可新增粮食生产能力 8 520.01 万公斤，新增油料生产能力 166.75 万公斤，新增糖料生产能力 7 508.6 万公斤，新增干草生产能力 547.8 万公斤，新增优质饲料作物生产能力 4 587.6 万公斤，新增干鲜果品生产能力 851 万公斤，新增蔬菜生产能力 1 382 万公斤，新增花卉 1 075 万株，新增药材 360 万公斤，新增畜禽肉产品 141.46 万公斤。

3. 推进了农业产业化经营。2004 年全省扶持了 35 家种养加龙头企业，可加工转化农产品 1 288.2万公斤，增加农民就业人数 10 432 人，新增总产值 5.06 亿元，新增利税 9 257.71 万元。

4. 增加了农民收入。2004 年，项目区农民纯收入增加总额 22 553.17 万元，直接受益农户 342 843户，直接受益农业人口 1 284 708 人，农民年人均纯收入增加 175 元。

5. 提高了生态效益。2004 年增加了林网防护面积 7.01 万亩，可控制水土流失面积 94.44 平方公里，促进了生态环境的改善。

二、主要做法

（一）深化思想认识，统一工作思路

为了切实贯彻落实《中共中央　国务院关于促进农民增加收入若干政策的意见》和新一届中央政府第一次农业综合开发联席会议精神，财政部制定了《改革和完善农业综合开发若干政策措施的意见》（以下简称《改革意见》），云南省对此高度重视，迅即召开了省农业综合开发领导小组会议和全省农业综合开发工作电视电话会议，研究具体措施，进行动员和部署，并在深化认识、统一思路的基础上制定了《关于认真贯彻执行财政部〈改革和

完善农业综合开发若干政策措施的意见〉的意见》，进一步确定了全省新时期农业综合开发的指导思想，即：以“三个代表”重要思想和党的十六大精神为指导，全面贯彻落实国家农业综合开发第一次联席会议和全国农业综合开发工作会议精神，按照《改革意见》的要求，坚持科学的发展观，着力推进农业和农村经济结构的战略性调整，大力支持优势农产品产业带建设和以农产品加工为重点的龙头企业发展，提高农业综合效益，增加农民收入；围绕建立优势农产品产业带，加强农业基础设施建设，提高农业综合生产能力，稳定和提高粮食产量；适应公共财政管理体制和农村改革要求，进一步加强科学管理，完善投资政策，创新开发机制，把农业综合开发各项工作提高到一个新的发展水平。

（二）积极调整政策，完善制度措施

根据《改革意见》的要求，结合本省的实际情况，云南省对现行有关政策和制度措施进行了如下调整：一是从区域到产业、到项目、再到建设的具体环节，农业综合开发要进一步突出重点、择优开发，并实行项目的整合。二是调整了地方财政配套政策。根据国家农发办的有关规定，结合各地财力状况，对各州、市、县的财政配套在总体调低的前提下实行差别比例，对国家扶贫工作重点县实行零配套，由此减少的配套资金由省级财政承担，省级财政配套资金占到国家规定地方财政配套总资金的90%，市、县级财政配套困难问题得到了缓解。三是完善对产业化龙头企业的扶持政策。按照龙头企业发展的实际需要，农民直接受益的程度等因素，分别采取贴息、补贴、投资参股、借给有偿资金等灵活多样的方式进行扶持。四是制定和完善对农民专业合作经济组织和农产品协会的扶持政策。坚持民办、民管、民受益的原则，重点扶持以产品或产业带为纽带组织起来的农民专业合作经济组织，支持龙头企业与农民共同组成农产品专业协会。

（三）采取有力措施，保证投入增长

2004年由于国家配套政策的调整，地方财政配套资金和群众自筹资金相应减少，云南省农业综合开发总投资规模比按过去配套比例测算减少了8 000万元左右。为了维持2004年总投资规模不减并略有增加，云南省主要做了以下几方面的工作：一是抓住被国家列为农业主产区的机遇，认真选好项目，积极争取中央更多的支持，2004年农业综合开发项目中央资金达到2.2亿元，比去年增加了2 000多万元。二是争取到利用世界银行贷款加强灌溉农业（三期）的试点项目资金100万美元。三是争取到国家经营性开发试点项目资金1 000万元。四是争取到部门项目资金1 160万元。五是加大吸引贷款和社会资金的力度。通过多方努力，全年农业综合开发总投资规模达到70 956万元，比上年增加11%。

（四）突出开发重点，择优集中投入

一是以优势农产品主产区为重点，大力支持优势农产品产业带建设。云南省农业综合开发围绕《云南省优势农产品区域布局规划》和《云南省农业综合开发“十五”规划》，通过自上而下的宏观指导与自下而上的申报相结合的办法，选定所要支持的优势产业、优势产区和优势农产品，并主要支持种养基地的建设。在优势农产品主产区中确定一批开发条件好、开发规模大的优势农产品重点开发区给予重点扶持。除支持其建立种养基地外，还支持其优势农产品的加工、贮运、保鲜及批发市场建设等，实现优势农产品的产业化经营并努力创建优势农产品品牌。2004年，在滇中、滇东北地区重点扶持了畜牧、花卉、反季节蔬菜、中草药材、马铃薯等产业，在滇南、滇西南地区重点扶持了优质稻米、甘蔗、茶叶、咖啡和经济林果等产业，在滇东南地区主要扶持了经济林果，在楚雄州、曲靖市、保山市重点支持了蚕桑产业，推动优势农产品产业带的形成。

二是以龙头企业为重点，大力推进农业产业化经营。本着扶大、扶优、扶强的原则，采取贴息、补贴、投资参股、有偿借款等灵活多样的方式，对带动面广、有利于培育农产品区域经济的重点龙头企业，加大支持力度，打破所有制、地域和行业界限，只要能够带动农民增收，为地方财政做出贡献的，都可以给予支持。并且，不仅要看项目自身的经济效益，还要关注其社会效益。在向龙头企业提

供资金支持时，还要求企业必须有相应的资金投入，投资的主体是企业，财政投入起引导作用。经过连续、集中的扶持，大批龙头企业在各自的产业领域茁壮成长，带动相关优质农产品走向全国、走向世界，带领项目区农民脱贫致富。

三是以中低产田改造为重点，围绕优势农产品开发，加强农业基础设施建设。按照“缺什么补什么”的原则，积极支持产前、产中和产后环节的基础设施建设，把改造中低产田的基础设施建设与建设优势农产品基地的基础设施建设有机结合起来，为农业结构调整和产业化经营奠定基础。同时把加强农业基础设施建设和保护农业生态环境结合起来，促进可持续发展。

四是以提高农产品质量为重点，充分发挥科技对农业综合开发效益的提升作用。2004 年，在继续实施好元谋县国家农业综合开发科技推广示范项目的同时，完善大理、临沧、德宏等 3 个省级科技示范园的建设，并与有关省级科研院（所）校合作实施了 21 个科技推广示范项目以及抓好面上农业开发项目的科技推广工作。随着科技成果的推广运用，农业综合开发扶持的优势农产品，诸如茶叶、咖啡、优质米、药材、花卉、蔬菜、特色水果、畜禽产品等的质量和标准得到大幅度提升，在国际、国内市场的占有率也不断提高。

（五）创新开发机制，提高开发水平

1. 完善竞争机制。首先，对项目县实行进退机制，使每个开发县都有一种压力，都有不做好工作就可能被淘汰出局的危机感，形成力争上游的局面。其次，在全省范围内，将优势农产品基地建设项目、产业化经营项目、科技推广项目、生态治理项目作为竞争类项目，实行同类项目之间的竞争立项；在一个项目县的范围内，包括土地治理项目在内的绝大多数项目都实行竞争立项。再其次，对所有具备条件的农业综合开发工程都实行严格的招投标制度。通过实行竞争机制，个别农业综合开发工作很差、濒临被淘汰边缘的县，奋起直追，重新焕发出生机和活力，保住了开发县的资格；通过实行竞争机制，避免了重复投资、低效投资，突出了优势产业、优势产品、优势项目，有力地提高了产业结构调整的质量和效益，促进了优势农产品产业区域的初步形成；通过实行竞争机制，有力地保证了工程的建设质量，提高了项目建设效率和效益。

2. 完善以农民为主体的机制。为了真正维护好、实现好农民群众的根本利益，云南省对土地治理项目的确立，坚持以“农民要办”为前提，采取民主的方法，与农民商量“在哪里办、办什么、怎么办”，充分尊重农民的主体地位，让农民切实感受到农业综合开发是自己的事业。在产业化经营项目立项时，把能否能带动较多的农民增收作为必要条件，而且要采取保障农民最终受益的相关措施。在项目建设过程中，尽可能多地吸收农民工参与施工，直接获得劳务收入。对项目管理和资金使用情况及时进行公示，保证群众的知情权和监督权。通过这些改革，极大地丰富了“以农民为主体”的内涵，农民成为农业综合开发权利的主体、受益的主体、建设的主体、监督的主体，工作中一些固有的矛盾和困难也都得到了有效的解决。

3. 搞好经营性开发试点工作，探索农业综合开发新的投入机制。2004 年国家农发办将云南省确定为经营性开发的试点之一，并安排了中央财政资金 1 000 万元。云南省按照国家的政策规定和要求，精心选好项目，并在认真总结试点经验、完善有关做法的基础上，择机扩大参股投入机制的运用范围。

4. 进一步探索和实行与农业部门项目的配合机制。2004 年，在认真总结试点经验的基础上，继续对部分农业开发项目实行与农业部门其他项目的配合机制。具体做法为：一是坚持政策不变，渠道不乱，投入不减，管理不松，上下结合，部门配合的原则；二是建立分管领导挂帅、相关部门参加的各级协调组织，研究制定各级农业农村发展规划，围绕规划统筹安排各类项目，明确各部门的责任，各炒一盘菜、共做一桌席，各计其功；三是按照公共财政和世界贸易组织规则的要求，配合支持以水利为重点的农业基础设施建设，以退耕还林、植树造林、封山育林为重点的生态环境建设，以安居温饱工程为重点的扶贫开发，支持农业产业结构调整和产业化经营，支持先进适用的农业科技成果

的推广应用，支持农产品质量安全检测、疫病防治和信息网络等服务体系的建设；四是围绕优势区域和优势产业，重点问题、焦点问题和难点问题，配合投入，集中突破。

5. 完善财政资金的引导机制。2004 年，通过为产业化开发所需的各类基础设施、重点设备提供有偿资金，为企业的科技措施和市场开拓提供无偿资金补助，为企业贷款扩大贴息规模等多种政策措施，使吸引民间资本、工商资本投入农业综合开发的工作有了很大进展。从茶叶、咖啡、蚕桑、蔬菜、药材、花卉、食用菌、经济林果等优势产业项目的投资构成看，2004 年各级财政资金投入为 2 亿元，吸引的各类企业自筹资金和银行贷款达到 1.6 亿元左右。从投资企业的来源看，既有省内龙头企业，又有省外诸如浙江、上海、北京等地的知名企业，还有少量台湾企业。这些企业不仅带来了资本，还带来了技术和市场，不仅带动了优势产业的快速发展，还推动了农业生产方式和农业组织形式的变革与创新。

（六）加强科学管理，提高开发效益

为了更好地贯彻落实各项改革政策和措施，适应新形势的要求，不断提高开发效益，2004 年云南省在农业综合开发项目和资金管理方面做了改进。

1. 进一步加强项目的前期工作。围绕选好项目这个核心，着重加强两个方面的工作：一是要使各级农发办和项目实施主体明确项目建设的各项要求并初选好项目；二是要真正做到择优立项。为此，省农发办参照国家农发办的立项指南发布了下一年的项目立项指南，明确项目建设的指导思想、重点区域、重点建设内容、相关政策和其他要求，以便各地组织申报项目；并通过新闻媒体向社会发布招商指南，为实施农业开发产业化经营牵线搭桥。省农发办继续委托中介机构独立评估项目，并建立专家绩效评价制和责任制以增强专家的责任心。在评估过程中，把专家评估和实地考察及项目申报单位答辩结合起来，使项目评估更科学、更切合实际，从而真正实现择优立项。

2. 进一步规范和加强计划管理工作。一方面，要求各级农发办认真根据初步设计编制项目计划，保证真实性，杜绝随意性。另一方面，明确计划管理权限：凡是财政总投资在 500 万元以上的单个土地治理项目和中央财政投资在 300 万元以上的产业化经营项目必须报国家审批；省对州市的计划批复要细化到每一个项目，并明确项目实施地点、建设内容和规模、投资构成和实施单位；州市负责审批项目的扩初设计，并要批复到工程建设的具体措施；凡发生变更事项的，均按程序和管理权限逐级报批，任何单位和个人不得越级、越权、擅自变更。

3. 进一步加强对项目的监管。第一，全面推行了项目工程招标制、项目和资金公示制、法人负责制，科技项目还实行了项目责任合同制。第二，加强对项目的监督检查，除认真完成国家布置的各项检查工作外，每年都对项目和资金进行一次拉网式检查，对检查出的问题进行反馈和跟踪复查。第三，制定项目移交管护制度，明确产权和利益主体，落实项目管护责任，确保工程长期发挥效益。

4. 进一步加强资金管理。一是全面实行县级报账制，并以规范报账程序和报账凭证为重点进一步完善报账制度。二是对农业综合开发资金实行严格的专人管理，专账核算，专款专用。三是规范和统一了全省农发系统的开户、建账工作，全面推行会计电算化，夯实了会计基础工作。四是实行了严格的审计工作。五是扩大了财政有偿资金实行委托投放的区域范围。实行委托投放的开发县占到了全省的 30%。六是省开发办对 2001 年以后的中央和省级财政有偿资金合同，归类后录入微机，建立了数据库，极大地方便了查阅和调用。

（七）强化服务意识，狠抓作风建设

全省农业综合开发工作者牢记全心全意为人民服务的宗旨，认真践行“三个代表”重要思想，用好每一笔资金，建好每一个项目，办好每一件事，让项目区各族人民切实得到实惠，感受到党和政府的温暖，享受到公共财政的阳光。在农业综合开发工作中，全省上下做到重实际、说实话、办实事、求实效，不作表面文章，不搞形象工程，大兴调查研究之风，大胆反映意见，积极提出建议，并自觉接受农民群众和社会各界的监督，正视问题，及时整改。为提高队伍素质，2004 年除继续开展全省农业综合开发项目资金管理培训外，还组织了市级农发办主任赴上海、江苏、浙江、广东和福建等东部沿海发达地区学习农业综合开发工作经验。

三、存在的主要问题及建议

综上所述，云南省2004年农业综合开发工作虽然取得了一定的成效，但囿于经济社会条件比较落后，还存在一些困难和问题亟待解决。

（一）投入不足

尽管在国家农发办大力支持下，云南省农业综合开发中央投资从1990年立项时的2 500万元增加到2004年的2.33亿元，但是，云南省是一个经济落后的农业省份，农业基础设施非常薄弱，抵御自然灾害能力差，农民人均收入与全国的差距还在不断地加大，为了确保云南省与全国同步实现全面建设小康社会的目标，建议国家农发办继续加大对云南的支持力度。

（二）资金的投向结构不尽合理

按照现行政策规定，农业综合开发资金的75%用于土地治理项目，25%用于产业化经营项目。但像云南省这样经济较落后的省份，资源又比较丰富，更需要发展产业化经营项目来带动农民致富，因而，建议适当增加产业化经营项目的资金比例。

（三）适当增加国家级开发县

云南省自实施农业综合开发以来取得了较大成效，为云南农业和农村经济的发展做出了一定贡献，得到了各级党委、政府的充分肯定。但云南省还有近一半的县没有享受到农业综合开发的雨露，争取立项的呼声很高，建议增加一些国家级开发县。

（云南省农业综合开发办公室供稿，刘斌执笔）

西藏自治区

2004年，全区农业综合开发围绕全面建设小康社会的总目标，以增加农牧民收入为中心，以农牧业结构调整为主线，突出重点，统筹规划，整合资源，创新管理机制，加大督查调研，强化服务职能，经过全区农发干部职工的共同努力，各项工作进展顺利，呈现出良好的发展态势。

一、狠抓基础设施建设，积极落实开发任务

2004年，自治区农牧开发建设办公室按照以小康建设试点总揽农业综合开发工作全局的要求，紧紧抓住开辟生产门路、提高生产能力和加强基础建设的关键环节，落实年初农业综合开发会议提出的总任务。2004年，全自治区共开发建设16个农业综合开发区，安排了12个重点开发区和4个续建开发区，压缩了开发区，加大了土地治理工程的科技含量。全年农业综合开发投资1.28亿元，其中：中央财政农发资金9 180万元，自治区各级财政配套资金3 660万元。计划总建设规模24.15万亩，其中：改造中低产田9.61万亩，草场建设14.54万亩（3.24万亩为农区种草）。同时，2004年的农发项目安排突出了与涉农单位的资源整合和相互配合，而且引入了黄改、造林育苗和新品种油菜推广等农牧科技服务项目。截至10月底，2004年度的农业综合开发项目任务已完成计划任务的70%以上，农发水利项目大都开始进行招（议）标，有的开发区已经完成，进入组织施工阶段。另外，完成了对日喀则、山南、那曲、林芝、拉萨五地（市）2003年农发项目的初验工作。

按照自治区加大农牧区发展投入，多为农牧民群众办实事的要求，经过积极争取，国家已安排农发资金9 180万元，同时，在国家投资总盘

子之外，自治区争取到了拉萨乳业项目和特色产业项目，并利用国家投资引导农牧民和企业投资，各方面投资的增加扩大了农业综合开发服务的发展能力。

二、加强组织引导，项目区农牧民收入继续保持加快增长的态势

按照国家农发办和区党委、政府有关要求，自治区农发办从组织引导农牧民参与项目建设和狠抓项目效益两个方面入手，认真落实增收措施。区农发办研究下发了动员农牧民参与工程建设的文件，要求组建农牧民施工队，细分各项建设内容，将所有能由农牧民建设的工程都交由农牧民建设。各地（市）积极探索各种形式的贯彻落实措施，在继续将土地治理（草场）治理项目全部交由群众施工的同时，又创造了一些组织引导农牧民群众参与施工的好经验。据初步统计，2004年项目区农牧民人均现金收入可达650元左右，同比增长17.3%，全区农业综合开发的群众投劳总收入可达百万元以上。在组织引导农牧民群众参与建设增收的同时，还安排了一批促进群众增收效益显著的项目。如农区种草养畜、油菜种植、养鸡、养猪、肉乳加工等项目，结构调整、多种经营、进城务工等渠道继续发挥对农牧民增收的作用，多元化的增收局面开始呈现。

三、积极开展试点示范，产业化结构调整成效明显

根据国家农发办要求，西藏在继续做好土地综合治理的同时，积极培植新的经济增长点，大力调整农业结构。按照自治区“稳粮、调结构、促增收”的要求，2004年农发部门把试点示范作为工作重点。年初确定的试点示范项目包括：山南地区农区种草养畜产业结构调整、墨竹工卡县的土地整治和油菜科技成果应用、山南地区群众经营温室和培植龙头企业，日喀则地区的国投带动群众投入特色产业，那曲、阿里地区的牧区草畜舍配套建设和减畜增效，全区的农牧民参与工程建设增收等。这些试点安排紧紧围绕小康试点，着力探索机制、体制和生产模式、技术的创新，各个试点不仅工作都已启动，而且取得了初步成效。7月在自治区人民政府的安排下，农发办已就推广山南地区农牧民参与工程建设增收、农区种草养畜、群众经营温室、龙头企业带动群众养鸡等试点示范项目召开了现场会，取得了良好的效果。

四、加强调查研究，编好专业规划

2004年是自治区确定的“项目前期工作年”，又是实施“十五”计划的关键之年，为了认真贯彻落实联席会议精神，围绕国家农发办确定的若干重点问题，自治区农发办进行了深入调研，虚心听取基层的意见，掌握第一手资料，全年共组织了20多个调研组，针对农业产业结构调整、培育新的经济增长点、扶持龙头企业、加强国家资产管理和温室经营体制、农发政策研究等题目开展了大范围、宽领域、深层次的调查研究，并陪同国家农业综合开发办公室领导同志对拉萨、山南、林芝地区的农牧区情况开展调研。依据调研的情况，进一步理清了争取国家支持的思路，还起草了《加强温室管理的指导意见》，已经自治区人民政府批准下发。

在调查研究的基础上，区农发办启动了《西藏自治区农业综合开发“十一五”规划》的编制工作。在规划编制工作中，注意加强与地市和相关部门的工作交流，听取专家意见，初步论证了加大产业化开发和整合资源等重大问题，也争取了国家农业综合开发办公室对自治区规划工作的重视和支持。与此同时，区农发办还帮助地市开展了拉萨乳业项目、山南养禽业项目和林芝饲料工业加养殖业项目的前期工作。

五、加强培训工作，提高农发干部队伍的素质和农牧民群众的致富能力

2004年，按照谋跨越、奔小康主题教育活动的统一部署，区农发办安排了对农牧民群众建筑和种养等增收技能的培训，计划举办各级各类培训班400多期，培训各级各类干部和农牧民群众3万多人次。上半年，自治区、地（市）、县已举办200多期培训班。

2004年，自治区农发办按照国家农发办和自治区党委、政府要求，加大了解决“三农”问题的力度，出现了一些新的特点：一是全局意识更强、工作定位更准确。农业综合开发工作作为农牧区工作的一支力量，扮演的是攻难点、做亮点的角色，需要从全局的高度来设计、规划，需要专业化技能和职业化的素质，需要一心为民的奉献精神，这种综合素质在过去有很多体现，进入新时期也在贡嘎、扎囊的农发和日喀则特色产业等项目中出现闪光点，发扬光大这种讲大局、做实事的精神，推动系统的建设是农发办工作的着力点。二是抓住制定农业综合开发“十一五”规划、农发管理办法调整的机遇，开始了从微观项目管理向宏观政策调控的转移。自治区农发办加强了调查研究，增加了与国家主管部门的交流，在农业开发项目安排上把农业增产与增加农民收入的目标统一起来，向土地治理项目倾斜，更加注意科技成果的利用和转化，提高综合开发的整体效益。三是注意研究加强项目管理体制机制问题，积极探索切实有效的项目管理和资金管理的模式。四是抓住机构改革、自身建设等机遇，大力加强内部建设。从强调责任意识、组织意识、大局意识、服务意识入手，转变机关作风，提高工作效率，稳步推进农业综合开发工作迈上新台阶。

从总体情况看，2004年全区农业综合开发工作进展顺利，为全面完成工作任务奠定了基础。但工作中仍然存在一些困难和问题需要引起高度重视。一是面对新时期新任务，自治区农发办对农业综合开发工作的地位、作用、标准和目标的理解还有差距，对责任感和紧迫感的理解还不一致，工作创新和工作着力点转移的力度还不够；二是农业综合开发队伍的动员程度还不够，能力建设还有很大差距，一整套的管理办法和工作机制还没有建立起来，农业综合开发干部队伍和素质还需要进一步提高；三是还缺少一批试点示范精品项目，缺少指导新时期农业综合开发工作的样板，缺少推进产业结构调整、扶持龙头企业的经验，系统创新的步伐还缓慢。

（西藏自治区农业综合开发办公室供稿）

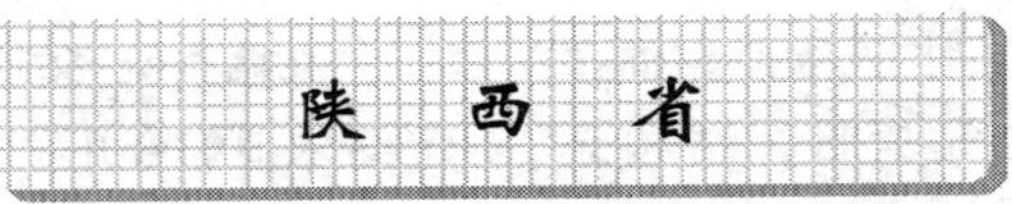

陕西省

一、基本情况

2004年，陕西省农业综合开发工作认真贯彻落实中央1号文件和中央农村工作会议精神，坚持科学的发展观，紧紧围绕农业增效和农民增收两大主题，大力改造中低产田，着力推进生态环境治理，提高农业综合生产能力，积极扶持产业化经营和龙头企业建设，促进农业产业结构调整，不断提高农民收入，取得了明显的成效。2004年，全省农业综合开发共涉及76个县（区）和2个国营农场，全年共投入资金7.46亿元，完成土地治理面积84.6万亩，新增粮食生产能力9 532.7万公斤，棉花66.20万公斤，油料336.51万公斤，扶持产业化经营项目31个，新增农村国内生产总值12亿元，项目区农民年人均纯收入约增加390元。

二、主要效益

（一）农业基础设施建设得到加强，综合生产能力有了明显提高

全年共改造中低产田72.08万亩，新增改善灌溉面积73.62万亩，项目区农业基本生产条件明显改善，农业综合生产能力显著提高，为全省粮食等大宗农产品的稳定增产打下了良好的基础。

（二）优势农产品基地和龙头企业的带动作用不断增强，农业结构调整和农民增收步伐进一步加快

全年共扶持了8个产业化龙头项目、12个养殖业基地、11个加工及农业生产服务项目，发展果、茶、药、菜等种植业基地23万亩，带动农户

70万户，增强了龙头企业的带动辐射功能，完善了农业产业化体系，促进了农产品基地、龙头企业和服务体系建设的协调发展。

（三）生态环境治理力度加大，可持续发展能力提高

全年实施了17个小流域治理项目，完成生态治理面积12.52万亩，控制水土流失240平方公里。营造农田防护林和水土保持林14.5万亩，种草1.4万亩，项目区林网覆盖率提高3.5个百分点。改善了农业生态环境，增强了农业抵御自然灾害的能力。

（四）科技推广力度进一步加大，农民收入不断增加

按照高起点、高标准、高质量、高效益的原则，进一步完善了项目区农业技术培训和推广体系建设，全年共装备乡镇技术服务站43个，培训农民技术员35.6万人次，推广以节水为主的先进实用技术28项，示范推广面积30.74万亩，建成了一批节水增效示范基地。通过对农民进行技术培训，提高了农民科学种田水平，初步掌握了综合治理农田，兴修水利，植树造林、科学种植菜蔬、养殖禽畜，栽桑务果，加工贮藏等方面的技能，进一步提高了项目区农民在市场经济体制下增产、创收、搞活流通、从事商务的本领，为科学致富奠定了基础。

三、主要措施

2004年，陕西农业综合开发以创新开发机制、完善管理体制为核心，坚持从实际出发，因地制宜，分类指导，强化管理，不断提高农业综合开发工作水平。

（一）加强组织领导，形成开发合力

陕西省各级党委政府始终把农业综合开发作为支持和保护农业发展的重大措施和建设农村小康社会的重要推进力量，给予了高度重视。省上成立了由省长任组长、分管副省长任副组长、相关部门负责人为成员的农业综合开发领导小组，各市县也都成立了相应的组织机构，全省已形成了政府统筹协调，农业综合开发部门管项目，财政部门管资金，农业、林业、水利、审计、农行等业务部门分工负责，密切配合的组织管理体系，形成了农业综合开发的强大合力。省农业综合开发领导小组定期召开会议，分析形势，研究解决农业综合开发的重大问题。省委、省政府主要领导和分管领导经常深入项目区检查指导工作，明确要求各地必须把农业综合开发工作放在农业和农村经济发展的突出位置，加大农业综合开发工作力度，为农业增效、农民增收创造条件。

（二）把握主攻方向，理清工作思路

2004年元月份，陕西召开了全省农业综合开发工作会议，明确了当年农业综合开发的工作思路：集中投资办大事，突出重点抓关键，努力强化各项措施，为农业增效、农民增收做贡献。会后，根据全省不同地区的自然条件和经济发展现状，省农发办制定了具体实施意见，确定了农业综合开发项目的扶持重点和方向。其中土地治理项目，关中平原围绕灌区节水改造，以田间工程配套为重点；陕南秦巴山地围绕治水保土，以修建河堤和石坎梯田为重点；陕北黄土高原沟壑区围绕治土保水，以修筑淤地坝、坡改梯和植树种草为重点，通过山水田林路综合治理，建设高产稳产基本农田，改善农业生产基本条件和生态环境。其中产业化经营项目的扶持方向是，认真落实省委、省政府加快畜牧产业化、果业产业化和中药材产业化建设的决定精神，立足区域资源优势，抓龙头、建基地、带农户，集中86%的财政资金用于扶持产业化龙头项目和优势农产品生产基地建设，提高农产品市场竞争力，加快农民增收步伐。

（三）强化政府统筹，完善投入政策

按照国家农业综合开发办公室的统一部署，结合陕西实际，从减轻市县财政配套压力、提高群众自筹资金到位率、拓宽投入渠道等方面入手，省农发办制定了许多新政策，探索出了一些新办法。一是完善政策，保证财政配套资金的足额落实。为了减轻地方财政配套压力，省上调整了财政配套政策，降低了11个市（区）的财政配套比例，省级与市（区）的平均配套比例由5:5调整为8:2，个别市调整为9:1。对国家扶贫工作重点县取消了其财政配套任务，取消了土地治理项目中的财政有偿资金，调减了产业化经营项目的有偿资金比例，延

长了财政有偿资金回收期限，界定了财政无偿资金使用范围。二是积极探索落实群众自筹资金的新途径。按照“群众自愿，民主决策，一事一议，量力而行”和“谁受益，谁负担”的原则，因地制宜，采取多种办法，积极落实群众筹资投劳。对于村组集体经济实力雄厚的地区由村组统一筹措，经济欠发达地区按受益人口或按耕地面积分摊，鼓励种养大户和富裕农户投资实施农业综合开发工程，确保农民筹资投劳足额到位。三是放手让专业合作经济组织、城市工商企业参与农业综合开发，通过租赁、承包、拍卖等形式，以产权置换资金，形成了新的开发投入机制。四是按照“管理渠道不乱，资金用途不变”的原则，坚持以农业综合开发资金为主导，捆绑使用扶贫开发、以工代赈、退耕还林等涉农资金，加大了项目投入力度，提高了资金使用效果。五是为进一步加强对资金的管理，规范和完善县级报账制，省上制定了县级财政报账制实施细则，对财政无偿资金全部实行县级报账，落实专人管理、专账核算、专款专用的“三专”管理，建立了相互监督、相互制衡的资金管理机制，规范了资金运作，提高了资金使用效果。

（四）强化工作措施，提高管理水平

一是制定了《陕西省农业综合开发项目评估实施细则》，下发了产业化项目申报指南，加强了对申报工作的指导，并根据各地项目申报情况，组织西北农大、科技大学等大专院校和科研单位的专家，对产业化经营项目进行评估论证，从中筛选出一批辐射带动强、市场潜力大、竞争优势明显的项目予以扶持。各地严格计划申报，明确扶持重点、申报条件及扶持政策。二是继续完善“四制”，提高工程质量。在项目建设中，不断完善项目法人制、招标投标制，积极推行工程监理制和大宗物资集中采购制，做到建设单位、施工单位、监理单位、质检单位层层把关，落实责任，降低费用，确保质量。三是强化监督检查，加快工程进度。2004 年 4 月份，省上组织开展对 2003 年度农业综合开发项目的中期检查，对工作不力的市县进行了通报批评。9 月份，对 24 个县区的 2003 年度项目进行了省级验收。同时结合重大问题调研，经常深入项目区检查工程进度和质量，发现问题及时纠正。四是强化产权管理，落实管护责任。在项目竣工验收后，各县农业综合开发办公室对形成的固定资产登记造册，及时办理移交手续，按照工程权属，制定管护制度，落实管护主体，签订管护合同，明确奖惩措施，做到资产有人管，损坏有人修，财产不流失。对农业综合开发水利设施，从产权制度入手，采取承包、拍卖、租赁等形式，明晰产权关系，促进建后管护，确保长期发挥效益。

（五）创新工作机制，增强开发活力

2004 年是国家确定的农业综合开发“改革年”陕西省农业综合开发系统各级部门在完善制度、创新机制方面下了很大功夫，取得了新的突破。一是完善了项目县动态管理机制。按照“总量控制，有进有退，违规淘汰，末位暂停”的原则，对在项目和资金管理使用等方面存在严重问题的县，暂停或取消农业综合开发项目县资格，彻底打破了开发县“终身制”，引起了较大震动。二是全面推行了项目管理“末位惩罚”制。按照“大干大支持、小干小支持、不干不支持”的原则，制定下发了农业综合开发竣工项目末位惩罚办法，把中期检查结果、竣工验收结果、年度审计结果与投资分配挂钩，公开评价指标，实行量化管理，打破基数限制，扩大因素比例，对任务完成好的 6 个县区各奖励了 5 000 亩开发规模，对任务完成不好的 7 县区扣减了开发面积。三是实行验收责任追究制度。为了夯实工作责任，防止验收走过场，省上制定了《竣工项目省级验收末位惩罚和责任追究制实施办法（试行）》，设计制作了单项工程验收工作表，要求各验收组就验收工程选点、任务完成、质量评价、问题建议等内容详细填写、签名存查，一旦出现问题，按照“谁验收谁负责”的原则，追查验收组组长及成员的责任。四是建立农业综合开发存在问题跟踪督察制度。为了切实纠正检查验收、媒体曝光、群众反映的重大问题，省上制定出台了《陕西省农业综合开发项目管理跟踪督察实施办法（试行）》。对于出现的问题，由纪检监察部门，相关业务处室配合进行查处，限期整改。这一制度为确保“项目安

全，资金安全，干部安全”，确保农业综合开发工作健康顺利发展，构建了坚实的防线。

（六）申报世行项目，扩展开发领域

2004年陕西以申报世界银行科技项目作为拓宽农业综合开发投资领域的契机，严格按照世界银行和国家农业综合开发办公室的有关要求，结合本省实际，制定了项目选择的12条规定，组织开展了以项目经济与财务分析、项目采购等为主题的5次培训活动，完成了全省以及32个子项目的建议书、可研报告、PIP报告、环境评价报告和病虫害防治报告，指导各地认真作好申报准备工作。陕西省的申报工作得到了世界银行官员和国家农业综合开发办公室领导的肯定，认为陕西制定的12条规定既符合世界银行和国家农业综合开发的要求，也符合当地的主导产业实际，值得其他省份学习和借鉴，而且陕西的农民协会项目设计有创新，走在了全国项目单位的前列。

（七）转变工作作风，加强自身建设

2004年，陕西省各级农业综合开发部门把调查研究作为一项重要的工作来抓，针对农业综合开发工作中出现的新情况、新问题，明确课题，落实专人，组织开展了调查研究活动，为各级领导决策提供了依据。宝鸡市在开展调研活动后，及时上报调研成果，并在《中国农业综合开发》杂志上发表调研文章多篇，扩大了陕西省农业综合开发工作的影响。同时，充分利用和发挥新闻媒体的宣传优势，在《中国农业综合开发》杂志、《陕西日报》等报刊物上发表宣传陕西省农业综合开发的文稿10多篇（次），在省级电视台宣传报道20余次，向省委、省政府办公厅和有关部门报送信息、情况反映10多篇（条），为农业综合开发营造了良好的社会氛围。

陕西省农业综合开发工作部门认真学习贯彻中共十六届三中、四中全会和中央1号文件精神，牢固树立以人为本，全面、协调、可持续发展的科学发展观和立党为公、执政为民的思想，广大干部职工的全局观念和服务意识明显增强，工作绩效显著提高，特别是长期奋战在农业综合开发工作第一线的同志们，急群众所急，想群众所想，受到了农村广大干部群众的高度评价。2004年经过逐级推荐评选，省农业综合开发领导小组办公室对全省农业综合开发系统的先进单位和先进个人进行了表彰奖励，激励了先进，鞭策了后进，促进了工作。

四、存在问题

虽然陕西省2004年农业综合开发工作取得了很大成绩，为实现农业增产、农民增收目标做出了重要贡献，在全省农业和农村经济社会各项事业的发展中发挥了重要作用。但也存在一些薄弱环节。一是项目前期工作还不到位，一些项目设计与客观需要差距较大。二是项目和资金的管理仍存在不完善的地方，一些市县在投入上过分依赖中央和省级资金，配套资金不能及时足额到位。三是在基层还存在着重项目争取，轻项目论证；重项目建设，轻项目管理；重工程验收，轻督促检查的“三重三轻”问题。四是调研宣传工作力度不够，农业综合开发取得的实效与在全省农村工作中的地位极不相称。

（陕西省农业综合开发办公室供稿，贺红文、周美萍执笔）

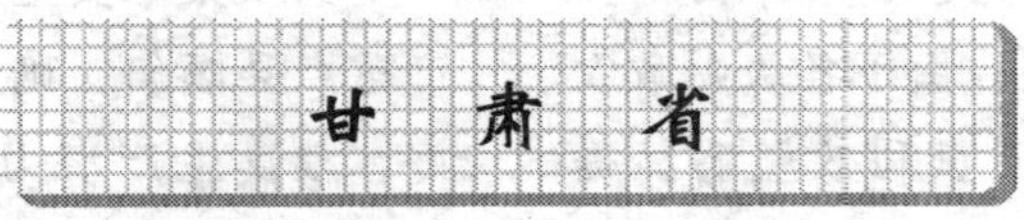

甘肃省

2004年，甘肃省农业综合开发工作以确保省内粮食安全和增加农民收入为目标，以中低产田改造和特色优势农产品产业化经营项目建设为重点，进一步加强农业基础设施建设，不断提高农业综合生产能力和农产品市场竞争力，全面开展规范管理年活动，狠抓落实，取得了显著成效，为甘肃省农业和农村经济发展做出了积极贡献。

一、开展规范管理年活动取得明显成效

2004年，针对财政部驻宁夏专员办专项检查查出一部分市县在农业综合开发方面存在的突出问题，甘肃省根据国家农发办的要求，全面落实整改措施，不仅处理了事，而且处理了人。对于挤占挪用的项目资金，全部收回；对于滞拨、缓拨的项目资金，全部拨付到位；用当期有偿资金抵顶到期有偿资金的问题，也全部得到纠正。对于4名相关责任人，分别作出了调离工作岗位和行政处分的处理；在2004年资金安排上，削减了违规县区的投资规模。为汲取教训，彻底解决全省项目资金管理工作中存在的突出问题和薄弱环节，省上决定在全省范围内开展农业综合开发规范管理年活动。并研究制定了《关于进一步加强和规范农业综合开发管理工作的意见》和《关于开展规范管理年活动的通知》，前一份文件制定了8个方面的28条具体措施，后一份文件强调了6个方面的工作要求，对项目申报、评估、立项、实施、管护、检查、验收以及资金管理使用均作出了严格规定，用以指导各地开展规范管理年活动。

根据省上安排，项目区各级政府和财政农发部门相继采取了各具特色的有效措施，将规范管理年活动落实到各项具体工作中。比如张掖市实行了科室联系县（区）制度，实行联系县（区）责任制，项目资金管理如出现违规违纪问题，要追究科室负责人责任；定西市采用了主任包县，科长包项目的制度，任务到人，责任到人；庆阳市在充分征求项目县意见的基础上，与项目县签订了《目标管理责任书》，对项目建设从6个方面规定了具体目标和分值，采用百分制进行综合考核。由于各级财政农发部门的辛勤工作，项目建设质量和效益明显提高，资金管理使用情况较往年有了很大改善，有效防止和杜绝了挤占挪用项目建设资金和擅自变更项目计划的问题，规范管理年活动在全省取得了实实在在的明显效果。2004年全省项目资金到位时间平均比往年提前了3个月，配套资金较上年增加了900多万元，工作经费比上年增加260多万元。与以往当年下达资金，次年实施项目的情况相比，2004年土地治理项目建设任务在当年平均都完成了60%以上，报账支付完成50%以上。涌现出了一大批像金川区赵家沟生态治理项目、敦煌市棉花膜下滴灌节水示范项目、肃南县祁丰区草原（场）改良项目、静宁县城川乡中低改示范项目和政县达浪乡中低改项目等样板工程和典型事例。省委书记苏荣在视察敦煌、静宁项目区时给予了充分肯定和高度评价。

2004年6月，省上派出工作组先后深入各市县项目区，采用座谈交流、翻阅文件、查看账册、深入项目实施现场等方法，督促各市县扎实开展规范管理年活动，切实改进工作、提高水平。8月，在临泽召开全省开展规范管理年活动经验交流现场会，总结经验，分析问题，提高认识，观摩学习。12月，省农发办派出两路考核组，利用20多天的时间，按照年初开展规范管理年活动的总体要求和绩效考核量化标准，对各市县进行综合全面考核，并将考核结果进行通报，对工作成绩突出的市、县，在全省农业综合开发工作会议上予以表彰。

二、集中投入、突出重点，大力改善农业生产基本条件，促进农民增产增收

在土地治理项目安排上，省农发办集中资金，突出重点，综合治理，规模开发，大力改善农业生产基本条件，重点支持省内粮食生产，特别注意加强对基本农田保护区内中低产田的改造。全年共安排土地治理项目资金1.3亿元，安排土地治理项目62个，治理面积53.7万亩，涉及13个市（州）的46个县（市、区）和国营农场。

为了集中资金搞开发，在资金安排上向粮食生产重点县倾斜，确定了12个水土自然条件相对较好，粮食生产潜力较大，粮食商品率较高的开发县，每个项目县只安排一个项目区，加大资金投入，加大中低产田改造和灌区田间配套力度，改善了农业生产基本条件。在生态脆弱地区，2004年安排小流域综合治理项目3个，治理面积达到1.5

万亩，保护和改善了项目区周边环境。项目实施后项目区新增灌溉面积4.7万亩，改善灌溉面积30.6万亩，新增节水灌溉面积27.8万亩，增加农田林网防护面积27.7万亩，新增优质农产品种值面积33万亩，新增粮食2 422万公斤，棉花32万公斤，油料61万公斤，项目区比非项目区农民年人均纯收入高出210元。

2004年，在中低产田改造项目建设中，甘肃省还推行了工程监理制试点工作，按照规定的范围、内容和程序，通过招标方式选择有资质的监理单位，并对整个工程有效地进行了监督、检查，同时按照建设进度审查资金支出。这样做保证了工程质量，提高了工作效率，节约了建设投资，比较好地发挥了监理作用，取得了阶段性成效。

在产业化和多种经营项目安排上，甘肃采取竞争立项办法，坚持扶优扶大扶强，按项目定资金，集中力量促进特色优势农产品发展。对各地推荐上报的120多个项目，坚持标准，严格条件，认真评估，确定了24个产业化和多经项目，安排项目资金5 861万元。其中5个重点产业化龙头项目不但在国家成功立项，而且单个项目中央财政资金投入达到400万到600万元，比以往重点项目的中央财政投资增加了2—3倍。2004年重点扶持了酒泉好为尔年产3 600万公斤鲜奶的加工项目、金塔县年产660万公斤优质棉花种子的加工项目、临洮县康家崖交易额1.5亿元的农业部定点扩建蔬菜批发市场建设项目等一批国家级和省级龙头企业，有力地促进了农业结构调整，支持了甘肃省特色优势农产品基地发展，提高了农业综合效益，增加了农民收入，促进了农业产业化经营。

在科技项目安排上，按照项目建设的总体要求，2004年一如既往，继续抓好安西、西峰、天水3个续建科技示范项目的建设工作，安排中央财政资金600万元，地方各级财政配套资金500万元。安西项目以优贡棉花、西甜瓜、牧草、肉羊新品种新技术引进试验为重点，西峰项目以蔬菜、经济林、肉牛新品种新技术推广和旱作农业示范为重点，天水项目以无公害果品、蔬菜、航天育种、粮经立体种植、日光温室无公害栽培为重点，分别开展了广泛的试验、示范和推广、带动工作，推广、示范农业新品种50多个，新技术40多项；建成良种基地16 000亩，示范推广41 000亩；辐射带动农户10 490户，培训农民29 000人，安排劳动力1 214人。经过测算，项目区农民年人均纯收入增加了300元。

三、改革完善资金分配政策，加强项目资金动态管理

2004年，甘肃省加强了对项目资金分配和拨付的动态管理，取消了以往对各地投资安排的基数控制办法，改按综合因素法，充分考虑工作绩效和开发潜力，奖优罚劣，坚持规模开发和向农业主产区倾斜的原则，对中央财政投资控制指标基数进行了统一调整，对被省上通报的市县削减了投资，一批项目搞得好的县（区）则投资得到大幅度增加，一批经过筛选的好项目得到了重点扶持。为有效提高资金拨付和使用的进度，省农发办2004年在全省范围实行了财政资金到位和使用情况季报制度和系统内通报制度。制度规定，省上在收到中央财政资金后，必须在20日内下达到市级财政，市级财政必须在20日内下达到县级财政，县级财政必须在30日内拨入农发项目资金专账，县级农发办必须按照工程进度及时报账支付。对农民筹资投劳纳入村级“一事一议”范畴，实行专项管理。农民自筹比例严格控制在国家规定的范围内，切实减轻农民负担。省农发办要求，项目实施单位必须认真编制单项工程预决算，建立工程资金辅助账，对资金使用情况进行公示，彻底规范资金用途。省农发办还加强了资金“三专”制度和县级报账制的管理，强化了对财务人员的培训，举办了财务培训班，全省财务管理水平有了很大的提高。

四、加大中期检查力度，强化项目实施过程监管

2004年，甘肃省先后多次派出工作组，分片对项目建设进展情况进行检查督促，指出存在的问题，提出整改要求，保证了项目建设的顺利进行。这些工作组分省、市、县三级，各有侧重，采取

"五对照、五检查"的方式，深入项目区实地督察，有效地强化了项目实施过程中的监管。"五对照、五检查"具体指：对照项目计划，检查项目进展情况与规划进度是否一致；对照规划设计图，检查项目区实施面积是否达到规定要求；对照实施方案，检查已建工程质量是否符合要求；对照批复文件，检查项目配套资金及自筹资金是否落实；对照项目实施进度，检查项目资金报账、拨付是否及时。

五、认真开展调查研究，提高管理决策水平

根据国家农发办关于认真做好2004年调查研究工作的通知要求，甘肃省农发办认真安排部署了全省农业综合开发调研工作，研究确定了调研重点选题，扎实认真地开展了各项调研工作，从农业和农村经济全局的高度，认真分析和研究调查了解到的情况，拿出了一批有深度的高质量调研报告，如撰写了《农业综合开发支持西部地区全面建设小康社会的思路和对策》、《积极引导农民筹资投劳搞开发，努力改善生产基本条件促发展》、《农业综合开发促进项目区农民群众增收情况》等调研材料。

2004年6月，甘肃省农发办组织了由5个市农发办主任和省农发办业务人员组成的学习考察团，由主要领导带队，到福建、江苏两个农发项目搞得比较好的省进行工作考察，在农业综合开发扶持方向、选项方法、县级报账制、招投标制、公示制、招商引资、市场化运作等方面学到了很多先进的管理经验，受到了很大的启发，对于提高全省农发项目管理决策水平起到了极大的帮助提高作用。

六、积极开展农业综合开发宣传工作

在认真搞好农业综合开发项目和资金管理工作的同时，甘肃省把宣传工作当作推动农业综合开发不断发展的重要手段，把宣传工作贯穿于农业综合开发的各个环节：一是围绕农业综合开发方针、政策和中心任务搞宣传；二是围绕农业综合开发的突出作用搞宣传；三是围绕重点项目搞宣传；四是围绕项目区农民群众搞宣传。主要采取出简报、办专刊和积极向《国家农发简报》、《中国农业综合开发》、《甘肃日报》等刊物踊跃投稿荐稿等宣传手段，以客观生动的事例和真实有力的数据为基础，对农业综合开发取得的突出成效、发挥的显著作用和重要意义加以广泛的宣传。全年先后在《国家农发简报》、《中国农业综合开发》杂志、《甘肃日报》上刊登稿件12篇，利用《财会研究》出版农业综合开发专刊一期，编印《甘肃农业综合开发简报》24期等。同时，省农发办积极鼓励号召市、县农发部门利用新闻媒体，采取多种形式对农发工作进行宣传，以介绍农发项目建设典型为重点，以推行项目资金公示制为突破口，实实在在地宣传农业综合开发的突出成效和显著作用，还利用举办科技培训班向广大农民群众宣传农业综合开发。这些宣传扩大了农业综合开发的影响，提高了社会认知程度。其中张掖、金昌、庆阳、定西、酒泉市，临泽县、金川区、泾川县、临洮县、成县的宣传工作尤为突出。

七、日元贷款风沙治理项目建设开局良好

在全力搞好农业综合开发工作的同时，甘肃省农发办还承担了日元贷款甘肃重点风沙区生态环境综合治理项目建设工作。该项目在河西走廊农业综合开发项目县和国营农场实施，同农业综合开发项目相互配合，共同改善项目区基础设施和生态环境。2004年作为全面实施该项目建设的第一年，各级农发办精心组织，周密部署，采取有效措施，规范项目管理，狠抓项目建设。在项目区采取乔、灌、草结合，生物与工程技术综合运用的治沙措施；在流动沙丘重点风沙口危害地段，封育天然沙生植被，营造防风固沙林；在绿洲内部营造阻沙防护林带，建设高标准农田防护体系和经济林草基地。通过植树造林、工程治沙、天然植被封护以及农业种植结构的调整，增加了项目区林草植被覆盖率，造林成活率达到85%以上，有效遏制了沙漠化的蔓延，改善了生态环境。项目建设投入资金1.58亿元，其中日方贷款1.17亿元，财政配套368万元，自筹资金2 739万元，投工投劳（折资）983万元。完成植树造林和育草面积14万亩，占计划任务的146%，完成节水工程低压管灌面积1.97万亩，架设高低压线路20.8公里；审核报账拨付资金1.17亿元。项目建设探索和积累了一些好的做法和经验，为今后大面积实施建设任务奠定了基

础。

一年来，甘肃省农业综合开发工作较好地完成了各项工作任务，尤其是规范管理工作取得了明显成效，项目质量和效益不断提高，资金管理日趋完善，规范管理深入人心。但通过认真分析，还存在一些不足。一是项目资金管理工作还在通过督促检查才能较好完成，还没有成为自觉行动；二是各地配套资金未能足额落实；三是一些市县的同志对搞好农业综合开发的认识还不到位，重视仅停留在口头上；四是信息资料报送不及时；五是个别市县工作平庸，真抓实干还不够。对这些不足，各级财政农发部门要高度重视，要通过转变作风，提高认识来尽快解决，以便今后更好地开展工作。

（甘肃省农业综合开发办公室供稿，齐兴笃执笔）

青　海　省

2004 年是青海省农业综合开发深化改革，加强管理，推进发展的重要一年。省、州、县农发办紧紧围绕农牧业增效和农牧民增收，积极争取、努力落实开发资金，合理安排项目规划布局，整合项目类型，减少项目数量，突出重点抓关键，集中资金办大事，切实加强项目建设管理工作，较好地完成了各项工作和目标任务。

一、基本情况

（一）开发县安排

2004 年在保持开发县总量不增的前提下，退出农牧场 3 个，调进农牧业大县 3 个，总量保持 34 个（县 29 个、农牧场 5 个）。按行政区划和隶属关系，开发县包括西宁市（城东、城西、城北、大通、湟源、湟中 6 个县区）、海东地区（民和、乐都、化隆、循化、互助、平安 6 个县）、海北州（门源、祁连、海晏、刚察 4 个县和同宝牧场 1 个场）、海西州（天峻、都兰、格尔木、德令哈 4 个县市和莫河牧场 1 个场）、玉树州（玉树、囊谦 2 个县）、果洛州（达日、班玛 2 个县）、黄南州（尖扎 1 个县）以及省监狱管理局下属的诺木洪农场，省三江集团公司下属的同德牧草良种繁殖场，贵南草业公司。

（二）资金投入

2004 年全省落实完成投资 2.27 亿元，其中：中央财政资金 1.17 亿元，地方财政配套资金 4 513.15万元，项目单位和项目区农民筹资投劳 6 485.14万元。

（三）项目安排

2004 年共安排农业综合开发项目 55 个，其中：土地治理项目 40 个（中低产田改造项目 23 个，草原建设项目 15 个，生态治理项目 2 个），产业化经营项目 13 个（种植基地项目 4 个，养殖基地项目 5 个，加工项目 3 个，储藏保鲜项目 1 个），科技推广综合示范项目 1 个，部门（良种繁育）项目 1 个。中低产田改造项目突出了农田水利配套，农业良种基地设施；草原生态项目突出了草场围栏，牲畜棚圈建设；产业化经营基地项目突出了日光节能温室，农区牛羊养殖设施；龙头加工项目突出了生产车间和设备配套，这些项目都以高原特色资源为依托，大都布局在优势产区。项目安排的重点在于解决制约项目区发展的主要障碍，有力地支持了农牧业基础设施建设，积极促进了项目区农牧业结构调整，有效地推进了全省农牧业产业化发展的进程。

（四）项目建设

2004 年，各级农发办抓住改革、创新的机遇，狠抓了项目建设管理，确保年度开发任务完成。从项目进度上讲，2003年度结转的在建项目全面完成了建设任务，2004年度项目当年完成了60%以上的建设任务，部分县的中低产田改造项目、大多数县的草原建设项目和部分产业化经营项目已基本完成并投入使用，发挥了效益。从完成任务上讲，2004年全省土地治理项目区完成中低产田改造19.19万亩，完成草场改良57.46万亩，完成生态治理面积0.64万亩；产业化经营项目建成蔬菜基地3处，规模养殖基地4处，扶持加工龙头企业4个。从完成的工程设施上讲，2004年全省土地治理项目区水利措施方面，完成防渗渠道695.91公里，引水闸坝1座，提灌站5座；农业措施完成土壤改良9.1万亩，良种基地1.44万亩，种子仓库812平方米，晒场1 600平方米，农机具311台件，田间道路156.89公里，实用技术推广示范面积9.09万亩，培训农民5.02万人次；林业措施完成农田林网0.54万亩，苗圃30亩；草业措施完成草场围栏860公里，标准化棚圈52.9万平方米；产业化经营项目建设日光温室488座，养殖暖棚2万平方米，饲草加工点37处，引进良种畜2 827头（只），增养牛羊猪9 666头（只），生产车间9 572平方米，加工设备122台（套）。科技示范项目引进推广新品种6个，示范推广技术3项，完成科技示范面积3.7万亩。这些基础设施的建成，极大地改善了项目区的生产条件，有效地促进了项目区农牧业结构调整，提高了项目区综合生产能力。

二、主要做法

（一）认真学习贯彻《改革意见》，结合实际制定措施，突出重点推进开发

2004年，省农发办组织全省农发干部认真学习中央农村工作会议、国家农业综合开发第一次联席会议、全国农业综合开发工作会议精神和财政部《关于改革和完善农业综合开发若干政策措施的意见》，充分认识增加投入、控制范围、突出重点、完善政策、强化管理、创新机制的重大意义和重要作用，积极调整工作思路，主动适应新阶段农业综合开发工作要求，进一步明确青海农业综合开发的重点和任务。在学习调研的基础上，制定出台了《青海省贯彻〈财政部关于改革和完善农业综合开发若干政策措施的意见〉的意见》和《2004年农业综合开发工作要点》，明确细化了突出重点推进工作的政策措施。

一是在项目县管理上，建立了以农牧业大县为重点，向农村牧区和农牧民倾斜，退场进县，奖优罚劣的动态管理机制。

二是在开发布局上，坚持以优势农产品产区为重点，优先选择优势产区的开发项目，推进高原特色优势产品产业带建设。

三是在项目安排上，整合项目类型，减少项目个数，做大做强开发项目。省上规定，除个别县（区）以外，地处农区和半农半牧区的开发县的土地治理只搞中低产田改造项目，地处牧区的开发县土地治理项目专搞草场改良项目，坚持一个县一个项目；中低产田改造项目全部按照灌区统一规划，小的项目一年完成，大的项目分年连续实施；草场改良项目以村为单元，集中在牧民定居的冬春草场上连片治理，整村推进；产业化经营项目主要实施特色农产品种植基地、规模养殖基地和加工保鲜项目，注重农牧民增收和产业化经营，在全省范围内通过竞争择优选定项目。

四是在建设内容上，突出基础设施，坚持以解决制约项目区农牧业发展、影响综合生产能力的关键障碍为主，重点实施农田水利、农业良种、草场围栏、牲畜棚圈、日光温室等基础工程，组装配套品种推广、科技示范、农民培训等增产措施。

五是在配套资金落实上，从实践“三个代表”重要思想的高度提高认识，建立了省、州（地、市）和开发县分别承担，积极筹措的运行机制。从2004年起，国家将青海农业开发资金的配套比例调减为1:0.4。据此，对地方各级的配套资金，省上明确为：省级财政承担80%，州县承担20%，州与县之间由各地因地制宜确定分担比例，州县配套资金的落实到位情况与下年度项目安排挂钩。

（二）认真兑现农业综合开发优惠政策，广泛调动项目区农牧民参与开发的积极性

2004年，省农发办认真落实兑现了国家农业综合开发优惠政策。第一，减少了地方财政配套比

例。国家调低了地方配套比例，省上调高了省级承担的比例，没有向州县转嫁省级应承担的任务。第二，降低了有偿资金比例。按国家规定，取消了土地治理项目的有偿资金比例，实行全部无偿投入；对产业化经营项目中的种植、养殖基地项目，中央财政资金有偿比例调减为70%，省级配套则全部用无偿资金安排。第三，调整优化了开发县结构。在开发县总量控制的前提下，经国家批准将3个农牧场退出了开发范围，将平安、尖扎、班玛3个农牧业大县调进了开发县。第四，降低了农牧民筹资投劳比例。根据国家政策，将项目区农牧民筹资投劳比例从1:1调低为1:0.7，并实行了上限控制和"一事一议"，采取了筹资、投劳灵活自愿的方式。第五，将70%的资金投放到农牧业大县，促进主产区农牧民增加收入，让更多的农牧民从项目建设中受益。这些优惠政策的落实兑现，一方面使项目安排更加符合实际，满足了一些地方上项目扩规模的要求，体现了突出重点抓关键，集中资金办大事的原则；另一方面极大地调动了项目区农牧民参与开发、要求开发的积极性。

（三）把农业综合开发纳入全省为农牧民兴办实事计划，认真组织实施项目，努力促进项目区农牧民增加收入

2004年省委省政府把农业综合开发项目建设统一纳入全省为农牧民兴办的10件实事计划内，在《青海日报》上向社会和项目区农牧民作了承诺，并落实了主管部门责任，加强了督察督办。省农发办对此高度重视，认真落实，积极主动开展各项工作。在国家批准项目计划以后，以最快的速度向项目州县批复了项目实施计划，在中央财政资金尚未下达之前，提前安排下达了省级财政配套资金，保证项目早安排、早开工，为完成项目建设创造条件。开发县普遍反映，农业综合开发项目批复和资金下达都是比较早比较快的。州县农发办也积极协调，认真组织实施每一个项目，保证项目顺利建设，按期完成了任务。

（四）创新工作思路，切实加强项目资金管理工作，努力提升农业综合开发工作水平

在项目管理上，一是进一步加强了项目前期工作。在项目规划、可研和扩初设计中，省农发办及早编制下发了项目指南和项目申报通知，积极指导开发县突出区域比较优势，培育壮大县域主导产业，开发优势产品。对开发县申报的每一个项目，省上都组织相关部门的专家进行严格的评审，对技术要求相对较高的水利工程委托水利厅审批扩初设计，基本做到项目可研、项目计划、扩初设计既符合实际，又符合政策，既相互衔接，又相互协调，提高项目方案的科学性和可操作性。二是严格项目计划安排，努力做到集中资金办大事，突出重点抓关键。2004年项目安排，有51个在优势产区，占项目总数的93%，有43个在农牧业大县，占项目总数的78%；34个开发县场共安排37个土地治理项目，只在3个农业大县每县安排2个项目，其他开发县（场）都是一县一个项目，做到了集中规模、连片开发。产业化经营项目只安排了13个，主要集中在西宁、海东等条件较好的优势产区和城镇附近，并实行了竞争立项，单个项目的投资都在200万元以上，比较大的龙头加工项目投资规模达到2 700万元，其中：中央财政资金达到700万元，这是以往所没有过的。三是积极推行了省管州、州管县的工作责任制，基本扭转了州级农发办过去只当"二传手"不管事的现象。四是严格执行项目资金公示制。省上对2004年农业综合开发项目的建设地点、开发任务、工程措施与内容、投资规模与资金构成、预期效益目标等全部在《青海日报》公示，项目州县在当地新闻媒体和项目区作了公示，积极主动接受社会监督。五是全面推行了施工招投标、工程监理和项目法人负责制，把施工招标和工程监理列为项目检查验收的重要内容进行了检查。六是加大中期检查力度。2004年，省上对25个开发县（场）的项目进行了检查，检查面达到74%。七是开展了跟踪问效和绩效评价试点。根据省财政厅制定出台的《青海省财政专款支出绩效监督暂行办法》，省农发办提出了农业综合开发项目资金绩效评价试行办法，并与财政厅监督检查局联合，选择有代表性的贵德县2001—2003年中低产田改造项目和共和县2001—2003年草原建设项目，组织会计事务所、投资审核中心等单

位的专家开展了绩效评价试点，在开发县中产生了积极的影响。

在资金管理上，一是狠抓配套资金落实。2004年，省财政将土地治理项目和产业化经营项目的配套资金全部列入预算作了足额安排，还主动承担了地处三江源地区的4个贫困县的配套任务，为州县做出了样子。各州、地、市和开发县，因地制宜确定了州县承担比例，积极筹措落实项目配套资金，从年底检查统计和资金决算情况看，州县当年落实到位项目配套资金 813.15 万元，完成计划的78.2%。其中，足额落实到位的有17个县。在新政策的鼓励和新机制的激励下，落实地方配套资金有了质的飞跃，这在往年是没有过的。二是严格执行“三专”管理制度。每个开发县设置农业综合开发资金专户，专门用于县级报账和核算资金支出；每个项目设置专账，核算工程成本，确保项目资金专款专用。三是全面推行县级报账制。省上组织农业综合开发项目资金较多的5个州（地、市）学习了湖南省的县级报账工作，之后各地都制定了县级报账办法，认真开展县级报账工作，保证了项目资金的安全运行。四是积极推行政府采购试点。湟源县开展了对项目工程所需建筑材料由县农发办委托县政府采购部门统一采购，定向定点供应到项目工程工地的试点工作，取得了比较满意的运行结果。五是切实加强资金监管。首先，在各级农发办建立健全项目资金安排、使用、管理的监管控制制度，加强内部监管；其次，把农业综合开发资金监管纳入财政监督检查局日常工作计划，作为财政专项资金监管的重要方面，加大财政监督力度；再其次，对项目资金的使用实行审计监督，每个项目完成后都主动请审计部门进行专项审计，提交项目审计报告。六是严格检查验收。凡检查验收中发现资金管理不严格，制度执行不严格，会计账务不规范，挤占挪用项目资金，迟拨、不拨项目资金的，都限期补课，整改纠正，并跟踪督办直至落实。七是进一步规范有偿资金管理使用工作。有偿资金使用回收一直是农业综合开发的工作难点之一。2004年，省上进一步明确了各级财政和项目主管部门的责任，严格按照借、收分离运行的要求，从省到县及时办理了有偿资金借款合同，拨借了新项目的有偿资金，纠正了以往用新顶旧的做法，保证了新项目资金按时到位。对到期应回收的有偿资金，于10月中旬以省财政文件下发了回收通知，及早安排布置，提出了到期有偿资金回收与下年度项目投资安排挂钩的奖惩措施，并采取积极有效的措施督促回收工作。如西宁市财政局组织工作组下到区县，盯住回收工作；海东地区把有偿资金回收纳入财政整体工作考核之中，对不按期足额偿还到期有偿资金的县不兑现财政工作考核奖励。

三、开发成效

2004年全省农业综合开发土地治理项目区改善灌溉面积15.92万亩，增加节水灌溉面积11.74万亩，年节约水量1 598.41万立方米；扩大良种种植面积5.76万亩，新增农机总动力176千瓦，增加机耕面积0.5万亩，增加林网防护面积1.45万亩，控制水土流失面积5.04平方公里，完善农村服务体系2个；新增生产能力：粮食790.16万公斤，油料363.59万公斤，干草4 320.47万公斤；增加农民受益总额3 129.63万元，有44个乡镇198个村28.91万农牧民受益，年人均增加收入108元。

产业化经营项目新增蔬菜479万公斤，花卉303万枝，肉54.25万公斤，奶343万公斤，加工转化农产品1 075.6万公斤；新增产值6 161万元，利税1 499.25万元。安排农村剩余劳动力6 186人，带动农户6 226户，增加农民收入2 041万元，年户均增加收入3 278元。

四、存在的主要问题

（一）开发资金总量太少

农业综合开发坚持加强农牧业基础设施，有效地改善了项目区生产条件，提高了综合生产能力，促进了农牧民增收，州县和广大农牧民看到了农业综合开发在加快农牧业发展中的作用和成效，要求上项目扩规模的呼声很高，但中央和省两级财政的开发资金太少，尚不能满足加快农牧业发展，提高农牧业综合生产能力的需求。

（二）项目建设进展不平衡

少数开发县受机构归口财政和项目类型调整的影响，项目启动建设缓慢，影响了全省项目建设进度。如海北州本级和所属门源、祁连、海晏县，开发机构从畜牧部门归口到财政，项目从草原建设调整为中低产田改造，2004年只完成了上年结转的任务，当年的项目没有启动建设。

（三）制度规定落实不够

州、县农发办归口财政后，由于受单位编制的限制，工作大都由农财部门兼管，人少事多，业务不熟，对项目资金监管不够。一些项目县还存在调整变更项目计划，县级财政报账和会计账务处理不规范，不合规票据入账、以拨代报等现象。

五、做好今后工作的建议

搞好国家农业综合开发项目建设，是加强青海农牧业基础设施，提高农牧业综合生产能力的主要途径之一，要在全面贯彻国家农业综合开发政策的前提下，用科学发展观统领农业综合开发各项工作，紧紧围绕提高农牧业综合生产能力，促进农牧业增效和农牧民增收的开发任务，继续坚持集中资金办大事，突出重点抓关键的开发原则，坚持以灌区中低产田改造和草场改良为主，着力强农牧业基础设施建设，加大农牧业产业化开发力度，积极推进项目区产业化发展进程，把有限的资金用在刀刃上，努力花好每一笔资金，搞好每一个项目，办好每一件实事，做到“资金安全、项目安全、干部安全”。

（青海省农业综合开发办公室供稿）

宁夏回族自治区

一、基本情况

2004年，宁夏共有农业综合开发县（市、区）16个，自治区属国营农场和监狱农场（县级）9个，共投入开发资金3.23亿元（不包括银行贷款）。其中：中央财政资金1.13亿元，地方财政配套资金5 181.25万元，单位及群众自筹资金近1.8亿元。开发资金按项目分类为：土地治理项目投资1.96亿元，产业化经营项目投资1.52亿元。

全年共安排土地治理项目37个，其中：中低产田改造项目32个，完成改造面积30.26万亩；生态治理项目4个，完成治理面积2.89万亩；中型灌区节水配套改造项目1个，改善除涝面积36万亩。安排产业化经营项目10个，其中：扶持重点产业化龙头项目3个，一般产业化经营项目2个，建设一般多种经营项目5个。

二、主要特点及重点工作

（一）持续抓好以中低产田改造为主的土地治理项目建设

中低产田改造是土地治理项目的重点，也是整个农业综合开发工作的重点，该项工作在宁夏已经开展得很顺利。2004年，宁夏在各类项目、各种建设措施协调发展的基础上，仍然保持了这种多年一贯的工作特点。在资金投入、项目管理、开发措施、群众和社会的动员宣传等各方面都保证了其突出地位。

具体措施是：在坚持全面建设的基础上，在黄河自流灌区着重抓了两项工作，一是加大了支、斗渠的砌护力度，使砌护率从以前的30%提高到70%，进一步提高了输水保障率；二是对银川地区主要排水沟（西大沟、银新干沟、西湖挡浸沟）进行了专项清淤治理，共清淤治理沟道长度48.7公里，清淤土方131.9万立方米，沟道砌石治理3.8

公里，投入资金1 526万元。如，在扬黄灌区的同心县着重安排渠道砌护1.2万亩，在固原市原州区、彭阳县井灌区着重安排低压管灌1.5万亩等。这些项目的实施，有效保证了银川地区农田的排水，防止山洪对农田的危害。从农林措施上看，结合自治区“振兴宁夏大米产业”的规划布局，扶持推广水稻旱育稀植50万亩；建农作物种子晒场1.3万平方米，建成制种烘干生产线一套；结合固原新建市不久，蔬菜基地建设不足的问题，扶持原州区建设蔬菜基地0.8万亩；扶持原州区、彭阳县建设枣、杏、梨及饲用桑0.5万亩。

（二）与自治区农业产业规划紧密结合，重点扶持国家和自治区级农业产业化龙头项目建设

按照国家农发办产业化经营项目建设要求和自治区党委、政府关于各类项目“统筹安排、分工协作、相对集中、配套使用”，“整合资金、突出重点、创新机制、提高效益”的建设思想，结合宁夏优势特色农产品区域布局及发展规划，2004年宁夏农发产业化经营项目重点扶持了自治区确定的枸杞、牛奶、马铃薯、清真牛羊肉4个大战略性主导产业，积极扶持了淡水鱼、脱水蔬菜、酿酒葡萄、牧草及秸秆饲料等优势特色产品，适度扶持了一些地方性特色产业。其中，对国家和自治区级龙头企业的扶持，占到产业化项目总资金的70%。这些项目的扶持建设，将大量的农民和土地与企业连在了一起，有力地带动了农民的增收和企业的发展。

（三）突出各类节水灌溉示范区建设

宁夏属干旱区，节约用水的战略意义在这里尤为重要。在2004年宁夏农业综合开发建设中，除以前推行的渠道防渗砌护、小畦灌溉、水稻控灌等节水措施的广泛采用外，重点在青铜峡金沙湾建成了0.5万亩的高标准节水灌溉技术示范区。这个示范区引进的是西班牙设备和技术，由西班牙节水集团派人对设备运行管理及维护进行了培训。同时，示范区与中科院地理所在示范区内开展了节水农业农作物适宜品种、栽培方式、灌溉管理模式、灌水制度、运行成本管理等方面的研究和新品种引进示范工作，制定了今后三年试验研究的任务和目标。在自治区农垦局黄羊滩农场、简泉农场、暖泉农场、自治区监狱管理局关马湖农场等地，新建和扩建大型移动式喷灌示范区2万亩，采购、安装、运行大型指针式喷灌机20台。在地处黄土高原半干旱带的彭阳县长城塬乡白岔村，建设微喷、滴灌示范区0.1万亩。在原州区三营镇小河村井灌区建设喷灌示范区0.1万亩。这些项目的建设为节水灌溉技术在全自治区的推广提供了多种示范和参考。

三、项目管理工作的主要特色

（一）认真贯彻中央一号文件和新时期全国农发工作会议精神，用党和国家的要求统领宁夏农发工作

一是把农业综合开发工作与农民增收、农村稳定、农业发展进一步紧紧结合起来，与减轻农民负担、合理使用义务工，与自治区农业发展规划、与国家农发办的各项具体要求进一步紧紧结合起来，实现了与中央、国家农发办、地方政府的联动。

二是修订了《宁夏农业综合开发资金和项目管理办法》，以财政厅文件下发了《关于进一步加强宁夏农业综合开发工作的意见》（以下简称《意见》）。对以前农发项目和资金管理中一些已经过时的原则、思想、办法做了修改，融入了新时期农业综合开发工作新的思想和要求。在《意见》中，对进一步加强宁夏农发工作提出了：理清思路、明确任务，集中资金、突出重点，完善政策、奖优罚劣，扶持龙头、鼓励合作，加强监管、改进作风，创新机制、良性发展等6个方面20余项工作意见。

三是在开发思路上，研究推出了一些新的理念。主要有：推行项目法人制、招投标制、项目公示制、工程监理制；积极探索投资、参股等经营性开发，形成自我积累、滚动开发的良性机制；明晰竣工项目产权归属，落实管护主体，保证工程正常运转和国有资产保值增值。

（二）建立健全了各类管理制度，突出了制度管理，使管理工作更加规范、更有条理

2004年是宁夏农业综合开发工作大抓制度建设的一年，通过各种制度的建立和修订，有效地规范了管理，提高了管理水平。这些制度涉及项目的申报、评估、实施、建后管护以及资金管理的全过

程。主要有：项目库制度、项目专家评审制度、项目竞争立项制度、财政配套资金倒配制度、有偿资金不动产抵押制度、项目县动态管理制度、项目资金分配“综合因素法”等。

这些制度的主要内容和要求分别是：项目库制度要求自治区农发办按土地治理、产业化经营、生态项目分三类建立项目库，农发办内部推荐、评审、上报项目全部从项目库中提取。项目专家评审制度要求：凡是自治区农发办上报和执行的项目都必须通过专家评审，并明确专家选聘、淘汰和评审责任制。项目竞争立项制度主要是：根据开发市、县上年项目建设质量、配套资金落实情况、秋季农田基本建设情况以及采取节水措施、项目的集中连片等因素，决定对其本年度项目安排时的轻重先后。财政配套资金倒配制度，就是根据市、县本级财政对农业综合开发的投入，来分配中央和自治区级资金的制度（与以前的正配相比为倒配）。有偿资金不动产抵押制度规定：凡有偿资金借款一律实行不动产抵押。项目县动态管理制度规定：对项目建设不好的市、县实行轮休、暂停、取消资格的处罚，将腾出的名额给予积极争取列入项目区的市、县。项目资金分配“综合因素法”，基本与国家对各省（自治区、直辖市）的办法相同。

（三）加强资金管理

相对于项目管理而言，资金管理一直是宁夏农发工作的弱项。2004 年，自治区财政厅为改变这种状况提出重点要求，对专业干部进行了适当调配，自治区农发办则积极探索、深入研究，使资金管理工作出现了可喜变化。

从制度上，如前所述，修订了资金管理办法，实行了财政配套资金“倒配制”，项目资金“三专”（专账核算、专人管理、专款专用）管理，有偿资金借款不动产抵押制度，到期不还的有偿资金通过预算扣款催收办法，进一步全面加强无偿资金县级报账制。在县级报账制的实施中，实行据实报账，转账结算，要求除直接支付给农民的项目补贴资金外，项目资金的其他部分必须直接拨入中标或实施单位账户，严禁以拨代支和现金支出，严禁挤占挪用和虚报冒领。这些措施的实施，有效地加强了资金的管理，使以前的弱项变为强项。由于宁夏是西部不发达地区，以往县配资金一直是个老大难问题，新办法实施后，2004 年全区还超配了 69 万元。有偿资金的到期还款情况也大为好转，资金使用中的其他违规行为也大大减少了。

（四）进一步加强产业化经营项目的管理

2004 年，宁夏进一步加强了产业化经营项目的管理。在项目的扶持方式上，根据项目轻重缓急和实施内容，采取了项目资金直接扶持和财政贴息两种形式；在扶持环节上，主要解决了影响和制约优势农产品快速、健康发展的“瓶颈”问题。还通过对农业协会、农民经纪人、农村专业经济合作组织的扶持，引导和组织千家万户进行特色农产品的集约化、规模化、标准化生产和经营，使生产与市场有效对接，促进了农民收入的稳定增加。

在产业化经营项目的申报上，按照国家的要求，制定了申报基本条件。一是必须具有独立的法人资格；二是经营期在两年以上，经济效益好，有一定的经营规模和经济实力，有较强的自筹资金能力；三是企业信誉度高，近两年资产负债率小于 70%，银行信用等级 A 级以上（含 A 级）；四是企业已建立了符合市场要求的经营管理机制；五是企业与农户联系紧密并已建立起合理的利益联结机制；六是企业开发的产品科技含量高、市场潜力大、竞争优势明显、开发前景好；七是企业开发的项目有优势农产品基地作依托，带动能力强，向农户采购的原料占 60% 以上；八是企业抵押、担保手续落实。

四、日元贷款宁夏重点风沙区生态环境综合治理项目实施情况

2004 年，宁夏较好地完成了本年度项目建设任务，工作取得了突破性进展。一是进一步完善了项目管理制度，规范了工作程序。本着为基层着想、为基层服务的思想，从简化办事程序、提高工作效率入手，对项目计划编制、招标采购、提款报账、监测验收程序等方面的规定进行修订，使之完善，并进行了程序化、标准化管理，提高了工作效率，方便了基层办事。二是引入中介机构进行项目

监测与验收工作，保证了工程建设质量，提高了项目管理水平。为改变项目管理工作量大、人员少、项目监测验收工作薄弱的问题，通过招标的方式选择了监理公司，从9月10日—11月15日，对2002年度至2004年度项目进行了全面监测。事后，项目实施和管理单位普遍反映，本次监测工作做得细、验得严、公正公平，克服了过去项目管理人员既当运动员又当裁判员的状况。三是积极争取新的项目。2004年，在自治区外债办的领导下，为加大宁夏生态建设的力度，宁夏农发办编制了日元贷款二期项目建议书，争取了两个500万美元的国内转贷资金项目。四是按计划全面完成了工程建设任务。到2004年底，共完成生态治理面积28 118公顷，其中：建设防风固沙林5 715公顷，生态经济林3 443公顷，人工种草4 142公顷，种植中药材600公顷，围栏封育草场5 753公顷，围栏封育草场补植7 992公顷，苗圃建设357公顷，分别占项目总计划的46%、34%、54%、49%、42%、65%和34%。五是物资采购与工程招标工作逐步规范。本年度共完成物资采购24批次，水利工程招标29标段，签订采购合同5 413.67万元，为项目的正常实施提供了物资保证。为规范采购行为，加快项目采购进度，在总结上年采购工作经验的基础上，制定了日元贷款项目物资采购办法与土建工程招标办法，并为方便项目单位工作专门制定了相关文件标准样本。六是提款报账速度明显加快。2004年度共提款报账17次，从特别账户支付项目资金8 528万元，已累计提款报账近1.71亿元，占贷款总额的32%。

五、存在的主要问题

1.项目的筛选确定难以做到科学化。由于受自身选项水平的限制和来自各方面的影响，市县在上报项目中往往最好的不能上报，上报的又不一定最好，即使经过专家评审，同样存在很多弊端。

2.产业化经营项目中，企业重复建设严重，产品受制于市场，致使龙头带动困难重重，有偿资金回收问题仍然不能从根本上得到解决。

一方面，由于利益的驱使和投资与信息的不对称，使企业重复建设现象严重，一旦建成后，同业间的竞争又往往以打价格战为主要手段，结果是搞垮了自己，连累了别人，造成两败俱伤。另一方面，市场的快速变化与企业产品开发能力的不足，使企业在立项时的市场份额和前景到立项投产、扩产或经过一个时期的运行后大打折扣，往往是上得快下得也快，从而使龙头带动的计划落空，既直接带来有偿资金的还款风险，又间接造成原料基地的产品销售难。

在资金回收上虽然进一步加强了资金投放、回收工作的管理力度，也收到了一定效果，但总体来看，难度仍然很大。

3.日元贷款生态治理项目工程进展不够平衡，部分市县工程进度滞后，影响了全区计划的执行。项目资金使用中与农发项目形成的合力亦显不够。

4.对项目的建设质量和效益缺乏完善的动态评价机制。对农业产业化龙头项目的运行状况及带动农民增收情况缺乏准确的信息反馈，不能为后续工作提供有效和可靠的参考资料。

（宁夏回族自治区农业综合开发办公室供稿，岳培军执笔）

新疆维吾尔自治区

2004年，自治区农业综合开发工作以实施西部大开发战略为契机，以解放思想，深化改革为动

力，加强农业基础设施建设，加强科学管理，促进农业结构调整，积极扶持龙头企业，保护生态环境，提高农业效益，增加农牧民收入，基本实现了农业综合开发的预定目标，取得了预期效益，对全区农牧业及农村经济的发展起到了积极的促进作用。

2004年度，国家农业综合开发项目涉及新疆15个地区（州、市）的70个县（市、区）和司法部门2个监狱农场及2个劳教所，县（市、区）数占全自治区的77.5%，其中产业化经营项目涉及23个县（市）。

一、项目、资金情况

（一）农业综合开发项目资金情况

1.农业综合开发财政资金筹措。2004年自治区农业综合开发财政资金筹集3.45亿元，其中中央财政2.6亿元，地方财政配套8 437.4万元。

2.农业综合开发财政资金支出。2004年全区农业综合开发财政资金支出3.18亿元，其中用于中央立项农业综合开发的支出3.03亿元，占总支出的95.3%；用于地方立项的农业综合开发支出808.7万元，占总支出的2.5%；用于农业综合开发事业费的支出682.14万元，占总支出的2.2%。在中央立项农业综合开发支出中，土地治理项目支出2.81亿元，占中央立项农业综合开发支出的92.61%；产业化经营项目支出1 704万元，占中央立项农业综合开发支出的5.63%；科技示范项目支出532万元，占中央立项农业综合开发支出的1.76%。投入比例符合国家农业综合开发以土地治理项目为主，兼顾产业化经营项目和科技项目的精神。

3.农业综合开发资金管理主要经验和做法。2004年，自治区农业综合开发认真贯彻落实国家和自治区有关“三农”和农业综合开发的方针政策，努力适应新时期农业综合开发的要求，不断开拓创新，探索边疆少数民族地区农业可持续发展的新路子。主要做法有五点。一是加大投入力度。2004年，中央财政共安排新疆农业综合开发资金2.8亿元，比上年增加3 000万元，增长10.7%。同时，从国家农发办争取英国政府赠款60万美元，用于“面向贫困地区人口的农村水利改革项目”，已经正式启动，进入实施阶段。二是调整和增加了地方财政配套资金。2004年国家农发办调整了农业综合开发资金中央财政与地方财政的配套比例，调整后中央财政和自治区财政的配套比例由1:0.52调整为1:0.4，调整后虽然降低了自治区财政的配套比例，但与自治区的财力相比仍有很大的差距，因此，区财政厅结合自治区各地实际财力，制定了不同的财政配套比例规定。针对乌鲁木齐市、克拉玛依市、石河子市和昌吉州财力较好的情况，调整区本级与地县配套比例，使其多承担配套任务。同时，自治区本级在财力十分困难的情况下，努力筹措配套资金4 836万元，较上年增长了30%，使土地治理项目配套资金不留缺口。三是健全和完善规章制度。为了加强农业综合开发资金管理，进一步提高资金使用效益，结合新疆实际，修改和完善了《新疆维吾尔自治区农业综合开发县级报账制实施细则》、《新疆维吾尔自治区农业综合开发项目县考核办法》、《新疆维吾尔自治区农业综合开发资金决算和季度报表评比暂行办法》、《新疆维吾尔自治区农业综合开发项目县考核办法》、《新疆维吾尔自治区工程招投标实施细则》和《新疆维吾尔自治区农业综合开发工程监理实施细则》。通过制度建设，使资金管理工作更加规范。四是资金管理规范、有效。为确保资金使用的规范性、安全性和有效性，在资金使用中，自治区除严格实行“三专”制度外，还按国家要求明确了一条“高压线”，对不实行县级报账的开发县，取消其开发县资格。在财政有偿资金的管理方面，落实了财政有偿资金债权债务，进一步清理了历年财政有偿资金，回收了部分资金。五是强化了对资金管理全过程的监督。2004年利用中介机构，对2003年立项的5个农业综合开发产业化龙头企业项目建设单位的项目实施情况进行了专项审计。同时开展了对2003年农业综合开发项目及在建的部门项目和科技示范项目进行了中期检查。在各地全面自查的基础上，开展重点抽查。对南疆五地州、东疆两个地区、北疆伊犁、塔城、阿勒泰和乌鲁木齐市2003年所有项目和下达的财政资金逐项、逐笔地进行检查。2004年对损毁项目和科技示范项目进行了专项检查。从检查情况看，各地均加强了对项目和资金管理的监督检查工作，违纪、违规问题明显减少，逐步使农业综合开发走向良性循环和规范管理。

（二）土地治理项目

2004年度国家批复全区农业综合开发土地治理开发任务98万亩，其中改造中低产田90万亩，生态综合治理8万亩。项目计划总投资4.2亿元，其中：中央财政资金1.99亿元，地方财政配套资金7 977.6万元，自筹资金1.41亿元。

2004年完成土地治理项目56.95万亩，其中：完成上年结转15.36万亩；完成本年度41.59万亩，其中：完成改造中低产田38.01万亩，生态综合治理3.58万亩。

土地治理项目全年完成投资2.64亿元，其中：完成上年结转8 026万元；2004年度计划完成1.83亿元，其中：财政资金1.08亿元，自筹资金7 540.62万元。

（三）产业化经营项目

自治区2004年农业综合开发产业化经营项目中央资金投资指标5 848万元，其中：有偿资金4 416万元，无偿资金1 432万元。同时安排增量中央资金投资指标400万元，其中：有偿资金320万元，无偿资金80万元。

全区2004年产业化经营项目经上报国家批准后共有33个项目立项（其中产业化龙头项目6个，一般产业化项目27个）。其中种植项目5个，占总项目的15%；养殖项目12个，占总项目的36%；加工项目13个，占总项目的39%；储藏保鲜项目3个，占总项目的10%。

2004年产业化经营项目全区计划总投资2.24亿元，其中：中央财政资金6 248万元，地方财政配套2 499万元，银行贷款6 462万元，自筹资金7 196万元。项目共涉及伊犁、塔城、阿勒泰、博尔塔拉、昌吉、吐鲁番、哈密、巴音郭楞、阿克苏、喀什、克孜勒苏、和田、乌鲁木齐市、克拉玛依市14个地州（市）、22个开发项目县（市）和一个厅（局）单位。

自治区2004年产业化龙头项目有6个，计划总投资6 712万元，其中中央财政资金2 340万元（有偿资金1 872万元，无偿资金468万元），地方财政配套资金936万元，银行贷款1 822万元，自筹资金1 613万元。6个产业化龙头项目是：呼图壁县佳雨公司牛羊肉精加工项目，库尔勒市瑞源乳业公司乳制品加工项目，和硕县丁丁食品公司辣椒酱加工项目，乌鲁木齐新疆新华联公司蔬菜加工项目，库尔勒市拓普公司气调保鲜库建设项目，新疆纵横股份有限公司年产1 500吨石榴浓缩汁生产项目。

（四）科技专项项目

2004年全区建设实施的农业综合开发科技示范项目2个，分别是阜康市饲草料良种繁育科技推广综合示范项目和乌鲁木齐县水西沟麻黄种苗快繁及人工种植高新科技示范项目。

建设的主要内容：引进种植优质饲用玉米、苜蓿新品种5个，引进种植饲用玉米、牧草技术2项，麻黄加工技术1项；推广示范种植麻黄新品种3个，推广示范种植饲用玉米、苜蓿、麻黄等技术11项。在完善技术服务体系方面，建设优质饲草料、麻黄种子繁育、示范基地26 600亩，辐射面积46.58万亩；建设种子技术服务站4个，培训农民3 980人次。在配套设施建设方面，建设种子分选、加工厂各一座，并购置相应设备；建设防渗渠道14公里，配套建筑物355座，购置农机具6台（套），营造防护林1 800亩。

项目投资规模：2个科技示范项目合计年度计划总投资1 506万元，其中中央财政农业综合开发资金400万元（其中无偿资金320万元，有偿资金80万元），地方财政配套资金304万元，银行贷款533万元，建设单位自筹资金269万元。

二、效益情况

（一）社会效益

土地治理项目的建成，使项目区农业生产条件得到较大改善，新增和改善灌溉面积48.12万亩，新增和改善除涝面积0.80万亩，新增节水灌溉面积20.88万亩，新增机耕面积1.7万亩，扩大良种种植面积

12.38万亩，控制水土流失面积19.18平方公里，扶持农机服务站7个，完善农产品质量检测体系1个，新增优质农产品种植面积27.02万亩。

通过实施多种经营项目建设，新增生产能力：干鲜果45万公斤，蔬菜96.9万公斤，药材269万公斤，肉270.38万公斤，蛋192.75万公斤，奶1 414.32万公斤。多种经营项目的建设极大地带动了区域名、优、特商品基地建设，加快了项目区农牧业产业化的发展进程，同时加工转化农产品12 641.75万公斤。

专项示范项目扩大良种种植面积1.87万亩，示范推广面积44.16万亩，为农业生产向更高层次发展提供了样板。

（二）生态效益

新疆地处欧亚大陆腹地，空气干燥。风沙侵蚀严重，地表植被稀疏低劣。通过2004年度项目建设，新增加农林网防护面积49.36万亩，控制水土流失面积19.18平方公里，新增节水灌溉面积20.88万亩。

三、存在问题

1.项目批复晚，资金到位迟，影响项目的实施进度。因项目批复较迟，使项目不能及时开工，加之新疆一年中户外施工建设时间短，同时受农业生产的季节性影响，造成工程跨年度建设，项目计划不能按时完成。自治区已采取一些积极可行的措施，督促项目的实施，以保证未完项目尽快建成投产。

2.资金不能全部及时地按计划落实，既影响项目建设的标准又影响项目实施的进度。新疆受自然条件的影响，经济欠发达，财力比较紧张，配套资金始终制约着农业综合开发的发展。

（新疆维吾尔自治区农业综合开发办公室供稿）

新疆生产建设兵团

2004年，新疆生产建设兵团农业综合开发工作克服了风灾、雹灾等形成的各种困难，较好地完成了国家批复的农业综合开发任务和投资计划。

一、基本情况

2004年度兵团的农业综合开发共涉及70个项目单位，其中项目团场66个（南疆31个、北疆35个），其他项目单位4个；项目区年直接受益农业人口72.64万人，其中土地治理项目涉及65.89万人，产业化经营项目涉及5.32万人，专项示范项目涉及1.43万人；项目直接受益职工年收入增加总额为3 870.92万元。

（一）投资完成情况

1.总投资完成情况。2004年项目计划总投资3.62亿元。其中：中央财政资金1.52亿元，银行贷款1 720万元，兵团三级自筹资金1.93亿元，其中投工投劳27.27万个工日，折资607.64万元。截至当年12月底，完成总投资3.61亿元。其中：完成中央财政资金1.55亿元，银行贷款1 120万元，兵团三级自筹资金1.95亿元（其中投工投劳15.86万个工日，折资336.89万元）。

2.土地治理项目投资完成情况。2004年，兵团农业综合开发土地治理项目全部是中低产田改造，年度计划投资2.25亿元。其中：中央财政资金1.12亿元，兵团三级自筹资金1.13亿元。当年实际完成投资2.39亿元，其中完成中央财政资金1.13亿元，兵团三级自筹资金1.25亿元。

3.产业化经营项目投资完成情况。2004年兵团农业综合开发产业化经营项目计划投资1.25亿元。其中中央财政资金3 638万元，银行贷款1 620万元，兵团三级自筹资金7 265万元。当年实际完成投资1.15亿元。其中中央财政资金4 533.6万元，银行贷款 1 120 万元，兵团三级自筹资金5 870.97万元。

4. 专项示范项目。2004 年 2 个专项示范项目计划投资 1 200.7 万元。其中：中央财政资金 400 万元，银行贷款 100 万元，兵团三级自筹资金 700.7 万元。本年实际完成投资 1 650.75 万元。其中：完成中央财政资金 575 万元，兵团三级自筹资金 1 075.75 万元。

（二）任务完成情况

1. 中低产田改造项目任务完成情况。2004 年兵团农业综合开发改造中低产田计划任务 48.14 万亩。截至 12 月底，完成改造中低产田面积 48.83 万亩。

完成的配套工程：（1）水利措施。新打和修复机电井 64 眼；建设输变电线路配套 66.4 公里；灌排渠系工程完成开挖疏浚渠道 405.55 公里，衬砌渠道 246.27 公里，渠系建筑物 812 座；建设喷灌 14 000亩；滴灌 282 593 亩。（2）农业措施。改良土壤 16.56 万亩，良种繁育基地 2.2 万亩，晒场 48 500平方米，修机耕道路 125.3 公里，配套农机具 13 台（套）。（3）林业措施。营造农田防护林 1.33 万亩。（4）科技推广和技术培训。技术培训 8.08 万人次，购置仪器设备 108 台（套），单项科技示范项目 38 项，技术示范推广面积 26.52 万亩。

2. 产业化经营项目完成情况。2004 年产业化经营项目共计 9 个。其中种植项目 2 个，养殖项目 3 个，加工项目 3 个，储藏保鲜项目 1 个。截至 12 月底，种植项目 100％完成计划；养殖项目除农六师一０二团优质肉羊养殖项目尚未完成外，其它 2 个项目均已按计划完成；加工项目中薰衣草与椒样薄荷天然精油加工项目与绿色番茄产业加工项目均已完工，禽蛋深加工项目由于扩初设计方案落实较晚，转入 2005 年实施；产业化保鲜库项目计划在 2005 年 6 月完工。

3. 专项示范项目完成情况。2004 年高新科技示范项目计划建设 3 000 亩。实际完成 3 000 亩，完成计划 100％。

完成具体建设内容：技术引进中，引进品种 1 个、技术工艺 7 项；技术示范 7 项；技术服务体系 1 处，技术培训3 000人次；配套设施中，新打机电井 3 眼，修机耕道路 5 公里，购置农业机械 2 台（套）。

2004 年农业科技推广综合示范项目计划建设 1 万亩。实际完成 1 万亩，完成计划 100％。完成具体建设内容：技术引进中，引进品种 3 个、技术工艺 5 项；技术推广品种 3 个、推广技术 12 项，推广面积 0.7 万亩；技术服务体系中，建设良种基地 0.5 万亩、加工检测设备 5 台（套），技术培训 3 000人次；配套设施中，打机电井 8 眼，购置农业机械 5 台（套）。

二、主要工作成效

2004 年，兵团农业综合开发项目建设围绕棉花主产区及优势农产品产业带建设，突出发展节水农业、特色农业，着力培育新的区域和产业增长点，促进“三足鼎立”产业结构发展格局的形成，以加强农牧团场农业基础设施建设和绿洲农业生态建设、推进农业和团场经济结构战略性调整、优化和升级为重点，以提高农业综合生产能力和农业综合效益为主线，坚持统筹规划，突出重点，严格立项标准，择优选项的基本原则，依靠科技创新、制度创新、机制创新，推进了兵团农业现代化和产业化的进程。

（一）土地治理项目

通过土地治理项目的实施，有效地加强了农业基础设施建设，改善了农业生产基本条件和生态环境，全面提高了农业综合生产能力和综合效益，大力发展了节水农业、生态农业和“两高一优”农业；推进了农业产业结构的调整和种植结构的优化，实现了项目团场生产条件改善、生态环境改良、农业增效、职工增收的目标。改善灌溉面积 47.31 万亩，新增节水灌溉面积 45.11 万亩，年节约水量 5 631.3 万立方米，增加农田林网防护面积 13.3 万亩，完善农技服务体系 1 个，完善农产品质量检测体系 2 个，优质农产品种植面积 42.8 万亩。

（二）产业化经营项目

在以培育区域特色优势农产品产业、促进农业产业结构的优化升级、实施精品农业和品牌农业的

原则指导下，通过产业化经营项目的实施，有效地提高了项目区特色农产品的市场竞争力，促进了项目区农业经济结构的进一步优化，实现了团场和职工双增收。

种植项目新增产值 820 万元，增加值 552 万元，新增利税 350 万元，新增净利润 310 万元，新增固定资产 852.73 万元，受益农户 4 259 户，受益农业人口 11 620 人，年纯收入增加总额 220 万元，新增就业 312 人。

养殖项目新增产值 420 万元，增加值 388 万元，新增利税 206 万元，新增净利润 132 万元，新增固定资产 668.29 万元，受益农户 40 户，受益农业人口 135 人，年纯收入增加总额 12 万元，新增就业 40 人。

加工项目新增产值 6 096 万元，增加值 3 060 万元，新增利税 1 135 万元，新增净利润 742 万元，新增固定资产 5 287.1 万元，受益农户 1 790 户，受益农业人口 5 865 人，年纯收入增加总额 530 万元，新增就业 246 人。

储藏保鲜项目新增产值 400 万元，增加值 260 万元，新增利税 230 万元，新增净利润 180 万元，新增固定资产 1 405 万元，受益农户 6 500 户，受益农业人口 22 750 人，年纯收入增加总额 90 万元，新增就业 80 人。

（三）科技示范项目

通过高新科技示范项目的建设，提高了项目区科技含量，取得了显著的经济和社会效益。扩大良种种植面积 1.3 万亩，新增农机总动力 222.5 千瓦，新增总产值 538 万元，增加值 355 万元，新增利税 196 万元，受益农户 2 270 户，受益农业人口 7 556 人，年纯收入增加总额 149 万元，培训合格劳动力 6 600 人。

（四）获得的国家奖励

2004 年，兵团按期归还了农业综合开发到期中央财政的有偿资金，获得国家农业综合开发办公室奖励资金 273 万元。这是国家实施农业综合开发奖励政策以来兵团连续第 7 次获奖。

三、基本经验和做法

2004 年，兵团农业综合开发坚持重点扶持优势棉花主产区，依靠科技进步推进优势农产品产业带建设，扶持产业化龙头和配套的基地建设，为提高农业综合生产能力，增加职工收入做出了新贡献。

（一）认真学习，统一认识

兵团农业综合开发办结合工作实际，认真学习“三个代表”重要思想和“发展壮大兵团，致富职工群众”总目标，按照国家农发办的部署和要求，积极组织各师及项目单位的主管领导、农发办主任和业务人员举办培训班、研讨会及专题会议，针对检查验收中发现的突出问题，找差距，挖根源，订措施，限期整改，进一步统一了思想认识，改进了工作作风。

（二）开展检查验收，规范项目资金管理

按照国家项目和资金管理规定，兵团认真组织并完成了对 2003 年农业综合开发项目的团场自验、师全面验收和兵团抽验三级验收，汇编了验收资料，许多项目团场还为此制作了专题片、刊发专版报道和自办节目。除了兵团内部的检查验收，还配合国家农发办检查调研组完成了对兵团指定项目的检查与调研工作。兵团农业综合开发在工作中的创新得到了检查组的肯定。

在组织验收的同时，把验收与项目资金大检查结合起来，组织召开了两次专题会议，进一步推进项目团场报账制的落实。随着财务管理“四专”（专账核算、专户存储、专人管理、专款专用）和“五落实”（落实计划任务、落实自筹配套、落实工程进度、落实有偿回收、落实规章制度），以及项目管理分级负责制的推行及实施，有效地防止了截留和挪用资金，克服了管理上的脱节，促进了资金与项目管理的统一，保障了自筹配套资金足额到位，完善了农业综合开发分级负责的管理机制，保障了农业综合开发任务的完成和资金使用效益的提高。

（三）坚持指导思想，突出建设重点

2004 年，兵团按照国家农业综合开发工作指导思想，紧密联系兵团实际，围绕壮大发展项目区经济，致富职工群众这一根本目标，在农业基础设施建设和生态建设中，在优势农产品产业带的发展

过程中，在科技示范带动中，做到有所为有所不为，突出支持重点地区、重点项目区、重点项目、重点产品及重点企业，力争上一个项目成一个项目，并发挥显著的示范带动作用。

1.加强棉花主产区农业基础设施和生态建设。优质、高产、高效的出口创汇商品棉生产基地是兵团农业综合开发建设的重点，国家在兵团立项的农发项目团场67个，其中有61个是植棉团场，分别占植棉团场和项目团场总数的53%、91%。在10万亩以上的优质高产高效示范区团场中，农发项目团场占14个，达到70%以上。做大做强棉花产业和发展优势农产品产业化经营是兵团经济和社会发展的重点战略，也是农业综合开发投入的重点。

兵团大多数团场地处风头、水尾，生产条件恶劣，农业发展必须要与生态保护和发展同步，才能走上可持续发展之路。这也是兵团农业综合开发首要和最基本的任务，是长期投入的主体。因此兵团在农业基础设施建设中，一直强调综合配套，突出节水灌溉和防护林建设。

2.扶持龙头推进优势农产品产业带发展。2004年度重点突出了扶持农业产业化经营，项目按照“公司+基地+农户”或“市场——团场+基地+农户”的产业化模式运作。加大了对产业化龙头项目、加工业项目和特色农产品基地生产项目的扶持力度。产业化龙头项目和加工业项目形成了明显的区域特色，产业升级及联动效应明显。

3.进一步加大科技投入，提高项目区科技含量。兵团农业综合开发一贯注重先进农业技术在项目区的引进、示范、推广应用，逐年加大对科技的投入，并维持在一个较高的投入水平上。2004年列入农业综合开发项目计划中的科技推广示范项目38个，涉及11个师30个项目团场，重点支持各垦区及项目团场科技服务体系建设，促进项目区继续为引领兵团科技进步发挥示范先导作用。

（新疆生产建设兵团农业综合开发办公室供稿）

黑龙江省农垦总局

2004年，黑龙江省农垦总局农业综合开发工作，深入贯彻中央农村工作会议和农业综合开发联席会议精神，积极落实财政部《关于改革和完善农业综合开发若干政策措施的意见》的要求，调整工作思路，改进工作方法，加强项目管理，农业综合开发效益显著，管理水平不断提高。

一、开发任务和投资计划完成情况

2004年，黑龙江省农垦总局农业综合开发涉及65个农场，一个国家级产业化龙头企业。共安排土地治理项目61个，产业化经营项目17个，科技推广综合示范项目2个。

（一）开发任务完成情况

2004年，计划改造中低产田68.8万亩，实际完成中低产田改造任务68.33万亩，完成计划的99.3%；计划小流域治理2万亩，实际完成小流域治理1.75万亩，完成计划的87.5%；计划科技推广综合示范项目2个，实际完成科技推广综合示范项目2个；计划产业化经营项目17个，实际完成9个。

（二）投资计划及主要建设内容完成情况

计划总投资4.34亿元，其中中央财政资金2.14亿元，自筹资金2.04亿元，银行贷款1 549万元。完成总投资3.66亿元，完成计划的83%，其中完成中央财政资金近1.81亿元，完成计划的81%，完成自筹资金1.85亿元，完成计划的91%，银行贷款未完成。完成的主要建设内容如下：修建水库3座，修建拦河坝1座，修建排灌站3座，开挖和疏浚灌排渠道3 444.55公里，衬砌渠道21.07

公里，修建渠系建筑物950座，新打和完善配套机电井463眼，改良土壤31.35万亩，修机耕路634.72公里，建设良种库房1.94万平方米，建设良种晒场32万平方米，完成喷灌面积11.3万亩，购置农业机械746台（套），造林2.83万亩，技术培训2.7万人次，建设良种基地2.32万亩，建设多种经营种植基地0.38万亩，畜禽养殖8.41万头，新建多种经营加工项目3个。

二、农业综合开发取得的成效

在2004年的农业综合开发工作中，黑龙江省农垦总局充分发挥耕地规模大，机械化程度、组织化程度高的优势，在以中低产田改造为主的同时，积极培育和发展区域主导产业，大力发展高油大豆、专用小麦、优质水稻、牛奶等优势农产品，为龙头企业建设原料生产基地，把加强科学管理、创新开发机制贯穿在全年的工作中，农业综合开发管理得到加强，粮食生产能力提高，农业产业化步伐加快。

（一）农业基础建设得到加强，农业生产条件得到改善

通过加强水利、农业、农机、科技等综合改造措施，农业基础建设进一步加强，生产条件得到极大改善，建成了一批旱能灌、涝能排的标准农田，农业抗灾能力明显增强。一年来农业综合开发新增和改善灌溉面积28.59万亩，新增和改善除涝面积40.05万亩，新增节水灌溉面积12.4万亩，年节水量852万立方米，新增农田林网防护面积20.32万亩，增加农机总动力2.4万千瓦。开发前后项目区发生了明显变化。如克山农场克勤小区，2004年春季连续45天无有效降雨，新打的15眼机井和新购置的18台喷灌机，在大旱之年发挥了重要作用，粮食产量相对正常年份不但没有减产，还略有增产，和非项目区相比，职工减少灾害损失280多万元。

（二）粮食生产能力提高，职工收入增加

在2004年的农业综合开发工作中，农垦总局项目区因地制宜，借助国家的惠农政策，依靠科技、调整结构，在提高粮食生产能力的同时，努力提高职工收入，与非项目区相比粮食产量大幅度提高，职工收入也有了较大幅度的增长。一是以中低产田改造为重点，改善农业生产条件，提高抗灾能力，提高粮食生产能力。二是发挥区域资源优势，大力发展优势农产品，提高农产品市场竞争力和附加值，为职工增收创造条件。全年完成非转基因高油绿色大豆基地、优质专用绿色水稻基地以及优质专用小麦基地共58.1万亩。优势农产品不但解决了卖粮难的问题，提高了产品的附加值，增加了农民收入，而且为龙头企业提供了充足、高品质的原料。据统计，全年农业综合开发新增粮食生产能力6 224万公斤，项目区农民新增纯收入6 681.04万元，年人均纯收入增加1 490元。

（三）促进结构调整，加快农业产业化进程

在2004年，黑龙江农垦总局农业综合开发工作在确保粮食产量稳定增长的同时，因地制宜发挥资源和比较优势，以优化品种、提高质量、增加效益为中心，以市场为导向，加大农业结构调整力度。通过引进、选育和推广优良品种，加强优势农产品基地库房、晒场等基础设施建设，装备收割机械、粮食处理机械及推广新技术、新肥药，大幅度提高高油大豆、绿色水稻、优质小麦等优势农产品产量和质量，在新增粮食产量中，优质粮食占92%。同时，将扶持龙头企业和主导产业作为工作重点，集中资金加以重点扶持。为扩大国家级农业产业化龙头企业九三油脂集团的深加工能力，拿出产业化投资资金的60%，投资6 989万元建设年产7万吨大豆磷脂的加工项目。该项目的建设，对于巩固集团的龙头地位、提高企业经济效益、增加企业国内外市场竞争力，更好发挥对基地的牵动作用具有重要意义。为落实黑龙江农垦总局党委确定的“主辅”换位战略，以发展“二牛一猪”为重点，大力发展畜牧业，重点建设了12个高水平畜牧养殖小区，为职工增收创造了条件。

（四）农业综合开发管理水平进一步提高

农垦总局采用绩效考核办法，对项目农场实行了有进有出、末位暂停的动态管理机制；制定和实施了《农业综合开发项目公示制度》；扩大了农业综合开发物资政府采购、工程项目招投标和工程监理的范围；完善和创新了选项和立项决策制度，使

农业综合开发项目管理向制度化、规范化、科学化又进了一步，项目管理水平进一步提高。

三、农业综合开发采取的主要措施

(一) 落实有关政策，探索有效管理方式

1. 集中投入，突出重点。根据垦区农业综合开发实际，2004年集中资金，大力扶持垦区农业综合开发重点农场。经过对项目农场的耕地面积、粮食总产、优质粮产量、农业资源占有量、资金配套能力、农发机构人员配备情况等各项指标的详细测算，初步确定了2004年垦区重点支持的26个农场，26个重点项目农场单个项目改造面积平均在1.6万亩。

2. 严格控制项目数量，确保规模开发。2004年，根据国家农发办初步确定的单位开发面积投资控制标准，结合垦区实际情况，通过精心规划布局，每个项目农场只安排一个土地治理项目，资金集中投放，项目个数逐渐减少，开发规模逐步提高。低产田改造面积大的达2万亩，平均面积达1.4万亩。

3. 实施动态管理，强化管理手段。2004年初，根据各项目农场阶段检查验收、资金审计、绩效考核及资源开发潜力等情况的综合评价，为了适当集中资金，决定对部分项目农场实行轮换改造，同时对在验收中发现存在严重问题的农场，在2005年给予末位暂停处理。这两项决定的实施，对项目农场产生极大震动，为探索农业综合开发有效管理方式打下了良好的基础。实践证明，国家农发办提出的末位暂停和适当轮换开发资格的做法，是提高农业综合开发管理水平的有效手段。为此，垦区农业综合开发进一步加强检查验收和绩效考核工作力度，在保持项目农场总量不变的前提下，实行动态管理，逐步建立起项目农场总量控制，有进有出，末位暂停的约束机制，对存在严重违规违纪并不认真进行整改或屡改屡犯的项目农场取消其立项资格，对考核成绩不好的农场采取末位暂停，视其改正情况，按规定程序给予恢复，对确实没有开发潜力的农场及时调整，退出开发范围。

(二) 发挥区域优势，以基础设施建设为重点，大力扶持优势农产品产业带建设

2004年，垦区土地治理项目把中低产田改造、农业基础建设与发展优势农产品基地有机结合起来，把加强农业基础建设、提高农业抗灾能力同提高单位土地产出率、提高农产品品质和市场竞争力，提高农业效益有机结合起来。一是在安排中低产田改造项目时，同时考虑作物的品种、市场的需要、龙头企业的要求，使农业基础建设同农产品品质挂钩，同土地的产出和效益挂钩；二是树立储粮于地的观念。通过基础建设和改造，大力提高土地的生产能力，但有了生产能力不一定生产粮食，也可以根据市场的需求种植特色高效经济作物，提高土地产出率和经济效益，当需要粮食或粮食生产效益好的时候，再发挥其粮食生产的能力；三是根据不同优势农产品产业带，精心规划，合理布局，最大限度发挥投资效益。对位于三江平原的东部农场，重点扶持优质绿色水稻、高油大豆等优势产品，对位于松嫩平原的西部农场，重点扶持高油大豆，优质专用小麦和亚麻等优势产品，同时将投资重点倾斜于北大荒米业和九三油脂等国家级产业化龙头企业的原料生产基地，全年共扶持龙头企业原料生产基地61.8万亩。

(三) 加大龙头企业扶持力度，全力支持畜牧业建设

1. 集中资金重点扶持国家级产业化龙头企业。为充分发挥龙头企业拉动农民增收、市场开拓、加工增值、科技创新、标准化生产等方面的优势，加快龙头企业技术更新和产品更新，使其在市场的龙头地位更加牢固，牵动作用更强，2004年黑龙江农垦总局集中资金，重点扶持了一批国家级产业化龙头企业。如投资6 980万元，重点扶持了九三油脂集团磷脂加工项目，该项目建成后可新增产值6 954万元，可带动13万农户的大豆种植。项目的建设对稳定垦区大豆面积和产量，增加大豆产品附加值，振兴垦区大豆产业，增加职工收入具有重要的意义。

2. 全力支持畜牧业建设，加快农业结构调整。根据总局和分局畜牧业发展总体规划，在连续几年扶持完达山奶源基地的基础上，继续投资建设现代化奶牛养殖小区，每年可为完达山乳业集团提供610万公斤优质鲜奶。此外，还根据垦区肉牛龙头

企业规划及农场草原、技术力量、养殖肉牛积极性等情况，建设高标准肉牛养殖小区，重点解决优质肉牛繁育问题，为垦区肉牛快速发展打下良好的基础。为配合宝泉岭分局建设年屠宰加工200万头生猪的产业化项目，重点投资建设5个种猪繁育基地，项目建成后可提供种猪4.1万头，一方面实现粮食过腹转化增值，增加职工收入，另一方面为200万头生猪屠宰加工生产提供充足的原料。

（四）进一步强化项目的全程管理

一是加强项目前期工作，切实提高选项的科学性，严把立项关。首先是加大了项目审查和评估工作力度。对分局上报的所有项目，分不同专业，聘请有经验的专家逐项审查，不合格的退回，合格的修改完善，使前期工作质量有所提高。对在审查中发现有疑问、有难点及投资额大和新建的项目，由总局咨询决策委员会或农发办聘请的专家进行现场评估，此类项目约占项目总数的30%。通过上述工作，坚持了公平、公正、公开的选项原则，提高了项目实施的可行性，有效防止项目计划的随意变更。二是加强项目实施过程的管理，全面推行项目公示制，工程招标投标制，工程监理制。2004年在已取得经验的基础上，工程监理制大范围推广，选择资质高、力量强、信誉好的监理单位，对具备条件的工程实施全面监理，工程、物资招投标工作也较以前更规范，覆盖范围更广。此外项目公示制和项目法人制也在有条不紊地开展，对提高工程质量，确保开发任务完成起到了监督和保证作用。三是加强项目检查验收和考核力度，检查验收更加严肃认真，工作更加规范。通过验收，有五个农场因未按时完成建设任务和存在违纪问题受到通报批评，做暂缓验收处理。其中一个农场存在违纪问题，经过研究决定，暂停其2005年开发资格。四是在部分分局积极试行“十不立项”制度，严把立项关。“十不立项”即：不想干不能干，只为套取资金的不立项；开发效益不显著的不立项；配套资金不能足额到位的不立项；财政资金无偿还能力的不立项；未完成计划、建设进度和工程质量达不到要求、验收不合格的不立项；不具备资源条件的不立项；前期工作不符合要求的不立项；有截留、挤占、挪用资金现象的不立项；工程管护不善、毁坏损失严重的不立项；随意变更、调整计划的不立项。

（五）加强调研工作，加大宣传力度，为农业综合开发创造良好的发展环境

1.加强调研工作。2004年，黑龙江农垦总局结合国家农发办布置的调研题目，集中力量，组织专人，深入项目区和农户进行深入调查研究，先后完成农业综合开发在垦区率先实现农业现代化中的地位和作用、农业综合开发扶持垦区优势产业发展、扶持龙头企业、扶持农业机械化发展、经营性开发、自筹配套资金比例以及增加职工收入等方面的重大调研课题，为农业开发完善政策、制定措施提供了有价值的原始材料。

2.加大农业综合开发宣传力度，创造良好发展环境。2004年，总局农发部门与宣传部门密切合作，充分调动农发人员和宣传人员两方面的积极性，充分发挥各自行业的优势，加大垦区农业综合开发宣传工作力度，宣传工作取得明显成效。一是总局农发办与宣传部联合下发文件，对宣传工作进行统一部署，明确主题，明确任务。二是从总局到分局，农发部门与宣传部门联合成立宣传网络，明确分工、各自发挥作用。三是对各级农发部门都明确了宣传任务，并根据宣传工作质量、数量情况，制定了不同的奖励标准，明确了详细的奖罚措施，使垦区农发宣传工作再上新台阶。据统计，全年在《中国农业综合开发》杂志上发表文章5篇，在总局以上报刊杂志发表文章74篇，在总局以上电视台报道6次。

（黑龙江省农垦总局农业综合开发办公室供稿，刘伟执笔）

水 利 部

2004年的农业综合开发中型灌区配套改造项目建设管理工作，坚持以邓小平理论、“三个代表”重要思想和党的十六大以及十六届三中全会、四中全会精神为指导，认真贯彻中央农村工作会议、全国农业综合开发工作会议和全国水利工作会议精神，贯彻中央1号文件精神，以农业主产区特别是粮食主产区为重点，着力加强农业水利基础设施建设，加强农业综合开发中型灌区配套改造项目（以下简称“中型灌区改造项目”）建设管理，努力改善农业生产基本条件，不断提高农田抗御旱涝等自然灾害的能力，为粮食安全提供基础性保障，促进农业增效、农民增收，同时，努力实现灌区工程改造、管理体制改革、用水效率及效益提高的目标。

一、2004年中型灌区改造项目安排及投资情况

2004年中型灌区改造项目安排的基本原则是：

1. 以邓小平理论、“三个代表”重要思想和党的十六大精神为指针，贯彻国务院办公厅转发的《关于农业综合开发的若干意见》以及近年国家农业综合开发联席会议精神，紧密结合农业综合开发土地治理特别是中低产田改造工作，将总体布局适当向农业主产区以及水资源紧缺地区倾斜，加强农业水利基础设施建设，改善农业生产基本条件，提高农业抗御水旱灾害的能力。

2. 为农业综合开发土地治理特别是中低产田改造项目区提供灌排骨干工程条件，对重点中型灌区（灌溉面积5万—30万亩）骨干工程设施的续建配套和节水改造起到示范作用，带动项目区农业节水灌溉发展，提高灌溉水利用效率，并通过项目的实施，促进灌区管理体制和运行机制的改革。

3. 符合《国家农业综合开发部门项目管理试行办法》、《国家农业综合开发水利骨干工程项目管理实施细则》和《国家农发办关于进一步加强农业综合开发部门项目管理工作的通知》的有关规定，项目前期工作基础较好。

4. 优先考虑2003年因资金规模原因未能安排中型灌区改造项目的省份；对项目管理、部门配合、建设任务完成及工程质量、配套资金落实等方面做得较好的省份，给予适当优先考虑。

根据上述原则，水利部和国家农业综合开发办公室共安排扶持农业综合开发中型灌区改造项目24个，涉及23个省（自治区、直辖市），项目计划总投资5.334亿元，其中中央财政农发资金1.775亿元（当年拨付下达1.015亿元），地方财政配套资金1.859亿元，地方自筹资金1.700亿元。

二、2004年中型灌区改造项目主要效益

2004年中型灌区改造项目的主要效益体现在以下几个方面：

1. 改善农业生产基本条件方面。24个中型灌区改造项目全部建成后，预计可新增灌溉面积98.44万亩，改善灌溉面积150.83万亩。这些项目的建设实施，将大大改善当地的农业生产基本条件，为农业综合开发中低产田改造提供灌排骨干工程保障。

2. 增加主要农产品生产能力方面。中型灌区改造项目的实施，将为增加受益区的主要农产品生产能力创造条件。据测算，24个项目建成后，预计可新增粮食等主要农产品生产能力4.63亿公斤。

3. 节约水资源方面。中型灌区改造项目建设始终注意突出节约用水这一核心主题。特别是北方水资源紧缺地区的项目，一般均要求对干支渠等骨干渠道进行全面衬砌防渗，以减少输水过程中的水量损失，提高渠系水利用系数。据统计，24个项目建成后，预计每年可节约灌溉用水量约3.6亿立

方米。通过节约灌溉用水量，减少对地表水资源的引用量，可以加大河流的下泄水量，从而为改善当地的生态环境提供条件。

三、项目管理的主要做法和经验

1. 以规章制度规范项目管理。水利部农发办十分注重规章制度建设。在工作中不断探索和研究如何加强中型灌区改造项目的制度建设，及时收集、总结现有规章制度的实施情况。在2001年颁发的《农业综合开发水利骨干工程项目管理实施细则》的基础上，2004年又积极配合国家农发办修订完成了《国家农业综合开发中型灌区节水配套改造项目管理实施办法》，使项目管理做到有章可循，减少了项目管理中的随意性，强化了项目的规范化、制度化、科学化管理。

2. 切实加强规划和项目前期工作。项目能否取得成功，项目的规划设计等前期工作十分关键。2004年，水利部编制完成了《全国农业综合开发重点中型灌区节水配套改造建设规划》，主要内容是5万—30万亩重点中型灌区骨干工程设施的节水配套改造建设。据规划汇总，全国共有重点中型灌区1 505处，设计灌溉面积15 900万亩，有效灌溉面积11 595万亩，约需建设资金355亿元。这些重点中型灌区全部配套改造完成后，预计可新增灌溉面积3 600万亩，改善灌溉面积7 200万亩，可节约水量210亿立方米，增加粮食生产能力187亿公斤。同时，根据农业综合开发新的政策规定加强对农业综合开发中型灌区改造项目可行性研究报告编制的指导，进一步规范项目可研报告的编制。

3. 坚持为农业综合开发区服务的选项原则。在项目选择上，坚持项目必须位于或跨越农业综合开发县（市、区），而且项目受益区已经或计划列入农业综合开发项目区，从而使中型灌区改造项目建设与面上农业综合开发中低产田改造紧密结合起来，力求做到同步建设实施、同步发挥效益。

4. 积极推行“三制”，严格工程质量管理。中型灌区改造项目包含的单元工程较多，技术难度较大，质量要求较高，并且往往是当地重要的农业基础设施建设项目，对当地的农业经济发展起着至关重要的作用。因此，水利部农发办在项目管理中始终十分注重工程质量问题，要求每个项目都要积极推行“三制”（项目法人制、招标投标制、工程监理制），做到建设单位、施工单位、监理单位、质检单位层层把关，坚决避免“豆腐渣”工程，确保项目工程质量符合国家的有关规定和要求。并且通过招标投标，选择优良施工队伍，降低工程造价，使项目建设投资控制在批复的投资计划内。

5. 加强项目建设资金管理。现行财政体制要求项目建设资金通过财政部门层层下拨。作为项目管理部门，水利部亦十分重视项目的资金管理，在中央财政资金、地方配套及自筹资金到位、拨付和使用等方面提出严格要求。根据国家农发办的有关规定，要求项目资金实行报账制。同时，通过中期检查、临时抽查等方式，及时发现问题并加以纠正。在项目竣工验收时，要求对项目资金的使用管理进行专项审计。通过采取这些措施，不断加强和规范项目建设资金的管理，减少和杜绝违规违纪现象的发生。

（水利部农业综合开发办公室供稿，阎存立、李召祥执笔）

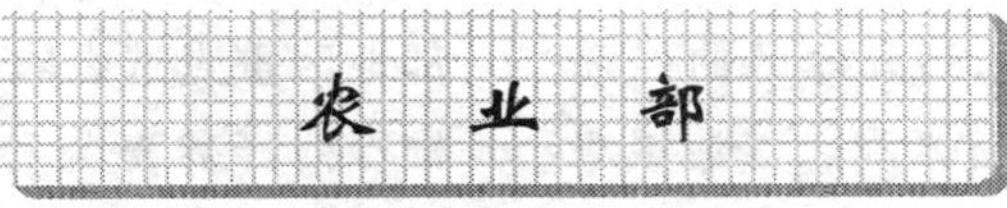

农　业　部

2004年，农业部农业综合开发工作以“三个代表”重要思想为指导，继续深入贯彻落实《关于改革和完善农业综合开发若干政策措施的意见》，按照“两个着力”、“两个提高”的方针，进一步明确工作思路，把握工作定位，切实加强项目和资金管理，扎扎实实地开展各项工作，取得了较好的工作成效。

一、2004年农业部农业综合开发项目安排情况

2004年在国家农业综合开发办公室的大力支持下，农业部依据农业综合开发的总体要求，围绕农业主产区和农产品优势产业带建设，把保护和提高粮食综合生产能力与促进农业结构调整、增加农民收入相结合，继续加大了农作物、畜禽、水产品良种繁育基地建设的力度。2004年度共下达项目资金4.12亿元，其中良种繁育、优势特色农产品开发示范、秸秆养畜三类专项项目资金3.71亿元，海南农垦天然橡胶项目资金4 091万元。在三类专项项目中，共安排各类项目120个，利用中央财政农业综合开发资金1.72亿元，带动地方配套投资近1.1亿元，自筹资金8 988.5万元。

在2004年度项目安排上，农业部力求做到“四个突出”：一是突出向农业主产区，特别是粮食主产区倾斜，将当年约70%的资金安排在农业主产区，同时在增量资金的分配上，重点考虑了原原种和良种繁育基地专项，以保护和提高粮食综合生产能力；二是在多种经营项目上，突出向优势农产品和优势产区倾斜，以增强优势产品的竞争力，促进农业结构调整，增加农民收入；三是突出行业优势和特点，重点扶持种子种苗等关键环节，提高科技含量和产品质量；四是突出扶优扶强，重点扶持产业化龙头企业，降低投资风险，增强项目的辐射带动功能。主要成效是：

（一）进一步加快了粮棉油等新品种的推广速度

2004年农业部安排农作物原原种基地13个、良种繁育基地10个，重点扶持黄淮海地区的强筋小麦、专用玉米，东北地区专用玉米和长江流域双低油菜的原原种扩繁，以及黄淮海和西北部专用玉米、南方水稻及新疆优质棉花的良种繁育及加工。通过项目建设，形成制种基地近11.93万亩，新增原原种、原种生产能力5 591.45万公斤，良种生产能力6 912.6万公斤，有力地推动了项目区粮棉油作物的生产，保护和提高了大宗农产品综合生产能力。

（二）进一步提高了优势特色农产品良种覆盖率和综合生产能力

2004年农业部围绕农产品优势产区及种养业良种工程，重点安排果茶、花卉良种繁育与标准化生产示范基地23个，畜禽良种繁育基地11个，水产品种苗基地13个。通过项目建设，建成了一批蔬菜、果茶、中药材种苗基地和畜禽、水产良种场，使优势农产品供种能力和良种覆盖率进一步提高，加速品种改良步伐，带动了产业化发展，为农产品竞争力增强发挥了积极的作用。据统计，共建成种植业基地近2.92万亩，畜禽棚舍5.05万平方米，水产养殖基地7.3万亩；为农民提供蔬菜种苗19亿多株，种畜0.33万头（只），新增水产品生产能力1 194.61万公斤。

（三）有针对性地扩大牧草种子生产、加工能力，缓解我国牧草种子供不应求的矛盾

2004年农业部以强化牧草种子繁育体系为重点，按照牧草制种的生态适宜性原则，重点安排东中部农区结构调整所需的牧草种子繁育项目。建成草种基地约2.61万亩，新增草种生产能力146.74万公斤，大大提高了项目区及其周边地区的草地生产力。项目的建设，进一步满足了东中部农区种草养畜和牛羊肉、奶业发展对草种的需求，扩大了牧草种子生产、加工能力，在一定程度上缓解了我国牧草种子供不应求的矛盾，为农区草食畜牧业发展提供优质饲草，促进了当地农业结构调整。

（四）推进农作物秸秆资源开发利用，促进农区畜牧业的快速发展

2004年农业部共安排秸秆养畜项目40个。在区域布局上，东中部地区以中原、东北为重点；西部地区重点选在农牧交错带等有条件的地区，主要推行秸秆养畜与种草养畜相结合，以舍饲取代放牧，集中连片建设示范县。通过项目建设，2004年实现青贮、氨化秸秆1 965.2万吨，项目区牛、羊出栏量分别达到458.33万和2 081.26万头（只），使项目区成为国内主要的牛羊肉及奶类商品

产业化生产基地，同时减少了秸秆焚烧现象，经济效益和生态效益十分显著。

二、2004年农业部农业综合开发主要工作

2004年农业部农业综合开发工作按照国家农发办各项部署和有关要求，进一步明确工作重点，力求各项工作有所提高、有所改进、有所创新。具体做了以下几项工作：

（一）对5个专项项目进行了整合

为适应形势发展的要求，2004年农业部对专项项目进行了整合。项目整合充分遵循了以下原则：一是保持工作和项目的相对连续性；二是要与现行的国家农业综合开发管理体制相联系，尽量保持一致性；三是既要注重专项名称上的整合，更要注重建设内容上的整合，保持形式与内容的统一；四是既着眼于当前，也考虑未来的发展趋势，满足农业和农村经济发展总体要求。经过整合，农业部的专项由原来的五个变为两个，即：将良种繁育及加工、原原种扩繁、育草基金三个专项合并为“良种繁育”专项；将秸秆养畜、优质农产品开发示范两个专项合并为“优势特色种养示范”专项。这一整合意见体现了综合开发化繁为简、突出重点、集中投入的指导思想，符合国家开发办政策调整的方向，得到了各地的认可和好评。

（二）扎实做好项目前期工作

一是研究制定2005年农发专项项目申报指南。2004年农业部把研究制定2005年项目申报指南作为落实国家农业综合开发各项政策措施的一件大事来抓，使农业综合开发新的思路和要求在项目申报指南中得到体现。2004年8月，在各行业司局提出初步意见的基础上，经过反复协商和认真听取各方面的意见，制定了《2005年农业部农发项目申报指南》方案，并于网上公开发布。这份指南按照农业综合开发的要求，围绕农业主产区和农产品优势产业带建设，以优化农业区域布局为目标，体现了把保护和提高粮食综合生产能力与促进农业结构调整紧密结合起来的思路。

二是进一步完善了项目专家评审制。2004年12月，农业部对各省申报的2005年专项项目进行了专家评审。评审采取统一组织，统一标准，司局参与，集中评审的办法，筛选出一批好的项目。在此基础上，按照统一计划、分级管理、共同参与、协商办事、综合平衡的原则，依据项目专家评审意见，又经与部内有关司局充分协商，提出了2005年农发专项项目的推荐项目方案。其后，将专家评审意见反馈给项目建设单位，要求其对照专家意见编制和完善初步设计。整个评审工作基本做到了“每一步工作有原则，每一个决定有依据；上的项目有理由，下的项目有解释”。部内各有关单位共同参与、分工协作、相互监督，最大限度地体现工作的透明度和公正性，同时也促使项目单位更严肃认真地对待前期工作。

（三）进一步强化对资金和项目的管理

一是举办农业综合开发项目会计培训班。针对专项项目管理中存在的财务管理不规范等普遍性问题，2004年3月上中旬，农业部在京举办了项目单位会计培训班，培训会计人员120人，重点围绕农发资金的各项会计制度及财务管理办法，结合项目管理实践中存在的问题，进行了有针对性的讲解。由于培训班在教师配备、教材汇编等方面做了充分准备，培训效果较好，各省学员给予了积极的评价，认为这样的培训班很有必要，也很有针对性，能够解决实际问题。培训还吸引了一些省级项目主管人员参加，他们表示通过培训，不仅增加了专业知识，更重要的是增强了加强项目监管的意识和责任感。

二是组织开展了农发专项项目预验收工作。根据国家农发办对部门农发项目验收工作的部署，2004年9月，农业部组织有关司局和各地农业部门开展了项目验收检查工作，采取全面自验与重点抽验相结合的做法，统一组织，统一要求，分头行动，联合协作。9月下旬，农业部计划司与有关行业司局及部分地方的同志组成两个联合检查组分赴河北、辽宁等地进行了抽验。

（四）不断改进和更新工作方法

为探索项目科学管理的有效方式，提高工作效率和管理水平，实现建设项目管理的科学化、规范化、网络化，农业部开发了“农发项目管理系统”。

该系统运用先进的信息技术手段，以项目申报审批、实施管理、监督检查为主线，相关信息服务为支撑，对项目建设全程进行信息收集和处理。2004年底，该系统开始试运行，年度统计报表的收集、汇总工作已通过该系统完成，显现出了方便、快捷和准确的优势，今后将在项目管理的各个环节发挥作用。

三、下一步工作的设想

根据国家农发办在江苏镇江召开的全国农业综合开发办公室主任会议有关精神，以贯彻实施新的部门项目管理办法为契机，农业部将进一步明确工作思路，把握工作定位，和国家农发办加强配合，不断增强开发合力。下一阶段将重点抓好以下几方面的工作：

（一）进一步强化项目管理

一是尽快组织修订《农业部专项项目管理实施细则》、《农业部专项项目专家评审办法》等规章制度；二是对2003、2004年的项目进行全面检查，省级以上检查率不低于30%；三是拟选择河北省的秸秆养畜项目作为联系点，组织专家开展技术服务、巡回指导，加强对项目建设全过程的服务与管理；四是继续加强培训工作。

（二）进一步突出行业特点

突出行业特点、体现部门优势是农业综合开发部门项目的生命力所在。农业部专项项目一直围绕种子种苗这个关键环节，在提高产品科技含量上做文章。今后将重点结合七大体系中的《种养业良种体系建设规划》和正在制定的《特色农产品建设规划》，通过抓好重点环节，提升产业档次。

（三）进一步加强调查研究

加强调查研究，是总结经验、制定政策、指导工作、探索改革的基础。国家农发办把调查研究作为一项制度和日常工作，长期坚持，做出了很好的表率。农业部结合自身特点和实际，拟在加强专项项目建设布局及如何使部门项目与地方项目相结合，更好地为农业综合开发区服务，实现规模效益等方面开展专题调研，力争提出有价值的意见和建议。

（农业部农业综合开发办公室供稿，罗旭执笔）

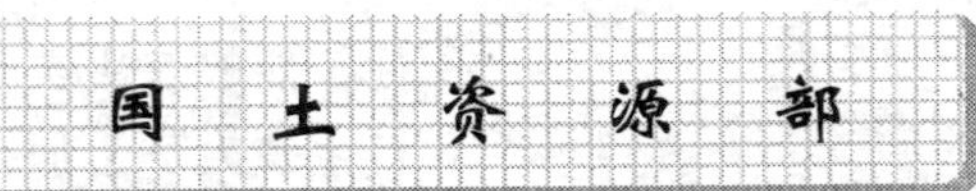

国土资源部

国土资源部农业综合开发办公室认真贯彻落实中央农村工作会议精神，牢固树立和认真落实科学发展观，坚持以“十分珍惜和合理利用每一寸土地，切实保护耕地”的基本国策为指导，在国家农业综合开发办公室的大力支持下，2004年继续以粮食主产区为重点，以恢复利用工矿废弃地，增加农用地特别是耕地面积，提高农民收入等为主要目标，实施了农业综合开发土地复垦项目（以下简称土地复垦项目）并开展了中期检查、竣工验收等相关工作。

一、农业综合开发工作基本情况

（一）编制下达了2004年度土地复垦项目计划

2004年土地复垦工作坚决贯彻落实国家农业综合开发办公室“整合项目，提高单个项目投资规模”的指示精神，在中央财政资金投资有所增长的情况下，根据各地的复垦潜力和价值、地方各级政府对土地复垦工作的重视程度与群众的积极性以及历年来土地复垦项目的完成情况等因素，逐步整合项目，共安排河北唐山古冶区等11个省（自治区）的27个县（市、区）实施2004年度项目任务。

2004年土地复垦项目计划总投资6 138.34万元，其中：中央财政投资3 000万元，地方财政配套1 965万元（省级财政配套1 588万元，地级财政配套201.4万元，县级财政配套175.6万元），

自筹资金 1 173.34 万元。上述资金用于水利措施 1 617.67万元，其中财政投资 1 379.56 万元；用于农业措施 3 885.62 万元，其中财政投资 3 165.36 万元；用于林业措施 313.40 万元，其中财政投资 254.93 万元；用于科技推广 127.35 万元，其中财政投资 87 万元；用于其他支出 194.3 万元，其中财政投资 78.15 万元。

项目的建设内容主要有：水利措施，包括新建扩建小型水库 5 座，修建拦河坝 3 座，排灌站 13 座，新打机电井 48 眼，修复配套机电井 8 眼，输变电线路配套 50.06 公里，开挖疏浚渠道 99.23 公里，衬砌渠道 48.28 公里，埋设管道 26.32 公里，修建渠系建筑物 148 座等；农业措施，包括改良土壤 2.61 万亩，修建田间机耕路 106.35 公里，购置农机具 134 台（套）、农用动力机械 31 台（套）、植保机械 11 台套等；林业措施，包括营造农田防护林 0.13 万亩、水土保持林 0.12 万亩、水源涵养林 0.02 万亩、经济林 0.23 万亩，修建苗圃 96 亩等；以及科技推广措施，包括技术培训 2.45 万人次、购置仪器设备 8 台（件）、开展示范推广 15 项等。

项目计划复垦土地 3.24 万亩，新增农用地 2.45 万亩，其中耕地 1.51 万亩；新增灌溉面积 1.18 万亩，改善灌溉面积 0.30 万亩；新增除涝面积 0.71 万亩，改善除涝面积 0.41 万亩；新增节水灌溉面积 0.36 万亩，年节约水量 19.2 万立方米；新增农田林网防护面积 0.75 万亩，改良土壤 2.61 万亩，增加机耕面积 1.48 万亩，新增农机总动力 0.21 万千瓦，扩大良种种植面积 0.78 万亩；新增粮食 910.45 万公斤，油料 43.9 万公斤，蔬菜 425.1 万公斤，肉 24 万公斤，水产品 287.6 万公斤，干草 600 万公斤，果品 1 066.25 万公斤。新增农业总产值 4 675.12 万元，农民年人均纯收入增加 350 元左右。

截至 2005 年 3 月 31 日，2004 年农业综合开发土地复垦项目实际共完成投资金额 4 174.89 万元，其中财政资金 3 071.72 万元，自筹资金 1 165.17 万元。共复垦土地 2.744 万亩，新增耕地 1.864 万亩，新增灌溉面积 1.638 万亩，营造防护林 0.342 万亩。

（二）组织开展了 2003 年度土地复垦项目和资金管理中期检查工作

为加强土地复垦项目的管理，国土资源部农业综合开发办公室组织地方各级国土资源部门对 2003 年度的 27 个项目进行了项目和资金管理中期检查，并组织检查组对河北唐山等 3 个省 7 个项目进行了现场抽查。

检查的主要内容为：项目前期工作是否规范。项目建设是否按国家批复的计划严格执行，有无擅自调整项目计划（包括地点、任务、投资等）的问题。是否做到按项目管理资金，按规定使用资金，有无挤占或挪用情况。是否按照规定足额落实地方配套资金，按规定用途及时足额拨付资金，有无迟拨、滞留不拨等情况。资金是否做到专账核算、专人管理、专款专用。县级报账制实施情况，是否按规定程序和手续及时办理财政无偿资金报账，有无弄虚作假，套取财政资金的问题。

从检查结果看，各地对项目的管理大都能按有关文件和规定的要求严格执行，主要表现在四个方面：第一，依据国土资源部下发的《关于下达 2003 年农业综合开发土地复垦项目中央财政资金投资控制指标和编报年度项目实施计划的通知》（国土资发［2003］55 号）精神，编制并上报各年度项目计划；第二，严格按照《关于 2003 年农业综合开发土地复垦项目计划的批复》（国土资发［2003］206 号）执行，没有擅自调整项目计划（包括地点、任务、投资等）的问题；第三，依据《国家农业综合开发资金管理暂行办法》要求，项目资金由财政部门管理，已建立土地复垦项目资金专账，专款专用、专人管理、单独核算，没有截留和挤占挪用的问题；第四，通过采取报账制的形式，严格按规定的开支范围支出，确保项目资金落到实处，没有弄虚作假，套取财政资金的问题。

（三）组织开展了 2001—2002 年度土地复垦项目竣工验收工作

根据《关于做好 2001—2002 年农业综合开发土地复垦项目竣工验收工作的通知》（国土资发［2003］370 号）的要求，国土资源部农业综合开发办公室组织开展了2001—2002年土地复垦项目验收工作。

验收先由项目县（市、区）国土资源部门组织初验，在此基础上以省为单位，由省级国土资源部门组织自验，自验合格的，向国土资源部提出验收申请和自验报告。国土资源部农业综合开发办公室在省级国土资源部门自验的基础上，采用全面核实与现场验收相结合的方式对项目进行全面验收。即全面核实项目计划完成情况，重点验收项目区主要工程的建设质量和数量、各项资金的到位和使用情况、主要效益指标完成情况等。

此次共现场验收了山西省太原市古交市、辽宁省铁岭市调兵山市等10个省（自治区）的34个土地复垦项目，占验收总数的67%。通过竣工验收，总结了各地在项目实施过程中取得的宝贵经验，肯定了成绩，同时也指出存在的问题和不足，为下一步更好地开展工作理清了思路。

（四）组织学习农业综合开发工作会议和联席会议成员单位座谈会会议精神

国土资源部农业综合开发办公室专门安排时间，由参加国家农业综合开发工作会议和联席会议成员单位座谈会的同志传达会议精神。通过学习，与会同志一致认为，国家农业综合开发工作会议和联席会议成员单位座谈会是以“三个代表”重要思想和党的十六大精神为指导召开的，国家农发办有关领导的讲话，既客观分析了当前所面临的形势和主要任务，又对进一步做好农业综合开发工作提出了机制创新、严格管理等新要求，充分体现了新形势下农业综合开发与时俱进的工作思路和精神面貌，为今后更好地开展土地复垦工作明确了发展方向和工作重点。

二、农业综合开发土地复垦项目的主要工作成效

农业综合开发土地复垦项目实施以来，在社会效益、经济效益、生态效益等方面均取得了较好的成效。

通过土地复垦，已被破坏废弃的土地资源重新得到恢复利用，缓解了人地矛盾。采取工程措施进行复垦整治后，既使废弃土地得到了恢复利用，增加了耕地面积，又提高了土地的人口承载力，解决了项目区农民无地可种的生产生活问题。

通过土地复垦，改善了农业生产基本条件，提高了土地产出率，经济效益明显。复垦前项目区的塌陷土地高低不平，有的常年积水成涝，绝产绝收；有的农田水利不配套或配套设施严重破坏，失去使用价值。土地复垦建设以平整土地、配套完善农田水利设施、彻底改善农业基本生产条件作为重点，以建设高标准的基本农田为目标。通过复垦整治，项目区土地得到平整，机械化耕作和集中灌溉成为可能；桥、涵、闸、田间排灌沟渠基本完善配套，实现了排灌化；田间道路规范、平整，实现了四通八达；机电井设施得以配套完善；部分项目区农田防护林成行，生态林、经济林成片，起到了防风、固沙和调节小气候的作用。项目区基本达到了“田成方、地平整、渠相连、树成行、路相通、旱能灌、涝能排”的要求，农业生产条件得到明显改善，土地的产出能力也得到显著提高。

通过土地复垦，改善了工农关系，促进了社会安定。复垦前，由于土地被破坏，农民利益受到侵害，工农矛盾经常发生。复垦后，土地得到增加，加之配套设施完善，农民通过承包经营土地和鱼塘，发展多种经营和优质高效农业，生产生活问题不仅得到解决，还逐步走向小康，工农矛盾由此明显减少，社会稳定也有了保障。

通过土地复垦，项目区农业生态环境得到根本改善。项目区的土地在复垦整治前，土地高低不平，跑水、跑土、跑肥，道路不畅，桥涵断裂，农田积水，茅草丛生，沼泽成片，污水倒灌，尾矿、煤矸石堆积，粉尘飞扬，生态环境破坏和大气污染现象非常严重。通过平整土地、填充造地、土壤改良、增施有机肥、修砌沟渠、营造林木等工程措施和生物措施相结合的方法综合复垦整治，项目区水土资源得到了合理利用，土壤肥力增强，林木覆盖率得到较大提高，水土流失现象得到彻底根治，生态环境破坏和大气污染现象明显改善。

三、实施土地复垦项目的基本经验和做法

2004年，土地复垦项目进展顺利，这一成绩

的取得与各级政府、国土资源部门和相关部门以及广大群众的共同努力密不可分。主要可以归结为以下几点：

（一）领导重视，组织有力

领导重视、组织有力是土地复垦项目得以顺利实施的重要保证。各省国土资源厅自论证阶段开始，就对项目给予高度重视：从组织编制可行性研究报告、规划设计、投资预算到组织开展项目中期检查、竣工验收，每一项工作都认真对待。在人员紧张、任务繁重的情况下，均能安排专人负责此项任务，以确保复垦工作的连贯性和时效性。

各级政府对土地复垦项目的开展也给予了有力的支持和帮助。项目所在地的市、县各级领导均多次召开会议，协调各方关系，现场研究解决项目实施过程中存在的各种问题。山西省张宝顺省长、范堆相常务副省长、辽宁省鲁昕副省长等领导还曾专程前往项目区，实地查看土地复垦项目进展情况并对今后工作作出指示。

为使土地复垦项目更顺利地开展，项目区结合各自特点，组成专门的办事机构，专项从事项目的实施和管理。大部分项目区均由主管国土资源的副书记（副县长）牵头，由国土资源、财政（农发）、农业、水利、林业等部门和乡镇政府的领导为成员，成立领导小组，通过下设的办公室对项目实行全方位管理。一旦工作中需要多个部门相互配合，领导小组（或办公室）便立即进行沟通、协调，确保项目得以顺利实施。

（二）地方需要，群众积极

自从设立土地复垦项目，通过“国家投入、地方配套、群众自筹”的三结合方式，使土地复垦资金紧张的问题得以部分解决，各地治理工矿废弃地的想法也逐步得以实施。项目区充分发挥财政资金的“酵母”作用，干部认真组织、合理安排，群众主动投工投劳，企业积极筹措费用，在短时期内就汇集了数倍甚至十倍于财政资金的自筹资金，进一步扩大了项目实施规模，使更多的废弃地得到恢复、利用，更多的群众从中获益。如山西晋城市城区项目，仅用200万元中央财政资金，就吸引了2 000余万元的自筹资金，修建了1座小型水库、1座排灌站，打了1眼机井，埋设了8公里地下管线，开挖、衬砌了4公里沟渠，架设了2公里输变电线，铺设了18公里路面，新建36栋温室大棚……工程建设的数量、质量远远超过了项目批复的要求。项目的顺利实施，不仅使塌陷区面貌焕然一新，废弃土地得以利用，基础设施得到配套，群众收入稳步提高，更多次受到省、市领导的表扬，成为山西省农业综合开发的亮点和样板，对同类项目的开展起到了示范和带动的作用。

2003年以来，随着国家各项支农政策逐步到位，农民种粮积极性得到提高，不少地区的群众已自发组织进行土地复垦。在得知今后土地复垦项目的中央投资规模要扩大，资金有偿使用的政策要取消后，各项目区欢欣鼓舞，基层干部和群众表示：“实施土地复垦项目是贯彻落实党和国家解决‘三农’问题有关精神的最切实的体现。这项工作，即使国家不投钱我们自己也会干，但有了国家的扶持后，我们更深切地体会到中央对项目区复垦事业的关心，对群众疾苦的重视，工作的劲头会更大，积极性会更高，信心会更足。”

（三）把握政策精髓，认真组织施工

土地复垦项目以“统一规划、合理布局、因地制宜、综合治理”为原则，以恢复利用废弃土地，增加农用地特别是耕地面积，提高粮食综合生产能力为主要目标，兼顾保护和改善生态环境。各项目区紧紧围绕这一中心，深刻把握政策实质，结合各地实际情况，科学规划、精心组织、合理安排，“宜农则农、宜林则林、宜养则养、宜渔则渔”，使项目取得了良好效果。

黑龙江鹤岗、辽宁抚顺在煤矸石山上植树种草，大量植物起到了防风固沙、改善环境的作用。辽宁铁岭、山东枣庄、安徽淮北、江苏徐州、山西晋城等地，利用复垦后形成的农地、大棚、鱼塘，结合农业结构调整，发展精品农业、观光农业、林果业、水产养殖业，在利用废弃土地的同时，增加了群众的收入，改善了失地农民的生活。

为了使蓝图变为现实，各项目承担单位均投入了大量的人力物力，付出了巨大的心血：主要领导大都现场指挥，不少还吃住在工地，随时解决施工中遇到的难题，以保障项目能按期完成；除邀请农业、林业、水利等方面的专家指导外，不少项目还主动实行监理制，执行施工质量一票否决制，以保证施工质量；积极与财政、农发等部门联系，加强与相关部门的沟通、协调，保证资金能及时到位，项目能顺利开展；加强群众的宣传、教育工作，使他们认识到自己才是复垦项目的受益主体，以激发群众投身复垦工作的积极性。

（四）积极探索多种发展模式，健全自身“造血”机能

由于农业综合开发土地复垦项目的资金是一次性投入，如何确保项目实施过程中修建的沟渠、道路、鱼塘、水井、排灌站等基础设施以及种植的苗木等能发挥长期效益，就成为项目能否最终取得成功的关键。为此，各项目区都结合自身不同特点，进行了积极的探索。山东枣庄、安徽淮北、江苏徐州等地将复垦后形成的部分耕地、鱼塘等通过招标、租赁等形式承包给群众，明确双方的权利、义务，每年收取一定费用。一方面通过承包户自身的投入，解决后期管护问题，另一方面通过收取承包费，逐步积累滚动开发资金，弥补自身“造血”机能不足的问题。山东肥城则将新修的机耕路两侧的行道树作为拍卖标的，在回收有偿资金的同时，将树木的后期收益、养护管护等移交给当地群众；项目实施后恢复的耕地，则保持原有的土地权属关系不变，以解决失地群众生活困难的问题。对于道路、沟渠、水井、排灌站等投入较大、较为重要的基础设施，各地本着“谁受益、谁管护”的原则，一般由村集体统一管理和养护，费用则从集体经济增收部分中支取。

（五）规范使用资金，严格资金管理

资金的管理和使用是决定项目能否顺利开展的重要因素，因此各项目区高度重视这项工作，通过组织学习、完善制度、加强监督等手段，保证了资金使用的安全和高效。

项目批复后，各地即组织相关人员认真学习农业综合开发项目资金管理的有关文件、规定。通过学习，进一步提高项目管理、实施者的重视程度、政策水平和业务素质，增强工作使命感和责任心，激发从事土地复垦工作的成就感和自豪感。

在此基础上，各项目区均按照农业综合开发项目资金管理的要求，为项目资金设立专账，安排专人进行管理，做到了专账核算，专款专用。为规范财务运作程序，项目区主动实行报账制：单项工程完成，经监理或相关技术人员验收、签字后，由施工单位填写报账单，说明工程名称、位置、数量、金额等内容，再经复垦项目领导小组办公室负责日常工作的领导签字后，在县级财政（农发）部门设立的专户内报销。对于购买的用于土地复垦项目管理和实施的设备、消耗品、辅助用品等也按照这种模式进行管理。在安徽、山东、辽宁等部分项目区，还要求报账单必须经负责项目的县级主要领导签字后方为有效。通过这种分层把关、相互制约的财务管理制度，有效杜绝了挤占、挪用项目资金和虚报工程数量、套取资金行为的发生。此外，部分项目区根据《国家农业综合开发项目资金管理暂行办法》，建立、完善了一系列规章制度。如江苏徐州等项目区就配套制定了《资金管理暂行办法》、《财务管理制度》、《廉政建设制度》等规定。

在建立、完善各项财务制度后，各项目区对资金管理、使用的监督丝毫没有松懈。除了项目完成后，邀请具有资质的会计师事务所进行财务审计并出具审计报告外，在实施过程中，各省国土资源厅也多次深入现场进行业务指导和中期检查。对检查和审计中发现的问题，各地都能高度重视、深刻剖析、认真整改、严肃处理，从而保证了复垦项目的顺利实施。

（六）资料、文档管理到位

文档资料的管理工作是整个复垦项目实施过程的最后环节，对于编制规划、布置任务、检查核实、总结经验、舆论宣传等具有重要意义。

在编写可行性研究报告阶段，各地就收集了项目区有关土地、人口、气候、水文、基础设施、生活状况等一系列资料，绘制了现状图和规划图，拍摄了影像资料。在项目实施阶段，根据文档管理的有关规定，将各项工作开展、完成情况记录在案，归并整理。如项目区大都在显著位置设立了公告牌，说明项目的承担单位、投资规模、规划范围、

实施日期、工程内容和数量、预计效益等内容，让干部和群众一目了然；有的项目区将实行招投标制、监理制的相关文件、决议、合同、执行过程等资料由专人收集、记录；各种施工过程，也都摄影、录像，并制作成光盘，进行保存。项目完成后，由专业测量单位将实际完成情况绘制成竣工图，以便对照检查；竣工结算、财务审计报告等也都作为主要档案材料进行整理。

如安徽淮北、辽宁铁岭等项目区就将有关文件、资料等文字材料统一整理成册，纳入验收报告中，既规范了管理，有利于经验总结和资料查阅，又方便了检查验收工作的开展。

四、存在的主要问题

虽然土地复垦项目取得了不小的成绩，但目前还存在着一些薄弱环节和不容忽视的问题：复垦任务与投资规模不相适应，投资缺口大，影响了项目质量和标准；财政资金到位普遍滞后，影响了计划的完成和工程进度；个别地区对土地复垦认识不统一，部门间配合欠默契，地方财政配套困难较大；个别地区由于缺乏工作经验，档案资料的收集、整理工作有待完善 。这些问题不同程度地影响了项目顺利实施。

可喜的是国家农业综合开发办公室已发现了这些问题，并在制度建设、项目管理等环节加以完善：如通过减少年度项目治理面积、扩大投资规模的手段，提高项目建设质量和标准；通过国土资源部门与财政部门联合、逐级上报的形式和将地方配套资金纳入同级财政预算的方式，解决地方财政配套资金无法到位的问题……

在总结 2004 年土地复垦工作取得的成绩、经验与不足的基础上，国土资源部农业综合开发办公室将进一步认真贯彻有关精神，通过加强组织管理和监督检查，与有关部门进一步沟通联系等，解决工作中存在的各种问题，做好今后的土地复垦工作。

（国土资源部农业综合开发办公室供稿，朱晓冬执笔）

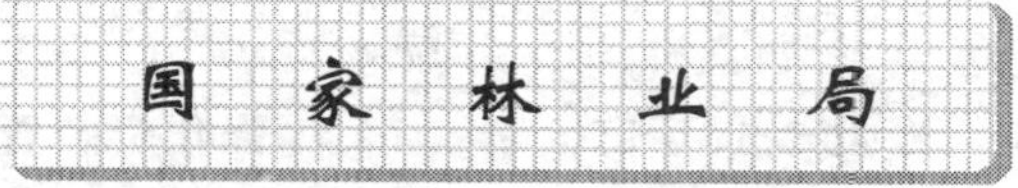

国家林业局

2004 年，国家林业局农业综合开发办公室深入贯彻中央农村工作会议及全国农业综合开发工作会议精神，继续坚持以改善区域生态环境，提高农业综合生产能力、调整农业产业结构和促进农民增收为根本任务，组织实施了农业综合开发林业项目。其中，林业生态示范项目以长江中下游及两湖一库地区、太行山区、黄河故道及西北沙区为重点区域，进行山水田林路综合治理；名优经济林花卉示范项目以经济效益为中心，大力扶持地方名特优新经济林品种，调整和优化农业和农村产业结构，促进农民增加收入。

一、基本情况

在各级党委、政府的领导下，在各级农发办和财政部门的支持下，林业部门和项目区人民群众共同努力，已基本完成 2004 年各项任务和投资计划。

（一）投资完成情况

经国家农发办批准，2004 年下达林业项目计划总投资近 3.7 亿元，其中：中央财政资金 1.57 亿元，地方配套资金 1.06 亿元，自筹资金 1.02 亿元，银行贷款 190 万元，其他资金 253 万元，群众投工投劳 196.33 万工日，折资 4 849.2 万元。据统计，全年实际完成总投资 3.45 亿元，完成计划的 93.44%，其中：中央财政投资 1.57 亿元，完成计划的100%；地方配套投资8 837.1万元，完成计划的83.1%；自筹资金9 551.82万元，完成计划的93.32%；银行贷款190万元，完成计划的100%；其他投资310万元，完成计划的122.53%；群众投工投劳237.22万工日，折资5 234.98万元，完成计划的107.96%。2004年，农业综合开发林业项目共涉及25个省（区、市）195个县（市）。

（二）项目建设情况

2004年，农业综合开发林业项目共下达计划任务200.97万亩，实际完成建设任务211.35万亩，占计划下达的105.16%，全面完成全年建设任务。

1. 林业生态示范项目。实际完成建设任务197.5万亩，其中：防护林142.87万亩，用材林9.05万亩，薪炭林1.7万亩，种草3.73万亩，工程固沙0.83万亩，经济林（不含名优经济林花卉项目）5.52万亩，幼林抚育33.8万亩。项目建设以营造防护林为主体，多林种、多树种合理配置，乔灌草、带网片有机结合，把造林绿化与改善生态环境，发展项目区经济结合起来。同时，在项目选择上，充分考虑项目的集中连片治理，突出规模效益。

2. 名优经济林花卉示范项目。实际完成建设任务13.85万亩，其中：水果6.13万亩，干果2.95万亩，木本油料0.38万亩，竹类2.1万亩，药材1.12万亩，茶叶0.07万亩，花卉0.45万亩，其他项目1.1万亩。从项目布局来看，按照《国家农业综合开发部门管理试行办法》的要求，根据不同区域的产品优势，适应加入世界贸易组织后农产品生产的需求变化，确立其项目建设重点，集中完成了精品水果、花卉等项目，同时充分考虑到示范项目的连续性，完成续建项目12个，占2004年项目总数的14.63%。

二、主要做法及取得的成效

（一）主要做法

1. 加大改革力度，积极整合现有项目。按照国家农业综合开发办公室关于项目整合的要求，国家林业局在认真总结的基础上，结合林业重点工程及农业综合开发林业项目的总体布局，充分研究并提出了农业综合开发林业项目的具体整合意见，即：将原长江防护林建设、太行山绿化、防沙治沙示范项目整合为林业生态示范项目。

2. 加强领导，落实责任。项目区各级党委和政府对农业综合开发林业项目非常重视，把这一项目建设作为改善生态环境，调整农业产业结构，促进地方经济发展和农民增收的重点工程，切实加强领导，真正做到“总体规划有位置，年度计划有安排，日常工作有活动”，确保了工程建设质量。许多项目县都成立了以主管领导为组长，林业、财政、农发等部门负责人为成员的项目建设领导组，有效加强了各部门间的沟通协作，落实建设责任，保证了工程建设顺利实施。

3. 加强项目管理，严把项目审核关。严格要求各省按照《国家农业综合开发项目和资金管理暂行办法》，认真做好省内农业综合开发项目报批工作。林业生态示范项目要求必须编制项目实施方案，落实项目建设具体地点，对一些重点项目区采取连续几年安排资金的做法，做好规模效益。名优经济林花卉示范项目申报要出具项目可行性分析研究报告，并在上报前要经过专家评审论证，项目实施单位要求必须是具有法人责任制的企（事）业单位。

4. 强化资金管理，提高资金使用效率。进一步加强了资金管理力度，要求各项目实施单位严格按照国家农业综合开发资金管理有关规定，对项目实行专账核算、专人管理、专户储存，坚持实行县级报账制，确保项目资金的安全运行和有效使用。

5. 抓好科技推广，注重业务培训。要求各项目单位切实提高工程的科技含量，坚持把科技兴林作为提高工程建设水平的关键措施来抓，要有计划、有规模地进行新品种的引进工作，围绕项目建设，多形式、多层次地抓好技术培训。要注重引进和发展名特优新品种，推广先进适用技术，要在良种繁育、苗木栽培、经营管护等各个环节加大科技力度，采用和推广林业科技成果和新技术，提高项目建设水平，推进农业综合开发经济林及花卉建设机制创新。

（二）取得的成效

在项目建设中，由于坚持高起点、高标准和高质量，工程建设取得了比较明显的生态、社会和经济效益。

1. 生态环境得到改善。各地在项目的实施中，把项目建设与当地生态工程，特别是水土保持结合起来，坚持山水田林路综合治理，为农业生产提供了良好的生态屏障。全年新增有林地面积 92.4 万亩，控制水土流失面积 375.52 万亩，治理沙化土地面积 31.38 万亩，长江防护林项目区森林覆盖率由 2003 年底的 25.89%，提高到 26.08%，提高了 0.19 个百分点；太行山绿化项目区森林覆盖率由 2003 年底的 26.3%，提高到 26.33%，提高了 0.33 个百分点。

2. 经济效益显著提高。通过项目的实施，各地建立了一批名优经济和木本粮油示范基地。据测算，项目区每年增加干鲜果品 1.55 亿公斤，木本粮油（折油）35 万公斤，药材 4 551.7 万公斤，竹材 108 万根，竹笋 888 万公斤，茶叶 17 万公斤，鲜切花 4 155.83 万枝，盆花 1 256.57 万盆，新增产值 7.29 亿元，新增利税 3.64 亿元，农民人均收入稳定增加。

3. 社会效益十分明显。项目实施后，可有效控制项目区水土流失，改善生态环境，提高农业综合生产能力。同时，通过高标准建园，推广良种，科学管理，综合改造等配套技术措施，给山区农民树立了榜样，起到了很好的示范带动作用，极大地调动了干部群众的积极性，吸引了社会各方面的投入，对加快该地区林业综合开发和广大群众脱贫致富的步伐，对经济发展都将产生很大的促进作用。

三、存在的问题及整改措施

（一）存在的问题

1. 中央财政资金到位迟。2004 年度农业综合开发林业项目资金于同年 9 月批复，项目资金下达较迟，对林业项目配套资金的争取和工程实施的整体进度都产生了很大影响，造成苗木准备工作不充分，当年任务完成有困难，名优经济林花卉示范项目还款周期缩短等问题。

2. 地方财政配套资金难以足额及时到位。虽然近几年国家农业综合开发办公室连续调整了中央财政资金与地方财政的配套比例，但从 2004 年统计数据来看，一些财政困难的地区仍然普遍存在地方配套资金落实难（特别是在地、县级财政），配套资金不能及时、足额到位的情况，严重影响了农业综合开发项目建设的规模或质量。

3. 基地建设与产品加工脱节。各地在名优经济林和花卉项目建设中，比较重视基地建设，忽视加工，特别是初加工，即产后处理，系列配套的加工技术相对滞后，影响了经济林项目产业化的进程。

4. 治理区域不集中，项目安排不连续，很难实现规模效益。目前，农业综合开发林业项目建设范围虽然相对集中，但具体到各省的年度项目安排上则较分散，各项目县年均投资量少，项目实施缺乏连续性，造成项目安排过于分散，不能够形成规模效益，其示范辐射面受到很大限制，带动作用不明显，很大程度上降低了农业综合开发项目的示范作用。

（二）整改措施

1. 进一步规范项目前期工作。一是加强项目立项环节。根据农业综合开发林业项目指导思想和原则，严格要求各省（区、市）按照规定上报计划，并严把审核关。在项目选择上做到公开、公平、公正，切实提高项目编报质量，规避投资风险，全面提升项目的综合效益。二是进一步完善项目库制度。要把农业开发项目库建设作为项目管理的重要环节，入库项目必须经过筛选，并经过专家评审论证，坚决克服仓促立项、临时突击的项目计划编报情况，减少和避免由于选项仓促所造成的决策失误。三是继续加强对农业综合开发项目的评审，明确要求各省对上报项目进行严格评估论证。国家林业局农发办在各省评审结果的基础上，再组织有关专家，单位进行再次审核，保证所选项目的质量。

2. 强化各级管理部门的职责。国家林业局农发办应把工作的重点放在宏观政策的把握上，加强政策研究，制定符合林业实际的农业综合开发政策以及对项目和资金的检查验收等工作。而对具体项目的选择、项目县的确定、一般项目的评审论证则主要由各省林业主管部门承担，充分发挥省级林业主管部门的作用。各项目县的林业、财政、农发部门要相互配合，认真负责，充分发挥职能部门的管理作用，对项目申报立项审批、有偿和无偿资金管理使用、项目实施全过程等方面加强监督检查，实行项目定期检查制、项目末位淘汰制。项目实施单位要严格按照国家批复的计划施工，在项目实施中积极推行项目法人制、招投标制、项目监理制和项目资金公告制，切实提高项目的建设质量。

3. 加强项目和资金管理。要严格按农业综合开发项目资金管理办法，规范项目管理程序。针对检查中发现的问题，对有关单位提出整改要求。要求各级主管部门要重视项目档案管理工作，指派专人负责，各类材料及时归档。各项目单位要严格执行有关财务制度，强化资金管理。要切实提高财务管理水平，建立健全资金管理和监督制度，杜绝资金滥用、不合理票据列支等问题的发生。

4. 采取有效措施保证地方配套资金的落实。地方配套资金落实不好，是部门项目中比较突出的问题。对此，一是要求各地林业部门加强与财政部门的协调，积极争取落实地方配套资金，将部门项目的地方财政配套资金纳入本级财政预算；二是在资金分配、项目选择上向配套能力强的地区和项目倾斜；三是协调国家农发办提早下达资金计划指标，以便各地及时争取财政配套资金；四是积极向国家农发办反映情况，区别不同地区，对配套比例和有偿资金比例作适当调整，从根本上解决配套难的问题。

（国家林业局农业综合开发办公室供稿，王新凯执笔）

第四部分

基层农业综合开发工作交流

构建管理制度体系　确保农业综合开发“三个安全”

湖北省枝江市农业综合开发办公室

自1989年被纳入国家农业综合开发项目县以来，湖北省枝江市顺应农业综合开发事业深入发展的要求，着力加强农业综合开发制度建设，先后在宜昌市内率先实行了农业综合开发财政资金县级报账制和项目专管员制度，创新试行了项目立项招标制、工程决算中介审计制，严格执行了国家农业综合开发项目和资金公示制、资金管理“三专制”、工程建设招投标制、工程监理制、项目法人制和项目验收制等制度。经过16年的不懈努力，基本建成了较为完备的农业综合开发管理制度体系，为实现农业综合开发资金使用、项目运行、人员廉政等三个方面的可靠安全提供了有效的制度保障。

一、实施各项资金管理制度，保障农发资金使用安全有效

把农发资金管理使用好，防止违规违纪现象的发生，必须坚持资金管理程序化、规范化，做到公开透明，多方监督。

一是坚持实行农发资金管理“三专制”。农发资金专人管理、专账核算、专款专用“三专制”的实施，首先从财务基础工作上有效避免了挪用、截留、浪费资金现象的发生；其次为县级报账制的严格执行打下了良好基础，确保了资金报账的真实性、合理性、合法性和专款专用。

二是深化农发财政资金县级报账制。枝江市在实行县级报账制的过程中，切实有效地实施了“六控”：不符合项目计划要求和资金使用规定的，不予报账；工程施工不实行合同制或招投标制的，不予报账；对项目资金计划不公示，没有公示手续的不予报账；没有中介审计机构出具审计报告的，不予报账；验收不合格的，不予报账；违反财务制度，手续不全的，不予报账。同时，实行县级报账制使项目资金直达建设单位，减少了中间环节，从而避免资金被截留和挪用。

三是对工程竣工决算实行中介审计。枝江市对农业综合开发项目工程竣工决算引进中介审计，以保证工程决算的公正、客观。这一做法对于加强项目资金监管、规范县级报账制度和项目验收制度，起到了“清源头、省资金、促规范”和“廉政透明、节约开支”的作用，使农发部门对工程建设既做到清清楚楚管理，明明白白“埋单”，又减少了不必要的损失浪费，加强了廉政建设。

四是推行项目和资金公示制度。项目和资金公示制度的实施，增强了项目区所在乡镇干部群众对农业开发的关切度、知晓度、参与度，体现了农民群众在农业综合开发中的主体地位，提高了农民群众参与开发的热情，加大了社会舆论和农民群众对农业综合开发工作的监督力度，有利于解决项目区建设中的热点和难点问题，保证农发资金真正用在项目上，用在刀刃上，达到预期的开发效益。

二、实施项目管理的各项制度，保障项目实施和运行安全有效

农业综合开发只有建设质量优良、经济合理、经久耐用的工程，才能发挥长期效益，实现农业增效、农民增收的目的。要把每个项目建设好，就必须在农发项目实施全过程的各个环节都制定严格的管理制度。

一是严格实行项目乡镇法人制。从2004年开始，枝江市把农发管理职责放在市农发办，把项目实施建设的职责交由项目所在乡镇政府承担，明确了项目建设单位与管理单位、施工单位、监理单位

之间的权利义务、责任追究等相互关系。权力下移，强化了乡镇建设项目的责任，克服了以往农发办包揽项目建设具体事务，既当运动员，又当裁判员的弊端，有效地解决了权责不分，职责不明，乡镇积极性不高，农发办想管管不了，乡镇想管无权管的问题，形成了主管部门和建设单位的开发合力。

二是推行工程建设招投标制。招投标制是体现公开、公平、公正原则，优选施工队伍的“阳光操作”，能有效防范腐败，避免“豆腐渣”工程和浪费国家建设资金现象的发生，并为保证工程质量和进度及节约建设资金提供有效的保障。因此，实际工作中，凡达到招标标准，适宜公开招标的项目，枝江市农发办均严格按照招投标法，配合市招投标中心通过招标确定施工单位。

三是试行工程监理制。对工程质量的社会中介监督和专业监督的引入，提高了农发项目质量监督的技术水平。由于中介监理人员采取现场旁站等形式进行质监，有效地把好了“五关”，即材料合格关、工程进度关、工程工序关、工程量的增减关、工程竣工验收关，保证了工程建设质量和资金使用效益。

三、实行各项内部管理制度，保障农发工作人员廉政安全

农发部门是改善农业基本生产条件，提高农业综合生产能力，确保国家粮食安全，促进农民增收的重要力量，担负着把公共财政的阳光洒向农民群众的光荣任务，因此倍受社会各界特别是农民群众的关注。农发工作人员的形象，直接影响到党和政府在农村和农民心目中的形象。

在实际工作中，枝江市农发办结合贯彻国家农业综合开发各项资金和项目管理制度，建立健全内部管理的系列规章制度，努力用制度约束人、规范人、引导人，加强干部队伍作风建设，确保工作人员勤政廉洁。

一是实行了《枝江市农发办岗位工作责任制》和《工作人员实绩考核办法》。《岗位责任制》明确了每个工作人员的职责，达到事事有人抓、件件能落实的管理要求；《工作人员实绩考核办法》按照日常性工作实行差错管理、指标性工作实行量化管理、能动性工作实行激励管理、挑战性工作实行招投标管理的考核机制，对全体农发工作人员从“德、能、勤、绩、廉”等五个方面进行细化考核，实行奖惩挂钩，保证了农业综合开发各项工作高效有序地开展。

二是签订了《党风廉政建设目标责任书》。通过与市财政局党组签订《党风廉政建设目标责任书》，落实了党风廉政建设的工作目标、领导责任以及每个工作人员的具体责任。

三是制定和实施了《枝江市农业综合开发项目专管员管理办法》。该办法对农发项目专管员的选任，专管员的工作职责、工作程序，权利与义务、考核与奖惩作了具体制定。从近一年来的执行情况看，实行农发项目专管员制度，对于强化从项目前期准备到项目实施、资金报账、项目验收的全过程监督管理，强化质量监督力度，增强工作人员廉洁敬业意识，落实管理责任，提供优质服务，都取得了良好效果。

通过严格执行内部管理制度，既明确了工作人员职责，又加大了监督和处理力度；对违纪违法现象既处理事情，又处理人员，多管齐下，数制并举，制约了不良现象的发生，较好地维护了财政部门的廉政勤政形象。这样，农发机构内部管理制度与项目、资金管理制度一起，共同构成了相互配合的农业综合开发管理制度体系，既保证了农发项目实施运行安全、资金使用安全，同时也保证了农发工作人员的勤政廉政安全。

发挥农业综合开发优势　大力发展优质粮食生产

河南省新乡市农业综合开发办公室

新乡市辖两市六县四区，区域面积 8 169 平方公里，总耕地 581.5 万亩，总人口 556.7 万人，其中农业人口 435.8 万人，占全市总人口的 78.2%。作为农业大市和粮食主产区，新乡一直是国家及河南省农业综合开发的重点投入地区之一。自 1988 年实施农业综合开发以来，累计投资 5.72 亿元，改造中低产田 241 万亩，新增粮食生产能力 36 万吨，新增棉花生产能力 1 万吨，新增油料生产能力 3.5 万吨，占同期全市新增生产能力的 40% 左右。2004 年全市粮食总产达到 295.53 万吨，较 2003 年增长 5.3%，创近年来最好水平；全市农民年人均纯收入达到 2 748 元，同比增长 14.1%，其中项目区农民年人均纯收入 2 964 元，高出全市平均水平 216 元。农业综合开发已成为该市农业和农村经济发展重要的助推力量。

一、强化农业基础设施建设，提高粮食生产能力

新乡作为粮食主产区，始终把大力发展粮食生产，保证国家粮食安全，增加农民收入视为己任。为夯实农业发展特别是粮食生产的基础，改善农业生产条件，他们以改造中低产田为重点，实施了大规模的土地综合治理。全市农田水利基本建设的小型水利工程和田间配套工程，多数由农业综合开发来承担。通过对土地集中连片治理，水利、农业、林业措施的综合配套，有效地改善了项目区农业的生产条件，增强了抗御自然灾害的能力，农业尤其是粮食生产能力明显提高。许多项目区经受住了特大旱涝灾害的考验。2004 年农业综合开发项目区用不足全市 43% 的耕地面积，生产出了占全市粮食总产 68% 的粮食。通过农业综合开发，拉动全市粮食总产由开发前的年产 17.9 亿公斤，先后登上年产 22 亿、24 亿和 30 亿公斤三个台阶。

二、实施粮食优质化工程，推进农业产业化经营

早在上个世纪五、六十年代，新乡就与石家庄、烟台并称全国三大小麦高产区。但由于各种原因，新乡小麦始终没有形成一个优势产业，农民增产不增收的矛盾十分突出。近年来，在农业综合开发项目的拉动下，新乡优质小麦产业红红火火，种植面积迅速发展到 300 余万亩，成为新乡农业和农村经济发展的一大支柱产业，其主要做法有三点。

一是围绕两大基地建设，加快结构调整，做强做大优势产业。新乡市把调整优化优势农产品的区域布局，加快优质粮食生产加工基地和优质畜产品生产加工基地建设，作为农业综合开发的战略性任务和工作的突破口来抓。在安排农业综合开发项目时，始终坚持围绕这两大基地做文章，通过集中扶持，促进优质粮食产业化发展。2004 年全市优质小麦收获面积达到 322 万亩，占全市麦播面积的 73%，总产 131 万吨，占全市夏粮总产的 75.5%，其中优质麦商品率达到 95% 以上，成为全国最大的优质小麦生产基地市。仅优质专用小麦一项，农民就累计增收 5 亿元。

二是扶持龙头企业和农民专业合作经济组织，提升粮食产业增值空间。近年来，新乡市出台了一系列扶持龙头企业和农民合作经济组织快速发展的意见和措施，从征用土地、争取项目、协调贷款、硬件建设、区域形象树立等多层面、全方位为企业营造宽松环境。培育打造了一批生产规模大、带动能力强、经济效益好、市场前景广泛的龙头企业。河南金粒麦业公司按照“公司 + 专业协会 + 农户”的组织形式，与 10 万户农民签订了产销定单，建

基地60万亩，对农户种粮实行企业化管理。同时，金粒麦业公司通过大力开展以套期保值为主的期货交易，实现了单纯现货交易向期货、现货并举的跨越，有效规避了价格风险，增加效益600余万元，向农民二次返利70余万元，定单农民首次享受了流通环节的利润。2004年全市优质小麦定单面积达到153.7万亩，占优质麦播种面积的47.7%。

三是依托项目优势，搞好品种选育和统一供种，推进规模化种植。新乡市按照“专家推荐、实验示范、市场认可、农民欢迎”的原则，选择豫麦34、高优503、郑麦9023等优质专用小麦品种，在项目区进行试验示范，筛选择优，并建立良种繁育田，实行统一供种，使产量优势转化为商品优势。在2004年全市发生严重冻害近100万亩受灾，其中9万亩绝收的情况下，项目区由于实行统一供种和指导群众适时播种管理，无一亩发生冻害。2004年全市优质麦统一供种面积达到252.9万亩，占播种面积的78%。

三、依靠科技进步，提高优质粮产业的市场竞争力

粮食产业是一个资源消耗型产业，在有限的水土资源条件下，要实现粮食的持续增产增效，根本的出路是依靠科技进步，提高粮食产量和品质。

一是建立高科技示范园区。通过产业示范和提升科技水平，带动优质小麦的发展。新乡农业综合开发部门在国家和省里的支持下，投资2 963万元，先后建立了原阳国家级优质小麦生产示范基地、油坊生态农业示范园区、唐庄高效农业示范园区、古固寨及翟坡节水灌溉农业示范园区和原阳林场生态农业示范园区等不同类型的示范园区，在全市率先引进推广优质小麦的种植，示范推广了墒情预报节水灌溉、生物农药、节氮施肥等一批先进适用技术，降低了生产成本，提高了粮食产量，促进了农民增收。

二是充分发挥人才优势，实施产学研相结合，为优质粮食生产提供技术支撑。新乡市的科技人才资源十分雄厚，仅中科院及农科院就有多家研究所百余名专家长期驻扎在该市。新乡市农发办采取多种措施，充分调动科技人员参与农业综合开发的积极性，鼓励他们将最新科研成果在农业综合开发项目区内组装配套，推广应用，产生了良好的经济和社会效益。近几年来，利用科研部门的科技成果，新乡的农业综合开发加大了科技含量较高的管道输水投入，全市共完成喷灌、滴灌、地埋管道输水建设面积13万亩。节水措施的实施，使项目区灌水量由原来的每亩地130立方米，降为现在的60立方米，灌溉水利用系数由原来的0.5提高到0.85，年节约灌溉用水1 950万立方米，相当于一个小型水库。

三是加强对农民的科技培训。实施农业综合开发以来，市农发办每年投资50万元，对农民进行技术培训，把实实在在的农业科技送到乡村农户、田间地头。2004年在长垣县满村项目区推广了测土配方施肥技术，使农民了解到，盲目施肥不但造成资金的浪费，同时造成土地板结，影响产量和质量。技术培训使农民学科学用科学的自觉性空间高涨，科学种田水平明显提高。

四、加强组织领导，把农业综合开发作为确保粮食安全，促进农民增收的关键措施来抓

为充分发挥农业综合开发在保证粮食安全和促进农民增收中的重要作用，新乡市始终自觉地把农业综合开发置于全市农村工作全局中统筹考虑，加强领导，认真组织，精心部署，强力推进。

一是统筹安排，实行目标管理。新乡市市县两级都建立了农业综合开发领导小组及其办事机构，建立工作责任制，实行目标管理，为农业综合开发提供组织保障。市县财政预算每年保证配套资金足额到位，16年来，市县财政配套资金达6 248.8万元。市四大班子领导经常深入项目区检查指导工作，提出指导性意见。

二是坚持以人为本，树立科学的发展观。自觉把开发建设任务与广大农民的需要结合起来，通过项目实施和带动，让更多的农民得到实惠，更多地体现农民意愿，维护农民利益。在实际工作中，土地治理项目坚持以“农民要办”为前提，扩大农民参与权，编制项目计划，不搞行政命令。产业化项

目坚持以带动农民增收为重要的立项申报条件，鼓励龙头企业与农民建立稳定的利益联接机制。真正把开发项目办成民心工程、德政工程。

三是创新机制，严格管理，不断提高开发水平。首先是加强项目的前期工作。在项目选择上建立了自下而上择优选项的竞争机制：县乡申报项目时，市开发办都要求其提供三个备选项目；市开发办在充分调查的基础上，根据申报项目的资源条件、开发效益、自筹资金、政策处理等情况，优选后上报省开发办审核。之后认真落实项目公示制，使群众了解国家开发政策，自觉筹资投劳。其次是强化项目中期管理和竣工验收。对于项目主体工程施工单位的选择采取公开招标的方式确定，在项目建设中推行工程监理制、项目主管部门检查和群众监督相结合的方法，对监理部门进行再监督。根据国家开发办和省有关规定，制定了《新乡市农业综合开发项目资金验收办法和验收标准》，按照“指标量化，分段验收，百分考核，年度总评”的办法，实行百分考核，严格验收，避免验收“走过场”。第三是严格资金管理，坚持执行“三专”管理，全面实行县级报账制、资金公示制和审计制。第四是开展工程建设“回头看”。在认真总结以往工程管护经验教训的基础上，从2004年开始对以往的建设项目“回头看”，探索建立行之有效的工程管护形式，确保建成项目后长期有效发挥作用，群众长期收益。第五是加强协调配合，努力形成领导关心重视，部门协调一致，广大农民群众自觉参与的良好工作氛围。

创新管理机制　提高项目建设的质量和效益

内蒙古自治区赤峰市松山区农业综合开发办公室

地处内蒙古自治区东部、赤峰市南部的松山区，是国家商品粮基地县和自治区山区综合开发重点县。近年来，松山区农业综合开发工作确立了“尊重农民意愿，注重因地制宜，侧重规模开发，突出扶持重点，加大科技投入，坚持效益优先”的工作原则。在项目选择上，对水源条件好、土地集中连片、规划布局合理、干部群众积极性高、自筹资金能力强的乡镇优先立项；在项目建设上抓住进度和质量这两个关键环节；在资金管理上狠抓核算和监督这两个工作重点。有效的管理机制，保证了项目建设的质量和效益。2004年，松山区2001—2004年农业综合开发项目顺利通过自治区和国家农发办的验收，并获得两级验收组的好评。

松山区创新管理机制的做法和经验主要有以下几个方面：

一是建章立制，责任到岗、到位、到人。建立了农业综合开发领导小组岗位责任制、开发区乡镇领导岗位责任制和工程技术及施工人员岗位责任制等3个岗位责任制。制定并完善了《农业综合开发相关部门考评及奖惩办法》、《农业综合开发乡镇考评及奖惩办法》、《农业综合开发办公室考评及奖惩办法》、《项目建成后管护办法》、《工程队管理办法》和《工程质量监督检查验收》等5个管理办法。这些制度与办法分别以政府文件、政府办公室文件、农业综合开发领导小组文件等形式颁布实施。为使这些制度和办法便于操作和运用，还制定了实施细则，把各项具体工作任务指导细化到各项制度和办法中去，按照不同的责任对象，确定相应的奖励办法并确保奖罚兑现。这种责任明确、奖罚分明的制度化管理，为松山区农业综合开发精品工程和建设奠定了制度、责任基础。在开发措施上，为确保工程的顺利实施和任务的全面完成，实行干部包户的目标管理机制，把农业综合开发工作完成的情况同政绩考核、年终奖惩挂起钩来。农发办在人员少、缺经费的情况下，领导和业务干部全部吃住在工程施工现场，分工包干。

二是严格实施“两不准、三必须、四有、五统一”的质量监督体系，严把工程质量关，这是松山区做好农业综合开发工作的原因所在。坚持执行“统一规划设计、统一技术规范、统一质量标准、统一组织实施、统一检查验收”的五统一原则和田成方、林成网、路相通、管相连的建设标准。在项目规划阶段，始终倾听群众的意见，紧紧围绕广大农民利益这个中心，以群众满意为标准。在工程施工过程中，坚持执行了“两不准、三必须、四有”的规定。“两不准”：一是材料未经质检，不准进入工地；二是上道工序完成后未经验收，不准进行下道工序。“三必须”：一是材料必须是优质，二是设备必须先进可靠，三是施工必须按操作程序进行。“四有”：一有工程设计报告，二有施工合同，三有质检制度，四有竣工报告和验收报告。这些规定的严格执行保证了工程质量。

三是实行招投标管理制度，使有限的资金发挥最大效益。在物资供应上，按照“公开、公正、透明”的原则，全部实行政府采购。在地埋管道、水电设施等物资采购过程中，由政府采购部门带领项目区乡镇领导、项目区负责人采取询价——即货比三家的办法确定供货厂家，厂家与项目区所在乡镇、村直接见面，合同签订时由公证部门现场公证；在农田防护林建设中，对所需苗木按相应政府采购程序确定供货单位，达到标准、符合要求、价格又最低者为苗木供应商；在新打机电井和修建防渗渠过程中，考虑到各项目区水源、地势、自然条件的不同，采取公开竞标方法。

四是创新工程管护机制，确保已建成工程设施长期发挥效益。“电工只管抽水不管修，只管挣钱不管丢，丢了设备群众买，坏了设备大伙修”，这些现象一直是困扰农业综合开发工程管护的一个难题。为了破解这一难题，让农业综合开发富有生命力，充满活力。松山区农发办在农业综合开发过程中积极探索产权制度改革，按照“谁开发、谁投资、谁受益”的原则，确定了一系列优惠政策。对农业综合开发所建设的水利工程、农田防护林工程全部实行租赁、出售、民办公助的产权制度改革，建立起了一套责、权、利相统一的运营机制。木头沟乡把项目区新打配的机电井和项目区内农田防护林整体出售，拍卖给农户。村委会在确定水价并建立取水用水制度后，产权一次性转移给购买者，明确了管护主体。河南营子乡项目区新打配机电井及相关配套部分由民间资本解决，按照农业综合开发项目建设标准及项目区具体要求组织施工、建设。完工后由项目区给予一定补偿，产权归建设者所有。城子乡喇嘛扎子项目区按股份制形式进行造林和产权制度改革，进一步明确了工程管护主体，落实了工程管护责任，提高了工程的运行质量和管护水平。这些创新的管理机制充分调动了群众管好、用好工程设施的积极性和自觉性，延长了工程的使用寿命。

五是严格项目资金管理，坚决杜绝挤占、挪用等违纪违规行为，确保资金打造精品工程。资金管理是项目建设的重要环节，松山区在农业综合开发中完善资金管理，规范资金运行，在严格执行“专户拨款、专款专用、专账核算、专人管理”的基础上，建立区、乡、村三级资金管理体系，全面实施农业综合开发资金报账制。具体做法是，财政无偿资金由区财政报账，有偿资金和群众自筹资金由乡镇财政所报账，群众投工投劳由项目区核算记账。其他还有，有偿资金按期还款承诺制，群众自筹资金报账制等一系列制度和措施。这些制度、措施使农业综合开发的资金事前、事中、事后全过程都得到有效控制和监督，提高了资金使用效率。在有偿资金回收上，采取年初制定分月还款计划；回收任务分解到部门，落实到人头；将欠款大户作为清收重点，专项推进；以及绩效与再投入相结合，还款与再扶持相联系的激励机制，加大了有偿资金的回收力度。2001年至2004年共偿还资金1 090.33万元，100%地完成了上级下达的有偿资金还款任务。

以市场为导向　充分发挥示范作用

山东省日照市农业综合开发办公室

山东省日照市国家农业综合开发高新科技示范项目自2001年1月立项批复实施以来，按照“科学论证、统筹规划、因地制宜、突出重点、创新机制、精心组织”的原则，严格落实工作目标责任制，不断强化措施，加大工作力度，全力抓好项目实施。到2004年底，已完成投资2 339.71万元，占项目计划总投资的103%，圆满完成了建设任务，取得明显成效，示范推广新品种、新技术30余个（项），辐射带动面积10万多亩，年可为农民增加收入1 000余万元，较好地发挥了试验示范和龙头带动作用，实现了项目持续发展和示范带动的双赢目标。园区也先后被省政府、日照市人民政府、市农业局、市财政局、市科技局等部门（单位）授予“引进国外农业新技术新成果示范园”、“市级农业龙头企业”、“第五期农业综合开发先进单位”、“农业科技示范园区”等荣誉称号，成为山东农业大学、维坊职业学院校外实验（习）基地，并被日照市科技局指定为“市级植物组织培养工程技术研究中心”。

一、加强人才队伍建设，不断为项目实施注入生机和活力

科学技术是第一生产力，人才是第一位的。在项目实施中，园区管理部门不断加大对科技人才的引进培养力度，先后从山东农大、莱阳农学院等高等院校选聘花卉、园林、蔬菜、农业机械等专业的优秀毕业生23名，并为他们办理了档案、户口等相关手续，解除其后顾之忧。同时，加强了对他们的知识培训，根据项目区需要，有计划地选派部分技术骨干到中国农科院、中荷农业部——上海园艺培训中心、山东农业大学等单位“充电”，并适时组织项目区技术人员参加博览会、展销会等，开阔眼界，解放思想，提高业务技术水平。到2004年底，园区已有“安祖花鲜切花工厂化无土栽培技术”等4项科技成果通过省级鉴定，达到国内领先技术水平；“东方百合日光温室周年栽培技术”等3项科技成果通过市级鉴定，达到省内先进技术水平；在市级以上学术报刊发表论文12篇，其中9篇获市级以上优秀科技论文奖。

二、加强科技合作与交流，积极引进新品种、新技术

依靠科技是现代农业发展的根本出路，以市场为导向抓好新品种、新技术的引进则是实施农业高新科技示范项目的基础和前提，是带动传统农业向现代农业转变的重要保障。基于这一认识，在加强与中国农科院蔬菜花卉研究所、作物育种栽培研究所、郑州果树所等单位科技合作与交流的同时，积极走出去，通过领导搭桥、中介引荐、参加展览会等方式，先后又与中国农业工程学会、清华大学、南京林业大学、山东农业大学、潍坊职业学院、中荷农业部——上海园艺培训示范中心及一些国际上比较知名的大公司建立了合作关系，积极开展技术交流，引进、消化、吸收现代农业新技术、新品种、先进设施和科学管理模式。项目实施以来，共开展技术交流40余次，引进农作物、经济林、蔬菜、花卉、绿化苗木等新品种及相关栽培技术95个（项），提高了项目区农业的科技含量，加快了现代农业发展步伐。如温室内由于综合运用了空气气体调质机、纯净水处理设备、水肥配比滴灌系统等先进栽培生产设施，鲜切花质量有了明显提高，达到与荷兰安祖等国际一流公司并驾齐驱的水平，

产品供不应求。

三、完善经营管理体制，建立与市场经济相适应的运行机制

实现农业高新科技示范项目良性运转的关键是建立符合市场经济要求的运行机制。项目园区按照现代企业管理制度要求，进一步改革完善了管理体制，成立了日照卉达园景科技发展有限公司，逐步建立起产权清晰、职责明确、自主经营、自负盈亏的经营机制，已建成的工程设施全部得到了充分有效的利用，无荒废闲置现象。在搞好新品种、新技术示范推广，发挥好社会效益的同时，注重提高自身经济效益，增强再服务功能，走自我积累、滚动发展的路子，呈现出前景好、后劲足的良好发展势头。目前，园区已繁育各类优质苗木30多个品种50多万株，年培育销售各类名优花卉90万支（盆），2004年实现综合销售收入300万元，2005年可达500万元。园区已成为全省规模最大、档次最高、特色鲜明的鲜切花种植示范基地，并靠过硬的产品质量和诚信服务在北京、上海、杭州、大连、青岛等大中城市站稳了脚跟，叫响了品牌，形成了影响。园区所产鲜花已成为中南海接待外宾首选切花产品。同时，安祖花、东方百合无土栽培、舞女文心兰切花生产填补了省内“空白”，并达到国内先进水平。

四、按照现代农业发展要求，充分打造好成果转化平台

一是高标准建设好科技生产示范基地。以农业新技术、新品种引进试验、示范推广和标准化生产为重点，坚持把发挥试验示范带动作用作为项目建设的根本要求来抓，着力加强蔬菜、花木、经济林、农作物等示范基地建设，搞好示范引导，有效地解决农民“不敢想、不敢干、不会干”的问题，使高新科技示范项目区真正成为农民的依靠、农业的支撑、科技的龙头。以发展“订单农业”为目标，按照绿色无公害蔬菜生产技术规程示范种植的萨菲罗、格兰特、麦卡比、考曼奇等五彩甜椒新品种，实现了高产高效，产品加工后出口到日本、俄罗斯、东南亚等地，产生了较强的吸引力，带动了日照、南湖、河山、两城、秦楼及碑廊6个镇（街道）20余个蔬菜生产村共同发展。二是利用植物组培、嫩枝扦插、分株等现代繁育手段，加快优质种苗快速扩繁步伐。组培中心建成投产后，利用组织培养技术，对花卉、绿化苗木和优质果树苗木等珍稀品种进行了快速扩繁，已培育安祖花、美国红栌等新优品种29个，并进行了大面积推广。同时，对曼地亚红豆杉、常春藤、金叶过路黄等新品种绿化苗木，采用嫩枝扦插等现代繁育手段，加快了新品种繁育步伐，满足了农民生产需求，带动了以项目区为中心、以204国道为轴线的万亩花木产业带建设，建成了山东省规模最大的龙柏生产基地。

五、利用各种形式，加大科技推广应用力度

一是积极发挥项目的示范样板作用，通过现场讲解，引导农民群众大胆应用现代科学技术。项目区已先后接待前来参观学习的种植户63批5 000多人次。二是采取举办培训班等方式加大科技推广应用力度。为更好地服务农民、推广科技，依托现有项目基础，在区委组织部的帮助下，建成了区级农村党员干部科技培训示范基地，根据节令农事和农民生产需求，定期、不定期地举办蔬菜、花卉等栽培管理技术培训班，并以国内外专家来项目区指导为契机，举办各类栽培技术培训班21期，培训人员3 000多人次。三是深入田间地头，搞好科技服务。为及时解决农民在生产中遇到的技术难题，市农发办多次组织技术骨干到有关镇、街道指导生产，受到了群众的一致好评，培植带动起日照街道和南湖镇蔬菜生产基地建设、三庄和河山镇苹果产业化经营、黄墩镇日本栗标准化生产、两城和西湖镇桑蚕生产，形成了特色鲜明的区域经济，成为农民群众致富的支柱产业，促进了全区特色农业的健康快速协调发展。

六、发挥好项目的市场、信息优势，做好龙头带动文章

在科技示范推广服务中，通过提供种苗、开展

技术“一条龙”服务、鼓励扶持一批带头户等方式，加大新品种、新技术的推广应用力度。在推广方式上，以培植大户为重点，靠大户去宣传、去影响、去带动、去集聚，拉长产业链，拓宽市场面，靠集群效应提高抗御市场风险的能力。科技致富能手范丰佃在园区的帮助下，租了10亩地，园区则从大棚建设、蔬菜栽植、日常管理等方面全力给予扶持和技术指导，使其建设的5个棚收入达6万余元。同时，充分发挥项目的信息和市场网络优势，加快产品统一销售工作。截至2005年4月，项目园区已无偿帮助农民销售黄莺、百合、玫瑰等鲜切花20多万支，蔬菜500多吨，绿化苗木100余万株，增加农民收入近300万元，有力地促进了全区特色产业的快速发展。

加强项目实施管理　提高项目建设质量

山东省济宁市农业综合开发办公室

山东省济宁市地处鲁西南，是全省乃至全国重要的优质粮棉生产基地和优势主产区。2004年，济宁农发管理部门认真贯彻国家和省关于农业综合开发的方针政策，坚持以改造中低产田，强化农业基础设施和改善生态环境为重点，努力提高农业综合生产能力，不断创新开发机制，强化项目管理，建设了一批高标准农业综合开发项目区。

一、基本概况

济宁市2004年土地治理项目计划改造中低产田18.2万亩，涉及11个县市区的17个乡镇，总投资6 535万元。通过精心组织，认真实施，全市共疏浚渠道647.3公里，衬砌渠道23.51公里，硬化道路440.4公里，新打机井743眼，修复旧井428眼，埋设管道292.9公里，新建桥涵闸4 347座，修建排灌站13处，共植树94.6万株，举办技术培训41 160人次，示范推广面积2.74万亩。纵观全市农业综合开发工作，呈现以下主要特点：

一是搞好农业综合开发的积极性空前高涨。由于各县市区领导重视农业综合开发工作，2004年度的开发项目，各县市区都是在计划未下达的情况下，提前一年就动工搭建了方田框架的。许多项目乡镇主要领导对农业综合开发工作非常重视，放在心上，握在手里，落实到行动上，以农业综合开发为龙头带动全盘工作。鱼台县项目区农民开发热情高，积极筹资投劳，人均40多元的自筹资金，在几天内一户不少地全部筹集到位。

二是农业综合开发项目区质量标准进一步提高。县市区各项目区之间的差距明显缩小，涌现出一大批新的先进典型。打破了多年来部分县因资金困扰长期落后的局面。金乡、汶上等县后来居上，开发水平大步上升，走到全市的前列。兖州等先进县市的开发水平又有了新的提高。邹城市PVC铺设，任城、微山的硬化渠，兖州的林网建设，梁山、任城的硬化道路，鱼台排灌站建设等成为全市农业开发的亮点，全市的农业综合开发呈现出你追我赶的喜人局面。

三是资金管理更加规范。各县市区资金到位率比较好，严格实行“三专”管理制度，全面实行了县级报账提款制。积极推行会计电算化，基本杜绝了“白条”现象，财务管理水平提高很快。尽管有些县财政比较困难，但也能按照要求完成配套资金及各类开发资金的拨付，为农业综合开发工作提供了有力支撑。

四是科技开发成效显著。为提高农业综合开发科技含量，增强开发后劲，各地强化了科技措施，以项目实施为依托，大力推广先进适用的农业技术，特别是标准化生产技术和新品种引进，组织农技人员深入田间地头，对农民开展实用技术培训。微山县依托山东农业大学、省农科院等科研单位实施建设了植物组培中心，为项目区提供了芦笋、水生植物等优质种苗，不仅提高了农业科技的应用水平，而且有效地推进了结构调整步伐。

二、主要工作措施

（一）抓好项目前期工作，强化农业综合开发基础

农业综合开发项目实施得好不好，与项目的前期工作有着直接的因果关系。为此，济宁市把项目建设的前期工作紧紧抓在手上，紧密结合项目建设的实际，深入贯彻国家和省农业综合开发的立项政策，科学规划论证，为建设高标准项目区，实现农民增收、农业增效，探索出了一条新路子。

一是抓宣传，营造浓厚的开发立项氛围。通过加大宣传力度，争取各级领导与社会各界的高度重视、关心和支持。立项前把开发目的、意义、标准、要求和项目建设的政策讲清楚，并通过电视、广播、宣传册，让群众了解、参与开发立项过程，使群众真正了解开发、认识开发，提高了农民参与开发的积极性，实现了从“要我开发”到“我要开发”的可喜转变。

二是抓竞争立项，选好项目乡镇。在选定项目区的诸多因素中，把当地党委、政府主要领导的开发积极性作为首选条件。另外注意项目区的当地条件、群众基础、乡镇财力等因素。县项目办制定竞争立项办法，实行公开、公平、公正竞争，最后综合考虑，确定开发项目乡镇。

三是抓工程规划设计科学化。工程规划设计是建设高标准项目区的基础。要实现项目建设目标，必须以国家项目建设标准为准则。所有工程由项目建设单位委托专业人员进行设计。抓好建设方案的严格审核把关，确保设计方案最优。立项过程中，组织农业专家到项目区实地考察，既提高了工作效率，又做到了各司其责协同规划的目的。规划设计坚持高起点，打破原来的条条框框，以重整山河的气魄高标准统一设计。提倡“一二四”的开发模式，即一路两沟四行树。结合项目区不同的类型和各项目区群众的生产、生活需要，统一规划，统一建设标准，同时注意集中清理项目区的杂树、废弃桥、涵、机井、机房等，做到科学规划，合理布局，使项目区面貌焕然一新。

四是抓可行性研究报告和实施方案的编写质量。认真选择有相应资质的设计单位，设计人员先实地勘察，然后严格按照有关行业规范、规程和技术标准进行工程设计，按照国家现行的预算编制规定和定额标准编制造价。在项目评估上，实行严格的项目评估责任制，规范评估程序，确保论证评估的效果。近年来，济宁市认真总结过去项目建设的经验和教训，非常重视实施方案的编写工作，市里专门制定下达了“实施方案编写提纲”，统一了标准要求，为项目的顺利实施奠定了坚实的基础。

（二）抓好项目的实施管理，是建设好项目的关键环节

为了进一步加强农业综合开发项目工程建设的管理，使农业综合开发项目工程建设逐步做到法制化、规范化，保证农业综合开发工程建设质量和投资效益，济宁市主要采取了以下措施：

一是抓集中会战，搭建高标准项目区框架。农业综合开发工作面广、量大，任务重、要求高，要保证工作的正常开展，必须强化领导，抓好集中会战打好基础。在项目的实施过程中，市农发办坚持承包责任制，并层层签订责任状，做到责任明确，一级抓一级。市和项目县都成立了农业综合开发领导小组，项目乡镇成立了农业综合开发会战指挥部，一把手亲自抓，分管领导重点抓，有的项目县还把农业综合开发项目建设工作作为领导干部政绩考核的重要指标。对于动用土方大，劳动强度高的方田道路工程，各项目县采取组织群众集中会战的方式进行施工，会战以乡镇为单位，实行“四统一”，即统一工程设计，统一组织发动，统一标准质量，统一指挥作战。

二是抓招投标制，实行竞争性开发。为防止出现“人情工程”和不合格工程，所有项目工程都公开招标，择优确定施工队伍。在工程建设中统一工程标准，明确责任，强化督导，严格把关。对于平整土地，修筑道路，开挖沟渠，栽植林木等工程，

由乡镇与村签订工程施工协议。对于铺设 PVC 管道、新打机电井、修建桥涵和防渗渠等工程的合同管理及物资设备采购，凡是能实行招标的全部公开招标。招投标制度的实行，避免了工程项目的暗箱操作，既为项目工程质量提供了保障，又有效地节省了开发资金，同时从制度源头上防止了腐败。

三是抓项目资金管理，提高资金使用效益。开发资金是投入“硬件”，决定项目成败。各级财政部门积极履行资金管理职责，认真执行国家和省里制定的一系列资金管理规定。项目资金的管理做到了专账、专户、专人的“三专”管理，建立了专项调度提款制度，市财政将开发资金直接拨付到县农业综合开发专户，缩短了资金拨付渠道和时间，从而保障了资金专款专用。坚持实行县级报账提款制度，严格工程报账提款程序。认真抓了配套资金的落实，做到了及时足额，坚持了资金拨付手续。根据项目建设进度和招标合同，资金跟着项目走，工程竣工验收后，及时将资金拨到项目建设单位。同时又注意了资金管理制度建设，通过培训和深入基层指导，提高了基层财务管理人员的素质。

四是抓工程监理，确保施工质量。为使农业综合开发项目工程监理工作进一步制度化、规范化，认真落实《国家农业综合开发土地治理项目工程建设监理办法（试行）》的要求，首先各项目县市都统一制定了“工程技术规范”和“工程建设技术标准”，使项目实施有章可循。其次为切实搞好工程监理工作，经与省水利厅协商，济宁市成立了鲁西监理分公司，负责济宁市的监理工作。曲阜市在引水工程施工建设中，首先与监理公司签订合同。监理公司派专员看现场，审图纸，检测材料，并严格按照施工程序，进行监理。

对于开发项目投资额较小，达不到 10 万元以上的单项工程，大部分县区采取聘任具有相关资格的水利工程师对项目进行监督的办法。监督员认真负责，每项工程每个环节都由监督员签字验收，确保每一项工程都有一名人员跟踪监督施工。同时大部分项目乡镇还聘请县、乡人大代表、政协委员、群众代表为义务监督员，并设立了工程质量举报电话，发动群众监管，对发现的不合格工程限期返工，保障了工程质量。另外还注重抓了项目法人制、项目资金公示制落实等。

五是抓检查监督，促项目建设平衡发展。在春季和冬季，市里每年都组织联查联评，由农业开发、财政和市直农口的有关部门专家参加。联查联评实行记名记票办法，对农业、林业、水利等项目建设的数量和质量逐项打分，同时对资金管理情况，招标文件、合同工程相关资料及宣传工作和项目运行管护等逐项打分。联查联评结果，通报全市，并作为下次安排项目的重要依据。联查联评极大地促进了全市农业综合开发工作，呈现出你追我赶的竞争局面，原来工作被动的县后来居上，原来工作好的县锦上添花。

（三）抓好项目的运行管护，是农业综合开发项目工程长期发挥效益的根本保障

一是进一步强化项目工程管护的责任意识。不断加大对项目工程管护的宣传力度，使项目区广大干部群众充分认识到，管护工作关系到每个人的切身利益，人人有责，不应该“要我管”，而是“我要管”，增强了做好管护工作的责任意识。各项目县、乡都制定了项目建后运行管护办法，不断加大对管护工作的管理力度，积极探索项目管护工作新思路，努力改变建设与管护脱节的状况，实现建管并重。通过宣传和制度建设，努力做到一年建设，长期使用，形成农业综合开发项目管护的良性循环，进一步提高了农业综合开发的整体水平。

二是坚持边建边管，实现建管紧密衔接。农业综合开发项目建设竣工后，经验收合格，县开发管理部门及时向项目乡镇办理资产移交手续，此后，乡、村、组根据自身实际情况，落实管护主体，逐级交付使用。管护主体明确后，做到谁收益谁负担，以工程养工程，实现自我积累和自我发展。

三是积极稳妥探索各种切实有效的管护模式。按照“因地制宜、积极引导、典型带动、逐步推广”的原则，在确保项目区农村稳定和农民获利的前提下，积极试行多种形式的产权制度改革。对不同工程，采取集体统管、租赁承包经营、拍卖个体经营、农民用水者协会经营等管护模式。例如，济宁市林网的权属收益管护基本分三种情

况：一种是产权收益归村集体。这种情况占项目区林网的20%，在管护上由乡镇、村两级护林员管护。护林员工资、管护用具由乡村共同解决。对林网树木遮荫问题，在调整责任田时就留出了遮荫地。第二种情况是产权及收益是村集体与农户进行分成的（一般6:4）。这种管理模式占项目区林网的50%，在管护上由村户共同管理，共同收益。第三种情况是将建成的田间林网分段拍卖给个人，产权收益归个人，并签订合同，一定10—20年。这种管理模式占项目区林网的30%，在管护上以个人管理为主。以上三种管护形式，都涉及到乡镇、村集体和农户的切身利益，所以管护的主动性与自觉性都比较高，目前整个项目区林网的保存率达到95%以上。

第五部分

重要法规选编

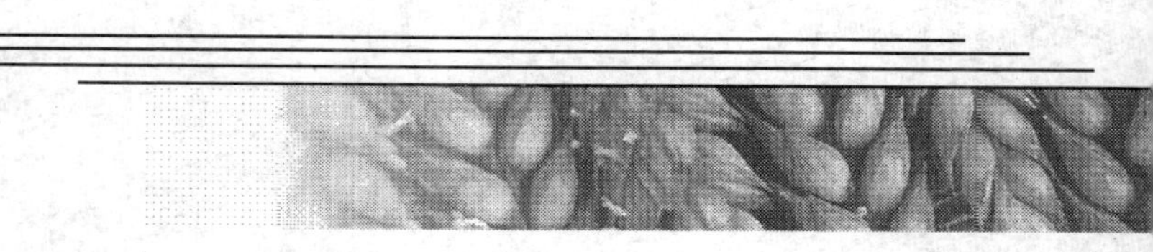

财政部关于印发《国家农业综合开发投资参股经营试点管理暂行办法》的通知

（2004 年 8 月 26 日　财发［2004］24 号）

河北、内蒙古、辽宁、吉林、安徽、河南、湖北、四川、云南、新疆省（区）财政厅、农业综合开发办公室：

为规范农业综合开发投资参股经营项目和资金管理，现将《国家农业综合开发投资参股经营试点管理暂行办法》印发给你们，请遵照执行。执行中有何问题和建议，请及时反馈我部。

附件：国家农业综合开发投资参股经营试点管理暂行办法

附件

国家农业综合开发投资参股经营试点管理暂行办法

第一章　总　　则

第一条　为规范农业综合开发投资参股经营项目和资金管理，完善“国家引导、配套投入、民办公助、滚动开发”的投入机制，根据农业综合开发及国家相关法规制度，特制定本办法。

第二条　本办法所称农业综合开发投资参股经营项目（简称投资参股经营项目），是指中央和地方各级财政资金以参股形式投入的农业综合开发产业化经营项目。

第三条　投资参股经营应遵循以下原则：

1. 自愿申报、平等竞争、择优扶持；
2. 谁投资、谁所有、谁受益、谁承担风险；
3. 政企分开、委托监管、授权运营；
4. 先易后难、稳步推进、适时退出。

第四条　实行投资参股经营的项目，地方财政应按规定安排配套资金投入。中央和地方财政按其实际投入比例分享投资收益、承担投资风险。

第五条　投资参股经营项目原则上应安排在农业综合开发县，并实行一年一定的办法。

第六条　投入到投资参股经营项目中的财政资金原则上只参股，不控股，财政（农发）部门根据需要授权资产运营机构进行资本运营，不介入企业具体生产经营活动。

第二章　项目申报和审批

第七条　实行投资参股经营的项目，必须具备以下条件：

1. 属于国家农业综合开发产业化经营项目；
2. 项目资源、技术或行业优势明显，产品有市场、有发展潜力，投入产出比较效益高；
3. 项目辐射面广，能带动农民增收、农业增效；
4. 项目申报企业是依法注册的公司法人，产权明晰、管理规范，有良好的资产负债状况，资信度高，近两年连续盈利。

第八条 中央财政每年专项安排农业综合开发投资参股经营项目资金。各省、自治区、直辖市和计划单列市级（以下简称省级）财政（农发）部门根据需要据实申报项目。

第九条 省级财政（农发）部门要在规定时间内申报投资参股经营项目，同时提交以下材料：

1. 项目可行性研究报告和专家初步论证意见；

2. 项目申报企业近两年的财务会计报告和企业法人资信材料；

3. 中介机构出具的项目申报企业近两年财务审计报告；

4. 项目申报企业同意国家参股的承诺文件；

5. 其他相关材料。

第十条 项目评审审定。投资参股经营项目采取自下而上逐级申报的办法。所有中央财政资金投资参股经营项目，经省级农发办初选后，报国家农发办评审审定。

第三章 管理职责

第十一条 建立权责明确的投资参股经营项目国有资产管理、监督和运营体系，明确有关各方的职责。

第十二条 国家农发办的主要职责：

1. 确定投资参股经营项目中央财政资金投资规模；

2. 审批中央财政资金投资参股经营项目；

3. 委托省级财政（农发）部门对财政资金投资参股经营项目实行监管；

4. 负责中央财政资金国有股权处置的审批。

第十三条 省级财政（农发）部门的主要职责：

1. 按照评估权限组织项目的初步评估论证，编制上报投资参股经营项目等有关材料；

2. 接受国家农发办委托，对财政资金投资参股的项目通过授权资产运营机构实行监管；

3. 负责地方财政资金国有股权处置的审批和中央财政资金股权处置方案的核报；

4. 负责资产运营机构的选定并对其投资参股项目的资产运营情况进行考核。

第十四条 省级财政（农发）部门应将投资参股项目财政资金及时拨付到位。凡有违反规定挤占、挪用的，必须如数追回，并依法追究有关人员的责任。

第十五条 建立国有资产的跟踪问效机制。省级财政（农发）部门每半年向国家农发办报送国有资产运营情况报告，国家农发办对国有资产运营情况定期进行跟踪问效。

第四章 国有股投资收益管理

第十六条 用于投资参股财政资金形成的投资收益，由省级财政（农发）部门与资产运营机构每年按照实际收益率计算和收缴。

第十七条 资产运营机构与项目实施企业之间，按照《公司法》有关规定确认国有股投资收益。

第十八条 因不可抗力等因素导致国家投资参股经营的企业清算破产的，按照国家有关规定处理。

第五章 国有股权转让管理

第十九条 建立国有股权适时退出机制。项目建成并正常运转后，国有股权应按照公共财政职能要求和市场经济原则，适时从项目实施企业退出。中央财政投资参股资金原则上采取签订回购（转让）协议的方式退出，由资产运营机构根据企业实际状况与项目单位签订回购（转让）协议，确定退出期限，并报国家农发办核准。

第二十条 国有股权转让应按照国家有关企业国有产权转让管理的规定执行。中央财政资金投入形成的国有股权，转让前须经国家农发办审核同意；地方财政资金投入形成的国有股权，转让前须经省级财政（农发）部门审核同意。

第六章 附　则

第二十一条 试点地区可根据本办法，结合本地区实际情况，制定具体实施办法，报财政部备案。

第二十二条　本办法从2004年起在试点地区执行。

财政部关于印发《关于加强农业综合开发专项科技示范项目运行监管和农发国有资产处置管理的指导意见》的通知

（2004年9月28日　财发［2004］29号）

各省、自治区、直辖市、计划单列市财政厅（局）、农业综合开发办公室（局），新疆生产建设兵团财务局、农业综合开发办公室，农业部财务司、农业综合开发办公室：

国家农发办扶持的专项科技示范项目，包括高新科技示范项目和科技推广综合示范项目，所投入的中央财政无偿资金形成大量国有资产（以下简称农发国有资产）。为确保已建成项目正常运行并切实发挥效益，避免随意处置农发国有资产等问题，我们在充分调查研究和广泛征求各有关部门意见的基础上，研究制定了《关于加强农业综合开发专项科技示范项目运行监管和农发国有资产处置管理的指导意见》。现印发给你们，请遵照执行。执行中有何问题和建议，请及时反馈我部。

附件：关于加强农业综合开发专项科技示范项目运行监管和农发国有资产处置管理的指导意见

附件

关于加强农业综合开发专项科技示范项目运行监管和农发国有资产处置管理的指导意见

1999年以来，国家农发办扶持的专项科技示范项目，包括高新科技示范项目和科技推广综合示范项目，所投入的中央财政无偿资金形成大量国有资产（以下简称农发国有资产）。为确保已建成项目正常运行并切实发挥效益，避免随意处置农发国有资产等问题，必须加强项目运行监管和农发国有资产处置管理。根据《关于改革和完善农业综合开发若干政策措施的意见》（财发［2003］93号）、《行政事业单位国有资产处置管理实施办法》（国资事发［1995］106号）以及《国有资产评估管理若干问题的规定》（财政部令［2001］14号），现就有关工作提出如下指导意见。

一、加强已建成专项科技示范项目运行监管

充分发挥已建成专项科技示范项目的科技示范辐射作用，促进农业增产，农民增收，是项目建设的根本目标。地方各级农发办事机构要克服“重申报、轻管理”，“重投入、轻效益”的倾向，把发挥已建成科技示范项目的作用放在比建设更为重要的位置。要重视项目运行的监管，如发现已建成项目未能发挥应有作用乃至运行停滞、工程设施闲置的，要认真查找原因，督促县级农发办事机构及项目经营单位有针对性地采取补救措施。凡经营机制不活的，要转变机制；项目经营单位经营不力的，

要更换经营单位；技术依托单位技术力量薄弱的，要更换技术依托单位；经营方向与市场脱节的，要及时转变经营方向。工程设施确实不能发挥效益的，要按照有关规定，采取公开拍卖、协议转让等形式，及时进行产权转让，盘活资产。正在建设的专项科技示范项目要引以为戒。

二、加强农发国有资产处置管理

（一）管理范围

纳入农发国有资产处置管理范围的资产限于经营性农发国有资产，即能直接产生经济效益，兼有经营性和公益性特征的资产。主要包括：设施农业示范基地、养殖场所建设和养殖设备购置、加工场所建设及加工设备购置、组培中心、工厂化育苗、苗圃、购置仪器设备、排灌站、机电井、购置农业机械等。

根据各个项目中央财政无偿投资中投入上述范围的份额确定该项目农发国有资产的额度。

对具有公益性特征，不能直接产生经济效益的非经营性资产，包括灌排渠道、节水设施、桥涵闸、机耕路、防护林等，原则上比照农业综合开发土地治理项目形成的资产进行管理，明晰产权归属，落实管护主体，办理移交手续。

非经营性资产及未能形成资产的补助性投入，包括技术引进费、技术示范费、技术推广费、技术培训费、前期工作费、贷款贴息等，不纳入农发国有资产处置管理范畴。

（二）管理原则

对于纳入农发国有资产处置管理范围的资产，不实行投资参股的方式，国家也不参与资产经营收益分配，项目经营单位必须遵循“可以无偿使用，但不可无偿转让，不能作为个人或企业的股份”的原则进行管理。

（三）管理机构及职责

1. 农发办事机构设在财政部门的，农发国有资产暂由农发办事机构进行管理；农发办事机构未设在财政的，农发国有资产暂由财政部门进行管理，财政部门管理力量不够的，农发办事机构指定专人协助（以下简称农发国有资产管理部门）。条件成熟时交由国有资产管理机构进行管理。不再新成立农发国有资产运营机构或管理机构。

2. 在农发国有资产交由国有资产管理机构管理之前，农发国有资产管理部门代表国家对农发国有资产行使管理职能。各级农发国有资产管理部门的职责如下：

国家农发国有资产管理部门主要负责：制定农发国有资产处置管理政策法规，汇总全国农发国有资产登记、变动、注销情况，不定期抽查农发国有资产运行情况，对省级农发国有资产管理部门批准的农发国有资产处置方案保留复决权，提出上缴中央财政的农发国有资产处置收益的分配方案等。

省级农发国有资产管理部门主要负责：组织界定农发国有资产，汇总上报全省农发国有资产登记、变动、注销情况和农发国有资产认定书，农发国有资产处置审批，收缴农发国有资产处置收益，监督检查全省农发国有资产运行情况等。市级农发国有资产管理部门要积极配合上述工作。

县级农发国有资产管理部门主要负责：配合上级农发国有资产管理部门界定农发国有资产，负责农发国有资产登记、评估、编制资产认定书等基础管理，审核上报农发国有资产经营单位提出的农发国有资产处置方案，收缴农发国有资产处置收益，监管农发国有资产运行情况。

3. 农发国有资产经营单位要认真执行有关政策规定，加强工程管护和维修，延长工程使用年限，管好用好农发国有资产，确保农发国有资产的安全、完整、正常运行，提高农发国有资产使用效益。

（四）资产界定

对已竣工并通过省级验收的项目，由省级农发国有资产管理部门根据项目计划、项目实施情况及确定的经营性农发国有资产的范围，组织力量逐个、据实界定农发国有资产的额度，并确定农发国有资产具体体现在哪些工程设施和设备上。

（五）资产登记

1. 农发国有资产使用登记。按农发国有资产界定的范围由项目经营单位逐一填写农发国有资产登记表，并填写有项目经营单位签字的农发国有资

产认定书。农发国有资产登记表格式见附表 1，农发国有资产认定书格式见附件。

2. 农发国有资产变动登记。农发国有资产发生出售、转让、拍卖等情形，按农发国有资产评估确认结果进行变动登记，填写资产变动登记表。农发国有资产变动登记表格式见附表 2。

3. 农发国有资产注销登记。农发国有资产被处置、全部毁损、达到使用年限、所占土地被征用等，按规定进行注销登记，填写资产注销登记表。其中设施类资产的使用年限为 15 年，设备类资产的使用年限为 5 年。农发国有资产注销登记表格式见附表 3。

农发国有资产经营单位发生解散、依法撤销、破产等行为，农发国有资产管理部门收回农发国有资产，另行处置。

（六）资产评估

1. 资产评估的事由。农发国有资产经营单位有下列情形之一时应进行资产评估：农发国有资产拍卖、转让、出售、抵押、担保，经营单位被兼并、出售、破产，其他应评估事由。

2. 农发国有资产评估的组织。县级农发国有资产管理部门委托评估中介机构（须有国家或者省级政府颁发的国有资产评估资格证书）评估，评估程序、方法等由县级农发国有资产管理部门审核。

3. 农发国有资产评估程序。农发国有资产经营单位向县级农发国有资产管理部门提出申请，提交评估理由和相关资料；评估中介机构接受委托进行评估并提交评估报告；县级农发国有资产管理部门对评估中介机构资质、评估程序、方法等进行确认。

（七）资产处置

1. 农发国有资产处置的方式。包括资产的转让、出售、拍卖等。

2. 农发国有资产处置程序。农发国有资产经营单位向县级农发国有资产管理部门提出农发国有资产处置申请；县级农发国有资产管理部门审核并逐级上报农发国有资产处置申请；省级农发国有资产管理部门对农发国有资产处置申请进行审批，并报国家农发国有资产管理部门备案；国家农发国有资产管理部门收到省级农发国有资产管理部门批准的资产处置方案后，在 1 个月内下达复核意见。如在 2 个月内未下达复核意见，视为同意该方案。

3. 农发国有资产处置收益的处置。农发国有资产处置收益上缴中央财政。

农发国有资产所占土地被征作它用，土地征用方应对农发国有资产进行补偿，补偿费用上缴中央财政。

经营单位发生对外租赁、承包等经营行为，属农发国有资产产生的收益，应用于科技推广服务功能的配套完善及现有的设施和设备的维护。

（八）几项具体要求

1. 对已通过省级验收的专项科技示范项目，各省（区、市）要按照本指导意见的要求，抓紧做好农发国有资产的界定和登记工作，并将一应材料于本指导意见下发之日起 3 个月内报国家农发办备案。对正在建设中的专项科技示范项目，在项目竣工并通过省级验收后半年内履行有关程序。

2. 各省（区、市）要客观真实界定农发国有资产。如发现有弄虚作假现象，要予以更正，并追究相关人员的责任。

3. 各省（区、市）可根据本指导意见，制定农发国有资产处置管理的具体办法。地方财政无偿投资形成的农发国有资产处置管理参照本指导意见执行。

附：农发国有资产认定书

附表 1：农发国有资产登记表

附表 2：农发国有资产变动登记表

附表 3：农发国有资产注销登记表

附

农发国有资产认定书

单位：千元

项目名称______________________________

项目建设地点____________________________

项目经营单位____________________________

项目经营单位资产总额：

项目经营单位负债总额：

其中：农发国有资产总额：

其中：1. 设施农业示范基地：计划数（　　）界定数（　　）

2. 养殖场所建设和设备购置：计划数（　　）界定数（　　）

3. 加工场所建设和设备购置：计划数（　　）界定数（　　）

4. 组培中心：计划数（　　）界定数（　　）

5. 工厂化育苗：计划数（　　）界定数（　　）

6. 苗圃：计划数（　　）界定数（　　）

7. 购置仪器设备：计划数（　　）界定数（　　）

8. 排灌站：计划数（　　）界定数（　　）

9. 机电井：计划数（　　）界定数（　　）

10. 购置农业机械：计划数（　　）界定数（　　）

11. 其他资产：计划数（　　）界定数（　　）

农发国有资产管理部门审定意见：　　　　（签字盖章）

农发国有资产经营单位认定意见：　　　　（签字盖章）

附表 1

农发国有资产登记表

（二〇〇　年度登记）

金额单位：千元

<table>
<tr><td>项目名称</td><td colspan="3"></td><td>项目地址</td><td colspan="2"></td></tr>
<tr><td>经营单位所有制形式</td><td colspan="2"></td><td>开户银行</td><td></td><td>账　号</td><td></td></tr>
<tr><td>初始经营日期</td><td></td><td>注册资本</td><td colspan="2"></td><td>注册号</td><td></td></tr>
<tr><td>主管部门</td><td colspan="6"></td></tr>
</table>

<table>
<tr><td>项　　目</td><td>经营单位申报</td><td colspan="2">农发国有资产管理部门核定</td></tr>
<tr><td>资产总额</td><td></td><td colspan="2"></td></tr>
<tr><td>负债总额</td><td></td><td colspan="2"></td></tr>
<tr><td>农发国有资产总额</td><td></td><td colspan="2"></td></tr>
<tr><td colspan="2">农发国有资产经营单位意见</td><td colspan="2">农发国有资产管理部门审定意见</td></tr>
<tr><td colspan="2">（公章）
经办人：　　负责人：
年　月　日　　年　月　日</td><td colspan="2">（公章）
经办人：　　负责人：
年　月　日　　年　月　日</td></tr>
</table>

附表2

农发国有资产变动登记表

金额单位：千元

<table>
<tr><td>项目名称</td><td colspan="3"></td><td>项目地址</td><td colspan="2"></td></tr>
<tr><td>经营单位所有制形式</td><td colspan="2"></td><td>开户银行</td><td></td><td>账　号</td><td></td></tr>
<tr><td>初始经营日期</td><td></td><td>注册资本</td><td colspan="2"></td><td>注册号</td><td></td></tr>
<tr><td>主管部门</td><td colspan="6"></td></tr>
</table>

<table>
<tr><td rowspan="2">项　目</td><td rowspan="2">最后一次登记数</td><td colspan="2">变动后数额</td></tr>
<tr><td>经营单位申报</td><td>农发国有资产管理部门核定</td></tr>
<tr><td>资产总额</td><td></td><td></td><td></td></tr>
<tr><td>负债总额</td><td></td><td></td><td></td></tr>
<tr><td>农发国有资产总额</td><td></td><td></td><td></td></tr>
<tr><td>变动产权原因</td><td colspan="3"></td></tr>
</table>

<table>
<tr><td>农发国有资产经营单位意见</td><td>农发国有资产管理部门审定意见</td></tr>
<tr><td>（公章）
经办人：　　　负责人：
年　月　日　　　年　月　日</td><td>（公章）
经办人：　　　负责人：
年　月　日　　　年　月　日</td></tr>
</table>

附表 3

农发国有资产注销登记表

金额单位：千元

项目名称			项目地址		
经营单位所有制形式		开户银行		账　号	
初始经营日期	注册资本			注册号	
主管部门					

项　　目	上一次审定数	终止时账面数	确认评估结果
资产总额			
负债总额			
农发国有资产总额			

序号	处置方式	农发国有资产处置金额	
		经营单位申报	农发国有资产管理部门核定
1			
2			
3			
4			
被处置农发国有资产总额			
注销原因说明			

农发国有资产经营单位意见	农发国有资产管理部门审定意见
（公章） 经办人：　　负责人： 年　月　日　　年　月　日	（公章） 经办人：　　负责人： 年　月　日　　年　月　日

财政部关于做好2004年度农业综合开发资金决算工作的通知

(2004年12月3日　财发［2004］70号)

各省、自治区、直辖市、计划单列市财政厅(局)、农业综合开发办公室，新疆生产建设兵团财务局，农业部农垦局：

为做好农业综合开发资金决算编报工作，提高决算编报质量，现对2003年农业综合开发资金决算编报(以下简称“决算编报”)情况进行通报，同时对2004年决算编报的有关事宜提出要求。

一、2003年决算编报情况

2003年，各省、自治区、直辖市、计划单列市(以下简称各地区)和各部门紧紧围绕新时期农业综合工发工作的中心任务，加强资金投放、使用和回收管理，提高资金使用效率，较好地完成了各项任务。2004年上半年，各地区和各部门均向国家农业综合开发办公室(以下简称“国家农发办”)报送了本地区、本部门2003年度农业综合开发资金决算。全国大部分地区和部门能够按照《财政部关于做好2003年度农业综合开发资金决算编制工作的通知》(财发［2003］95号)要求，按时完成资金决算编报工作。报送的资金决算格式较规范、数字较准确、内容较详实、分析较透彻，资金决算编报工作质量比上年有较大提高，为及时汇总和深入分析2003年度全国农业综合开发资金决算奠定了基础。但也有个别地区和部门对资金决算编报工作不重视，编报质量不高：一是上报不及时，超过规定期限；二是编报口径不一致；三是表内或表间数字不对应，缺乏勾稽平衡关系；四是有关情况说明不够完整，分析不够透彻；五是报表格式不够规范，印章等手续不齐备。

根据《农业综合开发资金决算和项目统计工作评比暂行办法》(财发字［1998］49号，以下简称《暂行办法》)，国家农发办对各地区和各部门上报的2003年度农业综合开发资金决算情况进行了评比，评选出17个省(自治区、直辖市)为2003年度农业综合开发资金决算编报工作先进单位，其中：获一等奖的有黑龙江省、湖北省、湖南省，获二等奖的有山西省、辽宁省、河南省、河北省、天津市、陕西省，获三等奖的有安徽省、江苏省、浙江省、山东省、甘肃省、吉林省、贵州省、新疆自治区。另外，深圳市、江西省、广东省、厦门市、重庆市因未在规定时间内报送，被取消评比资格。此次评比结果，将作为分配2005年中央财政农业综合开发资金的重要依据之一，希望各地区、各部门高度重视此项工作，加强领导，精心组织，进一步提高决算编报质量。

二、2004年决算编报工作要求

(一)加强对决算编报工作重要性的认识。资金决算编报工作是农业综合开发资金、财务管理的一项重要基础性工作，决算编报质量直接关系到资金和财务管理信息的真实性和准确性，对加强农业综合开发资金管理至关重要。各地区和各部门必须进一步提高对资金决算编报工作重要性的认识，切实加强对资金决算编报工作的领导，精心组织，真正把此项工作抓实抓好。

(二)认真做好各项基础工作，不断提高微机操作水平。在资金决算编报前，要按照编审要求，认真做好各项资金的清理、结算和对账工作，为做

好资金决算工作打好坚实基础；在资金决算编报过程中，要本着高度负责的态度，严把质量关，从政策、技术、逻辑等方面对本级和下级报送的报表进行认真审核，确保数字真实、准确，并在此基础上对年度资金预算的执行情况进行认真分析，针对工作中存在的问题提出相应措施和建议。为加快农业综合开发会计电算化进程，要抓紧应用农业综合开发会计软件，不断提高微机操作水平，规范会计核算，尽快实行农业综合开发财务信息微机联网，为提高资金决算报表编报质量提供必要的技术条件。

（三）要抓好决算布置工作。2004年农业综合开发资金决算格式随文下发（附报表参数盘），报表参数可通过久其公司网站（www.jiuqi.com.cn）下载专区下载。各地区、各部门要逐级抓好决算布置工作，明确有关编报口径和要求，进一步提高编报质量。各地区省级财政部门和中央农口部门财务机构请将决算汇总表（用A3纸，一式两份，不含基层表）连同数据库文件（包括基层数据及全省汇总数据），于2005年3月底前报送国家农发办。国家农发办将依据《暂行办法》对2004年农业综合开发资金决算编制工作进行评比。各地区、各部门可根据自身实际情况，组织开展本地区、本部门2004年农业综合开发资金决算评比工作。

（四）做好投资参股资金核算工作。为创新投入机制，2004年农业综合开发开始进行投资参股经营试点，为做好参股经营资金的会计核算工作，在资产负债表中增设“参股经营投资（资产类）”、“上级参股经营资金（负债类）”、“本级参股经营资金（净资产类）”三个一级科目（详见决算报表），为财政资金专账专用科目，按照收付实现制原则核算。

1. 收到上级财政和本级财政拨入的参股经营资金时，通过“上级参股经营资金”、“本级参股经营资金”科目核算。借记“银行存款”等科目，贷记“上级参股经营资金”或“本级参股经营资金”科目。

2. 财政资金以国有股权形式对产业化经营等项目进行投资参股时，通过“参股经营投资”科目核算。借记“参股经营投资”科目，贷记“银行存款”等科目。

3. 收到资产运营机构缴来的投资收益时，可在“其他收入”科目下增设“上级参股经营收益”和“本级参股经营收益”两个二级科目。借记“银行存款”等科目，贷记“其他收入——上级参股经营收益”或“其他收入——本级参股经营收益”科目。

4. 国有股权转让退出时，借记“银行存款”等科目，贷记“参股经营投资”、“其他收入——上级参股经营收益”或“其他收入——本级参股经营收益”科目（发生溢价购回）；企业经营不善进行破产清算时，国有股权按比例分得破产清算资金，借记“银行存款”、“其他收入——上级参股经营收益”或“其他收入——本级参股经营收益”科目，贷记“参股经营投资”科目。

5. 转给上级财政部门投资参股经营收益时，可在“其他支出”科目下增设一个“参股经营支出”二级科目。借记“其他支出——参股经营支出”，贷记“银行存款”等科目。

6. 年终结转时，将“其他收入”和“其他支出”科目下的“上级参股经营收益”、“本级参股经营收益”和“参股经营支出”全部转入“本级参股经营资金”科目。

附件：1. 2004年度农业综合开发资金决算表式

2. 2004年度农业综合开发资金决算报表编制说明

附件1

2004年度

农业综合开发资金决算表式

报送单位（签章）：

报送日期：　　年　　月　　日

单位负责人签章：　　财务负责人签章：　　制表人签章：　　联系电话：

表一

2004年农业综合开发财政资金收支决算表

单位：万元

项　目	收入数		项　目	支出数					
	预算数	决算数		预算数			决算数		
				合计	预算内	预算外	合计	预算内	预算外
一、上年结转资金			一、本年支出合计						
1.预算内结转			（一）中央立项农业综合开发支出						
其中：农业综合开发事业费			土地治理						
2.预算外结转			多种经营						
二、本年预算内收入			科技示范						
1.年初预算安排数			贷款贴息						
其中：回收有偿资金转入			其中：用于土地治理						
农业综合开发事业费			用于多种经营						
2.地方机动财力安排			用于科技示范						
3.上级专项拨款			其他						
4.农业发展基金									
5.其他			（二）地方立项农业综合开发支出						
三、本年预算外收入			土地治理						
1.农业发展基金预算外收入			多种经营						
2.上级补助			科技示范						
3.回收有偿资金转入			贷款贴息						
4.其他			其中：用于土地治理						
			用于多种经营						
			用于科技示范						
			其他						
			（三）农业综合开发事业费支出						
预算内收入小计			二、结转下年资金						
预算外收入小计			1.结转下年预算内资金						
			其中：农业综合开发事业费						
			2.结转下年预算外资金						
总　计			总　计						

表二 2004年农业综合开发预算内支出决算明细表 单位：万元

预算科目			财政拨款累计数	实际支出数				
				合 计	事业支出			专项支出
款	项	名 称			小 计	人员支出	公用支出	
		合 计						
0708		农业综合开发						
		其中：中央立项小计						
	070801	土地治理						
		其中：中央立项						
	070802	多种经营						
		其中：中央立项						
	070803	科技示范						
		其中：中央立项						
	070804	贷款贴息支出						
		其中：中央立项						
	070809	其他						
1613		农业综合开发事业费						

表三 2004年中央立项农业综合开发项目财政资金拨借情况表 单位：万元

项 目	上年结转					本年增加					本年拨出					结转下年				
	合计	上级拨借款		本级配套		合计	上级拨借款		本级配套		合计	上级拨借款		本级配套		合计	上级拨借款		本级配套	
		小计	其中：有偿资金	小计	其中：有偿资金		小计	其中：有偿资金	小计	其中：有偿资金		小计	其中：有偿资金	小计	其中：有偿资金		小计	其中：有偿资金	小计	其中：有偿资金
省级																				
其中：省本级																				
地（市）级																				
其中：地市本级																				
县级																				
合 计																				

表四

2004年农业综合开发资产负债表

单位：万元

科目编号	资产部类	年初数	年末数		科目编号	负债部类	年初数	年末数	
			冲转前	冲转后				冲转前	冲转后
	一、资产类					二、负债类			
111	现金				211	借入有偿资金			
112	银行存款				216	上级参股经营资金			
121	应收款项				221	应付工程款			
131	有偿资金放款				231	应付质量保证金			
132	委托贷款				241	其他应付款			
133	借出有偿资金					负债类合计			
136	参股经营投资								
141	预付工程款					三、净资产类			
151	材料				311	本级有偿资金			
161	待处理有偿资金				316	本级参股经营资金			
171	在建工程				321	竣工工程基金			
172	间接费用				331	完工项目结余			
181	竣工工程				341	未完项目结存			
	资产类合计					净资产类合计			
	五、支出类					四、收入类			
511	拨出资金				411	拨入资金			
521	农发资金支出				421	拨入上级财政资金			
541	占用费支出				422	拨入本级财政资金			
551	其他支出				423	乡级财政缴入资金			
					431	交入自筹资金			
					432	交入有偿资金			
					433	交入银行贷款			
					441	占用费收入			
					451	其他收入			
	支出类合计					收入类合计			
	资产部类总计					负债部类总计			

表五　**2004年农业综合开发净资产变动情况表**　单位：万元

本级有偿资金	金额	本级参股经营资金	金额	竣工工程基金	金额	完工项目结余	金额	未完项目结存	金额
一、年初数		一、年初数		一、年初数		一、年初数		一、年初数	
二、本年增加数		二、本年增加数		二、本年增加数		二、本年增加数		二、本年增加数	
1. 本年财政拨入		1. 本年财政拨入		1. 竣工工程转入		1. 完工项目结余转入		1. 本年未完项目结存转入	
2. 完工项目结余转入		2. 参股经营收益转入				2. 本级有偿资金抵补赤字		2.	
3. 占用费收支结余转入						3.			
4. 其他收支结余转入									
5. 其他									
三、本年减少数		三、本年减少数		三、本年减少数		三、本年减少数		三、本年减少数	
1. 缴回同级财政		1. 缴回同级财政		1. 竣工工程转出		1. 完工项目赤字		1. 本年冲减数	
2. 核销呆账损失		2. 参股经营损失				2. 转入本级有偿资金		2. 完工转出	
3. 转作无偿使用		3. 转作无偿使用				3.		3.	
4. 抵补完工项目赤字									
5. 抵补占用费收支赤字									
6. 抵补其他收支赤字									
7. 其他									
四、年末数		四、年末数		四、年末数		四、年末数		四、年末数	

表六　**2004年农业综合开发财政有偿资金使用和回收情况表**　单位：万元

项　　目	土地治理项目	多种经营项目	专项科技示范项目	合　　计
1. 年初放款余额				
2. 本年放款数				
其中：委托贷款				
3. 本年转入待处理数				
4. 年末放款余额				
5. 累计放款数				
6. 累计转入待处理数				
7. 应回收本年到期数				
8. 应回收累计到期数				
9. 本年实际回收数				
10. 实际回收本年到期数				
11. 累计回收数				

表七　　2004年农业综合开发财政有偿资金科目余额表　　单位：万元

科目名称	合计		省级		地（市）级		县级	
	年初数	年末数	年初数	年末数	年初数	年末数	年初数	年末数
一、负债及净资产合计								
1. 本级有偿资金								
2. 借入有偿资金								
二、资产类合计								
1. 借出有偿资金								
2. 有偿资金放款								
3. 委托贷款								
4. 待处理有偿资金								
5. 有偿资金余额								

附件2

2004年度农业综合开发资金决算报表编制说明

一、报表总体构成

（一）2004年度农业综合开发决算报表

表一：农业综合开发财政资金收支决算表；

表二：农业综合开发预算内支出决算明细表；

表三：中央立项农业综合开发项目财政资金拨借情况表；

表四：农业综合开发资产负债表；

表五：农业综合开发净资产变动情况表；

表六：农业综合开发财政有偿资金使用和回收情况表；

表七：农业综合开发财政有偿资金科目余额表。

（二）所有报表的编制均以万元为单位，小数点保留两位

二、报表编制说明

（一）农业综合开发财政资金收支决算表（表一）

1. 本表反映全年农业综合开发财政资金收入和支出的预算执行情况。

2. 本表由各级财政部门根据有关会计科目和预决算资料、预算变动登记簿、预算外收入登记簿等辅助账分析填列。

3. 预算数应按年初人大通过的本级财政预算安排数填列，“预算内决算数”反映预算实际执行的结果，“预算外决算数”反映的是预算外资金筹集数。

4. “上年结转资金”中，“预算内结转资金”是指上年决算后，决算批复的实际可用预算结转数；“预算外结转资金”是预算外资金筹集数与预算外资金实际支出数的差额，结转到下年继续使用。

5. 预算内收入反映本级财政统一安排给农业综合开发的年初预算。预算内收入中“农业发展基金”从“年初预算安排数”中分离出来单列，年初预算安排数中增加“回收有偿资金转入”。

6. “地方机动财力安排”，反映在预算执行过程中，由地方机动财力安排的农业综合开发资金，其“预算数”不填，只填列“决算数”。

7. “上级专项拨款”，“预算数”不填，其“决算数”反映本年度上级财政拨付本级的农业综合开

发专款。从上级财政借入的有偿资金不在此反映。

8. 收入栏本年预算外收入中增加“回收有偿资金转入”。

9. 预算内收入小计指上年预算内结转与本年预算安排数之和；预算外收入小计指上年预算外结转与本年预算外收入之和，分别指本年可供安排数。

10. 支出“预算数”，反映计划安排数；“结转下年资金”，反映待安排数。支出预算只反映本级安排数。

11. 支出“预算内决算数”，反映总预算金库拨出的财政累计拨款数，各支出“预算内决算数”与总预算的财政累计拨款数一致。预算内外支出资金，各级列报各级，不能重复；由下一级财政部门给上级财政部门报送预算，逐级汇总。支出决算数只反映本级列支数，应与专户收到财政资金总数相符。

12. 中央立项开发的项目投资中包括中央农口部门立项的农业综合开发项目，根据项目建设内容分别列入“土地治理”、“多种经营”和“科技示范”。“科技示范”仅指单独立项的专项科技示范项目的投资，不包含“土地治理”和“多种经营”项目中的科技措施支出；“贷款贴息支出”按照“用于土地治理”、“用于多种经营”、“用于科技示范”等类别分别填列；“其他”，指按规定提取的前期工作费等支出。中央农口部门项目中，“良种繁育类项目”、“长江流域防护林工程项目”、“太行山绿化工程项目”、“防沙治沙示范项目”、“水利骨干工程项目”、“长江黄河上中游水土保持项目”、“土地复垦项目”列入“土地治理”；“优势特色农产品开发示范项目”、“秸秆养畜项目”、“名优经济林和花卉示范项目”列入“多种经营”。

13. 表末总计栏收入的“预算数”与支出的“预算数”合计相等，收入的“决算数”总计与支出的“决算数”合计相等。预算内收入小计的预算数、决算数分别与“支出”总计预算数、决算数“预算内”相等；预算外收入小计的预算数、决算数分别与“支出”总计预算数、决算数“预算外”相等。

14. “上年结转资金”、“年初预算安排”和“结转下年资金”中的“农业综合开发事业费”需单独反映。

（二）农业综合开发预算内支出决算明细表（表二）

1. 本表按照国家颁布的政府预算收支科目反映农业综合开发财政资金支出明细情况，由财政部门逐级汇总填报，中央立项项目的实际支出情况应在其中“中央立项”栏中分别填列。

2. 实际支出数分为“事业支出”和“专项支出”。除“农业综合开发事业费”属于“事业支出”外，其他均在“专项支出”中列支；“实际支出数”应按各有关明细账户的年末实际支出进行填列。

3. 本表中0708款的农业综合开发“财政拨款累计数”应与“财政资金收支决算表（表一）”中的“中央立项农业综合开发支出”和“地方立项农业综合开发支出”的预算内支出决算数的合计数相一致；本表中1613款的农业综合开发事业费“财政拨款累计数”应与“财政资金收支决算表（表一）”中“农业综合开发事业费支出”的预算内支出决算数相一致。

（三）中央立项农业综合开发项目财政资金拨借情况表（表三）

1. 本表反映中央立项项目的农业综合开发财政资金拨借款及配套情况。

2. “上级拨借款”，是指下级财政部门收到上级财政部门拨借的农业综合开发财政资金数额。

3. “本级配套”，是指按照农业综合开发资金管理规定，本级用于中央立项项目的配套资金数。县级财政配套数中包含乡级财政配套数。

4. 表中上一级财政部门的“本年拨出”合计数减去拨借给本级项目实施单位的资金后，应等于下一级财政部门“本年增加”的“上级拨借款”数。

5. 表中“省级”本年增加的“上级拨借款”应等于当年中央财政拨借给省（区、市）的农业综合开发资金。

6. 表中“上年结转” + “本年增加” − “本年拨出” = “结转下年”。

7. 表中合计栏只填“本级配套”数。

8. 直辖市、计划单列市或直管县的省（区）只填列“省级”和“县级”行，“地（市）级”行不填。

（四）农业综合开发资产负债表（表四）

1. 本表分别反映各级农业综合开发管理部门和建设单位所管理、核算的农业综合开发资金年末转账前和转账后的财务状况。

2. 各级农业综合开发机构按年末转账前和转账后各会计科目余额，经试算平衡后，填列本级资产负债表。经审核无误后，报送同级农业综合开发资金管理部门和上级农业综合开发机构。

3. 各级农业综合开发资金管理部门收到本级农业综合开发机构报送的资产负债表后，将拨出农业综合开发资金与拨入资金及双方往来科目对冲后合并编制本级资产负债表，再与所有下级资金管理部门汇总表，对冲拨出、拨入科目及债权债务和往来科目，编制本地区合并资产负债表，经审核无误后，报送上级农业综合开发资金管理部门。

4. 本表资产部类总计 = 负债部类总计；资产 + 支出 = 负债 + 净资产 + 收入。

（五）农业综合开发净资产变动情况表（表五）

1. 本表反映农业综合开发各项净资产的形成和使用过程。

2. 本表按“本级有偿资金”、“本级参股经营资金”、“竣工工程基金”、“完工项目结余”和“未完项目结存”五个净资产科目排列，分别反映年初数、本年增加数、本年减少数和年末数。

3. 表中各科目的年初数应与“农业综合开发资产负债表（表四）”中的年初数相对应，年末数应与“农业综合开发资产负债表（表四）”中冲转后的年末数相对应。

4. 表中“本级有偿资金”栏中“本年增加数”的“完工项目结余转入”应与完工项目结余栏中的“本年减少数”的“转入本级有偿资金”相等。

5. 表中“本级有偿资金”栏中“本年减少数”的“抵补完工项目赤字”应与“完工项目结余”栏中“本年增加数”的“本级有偿资金抵补赤字”相等。

（六）农业综合开发财政有偿资金使用和回收情况表（表六）

1. 本表全面反映农业综合开发财政有偿资金的使用和回收情况，由各级财政部门分别按照“土地治理项目”、“多种经营项目”和“专项科技示范项目”分级汇总填报。

2. 本表只反映放款数，包括委托贷款和有偿资金放款，即各级财政借给项目实施单位的有偿资金数。上级财政借给下级财政的有偿资金不在本表中反映。

3. 表中“本年放款数”，是指当年放款资金的总额，应根据“有偿资金放款”科目和“委托贷款”科目借方本年发生额汇总填列；“累计放款数”是指自农业综合开发财政有偿资金放款之日截至报告期止，有偿资金的累计放款额，等于“上年累计放款数”加上“本年放款数”。

4. “本年转入待处理数”，是指本年度经批准将“有偿资金放款”和“委托贷款”呆账损失转入“待处理有偿资金”科目的数额，根据“待处理有偿资金”科目本年借方数填列，“累计转入待处理数”是指自发生呆账转入时起截至报告期止的累计转入数，根据上年“累计转入待处理数”加上本年“待处理有偿资金”借方发生数填列。

5. “应回收本年到期数”是指报告期当年应回收的资金总额；“应回收累计到期数”是指截至报告期历年到期应回收的资金总额。可根据有偿资金登记簿等辅助账计算填列。

6. “本年实际回收数”，是指当年实际回收有偿资金的总额，包括回收以前年度到期的有偿资金以及本年到期的有偿资金，根据本年的“有偿资金放款”和“委托贷款”贷方发生额填列；“实际回收本年到期数”是指当年到期应回收有偿资金的实际回收数，“累计回收数”是指农业综合开发财政有偿资金放款之日起截至报告期止，累计回收有偿资金的数额。

7. “年初放款余额” + “本年放款数” − “本年转入待处理数” − “本年实际回收数” = “年末放款余额” = “累计放款数” − “累计回收数” − “累计转入待处理数”。

8. “年初放款余额”和“年末放款余额”的合

计数应与农业综合开发资产负债表“有偿资金放款”、“委托贷款”的“年初数”、“年末数”相等。

（七）农业综合开发财政有偿资金科目余额表（表七）

1. 本表反映各级农业综合开发财政有偿资金在年末的财务状况。

2. 本表由各级财政部门按有关总账科目或明细科目年初、年末余额分别填列本级数，逐级核对和汇总填列。

3.“年初数”按各科目的账面年初余额数填列，“年末数”按各科目的账面年末余额填列。

4.“负债及净资产类合计”、“借入有偿资金”、“资产类合计”、“借出有偿资金”的“年初数”、“年末数”，其“合计”均不需填列。

5.“本级有偿资金”，反映本级农业综合开发有偿资金总规模。“年初数”与“年末数”的差额反映本年度安排或转出、核销、缴回的本级农业综合开发有偿资金。按本级有偿资金科目分析填列。

6.“借入有偿资金”，反映自借入上级农业综合开发有偿资金之日起截至报告期止，累计借入资金的余额，按借入有偿资金科目借方余额填列。“年末数”和“年初数”的差额反映本年度内借入或归还上级和上级核销的财政有偿资金。

7. 表中“有偿资金余额”按“银行存款”等科目分析填列。

8. 上一级财政部门的“借出有偿资金”的“年初数”和“年末数”要分别与下一级财政部门的“借入有偿资金”的“年初数”和“年末数”相等。直辖市、计划单列市或省级直管县级的地区只填列“省级”和“县级”栏，“地（市）级”栏不填。

9. 本表“有偿资金放款”、“委托贷款”年初和年末余额之和，应分别与农业综合开发财政有偿资金使用和回收情况表（表六）的“年初放款余额”和“年末放款余额”相等。

10. 本表“有偿资金放款”、“委托贷款”年初和年末余额应分别与农业综合开发资产负债表（表四）的“年初数”和“年末数”相等。

（八）其他

1. 决算报表中凡是涉及上年数据的，必须与上年决算数相一致。包括：表一的“上年结转资金”，表三的“上年结转”，表四、表五的“年初数”，表七的“年初数”。

2. 表一的“上级专项拨款”和表三“本年增加”的“上级拨借款”数应与财政部当年下拨各省（区、市）的农业综合开发资金一致。汇总上报前可与国家农发办先行核对。

3. 上报的数据库文件必须严格按照参数盘给定的行政区划代码填写完整的报表基本信息。软件使用中有何问题，可直接与久其公司联系，联系人：刘真皇；联系电话：010－58561199－170。

财政部关于印发《农业综合开发财政资金配套保障试点办法》的通知

（2004年12月7日　财发［2004］71号）

内蒙古、吉林、江西、河南、重庆、贵州、甘肃、新疆省（区、市）财政厅（局）、农业综合开发办公室：

现将《农业综合开发财政资金配套保障试点办法》印发给你们，请遵照执行。试点过程中有何问题，请及时向国家农业综合开发办公室反馈。

附件：农业综合开发财政资金配套保障试点办法

附件

农业综合开发财政资金配套保障试点办法

第一条　为完善农业综合开发资金投入政策，促进地方各级财政部门及时足额落实地方财政配套资金，依据《关于改革和完善农业综合开发若干政策措施的意见》（财发［2003］93号）及《关于调整农业综合开发资金若干投入比例的规定》（财发［2004］2号）等制度规定，制订本办法。

第二条　财政资金配套保障办法是指依据各省、自治区、直辖市（以下简称省）已经落实的农业综合开发地方财政配套资金数以及中央财政与地方财政资金配套比例，测算分配各地中央财政农业综合开发资金指标，以保障各地足额落实地方财政配套资金的办法。

第三条　按照财政资金配套保障办法确定中央财政农业综合开发资金指标坚持上限控制、实事求是、量力而行的原则。

第四条　配套保障办法适用于各省农业综合开发土地治理和产业化经营项目（不含部门项目，下同）中央财政资金指标的分配。

第五条　配套保障办法按以下程序实施：

（一）国家农业综合开发办公室（以下简称国家农发办）按照综合因素法计算确定应分配各省的农业综合开发土地治理和产业化经营项目中央财政资金规模，以此作为分配该省中央财政资金的上限，并及时通知各试点省。

（二）各省财政部门参照国家农发办下达的中央财政资金指标上限，安排落实地方财政配套资金（包括省、地、县三级），并据实上报当年实际安排的农业综合开发土地治理和产业化经营项目地方财政配套资金。国家农发办以此为依据，测算确定应分配各省的中央财政资金投资指标（不得突破按照综合因素法分配该省中央财政资金的上限）。

第六条　凡是发现虚假上报配套资金规模套取中央财政资金的，按上报数与实际落实数差额的两倍扣减该省下年中央财政农业综合开发资金指标。对能够超额落实配套资金的，在安排下年中央财政资金时给予一定奖励。

第七条　本办法自2005年在试点地区执行。试点地区可根据本办法，结合本地实际情况制定实施细则，并报国家农发办备案。

财政部关于调整农业综合开发产业化经营项目分类项目设置和中央财政有偿无偿资金比例等事宜的通知

（2005年1月14日　财发［2005］1号）

各省、自治区、直辖市、计划单列市财政厅（局）、农业综合开发办公室（局），新疆生产建设兵团财务局、农业综合开发办公室：

为规范农业综合开发产业化经营项目和资金管理，推进机制创新，经研究，决定对农业综合开发产业化经营项目分类项目设置、中央财政有偿无偿资金比例等进行适当调整，现通知如下：

一、为更准确地反映农业综合开发产业化经营项目的建设内容，从2005年开始，农业综合开发产业化经营项目的分类项目设置，由原“产业化龙头”、“多种经营”两类调整为“种植养殖基地”、“农产品加工”和“流通设施”三类。

二、在保持中央财政有偿资金总额基本不变的前提下，按照规范高效和便于管理的原则，从2005年开始，产业化经营项目中央财政资金的有偿、无偿比例统一调整为75:25。

三、根据分级管理的原则，单个项目中央财政年度投资300万元（含）以上的为重点产业化经营项目，由国家农发办组织评审和批复项目计划，其中北京、天津、上海和计划单列市的重点产业化经营项目单个项目中央财政年度投资不低于200万元（含）。单个项目中央财政年度投资300万元以下的为一般产业化经营项目，由省级农发办事机构组织评审和批复项目计划，但单个项目中央财政年度投资不得低于100万元（含）。

四、为体现集中投入，突出重点的原则，以省、区、市为单位，产业化经营项目年度中央财政资金的50%以上用于重点产业化经营项目。

五、为有利于落实债务主体，实现滚动开发，从2005年开始，一般产业化经营项目原则上也要由具备独立法人资格的单位承担。

六、中央农口有关部门农业综合开发产业化经营项目参照执行。

财政部关于调整中央财政农业综合开发资金土地治理和产业化经营项目投入比例的通知

（2005年2月3日　财发［2005］2号）

江苏、山东省财政厅（局）、农业综合开发办公室，新疆生产建设兵团财务局、农业综合开发办公室，农业部：

为了适应新时期农业综合开发指导方针和工作重点的转变，进一步贯彻落实《关于改革和完善农业综合开发若干政策和措施的意见》（财发［2003］93号），加大农业主产区土地治理项目建设力度，不断提高农业综合生产能力，自2005年起，对部分省（单位）中央财政资金中土地治理和产业化经营项目的投入比例调整如下：

1. 江苏、山东省由原来的65:35统一调整为70:30。

2. 新疆生产建设兵团和黑龙江农垦总局由原来的75:25和70:30统一调整为85:15。

其他省（区、市）中央财政资金中土地治理和产业化经营项目的投入比例暂不调整。

财政部关于印发《农业综合开发中央财政贴息资金管理办法》的通知

（2005 年 3 月 23 日　财发［2005］4 号）

各省、自治区、直辖市、计划单列市财政厅（局），农业综合开发办公室（局），新疆生产建设兵团财务局、农业综合开发办公室，黑龙江省农垦总局农业综合开发办公室：

现将《农业综合开发中央财政贴息资金管理办法》印发给你们，请遵照执行。执行中有何问题和意见，请及时反馈。

附件：农业综合开发中央财政贴息资金管理办法

附件

农业综合开发中央财政贴息资金管理办法

第一章　总　　则

第一条　为加强和规范国家农业综合开发项目财政贴息资金管理，提高资金使用效益，根据财政部《国家农业综合开发资金和项目管理办法》、《中央财政资金贴息管理暂行办法》等有关规定，制定本办法。

第二条　本办法所称农业综合开发中央财政贴息资金（以下简称贴息资金），是指中央财政农业综合开发资金安排的，专项用于符合农业综合开发产业化经营项目扶持范围和立项条件的银行贷款利息予以补贴的资金。

第三条　本办法所称银行贷款，是指各类银行提供的符合本办法规定贴息范围及条件的贷款。

第四条　贴息资金安排遵循突出重点、择优扶持、额度控制、先付后贴的原则。

第二章　贴息范围及方式

第五条　申请贴息资金的项目原则上限于固定资产贷款项目，且具有一定贷款规模。项目一般应落实银行贷款 1 000 万元（含）以上。中央财政只对落实银行贷款 5 000 万元（含）以下部分予以贴息。

第六条　贴息扶持对象（以下简称项目单位）重点为国家级和省级农业产业化龙头企业（含省级农发办事机构审定的龙头企业），同时适当扶持正在成长上升、确能带动农民致富、较小规模的龙头企业及农民专业合作组织。申请贴息资金的项目不能同时申报农业综合开发产业化经营项目的其他扶持方式。

第七条　申请贴息资金的项目经济效益好，带动能力强，科技含量高，市场潜力大，竞争优势明显，与农户建立了紧密、合理的利益联结机制。项目单位具有独立的法人资格，银行信用状况好，有一定的经营规模和经济实力，建立了符合市场经济要求的经营管理机制。

第八条　贴息额度按各地农业综合开发产业化经营项目年度中央财政资金一定比例确定。

第九条 贴息期限原则上为1年，最长不超过2年。贴息比率为人民银行当年公布的同档次正常贷款基准利率。

第三章 贴息项目的申报及审定

第十条 符合本办法规定贴息范围的项目，按照属地管理和自下而上逐级申报的原则，由项目单位向管辖所在地财政部门、农发机构提出申请。

第十一条 项目单位申请贴息项目时，应提交贷款银行对该项目的评估论证报告、立项批准文件、贷款协议书等项目立项及落实贷款的有关文件，并填报《农业综合开发中央财政贴息项目申请表》(附表1)。

第十二条 省级财政部门、农发机构对各地上报的申请贴息项目的材料进行严格审核，重点对项目是否符合贴息范围和条件、项目对农户的带动能力及银行贷款的落实情况等进行审查、核实，并对申报材料的真实性负责。

第十三条 省级财政部门、农发机构在规定的贴息额度范围内对符合要求的贴息项目进行汇总，填列《农业综合开发中央财政贴息项目汇总表》(附表2)，连同项目单位的申报材料一并上报国家农业综合开发办公室（以下简称“国家农发办”）审定。

第十四条 国家农发办对各省级财政部门、农发机构上报的贴息项目进行审查，对符合条件的项目下达贷款贴息项目立项通知。

第四章 贴息资金的下达及监督管理

第十五条 省级财政部门、农发机构将国家农发办贷款贴息项目立项通知逐级下达给项目单位，并督促项目单位积极落实银行贷款、抓紧组织项目实施。

第十六条 项目贷款期满1年后，项目单位凭贷款贴息项目立项通知、银行借款合同、贷款到位凭证、贷款银行出具的利息结算清单、利息支付原始凭证及复印件等材料，向管辖所在地财政部门、农发机构提出贴息资金申请，并填报《农业综合开发中央财政贴息资金申请表》（附表3)。经初审后，逐级报省级财政部门、农发机构。

第十七条 省级财政部门、农发机构根据年度预算安排的贴息资金规模对各地上报的贴息申请进行审核，对符合要求的，统一填写《农业综合开发中央财政贴息资金汇总表》(附表4)，连同下级财政部门、农发机构上报的相关材料复印件，上报国家农发办审定。

第十八条 国家农发办对省级财政部门、农发机构上报的有关材料审核同意后，及时拨付中央财政贴息资金。项目单位凭上述相关材料据实到管辖所在地财政部门、农发机构报账。

第十九条 各级农发机构及项目单位要严格按国家规定管理和使用贴息资金，并自觉接受审计部门和上级财政部门的检查监督。

第二十条 各级农发机构要与贷款银行密切配合，严格审核贴息范围、贴息期限、贴息比率等。对弄虚作假的项目，国家农发办有权终止或收回该项目的贴息资金。

第二十一条 各级农发机构要定期对贴息资金的落实情况进行监督、检查，确保贴息资金发挥效益。并于每年年底向国家农发办报告贴息项目的执行情况和贴息资金的落实情况。

第五章 附　　则

第二十二条 本办法自发布之日起实施。原《农业综合开发项目贴息资金管理办法》（财发[2001] 38号）同时废止。

附表：1. 农业综合开发中央财政贴息项目申请表

2. 农业综合开发中央财政贴息项目汇总表

3. 农业综合开发中央财政贴息资金申请表

4. 农业综合开发中央财政贴息资金汇总表

附表 1

农业综合开发中央财政贴息项目申请表

单位：万元

<table>
<tr><td>项目名称</td><td></td><td>项目建设地点（具体到乡镇级）</td><td></td><td>贷款行名称</td><td colspan="2"></td></tr>
<tr><td>拟贷款期限</td><td></td><td>拟贷款额度</td><td></td><td>其中：本年用于固定资产</td><td colspan="2"></td></tr>
<tr><td colspan="7">项目承建单位基本情况</td></tr>
<tr><td colspan="2">名　称</td><td>注册时间</td><td colspan="2">资产总规模</td><td>资产负债率</td><td>信用等级</td></tr>
<tr><td colspan="2"></td><td></td><td colspan="2"></td><td></td><td></td></tr>
<tr><td colspan="7">投资构成</td></tr>
<tr><td>总投资</td><td>财政投资</td><td>单位自筹</td><td>贷　款</td><td colspan="3">其他（要说明构成）</td></tr>
<tr><td></td><td></td><td></td><td></td><td colspan="3"></td></tr>
<tr><td colspan="7">项目建设情况
一、项目主要建设内容

二、对农民增收效果评价

三、以前年度财政资金扶持情况（扶持金额、建设及效益情况）

四、以前年度贷款落实及还贷情况

法人代表签字　　县级农发办事机构审核意见　　省级农发办事机构审核意见
企 业 公 章　　单位公章　　单位公章
年　月　日　　年　月　日　　年　月　日</td></tr>
</table>

附表 2

农业综合开发中央财政贴息项目汇总表

单位：万元

序号	项目名称	承建单位	建设地点	建设期	主要建设内容	投资构成						申请贷款贴息		带动基地面积（万亩）	带动农民数量（万人）	农民增收总额
						总投资	财政投资	单位自筹	银行贷款		其他资金	年限	金额			
									小计	其中：本年用于固定资产						

附表 3

农业综合开发中央财政贴息资金申请表

项目名称：　　　　　　　　　　　　　　　　项目建设期：

项　　目	金额（万元）	申请单位：
实际贷款到位数		
实际还款数		项目批准文件：
实际贷款余额		
实际支付利息额		法人代表：
贷款利率%		
申请贴息数额		单位公章：

银行审核情况：

该单位项目贷款合同号：　　　　　，实际贷款数额：　　万元，

贷款种类：　　　　　　　　　　　，贷款用途：　　　　　　，

贷款期限从　　年　　月　　日到　　年　　月　　日，

截至申请日，该项目贷款余额　　万元，实际支付利息　　万元。

单位签章：　　　　　　　　　　审核人：　　　　　　　　　　经办人：

年　月　日

同级财政部门、 农发机构审核意见： 单位公章： 年　月　日	省级财政部门、 农发机构审核意见： 单位公章： 年　月　日

说明：财政部门、农发机构审核意见栏中注明申请贴息数额。

附表 4

农业综合开发中央财政贴息资金汇总表

（　　年）

单位公章：

序号	项目单位	项目名称	计划批复贷款数额（万元）	本年实际贷款数额（万元）	本年实际还款数额（万元）	本年实际贷款余额（万元）	实际已支付利息额	贷款利率（%）	申请贴息数额（元）
总　计									

国家农业综合开发办公室关于对宁波市农业综合开发地方财政配套比例问题的意见

（2004 年 7 月 13 日　国农办［2004］153 号）

宁波市财政局：

你市报来的《关于要求调整地方财政配套资金中市、县两级配套比例的请示》（甬财政农［2004］109 号）收悉，经研究，现意见如下：

为认真贯彻落实新一届政府国家农业综合开发第一次联席会议精神，有效缓解地方财政配套压力，财政部印发了《关于调整农业综合开发若干投入比例的规定》（财发［2004］2 号）。全国农业综合开发财政总体配套比例由 0.82 降至 0.66。与此同时，地方财政分级配套比例也作了调整，省本级配套比例由 70%调为 80%，地（市）、县由 30%调为 20%。

你市属于经济发达地区，且市本级财力状况较好，市级财政原则上应承担大部分的配套资金。因此，不同意你市市本级配套比例调整为 50%。考虑到今年调整投入政策时并未降低你市中央与地方财政配套比例，市本级承担 80%的配套资金确有困难。比照其他经济发达地区分级配套比例的执行情况，你市可按市本级承担 70%，区县承担 30%的比例执行。

你市要按投入政策规定，足额落实各级财政配套资金，同时积极采取有效措施，吸引其他社会资金的投入，从总体上增加农业综合开发投资规模。

请遵照执行。

国家农业综合开发办公室关于对青岛市农业综合开发地方财政配套比例问题的意见

（2004年7月13日　国农办［2004］154号）

青岛市财政局：

你市报来的《关于调整2004年农业综合开发地方财政配套比例的申请》收悉，经研究，现意见如下：

为认真贯彻落实新一届政府国家农业综合开发第一次联席会议精神，有效缓解地方财政配套压力，财政部印发了《关于调整农业综合开发若干投入比例的规定》（财发［2004］2号）。全国农业综合开发财政总体配套比例由0.82降至0.66。与此同时，地方财政分级配套比例也作了调整，省本级配套比例由70%调为80%，地（市）、县由30%调为20%。

你市属于经济发达地区，且市本级财力状况较好，市级财政原则上应承担大部分的配套资金。因此，不同意你市本级财政预算只安排3 000万元做为农业综合开发市本级财政配套资金。考虑到今年调整投入政策时并未降低你市中央与地方财政配套比例，市本级承担80%的配套资金确有困难。比照其他经济发达地区分级配套比例的执行情况，你市可按市本级承担70%，区县承担30%的比例执行。

你市要按投入政策规定，足额落实各级财政配套资金，同时积极采取有效措施，吸引其他社会资金的投入，从总体上增加农业综合开发投资规模。

请遵照执行。

国家农业综合开发办公室关于下达2004年农业综合开发投资参股经营项目中央财政投资指导性指标和申报项目的通知

（2004年9月6日　国农办［2004］176号）

河北、内蒙古、辽宁、吉林、安徽、河南、湖北、四川、云南、新疆省（区）财政厅、农业综合开发办公室：

经研究，现下达你省（区）2004年农业综合开发投资参股经营项目中央财政投资指导性指标××万元。请你省（区）及时足额落实地方财政配套资金，抓紧做好项目申报工作。依据《国家农业综合开发投资参股经营试点管理暂行办法》（财发

[2004] 24号)，现就项目申报的有关事宜通知如下：

一、指导思想和基本原则

(一) 指导思想：把农民增收、农业增效作为根本出发点和落脚点，集中投入具有明显资源和竞争优势、带动作用强的农业产业化龙头企业，做大做强龙头企业，培育壮大区域主导产业，促进农业结构调整，增加农民收入，提高农业综合开发效益。

(二) 基本原则：自愿申报、平等竞争、择优扶持；谁投资、谁所有、谁受益、谁承担风险；政企分开、委托监管、授权运营；先易后难、稳步推进、适时退出。

二、投资参股项目的选择要求

(一) 企业自愿申报，属于农业综合开发产业化经营项目扶持范围，原则上安排在农业综合开发县。

(二) 重点扶持粮食等主要农产品的加工、转化以及对当地主导产业建设起积极促进作用的其他产业化经营项目。

(三) 项目企业与农户联系紧密，通过与农户签订购销合同和服务合同、生产要素入股、二次分配利润等形式，建立起稳定、合理的利益联结机制，带动农民增收效果明显。

(四) 符合国家产业政策，项目建设规模经济合理，产品工艺技术和生产设备先进适用，科技含量高；主营产品达到国内先进水平或领先水平，竞争优势明显，有一定的品牌知名度和固定的销售网络，产销率达90%以上。

(五) 项目建设用地落实，原材料供应有保障，采购的原料占70%以上。

(六) 项目建设符合环境保护和农业可持续发展要求；环保措施落实，污染物处理技术方案可行，“三废”排放达到相关环保标准。

(七) 项目投资估算合理，自筹资金来源有保障，筹资方案切实可行；项目预期经济效益好，有较强的抗风险能力；投资利润率、投资利税率、财务内部收益率高于同行业基准收益率；能够实现企业增效、农民增收和国有资产保值增值。

三、项目申报单位应具备的基本条件

(一) 必须是国家级和省级农业产业化龙头企业(包括省级农发办事机构审定的产业化龙头企业)，且为依法注册、具有独立公司法人的股份制公司。

(二) 企业经营期须在两年以上，总资产规模6 000万元以上，固定资产规模不低于3 000万元，实收资本不低于2 000万元，年销售收入8 000万元以上。

(三) 企业近两年连续盈利，发展前景良好，有较强的自筹资金能力。

(四) 企业财务状况良好，资产负债率低于60%，银行信用等级AA级以上(含AA级，未有银行贷款的除外)；企业总资产报酬率高于同期银行贷款利率；企业不欠税、不欠工资、不欠社会保险金。

(五) 建立了符合市场经济和现代企业制度要求的经营管理机制，企业法人信誉良好，具备与完成项目建设和经营相适应的经营管理能力。

四、投资参股项目投资规模

在坚持财政投资只参股、不控股的前提下，按照项目实际需要确定投资规模。为突出重点、集中投入、做大做强产业化龙头企业，单个投资参股经营项目中央财政投入原则上不低于1 000万元、不高于3 000万元。国家农发办对申报的投资参股经营项目采取公平竞争、择优选项办法，根据项目申报、评审情况以及财力可能，最终确定试点地区参股经营项目的投资规模。

五、投资参股项目申报材料

省级农发办事机构向国家农发办申报投资参股经营项目须提供以下材料：单个项目的可行性研究报告(一式四份)、省级专家初步论证意见；由社会中介机构出具的项目申报单位近两年的财务审计报告、项目申报单位新征用土地的批准文件；项目申报单位公司章程、银行信用等级评定证明；项目申报单位具备的技术水平证明材料（包括专利、成果、专有技术资料和技术依托单位证明等）、主要股东和持股数量（前5位）；企业营业执照复印件以及同意国家财政资金投资参股的书面意见。

申报投资参股经营项目一定要坚持实事求是的原则，公平、公开、透明地选择项目，严格按立项条件如实申报项目。符合立项条件的项目少，可以少报；没有，可以不报。要确保项目申报材料的真实性，如弄虚作假或申报虚假材料，一经发现即取消立项资格。

六、申报时间

各试点省（区）要按本通知下达的中央财政投资指导性指标的150%，于9月20日之前向国家农发办报送2004年投资参股经营项目的申报材料。逾期报送的，不予受理。

国家农业综合开发办公室关于印发《2005年国家农业综合开发产业化经营项目申报指南》的通知

（2004年9月30日　国农办［2004］190号）

省（区、市、新疆生产建设兵团、部门）财政厅（局）、农业综合开发办公室（局）：

现将《2005年国家农业综合开发产业化经营项目申报指南》印发给你们，请据此认真做好项目前期准备工作。

附件：2005年国家农业综合开发产业化经营项目申报指南

附件

2005年国家农业综合开发产业化经营项目申报指南

根据《关于改革和完善农业综合开发若干政策措施的意见》（财发［2003］93号）文件精神，2005年国家农业综合开发办公室将继续安排部分资金用于扶持农业产业化经营项目。为在更大范围内择优选项，提高选项透明度，现将产业化经营项目的有关申报事宜通知如下：

一、指导思想

坚持把增加农民收入作为根本出发点和落脚点。通过扶持具有明显竞争优势的农业产业化龙头和各具特色的优质农产品基地，积极发展农业产业化经营，促进农业和农村经济结构的战略性调整，提高农业综合效益，带动农民增加收入，推动农村小康社会建设。

二、扶持范围和重点产业

农业综合开发产业化经营项目扶持的范围：经济林及设施农业种植、畜牧水产养殖等种植养殖基地项目，农产品加工项目，储藏保鲜、产地批发市场等流通设施项目。项目安排一般限于农业综合开

发县。

扶持的重点产业：优质专用小麦、专用玉米、优质水稻、棉花、大豆、油菜、甘蔗、蔬菜、花卉、干鲜果品、畜禽、乳品、水产品及特色农产品等。

三、扶持对象

重点扶持国家级和省级农业产业化龙头企业（含省级农发机构审定的龙头企业），同时适当扶持正在成长上升、确能带动农民致富、较小规模的龙头企业及农民专业合作组织。

四、立项条件

项目申报单位具有独立的法人资格；经营期在两年以上并连续盈利，有一定的经营规模和经济实力，有较强的自筹资金能力，能保证资金安全运行；近两年资产负债率小于65%，银行信用等级A级以上（含A级，未向银行贷款的除外）；开发产品科技含量高，市场潜力大，竞争优势明显；带动能力强，与农户建立了紧密、合理的利益联结机制；建立了符合市场经济要求的经营管理机制。

产业化经营项目还应具备以下条件：种植养殖基地项目须有明显的资源优势和特色；农产品加工项目须有优势农产品基地作依托，向农户采购的原料占所需原料的70%以上；储藏保鲜、产地批发市场等项目须为项目区提供与生产和加工相关的服务。

五、扶持政策

1. 对产业化经营项目以有偿和无偿相结合的扶持方式为主；同时，视情况分别采取投资参股和贷款贴息等多种扶持方式，广泛吸引其他渠道资金投入农业综合开发。

2. 采取哪种扶持方式，依项目申报单位自身实际需要自行确定。一般情况下，凡项目申报单位资金需求适中，不愿改变现行出资人状况或不希望国家及其他出资人投资的，采取有偿、无偿相结合的扶持方式；凡项目申报单位资金需求较大，期望国家以投资参股的方式扶持的，采取国家投资参股扶持方式；凡投资规模大、贷款获取可能性大的，采取贴息扶持方式（具体办法另行规定）。采取投资参股扶持方式的，按财发［2004］24号《国家农业综合开发投资参股经营试点管理暂行办法》有关规定执行，并原则上限于农业主产区。

3. 同一项目或申报有偿和无偿相结合的扶持方式，或申报投资参股经营的扶持方式，或申报贷款贴息的扶持方式，不得同时申报两种以上扶持方式。

4. 采取有偿和无偿相结合的扶持方式，以有偿使用为主，还款期限一般为5—6年，重点用于项目建设。另外，对新品种、新技术的引进、示范和培训，部分必要的公益性基础设施建设投入以及前期工作费，适当给予无偿补助。

5. 按实际需要和财力可能确定项目投资。重点产业化经营项目的年度中央财政资金不低于300万元，直辖市（不含重庆）和计划单列市不低于200万元。一般产业化经营项目的年度中央财政资金不低于100万元。地方财政按政策规定相应落实配套资金。项目单位的自筹资金（不包括银行贷款）不得低于财政资金总额的50%。

六、其他事宜

1. 按照属地管理和自下而上逐级申报的原则，项目单位向所在地农发办事机构申报项目，并提供以下材料：项目可行性研究报告，由社会中介机构出具的企业近两年审计报告，银行信用等级证明，新征用土地的批准文件，养殖、加工等项目的环评报告等。项目单位不得越级申报项目。

2. 项目申报单位要于2004年11月底之前向所在地农发办事机构申报项目，逾期不予受理。

3. 申报项目的可行性研究报告编写提纲和有关资料，请向当地农发办事机构索取；不明事项，委托省级农发办事机构负责解释。

国家农业综合开发办公室关于对西藏自治区农业综合开发产业化经营项目初步政策建议的批复

（2004年10月27日　国农办［2004］225号）

西藏自治区财政厅、农牧开发建设办公室：

你区《关于西藏自治区农业综合开发产业化经营项目初步政策建议的请示》（藏农开办字［2004］49号）收悉。经研究，现批复如下：

一、为进一步搞好你区农业综合开发工作，促进农牧区农业生产条件改善和农牧民收入水平的提高，“十一五”期间，中央财政将按不低于中央财政农业综合开发资金预算增长的幅度，确定对你区农业综合开发资金的投入增长比例。

二、为促进你区经济结构调整，充分利用当地资源优势开展产业化经营，从2005年起，你区可安排不超过中央财政资金的25%的资金用于扶持产业化经营项目。

三、从2005年起，中央财政对你区的农业综合开发产业化经营项目资金实行全部无偿投入，但你区对区内各市（地）可根据实际情况，分别采取有偿、无偿相结合等方式扶持产业化经营项目，并将回收的有偿资金等留给你区用于产业化经营项目，实现滚动开发的目标。为加强产业化经营项目和资金的管理，你区要按统一的项目申报、评估审定等政策规定执行。

四、你区在实施产业化经营项目中要坚持积极稳妥、适度规模和因地制宜的原则，根据项目准备情况，成熟一个，扶持一个，发挥效益一个，避免盲目上项目；根据需要与可能，合理确定每个项目的建设规模和投资规模，不可盲目求大。根据区内资源优势和比较优势，按产业化经营的思路，做大做强优势特色产业。

国家农业综合开发办公室关于印发《〈国家农业综合开发土地治理项目工程建设监理办法（试行）〉的补充规定》的通知

（2004年12月3日　国农办［2004］295号）

各省、自治区、直辖市、计划单列市财政厅（局）、农业综合开发办公室，新疆生产建设兵团财务局、农业综合开发办公室，农业部、水利部、国土资源部、国家林业局农业综合开发办公室：

《国家农业综合开发土地治理项目工程建设监理办法（试行）》（以下简称《监理办法》）下发后，一些地方反映，由于县级农发办很难选择到合适的监理单位，加之有资质的监理单位也难以与各项目县逐一商谈监理事宜，因此《监理办法》中“由县级农发办事机构选择监理单位并对监理费用实行县

级报账”的规定不便执行。

为解决上述问题，充分发挥监理单位在农业综合开发项目和资金监管方面的作用，确保工程质量和资金有效使用，经研究，国家农发办对《监理办法》的相关规定作了修改。现将《〈国家农业综合开发土地治理项目工程建设监理办法（试行）〉的补充规定》印发给你们，请遵照执行。各地在执行过程中有何问题，请及时向国家农发办反馈。

附件：《国家农业综合开发土地治理项目工程建设监理办法（试行）》的补充规定

附件

《国家农业综合开发土地治理项目工程建设监理办法（试行）》的补充规定

一、各地开展土地治理项目工程建设监理工作过程中，原则上应由省级农发办事机构通过招投标的方式，择优选定专业监理单位并与之签订委托监理协议。对个别选择专业监理单位确有困难的地区，也可由省级农发办事机构委托地（市）级农发办事机构选择有监理能力的单位并与之签订委托监理协议。

二、各省（区、市）在每年安排的农业综合开发省级财政配套资金中，应严格按照《国家农业综合开发土地治理项目工程建设监理办法（试行）》（国农办［2004］49号）规定的监理范围和监理费支付标准，安排当年土地治理项目工程建设监理费用，由省级农发办事机构统一管理和使用。

三、监理单位按照与省级（或地级）农发办事机构签订的委托监理协议，与各项目县逐一签订监理合同并实施工程建设监理，所发生的监理费用统一到省级农发办事机构报账。各项目县按照监理费用实际发生数计入工程成本。

四、监理费用必须专款专用，严禁挪作他用。各省（区、市）当年安排监理费用如有节余，结转下年继续用于土地治理项目工程建设监理，并相应抵顶下年度应提取的监理费用。

五、本通知从2005年起开始执行。《国家农业综合开发土地治理项目工程建设监理办法（试行）》（国农办［2004］49号）中的相关规定同时废止。

国家农业综合开发办公室关于印发《国家农业综合开发项目统计报表》的通知

（2004年12月6日　国农办［2004］302号）

各省、自治区、直辖市、计划单列市财政厅（局）、农业综合开发办公室（局），新疆生产建设兵团财务局、农业综合开发办公室，农业部农业综合开发办公室：

为加强和改进农业综合开发统计工作，切实提高统计质量和水平，国家农业综合开发办公室按照科学、规范，真实、准确，简要、实用的原则和要求，在充分调查研究和广泛征求意见的基础上，对1999年制定的国家农业综合开发项目统计报表及其编制说明进行了修订，同时修订了统计报表指标代码及其编制说明，现一并印发给你们。执行中有何意见和建议，请及时反馈给国家农发办。

为切实做好统计报表填报工作，正确使用统计数据，现将有关要求重申和通知如下：

一、要高度重视统计报表填报工作

各级农业综合开发办事机构（以下简称“农发办事机构”）要高度重视，切实做好统计报表填报工作。要按照国家统计部门及本报表的有关要求，科学、客观地采集、填报数据，确保数据的真实性、准确性，坚决杜绝虚报、瞒报、伪造、篡改统计数据等行为。

二、严把统计报表审核关

新报表以县为单位进行编制。县级农发办事机构要认真填报基层表，在此基础上，由计算机自动生成县级汇总表，审核无误后一并上报上一级农发办事机构；地（市）级、省（区、市）级农发办事机构要对下一级农发办事机构报送的报表进行认真审核，在确保数据真实准确后再逐级汇总上报。要坚决杜绝不加审核就简单汇总上报统计报表的行为。

三、按规定要求报送报表

从2004年度起，由地方各级农发办事机构负责组织实施的国家立项的农业综合开发项目，要按本报表进行统计。各级农发办事机构必须按照规定格式进行填报，不得随意调整报表格式、指标或栏目。省级农发办事机构在本报表的基础上，可以根据工作需要作适当补充向下布置报表，但报送国家农发办的统计报表必须按统一格式上报。

四、及时报送统计报表

各地省级农发办事机构必须于每年3月底之前，向国家农发办报送本地区上年度的国家农业综合开发项目统计报表。上报报表要包括基层表和省级汇总表。其中，基层表只报软盘；省级汇总表除报送软盘外，还需报送文件（一式四份）。

五、正确使用统计数据

各级农发办事机构反映本地区国家农业综合开发总体情况所使用的统计数据，应当将本统计报表、外资项目统计报表、部门项目统计报表中相同指标的数据进行汇总；如单独使用某类项目的统计数据，必须在文字中加以说明。

六、认真做好统计报表培训工作

国家农发办将尽快举办新统计报表及“软件”应用培训班（具体事宜另行通知）。之后，各省（区、市）农发办事机构要做好对地（市）、县级的培训，使有关人员全面掌握新统计报表的规定和要求，切实提高做好统计工作的素质和能力。

附件：1. 国家农业综合开发项目统计报表

2. 国家农业综合开发项目统计报表编制说明

3. 国家农业综合开发项目统计报表指标代码编制说明

附件 1

国家农业综合开发项目统计报表

（　　年度）

编报单位：（公章）

编报日期：

单位领导：　　　　　　　　　　　审核：　　　　　　　　　　　制表：

国家农业综合开发项目

填报单位：

代码	项目名称	行次	单位	任务量					上年结转			
				上年结转	年度计划	任务量增减	本年完成	结转下年	小计	其中：财政资金	合计	财政资金
	栏　次			1	2	3	4	5	6	7	8	9
	合　计	1										
100000000	一、土地治理项目	2	—	—	—	—	—	—				
110000000	（一）中低产田改造项目	3	万亩									
110010000	水利措施	4	—	—	—	—	—	—				
110010100	小型水库	5	座									
110010200	拦河坝	6	座									
110010300	排灌站	7	座									
110010400	机电井	8	眼									
110010620	衬砌渠道	9	公里									
110010640	渠系建筑物	10	座									
110010700	喷灌	11	万亩									
110010800	微灌	12	万亩									
110011100	其他水利措施	13	—	—	—	—	—	—				
110020000	农业措施	14	—	—	—	—	—	—				
110023100	改良土壤	15	万亩									
110023200	良种繁育	16	—	—	—	—	—	—				
110023210	良种基地	17	万亩									
110023211	良种仓库	18	平方米									
110023212	良种晒场	19	平方米									
110023500	购良种	20	万公斤									
110023700	机耕路	21	公里									
110023800	农业机械	22	台、套									
110024400	其他农业措施	23	—	—	—	—	—	—				
110030000	林业措施	24	—	—	—	—	—	—				
110035100	造林	25	万亩									
110035200	苗圃	26	亩									
110035400	其他林业措施	27	—	—	—	—	—	—				
110050000	科技推广措施	28	—	—	—	—	—	—				
110057100	技术培训	29	人次									

表　　号：国农办统 1－1
制表机关：财政部
批准机关：国家统计局
批准文号：国统函［2004］92 号
有效期至：2006 年 6 月 14 日

任务投资主要指标汇总表

投资额（万元）																				
年度计划					投资额增减							本年完成							结转下年	
自筹资金			其他资金	银行贷款	合计	财政资金	自筹资金			其他资金	银行贷款	合计	财政资金	自筹资金			其他资金	银行贷款	小计	其中：财政资金
小计	其中：投工投劳						小计	其中：投工投劳						小计	其中：投工投劳					
	折资	数量（万工日）						折资	数量（万工日）						折资	数量（万工日）				
10	11	12	13	14	15	16	17	18	19	20	21	22	23	24	25	26	27	28	29	30
—	—	—	—	—			—	—	—	—	—			—	—	—	—	—		
—	—	—	—	—			—	—	—	—	—			—	—	—	—	—		
—	—	—	—	—			—	—	—	—	—			—	—	—	—	—		
—	—	—	—	—			—	—	—	—	—			—	—	—	—	—		
—	—	—	—	—			—	—	—	—	—			—	—	—	—	—		
—	—	—	—	—			—	—	—	—	—			—	—	—	—	—		
—	—	—	—	—			—	—	—	—	—			—	—	—	—	—		
—	—	—	—	—			—	—	—	—	—			—	—	—	—	—		
—	—	—	—	—			—	—	—	—	—			—	—	—	—	—		
—	—	—	—	—			—	—	—	—	—			—	—	—	—	—		
—	—	—	—	—			—	—	—	—	—			—	—	—	—	—		
—	—	—	—	—			—	—	—	—	—			—	—	—	—	—		
—	—	—	—	—			—	—	—	—	—			—	—	—	—	—		
—	—	—	—	—			—	—	—	—	—			—	—	—	—	—		
—	—	—	—	—			—	—	—	—	—			—	—	—	—	—		
—	—	—	—	—			—	—	—	—	—			—	—	—	—	—		
—	—	—	—	—			—	—	—	—	—			—	—	—	—	—		
—	—	—	—	—			—	—	—	—	—			—	—	—	—	—		
—	—	—	—	—			—	—	—	—	—			—	—	—	—	—		
—	—	—	—	—			—	—	—	—	—			—	—	—	—	—		
—	—	—	—	—			—	—	—	—	—			—	—	—	—	—		
—	—	—	—	—			—	—	—	—	—			—	—	—	—	—		

续表1

代码	项目名称	行次	单位	任务量					上年结转			
				上年结转	年度计划	任务量增减	本年完成	结转下年	小计	其中：财政资金	合计	财政资金
	栏　　次			1	2	3	4	5	6	7	8	9
110057200	仪器设备	30	台、件									
110057300	示范推广	31	万亩									
110060000	其他工作及措施	32	—	—	—	—	—	—				
120000000	（二）生态综合治理项目	33	万亩									
121000000	1. 草原（场）建设	34	万亩									
121010000	水利措施	35	—	—	—	—	—	—				
121010200	拦河坝	36	座									
121010300	排灌站	37	座									
121010400	机电井	38	眼									
121010700	喷灌	39	万亩									
121011100	其他水利措施	40	—	—	—	—	—	—				
121020000	农业措施	41	—	—	—	—	—	—				
121023500	购良种	42	万公斤									
121023900	牧区机耕道	43	公里									
121024000	牧业机械	44	台、套									
121024400	其他农业措施	45	—	—	—	—	—	—				
121040000	草业措施	46	—	—	—	—	—	—				
121046100	人工种草	47	万亩									
121046200	草场改良	48	万亩									
121046300	划区轮牧	49	万亩									
121046400	畜牧设施	50	—	—	—	—	—	—				
121046410	标准化棚圈	51	平方米									
121046500	其他草业措施	52	—	—	—	—	—	—				
121030000	林业措施	53	—	—	—	—	—	—				
121035100	造林	54	万亩									
121035400	其他林业措施	55	—	—	—	—	—	—				
121050000	科技推广措施	56	—	—	—	—	—	—				
121057100	技术培训	57	人次									
121057400	其他科技推广措施	58	—	—	—	—	—	—				
121060000	其他工作及措施	59	—	—	—	—	—	—				
122000000	2. 小流域治理	60	万亩									
122010000	水利措施	61	—	—	—	—	—	—				
122010900	小型蓄排水工程	62	座									
122011000	沟道治理	63	—	—	—	—	—	—				

投资额（万元）																				
年度计划					投资额增减							本年完成							结转下年	
自筹资金			其他资金	银行贷款	合计	财政资金	自筹资金			其他资金	银行贷款	合计	财政资金	自筹资金			其他资金	银行贷款	小计	其中：财政资金
小计	其中：投工投劳						小计	其中：投工投劳						小计	其中：投工投劳					
	折资	数量（万工日）						折资	数量（万工日）						折资	数量（万工日）				
10	11	12	13	14	15	16	17	18	19	20	21	22	23	24	25	26	27	28	29	30
—	—	—	—	—			—	—	—	—	—			—	—	—	—	—		
—	—	—	—	—			—	—	—	—	—			—	—	—	—	—		
—	—	—	—	—			—	—	—	—	—			—	—	—	—	—		
—	—	—	—	—			—	—	—	—	—			—	—	—	—	—		
—	—	—	—	—			—	—	—	—	—			—	—	—	—	—		
—	—	—	—	—			—	—	—	—	—			—	—	—	—	—		
—	—	—	—	—			—	—	—	—	—			—	—	—	—	—		
—	—	—	—	—			—	—	—	—	—			—	—	—	—	—		
—	—	—	—	—			—	—	—	—	—			—	—	—	—	—		
—	—	—	—	—			—	—	—	—	—			—	—	—	—	—		
—	—	—	—	—			—	—	—	—	—			—	—	—	—	—		
—	—	—	—	—			—	—	—	—	—			—	—	—	—	—		
—	—	—	—	—			—	—	—	—	—			—	—	—	—	—		
—	—	—	—	—			—	—	—	—	—			—	—	—	—	—		
—	—	—	—	—			—	—	—	—	—			—	—	—	—	—		
—	—	—	—	—			—	—	—	—	—			—	—	—	—	—		
—	—	—	—	—			—	—	—	—	—			—	—	—	—	—		
—	—	—	—	—			—	—	—	—	—			—	—	—	—	—		
—	—	—	—	—			—	—	—	—	—			—	—	—	—	—		
—	—	—	—	—			—	—	—	—	—			—	—	—	—	—		
—	—	—	—	—			—	—	—	—	—			—	—	—	—	—		
—	—	—	—	—			—	—	—	—	—			—	—	—	—	—		
—	—	—	—	—			—	—	—	—	—			—	—	—	—	—		

续表 2

代码	项目名称	行次	单位	任务量					上年结转			
				上年结转	年度计划	任务量增减	本年完成	结转下年	小计	其中：财政资金	合计	财政资金
	栏　次			1	2	3	4	5	6	7	8	9
122011010	谷坊	64	座									
122011020	淤地坝	65	座									
122011030	溪流护岸	66	公里									
122011100	其他水利措施	67	—	—	—	—	—	—				
122020000	农业措施	68	—	—	—	—	—	—				
122023700	机耕路	69	公里									
122024200	梯田埂	70	公里									
122024400	其他农业措施	71	—	—	—	—	—	—				
122340000	林业、草业措施	72	—	—	—	—	—	—				
122035100	造林	73	万亩									
122046100	人工种草	74	万亩									
122340100	其他林业草业措施	75	—	—	—	—	—	—				
122050000	科技推广措施	76	—	—	—	—	—	—				
122057100	技术培训	77	人次									
122057400	其他科技推广措施	78	—	—	—	—	—	—				
122060000	其他工作及措施	79	—	—	—	—	—	—				
123000000	3. 土地沙化治理	80	万亩									
123010000	水利措施	81	—	—	—	—	—	—				
123010400	机电井	82	眼									
123010620	衬砌渠道	83	公里									
123011100	其他水利措施	84	—	—	—	—	—	—				
123020000	农业措施	85	—	—	—	—	—	—				
123023700	机耕路	86	公里									
123024400	其他农业措施	87	—	—	—	—	—	—				
123340000	林业、草业措施	88	—	—	—	—	—	—				
123035100	造林	89	万亩									
123035300	工程固沙	90	万亩									
123046100	人工种草	91	万亩									
123340100	其他林业草业措施	92	—	—	—	—	—	—				
123050000	科技推广措施	93	—	—	—	—	—	—				
123057100	技术培训	94	人次									

投资额（万元）																				
年度计划					投资额增减							本年完成							结转下年	
自筹资金			其他资金	银行贷款	合计	财政资金	自筹资金			其他资金	银行贷款	合计	财政资金	自筹资金			其他资金	银行贷款	小计	其中：财政资金
小计	其中：投工投劳						小计	其中：投工投劳						小计	其中：投工投劳					
	折资	数量(万工日)						折资	数量(万工日)						折资	数量(万工日)				
10	11	12	13	14	15	16	17	18	19	20	21	22	23	24	25	26	27	28	29	30
—	—	—	—	—			—	—	—	—	—			—	—	—	—	—		
—	—	—	—	—			—	—	—	—	—			—	—	—	—	—		
—	—	—	—	—			—	—	—	—	—			—	—	—	—	—		
—	—	—	—	—			—	—	—	—	—			—	—	—	—	—		
—	—	—	—	—			—	—	—	—	—			—	—	—	—	—		
—	—	—	—	—			—	—	—	—	—			—	—	—	—	—		
—	—	—	—	—			—	—	—	—	—			—	—	—	—	—		
—	—	—	—	—			—	—	—	—	—			—	—	—	—	—		
—	—	—	—	—			—	—	—	—	—			—	—	—	—	—		
—	—	—	—	—			—	—	—	—	—			—	—	—	—	—		
—	—	—	—	—			—	—	—	—	—			—	—	—	—	—		
—	—	—	—	—			—	—	—	—	—			—	—	—	—	—		
—	—	—	—	—			—	—	—	—	—			—	—	—	—	—		
—	—	—	—	—			—	—	—	—	—			—	—	—	—	—		
—	—	—	—	—			—	—	—	—	—			—	—	—	—	—		
—	—	—	—	—			—	—	—	—	—			—	—	—	—	—		
—	—	—	—	—			—	—	—	—	—			—	—	—	—	—		
—	—	—	—	—			—	—	—	—	—			—	—	—	—	—		
—	—	—	—	—			—	—	—	—	—			—	—	—	—	—		
—	—	—	—	—			—	—	—	—	—			—	—	—	—	—		
—	—	—	—	—			—	—	—	—	—			—	—	—	—	—		
—	—	—	—	—			—	—	—	—	—			—	—	—	—	—		

续表 3

代码	项目名称	行次	单位	任务量					上年结转			
				上年结转	年度计划	任务量增减	本年完成	结转下年	小计	其中：财政资金	合计	财政资金
	栏　次			1	2	3	4	5	6	7	8	9
123057400	其他科技推广措施	95	—	—	—	—	—	—				
123060000	其他工作及措施	96	—	—	—	—	—	—				
130000000	（三）中型灌区节水配套改造项目	97	个									
130010000	水利措施	98	—	—	—	—	—	—				
130011200	开挖疏浚渠道	99	公里									
130011300	衬砌渠道	100	公里									
130012100	泵站	101	座									
130012600	建筑物工程	102	座、处									
130012400	测水量水设施	103	处									
130011100	其他水利措施	104	—	—	—	—	—	—				
130060000	其他工作及措施	105	—	—	—	—	—	—				
200000000	二、产业化经营项目	106	—	—	—	—	—	—				
210000000	（一）种植项目	107	个									
210110000	1. 经济林	108	万亩									
210120000	2. 设施蔬菜	109	亩									
210130000	3. 设施花卉	110	亩									
210140000	4. 药材	111	万亩									
210150000	5. 其他设施种植项目	112	万亩									
220000000	（二）养殖项目	113	个									
220210000	1. 水产养殖	114	万亩									
220220000	2. 畜牧养殖	115	—	—	—	—	—					
202227000	畜类	116	—	—	—	—	—					
220222710	年出栏	117	万头、只					—	—	—	—	—
220222720	年末存栏	118	万头、只					—	—	—	—	—
220222800	禽类	119	—	—	—	—	—					
220222810	年出栏	120	万只					—	—	—	—	—
220222820	年末存栏	121	万只					—	—	—	—	—
230000000	（三）加工项目	122	个									

投资额（万元）																				
年度计划					投资额增减							本年完成							结转下年	
自筹资金			其他资金	银行贷款	合计	财政资金	自筹资金			其他资金	银行贷款	合计	财政资金	自筹资金			其他资金	银行贷款	小计	其中：财政资金
小计	其中：投工投劳						小计	其中：投工投劳						小计	其中：投工投劳					
	折资	数量（万工日）						折资	数量（万工日）						折资	数量（万工日）				
10	11	12	13	14	15	16	17	18	19	20	21	22	23	24	25	26	27	28	29	30
—	—	—	—	—			—	—	—	—	—			—	—	—	—	—		
—	—	—	—	—			—	—	—	—	—			—	—	—	—	—		
—	—	—	—	—			—	—	—	—	—			—	—	—	—	—		
—	—	—	—	—			—	—	—	—	—			—	—	—	—	—		
—	—	—	—	—			—	—	—	—	—			—	—	—	—	—		
—	—	—	—	—			—	—	—	—	—			—	—	—	—	—		
—	—	—	—	—			—	—	—	—	—			—	—	—	—	—		
—	—	—	—	—	—	—	—	—	—	—	—	—	—	—	—	—	—	—	—	—
—	—	—	—	—	—	—	—	—	—	—	—	—	—	—	—	—	—	—	—	—
—	—	—	—	—	—	—	—	—	—	—	—	—	—	—	—	—	—	—	—	—
—	—	—	—	—	—	—	—	—	—	—	—	—	—	—	—	—	—	—	—	—
	—	—						—	—						—	—				

续表4

代码	项目名称	行次	单位	任务量					上年结转			
				上年结转	年度计划	任务量增减	本年完成	结转下年	小计	其中：财政资金	合计	财政资金
	栏　次			1	2	3	4	5	6	7	8	9
230310000	1. 新建项目	123	个									
230312800	其中：投资参股项目	124	个									
230320000	2. 改扩建项目	125	个									
230322800	其中：投资参股项目	126	个									
240000000	（四）储藏保鲜项目	127	个									
250000000	（五）产地批发市场项目	128	个									
300000000	三、科技示范项目	129	—	—	—	—	—	—				
310000000	（一）高新科技示范项目	130	—	—	—	—	—	—				
310120000	1. 品种、技术引进、示范及推广	131	项、个									
310230000	2. 示范及推广面积	132	万亩						—	—	—	—
310043500	3. 技术培训	133	人次									
310460000	4. 技术服务体系及配套设施建设	134	—	—	—	—	—	—				
310070000	5. 其他	135	—	—	—	—	—	—				
320000000	（二）科技推广综合示范项目	136	—	—	—	—	—	—				
320120000	1. 品种、技术引进、示范及推广	137	项、个									
320230000	2. 示范及推广面积	138	万亩						—	—	—	—
320043500	3. 技术培训	139	人次									
320460000	4. 技术服务体系及配套设施建设	140	—	—	—	—	—	—				
320070000	5. 其他	141	—	—	—	—	—	—				
330000000	（三）农业现代化示范项目	142	—	—	—	—	—	—				
330120000	1. 品种、技术引进、示范	143	项、个									
330021300	2. 示范面积	144	万亩						—	—	—	—
330050000	3. 产业基地建设	145	万亩									
330043500	4. 技术培训	146	人次									
330460000	5. 技术服务体系及配套设施建设	147	—	—	—	—	—	—				
330070000	6. 其他	148	—	—	—	—	—	—				

投资额（万元）																				
年度计划					投资额增减							本年完成							结转下年	
自筹资金			其他资金	银行贷款	合计	财政资金	自筹资金			其他资金	银行贷款	合计	财政资金	自筹资金			其他资金	银行贷款	小计	其中：财政资金
小计	其中：投工投劳						小计	其中：投工投劳						小计	其中：投工投劳					
	折资	数量(万工日)						折资	数量(万工日)						折资	数量(万工日)				
10	11	12	13	14	15	16	17	18	19	20	21	22	23	24	25	26	27	28	29	30
	—	—						—	—						—	—				
	—	—						—	—						—	—				
	—	—						—	—						—	—				
	—	—						—	—						—	—				
	—	—						—	—						—	—				
	—	—						—	—						—	—				
	—	—						—	—						—	—				
—	—	—	—	—	—	—	—	—	—	—	—	—	—	—	—	—	—	—	—	—
	—	—						—	—						—	—				
	—	—						—	—						—	—				
—	—	—	—	—	—	—	—	—	—	—	—	—	—	—	—	—	—	—	—	—
	—	—						—	—						—	—				
	—	—						—	—						—	—				
—	—	—	—	—	—	—	—	—	—	—	—	—	—	—	—	—	—	—	—	—
	—	—						—	—						—	—				

国家农业综合开发项目

填报单位：

代码	项目名称	行次	单位	数量
01000	一、土地治理项目	1	—	—
—	（一）农业生产条件及生态环境改善情况	2	—	—
01101	1.新增和改善灌溉面积	3	万亩	
01102	2.新增和改善除涝面积	4	万亩	
01005	3.新增节水灌溉面积	5	万亩	
01006	4.年节约水量	6	万立方米	
01008	5.增加农田林网防护面积	7	万亩	
01009	6.增加机耕面积	8	万亩	
01010	7.新增农机总动力	9	万千瓦	
01011	8.扩大良种种植面积	10	万亩	
01012	9.治理沙化土地面积	11	万亩	
01013	10.控制水土流失面积	12	平方公里	
—	（二）提高农业竞争能力	13	—	
01014	1.扶持农技服务站	14	个	
01015	2.完善农产品质量检测体系	15	个	
01016	3.优质农产品种植面积	16	万亩	
01017	其中：优质粮食种植面积	17	万亩	
—	（三）年新增主要农产品生产能力	18	—	—
01019	1.粮食	19	万公斤	
01020	2.棉花	20	万公斤	
01021	3.油料	21	万公斤	
01022	4.糖料	22	万公斤	
01023	5.干草	23	万公斤	
01024	6.饲料作物	24	万公斤	
01026	（四）项目区年直接受益农户数量	25	户	
01027	（五）项目区年直接受益农业人口数	26	人	
01028	（六）项目区直接受益农民年纯收入增加总额	27	万元	
02000	二、产业化经营项目	28	—	—
—	（一）年新增生产能力	29	—	—
02101	1.干鲜果品	30	万公斤	
02102	2.蔬菜	31	万公斤	

表　　号：国农办统1－2
制表机关：财政部
批准机关：国家统计局
批准文号：国统函［2004］92号
有效期至：2006年6月14日

效益主要指标汇总表

代码	项目名称	行次	单位	数量
02103	3. 花卉	32	万枝	
02104	4. 药材	33	万公斤	
02003	5. 水产品	34	万公斤	
02004	6. 肉	35	万公斤	
02005	7. 蛋	36	万公斤	
02006	8. 奶	37	万公斤	
02105	（二）加工转化农产品	38	万公斤	
02017	（三）农产品交易额	39	万元	
02018	（四）年新增总产值	40	万元	
02019	（五）年新增增加值	41	万元	
02020	（六）年新增利税	42	万元	
02023	（七）年直接受益农户数量	43	户	
02024	其中：土地治理项目区直接受益农户数量	44	户	
02025	（八）年直接受益农业人口数	45	人	
02026	其中：土地治理项目区直接受益农业人口数	46	人	
02027	（九）直接受益农民年收入增加总额	47	万元	
02028	（十）年新增就业人数	48	人	
02029	其中：年新增农村劳动力就业人数	49	人	
03000	三、科技示范项目	50	—	—
03001	（一）年扩大良种种植面积	51	万亩	
03002	（二）年新增农机总动力	52	千瓦	
03003	（三）年新增总产值	53	万元	
03004	（四）年新增增加值	54	万元	
03005	（五）年新增利税	55	万元	
03006	（六）项目区年直接受益农户数量	56	户	
03007	其中：土地治理项目区及产业化经营项目直接受益农户数量	57	户	
03008	（七）项目区年直接受益农业人口数	58	人	
03009	其中：土地治理项目区及产业化经营项目直接受益农业人口	59	人	
03010	（八）项目区直接受益农民年纯收入增加总额	60	万元	
03011	（九）年培训合格劳动力	61	人	

国家农业综合开发土地治理

填报单位：

代码	项目名称	行次	单位	任务量/上年结转	任务量/年度计划	任务量/任务量增减	任务量/当年完成	任务量/结转下年	上年结转/合计	上年结转/财政资金	上年结转/自筹资金/小计	上年结转/自筹资金/其中：投工投劳/折资	上年结转/自筹资金/其中：投工投劳/数量（万工日）	上年结转/自筹资金/其他资金	上年结转/银行贷款	合计	财政资金
	栏　次			1	2	3	4	5	6	7	8	9	10	11	12	13	14
110000000	一、中低产田改造项目	1	万亩														
110010000	水利措施	2	—	—	—	—	—	—									
110010100	小型水库	3	座								—	—	—	—	—		
110010110	新建	4	座								—	—	—	—	—		
110010120	扩建加固	5	座								—	—	—	—	—		
110010200	拦河坝	6	座								—	—	—	—	—		
110010300	排灌站	7	座								—	—	—	—	—		
110010400	机电井	8	眼								—	—	—	—	—		
110010410	新打	9	眼								—	—	—	—	—		
110010420	修复配套	10	眼								—	—	—	—	—		
110010500	输变电线路配套	11	公里								—	—	—	—	—		
110010600	灌排渠系工程或坡面水系	12	—	—	—	—	—	—			—	—	—	—	—		
110010610	开挖疏浚渠道	13	公里								—	—	—	—	—		
110010620	衬砌渠道	14	公里								—	—	—	—	—		
110010630	埋设管道	15	公里								—	—	—	—	—		
110010640	渠系建筑物	16	座								—	—	—	—	—		
110010700	喷灌	17	亩								—	—	—	—	—		
110010800	微灌	18	亩								—	—	—	—	—		
110010900	小型蓄排水工程	19	座								—	—	—	—	—		
110010910	新建	20	座								—	—	—	—	—		
110010920	扩建加固	21	座								—	—	—	—	—		
110011100	其他水利措施	22	—	—	—	—	—	—			—	—	—	—	—		
110020000	农业措施	23	—	—	—	—	—	—			—	—	—	—	—		
110023100	改良土壤	24	万亩								—	—	—	—	—		
110023200	良种繁育	25	—	—	—	—	—	—			—	—	—	—	—		
110023210	良种基地	26	万亩								—	—	—	—	—		
110023211	良种仓库	27	平方米								—	—	—	—	—		
110023212	良种晒场	28	平方米								—	—	—	—	—		
110023213	其他	29	—	—	—	—	—	—			—	—	—	—	—		
110023500	购良种	30	万公斤								—	—	—	—	—		

表　　号：国农办统基 1－1
制表机关：财政部
批准机关：国家统计局
批准文号：国统函［2004］92 号
有效期至：2006 年 6 月 14 日

项目任务投资完成情况表

投资额（万元）																									
年度计划					投资额增减							本年完成							结转下年						
自筹资金			其他资金	银行贷款	合计	财政资金	自筹资金			其他资金	银行贷款	合计	财政资金	自筹资金			其他资金	银行贷款	合计	财政资金	自筹资金			其他资金	银行贷款
小计	其中：投工投劳						小计	其中：投工投劳						小计	其中：投工投劳						小计	其中：投工投劳			
	折资	数量（万工日）						折资	数量（万工日）						折资	数量（万工日）						折资	数量（万工日）		
15	16	17	18	19	20	21	22	23	24	25	26	27	28	29	30	31	32	33	34	35	36	37	38	39	40
—	—	—	—	—			—	—	—	—	—			—	—	—	—	—			—	—	—	—	—
—	—	—	—	—			—	—	—	—	—			—	—	—	—	—			—	—	—	—	—
—	—	—	—	—			—	—	—	—	—			—	—	—	—	—			—	—	—	—	—
—	—	—	—	—			—	—	—	—	—			—	—	—	—	—			—	—	—	—	—
—	—	—	—	—			—	—	—	—	—			—	—	—	—	—			—	—	—	—	—
—	—	—	—	—			—	—	—	—	—			—	—	—	—	—			—	—	—	—	—
—	—	—	—	—			—	—	—	—	—			—	—	—	—	—			—	—	—	—	—
—	—	—	—	—			—	—	—	—	—			—	—	—	—	—			—	—	—	—	—
—	—	—	—	—			—	—	—	—	—			—	—	—	—	—			—	—	—	—	—
—	—	—	—	—			—	—	—	—	—			—	—	—	—	—			—	—	—	—	—
—	—	—	—	—			—	—	—	—	—			—	—	—	—	—			—	—	—	—	—
—	—	—	—	—			—	—	—	—	—			—	—	—	—	—			—	—	—	—	—
—	—	—	—	—			—	—	—	—	—			—	—	—	—	—			—	—	—	—	—
—	—	—	—	—			—	—	—	—	—			—	—	—	—	—			—	—	—	—	—
—	—	—	—	—			—	—	—	—	—			—	—	—	—	—			—	—	—	—	—
—	—	—	—	—			—	—	—	—	—			—	—	—	—	—			—	—	—	—	—
—	—	—	—	—			—	—	—	—	—			—	—	—	—	—			—	—	—	—	—
—	—	—	—	—			—	—	—	—	—			—	—	—	—	—			—	—	—	—	—
—	—	—	—	—			—	—	—	—	—			—	—	—	—	—			—	—	—	—	—
—	—	—	—	—			—	—	—	—	—			—	—	—	—	—			—	—	—	—	—
—	—	—	—	—			—	—	—	—	—			—	—	—	—	—			—	—	—	—	—
—	—	—	—	—			—	—	—	—	—			—	—	—	—	—			—	—	—	—	—
—	—	—	—	—			—	—	—	—	—			—	—	—	—	—			—	—	—	—	—
—	—	—	—	—			—	—	—	—	—			—	—	—	—	—			—	—	—	—	—
—	—	—	—	—			—	—	—	—	—			—	—	—	—	—			—	—	—	—	—
—	—	—	—	—			—	—	—	—	—			—	—	—	—	—			—	—	—	—	—
—	—	—	—	—			—	—	—	—	—			—	—	—	—	—			—	—	—	—	—
—	—	—	—	—			—	—	—	—	—			—	—	—	—	—			—	—	—	—	—

续表1

代码	项目名称	行次	单位	任务量					上年结转								
				上年结转	年度计划	任务量增减	当年完成	结转下年	合计	财政资金	自筹资金			其他资金	银行贷款	合计	财政资金
											小计	其中：投工投劳					
												折资	数量（万工日）				
	栏　次			1	2	3	4	5	6	7	8	9	10	11	12	13	14
110023600	购置设备	31	台、套								—	—	—	—	—		
110023700	机耕路	32	公里								—	—	—	—	—		
110023800	农业机械	33	台、套								—	—	—	—	—		
110023810	购置农用动力机械	34	台、套								—	—	—	—	—		
110023820	配套农机具	35	台、套								—	—	—	—	—		
110023830	购置植保机械	36	台、套								—	—	—	—	—		
110024100	推广旱作农业	37	万亩								—	—	—	—	—		
110024400	其他农业措施	38	—	—	—	—	—	—			—	—	—	—	—		
110030000	林业措施	39	—	—	—	—	—	—									
110035100	造林	40	万亩								—	—	—	—	—		
110035110	防护林	41	万亩								—	—	—	—	—		
110035200	苗圃	42	亩								—	—	—	—	—		
110035400	其他林业措施	43	—	—	—	—	—	—			—	—	—	—	—		
110050000	科技推广措施	44	—	—	—	—	—	—									
110057100	技术培训	45	人次								—	—	—	—	—		
110057200	仪器设备	46	台、件								—	—	—	—	—		
110057300	示范推广	47	万亩								—	—	—	—	—		
110060000	其他工作及措施	48	—	—	—	—	—	—									
110068100	管理费用	49	—	—	—	—	—	—			—	—	—	—	—		
110068200	贷款贴息	50	—	—	—	—	—	—			—	—	—	—	—		
120000000	二、生态综合治理项目	51	万亩														
121000000	1. 草原（场）建设	52	万亩														
121010000	水利措施	53	—	—	—	—	—	—									
121010200	拦河坝	54	座								—	—	—	—	—		
121010300	排灌站	55	座								—	—	—	—	—		
121010400	机电井	56	眼								—	—	—	—	—		
121010110	新打	57	眼								—	—	—	—	—		
121010420	修复配套	58	眼								—	—	—	—	—		
121010500	输变电线路配套	59	公里								—	—	—	—	—		
121010600	灌排渠系工程或坡面水系	60	—	—	—	—	—	—			—	—	—	—	—		
121010620	衬砌渠道	61	公里								—	—	—	—	—		
121010630	埋设管道	62	公里								—	—	—	—	—		
121010640	渠系建筑物	63	座								—	—	—	—	—		
121010700	喷灌	64	亩								—	—	—	—	—		

投资额（万元）																									
年度计划					投资额增减							本年完成							结转下年						
自筹资金			其他资金	银行贷款	合计	财政资金	自筹资金			其他资金	银行贷款	合计	财政资金	自筹资金			其他资金	银行贷款	合计	财政资金	自筹资金			其他资金	银行贷款
小计	其中：投工投劳						小计	其中：投工投劳						小计	其中：投工投劳						小计	其中：投工投劳			
	折资	数量（万工日）						折资	数量（万工日）						折资	数量（万工日）						折资	数量（万工日）		
15	16	17	18	19	20	21	22	23	24	25	26	27	28	29	30	31	32	33	34	35	36	37	38	39	40
—	—	—	—	—			—	—	—	—	—			—	—	—	—	—					—	—	—
—	—	—	—	—			—	—	—	—	—			—	—	—	—	—					—	—	—
—	—	—	—	—			—	—	—	—	—			—	—	—	—	—			—	—	—	—	—
—	—	—	—	—			—	—	—	—	—			—	—	—	—	—			—	—	—	—	—
—	—	—	—	—			—	—	—	—	—			—	—	—	—	—			—	—	—	—	—
—	—	—	—	—			—	—	—	—	—			—	—	—	—	—			—	—	—	—	—
—	—	—	—	—			—	—	—	—	—			—	—	—	—	—			—	—	—	—	—
—	—	—	—	—			—	—	—	—	—			—	—	—	—	—			—	—	—	—	—
—	—	—	—	—			—	—	—	—	—			—	—	—	—	—			—	—	—	—	—
—	—	—	—	—			—	—	—	—	—			—	—	—	—	—			—	—	—	—	—
—	—	—	—	—			—	—	—	—	—			—	—	—	—	—			—	—	—	—	—
—	—	—	—	—			—	—	—	—	—			—	—	—	—	—			—	—	—	—	—
—	—	—	—	—			—	—	—	—	—			—	—	—	—	—			—	—	—	—	—
—	—	—	—	—			—	—	—	—	—			—	—	—	—	—			—	—	—	—	—
—	—	—	—	—			—	—	—	—	—			—	—	—	—	—			—	—	—	—	—
—	—	—	—	—			—	—	—	—	—			—	—	—	—	—			—	—	—	—	—
—	—	—	—	—			—	—	—	—	—			—	—	—	—	—			—	—	—	—	—
—	—	—	—	—			—	—	—	—	—			—	—	—	—	—			—	—	—	—	—
—	—	—	—	—			—	—	—	—	—			—	—	—	—	—			—	—	—	—	—
—	—	—	—	—			—	—	—	—	—			—	—	—	—	—			—	—	—	—	—
—	—	—	—	—			—	—	—	—	—			—	—	—	—	—			—	—	—	—	—
—	—	—	—	—			—	—	—	—	—			—	—	—	—	—			—	—	—	—	—
—	—	—	—	—			—	—	—	—	—			—	—	—	—	—			—	—	—	—	—
—	—	—	—	—			—	—	—	—	—			—	—	—	—	—			—	—	—	—	—
—	—	—	—	—			—	—	—	—	—			—	—	—	—	—			—	—	—	—	—
—	—	—	—	—			—	—	—	—	—			—	—	—	—	—			—	—	—	—	—
—	—	—	—	—			—	—	—	—	—			—	—	—	—	—			—	—	—	—	—
—	—	—	—	—			—	—	—	—	—			—	—	—	—	—			—	—	—	—	—

续表 2

代码	项目名称	行次	单位	任务量					上年结转								
											自筹资金						
												其中：投工投劳					
				上年结转	年度计划	任务量增减	当年完成	结转下年	合计	财政资金	小计	折资	数量（万工日）	其他资金	银行贷款	合计	财政资金
	栏　次			1	2	3	4	5	6	7	8	9	10	11	12	13	14
121010900	小型蓄排水工程	65	座								—	—	—	—	—		
121011100	其他水利措施	66	—	—	—	—	—	—			—	—	—	—	—		
121020000	农业措施	67	—	—	—	—	—	—									
121023100	改良土壤	68	万亩								—	—	—	—	—		
121023200	良种繁育	69	—	—	—	—	—	—			—	—	—	—	—		
121023210	良种基地	70	万亩								—	—	—	—	—		
121023211	良种仓库	71	平方米								—	—	—	—	—		
121023212	良种晒场	72	平方米								—	—	—	—	—		
121023213	其他	73	—	—	—	—	—	—			—	—	—	—	—		
121023300	完善配套冷冻精液输精站	74	个								—	—	—	—	—		
121023400	完善配套种畜特配站	75	个								—	—	—	—	—		
121023500	购良种	76	万公斤								—	—	—	—	—		
121023600	购置设备	77	台、套								—	—	—	—	—		
121023900	牧区机耕道	78	公里								—	—	—	—	—		
121024000	牧业机械	79	台、套								—	—	—	—	—		
121024010	购置牧用动力机械	80	台、套								—	—	—	—	—		
121024020	配套牧用机具	81	台、套								—	—	—	—	—		
121024030	购置植保机械	82	台、套								—	—	—	—	—		
121024300	青储氨化窖	83	立方米								—	—	—	—	—		
121024400	其他农业措施	84	—	—	—	—	—	—			—	—	—	—	—		
121030000	林业措施	85	—	—	—	—	—	—									
121035100	造林	86	万亩								—	—	—	—	—		
121035110	防护林	87	万亩								—	—	—	—	—		
121035200	苗圃	88	亩								—	—	—	—	—		
121035400	其他林业措施	89	—	—	—	—	—	—			—	—	—	—	—		
121040000	草业措施	90	—	—	—	—	—	—									
121046100	人工种草	91	万亩								—	—	—	—	—		
121046200	草场改良	92	万亩								—	—	—	—	—		
121046210	围栏	93	公里								—	—	—	—	—		
121046300	划区轮牧	94	万亩								—	—	—	—	—		
121046310	围栏	95	公里								—	—	—	—	—		
121046400	畜牧设施	96	—	—	—	—	—	—									
121046410	标准化棚圈	97	平方米								—	—	—	—	—		
121046420	药浴池	98	平方米								—	—	—	—	—		

投资额（万元）																									
年度计划					投资额增减							本年完成							结转下年						
自筹资金			其他资金	银行贷款	合计	财政资金	自筹资金			其他资金	银行贷款	合计	财政资金	自筹资金			其他资金	银行贷款	合计	财政资金	自筹资金			其他资金	银行贷款
小计	其中：投工投劳						小计	其中：投工投劳						小计	其中：投工投劳						小计	其中：投工投劳			
	折资	数量（万工日）						折资	数量（万工日）						折资	数量（万工日）						折资	数量（万工日）		
15	16	17	18	19	20	21	22	23	24	25	26	27	28	29	30	31	32	33	34	35	36	37	38	39	40
—	—	—	—	—			—	—	—	—	—			—	—	—	—	—			—	—	—	—	—
—	—	—	—	—			—	—	—	—	—			—	—	—	—	—			—	—	—	—	—
—	—	—	—	—			—	—	—	—	—			—	—	—	—	—			—	—	—	—	—
—	—	—	—	—			—	—	—	—	—			—	—	—	—	—			—	—	—	—	—
—	—	—	—	—			—	—	—	—	—			—	—	—	—	—			—	—	—	—	—
—	—	—	—	—			—	—	—	—	—			—	—	—	—	—			—	—	—	—	—
—	—	—	—	—			—	—	—	—	—			—	—	—	—	—			—	—	—	—	—
—	—	—	—	—			—	—	—	—	—			—	—	—	—	—			—	—	—	—	—
—	—	—	—	—			—	—	—	—	—			—	—	—	—	—			—	—	—	—	—
—	—	—	—	—			—	—	—	—	—			—	—	—	—	—			—	—	—	—	—
—	—	—	—	—			—	—	—	—	—			—	—	—	—	—			—	—	—	—	—
—	—	—	—	—			—	—	—	—	—			—	—	—	—	—			—	—	—	—	—
—	—	—	—	—			—	—	—	—	—			—	—	—	—	—			—	—	—	—	—
—	—	—	—	—			—	—	—	—	—			—	—	—	—	—			—	—	—	—	—
—	—	—	—	—			—	—	—	—	—			—	—	—	—	—			—	—	—	—	—
—	—	—	—	—			—	—	—	—	—			—	—	—	—	—			—	—	—	—	—
—	—	—	—	—			—	—	—	—	—			—	—	—	—	—			—	—	—	—	—
—	—	—	—	—			—	—	—	—	—			—	—	—	—	—			—	—	—	—	—
—	—	—	—	—			—	—	—	—	—			—	—	—	—	—			—	—	—	—	—
—	—	—	—	—			—	—	—	—	—			—	—	—	—	—			—	—	—	—	—
—	—	—	—	—			—	—	—	—	—			—	—	—	—	—			—	—	—	—	—
—	—	—	—	—			—	—	—	—	—			—	—	—	—	—			—	—	—	—	—
—	—	—	—	—			—	—	—	—	—			—	—	—	—	—			—	—	—	—	—
—	—	—	—	—			—	—	—	—	—			—	—	—	—	—			—	—	—	—	—
—	—	—	—	—			—	—	—	—	—			—	—	—	—	—			—	—	—	—	—
—	—	—	—	—			—	—	—	—	—			—	—	—	—	—			—	—	—	—	—
—	—	—	—	—			—	—	—	—	—			—	—	—	—	—			—	—	—	—	—
—	—	—	—	—			—	—	—	—	—			—	—	—	—	—			—	—	—	—	—
—	—	—	—	—			—	—	—	—	—			—	—	—	—	—			—	—	—	—	—
—	—	—	—	—			—	—	—	—	—			—	—	—	—	—			—	—	—	—	—
—	—	—	—	—			—	—	—	—	—			—	—	—	—	—			—	—	—	—	—

续表3

代码	项目名称	行次	单位	任务量					上年结转								
				上年结转	年度计划	任务量增减	当年完成	结转下年	合计	财政资金	自筹资金			其他资金	银行贷款	合计	财政资金
											小计	其中：投工投劳					
												折资	数量（万工日）				
	栏　次			1	2	3	4	5	6	7	8	9	10	11	12	13	14
121046430	饲草料加工点	99	处								—	—	—	—	—		
121046500	其他草业措施	100	—	—	—	—	—	—			—	—	—	—	—		
121050000	科技推广措施	101	—	—	—	—	—	—									
121057100	技术培训	102	人次								—	—	—	—	—		
121057200	仪器设备	103	台、件								—	—	—	—	—		
121057300	示范推广	104	万亩								—	—	—	—	—		
121060000	其他工作及措施	105	—	—	—	—	—	—									
121068100	管理费用	106	—	—	—	—	—	—			—	—	—	—	—		
121068200	贷款贴息	107	—	—	—	—	—	—			—	—	—	—	—		
122000000	2. 小流域治理	108	万亩														
122010000	水利措施	109	—	—	—	—	—	—									
122010200	拦河坝	110	座								—	—	—	—	—		
122010300	排灌站	111	座								—	—	—	—	—		
122010400	机电井	112	眼								—	—	—	—	—		
122010410	新打	113	眼								—	—	—	—	—		
122010420	修复配套	114	眼								—	—	—	—	—		
122010500	输变电线路配套	115	公里								—	—	—	—	—		
122010600	灌排渠系工程或坡面水系	116	—	—	—	—	—	—			—	—	—	—	—		
122010610	开挖疏浚渠道	117	公里								—	—	—	—	—		
122010620	衬砌渠道	118	公里								—	—	—	—	—		
122010630	埋设管道	119	公里								—	—	—	—	—		
122010640	渠系建筑物	120	座								—	—	—	—	—		
122010700	喷灌	121	亩								—	—	—	—	—		
122010800	微灌	122	亩								—	—	—	—	—		
122010900	小型蓄排水工程	123	座								—	—	—	—	—		
122010910	新建	124	座								—	—	—	—	—		
122010920	扩建加固	125	座								—	—	—	—	—		
122011000	沟道治理	126	—	—	—	—	—	—			—	—	—	—	—		
122011010	谷坊	127	座								—	—	—	—	—		
122011020	淤地坝	128	座								—	—	—	—	—		
122011030	溪流护岸	129	公里								—	—	—	—	—		
122011100	其他水利措施	130	—	—	—	—	—	—			—	—	—	—	—		
122020000	农业措施	131	—	—	—	—	—	—									
122023100	改良土壤	132	万亩								—	—	—	—	—		

投资额（万元）																									
年度计划					投资额增减							本年完成							结转下年						
自筹资金			其他资金	银行贷款	合计	财政资金	自筹资金			其他资金	银行贷款	合计	财政资金	自筹资金			其他资金	银行贷款	合计	财政资金	自筹资金			其他资金	银行贷款
小计	其中：投工投劳						小计	其中：投工投劳						小计	其中：投工投劳						小计	其中：投工投劳			
	折资	数量（万工日）						折资	数量（万工日）						折资	数量（万工日）						折资	数量（万工日）		
15	16	17	18	19	20	21	22	23	24	25	26	27	28	29	30	31	32	33	34	35	36	37	38	39	40
—	—	—	—	—			—	—	—	—	—			—	—	—	—	—			—	—	—	—	—
—	—	—	—	—			—	—	—	—	—			—	—	—	—	—			—	—	—	—	—
—	—	—	—	—			—	—	—	—	—			—	—	—	—	—			—	—	—	—	—
—	—	—	—	—			—	—	—	—	—			—	—	—	—	—			—	—	—	—	—
—	—	—	—	—			—	—	—	—	—			—	—	—	—	—			—	—	—	—	—
—	—	—	—	—			—	—	—	—	—			—	—	—	—	—			—	—	—	—	—
—	—	—	—	—			—	—	—	—	—			—	—	—	—	—			—	—	—	—	—
—	—	—	—	—			—	—	—	—	—			—	—	—	—	—			—	—	—	—	—
—	—	—	—	—			—	—	—	—	—			—	—	—	—	—			—	—	—	—	—
—	—	—	—	—			—	—	—	—	—			—	—	—	—	—			—	—	—	—	—
—	—	—	—	—			—	—	—	—	—			—	—	—	—	—			—	—	—	—	—
—	—	—	—	—			—	—	—	—	—			—	—	—	—	—			—	—	—	—	—
—	—	—	—	—			—	—	—	—	—			—	—	—	—	—			—	—	—	—	—
—	—	—	—	—			—	—	—	—	—			—	—	—	—	—			—	—	—	—	—
—	—	—	—	—			—	—	—	—	—			—	—	—	—	—			—	—	—	—	—
—	—	—	—	—			—	—	—	—	—			—	—	—	—	—			—	—	—	—	—
—	—	—	—	—			—	—	—	—	—			—	—	—	—	—			—	—	—	—	—
—	—	—	—	—			—	—	—	—	—			—	—	—	—	—			—	—	—	—	—
—	—	—	—	—			—	—	—	—	—			—	—	—	—	—			—	—	—	—	—
—	—	—	—	—			—	—	—	—	—			—	—	—	—	—			—	—	—	—	—
—	—	—	—	—			—	—	—	—	—			—	—	—	—	—			—	—	—	—	—
—	—	—	—	—			—	—	—	—	—			—	—	—	—	—			—	—	—	—	—
—	—	—	—	—			—	—	—	—	—			—	—	—	—	—			—	—	—	—	—
—	—	—	—	—			—	—	—	—	—			—	—	—	—	—			—	—	—	—	—
—	—	—	—	—			—	—	—	—	—			—	—	—	—	—			—	—	—	—	—
—	—	—	—	—			—	—	—	—	—			—	—	—	—	—			—	—	—	—	—
—	—	—	—	—			—	—	—	—	—			—	—	—	—	—			—	—	—	—	—
—	—	—	—	—			—	—	—	—	—			—	—	—	—	—			—	—	—	—	—
—	—	—	—	—			—	—	—	—	—			—	—	—	—	—			—	—	—	—	—

续表4

代码	项目名称	行次	单位	任务量：上年结转	任务量：年度计划	任务量：任务量增减	任务量：当年完成	任务量：结转下年	上年结转：合计	上年结转：财政资金	上年结转：自筹资金：小计	上年结转：自筹资金：其中：投工投劳：折资	上年结转：自筹资金：其中：投工投劳：数量（万工日）	上年结转：其他资金	上年结转：银行贷款	合计	财政资金
	栏　次			1	2	3	4	5	6	7	8	9	10	11	12	13	14
122023700	机耕路	133	公里								—	—	—	—	—		
122023800	农业机械	134	台、套								—	—	—	—	—		
122023810	购置农用动力机械	135	台、套								—	—	—	—	—		
122023820	配套农机具	136	台、套								—	—	—	—	—		
122023830	购置植保机械	137	台、套								—	—	—	—	—		
122024100	推广旱作农业	138	万亩								—	—	—	—	—		
122024200	梯田埂	139	公里								—	—	—	—	—		
122024400	其他农业措施	140	—	—	—	—	—	—			—	—	—	—	—		
122030000	林业措施	141	—	—	—	—	—	—									
122035100	造林	142	万亩								—	—	—	—	—		
122035130	水土保持林	143	万亩								—	—	—	—	—		
122035120	经济林	144	万亩								—	—	—	—	—		
122035400	其他林业措施	145	—	—	—	—	—	—			—	—	—	—	—		
122040000	草业措施	146	—	—	—	—	—	—									
122046100	人工种草	147	万亩								—	—	—	—	—		
122046500	其他草业措施	148	—	—	—	—	—	—			—	—	—	—	—		
122050000	科技推广措施	149	—	—	—	—	—	—									
122057100	技术培训	150	人次								—	—	—	—	—		
122057200	仪器设备	151	台、件								—	—	—	—	—		
122057300	示范推广	152	万亩								—	—	—	—	—		
122060000	其他工作及措施	153	—	—	—	—	—	—									
122068100	管理费用	154	—	—	—	—	—	—			—	—	—	—	—		
122068200	贷款贴息	155	—	—	—	—	—	—			—	—	—	—	—		
123000000	3. 土地沙化治理	156	万亩														
123010000	水利措施	157		—	—	—	—	—									
123010400	机电井	158	眼								—	—	—	—	—		
123010410	新打	159	眼								—	—	—	—	—		
123010420	修复配套	160	眼								—	—	—	—	—		
123010500	输变电线路配套	161	公里								—	—	—	—	—		

投资额（万元）																									
年度计划					投资额增减							本年完成							结转下年						
自筹资金			其他资金	银行贷款	合计	财政资金	自筹资金			其他资金	银行贷款	合计	财政资金	自筹资金			其他资金	银行贷款	合计	财政资金	自筹资金			其他资金	银行贷款
小计	其中：投工投劳						小计	其中：投工投劳						小计	其中：投工投劳						小计	其中：投工投劳			
	折资	数量（万工日）						折资	数量（万工日）						折资	数量（万工日）						折资	数量（万工日）		
15	16	17	18	19	20	21	22	23	24	25	26	27	28	29	30	31	32	33	34	35	36	37	38	39	40
—	—	—	—	—			—	—	—	—	—			—	—	—	—	—			—	—	—	—	—
—	—	—	—	—			—	—	—	—	—			—	—	—	—	—			—	—	—	—	—
—	—	—	—	—			—	—	—	—	—			—	—	—	—	—			—	—	—	—	—
—	—	—	—	—			—	—	—	—	—			—	—	—	—	—			—	—	—	—	—
—	—	—	—	—			—	—	—	—	—			—	—	—	—	—			—	—	—	—	—
—	—	—	—	—			—	—	—	—	—			—	—	—	—	—			—	—	—	—	—
—	—	—	—	—			—	—	—	—	—			—	—	—	—	—			—	—	—	—	—
—	—	—	—	—			—	—	—	—	—			—	—	—	—	—			—	—	—	—	—
—	—	—	—	—			—	—	—	—	—			—	—	—	—	—			—	—	—	—	—
—	—	—	—	—			—	—	—	—	—			—	—	—	—	—			—	—	—	—	—
—	—	—	—	—			—	—	—	—	—			—	—	—	—	—			—	—	—	—	—
—	—	—	—	—			—	—	—	—	—			—	—	—	—	—			—	—	—	—	—
—	—	—	—	—			—	—	—	—	—			—	—	—	—	—			—	—	—	—	—
—	—	—	—	—			—	—	—	—	—			—	—	—	—	—			—	—	—	—	—
—	—	—	—	—			—	—	—	—	—			—	—	—	—	—			—	—	—	—	—
—	—	—	—	—			—	—	—	—	—			—	—	—	—	—			—	—	—	—	—
—	—	—	—	—			—	—	—	—	—			—	—	—	—	—			—	—	—	—	—
—	—	—	—	—			—	—	—	—	—			—	—	—	—	—			—	—	—	—	—
—	—	—	—	—			—	—	—	—	—			—	—	—	—	—			—	—	—	—	—
—	—	—	—	—			—	—	—	—	—			—	—	—	—	—			—	—	—	—	—
—	—	—	—	—			—	—	—	—	—			—	—	—	—	—			—	—	—	—	—
—	—	—	—	—			—	—	—	—	—			—	—	—	—	—			—	—	—	—	—
—	—	—	—	—			—	—	—	—	—			—	—	—	—	—			—	—	—	—	—

续表5

代码	项目名称	行次	单位	任务量													
									上年结转								
										自筹资金							
											其中：投工投劳						
				上年结转	年度计划	任务量增减	当年完成	结转下年	合计	财政资金	小计	折资	数量（万工日）	其他资金	银行贷款	合计	财政资金
	栏次			1	2	3	4	5	6	7	8	9	10	11	12	13	14
123010600	灌排渠系工程或坡面水系	162	—	—	—	—	—	—			—	—	—	—	—		
123010610	开挖疏浚渠道	163	公里								—	—	—	—	—		
123010620	衬砌渠道	164	公里								—	—	—	—	—		
123010630	埋设管道	165	公里								—	—	—	—	—		
123010640	渠系建筑物	166	座								—	—	—	—	—		
123010700	喷灌	167	亩								—	—	—	—	—		
123010800	微灌	168	亩								—	—	—	—	—		
123010900	小型蓄排水工程	169	座								—	—	—	—	—		
123011100	其他水利措施	170	—	—	—	—	—	—			—	—	—	—	—		
123020000	农业措施	171	—	—	—	—	—	—									
123023100	改良土壤	172	万亩								—	—	—	—	—		
123023700	机耕路	173	公里								—	—	—	—	—		
123024100	推广旱作农业	174	万亩								—	—	—	—	—		
123024400	其他农业措施	175	—	—	—	—	—	—			—	—	—	—	—		
123030000	林业措施	176	—	—	—	—	—	—									
123035100	造林	177	万亩								—	—	—	—	—		
123035110	防护林	178	万亩								—	—	—	—	—		
123035120	经济林	179	万亩								—	—	—	—	—		
123035300	工程固沙	180	万亩								—	—	—	—	—		
123035310	机械沙障	181	万亩								—	—	—	—	—		
123035320	生物固沙	182	万亩								—	—	—	—	—		
123035400	其他林业措施	183	—	—	—	—	—	—			—	—	—	—	—		
123040000	草业措施	184	—	—	—	—	—	—									
123046100	人工种草	185	万亩								—	—	—	—	—		
123046500	其他草业措施	186	—	—	—	—	—	—			—	—	—	—	—		
123050000	科技推广措施	187	—	—	—	—	—	—									
123057100	技术培训	188	人次								—	—	—	—	—		

投资额（万元）																									
年度计划					投资额增减							本年完成							结转下年						
自筹资金			其他资金	银行贷款	合计	财政资金	自筹资金			其他资金	银行贷款	合计	财政资金	自筹资金			其他资金	银行贷款	合计	财政资金	自筹资金			其他资金	银行贷款
小计	其中：投工投劳						小计	其中：投工投劳						小计	其中：投工投劳						小计	其中：投工投劳			
	折资	数量（万工日）						折资	数量（万工日）						折资	数量（万工日）						折资	数量（万工日）		
15	16	17	18	19	20	21	22	23	24	25	26	27	28	29	30	31	32	33	34	35	36	37	38	39	40
—	—	—	—	—			—	—	—	—	—			—	—	—	—	—			—	—	—	—	—
—	—	—	—	—			—	—	—	—	—			—	—	—	—	—			—	—	—	—	—
—	—	—	—	—			—	—	—	—	—			—	—	—	—	—			—	—	—	—	—
—	—	—	—	—			—	—	—	—	—			—	—	—	—	—			—	—	—	—	—
—	—	—	—	—			—	—	—	—	—			—	—	—	—	—			—	—	—	—	—
—	—	—	—	—			—	—	—	—	—			—	—	—	—	—			—	—	—	—	—
—	—	—	—	—			—	—	—	—	—			—	—	—	—	—			—	—	—	—	—
—	—	—	—	—			—	—	—	—	—			—	—	—	—	—			—	—	—	—	—
—	—	—	—	—			—	—	—	—	—			—	—	—	—	—			—	—	—	—	—
—	—	—	—	—			—	—	—	—	—			—	—	—	—	—			—	—	—	—	—
—	—	—	—	—			—	—	—	—	—			—	—	—	—	—			—	—	—	—	—
—	—	—	—	—			—	—	—	—	—			—	—	—	—	—			—	—	—	—	—
—	—	—	—	—			—	—	—	—	—			—	—	—	—	—			—	—	—	—	—
—	—	—	—	—			—	—	—	—	—			—	—	—	—	—			—	—	—	—	—
—	—	—	—	—			—	—	—	—	—			—	—	—	—	—			—	—	—	—	—
—	—	—	—	—			—	—	—	—	—			—	—	—	—	—			—	—	—	—	—
—	—	—	—	—			—	—	—	—	—			—	—	—	—	—			—	—	—	—	—
—	—	—	—	—			—	—	—	—	—			—	—	—	—	—			—	—	—	—	—
—	—	—	—	—			—	—	—	—	—			—	—	—	—	—			—	—	—	—	—
—	—	—	—	—			—	—	—	—	—			—	—	—	—	—			—	—	—	—	—
—	—	—	—	—			—	—	—	—	—			—	—	—	—	—			—	—	—	—	—
—	—	—	—	—			—	—	—	—	—			—	—	—	—	—			—	—	—	—	—
—	—	—	—	—			—	—	—	—	—			—	—	—	—	—			—	—	—	—	—

续表 6

代码	项目名称	行次	单位	任务量													
									上年结转								
											自筹资金						
												其中：投工投劳					
				上年结转	年度计划	任务量增减	当年完成	结转下年	合计	财政资金	小计	折资	数量（万工日）	其他资金	银行贷款	合计	财政资金
	栏　次			1	2	3	4	5	6	7	8	9	10	11	12	13	14
123057200	仪器设备	189	台、件								—	—	—	—	—		
123057300	示范推广	190	万亩								—	—	—	—	—		
123060000	其他工作及措施	191	—	—	—	—	—	—									
123068100	管理费用	192	—	—	—	—	—	—			—	—	—	—	—		
123068200	贷款贴息	193	—	—	—	—	—	—			—	—	—	—	—		
130000000	三、中型灌区节水配套改造项目	194	个														
130010000	水利措施	195	—	—	—	—	—	—									
130011200	干支渠（沟）开挖疏浚	196	公里								—	—	—	—	—		
130011300	干支渠道衬砌防渗	197	公里								—	—	—	—	—		
130011400	农桥	198	座								—	—	—	—	—		
130011500	涵洞	199	处								—	—	—	—	—		
130011600	水闸	200	座								—	—	—	—	—		
130011700	渡槽	201	座								—	—	—	—	—		
130011800	倒虹吸管	202	处								—	—	—	—	—		
130011900	输水管道（暗渠）	203	公里								—	—	—	—	—		
130012000	水源工程	204	座								—	—	—	—	—		
130012100	泵站	205	座								—	—	—	—	—		
130012200	输变电线路配套	206	公里								—	—	—	—	—		
130012300	工程管护设施	207	平方米								—	—	—	—	—		
130012400	测水量水设施	208	处								—	—	—	—	—		
130012500	施工临时工程	209	—	—	—	—	—	—			—	—	—	—	—		
130011100	其他水利措施	210	—	—	—	—	—	—			—	—	—	—	—		
130060000	其他工作及措施	211	—	—	—	—	—	—									
130068300	勘测设计费	212	—	—	—	—	—	—			—	—	—	—	—		
130068400	建设管理费	213	—	—	—	—	—	—			—	—	—	—	—		
130068500	不可预见费	214	—	—	—	—	—	—			—	—	—	—	—		

投资额（万元）																									
年度计划					投资额增减							本年完成							结转下年						
自筹资金			其他资金	银行贷款	合计	财政资金	自筹资金			其他资金	银行贷款	合计	财政资金	自筹资金			其他资金	银行贷款	合计	财政资金	自筹资金			其他资金	银行贷款
小计	其中：投工投劳						小计	其中：投工投劳						小计	其中：投工投劳						小计	其中：投工投劳			
	折资	数量（万工日）						折资	数量（万工日）						折资	数量（万工日）						折资	数量（万工日）		
15	16	17	18	19	20	21	22	23	24	25	26	27	28	29	30	31	32	33	34	35	36	37	38	39	40
—	—	—	—	—			—	—	—	—	—			—	—	—	—	—			—	—	—	—	—
—	—	—	—	—			—	—	—	—	—			—	—	—	—	—			—	—	—	—	—
—	—	—	—	—			—	—	—	—	—			—	—	—	—	—			—	—	—	—	—
—	—	—	—	—			—	—	—	—	—			—	—	—	—	—			—	—	—	—	—
—	—	—	—	—			—	—	—	—	—			—	—	—	—	—			—	—	—	—	—
—	—	—	—	—			—	—	—	—	—			—	—	—	—	—			—	—	—	—	—
—	—	—	—	—			—	—	—	—	—			—	—	—	—	—			—	—	—	—	—
—	—	—	—	—			—	—	—	—	—			—	—	—	—	—			—	—	—	—	—
—	—	—	—	—			—	—	—	—	—			—	—	—	—	—			—	—	—	—	—
—	—	—	—	—			—	—	—	—	—			—	—	—	—	—			—	—	—	—	—
—	—	—	—	—			—	—	—	—	—			—	—	—	—	—			—	—	—	—	—
—	—	—	—	—			—	—	—	—	—			—	—	—	—	—			—	—	—	—	—
—	—	—	—	—			—	—	—	—	—			—	—	—	—	—			—	—	—	—	—
—	—	—	—	—			—	—	—	—	—			—	—	—	—	—			—	—	—	—	—
—	—	—	—	—			—	—	—	—	—			—	—	—	—	—			—	—	—	—	—
—	—	—	—	—			—	—	—	—	—			—	—	—	—	—			—	—	—	—	—
—	—	—	—	—			—	—	—	—	—			—	—	—	—	—			—	—	—	—	—
—	—	—	—	—			—	—	—	—	—			—	—	—	—	—			—	—	—	—	—
—	—	—	—	—			—	—	—	—	—			—	—	—	—	—			—	—	—	—	—
—	—	—	—	—			—	—	—	—	—			—	—	—	—	—			—	—	—	—	—
—	—	—	—	—			—	—	—	—	—			—	—	—	—	—			—	—	—	—	—
—	—	—	—	—			—	—	—	—	—			—	—	—	—	—			—	—	—	—	—

国家农业综合开发土

填报单位：

代　码	项　目　名　称
01000	土地治理项目
—	（一）农业生产条件及生态环境改善情况
01001	1. 新增灌溉面积
01002	2. 改善灌溉面积
01003	3. 新增除涝面积
01004	4. 改善除涝面积
01005	5. 新增节水灌溉面积
01006	6. 年节约水量
01007	7. 新增旱作农业面积
01008	8. 增加农田林网防护面积
01009	9. 增加机耕面积
01010	10. 新增农机总动力
01011	11. 扩大良种种植面积
01012	12. 治理沙化土地面积
01013	13. 控制水土流失面积
—	（二）提高农业竞争能力
01014	1. 扶持农技服务站
01015	2. 完善农产品质量检测体系
01016	3. 优质农产品种植面积
01017	其中：优质粮食种植面积
01018	4. 农产品优质品率
—	（三）年新增主要农产品生产能力
01019	1. 粮食
01020	2. 棉花
01021	3. 油料
01022	4. 糖料
01023	5. 干草
01024	6. 饲料作物
01025	7. 其他农产品
01026	（四）项目区年直接受益农户数量
01027	（五）项目区年直接受益农业人口数
01028	（六）项目区直接受益农民年纯收入增加总额

表　　号：国农办统基 1－2
制表机关：财政部
批准机关：国家统计局
批准文号：国统函［2004］92 号
有效期至：2006 年 6 月 14 日

地治理项目效益表

行　次	单　位	数　量
1	—	—
2	—	—
3	万亩	
4	万亩	
5	万亩	
6	万亩	
7	万亩	
8	万立方米	
9	万亩	
10	万亩	
11	万亩	
12	千瓦	
13	万亩	
14	万亩	
15	平方公里	
16	—	—
17	个	
18	个	
19	万亩	
20	万亩	
21	%	
22	—	—
23	万公斤	
24	万公斤	
25	万公斤	
26	万公斤	
27	万公斤	
28	万公斤	
29	万公斤	
30	户	
31	人	
32	万元	

国家农业综合开发产业化经营

填报单位：

代码	项目名称	行次	单位	任务量													
									上年结转								
				上年结转	年度计划	任务量增减	当年完成	结转下年	合计	财政资金	自筹资金			其他资金	银行贷款	合计	财政资金
											小计	其中：投工投劳					
												折资	数量（万工日）				
	栏次			1	2	3	4	5	6	7	8	9	10	11	12	13	14
210000000	一、种植项目	1	个														
210110000	1. 经济林	2	万亩														
210110100	(1) 水果	3	万亩														
210110200	(2) 干果	4	万亩														
210110300	(3) 茶叶	5	万亩														
210110400	(4) 木本油料	6	万亩														
210110500	(5) 竹类	7	万亩														
210110600	(6) 其他经济林	8	万亩														
210120000	2. 设施蔬菜	9	亩														
210130000	3. 设施花卉	10	亩														
210140000	4. 药材	11	万亩														
210150000	5. 其他设施种植项目	12	万亩														
220000000	二、养殖项目	13	个														
220210000	1. 水产养殖	14	万亩														
220211100	(1) 淡水养殖	15	万亩														
220211200	(2) 海水养殖	16	万亩														
220220000	2. 畜牧养殖	17	—	—	—	—	—	—									
220222100	(1) 大牲畜	18	—	—	—	—	—	—									
220222110	年出栏	19	万头						—	—	—	—	—	—	—	—	—
220222120	年末存栏	20	万头						—	—	—	—	—	—	—	—	—
220222200	(2) 猪	21	—	—	—	—	—	—									
220222210	年出栏	22	万头						—	—	—	—	—	—	—	—	—
220222220	年末存栏	23	万头						—	—	—	—	—	—	—	—	—
220222300	(3) 羊	24	—	—	—	—	—	—									
220222310	年出栏	25	万只						—	—	—	—	—	—	—	—	—
220222320	年末存栏	26	万只						—	—	—	—	—	—	—	—	—
220222400	(4) 兔	27	—	—	—	—	—	—									
220222410	年出栏	28	万只						—	—	—	—	—	—	—	—	—
220222420	年末存栏	29	万只						—	—	—	—	—	—	—	—	—
220222500	(5) 家禽	30	—	—	—	—	—	—									

表　　号：国农办统基 2－1
制表机关：财政部
批准机关：国家统计局
批准文号：国统函［2004］92 号
有效期至：2006 年 6 月 14 日.

项目任务投资完成情况表

投资额（万元）																									
年度计划					投资额增减							本年完成							结转下年						
自筹资金			其他资金	银行贷款	合计	财政资金	自筹资金			其他资金	银行贷款	合计	财政资金	自筹资金			其他资金	银行贷款	合计	财政资金	自筹资金			其他资金	银行贷款
小计	其中：投工投劳						小计	其中：投工投劳						小计	其中：投工投劳						小计	其中：投工投劳			
	折资	数量（万工日）						折资	数量（万工日）						折资	数量（万工日）						折资	数量（万工日）		
15	16	17	18	19	20	21	22	23	24	25	26	27	28	29	30	31	32	33	34	35	36	37	38	39	40
—	—	—	—	—	—	—	—	—	—	—	—	—	—	—	—	—	—	—	—	—	—	—	—	—	—
—	—	—	—	—	—	—	—	—	—	—	—	—	—	—	—	—	—	—	—	—	—	—	—	—	—
—	—	—	—	—	—	—	—	—	—	—	—	—	—	—	—	—	—	—	—	—	—	—	—	—	—
—	—	—	—	—	—	—	—	—	—	—	—	—	—	—	—	—	—	—	—	—	—	—	—	—	—
—	—	—	—	—	—	—	—	—	—	—	—	—	—	—	—	—	—	—	—	—	—	—	—	—	—
—	—	—	—	—	—	—	—	—	—	—	—	—	—	—	—	—	—	—	—	—	—	—	—	—	—
—	—	—	—	—	—	—	—	—	—	—	—	—	—	—	—	—	—	—	—	—	—	—	—	—	—
—	—	—	—	—	—	—	—	—	—	—	—	—	—	—	—	—	—	—	—	—	—	—	—	—	—

续表1

代码	项目名称	行次	单位	任务量					上年结转								
				上年结转	年度计划	任务量增减	当年完成	结转下年	合计	财政资金	自筹资金			其他资金	银行贷款	合计	财政资金
											小计	其中：投工投劳					
												折资	数量（万工日）				
	栏　次			1	2	3	4	5	6	7	8	9	10	11	12	13	14
220222510	年出栏	31	万只						—	—	—	—	—	—	—	—	—
220222520	年末存栏	32	万只						—	—	—	—	—	—	—	—	—
220222600	（6）其他畜牧养殖	33	—	—	—	—	—	—									
220222610	年出栏	34	万头只						—	—	—	—	—	—	—	—	—
220222620	年末存栏	35	万头只						—	—	—	—	—	—	—	—	—
230000000	三、加工项目	36	个									—	—				
230310000	1. 新建项目	37	个									—	—				
230313100	（1）固定资产投资	38	—	—	—	—	—	—				—	—				
230313100	其中：生产厂房	39	平方米									—	—				
230313110	其中：生产设备	40	台、套									—	—				
230313200	（2）流动资产	41	—	—	—	—	—	—				—	—				
230313300	（3）其他	42	—	—	—	—	—	—				—	—				
230320000	2. 改扩建项目	43	个									—	—				
230323400	（1）固定资产投资	44	—	—	—	—	—	—				—	—				
230323410	其中：生产厂房	45	平方米									—	—				
230323420	其中：生产设备	46	台套									—	—				
230323500	（2）流动资产	47	—	—	—	—	—	—				—	—				
230323600	（3）其他	48	—	—	—	—	—	—				—	—				
240000000	四、储藏保鲜项目	49	个									—	—				
240001100	1. 保鲜库	50	平方米									—	—				
240004200	2. 设备	51	台套									—	—				
240004300	3. 配套设备	52	—	—	—	—	—	—				—	—				
240004400	4. 其他	53	—	—	—	—	—	—				—	—				
250000000	五、产地批发市场项目	54	个									—	—				
250005100	1. 交易厅、棚及各类仓库	55	平方米									—	—				
250005200	2. 电子商务交易系统	56	—	—	—	—	—	—				—	—				
250005300	3. 检测（疫）仪器、设备	57	台套									—	—				
250005400	4. 配套设施	58	—	—	—	—	—	—				—	—				
250005500	5. 其他	59	—	—	—	—	—	—				—	—				
260000000	六、其他	60	—	—	—	—	—	—				—	—				

投资额（万元）																									
年度计划					投资额增减							本年完成							结转下年						
自筹资金			其他资金	银行贷款	合计	财政资金	自筹资金			其他资金	银行贷款	合计	财政资金	自筹资金			其他资金	银行贷款	合计	财政资金	自筹资金			其他资金	银行贷款
小计	其中：投工投劳						小计	其中：投工投劳						小计	其中：投工投劳						小计	其中：投工投劳			
	折资	数量（万工日）						折资	数量（万工日）						折资	数量（万工日）						折资	数量（万工日）		
15	16	17	18	19	20	21	22	23	24	25	26	27	28	29	30	31	32	33	34	35	36	37	38	39	40
—	—	—	—	—	—	—	—	—	—	—	—	—	—	—	—	—	—	—	—	—	—	—	—	—	—
—	—	—	—	—	—	—	—	—	—	—	—	—	—	—	—	—	—	—	—	—	—	—	—	—	—
—	—	—	—	—	—	—	—	—	—	—	—	—	—	—	—	—	—	—	—	—	—	—	—	—	—
—	—	—	—	—	—	—	—	—	—	—	—	—	—	—	—	—	—	—	—	—	—	—	—	—	—
	—	—						—	—						—	—						—	—		
	—	—						—	—						—	—						—	—		
	—	—						—	—						—	—						—	—		
	—	—						—	—						—	—						—	—		
	—	—						—	—						—	—						—	—		
	—	—						—	—						—	—						—	—		
	—	—						—	—						—	—						—	—		
	—	—						—	—						—	—						—	—		
	—	—						—	—						—	—						—	—		
	—	—						—	—						—	—						—	—		
	—	—						—	—						—	—						—	—		
	—	—						—	—						—	—						—	—		
	—	—						—	—						—	—						—	—		
	—	—						—	—						—	—						—	—		
	—	—						—	—						—	—						—	—		
	—	—						—	—						—	—						—	—		
	—	—						—	—						—	—						—	—		
	—	—						—	—						—	—						—	—		
	—	—						—	—						—	—						—	—		
	—	—						—	—						—	—						—	—		
	—	—						—	—						—	—						—	—		
	—	—						—	—						—	—						—	—		
	—	—						—	—						—	—						—	—		
	—	—						—	—						—	—						—	—		
	—	—						—	—						—	—						—	—		

国家农业综合开发产业化

填报单位：

项目	行次	年新增生产能力（万公斤）													
		种植		养殖					加工						
		产量	提供种苗数量（万株）	水产品	肉	蛋	奶	提供种畜（禽）数量（万头、只）	粮油	果蔬	水产品	饲料	畜禽产品		其他
													肉	奶	
代码		02001	02002	02003	02004	02005	02006	02007	02008	02009	02010	02011	02012	02013	02014
栏次		1	2	3	4	5	6	7	8	9	10	11	12	13	14
合计	1														
一、种植项目	2														
1. 经济林	3														
（1）水果	4														
（2）干果	5														
（3）茶叶	6														
（4）木本油料（折油）	7														
（5）竹类	8														
竹笋（万公斤）	9														
竹材（万根）	10														
（6）其他经济林	11														
2. 设施蔬菜	12														
3. 设施花卉	13														
切花切叶（万枝）	14														
盆栽植物（万盆）	15														
4. 药材	16														
5. 其他设施种植项目	17														
二、养殖项目	18														
1. 水产养殖	19														
（1）淡水养殖	20														
（2）海水养殖	21														
2. 畜牧养殖	22														
（1）大牲畜	23														
（2）猪	24														
（3）羊	25														
（4）兔	26														
（5）家禽	27														
（6）其他畜牧养殖	28														
三、加工项目	29														
1. 新建项目	30														
其中：投资参股项目	31														
2. 改扩建项目	32														
其中：投资参股项目	33														
四、储藏保鲜项目	34														
五、产地批发市场项目	35														
六、其他	36														

表　　号：国农办统基 2－2
制表机关：财政部
批准机关：国家统计局
批准文号：国统函［2004］92 号
有效期至：2006 年 6 月 14 日

经营项目效益表

单位：万元

储藏保鲜农产品	产地批发市场		年新增总产值	年新增增加值	年新增利税		新增固定资产	年直接受益农户数量（户）		年直接受益农业人口数（人）		直接受益农民年收入增加总额	年新增就业人数（人）	
	交易量	交易额（万元）			小计	其中：新增净利润		小计	其中：土地治理项目区直接受益农户数量	小计	其中：土地治理项目区直接受益农业人口数		小计	其中：年新增农村劳动力就业人数
02015	02016	02017	02018	02019	02020	02021	02022	02023	02024	02025	02026	02027	02028	02029
15	16	17	18	19	20	21	22	23	24	25	26	27	28	29

国家农业综合开发科技示范项目

填报单位：

代码	项目名称	行次	单位	任务量													
									上年结转								
										自筹资金							
												其中：投工投劳					
				上年结转	年度计划	任务量增减	当年完成	结转下年	合计	财政资金	小计	折资	数量（万工日）	其他资金	银行贷款	合计	财政资金
	栏　次			1	2	3	4	5	6	7	8	9	10	11	12	13	14
310000000	一、高新科技示范项目	1	—	—	—	—	—	—									
310010000	（一）技术引进	2	—	—	—	—	—	—									
310010100	1. 引进品种	3	个						—	—	—	—	—	—	—	—	—
310010200	2. 引进技术工艺	4	项						—	—	—	—	—	—	—	—	—
310020000	（二）技术示范	5	—	—	—	—	—	—									
310021100	1. 示范品种	6	个						—	—	—	—	—	—	—	—	—
310021200	2. 示范技术	7	项						—	—	—	—	—	—	—	—	—
310021300	3. 示范面积	8	万亩						—	—	—	—	—	—	—	—	—
310030000	（三）技术推广	9	—	—	—	—	—	—									
310032100	1. 推广品种	10	个						—	—	—	—	—	—	—	—	—
310032200	2. 推广技术	11	项						—	—	—	—	—	—	—	—	—
310032300	3. 推广面积	12	万亩						—	—	—	—	—	—	—	—	—
310040000	（四）技术服务体系建设	13	—	—	—	—	—	—									
310043100	1. 组培中心	14	平方米														
310043200	2. 工厂化育苗	15	平方米														
310043300	3. 良种基地	16	万亩														
310043400	4. 加工及检测设备	17	台套														
310043500	5. 技术培训	18	人次									—	—				
310043600	6. 产业化经营组织	19	处														
310043700	7. 其他	20	—	—	—	—	—	—									
310060000	（五）配套设施建设	21	—	—	—	—	—	—									
310065100	1. 机电井	22	眼														
310065200	2. 排灌站	23	处														
310065300	3. 排灌渠系	24	公里														
310065400	4. 机耕路	25	公里														
310065500	5. 购置农业机械	26	台套														
310065600	6. 其他	27	—	—	—	—	—	—									
310070000	（六）其他	28	—	—	—	—	—	—									
320000000	二、科技推广综合示范项目	29	—	—	—	—	—	—									
320010000	（一）技术引进	30	—	—	—	—	—	—									

表 号：国农办统基 3－1
制表机关：财政部
批准机关：国家统计局
批准文号：国统函［2004］92 号
有效期至：2006 年 6 月 14 日

任务投资完成情况表

投资额（万元）																									
年度计划					投资额增减															本年完成					
自筹资金							自筹资金							自筹资金							结转下年				
小计	其中：投工投劳		其他资金	银行贷款	合计	财政资金	小计	其中：投工投劳		其他资金	银行贷款	合计	财政资金	小计	其中：投工投劳		其他资金	银行贷款	合计	财政资金	自筹资金			其他资金	银行贷款
	折资	数量（万工日）						折资	数量（万工日）						折资	数量（万工日）					小计	其中：投工投劳			
																						折资	数量（万工日）		
15	16	17	18	19	20	21	22	23	24	25	26	27	28	29	30	31	32	33	34	35	36	37	38	39	40
—	—	—	—	—	—	—	—	—	—	—	—	—	—	—	—	—	—	—	—	—	—	—	—	—	—
—	—	—	—	—	—	—	—	—	—	—	—	—	—	—	—	—	—	—	—	—	—	—	—	—	—
—	—	—	—	—	—	—	—	—	—	—	—	—	—	—	—	—	—	—	—	—	—	—	—	—	—
—	—	—	—	—	—	—	—	—	—	—	—	—	—	—	—	—	—	—	—	—	—	—	—	—	—
—	—	—	—	—	—	—	—	—	—	—	—	—	—	—	—	—	—	—	—	—	—	—	—	—	—
—	—	—	—	—	—	—	—	—	—	—	—	—	—	—	—	—	—	—	—	—	—	—	—	—	—
—	—	—	—	—	—	—	—	—	—	—	—	—	—	—	—	—	—	—	—	—	—	—	—	—	—
—	—	—	—	—	—	—	—	—	—	—	—	—	—	—	—	—	—	—	—	—	—	—	—	—	—
	—	—						—	—						—	—						—	—		

续表 1

代码	项目名称	行次	单位	任务量					上年结转								
				上年结转	年度计划	任务量增减	当年完成	结转下年	合计	财政资金	自筹资金			其他资金	银行贷款	合计	财政资金
											小计	其中：投工投劳					
												折资	数量（万工日）				
	栏　次			1	2	3	4	5	6	7	8	9	10	11	12	13	14
320010100	1. 引进品种	31	个						—	—	—	—	—	—	—	—	—
320010200	2. 引进技术工艺	32	项						—	—	—	—	—	—	—	—	—
320020000	（二）技术示范	33	—	—	—	—	—	—									
320021100	1. 示范品种	34	个						—	—	—	—	—	—	—	—	—
320021200	2. 示范技术	35	项						—	—	—	—	—	—	—	—	—
320021300	3. 示范面积	36	万亩						—	—	—	—	—	—	—	—	—
320030000	（三）技术推广	37	—	—	—	—	—	—									
320032100	1. 推广品种	38	个						—	—	—	—	—	—	—	—	—
320032200	2. 推广技术	39	项						—	—	—	—	—	—	—	—	—
320032300	3. 推广面积	40	万亩						—	—	—	—	—	—	—	—	—
320040000	（四）技术服务体系建设	41	—	—	—	—	—	—									
320043100	1. 组培中心	42	平方米														
320043200	2. 工厂化育苗	43	平方米														
320043300	3. 良种基地	44	万亩														
320043400	4. 加工及检测设备	45	台套														
320043500	5. 技术培训	46	人次									—	—				
320043600	6. 产业化经营组织	47	处														
320043700	7. 其他	48	—	—	—	—	—	—									
320060000	（五）配套设施建设	49	—	—	—	—	—	—									
320065100	1. 机电井	50	眼														
320065200	2. 排灌站	51	处														
320065300	3. 排灌渠系	52	公里														
320065400	4. 机耕路	53	公里														
320065500	5. 购置农业机械	54	台套														
320065600	6. 其他	55	—	—	—	—	—	—									
320070000	（六）其他	56	—	—	—	—	—	—									
330000000	三、农业现代化示范项目	57															
330010000	（一）技术引进	58	—	—	—	—	—	—									
330010100	1. 引进品种	59	个						—	—	—	—	—	—	—	—	—

投资额（万元）																									
年度计划					投资额增减							本年完成							结转下年						
自筹资金			其他资金	银行贷款	合计	财政资金	自筹资金			其他资金	银行贷款	合计	财政资金	自筹资金			其他资金	银行贷款	合计	财政资金	自筹资金			其他资金	银行贷款
小计	其中：投工投劳						小计	其中：投工投劳						小计	其中：投工投劳						小计	其中：投工投劳			
	折资	数量（万工日）						折资	数量（万工日）						折资	数量（万工日）						折资	数量（万工日）		
15	16	17	18	19	20	21	22	23	24	25	26	27	28	29	30	31	32	33	34	35	36	37	38	39	40
—	—	—	—	—	—	—	—	—	—	—	—	—	—	—	—	—	—	—	—	—	—	—	—	—	—
—	—	—	—	—	—	—	—	—	—	—	—	—	—	—	—	—	—	—	—	—	—	—	—	—	—
—	—	—	—	—	—	—	—	—	—	—	—	—	—	—	—	—	—	—	—	—	—	—	—	—	—
—	—	—	—	—	—	—	—	—	—	—	—	—	—	—	—	—	—	—	—	—	—	—	—	—	—
—	—	—	—	—	—	—	—	—	—	—	—	—	—	—	—	—	—	—	—	—	—	—	—	—	—
—	—	—	—	—	—	—	—	—	—	—	—	—	—	—	—	—	—	—	—	—	—	—	—	—	
—	—	—	—	—	—	—	—	—	—	—	—	—	—	—	—	—	—	—	—	—	—	—	—	—	—
—	—	—	—	—	—	—	—	—	—	—	—	—	—	—	—	—	—	—	—	—	—	—	—	—	—
	—	—						—	—						—	—						—	—		
—	—	—	—	—	—	—	—	—	—	—	—	—	—	—	—	—	—	—	—	—	—	—	—	—	—

续表2

代码	项目名称	行次	单位	任务量															
									上年结转										
											自筹资金							
												其中：投工投劳					
				上年结转	年度计划	任务量增减	当年完成	结转下年	合计	财政资金	小计	折资	数量（万工日）	其他资金	银行贷款	合计	财政资金
	栏　次			1	2	3	4	5	6	7	8	9	10	11	12	13	14
330010200	2. 引进技术工艺	60	项						—	—	—	—	—	—	—	—	—
330020000	（二）技术示范	61	—	—	—	—	—	—									
330021100	1. 示范品种	62	个						—	—	—	—	—	—	—	—	—
330021200	2. 示范技术	63	项						—	—	—	—	—	—	—	—	—
330021300	3. 示范面积	64	万亩						—	—	—	—	—	—	—	—	—
330040000	（三）技术服务体系建设	65	—	—	—	—	—	—									
330043100	1. 组培中心	66	平方米														
330043200	2. 工厂化育苗	67	平方米														
330043300	3. 良种基地	68	万亩														
330043400	4. 加工及检测设备	69	台套														
330043500	5. 技术培训	70	人次									—	—				
330043600	6. 产业化经营组织	71	处														
330043700	7. 其他	72	—	—	—	—	—	—									
330050000	（四）产业基地建设	73	—	—	—	—	—	—									
330054100	1. 种植业生产基地	74	万亩														
330054200	2. 经济林生产基地	75	万亩														
330054300	3. 畜牧业生产基地	76	万头只														
330054400	4. 水产品生产基地	77	万亩														
330060000	（五）配套设施建设	78	—	—	—	—	—	—									
330065100	1. 机电井	79	眼														
330065200	2. 排灌站	80	处														
330065300	3. 排灌渠系	81	公里														
330065400	4. 机耕路	82	公里														
330065500	5. 购置农业机械	83	台套														
330065600	6. 其他	84	—	—	—	—	—	—									
330070000	（六）其他	85	—	—	—	—	—	—									

投资额（万元）																									
年度计划					投资额增减							本年完成							结转下年						
自筹资金			其他资金	银行贷款	合计	财政资金	自筹资金			其他资金	银行贷款	合计	财政资金	自筹资金			其他资金	银行贷款	合计	财政资金	自筹资金			其他资金	银行贷款
小计	其中：投工投劳						小计	其中：投工投劳						小计	其中：投工投劳						小计	其中：投工投劳			
	折资	数量（万工日）						折资	数量（万工日）						折资	数量（万工日）						折资	数量（万工日）		
15	16	17	18	19	20	21	22	23	24	25	26	27	28	29	30	31	32	33	34	35	36	37	38	39	40
—	—	—	—	—	—	—	—	—	—	—	—	—	—	—	—	—	—	—	—	—	—	—	—	—	—
—	—	—	—	—	—	—	—	—	—	—	—	—	—	—	—	—	—	—	—	—	—	—	—	—	—
—	—	—	—	—	—	—	—	—	—	—	—	—	—	—	—	—	—	—	—	—	—	—	—	—	—
—	—	—	—	—	—	—	—	—	—	—	—	—	—	—	—	—	—	—	—	—	—	—	—	—	—
	—	—						—	—						—	—						—	—		

表　　号：国农办统基 3－2
制表机关：财政部
批准机关：国家统计局
批准文号：国统函［2004］92 号
有效期至：2006 年 6 月 14 日

国家农业综合开发科技示范项目效益表

填报单位：

代码	项目名称	行次	单位	数量
03000	科技示范项目	1	—	—
03001	1. 年扩大良种种植面积	2	万亩	
03002	2. 年新增农机总动力	3	千瓦	
03003	3. 年新增总产值	4	万元	
03004	4. 年新增增加值	5	万元	
03005	5. 年新增利税	6	万元	
03006	6. 项目区年直接受益农户数量	7	户	
03007	其中：土地治理项目区及产业化经营项目直接受益农户数量	8	户	
03008	7. 项目区年直接受益农业人口数	9	人	
03009	其中：土地治理项目区及产业化经营项目直接受益农业人口数	10	人	
03010	8. 项目区直接受益农民年纯收入增加总额	11	万元	
03011	9. 年培训合格劳动力	12	人	

附件 2

国家农业综合开发项目统计报表编制说明

一、报表说明

（一）适用范围。国家农业综合开发项目统计报表，适用于由地方各级农业综合开发办事机构负责组织实施的国家立项的农业综合开发内资项目（黑龙江省农垦总局负责组织实施的国家农业综合开发项目，除通过农口有关部门安排的按国家农业综合开发部门项目统计报表进行统计外，其他项目均按本报表统计）。国家农业综合开发外资项目统计报表、国家农业综合开发部门项目统计报表，由国家农业综合开发办公室（以下简称“国家农发办”）另行制定。

地方立项的农业综合开发各类项目，不属本报表的统计范围。

（二）报表种类。国家农业综合开发项目统计报表分为基层表和汇总表。基层表共 3 套 6 张表，其中，“国农办统基1－1”为土地治理项目任务投资完成情况表、“国农办统基 1－2” 为土地治理项目效益表，“国农办统基 2－1” 为产业化经营项目任务投资完成情况表、“国农办统基 2－2” 为产业化经营项目效益表，“国农办统基 3－1” 为科技示范项目任务投资完成情况表、“国农办统基 3－2” 为科技示范项目效益表。

汇总表为 1 套 2 张表，其中“国农办统 1－1”为国家农业综合开发项目任务和投资主要指标汇总表、“国农办统 1－2” 为国家农业综合开发项目效益主要指标汇总表。

（三）报表格式。基层表采用浮动格式，由计算机根据项目类别自动筛选需要填列的指标予以显示，不属于该类项目或不需要填列的指标，计算机中不予显示。汇总表采用固定格式，在各地填报基层表的基础上，由计算机自动提取数据加总后自动

生成。

（四）统计年度。本报表为年度统计报表。统计年度采用公历年制，即从1月1日起至12月31日。

（五）填报单位。本报表为农业综合开发办事机构内部使用的业务报表，以县（含省级直属单位，如监狱农场、省属农场等，下同）为单位、按单个项目逐个填报基层表，一个项目1套表（含1张任务投资完成情况表和1张效益表），由计算机汇总全部项目后自动生成汇总表；地（市）对县（不含省级直属项目）进行审核汇总；省对地（市）、县进行审核汇总，省级直属项目在省级汇总时填报。

（六）执行时间。从2004年度起，由地方各级农业综合开发办事机构负责组织实施的国家立项的农业综合开发内资项目，按本报表进行统计。

（七）农业综合开发土地治理、产业化经营、科技示范三类项目促进农民人均增收的情况可用本报表效益表中的“直接受益农民年纯收入增加总额”除以“年直接受益农业人口数”计算得出。

各地区综合反映农业综合开发两类或三类项目促进农民人均增收的情况，应当用本报表效益表中两类或三类项目的“直接受益农民年纯收入增加总额”之和，再除以相应项目的“年直接受益农业人口数”之和减去其中重复统计的人数，从而计算得出。例如，某地组织实施了土地治理和产业化经营两类项目，则综合反映直接受益农民人均增收额的公式为：

直接受益农民人均增收额＝（土地治理项目的“项目区直接受益农民年纯收入增加总额”＋产业化经营项目的“直接受益农民年纯收入增加总额”）/（土地治理项目的“年直接受益农业人口数”＋产业化经营项目的“年直接受益农业人口数”－产业化经营项目的“其中：土地治理项目区直接受益农业人口数”）。

（八）对2003年结转下来的项目，仍须填报一次基层表，并进行汇总。其中，土地治理项目下的原优质粮食基地、优质饲料作物基地、节水农业示范等项目统一按本报表中中低产田改造项目的格式填报，农业生态工程项目按本报表中小流域治理项目的格式填报；原多经项目下的生产服务项目，根据其建设内容，对应按本报表产业化经营项目中的储藏保鲜项目、产地批发市场项目或其他项目的格式填报。

二、填报要求

（一）表中“任务量”及“效益”的指标均采用已注明单位，涉及金额的单位采用“万元”，打“—”者不填列数据。除指标解释中特别注明必须按整数填列的指标外，其余填表数字均保留至小数点后两位。

（二）表中“年度计划”栏数据应与计划报表相一致。如项目计划有调整的，按批复调整后的数据填列，由省级农发办事机构在报送本地区汇总统计表时，在上报说明中列出国家农发办或省级农发办事机构调整前批复的计划数。

（三）对超额完成任务或投资，或者单项工程建设任务或投资根据项目建设实际需要少量调减但未办理报批手续的，其增减数据对应填列到“任务量（投资额）增减”栏中。同时，对其中任务量或投资额有调减但未办理报批手续的项目，在填报项目基层表时，必须备注说明调减的原因。

三、指标解释及统计口径

现将各表的指标解释及统计口径具体说明如下，凡表中重复出现的指标只说明一次。

（一）国家农业综合开发土地治理项目任务投资完成情况表（国农办统基1－1）

1. 行说明

（1）第1行“中低产田改造项目”：指对现有中低产田，通过水利、农业、林业、科技等措施进行综合治理，改善其基本生产条件和生态环境，使之成为高产稳产基本农田的面积。投资额：第1行＝第2行＋第23行＋第39行＋第44行＋第48行。

（2）第2行“水利措施”：指农业综合开发在水利方面采取的各项治理措施。只填写投资数，不填写任务量。第2行＝第3行＋第6行＋第7行＋第8行＋第11行＋第12行＋第17行＋第18行＋

第 19 行 + 第 22 行。

(3) 第 3 行“小型水库”：指修建和扩建加固库容在 1 000 万立方米（含）以下、10 万立方米以上水库的数量。其中，“扩建加固”指对已建小型水库进行续建、扩建和除险加固。第 3 行 = 第 4 行 + 第 5 行。

(4) 第 6 行“拦河坝”：指在河道上修筑的旨在蓄水和抬高水位的坝或堰的数量。

(5) 第 7 行“排灌站”：指新建、改造固定机电排灌站的数量。包括：以江河、湖泊、水库、渠道等地面水为水源，在固定地点建设的以电动机、柴油机、汽油机等为动力带动水泵抽水进行灌溉、排水的灌溉站、排水站。固定机电排灌站应具备以下条件：自成体系，机、泵、管带、水源、渠道、输变电工程已配套，在固定的排灌系统或排灌范围全部或部分发挥效益，有固定人员管理。

(6) 第 8 行“机电井”：指利用机电设备进行提水灌溉的井的数量。“修复配套”指在已有井上配套机、电提水设施等，使之可以进行正常灌溉。第 8 行 = 第 9 行 + 第 10 行。

(7) 第 11 行“输变电线路配套”：指为项目区排灌站、机电井而架设的输电线路的长度。

(8) 第 12 行“灌排渠系工程或坡面水系”：指为项目区修建的灌溉和排水渠道及其配套建筑物。只填写投资数，不填写任务量。第 12 行 = 第 13 行 + 第 14 行 + 第 15 行 + 第 16 行。

(9) 第 13 行“开挖疏浚渠道”：指开挖疏浚灌溉或排水所用的渠道（或沟道）的长度。

(10) 第 14 行“衬砌渠道”：指采用混凝土衬砌或生物等防渗技术措施修建的防渗渠道的长度。

(11) 第 15 行“埋设管道”：指埋设地下暗管和铺设地上管道的长度。

(12) 第 16 行“渠系建筑物”：指灌排渠系建设所需的桥、涵、闸、渡槽、跌水等配套建筑物的数量。

(13) 第 17 行“喷灌”：指利用固定式、半固定式、移动式等喷灌设备所灌溉的面积。

(14) 第 18 行“微灌”：指利用微喷、滴灌、渗灌、小管出流灌等所灌溉的面积。

(15) 第 19 行“小型蓄排水工程”：指修建的库容在 10 万立方米以下的水窖、水池、塘等蓄水工程或小型排水工程的数量。其中，“扩建加固”指对已建小型蓄排水工程进行续建、扩建和除险加固。第 19 行 = 第 20 行 + 第 21 行。

(16) 第 22 行“其他水利措施”：指水利措施中除上述建设内容以外的其他工程建设。只填写投资数，不填写任务量。

(17) 第 23 行“农业措施”：指农业综合开发在农业方面采取的各项治理措施。只填写投资数，不填写任务量。第 23 行 = 第 24 行 + 第 25 行 + 第 30 行 + 第 31 行 + 第 32 行 + 第 33 行 + 第 37 行 + 第 38 行。

(18) 第 24 行“改良土壤”：指通过工程和生物措施对土壤进行改良的面积，包括平整土地、增厚土层、增施有机肥、培肥地力、客土掺沙等。

(19) 第 25 行“良种繁育”：指引进、繁育和推广种植业优良品种及配套设施建设，包括良种基地、良种仓储和良种晒场。只填写投资数，不填写任务量。第 25 行 ≥ 第 26 行。

(20) 第 26 行“良种基地”：指为繁育种植业优良品种而建设的种子生产基地的面积。投资额：第 26 行 = 第 27 行 + 第 28 行 + 第 29 行。

(21) 第 27 行“良种仓库”：指用于储存种植业优良种子的库房设施的面积。

(22) 第 28 行“良种晒场”：指用于种植业优良种子晾晒，以降低种子含水量的场所的面积。

(23) 第 29 行“其他”：指良种基地建设中除仓库和晒场以外的其他措施。只填写投资数，不填写任务量。

(24) 第 30 行“购良种”：指为项目区生产而购置的经国家级或省级农产品种子专业部门认定的优良品种种子的数量。

(25) 第 31 行“购置设备”：指为项目区服务所必须购置的种子精选及加工、品质监测（检测）常用的设备仪器的数量。

(26) 第 32 行“机耕路”：指能供农业机械通行的农田田间道路的长度。

(27) 第 33 行“农业机械”：指为农业生产服

务的动力农用机械和各种农用机具、植保机械的数量。其中，动力农月机械包括大、中、小型拖拉机、播种机、收割机等。第33行=第34行+第35行+第36行。

(28) 第37行“推广旱作农业”：指通过推广地膜覆盖、保持性耕作、生物和化学制剂抗旱技术以及抗旱新品种等旱作农业技术措施进行治理的面积。

(29) 第38行“其他农业措施”：指农业措施中除上述建设内容以外的其他工程建设。只填写投资数，不填写任务量。

(30) 第39行“林业措施”：指农业综合开发在林业方面采取的各项治理措施。只填写投资数，不填写任务量。第39行=第40行+第42行+第43行。

(31) 第40行“造林”：指为减免风、沙、水、旱等自然灾害，改善农田生态环境，保障农业生产所种植成片树木的面积，包括防护林、水土保持林、水源涵养林和经济林。第40行≥第41行。

(32) 第41行“防护林”：指为减免风、沙等自然灾害，改善和保护农田生态环境所种植的成片防护林木的面积。

(33) 第42行“苗圃”：指为造林提供苗木的生产基地的面积。

(34) 第43行“其他林业措施”：指林业措施中除上述建设内容以外的其他工程建设。只填写投资数，不填写任务量。

(35) 第44行“科技推广措施”：指为提高工程项目科技含量，推广先进实用农业技术而采取的各项措施。只填写投资数，不填写任务量。第44行=第45行+第46行+第47行。

(36) 第45行“技术培训”：指对项目区农民和乡镇农业技术人员开展农业先进成熟适用技术培训的数量。

(37) 第46行“仪器设备”：指为推广先进成熟农业技术而购置的必需的仪器设备的数量。

(38) 第47行“示范推广”：指在项目区内示范推广各类种植业优良品种和农业先进成熟农业技术的面积。

(39) 第48行“其他工作及措施”：指除以上水利、农业、林业和科技措施之外所采取的其他措施和围绕项目建设所支付的管理费用。只填写投资数，不填写任务量。第48行=第49行+第50行。

(40) 第49行“管理费用”：指项目建设全过程所发生的管理活动费用，主要包括项目勘察设计、考察评估论证、规划设计、检查验收、资金和项目公示等项费用开支。只填写投资数，不填写任务量。

(41) 第50行“贷款贴息”：指对土地治理项目使用银行贷款应付利息的补贴。只填写投资数，不填写任务量。

(42) 第51行“生态综合治理项目”：指为保护和改善农牧业生态环境所进行的各类项目建设的面积，包括“草原（场）建设”、“小流域治理”和“土地沙化治理”3类小项目。第51行=第52行+第108行+第156行。

(43) 第52行“草原（场）建设”：指在主要牧区省份为保护和建设草原（场）所进行的人工种草、天然草场改良、划区轮牧、饲草（料）基地建设以及支持草原畜牧业发展的配套设施建设。投资额：第52行=第53行+第67行+第85行+第90行+第101行+第105行。

(44) 第74行“完善配套冷冻精液输精站”：指为项目区引进、繁育和推广优良畜种而完善配套的冷冻精液输精站的数量。此指标在统计报表中予以单独反映，不再纳入良种繁育项下统计。

(45) 第75行“完善配套种畜特配站”：指为项目区推广优良畜种而完善配套的种畜特配站的数量。此指标在统计报表中予以单独反映，不再纳入良种繁育项下统计。

(46) 第76行“购良种”：指为项目区发展草业生产而购置的优良草种的数量。

(47) 第77行“购置设备”：指为项目区服务所必须购置的草种和饲料精选、加工设备以及完善配套冷冻精液输精站、种畜特配站的仪器设备的数量。

(48) 第78行“牧区机耕道”：指能供牧业机械通行的牧区田间道路的长度。

（49）第 79 行“牧业机械”：指为牧业生产服务的动力农用机械和各种农牧用机具、植保机械的数量。其中，动力农用机械包括大、中、小型拖拉机、播种机、收割机等。第 79 行 = 第 80 行 + 第 81 行 + 第 82 行。

（50）第 83 行“青储氨化窖”：指保鲜储存饲料作物的窖池等设施的容量。

（51）第 90 行“草业措施”：指生态综合治理项目建设在草业方面采取的各项措施。只填写投资数，不填写任务量。第 90 行 = 第 91 行 + 第 92 行 + 第 94 行 + 第 96 行 + 第 100 行。

（52）第 91 行“人工种草”：指对退化严重的天然草地（包括退耕还草）通过耕翻（或免耕）平整和熟化等措施，进行全部或大面积种植以多年生为主的优良牧草，以获取高产优质的草地面积，有关饲草料基地建设的内容可归并到此类措施项下。

（53）第 92 行“草场改良”：指对退化或正在退化的天然草场采取围栏封育的办法，辅以松土、补播、切根、施肥等合理的改良措施，使其逐步恢复植被，达到原有草地生产力的草地面积。投资额：第 92 行≥第 93 行。

（54）第 93 行“围栏”：指利用墙体、金属网等对天然草场及人工草场实施封育管理的一种措施。

（55）第 94 行“划区轮牧”：指在对草原（场）合理划区的基础上，根据不同的草场类型、形状、面积，测定单位面积产草量，确定合理的载畜量和轮牧周期，通过围栏将季节放牧草原（场）分成若干轮牧小区，采取设置饮水点、牧道等放牧措施，按照一定顺序对牲畜进行轮流逐区放牧采食、轮回利用的一种放牧方式，科学合理利用草原（场）资源。投资额：第 94 行≥第 95 行。

（56）第 96 行“畜牧设施”：指为改善畜牧饲养条件而进行的基础设施建设。只填写投资数，不填写任务量。第 96 行 = 第 97 行 + 第 98 行 + 第 99 行。

（57）第 97 行“标准化棚圈”：指根据不同地区特点相对统一设计修建的牲畜棚舍或棚圈的面积。

（58）第 98 行“药浴池”：指为防治牲畜病害而建设的消毒所用药浴场所的面积。

（59）第 99 行“饲草料加工点”：指为提高饲草料利用率和质量对饲草料进行加工场所的数量。

（60）第 100 行“其他草业措施”：指草业措施中除上述建设内容以外的其他工程建设。只填写投资数，不填写任务量。

（61）第 108 行“小流域治理”：指在水土流失较为严重的丘陵山区和黄土高原地区以小流域为单元进行综合性治理的面积。投资额：第 108 行 = 第 109 行 + 第 131 行 + 第 141 行 + 第 146 行 + 第 149 行 + 第 153 行。

（62）第 126 行“沟道治理”：指采取谷坊、淤地坝、溪流护岸等措施对小沟道或小溪流等进行治理。只填写投资数，不填写任务量。第 126 行 = 第 127 行 + 第 128 行 + 第 129 行。

（63）第 127 行“谷坊”：指修建横筑于小沟道或小溪中的小型固沟、拦泥、滞洪设施的数量，高度一般小于 5 米。

（64）第 128 行“淤地坝”：指为坡面水系工程配套建设的用于沉淀和清除水流中泥沙建筑物的数量。

（65）第 129 行“溪流护岸”：指为保护小流域内耕地，减少水土流失，而对小溪流、避洪沟中易坍塌段进行的石块衬砌等护岸措施的长度。

（66）第 139 行“梯田埂”：指在梯田外缘筑起的，起到稳定梯田、保持水土作用的田埂。

（67）第 143 行“水土保持林”：指为防治小流域水土流失而种植的具有保持水土作用的成片树木的面积。

（68）第 156 行“土地沙化治理”：指在农牧交错区和黄河故道沙区对沙化土地进行综合性治理的面积。投资额：第 156 行 = 第 157 行 + 第 171 行 + 第 176 行 + 第 184 行 + 第 187 行 + 第 191 行。

（69）第 180 行“工程固沙”：指通过机械沙障、化学制剂等方式治理沙化土地的面积。第 180 行 = 第 181 行 + 第 182 行。

（70）第 181 行“机械沙障”：指通过机械修筑沙障等方式阻止沙化的一种措施。

（71）第182行“生物固沙”：指通过生物治沙等方法阻止沙化的一种措施。

（72）第194行“中型灌区节水配套改造项目”：指能够为项目区直接提供外部水利灌排条件、设计控制灌溉面积5万—30万亩已有中型灌（排）区的灌排骨干工程设施，进行以节水配套改造为主的建设项目的数量。投资额：第194行=第195行+第211行。

（73）第196行“干支渠（沟）开挖疏浚”：指对干支渠（沟）断面开挖疏浚工程的长度。

（74）第197行“干支渠道衬砌防渗”：指对干支渠断面衬砌防渗工程的长度。

（75）第198行“农桥”：指修建跨越干支渠（沟）的农用桥梁的数量。

（76）第199行“涵洞”：指修建干支渠（沟）穿越公路、山体等障碍的输水建筑物的数量。

（77）第200行“水闸”：指修建干支渠（沟）上的控制进、放水功能的水闸的数量。

（78）第201行“渡槽”：指修建干支渠（沟）跨越河流、渠道或低洼地带等输水建筑物的数量。

（79）第202行“倒虹吸管”：指利用虹吸现象穿越障碍物所修建的输水建筑物的数量。

（80）第203行“输水管道（暗渠）”：指采取管道、暗渠输水方式修建的干支渠（沟）的长度。

（81）第204行“水源工程”：指修建为灌区提供水源的提水站、塘坝等供水工程的数量。

（82）第205行“泵站”：指修建从水源或干支渠（沟）提水的灌排站的数量。

（83）第207行“工程管护设施”：指为管护工程而建设的房屋设施等的面积。

（84）第208行“测水量水设施”：指在干支渠上修建用于测量水位、用水量的工程设施的数量。

（85）第209行“施工临时工程”：指为工程建设而必须修建的临时性工程设施。只填写投资数，不填写任务量。

（86）第212行“勘测设计费”：指为项目建设而进行的勘测、设计所发生的费用。只填写投资数，不填写任务量。

（87）第213行“建设管理费”：指为组织项目建设所发生的管理费用，包括建设单位管理费、工程质量检查费、工程监理费用等。只填写投资数，不填写任务量。

（88）第214行“不可预见费”：特指中型灌区节水配套改造项目。指为防止工程项目建设过程中因材料物价上涨、工程出现意外复杂等不可预见情况而预列的费用。如上述情况未发生，应将其用于工程建设。只填写投资数，不填写任务量。

2. 栏说明

（1）“任务量”：指列入计划的项目建设任务的数量。完成任务量必须填写实际完成的数量。中低产田改造和生态综合治理项目完成任务量以项目区为单位填写，一个项目区如分片实施但当年只有部分完成，其完成任务量按已完成的部分填写；如各项具体工程全面铺开，但当年只部分完成，项目完成任务量应根据整个项目计划任务量，乘以已完工程投资占项目总投资比例的计算结果填写。中型灌区节水配套改造项目的完成任务量以单个项目为单位填写，当年项目竣工一个填写一个，未竣工的待完成后年份填写。各类项目中具体工程措施的任务量以“座、眼、台（套、件）、人次、个、处”为单位的，其完成任务量必须填写整数，单个工程全部完成的应填写“1”，未全部完成的为“0”。第1栏“上年结转”+第2栏“年度计划”+第3栏“任务量增减”=第4栏“本年完成”+第5栏“结转下年”。

①第1栏“上年结转”：指上年度未完成结转到今年继续实施的农业综合开发工作任务量（当年立项项目不存在上年结转）。

②第2栏“年度计划”：指当年项目计划安排的农业综合开发工作任务量。

③第3栏“任务量增减”：指根据项目实际需要或其他原因，当年项目的单项工程或措施任务量进行了少量调整，造成该单项工程或措施实际任务量与计划任务量之间产生的差额。任务量增减主要有任务量增加和任务量减少两种情况：一种是“任务量增加”，指当年实际完成的单项工程或措施任务量超过该单项工程或措施计划任务量的部分，填列正数；另一种是“任务量减少”，指当年实际完

成的单项工程或措施（根据项目实际需要或其他原因，该单项工程或措施不再进行续建）任务量少于该单项工程或措施计划任务量的部分，填列负数。

④第4栏“本年完成”：指当年实际完成的上年结转以及当年计划的农业综合开发工作任务量。

⑤第5栏“结转下年”：指当年项目任务量未完成，需结转到下年继续实施的农业综合开发工作任务量。

(2)“投资额”：指农业综合开发项目的投资情况。具体分为“上年结转”、“年度计划”、“投资额增减”、“本年完成”和“结转下年”五小栏，下再细分“财政资金”、“自筹资金”、“其他资金”、“银行贷款”等各小项。其中：

上年结转＋年度计划＋投资额增减＝本年完成＋结转下年。

各项资金的指标解释具体为：

①“财政资金”：指中央财政资金与地方财政资金直接用于项目工程建设的资金以及用于贷款贴息、项目管理费、科技推广费等支出的资金。其中：中央财政资金指中央财政用于农业综合开发的资金，地方财政资金指地方各级财政按照规定比例与中央财政资金配套投入农业综合开发的资金。

②“自筹资金”：指项目区农村集体、农民群众、项目建设单位（包括企业、农民专业合作组织、农牧场、地方有关部门等）筹集用于农业综合开发项目建设的现金、以物折资和投工投劳折资。银行贷款以及项目建设单位先期的固定资产和水、电、路等公共设施投入不计入自筹资金。

③“银行贷款”：指用于农业综合开发项目建设的银行贷款以及其他信贷资金。

④“其他资金”：指除上述资金之外用于农业综合开发的各类民间资本、工商资本和外资等。

(3)“上年结转”：指上年未完成结转到今年继续使用的资金总量（当年立项项目不存在上年结转)。其中：

①第6栏“合计”：指上年结转到今年的全部资金量，含中央财政资金、地方财政资金、自筹资金、其他资金和银行贷款。

②第7栏“财政资金”：指上年结转资金中的中央财政资金与地方财政资金总额。

③第8栏“小计”：指上年结转资金中的自筹资金数额。

④“其中：投工投劳”：指上年结转的项目区农民群众投入的劳动工日和折资数。

⑤第9栏“折资”：指上年结转资金中项目区农民群众投入的劳动工日折合成的资金数。

⑥第10栏“数量”：指上年结转的农民群众投入的劳动工日。

(4)“年度计划”：指当年项目计划安排的“财政资金”、“自筹资金”、“其他资金”、“银行贷款”。

①第13栏“合计”：指本年项目计划投入的资金总额，含中央财政资金、地方财政资金、自筹资金、其他资金、银行贷款。

②第14栏“财政资金”：指当年项目计划投入的中央财政资金、地方财政资金总额。

③第15栏“小计”：指当年项目计划投入的自筹资金数额。

④“其中：投工投劳”：指当年项目计划中项目区农民群众投入的劳动工日和折资数。

⑤第16栏“折资”：指当年项目计划中项目区农民群众投入的劳动工日折合成的资金数。投工投劳折资时劳动力价格要按当地市场价格计算填列。

⑥第17栏“数量”：指当年项目计划中农民群众投入的劳动工日。

⑦第18栏“其他资金”：指当年项目计划投入的其他资金的数额。

⑧第19栏“银行贷款”：指当年项目计划投入的银行贷款以及其他信贷资金数额。

(5)“投资额增减”：指根据项目实际需要或其他原因，当年项目的单项工程或措施进行了微量调整，造成该单项工程或措施的实际完成资金数额与计划资金数额间产生差额。“投资额增减”主要有投资增加和投资减少两种情况：一种是“投资额增加”，当年实际完成的单项工程或措施资金数额超过该单项工程或措施计划资金数额的部分，填列正数；另一种是“投资额减少”，当年实际完成的单项工程或措施（根据项目实际需要或其他原因，该单项工程或措施不再进行续建）资金数额少于该单

项工程或措施计划资金数额的部分，填列负数。

①第20栏“合计”：指当年项目投资增减总额。

②第21栏“财政资金”：指当年项目财政资金增减数额。

③第22栏“小计”：指当年项目自筹资金增减数额。

④第23栏“折资”：指当年项目农民群众多投入或少投入的劳动工日折合成的资金数。

⑤第24栏“数量”：指当年项目农民群众多投入或少投入的劳动工日。

⑥第25栏“其他资金”：指当年项目其他资金的增减数额。

⑦第26栏“银行贷款”：指当年项目银行贷款增减数额。

(6)“本年完成”：指实际完成上年结转和当年计划“财政资金”、“自筹资金”、“其他资金”、“银行贷款”的数额。

①第27栏“合计”：指当年完成的项目总投资(含上年结转以及本年计划)。下年度立项的项目超前投入的资金不在统计范围内。

②第28栏“财政资金”：指当年财政资金的实际完成数，财政资金无偿部分为农业综合开发报账资金专账当年实际报账数，有偿部分为县级财政实际借出数。

③第29栏“小计”：指当年自筹资金实际完成数，为农业综合开发工程资金专账实际发生数。

④“其中：投工投劳”：指当年完成的项目区农民群众投入的劳动工日和折资数。

⑤第30栏“折资”：指当年完成的项目区农民群众投入劳动工日折合成的资金数，取自农业综合开发工程资金专账。

⑥第31栏“数量”：指当年完成的项目区农民群众投入的劳动工日，取自农业综合开发项目区或项目承建单位农民投工投劳台账或农民投工投劳记录。

⑦第32栏“其他资金”：指当年其他资金的完成数，为农业综合开发工程资金专账实际发生数。

⑧第33栏“银行贷款”：指当年银行贷款的实际完成数，为农业综合开发工程资金专账实际发生数。

(7)“结转下年”：指当年项目的财政资金无偿部分尚未报账数、有偿部分尚未借出数以及自筹资金、其他资金、银行贷款尚未完成数额。

①第34栏“合计”：指结转下年的资金总额，含中央财政资金、地方财政资金、自筹资金、其他资金、银行贷款。

②第35栏“财政资金”：指结转下年的中央财政资金、地方财政资金总额。

③第36栏“小计”：指结转下年的自筹资金总额。

④“其中：投工投劳”：指结转下年的项目区农民群众投入的劳动工日和折资数。

⑤第37栏“折资”：指结转下年的项目区农民群众投入的劳动工日折合成的资金数。

⑥第38栏“数量”：指结转下年的农民群众投入的劳动工日。

⑦第39栏“其他资金”：指结转下年的其他资金数额。

⑧第40栏“银行贷款”：指结转下年的银行贷款以及其他信贷资金数额。

(二)国家农业综合开发土地治理项目效益表(国农办统基1-2)

1. 土地治理项目中，中低产田改造和生态综合治理项目效益数据的填列应与任务投资完成情况表中填列的该项目完成的治理面积数量相对应；中型灌区节水配套改造项目的效益以单个项目为单位填写，当年项目竣工则填写项目取得的效益，未竣工的当年不填，待完成的年份填写。

2. 行说明

(1)第2行“农业生产条件及生态环境改善情况”：包括13个指标，综合反映农业综合开发土地治理项目建设完成后，农业生产条件及生态环境改善情况。此行不填数据。

①第3行“新增灌溉面积”：指通过新建(或改建)灌溉工程设施(包括中型灌区节水配套改造项目)，新增加的正常年景下可保证灌溉的耕地面积。

②第4行“改善灌溉面积”：指通过配套和完善灌溉工程设施（包括中型灌区节水配套改造项目），使灌溉保证率提高的耕地面积。如无中型灌区节水配套改造项目，新增和改善灌溉面积应小于或等于项目区土地治理面积。

③第5行“新增除涝面积”：指通过新建（或改建）排涝工程设施（包括中型灌区节水配套改造项目），新增加除涝标准达到五年一遇以上的耕地面积。

④第6行“改善除涝面积”：指通过配套和完善排涝工程设施（包括中型灌区节水配套改造项目），使除涝标准提高的耕地面积。如无中型灌区节水配套改造项目，新增和改善除涝面积应小于或等于项目区土地治理面积。

⑤第7行“新增节水灌溉面积”：指通过土地治理项目建设（包括中型灌区节水配套改造项目），新增加的喷灌、微灌、渠道防渗、管道输水等节水灌溉面积（渠道防渗和管道输水的面积，根据衬砌渠道和埋设管道的长度按《节水灌溉规范》规定的标准折算）。“新增节水灌溉面积”应小于或等于“新增灌溉面积”加“改善灌溉面积”之和。

⑥第8行“年节约水量”：指通过推广节水灌溉（包括中型灌区节水配套改造项目）比常规灌溉相比，每年节约的水量。

⑦第9行“新增旱作农业面积”：指通过推广抗旱优良品种、蓄水保墒技术、地膜覆盖技术、使用抗旱剂等措施，建成的旱作农业的面积。

⑧第10行“增加农田林网防护面积”：指通过营造防护林新增加的农田林网防护农田、牧场的面积。

⑨第11行“新增机耕面积”：指通过购置配套农业机械，新增加的农业机械化耕作的面积。

⑩第12行“新增农机总动力”：指通过购置农（牧）业机械，新增加用于农业、林业、牧业的各种农业机械动力之和。包括：大中小型拖拉机、播种机、收割机、运输机械等。

⑪第13行“扩大良种种植面积”：指扩大种植各种优良品种的面积。

⑫第14行“治理沙化土地面积”：指为防止土地沙漠化扩大，在沙漠化土地和风沙化土地的特殊的地域内，采取综合措施保护和扩大林草植被的面积。

⑬第15行“控制水土流失面积”：指通过采取各种治理措施，水土流失强度控制在轻度侵蚀强度，即每年每平方公里水土流失500—2 000吨以下的面积。

（2）“提高农业竞争能力”：包括5个指标，综合反映农业综合开发项目建设完成后，农业综合竞争能力的提高情况。此行不填数据。

①第17行“扶持农技服务站”：指通过购置仪器设备和修建必要的仓储、化验室设施，支持完善乡镇级农、林、水、牧、农机、气象等为农业服务的服务站。效益数只能为整数。

②第18行“完善农产品质量检测体系”：指为保障农产品质量，提高农产品优质品率而进行的质量检测体系建设。效益数只能为整数。

③第19行“优质农产品种植面积”：指在项目区种植优质粮食、优质饲料等优质农产品的面积。优质农产品指经国家级农产品种子专业部门认定的优良品种。

④第20行“优质粮食种植面积”：指在项目区推广种植优质粮食作物的面积。

⑤第21行“农产品优质品率”：指在项目区推广种植优质农产品的面积，占项目区农产品种植总面积的比例。此数据应小于或等于100。

（3）第22行“年新增主要农产品生产能力”：指开发后项目区主要农产品在正常年景下比开发前同一地块增加的单位面积农产品数量。①年新增主要农产品生产能力＝开发后项目区主要农产品在正常年景下的年总产量－开发前同一地块正常年景三年同类农产品的年平均产量；②“主要农产品”包括粮食、棉花、油料、糖料、干草、饲料作物、其他农产品等，其中“其他农产品”是指除设施农业之外在大田里种植的蔬菜以及其他当年生的农作物；③“正常年景”指剔除民政部门确认发生旱、涝等自然灾害导致农产品产量减幅较多和统计部门确认农产品产量增幅较大之外的年份。该数据由县级农发办事机构通过在项目区进行抽样调查取得的

有关数据（或者利用县级统计部门提供的有关数据），与开发前同一地块的有关数据相比等方法计算分析得出。本行不填写数据。

（4）第30行“项目区年直接受益农户数量”：指农业综合开发土地治理项目扶持范围的村或乡（镇），在该项目治理地块内的农户总数。该数据由项目所在乡镇政府据实填报，县级农发办事机构审核后填列。

（5）第31行“项目区年直接受益农业人口数”：指农业综合开发土地治理项目扶持范围的村或乡（镇），在该项目治理地块内的农业人口总数。该数据由项目所在乡镇政府据实填报，县级农发办事机构审核后填列。

（6）第32行“项目区直接受益农民年纯收入增加总额”：指开发后项目区直接受益农户当年生产经营所得的总收入扣除总费用、税金等支出后的余额较开发治理前增加的部分。增收额包括以下几个部分：①提高粮食单产带来的增收，增收额=（农产品开发后单产－开发前单产）×开发面积×农产品价格；②降低的农业生产成本，可直接算作农民的增收；③新增耕地面积带来的增收，增收额=新增耕地面积×农产品单产×价格；④扩大优质农产品种植面积带来的增收，增收额=（优质农产品价格－原品种农产品价格）×扩大种植面积×农产品单产；⑤其他促进农民增收的数额。该数据由县级农发办事机构参照统计部门的做法直接组织或委托有关单位，对土地治理项目区农户进行抽样调查取得，或者利用统计等有关部门的统计数据计算得出。

（三）国家农业综合开发产业化经营项目任务投资完成情况表（国农办统基2－1）

1. 行说明

（1）第1行“种植项目”：指农业综合开发中除粮、棉、油、糖等主要农产品生产以外的、直接经济效益较高的经济林及设施农业种植项目。投资额：第1行=第2行+第9行+第10行+第11行+第12行。

（2）第2行“经济林”：指以生产果品，食用油料、饮料、调料，工业原料和药材等为主要目的的林木，下设“水果”、“干果”、“茶叶”、“木本油料（折油）”、“竹类”、“其他经济林”。第2行=第3行+第4行+第5行+第6行+第7行+第8行。

（3）第9行“设施蔬菜”：产业化经营项目只扶持设施农业种植（栽培）项目，不再扶持露天蔬菜等的种植（栽培）。其中，“设施种植（栽培）”是指小拱棚以上的种植（栽培），包括中拱棚、大拱棚、温室等，不含地膜覆盖。

（4）第10行“设施花卉”：产业化经营项目只扶持设施农业种植（栽培）项目，不再扶持露天花卉等的种植（栽培）。

花卉在项目类型上主要分为种籽（苗、球）、切花切叶和盆栽植物三大类，为计算方便，都要按标准折成亩填报。

（5）第11行“药材”：仅限于药材种植，分为木本药材和草本药材两类。

（6）第12行“其他设施种植项目”：指除经济林、设施蔬菜、设施花卉和药材以外的其他设施种植项目。

（7）第13行“养殖项目”：主要包括水产养殖、畜牧养殖两大类项目。“水产养殖”包括“淡水养殖”和“海水养殖”两类项目。第14行=第15行+第16行。

（8）第17行“畜牧养殖”：主要分为大牲畜（牛、马、驴等）、猪、羊、兔、家禽和其他畜牧养殖。

（9）第19行“年出栏”：指年内出售和宰杀的牲畜、家禽等的总数。

（10）第20行“年末存栏”：指年终圈内实存的牲畜、家禽等的总数。

（11）第33行“其他畜牧养殖项目”：填报除大牲畜、猪、羊、兔和家禽养殖之外的畜牧养殖的总数，如珍稀动物养殖等。

（12）第37行“新建项目”：指加工项目中通过农业综合开发新立项建设的项目，其投资是“固定资产投资”、“流动资产”和“其他”有关数据的合计。即第37行=第38行+第41行+第42行，固定资产投资为“生产厂房”与“生产设备”投资之和，即第38行=第39行+第40行。

(13) 第43行“改扩建项目”：指加工项目中已经建成投产，通过农业综合开发进行扩大生产规模或技术改造的项目，其投资是“固定资产投资”、“流动资产”和“其他”有关数据的合计。即第43行=第44行+第47行+第48行，固定资产投资为“生产厂房”与“生产设备”投资之和，即第44行=第45行+第46行。

(14) 第49行“储藏保鲜项目”：其投资是“保鲜库”、“设备”、“配套设施”和“其他”有关数据的合计。第49行=第50行+第51行+第52行+第53行。

(15) 第50行“保鲜库”：包括气调库、预冷库和低温库等。

(16) 第51行“设备”：指建设保鲜库必备的生产设备、辅助设备、动力设备和冷藏设备等。

(17) 第52行“配套设施”：主要指与保鲜库建设配套的供水和道路建设等；与产品保鲜相关的初加工和废弃物处理系统等。

(18) 第54行“产地批发市场项目”：指为了快速、大批量集散当地农产品而建立的实行开放式经营、多功能服务、大规模购销农产品的交易场所，其投资是“交易厅、棚及各类仓库”、“电子商务交易系统”、“检测（疫）仪器、设备”、“配套设施”和“其他”有关数据的合计。第54行=第55行+第56行+第57行+第58行+第59行。

(19) 第55行“交易厅、棚及各类仓库”：包括市场的交易棚（厅）、物流仓库、保鲜库的建设等。

(20) 第56行“电子商务交易系统”：指与市场建设配套的信息收集、发布系统等。

(21) 第57行“检测（疫）仪器、设备”：指为进行农产品质量检测、卫生防疫和动植物检疫等所购置的仪器、设备。

(22) 第58行“配套设施”：主要指与市场建设配套的供水、供电、供暖、场地硬化、道路建设和废弃物处理系统等。

2. 栏说明

“任务量”栏分两种情况填报：

(1) 已完工和基本完工项目按实际完成数填报项目个数和任务量。

(2) 未完工项目，凡涉及项目个数皆填“零”；经济林及设施种植、水产养殖项目的任务量，按完成的投资数折算，计算公式为：计划任务量×（实际完成投资/计划投资）×100%；畜牧养殖、加工、储藏保鲜和产地批发市场项目按实际完成数填报。

(四) 国家农业综合开发产业化经营项目效益表（国农办统基2-2）

1. 投资多元化项目的效益计算

投资多元化的项目原则上采用平均法计算各部分投资的效益，即农业综合开发效益=（农业综合开发投入/项目总投入）×项目总效益。

“农业综合开发总投入”=财政资金+自筹资金+银行贷款+其他资金。

“项目总投入”：指投入该项目的所有资金之和，但改扩建项目的总投入中不含无形资产。

实物折资中征地费按原始取得价格计算。

2. 竣工、基本完工和未完工项目的效益填报

(1) 竣工投产、基本完工的项目，按实际完成数或预期效益填报。

预期效益指项目按计划建成后，在正常年景或进入正常生产期应达到的效益。

非正常年景：民政部门确认的灾害之年或统计部门确认产量、产值起伏超过10%的年景。

(2) 未完工项目，种养项目按实际完成数填报，加工、储藏保鲜和产地批发市场项目按“零”填报。

3. 栏说明

(1) “年新增生产能力（万公斤）”：新建项目即指项目按计划建成后，在正常年景或进入正常生产期，每年可以增加的各类产品的产量（储藏保鲜量、交易量）。

改扩建项目的计算公式为：项目建成后的年总产量（储藏保鲜量、交易量）-项目建设前三年该产品的平均产量（储藏保鲜量、交易量）。

同一项目的“年新增生产能力”不可以累加。其中，“在正常年景或进入正常生产期，每年可以增加的各类产品的产量（储藏保鲜量、交易量）”，

由项目法人按实际数或按设计预测数提供，县级农发办事机构审核；“项目建设前三年该产品的平均产量（储藏保鲜量、交易量）”，基础数据从统计部门获得，县级农发办事机构经抽样调查对有关数据进行校正。

①第1栏“产量”：对应填写各类种植项目的新增产量。

②第2栏“提供种苗数量”：对应填写种植项目中良种繁育项目新增种苗数量。

③第3栏“水产品”：对应填写通过发展水产养殖项目（包括淡水养殖和海水养殖）新增的产量。

④第4栏“肉”、第5栏“蛋”、第6栏“奶”：对应填写通过发展畜牧养殖项目新增的产量。

⑤第7栏“提供种畜（禽）数量”：填写畜牧水产养殖项目中良种繁育项目新增的种畜（禽、苗）数量。

⑥第8栏“粮油”、第9栏“果蔬”、第10栏“水产品”、第11栏“饲料”、第12栏“肉”、第13栏“奶”、第14栏“其他”：对应填写通过新建和改扩建加工项目建设，当年实际新增的相关产品加工能力。

⑦第15栏“储藏保鲜农产品”：对应填写通过新建和扩建保鲜库，当年实际新增的“农产品/年”储藏量。

⑧第16栏“交易量”：填写通过新建和扩建产地批发市场，当年实际新增的“农产品/年”交易量。

⑨第17栏“交易额”：根据“新增的‘农产品/交易量’”，按当年可比价格计算。

(2) 第18栏“年新增总产值”：指通过项目实施，当年实际增加的以货币表现的产品总价值。

计算公式：当年新增产品总量×产品当年当地统计部门公布的可比价格。

同一项目年新增总产值可以累加，其历年的“新增总产值”为“年新增总产值”之和。其中，产品产量由项目法人统计并填报，当年可比价格从统计部门获得，“年新增总产值”由县级农发办事机构计算、审核后填列。

(3) 第19栏“年新增增加值”：指项目实施后，年新增加的生产经营或劳务活动的最终成果，即产业化经营项目直接扶持生产的产品对社会所作的贡献。按生产法计算，年新增增加值=年新增总产值-年新增中间消耗。中间消耗是指在生产过程中所消耗的物质产品和劳务价值，包括生产过程中的物质消耗和对非物质生产部门的劳务支出，如种子、化肥、原材料、燃料，农技服务、技术咨询等。按收入法计算，年新增增加值=年劳动者报酬+年生产税净额+年固定资产折旧+年营业盈余。

种植项目按生产法计算，加工、储藏保鲜和产地批发市场项目按收入法计算。

同一项目的“新增增加值”可以累加。

数据可从项目法人年度会计报表、财务审计报告等获得。

(4)“年新增利税”：即项目实施后，年实际新增的利润和税收总额。数据可从项目法人的年度会计报表、财务审计报告等获得，该指标由项目法人统计、填报，县级农发办事机构审核后填列。其中：

①第20栏“小计”：填项目实施后，年实际新增的利润和税收总额。

②第21栏“其中：新增净利润”：是指项目实施后，年实现的税后新增的利润。

(5) 第22栏“新增固定资产”：固定资产指使用年限在一年以上，单位价值在规定的标准以上，并且在使用过程中保持原有物质形态的资产，如房屋及建筑物、机器设备、运输设备、工具器具等。新增固定资产指通过项目实施，当年交付使用的固定资产价值。

(6)“年直接受益农户数量（户）”：通过农业综合开发项目实施，新增加的与项目法人有契约合作或稳定购销关系的农户数量（不包含辐射带动农户），以及新增加就业的农村劳动力涉及的农户数量。其中：

①第23栏“小计”：填新增加的与项目法人有契约合作或稳定购销关系的农户数量（不包含辐射带动农户），以及新增加就业的农村劳动力涉及的农户数量。该指标由项目法人根据与农民的购销合

同（或购销凭证）、新增加就业农村劳动力等建立统计台账计算填报，县级农发办事机构审核后填列。

②第24栏“其中：土地治理项目区直接受益农户数量”：指产业化经营项目带动的受益农户中包含的土地治理项目区直接受益农户数量。该指标由县级农发办事机构根据实际情况填报。

(7)“年直接受益农业人口数（人）”：通过农业综合开发项目实施，新增加的与项目法人有契约合作或稳定购销关系的农业人口数（不包含辐射带动农业人口），以及新增加就业的农村劳动力数量。其中：

①第25栏“小计”：填新增加的与项目法人有契约合作或稳定购销关系的农业人口数（不包含辐射带动农业人口），以及新增加就业的农村劳动力涉及的农业人口数量。该指标由项目法人根据与农民的购销合同（或购销凭证）、新增加就业农村劳动力等建立统计台账计算填报，县级农发办事机构审核后填列。

②第26栏“其中：土地治理项目区直接受益农业人口数”：指产业化经营项目带动的受益农业人口中包含的土地治理项目区直接受益农业人口数量。该指标由县级农发办事机构根据实际情况填报。

(8) 第27栏“直接受益农民年收入增加总额(万元)”：指在产业化经营项目实施中，全部直接受益农户当年通过产业化经营项目增加的收入扣除相应的费用、税金等支出后的余额。其中：

“通过产业化经营项目增加的收入”分种养、加工、储藏保鲜和产地批发市场项目分别计算。

种养项目：（实施前同等条件下，参与种养项目的农户，通过实施种养项目当年生产的农产品总量－开发前三年同类农产品产量的平均数）×当年可比价＋（龙头企业承建项目，由龙头企业支付给受雇农民的工资总额）；

加工项目：（项目建成后当年收购的直接受益农户农产品总量－以前年度收购量）×收购价格＋项目新增农村劳动力工资收入总额＋企业对直接受益农户的二次返利；

储藏保鲜项目：（收购价格－当年可比价格）×当年收购总量＋项目新增农村劳动力工资收入总额＋企业对直接受益农户的二次返利；

产地批发市场项目：（项目建成后当年农产品交易总量－以前年度交易量）×当年可比价格＋项目新增农村劳动力工资收入总额＋企业对直接受益农户的二次返利。

数据来源：“实施前同等条件下、三年同类农产品产量的平均数”、“当年可比价格”原则上从统计部门获得；其他数据由项目法人建立统计台账填报，报县级农发办事机构审核后填列。

(9)“年新增就业人数（人）”：指通过农业综合开发项目实施，项目企业新增加的从业人员人数。这一指标主要反映农业综合开发在促进社会劳动力就业方面所起的作用。

①第28栏“小计”：指项目实施后，项目企业新增加的从业人员总数。

②第29栏“其中：年新增农村劳动力就业人数（人)”：指项目实施后，项目企业新增加的农村从业人员人数。

（五）国家农业综合开发科技示范项目任务投资完成情况表（国农办统基3－1）

1. 行说明

（1）第1行“高新科技示范项目”：指1999年开始设立的，以市场为导向，效益为中心，省级以上（含省级）综合实力较强的农业科研、教学单位为技术依托单位，在改善农业基本生产条件的基础上，引进2项以上农业高新技术，并与其他常规技术组装配套，探索形成不同区域优势产业先进适用技术支撑体系的项目。只填写投资数，不填写任务量。第1行＝第2行＋第5行＋第9行＋第13行＋第21行＋第28行。

（2）第2行“技术引进”：只填写投资数，不填写任务量。第2行＝第3行＋第4行。

（3）第3行“引进品种”：指通过项目建设，引进优良种子（大田作物1 000亩以下）、种苗、种畜、种禽的个数之和。只填写任务量，不填写投资数。

（4）第4行“引进技术工艺”：指通过项目建

设，引进种植、养殖、加工与信息等方面的先进成熟适用技术的项数之和。只填写任务量，不填写投资数。

(5) 第5行“技术示范”：只填写投资数，不填写任务量。第5行=第6行+第7行+第8行。

(6) 第6行“示范品种”：指通过项目建设，优良种子、种苗、种畜、种禽的示范个数之和。只填写任务量，不填写投资数。

(7) 第7行“示范技术”：指通过项目建设，种植、养殖、加工方面除种子、种苗、种畜、种禽等品种以外其他技术的示范项数之和。只填写任务量，不填写投资数。

(8) 第8行“示范面积”：示范面积是指通过科技示范项目建设，种植业优良品种及先进成熟适用技术的示范面积之和，特指在特定的区域内，通过资金补助、提供良种、技术服务等方式，强制性地对新技术、新品种进行示范。在同一地块示范品种和技术不能重复计算面积。在示范和推广的带动作用下，周边区域通过购买良种、有偿技术服务等方式，实现新品种、新技术的应用的辐射面积不计算在内。只填写任务量，不填写投资数。

(9) 第9行“技术推广”：只填写投资数，不填写任务量。第9行=第10行+第11行+第12行。

(10) 第10行“推广品种”：指通过项目建设，种植、养殖优良品种的推广个数之和。只填写任务量，不填写投资数。

(11) 第11行“推广技术”：指通过项目建设，种植、养殖先进成熟适用技术的推广项数之和。只填写任务量，不填写投资数。

(12) 第12行“推广面积”：指通过项目建设，种植业优良品种、先进成熟适用技术的推广面积之和，特指在一定的区域内，通过技术服务、提供良种等方式，对新技术、新品种进行推广。在同一地块推广品种和技术不能重复计算面积。在示范和推广的带动作用下，周边区域通过购买良种、有偿技术服务等方式，实现新品种、新技术的应用的辐射面积不计算在内。只填写任务量，不填写投资数。

(13) 第13行“技术服务体系建设”：只填写投资数，不填写任务量。第13行=第14行+第15行+第16行+第17行+第18行+第19行+第20行。

(14) 第14行“组培中心”：指生产组培脱毒苗的设施。其任务量填组培室面积，投资栏填列组培中心基建、设备购置及安装费用等。

(15) 第15行“工厂化育苗”：任务量填工厂化育苗厂房面积，投资包括工厂化育苗的基建、设备购置及安装费用等。

(16) 第16行“良种基地”：指扩繁粮食作物、经济作物、饲料作物、牧草、特种植物良种的高标准良田。其任务量填良田面积，投资栏填良田基础设施配套建设费用。

(17) 第17行“加工及检测设备”：指农、林、牧、渔产品加工设备及农产品质量管理检测设备和配套物品的购置。投资额包括设备设施购置和安装等费用。

(18) 第18行“技术培训”：指通过科技项目建设，对项目区农民群众开展农业先进成熟适用技术培训的人次数量。

(19) 第19行“产业化经营组织”：指根据农业产业化的需要，加强相关组织机构（主要是各类农村专业合作经济组织）建设。

(20) 第20行“其他”：指除第14行、第15行、第16行、第17行、第18行、第19行以外的技术服务体系建设内容，只填写投资数，不填写任务量。

(21) 第21行“配套设施建设”：只填写投资数，不填写任务量。第21行=第22行+第23行+第24行+第25行+第26行+第27行。

(22) 第22行“机电井”：指利用机、电设备进行提水灌溉的井。修复配套机电井指在已有井上配套机、电提水设施，使之可以进行正常灌溉。

(23) 第23行“排灌站”：指新建、改造固定机电排灌站。包括：以江河、湖泊、水库、渠道等地面水为水源，在固定地点建设的以电动机、柴油机、汽油机等为动力带动水泵抽水进行灌溉、排水的灌溉站、排水站。固定机电排灌站应具备以下条件：自成体系，机、泵、管带、水源、渠道、输变电工程已配套，在固定的排灌系统或排灌范围全部或部分发挥效益，有固定人员管理。

(24) 第24行“排灌渠系”：指新建、衬砌、开挖疏浚支渠以下（流量5立方米/秒以下）的灌溉和排水渠道公里数。

(25) 第25行“机耕路”：指新修和改造能供农业机械通行的田间道路公里数。

(26) 第26行“购置农业机械”：指利用财政资金扶持农机站和农户购置的，为农业生产服务的动力农用机械和各种农用机具、植保机械的套数。

(27) 第27行“其他”：指除第22行、第23行、第24行、第25行、第26行以外的配套设施建设，只填写投资数，不填写任务量。

(28) 第28行“其他”：指除第2行、第5行、第9行、第13行、第21行之外的建设内容，只填写投资数，不填写任务量。

(29) 第29行“科技推广综合示范项目”：指2000年开始设立的，以市场为导向，效益为中心，省级以上（含省级）综合实力较强的农业科研、教学单位为技术依托单位，在改善农业基本生产条件的基础上，着力进行农业先进适用成熟技术的大面积推广应用，促进区域优势产业升级，同时适当引进先进成熟技术进行示范，为今后推广应用增加必要技术储备的项目。只填写投资数，不填写任务量。第29行=第30行+第33行+第37行+第41行+第49行+第56行。

(30) 第30行“技术引进”：只填写投资数，不填写任务量。第30行=第31行+第32行。

(31) 第33行“技术示范”：只填写投资数，不填写任务量。第33行=第34行+第35行+第36行。

(32) 第37行“技术推广”：只填写投资数，不填写任务量。第37行=第38行+第39行+第40行。

(33) 第41行“技术服务体系建设”：只填写投资数，不填写任务量。第41行=第42行+第43行+第44行+第45行+第46行+第47行+第48行。

(34) 第49行“配套设施建设”：只填写投资数，不填写任务量。第49行=第50行+第51行+第52行+第53行+第54行+第55行。

(35) 第57行“农业现代化示范项目”：指2002年开始设立的，以市场为导向，效益为中心，省级以上（含省级）综合实力较强的农业科研、教学单位为技术依托单位，以加强基础设施、投入要素、农业科技和经营管理体制建设为主要内容，推进当地农业现代化建设的项目。只填写投资数，不填写任务量。第57行=第58行+第61行+第65行+第73行+第78行+第85行。

(36) 第58行“技术引进”：只填写投资数，不填写任务量。第58行=第59行+第60行。

(37) 第61行“技术示范”：只填写投资数，不填写任务量。第61行=第62行+第63行+第64行。

(38) 第65行“技术服务体系建设”：只填写投资数，不填写任务量。第65行=第66行+第67行+第68行+第69行+第70行+第71行+第72行。

(39) 第73行“产业基地建设”：只填写投资数，不填写任务量。第73行=第74行+第75行+第76行+第77行。

(40) 第74行“种植业生产基地”：指通过项目建设，农田各种作物生产基地建设的面积之和。

(41) 第75行“经济林生产基地”：指通过项目建设，果树、花卉、特种专用经济林生产基地建设的面积之和。

(42) 第76行“畜牧业生产基地”：指通过项目建设，养殖年内出栏与年末存栏数之和。

(43) 第77行“水产品生产基地”：指项目建设海水、淡水水产品养殖面积之和。

(44) 第78行“配套设施建设”：只填写投资数，不填写任务量。第78行=第79行+第80行+第81行+第82行+第83行+第84行。

2. 栏说明

“任务量”：指列入计划的项目建设任务的数量。完成任务量必须填写实际完成的数量。(1) 对于以“个”、“项”、“处”、“眼”、“台套”、“人次”为单位的指标，一律填写整数。对于单个工程，如全部完成，则填写“1”；如未全部完成，则填写“0”。(2) 对于以“公里”、“万亩”、“平方米”为

单位的指标，如各项具体工程全面铺开但当年只有部分完成，其完成任务量将根据整个项目预计任务量乘以已完工程投资所占比例的计算结果填写。第1栏“上年结转”+第2栏“年度计划”+第3栏“任务量增减”=第4栏“本年完成”+第5栏“结转下年”。

其他同土地治理项目。

（六）国家农业综合开发科技示范项目效益表（国农办统基3-2）

科技示范项目的效益按实际完成的任务产生的效益数值填列。

1. 行说明

（1）第1行“科技示范项目”：指国家立项的高新科技示范项目、科技推广综合示范项目和农业现代化项目。

（2）第2行“年扩大良种种植面积”：指通过科技项目建设，新增加的种植各种作物优良品种的面积之和。

（3）第3行“年新增农机总动力”：指通过购置农（牧）业机械，新增加用于农业、林业、牧业的各种农业机械动力之和。

（4）第4行“年新增总产值”：指通过科技示范项目建设，项目经营单位当年新增加的、以货币形式表现的、项目直接扶持生产的产品的产量，按当年可比价计算。如项目承建单位为基层农发办事机构或其他政府部门，该指标不做统计。

（5）第5行“年新增增加值”：指通过科技示范项目建设，项目经营单位直接扶持生产的产品对社会所作的贡献。按生产法计算，增加值=总产值-中间消耗。中间消耗是指在生产过程中所消耗的物质产品和劳务价值，包括生产过程中的物质消耗和对非物质生产部门的劳务支出，如种子、化肥、原材料、燃料，农技服务、技术咨询等。按收入法计算，增加值=劳动者报酬+生产税净额+固定资产折旧+营业盈余。按当年可比价格计算。如项目承建单位为基层农发办事机构或其他政府部门，该指标不做统计。

（6）第6行“年新增利税”：指通过科技示范项目建设，项目经营单位当年新增加的利润和税收总额。按当年可比价计算。如项目承建单位为基层农发办事机构或其他政府部门，该指标不做统计。

（7）第7行“项目区年直接受益农户数量”：指科技示范项目区内的农户总数。项目区是指项目实施示范区域和推广区域（不含辐射区域）。计算方法为核心示范面积、技术及品种推广面积之和。

（8）第8行“其中：土地治理项目区及产业化经营项目直接受益农户数”：指科技示范项目区中包含的土地治理项目区及产业化经营项目直接受益农户数量。

（9）第9行“项目区年直接受益农业人口数”：指科技示范项目区内的农业人口总数。项目区是指项目实施示范区域和推广区域（不含辐射区域）。计算方法为核心示范面积、技术及品种推广面积之和。

（10）第10行“其中：土地治理项目区及产业化经营项目直接受益农业人口数”：指科技示范项目区中包含的土地治理项目区及产业化经营项目直接受益农业人口数量。

（11）第11行“项目区直接受益农民年纯收入增加总额”：指通过科技示范项目建设，项目区受益农户当年生产经营所得的总收入扣除总费用、税金等支出后的余额较立项前增加的部分。项目区是指项目实施示范区域和推广区域（不含辐射区域）。

增收额参照土地治理项目的计算公式计算。

（12）第12行“年培训合格劳动力”：是指通过科技示范项目建设，经培训获得“红色证书”和“绿色证书”的劳动力人数。未获得证书的劳动力人数不统计在内。

（七）国家农业综合开发项目任务投资主要指标汇总表（国农办统1-1）

汇总表由土地治理、产业化经营、科技示范三类项目的基层表数据提取加总后生成。

1. 行说明

各行与基层表的钩稽关系如下：

（1）第2行“土地治理项目”任务量=国农办统基1-1表的“第1行+第51行”有关任务量的数据；第2行“土地治理项目”投资额=国农办统基1-1表的“第1行+第51行+第194行”有关

投资额的数据。

(2) 第3行“中低产田改造项目” = “国农办统基1-1”表的第1行。

(3) 第4行“水利措施” = “国农办统基1-1”表的第2行。

(4) 第5行“小型水库” = “国农办统基1-1”表的“第4行+第5行”。

(5) 第6行“拦河坝” = “国农办统基1-1”表的第6行。

(6) 第7行“排灌站” = “国农办统基1-1”表的第7行。

(7) 第8行“机电井” = “国农办统基1-1”表的“第9行+第10行”。

(8) 第9行“衬砌渠道” = “国农办统基1-1”表的第14行。

(9) 第10行“渠系建筑物” = “国农办统基1-1”表的第16行。

(10) 第11行“喷灌” = “国农办统基1-1”表的第17行/10 000。

(11) 第12行“微灌” = “国农办统基1-1”表的第18行/10 000。

(12) 第13行“其他水利措施” = “国农办统基1-1”表的“第11行+第13行+第15行+第20行+第21行+第22行”。

(13) 第14行“农业措施” = “国农办统基1-1”表的第23行。

(14) 第15行“改良土壤” = “国农办统基1-1”表的第24行。

(15) 第16行“良种繁育” = “国农办统基1-1”表的第25行。

(16) 第17行“良种基地” = “国农办统基1-1”表的第26行或“第27行+第28行+第29行”。

(17) 第18行“良种仓库” = “国农办统基1-1”表的第27行。

(18) 第19行“良种晒场” = “国农办统基1-1”表的第28行。

(19) 第20行“购良种” = “国农办统基1-1”表的第30行。

(20) 第21行“机耕路” = “国农办统基1-1”表的第32行。

(21) 第22行“农业机械” = “国农办统基1-1”表的“第34行+第35行+第36行”。

(22) 第23行“其他农业措施” = “国农办统基1-1”表的“第31行+第37行+第38行”。

(23) 第24行“林业措施” = “国农办统基1-1”表的第39行。

(24) 第25行“造林” = “国农办统基1-1”表的第40行。

(25) 第26行“苗圃” = “国农办统基1-1”表的第42行。

(26) 第27行“其他林业措施” = “国农办统基1-1”表的第43行。

(27) 第28行“科技推广措施” = “国农办统基1-1”表的第44行。

(28) 第29行“技术培训” = “国农办统基1-1”表的第45行。

(29) 第30行“仪器设备” = “国农办统基1-1”表的第46行。

(30) 第31行“示范推广” = “国农办统基1-1”表的第47行。

(31) 第32行“其他工作及措施” = “国农办统基1-1”表的“第49行+第50行”。

(32) 第33行“生态综合治理项目” = “国农办统基1-1”表的第51行。

(33) 第34行“草原（场）建设” = “国农办统基1-1”表的第52行。

(34) 第35行“水利措施” = “国农办统基1-1”表的第53行。

(35) 第36行“拦河坝” = “国农办统基1-1”表的第54行。

(36) 第37行“排灌站” = “国农办统基1-1”表的第55行。

(37) 第38行“机电井” = “国农办统基1-1”表的“第57行+第58行”。

(38) 第39行“喷灌” = “国农办统基1-1”表的第64行/10 000。

(39) 第40行“其他水利措施” = “国农办统基1-1”表的“第59行+第61行+第62行+第

63行+第65行+第66行”。

（40）第41行“农业措施”=“国农办统基1-1”表的第67行。

（41）第42行“购良种”=“国农办统基1-1”表的第76行。

（42）第43行“牧区机耕道”=“国农办统基1-1”表的第78行。

（43）第44行“牧业机械”=“国农办统基1-1”表的“第80行+第81行+第82行”。

（44）第45行“其他农业措施”=“国农办统基1-1”表的“第68行+第69行+第74行+第75行+第77行+第83行+第84行”。

（45）第46行“草业措施”=“国农办统基1-1”表的第90行。

（46）第47行“人工种草”=“国农办统基1-1”表的第91行。

（47）第48行“草场改良”=“国农办统基1-1”表的第92行。

（48）第49行“划区轮牧”=“国农办统基1-1”表的第94行。

（49）第50行“畜牧设施”=“国农办统基1-1”表的“第97行+第98行+第99行”。

（50）第51行“标准化棚圈”=“国农办统基1-1”表的第97行。

（51）第52行“其他草业措施”=“国农办统基1-1”表的第100行。

（52）第53行“林业措施”=“国农办统基1-1”表的第85行。

（53）第54行“造林”=“国农办统基1-1”表的第86行。

（54）第55行“其他林业措施”=“国农办统基1-1”表的“第88行+第89行”。

（55）第56行“科技推广措施”=“国农办统基1-1”表的第101行。

（56）第57行“技术培训”=“国农办统基1-1”表的第102行。

（57）第58行“其他科技推广措施”=“国农办统基1-1”表的“第103行+第104行”。

（58）第59行“其他工作及措施”=“国农办统基1-1”表的“第106行+第107行”。

（59）第60行“小流域治理”=“国农办统基1-1”表的第108行。

（60）第61行“水利措施”=“国农办统基1-1”表的第109行。

（61）第62行“小型蓄排水工程”=“国农办统基1-1”表的“第124行+第125行”。

（62）第63行“沟道治理”=“国农办统基1-1”表的“第127行+第128行+第129行”。

（63）第64行“谷坊”=“国农办统基1-1”表的第127行。

（64）第65行“淤地坝”=“国农办统基1-1”表的第128行。

（65）第66行“溪流护岸”=“国农办统基1-1”表的第129行。

（66）第67行“其他水利措施”=“国农办统基1-1”表的“第110行+第111行+第113行+第114行+第115行+第117行+第118行+第119行+第120行+第121行+第122行+第130行”。

（67）第68行“农业措施”=“国农办统基1-1”表的第131行。

（68）第69行“机耕路”=“国农办统基1-1”表的第133行。

（69）第70行“梯田埂”=“国农办统基1-1”表的第139行。

（70）第71行“其他农业措施”=“国农办统基1-1”表的“第132行+第135行+第136行+第137行+第138行+第140行”。

（71）第72行“林业、草业措施”=“国农办统基1-1”表的“第141行+第146行”。

（72）第73行“造林”=“国农办统基1-1”表的“第143行+第144行”。

（73）第74行“人工种草”=“国农办统基1-1”表的第147行。

（74）第75行“其他林业草业措施”=“国农办统基1-1”表的“第145行+第148行”。

（75）第76行“科技推广措施”=“国农办统基1-1”表的第149行。

（76）第77行“技术培训”=“国农办统基1

－1”表的第150行。

(77) 第78行“其他科技推广措施” ＝“国农办统基1－1”表的“第151行＋第152行”。

(78) 第79行“其他工作及措施” ＝“国农办统基1－1”表的“第154行＋第155行”。

(79) 第80行“土地沙化治理” ＝“国农办统基1－1”表的第156行。

(80) 第81行“水利措施” ＝“国农办统基1－1”表的第157行。

(81) 第82行“机电井” ＝“国农办统基1－1”表的“第159行＋第160行”。

(82) 第83行“衬砌渠道” ＝“国农办统基1－1”表的第164行。

(83) 第84行“其他水利措施” ＝“国农办统基1－1”表的“第161行＋第163行＋第165行＋第166行＋第167行＋第168行＋第169行＋第170行”。

(84) 第85行“农业措施” ＝“国农办统基1－1”表的第171行。

(85) 第86行“机耕路” ＝“国农办统基1－1”表的第173行。

(86) 第87行“其他农业措施” ＝“国农办统基1－1”表的“第172行＋第174行＋第175行”。

(87) 第88行“林业、草业措施” ＝“国农办统基1－1”表的“第176行＋第184行”。

(88) 第89行“造林” ＝“国农办统基1－1”表的“第178行＋第179行”。

(89) 第90行“工程固沙” ＝“国农办统基1－1”表的“第181行＋第182行”。

(90) 第91行“人工种草” ＝“国农办统基1－1”表的第185行。

(91) 第92行“其他林业草业措施” ＝“国农办统基1－1”表的“第183行＋第186”行。

(92) 第93行“科技推广措施” ＝“国农办统基1－1”表的第187行。

(93) 第94行“技术培训” ＝“国农办统基1－1”表的第188行。

(94) 第95行“其他科技推广措施” ＝“国农办统基1－1”表的“第189行＋第190行”。

(95) 第96行“其他工作及措施” ＝“国农办统基1－1”表的“第192行＋第193行”。

(96) 第97行“中型灌区节水配套改造项目” ＝“国农办统基1－1”表的第194行。

(97) 第98行“水利措施” ＝“国农办统基1－1”表的第195行。

(98) 第99行“开挖疏浚渠道” ＝“国农办统基1－1”表的第196行。

(99) 第100行“衬砌渠道” ＝“国农办统基1－1”表的第197行。

(100) 第101行“泵站” ＝“国农办统基1－1”表的第205行。

(101) 第102行“建筑物工程” ＝“国农办统基1－1”表的“第198行＋第199行＋第200行＋第201行＋第202行”。

(102) 第103行“测水量水设施” ＝“国农办统基1－1”表的第208行。

(103) 第104行“其他水利措施” ＝“国农办统基1－1”表的“第203行＋第204行＋第206行＋第207行＋第209行＋第210行”。

(104) 第105行“其他工作及措施” ＝“国农办统基1－1”表的“第212行＋第213行＋第214行”。

(105) 第107行“种植项目” ＝“国农办统基2－1”表的第1行。

(106) 第108行“经济林” ＝“国农办统基2－1”表的第2行。

(107) 第109行“设施蔬菜” ＝“国农办统基2－1”表的第9行。

(108) 第110行“设施花卉” ＝“国农办统基2－1”表的第10行。

(109) 第111行“药材” ＝“国农办统基2－1”表的第11行。

(110) 第112行“其他设施种植项目” ＝“国农办统基2－1”表的第12行。

(111) 第113行“养殖项目” ＝“国农办统基2－1”表的第13行。

(112) 第114行“水产养殖” ＝“国农办统基2－1”表的第14行。

(113) 第115行“畜牧养殖”=“国农办统基2-1”表的第17行，第115行≥第116行+第119行。

(114) 第116行“畜类”=“国农办统基2-1”表的“第18行+第21行+第24行+第27行”。

(115) 第117行“年出栏”=“国农办统基2-1”表的“第19行+第22行+第25行+第28行”。

(116) 第118行“年末存栏”=“国农办统基2-1”表的“第20行+第23行+第26行+第29行”。

(117) 第119行“禽类”=“国农办统基2-1”表的第30行。

(118) 第120行“年出栏”=“国农办统基2-1”表的第31行。

(119) 第121行“年末存栏”=“国农办统基2-1”表的第32行。

(120) 第122行“加工项目”=“国农办统基2-1”表的第36行。

(121) 第123行“新建项目”=“国农办统基2-1”表的第37行。

(122) 第125行“改扩建项目”=“国农办统基2-1”表的第43行。

(123) 第127行“储藏保鲜项目”=“国农办统基2-1”表的第49行。

(124) 第128行“产地批发市场项目”=“国农办统基2-1”表的第54行。

(125) 第129行“科技示范项目”=“国农办统基3-1”表中“第1行+第29行+第57行”。

(126) 第130行“高新科技示范项目”=“国农办统基3-1”表中第1行。

(127) 第131行“品种、技术引进、示范及推广”=“国农办统基3-1”表中“第3行+第4行+第6行+第7行+第10行+第11行”。

(128) 第132行“示范及推广面积”=“国农办统基3-1”表中“第8行+第12行”。

(129) 第133行“技术培训”=“国农办统基3-1”表中第18行。

(130) 第134行“技术服务体系及配套设施建设”=“国农办统基3-1”表中“第13行+第21行-第18行”，只填写投资数，不填写任务量。

(131) 第135行“其他”=“国农办统基3-1”表中第28行。

(132) 第136行“科技推广综合示范项目”=“国农办统基3-1”表中第29行。

(133) 第137行“品种、技术引进、示范及推广”=“国农办统基3-1”表中“第31行+第32行+第34行+第35行+第38行+第39行”。

(134) 第138行“示范及推广面积”=“国农办统基3-1”表中“第36行+第40行”。

(135) 第139行“技术培训”=“国农办统基3-1”表中第46行。

(136) 第140行“技术服务体系及配套设施建设”=“国农办统基3-1”表中“第41行+第49行-第46行”，只填写投资数，不填写任务量。

(137) 第141行“其他”=“国农办统基3-1”表中第56行。

(138) 第142行“农业现代化示范项目”=“国农办统基3-1”表中第57行。

(139) 第143行“品种、技术引进、示范及推广”=“国农办统基3-1”表中“第59行+第60行+第62行+第63行”。

(140) 第144行“示范面积”=“国农办统基3-1”表中第64行。

(141) 第145行“产业基地建设”投资数=“国农办统基3-1”表中“第74行+第75行+第76行+第77行”，工程量=“国农办统基3-1”表中“第74行+第75行+第77行”，畜牧业生产基地的任务量不填写，在说明中注明。

(142) 第146行“技术培训”=“国农办统基3-1”表中第70行。

(143) 第147行“技术服务体系及配套设施建设”=“国农办统基3-1”表中“第65行+第78行-第70行”，只填写投资数，不填写任务量。

(144) 第148行“其他”=“国农办统基3-1”表中第85行。

同时，各行间的钩稽关系如下：

(138) 第1行“合计”=第2行+第106行+

第 129 行。

(139) 第 2 行“土地治理项目” = 第 3 行 + 第 33 行 + 第 97 行。

(140) 第 106 行“产业化经营项目” = 第 107 行 + 第 113 行 + 第 122 行 + 第 127 行 + 第 128 行。

(141) 第 129 行“科技示范项目” = 第 130 行 + 第 136 行 + 第 142 行。

(142) 第 130 行“高新科技示范项目” = 第 131 行 + 第 132 行 + 第 133 行 + 第 134 行 + 第 135 行，只填写投资数，不填写任务量。

(143) 第 136 行“科技推广综合示范项目” = 第 137 行 + 第 138 行 + 第 139 行 + 第 140 行 + 第 141 行，只填写投资数，不填写任务量。

(144) 第 142 行“农业现代化示范项目” = 第 143 行 + 第 144 行 + 第 145 行 + 第 146 行 + 第 147 行 + 第 148 行，只填写投资数，不填写任务量。

2. 栏说明

各栏与基层表的钩稽关系如下：

(1) 第 1 栏“上年结转” = “国农办统基 × - 1”表（× 根据行次对应关系分别取 1、2、3，下同）的第 1 栏。

(2) 第 2 栏“年度计划” = “国农办统基 × - 1”表的第 2 栏。

(3) 第 3 栏“任务量增减” = “国农办统基 × - 1”表的第 3 栏。

(4) 第 4 栏“本年完成” = “国农办统基 × - 1”表的第 4 栏。

(5) 第 5 栏“结转下年” = “国农办统基 × - 1”表的第 5 栏。

(6) 第 6 栏“小计” = “国农办统基 × - 1”表的第 6 栏。

(7) 第 7 栏“其中：财政资金” = “国农办统基 × - 1”表的第 7 栏。

(8) 第 8 栏“合计” = “国农办统基 × - 1”表的第 13 栏。

(9) 第 9 栏“财政资金” = “国农办统基 × - 1”表的第 14 栏。

(10) 第 10 栏“小计” = “国农办统基 × - 1”表的第 15 栏。

(11) 第 11 栏“折资” = “国农办统基 × - 1”表的第 16 栏。

(12) 第 12 栏“数量” = “国农办统基 × - 1”表的第 17 栏。

(13) 第 13 栏“其他资金” = “国农办统基 × - 1”表的第 18 栏。

(14) 第 14 栏“银行贷款” = “国农办统基 × - 1”表的第 19 栏。

(15) 第 15 栏“合计” = “国农办统基 × - 1”表的第 20 栏。

(16) 第 16 栏“财政资金” = “国农办统基 × - 1”表的第 21 栏。

(17) 第 17 栏“小计” = “国农办统基 × - 1”表的第 22 栏。

(18) 第 18 栏“折资” = “国农办统基 × - 1”表的第 23 栏。

(19) 第 19 栏“数量” = “国农办统基 × - 1”表的第 24 栏。

(20) 第 20 栏“其他资金” = “国农办统基 × - 1”表的第 25 栏。

(21) 第 21 栏“银行贷款” = “国农办统基 × - 1”表的第 26 栏。

(22) 第 22 栏“合计” = “国农办统基 × - 1”表的第 27 栏。

(23) 第 23 栏“财政资金” = “国农办统基 × - 1”表的第 28 栏。

(24) 第 24 栏“小计” = “国农办统基 × - 1”表的第 29 栏。

(25) 第 25 栏“折资” = “国农办统基 × - 1”表的第 30 栏。

(26) 第 26 栏“数量” = “国农办统基 × - 1”表的第 31 栏。

(27) 第 27 栏“其他资金” = “国农办统基 × - 1”表的第 32 栏。

(28) 第 28 栏“银行贷款” = “国农办统基 × - 1”表的第 33 栏。

(29) 第 29 栏“小计” = “国农办统基 × - 1”表的第 34 栏。

(30) 第 30 栏“财政资金” = “国农办统基 ×

-1”表的第35栏。

(八)国家农业综合开发项目效益主要指标汇总表(国农办统1-2)

1.第3行“新增和改善灌溉面积”=“国农办统基1-2”表的“第3行+第4行”。

2.第4行“新增和改善除涝面积”=“国农办统基1-2”表的“第5行+第6行”。

3.第5行“新增节水灌溉面积”=“国农办统基1-2”表的第7行。

4.第6行“年节约水量”=“国农办统基1-2”表的第8行。

5.第7行“增加农田林网防护面积”=“国农办统基1-2”表的第10行。

6.第8行“增加机耕面积”=“国农办统基1-2”表的第11行。

7.第9行“增加农机总动力”=“国农办统基1-2”表的第12行/10 000。

8.第10行“扩大良种种植面积”=“国农办统基1-2”表的第13行。

9.第11行“治理沙化土地面积”=“国农办统基1-2”表的第14行。

10.第12行“控制水土流失面积”=“国农办统基1-2”表的第15行。

11.第14行“扶持农机服务站”=“国农办统基1-2”表的第17行。

12.第15行“完善农产品质量检测体系”=“国农办统基1-2”表的第18行。

13.第16行“优质农产品种植面积”=“国农办统基1-2”表的第19行。

14.第17行“其中:优质粮食种植面积”=“国农办统基1-2”表的第20行。

15.第19行“粮食”=“国农办统基1-2”表的第23行。

16.第20行“棉花”=“国农办统基1-2”表的第24行。

17.第21行“油料”=“国农办统基1-2”表的第25行。

18.第22行“糖料”=“国农办统基1-2”表的第26行。

19.第23行“干草”=“国农办统基1-2”表的第27行。

20.第24行“饲料作物”=“国农办统基1-2”表的第28行。

21.第25行“项目区年受益农户数量”=“国农办统基1-2”表的第30行。

22.第26行“项目区年受益农业人口数”=“国农办统基1-2”表的第31行。

23.第27行“项目区受益农民年纯收入增加总额”=“国农办统基1-2”表的第32行。

24.第30行“干鲜果品”=“国农办统基2-2”表的第4行第1栏+第5行第1栏。

25.第31行“蔬菜”=“国农办统基2-2”表第12行第1栏。

26.第32行“花卉”=“国农办统基2-2”表第13行第1栏。

27.第33行“药材”=“国农办统基2-2”表第16行第1栏。

28.第34行“水产品”=“国农办统基2-2”表第19行第3栏。

29.第35行“肉”=“国农办统基2-2”表第22行第4栏。

30.第36行“蛋”=“国农办统基2-2”表第22行第5栏。

31.第37行“奶”=“国农办统基2-2”表第22行第6栏。

32.第38行“加工转化农产品”=“国农办统基2-2”表“第30行的第8栏+第9栏+第10栏+第11栏+第12栏+第13栏+第14栏”。

33.第39行“交易额”=“国农办统基2-2”表第36行第17栏。

34.第40行“年新增总产值”=“国农办统基2-2”表第1行第18栏。

35.第41行“年新增增加值”=“国农办统基2-2”表第1行第19栏。

36.第42行“年新增利税”=“国农办统基2-2”表第1行第20栏。

37.第43行“年受益农户数量”=“国农办统基2-2”表第1行第23栏。

38. 第44行“其中：土地治理项目区受益农户数量”＝“国农办统基2－2”表第1行第24栏。

39. 第45行“年受益农业人口数”＝“国农办统基2－2”表第1行第25栏。

40. 第46行“其中：土地治理项目区受益农业人口数”＝“国农办统基2－2”表第1行第26栏。

41. 第47行“受益农户年收入增加总额”＝“国农办统基2－2”表第1行第27栏。

42. 第48行“年新增就业人数”＝“国农办统基2－2”表第1行第28栏。

43. 第49行“其中：年新增农村劳动力就业人数”＝“国农办统基2－2”表第1行第29栏。

44. 第51行“年扩大良种种植面积”＝“国农办统基3－2”表的第2行。

45. 第52行“年增加农机总动力”＝“国农办统基3－2”表的第3行。

46. 第53行“年新增总产值”＝“国农办统基3－2”表的第4行。

47. 第54行“年新增增加值”＝“国农办统基3－2”表的第5行。

48. 第55行“年新增利税”＝“国农办统基3－2”表的第6行。

49. 第56行“项目区年受益农户数量”＝“国农办统基3－2”表的第7行。

50. 第57行“其中：土地治理项目区及产业化经营项目受益农户数量”＝“国农办统基3－2”表的第8行。

51. 第58行“项目区年受益农业人口数”＝“国农办统基3－2”表的第9行。

52. 第59行“其中：土地治理项目区及产业化经营项目受益农业人口数”＝“国农办统基3－2”表的第10行。

53. 第60行“项目区受益农民年纯收入增加总额”＝“国农办统基3－2”表的第11行。

54. 第61行“年培训合格劳动力”＝“国农办统基3－2”表的第12行。

附件3

国家农业综合开发项目统计报表指标代码编制说明

一、项目名称及名称代码说明

统计报表基层表中各个项目的名称及其代码必须与计划表相一致。凡不一致的，必须由省级农发办事机构在上报统计报表时在编报说明中加以说明。

二、报表中指标代码的组成及含义

各个指标的代码详见统计报表表式，同时对代码的组成及含义具体说明如下：

（一）任务投资完成情况表

任务投资完成情况表各指标的代码由9位阿拉伯数字组成，共分5个层次，各层次的含义如下所述：

1. 第一层，即第1位数字，为项目大类代码。“1”代表土地治理项目，“2”代表产业化经营项目，“3”代表科技示范项目。

2. 第二层，即第2—3位数字，为项目名称代码。其中第3位代表所属子项目，没有子项目的第3位为“0”。

（1）土地治理项目。

“10”代表改造中低产田项目，“20”代表生态综合治理项目。“21”—“23”分别代表“生态综合治理项目”下的各类子项目，其中“21”代表草原（场）建设项目；“22”代表小流域治理项目；“23”代表土地沙化治理项目。“30”代表中型灌区节水配套改造项目。

（2）产业化经营项目。

"10"代表种植项目，"20"代表养殖项目，"30"代表加工项目，"40"代表储藏保鲜项目，"50"代表产地批发市场项目，"60"代表其他项目。

(3) 科技示范项目。

"10"代表高新科技示范项目，"20"代表科技推广综合示范项目，"30"代表农业现代化示范项目。

3. 第三层，第4—5位数字，为治理措施代码。如果没有具体治理措施的，其第4—5位全为"0"。

(1) 土地治理项目。

"01"代表水利措施，"02"代表农业措施，"03"代表林业措施，"04"代表草业措施，"05"代表科技推广措施，"06"代表其他工作及措施。

(2) 产业化经营项目。

"11"代表经济林；"12"代表设施蔬菜，"13"代表设施花卉，"14"代表药材，"15"代表其他设施种植项目，"21"代表水产养殖，"22"代表畜牧养殖，"31"代表新建加工项目，"32"代表改扩建加工项目，储藏保鲜项目、产地批发市场项目为"00"。

(3) 科技示范项目。

"01"代表技术引进，"02"代表技术示范，"03"代表技术推广，"04"代表技术服务体系建设，"05"代表产业基地建设，"06"代表配套设施建设，"07"代表其他。

4. 第四层，第6—8位数字，为具体建设内容代码。其中：第6—7位代表具体建设内容名称，第8位代表具体建设内容明细。没有具体建设内容的，第6—8位全为"0"。

(1) 土地治理项目。

水利措施："010"代表小型水库，其中"011"代表新建小型水库，"012"代表扩建加固小型水库；"020"代表拦河坝；"030"代表排灌站；"040"代表机电井，其中"041"代表新打机电井，"042"代表修复配套机电井；"050"代表输变电线路配套；"060"代表灌排渠系工程或坡面水系，其中"061"代表开挖疏浚渠道，"062"代表衬砌渠道，"063"代表埋设管道，"064"代表渠系建筑物；"070"代表喷灌；"080"代表微灌；"090"代表小型蓄排水工程，其中"091"代表新建小型畜排水工程，"092"代表扩建加固小型畜排水工程；"100"代表沟道治理，其中"101"代表谷坊，"102"代表淤地坝，"103"代表溪流护岸；"110"代表其他水利措施；"120"代表干支渠（沟）开挖疏浚；"130"代表干支渠道衬砌防渗；"140"代表农桥；"150"代表涵洞；"160"代表水闸；"170"代表渡槽；"180"代表倒虹吸管；"190"代表输水管道（暗渠）；"200"代表水源工程；"210"代表泵站；"220"代表输变电线路配套；"230"代表工程管护设施；"240"代表测水量水设施；"250"代表施工临时工程。

农业措施："310"代表改良土壤；"320"代表良种繁育；"321"代表良种基地；"330"代表完善配套冷冻精液输精站；"340"代表完善配套种畜特配站；"350"代表购良种；"360"代表购置设备；"370"代表机耕路；"380"代表农业机械，其中"381"代表购置农用动力机械，"382"代表配套农机具，"383"代表购置植保机械；"390"代表牧区机耕道；"400"代表牧业机械，其中"401"代表购置牧用动力机械，"402"代表配套牧机具，"403"代表购置植保机械；"410"代表推广旱作农业；"420"代表梯田埂；"430"代表青储氨化窖；"440"代表其他农业措施。

林业措施："510"代表造林，其中"511"代表防护林，"512"代表经济林，"513"代表水土保持林；"520"代表苗圃；"530"代表工程固沙，其中"531"代表机械沙障，"532"代表生物固沙；"540"代表其他林业措施。

草业措施："610"代表人工种草；"620"代表草场改良，其中"621"代表围栏；"630"代表划区轮牧，其中"631"代表围栏；"640"代表畜牧设施，其中"641"代表标准化棚圈，"642"代表药浴池，"643"代表饲草料加工点；"650"代表其他草业措施。

科技推广措施："710"代表技术培训，"720"代表仪器设备，"730"代表示范推广。

其他工作及措施："810"代表管理费用，"820"代表贷款贴息，"830"代表勘测设计费，"840"代表建设管理费，"850"代表不可预见费。

(2) 产业化经营项目。

经济林："010"代表水果，"020"代表干果，"030"代表茶叶，"040"代表木本油料，"050"代表竹类，"060"代表其他经济林。

水产养殖："110"代表淡水养殖，"120"代表海水养殖。

畜禽养殖："210"代表大牲畜，"211"代表大牲畜年出栏，"212"代表大牲畜年末存栏；"220"代表猪，"221"代表猪年出栏，"222"代表猪年末存栏；"230"代表羊，"231"代表羊年出栏，"232"代表羊年末存栏；"240"代表兔，"241"代表兔年出栏；"242"代表兔年末存栏；"250"代表家禽，"251"代表家禽年出栏，"252"代表家禽年末存栏；"260"代表其他畜牧养殖，"261"代表其他畜牧养殖年出栏；"262"代表其他畜牧养殖年末存栏。

新建加工项目："310"代表固定资产投资，"311"代表"固定资产投资"中的"其中：生产厂房"，"312"代表"固定资产投资"中的"其中：生产设备"；"320"代表流动资产；"330"代表"其他"。

改扩建加工项目："340"代表固定资产投资，"341"代表"固定资产投资"中的"其中：生产厂房"，"342"代表"固定资产投资"中的"其中：生产设备"；"350"代表流动资产；"360"代表"其他"。

储藏保鲜项目："410"代表保鲜库，"420"代表"设备"，"430"代表"配套设施"，"440"代表"其他"。

产地批发市场项目："510"代表"交易厅、棚及各类仓库"，"520"代表"电子商务交易系统"，"530"代表"检测（疫）仪器、设备"，"540"代表"配套设施"，"550"代表"其他"。

(3) 科技示范项目。

技术引进："010"代表引进品种，"020"代表引进技术工艺。

技术示范："110"代表示范品种，"120"代表示范技术，"130"代表示范面积。

技术推广："210"代表推广品种，"220"代表推广技术，"230"代表推广面积。

技术服务体系建设："310"代表组培中心，"320"代表工厂化育苗；"330"代表良种基地，"340"代表加工及检测设备，"350"代表技术培训，"360"代表产业化经营组织，"370"代表"其他"。

产业基地建设："410"代表种植业生产基地，"420"代表经济林生产基地，"430"代表畜牧业生产基地，"440"代表水产品生产基地。

配套设施建设："510"代表机电井，"520"代表排灌站，"530"代表排灌渠系，"540"代表机耕路，"550"代表购置农业机械，"560"代表"其他"。

5. 第五层，即第9位数字，为补码。由于中低产田改造、草原（场）建设等项目"良种基地"下的"良种仓库"、"良种晒场"、"其他"三个指标存在重码，因此，对上述三个指标，第9位分别编号"1"、"2"、"3"；其他指标不存在重码问题，因此此位数字为"0"。

6. 任务投资主要指标汇总表中的各个指标，凡能与基层表中指标一一对应的，其指标代码就为基层表中对应指标的代码。同时，对由基层表中多个指标综合计算得出的效益汇总指标，另确定其代码如下：

(1) 土地治理项目。

草原（场）建设项目："121057400"代表"其他科技推广措施"。

小流域治理项目："122340000"代表"林业、草业措施"，"122340100"代表"其他林业、草业措施"，"122057400"代表"其他科技推广措施"。

土地沙化治理项目："123340000"代表"林业、草业措施"，"123340100"代表"其他林业、草业措施"，"123057400"代表"其他科技推广措施"。

(2) 产业化经营项目。

养殖项目："220222700"代表"畜类"，其中"220222710"代表畜类"年出栏"，"220222720"代

表畜类“年末存栏”；“220222800”代表“禽类”，其中“220222810”代表禽类“年出栏”，“220222820”代表禽类“年末存栏”。

加工项目：“230312800”代表新建项目中的“投资参股项目”，“230322800”代表改扩建项目中的“投资参股项目”。

(3) 科技示范项目

高新科技示范项目：“310120000”代表“品种、技术引进、示范及推广”，“310230000”代表“示范及推广面积”，“310460000”代表“技术服务体系及配套设施建设”。

科技推广综合示范项目：“320120000”代表“品种、技术引进、示范及推广”，“320230000”代表“示范及推广面积”，“320460000”代表“技术服务体系及配套设施建设”。

农业现代化示范项目：“330120000”代表“品种、技术引进、示范”；“330460000”代表“技术服务体系及配套设施建设”。

7. 关于指标代码的两点说明。

(1) 作为9位指标代码，每个代码在整个指标体系中都是互不重复的唯一码。

(2) 在使用基层表录入数据时，可根据下拉式菜单提示输入各层次代码，从而逐级显示基层表表式（即实现报表格式浮动显示），再利用计算机界面逐个录入各个指标的具体数据。

(二) 效益表

效益表各指标的代码由5位阿拉伯数字组成，共分3个层次，各层次的含义如下所述：

1. 第一层，即第1位数字，为“0”。为与任务投资完成情况指标相区别，即凡起始代码为“0”的指标均为效益指标。

2. 第二层，即第2位数字，为项目大类代码。“1”代表土地治理项目，“2”代表产业化经营项目，“3”代表科技示范项目。

3. 第三层，即第3—5位数字，为具体效益指标代码。具体如下：

(1) 土地治理项目。

“001”代表新增灌溉面积，“002”代表改善灌溉面积，“003”代表新增除涝面积，“004”代表改善除涝面积，“005”代表新增节水灌溉面积，“006”代表年节约水量，“007”代表新增旱作农业面积，“008”代表增加农田林网防护面积，“009”代表增加机耕面积，“010”代表新增农机总动力，“011”代表扩大良种种植面积，“012”代表治理沙化土地面积，“013”代表控制水土流失面积，“014”代表扶持农技服务站，“015”代表完善农产品质量检测体系，“016”代表优质农产品种植面积，“017”代表“其中：优质粮食种植面积”，“018”代表“农产品优质品率”，“019”代表年新增粮食生产能力，“020”代表年新增棉花生产能力，“021”代表年新增油料生产能力，“022”代表年新增糖料生产能力，“023”代表年新增干草生产能力，“024”代表年新增饲料作物生产能力，“025”代表年新增其他农产品生产能力，“026”代表项目区年直接受益农户数量，“027”代表项目区年直接受益农业人口数，“028”代表项目区直接受益农民年纯收入增加总额。

(2) 产业化经营项目。

“001”代表种植产品的产量；“002”代表种植产品提供种苗数量；“003”代表水产品；“004”代表肉；“005”代表蛋；“006”代表奶；“007”代表养殖项目提供种畜禽数量；“008”代表加工转化粮食数量；“009”代表加工转化果蔬数量；“010”代表加工转化水产品数量；“011”代表加工转化饲料数量；“012”代表加工转化肉数量；“013”代表加工转化奶数量；“014”代表加工转化其他农产品数量；“015”代表储藏保鲜农产品数量；“016”代表农产品交易量；“017”代表农产品交易额；“018”代表年新增总产值；“019”代表年新增增加值；“020”代表年新增利税；“021”代表新增利税中的新增纯利润额；“022”代表新增固定资产；“023”代表年直接受益农户数量，“024”代表“其中：土地治理项目区直接受益农户数量”；“025”代表年直接受益农业人口数，“026”代表“其中：土地治理项目区直接受益农业人口数”；“027”代表直接受益农民年收入增加总额；“028”代表年新增就业人数，“029”代表“其中：年新增农村劳动力就业人数”。

（3）科技示范项目。

“001”代表年扩大良种种植面积，“002”代表年新增农机总动力，“003”代表年新增总产值，“004”代表年新增增加值，“005”代表年新增利税，“006”代表项目区年直接受益农户数量，“007”代表“其中：土地治理项目区及产业化经营项目直接受益农户数量”，“008”代表项目区年直接受益农业人口数，“009”代表“其中：土地治理项目区及产业化经营项目直接受益农业人口数”，“010”代表项目区直接受益农民年纯收入增加总额，“011”代表年培训合格劳动力。

4.效益主要指标汇总表中的各个指标，凡能与基层表中指标一一对应的，其指标代码就为基层表中对应指标的代码。同时，对由基层表中多个指标综合计算得出的效益汇总指标，另确定其代码如下：“01101”代表土地治理项目新增和改善灌溉面积，“01102”代表土地治理项目新增和改善除涝面积；“02101”代表产业化经营项目年新增干鲜果品生产能力，“02102”代表年新增蔬菜生产能力，“02103”代表年新增花卉生产能力，“02104”代表年新增药材生产能力，“02105”代表加工转化农产品数量。

国家农业综合开发办公室关于印发《国家农业综合开发部门项目统计报表》的通知

（2004年12月6日　国农办［2004］303号）

水利部、农业部、国土资源部、国家林业局农业综合开发办公室：

为加强和改进农业综合开发统计工作，切实提高统计质量和水平，国家农业综合开发办公室按照科学、规范，真实、准确，简要、实用的原则和要求，在充分调查研究和广泛征求意见的基础上，制定了《国家农业综合开发部门项目统计报表》及其编制说明，现一并印发给你们。执行中有何意见和建议，请及时反馈给国家农发办。

为切实做好统计报表填报工作，正确使用统计数据，现将有关要求重申和通知如下：

一、要高度重视统计报表填报工作

中央农口有关部门农发办要高度重视，切实做好统计报表的填报工作。要按照国家统计部门及本报表的有关要求，科学、客观地采集、填报数据，确保数据的真实性、准确性，坚决杜绝虚报、瞒报、伪造、篡改统计数据等行为。

二、实行地方农口部门和财政部门联合上报

为便于各地财政部门、农发办汇总反映本地区国家农业综合开发的总体投入和建设情况，保证统计数据口径一致，地方各级农口部门要与同级财政部门联合审核、上报部门项目统计报表（财政部门与农发办分设的，要抄送同级农发办）。省级农口部门和财政部门在联合报送本地区国家农业综合开发部门项目统计报表时，除应上报中央农口部门农发办外，还须同时抄送国家农发办。中央农口部门农发办要在审核各地上报的部门项目统计报表的基础上，汇总后报送国家农发办。

三、按规定要求报送报表

从2004年度起，由中央农口部门负责组织实施的国家立项的农业综合开发项目，必须按本

报表进行统计。中央农口部门农发办在本报表的基础上，可以根据需要作适当补充后向下布置填报，但报送国家农发办的统计报表必须按本报表统一格式上报，不得随意调整报表格式、指标或栏目。

四、及时报送统计报表

中央农口部门农发办应于每年3月底之前，以文件形式向我办报送本部门上年度国家农业综合开发部门项目统计报表。上报文件一式三份，同时附报报表软盘（excel格式）。

五、正确使用统计数据

中央农口部门农发办反映本部门农业综合开发总体情况所使用的统计数据，应当将报表中本部门各类项目相同指标的数据进行汇总；如单独使用某类项目的统计数据，必须在文字中加以说明。

附件：1. 国家农业综合开发部门项目统计报表

2. 国家农业综合开发部门项目统计报表编制说明

附件1

国家农业综合开发部门项目统计报表

（　　年度）

编报单位：（公章）

编报日期：

单位领导：　　　　审核：　　　　制表：

国家农业综合开发部门项目

填报单位：

项目名称	行次	单位	任务量					上年结转			
			上年结转	年度计划	任务量增减	本年完成	结转下年	小计	其中：财政资金	合计	财政资金
栏　次			1	2	3	4	5	6	7	8	9
合　计											
一、农业部	1	—	—	—	—	—	—				
（一）土地治理项目	2	—	—	—	—	—	—				
1. 原原种扩繁项目	3										
基地面积	4	万亩									
仓库	5	万平方米									
网室	6	万平方米									
晒场	7	万平方米									
其他	8	—	—	—	—	—	—				
2. 良种繁育基地项目	9										
基地面积	10	万亩									
仓库	11	万平方米									
晒场	12	万平方米									
购置加工设备	13	台、套									
其他	14	—	—	—	—	—	—				
3. 育草基金项目	15										
草种基地面积	16	万亩									
其他	17	—	—	—	—	—	—				
（二）产业化经营项目	18	—	—	—	—	—	—				
1. 优势特色种养示范项目	19										
种植业基地	20	亩									
畜禽棚舍	21	万平方米									
水产养殖基地	22	亩									
其他	23	—	—	—	—	—	—				
2. 秸秆养畜项目	24										
青贮氨化池	25	万立方米									
养殖示范场（户）	26	个									
秸秆处理机械	27	台									
其他	28	—	—	—	—	—	—				
3. 海南农垦总局天然橡胶基地项目	29										

表　　号：国农办统 3－1
制表机关：财政部
批准机关：国家统计局
批准文号：国统函［2004］92 号
有效期至：2006 年 6 月 14 日

任务投资主要指标汇总表

投资额（万元）																				
年度计划					投资量增减							本年完成							结转下年	
自筹资金			其他资金	银行贷款	合计	财政资金	自筹资金			其他资金	银行贷款	合计	财政资金	自筹资金			其他资金	银行贷款	小计	其中：财政资金
小计	其中：投工投劳						小计	其中：投工投劳						小计	其中：投工投劳					
	折资	数量（万工日）						折资	数量（万工日）						折资	数量（万工日）				
10	11	12	13	14	15	16	17	18	19	20	21	22	23	24	25	26	27	28	29	30

续表 1

项目名称	行次	单位	任务量					上年结转			
			上年结转	年度计划	任务量增减	本年完成	结转下年	小计	其中：财政资金	合计	财政资金
栏　次			1	2	3	4	5	6	7	8	9
橡胶更新定植	30	亩									
橡胶中小苗抚管	31	亩									
防护林营造	32	亩									
防护林管理	33	亩									
其他	34	—	—	—	—	—	—				
二、水利部	35	—	—	—	—	—	—				
1. 中型灌区节水配套改造项目	36										
开挖疏竣渠道	37	公里									
衬砌渠道	38	公里									
泵站	39	座									
渠系建筑物	40	座、处									
水源工程	41	处									
测水量水设施	42	处									
其他	43	—	—	—	—	—	—				
2. 水土保持项目	44										
坡改梯	45	万亩									
水土保持林	46	万亩									
经济林	47	万亩									
种草	48	万亩									
封禁治理	49	万亩									
小型水利水保工程	50	万立方米									
其他	51	—	—	—	—	—	—				
三、国土资源部	52	—	—	—	—	—	—				
1. 土地复垦项目	53										
复垦土地	54	万亩									
营造防护林	55	万亩									
其他	56	—	—	—	—	—	—				
四、国家林业局	57	—	—	—	—	—	—				

投资额（万元）																				
年度计划					投资量增减							本年完成							结转下年	
自筹资金			其他资金	银行贷款	合计	财政资金	自筹资金			其他资金	银行贷款	合计	财政资金	自筹资金			其他资金	银行贷款	小计	其中：财政资金
小计	其中：投工投劳						小计	其中：投工投劳						小计	其中：投工投劳					
	折资	数量(万工日)						折资	数量(万工日)						折资	数量(万工日)				
10	11	12	13	14	15	16	17	18	19	20	21	22	23	24	25	26	27	28	29	30

续表2

项目名称	行次	单位	任务量								
								上年结转			
			上年结转	年度计划	任务量增减	本年完成	结转下年	小计	其中：财政资金	合计	财政资金
栏　次			1	2	3	4	5	6	7	8	9
（一）土地治理项目	58	—	—	—	—	—	—				
1. 长江防护林工程项目	59										
人工造林	60	万亩									
封山育林	61	万亩									
飞播造林	62	万亩									
低效防护林改造	63	万亩									
其他	64	—	—	—	—	—	—				
2. 太行山绿化工程项目	65										
人工造林	66	万亩									
封山育林	67	万亩									
飞播造林	68	万亩									
低效防护林改造	69	万亩									
其他	70	—	—	—	—	—	—				
3. 防沙治沙示范项目	71										
人工造林种草	72	万亩									
封沙育林育草	73	万亩									
飞播造林种草	74	万亩									
沙生经济作物	75	万亩									
其他	76	—	—	—	—	—	—				
（二）产业化经营项目	77	—	—	—	—	—	—				
1. 名优经济林花卉示范项目	78										
经济林基地	79	万亩									
花卉基地	80	万亩									
其他	81	—	—	—	—	—	—				

投资额（万元）																				
年度计划					投资量增减							本年完成							结转下年	
自筹资金			其他资金	银行贷款	合计	财政资金	自筹资金			其他资金	银行贷款	合计	财政资金	自筹资金			其他资金	银行贷款	小计	其中：财政资金
小计	其中：投工投劳						小计	其中：投工投劳						小计	其中：投工投劳					
	折资	数量（万工日）						折资	数量（万工日）						折资	数量（万工日）				
10	11	12	13	14	15	16	17	18	19	20	21	22	23	24	25	26	27	28	29	30

表　　号：国农办统 3－2
制表机关：财政部
批准机关：国家统计局
批准文号：国统函［2004］92 号
有效期至：2006 年 6 月 14 日

国家农业综合开发部门项目效益主要指标汇总表

填报单位：

项目名称	行次	单位	数量	项目名称	行次	单位	数量
一、农业部	1	—		1. 中型灌区节水配套改造项目	32	—	
（一）土地治理项目	2	—		新增灌溉面积	33	万亩	
1. 原原种扩繁项目	3	—		改善灌溉面积	34	万亩	
新增原原种生产能力	4	万公斤		新增供水能力	35	亿立方米	
新增原种生产能力	5	万公斤		节约水量	36	亿立方米	
2. 良种繁育基地项目	6	—		2. 水土保持项目	37	—	
新增原种生产能力	7	万公斤		治理水土流失面积	38	平方公里	
新增良种生产能力	8	万公斤		减少土壤侵蚀量	39	万吨	
新增种子加工能力	9	万公斤		提高林草覆盖度	40	%	
新增种子储备能力	10	万公斤		三、国土资源部	41	—	
3. 育草基金项目	11	—		1. 土地复垦项目	42	—	
新增草种生产能力	12	万公斤		新增耕地	43	万亩	
新增草种加工能力	13	万公斤		新增灌溉面积	44	万亩	
（二）产业化经营项目	14	—		四、国家林业局	45	—	
1. 优势特色种养示范项目	15	—		（一）土地治理项目	46	—	
新增园艺产品供种能力	16	万株		1. 长江防护林工程项目	47	—	
新增畜类供种能力	17	万头、只		控制水土流失面积	48	万亩	
新增禽类供种能力	18	万只		新增有林地面积	49	万亩	
新增水产品供种能力	19	万尾		提高森林覆盖率	50	%	
新增水产品生产能力	20	万公斤		2. 太行山绿化工程项目	51	—	
2. 秸秆养畜项目	21	—		控制水土流失面积	52	万亩	
牛出栏	22	万头		新增有林地面积	53	万亩	
羊出栏	23	万只		提高森林覆盖率	54	%	
氨化、微贮秸秆	24	万吨		3. 防沙治沙示范项目	55	—	
青贮数量	25	万吨		治理沙化土地面积	56	万亩	
3. 海南农垦总局天然橡胶基地项目	26	—		提高林草植被覆盖率	57	%	
橡胶平均增粗	27	厘米		（二）产业化经营项目	58	—	
干胶亩产	28	公斤		1. 名优经济林花卉示范项目	59	—	
干胶总产量	29	吨		新增经济林产品	60	万公斤	
新增开割面积	30	亩		新增花卉	61	枝、盆	
二、水利部	31	—		年新增总产值	62	万元	

附件 2

国家农业综合开发部门项目统计报表编制说明

一、报表说明

（一）适用范围。国家农业综合开发部门项目统计报表，适用于由中央农口部门负责组织实施的国家立项的农业综合开发项目（黑龙江省农垦总局负责组织实施的国家农业综合开发项目，通过农口有关部门安排的，按本报表进行统计；其他项目，按国家农业综合开发项目统计报表进行统计）。

（二）报表种类。本报表分为 1 套 2 张表，其中“国农办统 3—1”为国家农业综合开发部门项目任务和投资主要指标汇总表、“国农办统 3—2”为国家农业综合开发部门项目效益主要指标汇总表。

（三）统计年度。本报表为年度统计报表。统计年度采用公历年制，即从 1 月 1 日起至 12 月 31 日。

（四）填报单位。本报表为农业综合开发机构内部使用的业务报表，以中央农口部门农发办为单位分别组织进行填报。对报表中不涉及本部门项目的指标数据，不予填列。

（五）执行时间。从 2004 年度起，由中央农口部门负责组织实施的国家立项的农业综合开发部门项目，按本报表进行统计。

二、填报要求

（一）表中“任务量”及“效益”的指标均采用已注明单位，涉及金额的单位采用“万元”，打“—”者不填列数据。除指标解释中特别注明必须按整数填列的指标外，其余填表数字均保留至小数点后两位。

（二）表中“年度计划”栏数据应与计划报表相一致。如项目计划有调整的，按批复调整后的数据填列，由中央农口部门农发办在报送本部门统计表时，在上报说明中列出国家农发办或本部门农发办调整前批复的计划数。

（三）对超额完成任务或投资，或者单项工程建设任务或投资根据项目建设实际需要少量调减但未办理报批手续的，其增减数据对应填列到“任务量（投资额）增减”栏中。同时，对其中任务量或投资额有调减但未办理报批手续的项目，必须备注说明调减的原因。

三、指标解释及统计口径

现将表中的指标解释及统计口径具体说明如下，凡表中重复出现的指标只说明一次。

（一）国家农业综合开发部门项目任务投资主要指标汇总表（国农办统 3—1）

1. 行说明

(1) 原原种扩繁项目。

①第 4 行“基地面积”：指项目建设单位通过项目建设，形成种子生产的面积。

②第 5 行“仓库”：指低温低湿库和常温库及物资库的库房面积。其中低温低湿库指具有降温除湿功能，温度控制在 5—15℃，湿度控制在 50%—70%的仓库；常温库及物资库指种子周转库、种用物资储备库、农业机具库。

③第 6 行“网室”：指用于防止鸟类、昆虫等对作物破坏、传粉的专用隔离设施。

④第 7 行“晒场”：指用于种子晾晒、以降低含水量场所的面积。一般为水泥地面。

⑤第 8 行“其他”：指用于原原种扩繁项目除上述建设内容以外的投资完成数的总额。只填资金数，不填任务数。

(2) 良种繁育基地项目。

①第 13 行“购置加工设备”：指种子加工项目购置的单机加工设备，以及精选、分级、包衣、包

装计量、传送设备和叉车等设备。

②第14行“其他”：指用于良种繁育基地项目除上述建设内容以外的投资完成数的总额。只填资金数，不填任务数。

(3) 育草基金项目。

①第16行“草种基地面积”：指项目承担单位通过项目建设形成的牧草种子生产的面积。

②第17行“其他”：指用于育草基金项目除上述建设内容以外的投资完成数的总额。只填资金数，不填任务数。

(4) 优势特色种养示范项目。

①第20行“种植业基地”：指通过项目实施，建成的露地、园地、温室、大棚等面积之和。

②第21行“畜禽棚舍”：指通过项目实施，建成的畜禽繁殖、饲养的房屋、厩舍面积。

③第22行“水产养殖基地”：指通过项目实施，建成的海水、淡水养殖面积之和（包括育苗设施）。

④第23行“其他”：指用于优势特色种养示范项目除上述建设内容以外的投资完成数的总额。只填资金数，不填任务数。

(5) 秸秆养畜项目。

①第25行“青贮氨化池”：指通过项目实施，农户或养殖示范场建成青贮氨化池的体积数量。

②第26行“养殖示范场（户）”：指补助棚圈等基础设施建设的农场个数。

③第27行“秸秆处理机械”：指购置各种秸秆处理机械的数量。

④第28行“其他”：指用于秸秆养畜项目除上述建设内容以外的投资完成数的总额。只填资金数，不填任务数。

(6) 海南农垦总局天然橡胶基地项目。

①第30行“橡胶更新定植”：指更新年限已到并经批准而更新定植的橡胶面积（当年定植的以林段为单位计算保苗率达到85%以上的胶园面积）。

②第31行“橡胶中小苗抚管”：指对未投产橡胶幼树进行管护。

③第32行“防风林营造”：指为了减少风、沙、水、旱等自然灾害而在橡胶林段四周营造的胶园防风林。

④第33行“防风林管理”：指对已定植防风林幼树进行管护。

⑤第34行“其他”：指用于海南农垦总局天然橡胶基地项目除上述建设内容以外的投资完成数的总额。只填资金数，不填任务数。

(7) 中型灌区节水配套改造项目。

①第37行“开挖疏浚渠道”：开挖疏浚灌溉或排水所用的渠道（或沟道）。

②第38行“衬砌渠道”：指采用混凝土衬砌或其他工程防渗措施建设的防渗渠道。

③第39行“泵站”：是指从水源或干支渠（沟）提水的灌排站。

④第40行“渠系建筑物”：指桥、涵、闸、渡槽、跌水、交叉等建筑物。任务量完成数只能为整数。

⑤第41行“水源工程”：指为灌区提供水源的河流、水库、塘坝等。任务量完成数只能为整数。

⑥第42行“测水量水设施”：指干支渠上用于测量水位、流量的设施或设备。任务量完成数只能为整数。

⑦第43行“其他”：指用于中型灌区节水配套改造项目除上述建设内容以外的投资完成数的总额。只填资金数，不填任务数。

(8) 水土保持项目。

①第45行“坡改梯”：指为保持水土，防治水土流失，发展农业生产，将坡耕地修建成阶梯式断面的田块面积。

②第46行“水土保持林”：指以防治水土流失为主要功能的人工林和天然林的面积，包括乔木林和灌木林。

③第47行“经济林”：指利用林木的果实、叶片、皮层、树液等林产品作为工业原料或供人食用为主要目的的人工林或改造的天然林面积。

④第48行“种草”：指在水土流失地区为蓄水保土，改良土壤，发展畜牧，美化环境人工种植草本植物的面积。

⑤第49行“封禁治理”：指对稀疏植被采取定期封禁管理，依靠人工补植和抚育，促进植被自然

恢复的措施的面积。

⑥第50行“小型水利水保工程”：指为实施水土保持综合治理而配套建设的沟渠、机井、塘池、水窖、谷坊、沟头防护等工程的土石方量。

⑦第51行“其他”：指用于水土保持项目除上述建设内容以外的投资完成数的总额。只填资金数，不填任务数。

(9) 土地复垦项目。

①第54行“复垦土地”：指对在生产建设过程中，因挖损、塌陷、压占等造成破坏的土地，使其恢复到可供利用状态的土地面积。

②第55行“营造防护林”：指为减少风、沙、水、旱等自然灾害而营造的农田防护林的面积。

③第56行“其他”：指用于土地复垦项目除上述建设内容以外的投资完成数的总额。只填资金数，不填任务数。

(10) 长江防护林工程项目。

①第60行“人工造林”：指建设期内在荒山、荒地、沙丘、退耕地等一切可以造林的土地上，采用人工播种、植苗造林、分植造林等方法新植成片乔木林和灌木林的面积。

②第61行“封山育林”：指利用林木或灌草天然更新的能力使其成为森林或灌草植被的面积。

③第62行“飞播造林”：指在大面积荒山、荒地或人烟稀少、地处边远地区的造林地上利用飞机撒播林木种子或种子丸的造林面积。

④第63行“低效防护林改造”：指对树种组成、林相、郁闭度等方面不合乎经营要求，林木质量次、生长慢、产量低、无培育前途或遭受严重自然灾害的人工林进行改造，使其转变为能生长大量优质木材和其他多种林产品，并能发挥多种有益效能的优良林的面积。

⑤第64行“其他”：指用于长江防护林工程项目除上述建设内容以外的投资完成数的总额。只填资金数，不填任务数。

(11) 太行山绿化工程项目。

各指标解释同长江防护林工程项目。

(12) 防沙治沙示范项目。

①第72行“人工造林种草”：指在无林（草）地上恢复森林（草）的面积，包括人工定植与人工播种造林种草。人工定植是指采用移栽苗木使其成林的营造林方式；人工播种是指人工把树木种子或种子丸直接播种于造林地使其成林地的营造林方式。

②第73行“封沙育林育草”：指利用林、灌木或草地天然更新能力，对具有天然下种能力的疏林地、灌丛地、采伐迹地、火烧迹地以及荒山荒地、沙荒地等有条件的地方，采用划界封禁和限制开垦、采樵、放牧等人工辅助措施，使其成为森林、灌草植被的面积。

③第74行“飞播造林种草”：指在大面积荒山、荒地或人烟稀少、地处边远地区的造林地上利用飞机撒播林木（草籽）种子或种子丸的造林（种草）面积。

④第75行“沙生经济作物”：指在适宜的沙地上种植适合沙地生长的特有的经济作物的面积。

⑤第76行“其他”：指用于防沙治沙示范项目除上述建设内容以外的投资完成数的总额。只填资金数，不填任务数。

(13) 名优经济林花卉示范项目。

①第79行“经济林基地”：指通过项目实施，新建或改造的经济林面积。

②第80行“花卉基地”：指通过项目实施，新建或改造的花卉面积（含保护地栽培面积）。

③第81行“其他”：指用于名优经济林花卉示范项目除上述建设内容以外的投资完成数的总额。只填资金数，不填任务数。

2. 栏说明

(1)“任务量”：指列入计划的项目建设任务的数量。完成任务量必须填写实际完成的数量。各类项目中具体工程措施的任务量以“座、处、台、套、个”为单位的，其完成任务量必须填写整数，单个工程全部完成的应填写“1”，未全部完成的为“0”。第1栏“上年结转”+第2栏“年度计划”+第3栏“任务量增减”=第4栏“本年完成”+第5栏“结转下年”。

①第1栏“上年结转”：指上年度末完成结转到今年继续实施的农业综合开发工作任务量（当年

立项项目不存在上年结转)。

②第2栏“年度计划”：指当年项目计划安排的农业综合开发工作任务量。其中“中型灌区节水配套改造项目”指当年批复的项目建设期内的计划任务总量。

③第3栏“任务量增减”：指根据项目实际需要或其他原因，当年项目的单项工程或措施任务量进行了微量调整，造成该单项工程或措施实际任务量与计划任务量之间产生的差额。任务量增减主要有任务量增加和任务量减少两种情况：一种是“任务量增加”，指当年实际完成的单项工程或措施任务量超过该单项工程或措施计划任务量的部分，填列正数；另一种是“任务量减少”，指当年实际完成的单项工程或措施（根据项目实际需要或其他原因，该单项工程或措施不再进行续建）任务量少于该单项工程或措施计划任务量的部分，填列负数。

④第4栏“本年完成”：指当年实际完成的上年结转以及当年计划的农业综合开发工作任务量。

⑤第5栏“结转下年”：指当年项目任务量未完成，需结转到下年继续实施的农业综合开发工作任务量。

(2)“投资额”：指农业综合开发项目的投资情况。具体分为“上年结转”、“年度计划”、“投资增减”、“本年完成”和“结转下年”五小栏，下再细分“财政资金”、“自筹资金”、“其他资金”、“银行贷款”等各小项。其中：上年结转+年度计划+投资增减=本年完成+结转下年。

各项资金的指标解释具体为：

①“财政资金”：指中央财政资金与地方财政资金直接用于项目工程建设的资金以及用于贷款贴息、项目管理费、科技推广费等支出的资金。其中：中央财政资金指中央财政用于农业综合开发的资金，地方财政资金指地方各级财政按照规定比例与中央财政资金配套投入农业综合开发的资金。

②“自筹资金”：指项目区农村集体、农民群众、项目建设单位（包括企业、农民专业合作组织、农牧场、地方有关部门等）筹集用于农业综合开发项目建设的现金、以物折资和投工投劳折资。银行贷款以及项目建设单位先期的固定资产和水、电、路等公共设施投入不计入自筹资金。

③“银行贷款”：指用于农业综合开发项目建设的银行贷款以及其他信贷资金。

④“其他资金”：指除上述资金之外用于农业综合开发的各类民间资本、工商资本和外资等。

(3)“上年结转”：指上年度未完成结转到今年继续使用的资金总量（当年立项项目不存在上年结转）。其中：

①第6栏“小计”：指上年结转到今年的全部资金量，含中央财政资金、地方财政资金、自筹资金、其他资金和银行贷款。

②第7栏“其中：财政资金”：指上年结转资金中的中央财政资金与地方财政资金总额。

(4)“年度计划”：指当年度项目计划安排的“财政资金”、“自筹资金”、“其他资金”、“银行贷款”。其中“中型灌区节水配套改造项目”指当年批复的项目建设期内的计划资金总额。

①第8栏“合计”：指本年度项目计划投入的资金总额，含中央财政资金、地方财政资金、自筹资金、其他资金、银行贷款。

②第9栏“财政资金”：指当年项目计划投入的中央财政资金、地方财政资金总额。

③第10栏“小计”：指当年项目计划投入的自筹资金数额。

④“其中：投工投劳”：指当年项目计划中项目区农民群众投入的劳动工日和折资数。

⑤第11栏“折资”：指当年项目计划中项目区农民群众投入的劳动工日折合成的资金数。投工投劳折资时劳动力价格要按当地市场价格计算填列。

⑥第12栏“数量”：指当年项目计划中农民群众投入的劳动工日。

⑦第13栏“其他资金”：指当年项目计划投入的其他资金的数额。

⑧第14栏“银行贷款”：指当年项目计划投入的银行贷款以及其他信贷资金数额。

(5)“投资额增减”：指根据项目实际需要或其他原因，当年项目的单项工程或措施进行了微

量调整，造成该单项工程或措施的实际完成资金数额与计划资金数额间产生的差额。“投资额增减”主要有投资增加和投资减少两种情况：一种是“投资增加”，当年实际完成的单项工程或措施资金数额超过该单项工程或措施计划资金数额的部分，填列正数；另一种是“投资减少”，当年实际完成的单项工程或措施（根据项目实际需要或其他原因，该单项工程或措施不再进行续建）资金数额少于该单项工程或措施计划资金数额的部分，填列负数。

①第15栏“合计”：指当年项目投资增减总额。

②第16栏“财政资金”：指当年项目财政资金增减数额。

③第17栏“小计”：指当年项目自筹资金增减数额。

④第18栏“折资”：指当年项目农民群众多投入或少投入的劳动工日折合成的资金数。

⑤第19栏“数量”：指当年项目农民群众多投入或少投入的劳动工日。

⑥第20栏“其他资金”：指当年项目其他资金的增减数额。

⑦第21栏“银行贷款”：指当年项目银行贷款增减数额。

(6)“本年完成”：指实际完成上年结转和当年计划“财政资金”、“自筹资金”、“其他资金”、“银行贷款”的数额。

①第22栏“合计”：指当年度完成的项目总投资（含上年结转以及本年计划）。下年度立项的项目超前投入的资金不在统计范围内。

②第23栏“财政资金”：指当年财政资金的实际完成数，财政资金无偿部分为农业综合开发报账资金专账当年实际报账数，有偿部分为县级财政实际借出数。

③第24栏“小计”：指当年自筹资金实际完成数，为农业综合开发工程资金专账实际发生数。

④“其中：投工投劳”：指当年完成的项目区农民群众投入的劳动工日和折资数。

⑤第25栏“折资”：指当年完成的项目区农民群众投入劳动工日折合成的资金数，取自农业综合开发工程资金专账。

⑥第26栏“数量”：指当年完成的项目区农民群众投入的劳动工日，取自农业综合开发项目区或项目承建单位农民投工投劳台账或农民投工投劳纪录。

⑦第27栏“其他资金”：指当年其他资金的完成数，为农业综合开发工程资金专账实际发生数。

⑧第28栏“银行贷款”：指当年度银行贷款的实际完成数，为农业综合开发工程资金专账实际发生数。

(7)“结转下年”：指当年项目的财政资金无偿部分尚未报账数、有偿部分尚未借出数以及自筹资金、其他资金、银行贷款尚未完成数额。

①第29栏“小计”：指结转下年的资金总额，含中央财政资金、地方财政资金、自筹资金、其他资金、银行贷款。

②第30栏“其中：财政资金”：指结转下年的中央财政资金、地方财政资金总额。

（二）国家农业综合开发部门项目效益主要指标汇总表（国农办统3—2）

1. 原原种扩繁项目

(1) 第4行“新增原原种生产能力”：指项目建成后，项目承担单位每年原原种的生产总产量比项目实施前的增加数量。

(2) 第5行“新增原种生产能力”：指项目建成后，项目承担单位每年原种的总产量比项目实施前的增加数量。

2. 良种繁育基地项目

(1) 第7行“新增原种生产能力”：解释说明同原原种扩繁项目。

(2) 第8行“新增良种生产能力”：指项目建成后，项目承担单位每年良种的总产量比项目实施前的增加数量。

(3) 第9行“新增种子加工能力”：指项目建成后，项目承担单位每年机械加工种子的总量比项目实施前的增加数量。

(4)第10行“新增种子储备能力”：指项
成后，项目承担单位仓储设施所能储藏种子

项目实施前的增加数量。

3. 育草基金项目

(1) 第12行"新增草种生产能力":指项目建成后,治理区草种生产总量比项目实施前的增加数量。

(2) 第13行"新增草种加工能力":指项目建成后,项目承担单位每年机械加工草种的总量比项目实施前的增加数量。

4. 优势特色种养示范项目

(1) 第16行"新增园艺产品供种能力":指项目建成后,园艺产品种苗总量比项目实施前的增加量。

(2) 第17行"新增畜类供种能力":指项目建成后,畜类良种总量比项目实施前的增加量。

(3) 第18行"新增禽类供种能力":指项目建成后,禽类良种总量比项目实施前的增加量。

(4) 第19行"新增水产品供种能力":指通过项目实施,到竣工年度水产品苗种供应能力。

(5) 第20行"新增水产品生产能力":指项目建成后,水产品产量比项目实施前的增加数量。

5. 秸秆养畜项目

(1) 第22行"牛出栏":指项目实施区当年牛出栏数。

(2) 第23行"羊出栏":指项目实施区当年羊出栏数。

(3) 第24行"氨化、微贮秸秆":指氨化、微贮风干秸秆及相关作物的数量。

(4) 第25行"青贮数量":指青贮鲜秸秆及相关作物的数量。

6. 海南农垦总局天然橡胶基地项目

(1) 第27行"橡胶平均增粗":指本年内未开割橡胶树围茎实际茎粗的平均增加量。

(2) 第28行"干胶亩产":指每亩开割胶园年产干胶数量。

(3) 第29行"干胶总产量":指当年生产的鲜胶水和杂胶(即扣除杂物后的胶线、胶块、胶泥)经过加工制成的烟胶片、标准胶、浓缩胶乳、浅色胶等橡胶成品的总量。

(4) 第30行"新增开割面积":指橡胶中小苗中当年达到开割标准并已投产的橡胶面积。

7. 中型灌区节水配套改造项目

(1) 第33行"新增灌溉面积":指项目建成后,在原有效灌溉面积之外,扩大或恢复的有效灌溉面积。

(2) 第34行"改善灌溉面积":指项目建成后,使原有灌溉保证率低或渠系不配套的灌溉面积得到改善、提高部分的灌溉面积。

(3) 第35行"新增供水能力":指项目建成后,灌区新增加的年供水量和节约的水量。

(4) 第36行"节约水量":指项目建成后,灌区节约的水量。

8. 水土保持项目

(1) 第38行"治理水土流失面积":指为防治水土流失,保护、改良和合理利用水土资源,改善生态环境所采取的工程、植物、耕作措施的面积之和。

(2) 第39行"减少土壤侵蚀量":指工程建成后,治理区土壤侵蚀所减少的数量。计算方法:单位面积减少的土壤侵蚀量×治理水土流失面积。

(3) 第40行"提高林草覆盖度":指项目建成后,提高治理区植被覆盖面积占土地总面积的比重。计算方法:新增水土保持林草面积/项目区面积。

9. 土地复垦项目

(1) 第43行"新增耕地":指通过项目建设,完善配套设施,在原有效耕地面积之外,当年新增加或扩大的耕地面积。

(2) 第44行"新增灌溉面积":指通过新建(或改建)水利工程设施,在原有效灌溉面积之外,当年新增加的(或扩大的部分)有效灌溉面积。

10. 长江防护林工程项目

(1) 第48行"控制水土流失面积":指项目建成后,治理区水土流失强度控制在轻度侵蚀强度(每年每平方公里水土流失500—200吨)以下的面积。

(2) 第49行"新增有林地面积":指项目建成后,治理区形成由乔木树种构成,郁闭度0.2以上

的林地或灌溉宽度10米以上林带的面积。

（3）第50行“提高森林覆盖率”：指项目建成后，增加治理区森林面积占土地总面积的比重。

11. 太行山绿化工程项目

各指标解释同长江防护林工程项目。

12. 防沙治沙示范项目

（1）第56行“治理沙化土地面积”：指项目建成后，得到治理和防风固沙林网有效控制的沙化土地面积。

（2）第57行“提高林草植被覆盖率”：指项目建成后，提高治理区林草植被面积占土地总面积的比重。

13. 名优经济林花卉示范项目

（1）第60行“新增经济林产品”：指项目建成后，在正常年景下年新增的经济林产品产量。

（2）第61行“新增花卉”：指项目建成后，在正常年景下年新增的花卉产品产量。

（3）第62行“新增总产值”：指通过项目实施，新增的以货币表现的经济林和花卉产品的总量，按正常年景下的年平均产值计算。

国家农业综合开发办公室关于进一步加强国家农业综合开发县管理工作的通知

（2005年1月7日　国农办［2005］6号）

各省、自治区、直辖市、计划单列市财政厅（局）、农业综合开发办公室（局），新疆生产建设兵团财务局、农业综合开发办公室，农业部农业综合开发办公室：

为进一步加强国家农业综合开发县管理工作，根据《国家农业综合开发县管理暂行办法》（国农办［2004］26号）精神，现就有关问题通知如下：

一、从2005年起，原则上退出农业综合开发县（市、区），相应新增农业综合开发县（市、区）；退出农业综合开发农（牧）场，只相应新增农业综合开发农（牧）场；农业综合开发县（市、区）或农（牧）场，退出几个新增几个。

二、农业综合开发农（牧）场如确无开发潜力或工作积极性，应退出农业综合开发县范围，相应新增农业综合开发农（牧）场；退出农（牧）场后如无符合条件的农（牧）场可递增，也可不再增加新的农业综合开发农（牧）场，国家农发办将相应减少该省（区、市）的农业综合开发县总数，该省（区、市）不能将其作为新增农业综合开发县（市、区）的理由。

三、根据《国家农业综合开发县管理暂行办法》第八条规定，国家农发办拟于2005年4月前后，对2004年4月批准新增的开发县进行实地考核。以后年度国家农发办批准新增开发县试行期满的实地考核工作亦按上述要求办理。

国家农业综合开发办公室关于新疆自治区农业综合开发地方财政配套资金有关问题的函

（2005年1月5日　国农办［2005］8号）

新疆自治区财政厅：

你厅《关于新疆农业综合开发地方财政资金配套资金问题的报告》（新财发［2004］31号）收悉，经研究，现函复如下：

《农业综合开发财政资金配套保障试点办法》（财发［2004］71号）下发后，你区给予充分重视，积极采取措施筹集本级农业综合开发配套资金，2005年预算安排比原先有了较大幅度的增长，并承诺从2006年起再逐年增加配套资金投入。考虑到你区的财政状况，原则同意你厅提出的分年度达到配套资金要求的请求，但应在三年内（2005—2007）达到规定要求。

特此函复。

国家农业综合开发办公室关于印发《利用英国国际发展部赠款实施面向贫困人口农村水利改革项目管理暂行办法》的通知

（2005年2月1日　国农办［2005］13号）

河北、河南、山东、甘肃、江苏、安徽、四川、新疆维吾尔自治区财政厅、农业综合开发办公室（局）：

为了进一步做好利用英国国际发展部赠款实施面向贫困人口农村水利改革项目，根据《赠款协议》、《项目实施计划》、财政部有关赠款项目管理规定和农业综合开发有关政策，国家农发办制定了《利用英国国际发展部赠款实施面向贫困人口农村水利改革项目管理暂行办法》，现印发给你们，请遵照执行。执行中有何问题和建议，请及时反馈我办。

附件：利用英国国际发展部赠款实施面向贫困人口农村水利改革项目管理暂行办法

附件

利用英国国际发展部赠款实施面向贫困人口农村水利改革项目管理暂行办法

第一章 总 则

第一条 农业综合开发实施面向贫困人口农村水利改革项目，由英国国际发展部提供赠款，主要在农业综合开发项目区组建农民用水户协会。世界银行受英国国际发展部委托负责该项目的管理，国家农业综合开发办公室和水利部负责该项目的组织实施。为保证本项目的顺利实施，实现项目目标，国家农业综合开发办公室根据我国政府与世界银行签订的《赠款协议》和批准的《项目实施计划》、财政部有关项目管理规定以及农业综合开发有关政策，制定本办法，适用于国家农业综合开发实施的项目区。

第二条 项目实施应遵守国家关于农业、环保、外资等方面的法律、法规和政策。

第二章 管理机构

第三条 财政部国家农业综合开发办公室下设世界银行项目管理办公室（以下简称国家项目办），具体负责项目日常管理工作。

第四条 各项目省及以下各级应成立项目领导小组，并在农业综合开发部门成立项目办公室（以下简称各级项目办）。领导小组负责本地区项目实施过程中重大问题的决策和协调工作，各级项目办具体负责项目日常管理工作。各级项目办必须有财政部门参加。

第五条 各级项目办在同级项目领导小组的领导下开展工作，并接受上一级项目办的业务指导，与农业、水利、林业、民政等有关部门密切配合做好项目的执行工作。

第三章 实施计划管理

第六条 本项目由县级项目办编制项目实施计划，逐级汇总、审查（与财政分设的须会同财政部门）后，由省级项目办上报国家项目办，经国家项目办审批后，逐级下达执行。

第七条 项目实施计划一经批准，原则上不得变动。项目建设单位应按照批准的计划实施项目。项目实施过程中如确需变动，需报国家项目办批准。

第四章 资金管理

第八条 各级财政部门负责项目配套资金筹措、资金拨付以及资金监督、检查等工作。各级项目办财务会计设在财政部门，行使财务管理职能，负责项目的会计核算和报账支付工作。

第九条 地方各级财政部门应根据项目工程进度，及时足额拨付资金。项目资金应实行“专人管理、专账核算、专款专用”。各项目省应将会计人员和建账情况报国家项目办备案。世界银行认可的国内审计部门负责对项目资金使用情况进行审计。

第十条 项目管理费从地方财政配套资金中列支，按地方财政配套资金的3.5%提取。

第十一条 财务管理

（一）根据世界银行财务管理指南、《中华人民共和国会计法》的有关规定，结合世界银行贷款管理的要求，各级项目办必须建立健全会计内部控制制度。

（二）本项目各项费用开支标准必须严格按照《赠款协议》和国内有关规定执行，并提供有效证明文件。项目财政配套资金分年度列入财政预算，保证资金的按时足额到位。

（三）利用赠款资金形成的固定资产，

台账，在项目执行期间严格按照《赠款协议》规定的范围使用，不得擅自变更或转让。

（四）项目完工时，项目单位应会同有关部门对项目单位的资产、负债进行全面清理，编制竣工决算表、资产负债表、交付使用资产目录和债权、债务清单，提出资产作价依据和债权、债务处理办法，报主管部门批准后执行。项目移交完毕后，应当提出项目完工报告并造册清理期间收支报表，连同审计审查报告一并报送主管部门。

第十二条 财务监督

（一）各级项目办、财政部门均有权调阅本级或下级项目单位有关赠款项目的会计资料，进行审查、核实。发现不符合规定的，有权采取停止使用和收回赠款等处理措施。

（二）年度项目结束后，各级项目办应按照《赠款协议》关于审计的要求，于每年3月15日前准备好相关资料，接受审计机关审计。于4月30日之前将各项目省的审计报告提交国家审计机关和国家项目办，以便汇总全项目审计报告。

第十三条 提款报账

（一）赠款资金按规定类别和支付比例予以支付。根据《赠款协议》，本项目自2004年9月13日起生效，2004年3月20日至2004年9月13日为追溯报账期，2008年12月31日为关账日期。

（二）赠款资金的类别及资助百分比如下：

类别	资助百分比
物资	国外开支100%；当地开支（出厂价）100%；当地采购75%
工程	90%
农民用水户协会子项目	100%
咨询服务、研讨会、培训、考察	100%
增额运行费用	100%

（三）国家项目办在北京开设美元账户，以便于提款报账和资金周转。

（四）项目实施单位按要求提供有效证明文件，填报提款报账申请表格，应用项目管理信息系统软件编制提款申请书、费用报表及有关材料，经项目管理人员审定后，由项目办主任签字盖章（财政和开发办分设的，应有财政部门的审核意见），逐级汇总上报至国家项目办。国家项目办收到提款报账表格后，及时审核，将合格费用回补项目单位。

（五）根据“赠款资金的类别及资助百分比”规定以及各项目省的项目投资计划和赠款使用计划，国家项目办将在各项目省的赠款分配额度内报账。赠款资金的支付进度按英镑计算，汇率按世界银行支付回补资金时所使用的实际汇率计算。

（六）从赠款账户中提取金额应按照《赠款协议》相关规定执行：(a) 物资合同每笔小于20万美元等值金额；(b)工程，金额不限；(c) 咨询公司服务小于20万美元等值金额；(d) 咨询专家个人服务小于5万美元等值金额；以及 (e) 农民用水户协会子项目赠款；以及 (f)增额运行费用，按世界银行给受援方的通知中具体提出的条款和条件执行。

（七）所有原始证明文件保留在同级项目办财务机构，以备检查。各级项目办报送的“提款申请书”、“费用报表”、“费用报表汇总表”等提款报账表格由项目管理信息系统软件自动生成，并同时提交电子版表格。凡单项项目内容已完成，应及时组织验收，送交项目办财会人员办理赠款的报账提款，每次最多提款数不能超过30万美元。

（八）自项目签字生效日起至项目建设期结束期间的合格费用应按规定程序和时间进行报账。各级项目办三个月内至少报账一次。

第十四条 会计核算

（一）本项目会计核算采用借贷记账法，以人民币为记账本位币。美元专用账户结汇时按当日国家外汇管理局公布的美元与人民币的汇率进行折算。

（二）本项目会计核算年度自公历1月1日起至12月31日止。

（三）会计科目及使用说明（见附表1）。

（四）会计报表种类分资金平衡表（附表2）、赠款协议执行情况明细表（附表3）和专用账户收支表（附表4）。“资金平衡表”和“赠款协议执行情况明细表”必须逐级编制、汇总后由省级项目办上报国家项目办。“资金平衡表”汇总时，应将一级项目执行机构的“拨出赠款”项目与基层单位“拨入赠款”项目的汇总额抵销，同一种项目内容，

并有上下级关系的往来款项，属内部往来，应予以抵销。“专用账户收支表”仅限于国家项目办填列。

第五章　采 购 管 理

第十五条　项目招标采购实行分级制管理。货物的国际竞争性招标采购工作由国家项目办负责，货物的国内竞争性招标采购、咨询服务采购由省级项目办负责，货物、工程的询价采购由市级或县级项目办负责。

（一）项目的工程、货物及咨询服务等采购工作应严格执行世界银行2004年5月出版的《国际复兴开发银行贷款和国际开发协会信贷采购指南》和《世界银行借款人选择和聘请咨询顾问指南》以及本项目《赠款协议》的有关规定。

（二）各级项目办应严格按已批准的采购计划表（附表5）开展采购工作。如有变化，需报国家项目办备案。

（三）各级项目办应按照采购分工，认真组织实施采购计划，及时接收和分发采购货物，办理接收和验收手续。

（四）各级项目办和财政部门要加强采购工作的管理，定期检查、监督采购工作的实施情况和采购货物的使用情况，严禁挪用、倒卖采购货物等违规行为。

第十六条　培训考察

（一）国内考察培训，按项目实施计划执行，费用标准按财政部的相关文件执行。

（二）国外考察培训，由省项目办根据总体实施计划将出国考察培训计划（附表6）报国家农发办。出国计划一经财政部批准，要严格按照财政部和外事部门的有关文件执行，出国团组费用标准按财政部、外交部文件规定执行。

（三）考察或培训团组回国后，必须在一个月内到国家项目办办理报销手续并提交中、英文考察报告。国际机票须凭规定购票点开具的专用发票作为报销凭证，按专用发票据实报销。国外费用必须按所在城市发生的各项费用支出明细填列，并附发票据以报销。

第六章　监 测 评 价

第十七条　监测评价是项目管理工作中的一个重要环节，是项目管理的必备手段。通过对项目执行全过程的监测和评价，为项目管理决策提供科学的依据。

（一）为了及时了解项目的实施情况，收集、整理、汇总项目的社会、经济和生态效益等各项数据，各级项目办应在每年的6月10日和12月10日定期报送各种监测报表（附表7）和评价报告。

（二）国家项目办负责设计监测表格和监测指标。省级项目办根据国家项目办的要求汇总本省各类监测报表，编制年度监测报告，在每年第一季度末报送国家项目办。国家项目办汇总项目省监测报告，在每年的6月30日和12月31日提交给世界银行。

（三）监测评价工作中搜集到的数据、资料、照片和录相带等，要及时归类、编号、存档，避免散失。

第七章　附　　则

第十八条　本办法自颁布之日起执行。

第十九条　本办法由国家农业综合开发办公室负责解释和修订。

附表1

会计科目

资金占用类科目	资金来源类科目
101　现金	201　拨入赠款
102　银行存款	202　应付款项
103　拨出赠款	203　配套资金
104　项目支出	
105　应收款项	

附表 2

资金平衡表

项目名称：　　　　　　　　　　　　　　　　　年　月　日

赠款号：　　　　　　　　　　　　　　　　　　　　货币单位：

资金占用合计			资金来源		
科目名称	期初余额	期末余额	科目名称	期初余额	期末余额
现　　金			拨入赠款		
银行存款			应付账款		
拨出赠款			配套资金		
项目支出					
应收款项					
资金占用合计			资金来源合计		

审核：　　　　　　　　　　　　　　　　　　制表：　　　　　　　　　　　　　　　　制表单位（公章）

附表 3

赠款协议执行情况明细表

项目名称：　　　　　　　　　　　　　　　截至　　年　月　日

赠款号：　　　　　　　　　　　　　　　　　　　　　　　　　　　　　　　　　协议货币：

类别	核定额		本期发生数（额）		累计发生数（额）	
	协议货币	人民币	协议货币	人民币	协议货币	人民币
专用账户金额						
待核定						
合计						

审核：　　　　　　　　　　　　　　　　　　制表：　　　　　　　　　　　　　　　　制表单位（公章）

附表 4

专用账户收支表

年 月 日

项目名称：　　　　开户银行名称：

账号：

赠款号：　　　　货币单位：

	金 额
1. 期初余额	
加：2. 本期回补额	
3. 利息收入	
4. 不合格支出归还总额	
减：5. 本期支付额	
6. 银行手续费	
7. 期末余额	

审核：　　　　制表：　　　　制表单位（公章）

附表 5

采购计划表

省　　　　编报时间：　　年 月 日

标书号	分包号	品目表	采购数量	采购方式	时间安排	估算金额（单位）
	第一包					
	第二包					
	第一包					
	第二包					

附表 6

出国考察培训计划

省　　　　编报时间：　　年 月 日

培训内容	时间	地点	对象	费用预算

附表 7

监测指标表

一、基线数据调查：

	一、地点						
	1	2	3	4	5	6	7
WUA 名称	所在省	所在市	所在县	所在乡	所属灌区	耕地面积（亩）	灌溉面积（亩）

	二、灌溉系统情况						
	8	9	10	11	12	13	14
WUA 名称	供水水源	供水单位	灌溉方式	取水许可证	供水状况	灌溉系统状况	亩年均用水量（方/亩）

	三、社会统计											
	15	16	17			18	19	20				
WUA 名称	村数	农户数	农业人口（人）			贫困户数	贫困人口	外出务工人数（人）				
	（个）	（户）	合计	其中		（户）	（人）	合计	其中		其中	
				男性	女性				男性	女性	常年性	季节性

	四、经济统计															
	21			22			23			24			25	26	27	
WUA 名称	作物种植情况（亩）			平均亩产（公斤/亩）			家庭收入（元/年）			贫困户家庭收入（元/年）			水费	水费收取方式	水费支出占家庭收入比例	
	合计	其中		最高	平均	最低	最高	平均	最低	最高	平均	最低	（元/亩）		（%）	
		粮食作物	经济作物													

二、项目监测指标：

	一、机构建设指标																			
	1	2	3		4	5	6			7			8					9	10	11
WUA名称	是否按水文边界划分	协会章程制定时间	登记注册		协会主席产生方式	协会主席身份	执委会成员			用水组组长			规章制度					银行账户	办公场所	协会类型
			注册号	日期			合计	其中		合计	其中		工程管理	用水管理	财务管理	水费征收使用管理办法	奖惩制度			
								男性	女性		男性	女性								

	二、投资情况								
	12	13	14	15			16	17	18
WUA 名称	办公场所	办公设备	水量计量点	量水设施			注册费	宣传培训	其他
	（万元）	（万元）	（处）	类型	数量（台）	金额（万元）	（元）	（万元）	（万元）

	三、灌溉系统情况						
	19	20	21	22	23	24	25
WUA 名称	供水水源	供水单位	灌溉方式	取水许可证	供水状况	灌溉系统状况	亩年均用水量（方/亩）

	四、运行情况							
	26	27	28	29	30			
WUA 名称	是否与供水单位签订供水合同	水费计价方式	水费收取方式	水费收取率	水价			
					合计		其中（元/方）	
				（%）	（元/方）	折合（元/亩）	上交供水单位	运行维护

WUA名称	五、社会统计														
	31	32			33			34	35	36	37				
	村数	会员数（名）			农业人口（人）			用水小组数	贫困户数	贫困人口	外出务工人数（人）				
	（个）	合计	其中		合计	其中		（个）	（户）	（人）	合计	其中		其中	
			男性	女性		男性	女性					男性	女性	常年性	季节性

WUA名称	六、用水户经济统计												
	38			39			40			41			42
	作物种植情况（亩）			平均亩产（公斤/亩）			家庭收入（元/年）			贫困户家庭收入（元/年）			水费支出占家庭收入比例
	合计	其中		最高	平均	最低	最高	平均	最低	最高	平均	最低	（%）
		粮食作物	经济作物										

WUA名称	七、协会经济统计							
	43			44				45
	实际收入（万元/年）			实际支出（万元/年）				盈亏
	合计	其中		合计	其中			（万元）
		水费收入	非水费收入		上交供水单位	运行维护	其他	

WUA名称	八、培训情况				
	46	47			48
	培训次数	培训量（人月）			培训内容
	（次/年）	合计	其中：妇女	其中：贫困人口	

三、对比组监测指标：

	一、地点						
	1	2	3	4	5	6	7
对比组名称	所在省	所在市	所在县	所在乡	所属灌区	耕地面积（亩）	灌溉面积（亩）

	二、灌溉系统情况								
	8	9	10	11	12	13	14	15	16
对比组名称	供水水源	供水单位	灌溉方式	水费计价方式	水费收取方式	水费收取率（%）	供水状况	灌溉系统状况	亩年均用水量（方/亩）

	三、社会统计											
	17	18	19			20	21	22				
对比组名称	村数	农户数	农业人口（人）			贫困户数	贫困人口	外出务工人数（人）				
	（个）	（户）	合计	其中		（户）	（人）	合计	其中		其中	
				男性	女性				男性	女性	常年性	季节性

	四、经济统计															
	23			24			25			26			27	28	29
对比组名称	作物种植情况（亩）			平均亩产（公斤/亩）			家庭收入（元/年）			贫困户家庭收入（元/年）			水费	水费收取方式	水费支出占家庭收入比例
	合计	其中		最高	平均	最低	最高	平均	最低	最高	平均	最低	（元/亩）		（%）
		粮食作物	经济作物												

国家农业综合开发办公室关于 2005 年农业综合开发产业化经营项目申报有关事宜的通知

（2005 年 2 月 4 日　国农办［2005］20 号）

各省、自治区、直辖市、计划单列市农业综合开发办公室（局）、财政厅（局），新疆生产建设兵团农业综合开发办公室、财务局：

根据《关于改革和完善农业综合开发若干政策措施的意见》（财发［2003］93 号）、《关于调整农业综合开发产业化经营项目分类项目设置和中央财政有偿无偿资金比例等事宜的通知》（财发［2005］1 号）、《2005 年国家农业综合开发产业化经营项目申报指南》（国农办［2004］190 号）和《国家农业综合开发办公室关于下达 2005 年中央财政农业综合开发资金投资控制指标的通知》（国农办［2005］15 号）等，现就 2005 年农业综合开发产业化经营项目申报事宜通知如下。

一、扶持的基本原则

2005 年产业化经营项目应遵循以下基本原则：优化农业和农村经济结构的原则，推进农业产业化经营的原则，促进农业增效、农民增收的原则，带动当地经济发展、推动农村小康社会建设的原则。

二、扶持范围和重点产业

2005 年农业综合开发产业化经营项目扶持的范围：经济林及设施农业种植、畜牧水产养殖等种植养殖基地项目，农产品加工项目，储藏保鲜、产地批发市场等流通设施项目。项目安排一般限于农业综合开发县。

扶持的重点产业：优质专用小麦、专用玉米、优质水稻、棉花、大豆、油菜、甘蔗、蔬菜、花卉、干鲜果品、畜禽、乳品、水产品及特色农产品等。

三、扶持对象

重点扶持国家级和省级农业产业化龙头企业（含省级农发办事机构审定的龙头企业），同时适当扶持正在成长上升、确能带动农民致富、较小规模的龙头企业及农民专业合作组织。

四、扶持方式

2005 年中央财政对产业化经营项目的扶持方式有三种，即有偿无偿结合、投资参股和贷款贴息。

（一）有偿无偿结合的扶持方式

2005 年产业化经营项目以有偿无偿结合的扶持方式为主，中央财政有偿无偿资金的比例，按《关于调整农业综合开发产业化经营项目分类项目设置和中央财政有偿无偿资金比例等事宜的通知》（财发［2005］1 号）执行，即有偿无偿资金的比例为 75∶25；中央财政有偿资金的还款期限和占用费，仍按《关于调整农业综合开发资金若干投入比例的规定》（财发［2004］2 号）的有关规定执行。

（二）投资参股的扶持方式

2005 年将进一步扩大投资参股经营试点范围，除四川省继续全面试点外，部分项目实行投资参股试点的省份有：河北、山西、内蒙古、辽宁、吉林、黑龙江、江苏、安徽、江西、山东、河南、湖北、湖南、广西、云南和新疆。有关省

（区）用于投资参段试点项目的指导性投资控制指标，按《国家农业综合开发办公室关于下达2005年中央财政农业综合开发资金投资控制指标的通知》（国农办［2005］15号）执行（详见附件1），具体事宜按《国家农业综合开发投资参股经营试点管理暂行办法》（财发［2004］24号）的有关规定执行（项目立项条件和项目申报单位条件详见附件2）。

（三）贷款贴息的扶持方式

从2005年开始，中央财政将通过贷款贴息的方式，扶持能够取得银行贷款、且符合农业综合开发产业化经营项目立项条件的项目，请各省（区、市）按我办下达的2005年产业化经营项目指导性投资控制指标10%的额度进行安排。具体事宜届时请按《农业综合开发中央财政贴息资金管理办法》的有关规定执行。

同一项目法人单位不得同时申报两种或两种以上扶持方式。

五、项目申报的规模

（一）有偿无偿结合项目

单个项目的投资要按实际需要确定，不得平均分配资金。单个项目中央财政年度投资300万元（含）以上的为重点产业化经营项目，其中北京、天津、上海和计划单列市的重点产业化经营项目单个项目中央财政年度投资不低于200万元（含）；其余项目为一般产业化经营项目，单个项目中央财政年度投资不得低于100万元（含）。

以省（区、市）为单位，要将中央财政投资的50%以上用于重点产业化经营项目，其余用于一般产业化经营项目。

（二）投资参股经营项目

在坚持财政投资“只参股、不控股”的前提下，按照项目实际需要确定投资规模，但单个项目中央财政投入原则上不低于1 000万元（含）、不高于3 000万元（含）。所有投资参股经营项目必须按规定比例，足额落实地方财政配套资金，并全部由省级财政承担。

各省（区、市）农发办事机构要坚持实事求是的原则，严格立项条件，如实进行项目申报。有偿无偿结合和投资参股经营项目的申报金额，可根据《国家农业综合开发办公室关于下达2005年中央财政农业综合开发资金投资控制指标的通知》（国农办［2005］15号）下达的指导性投资控制指标，分别达到130%和150%，以便择优选项。

六、项目评审

按照权责统一、分级管理的原则，重点产业化经营项目、投资参股经营项目和贷款贴息项目，经省级农发办事机构初选后，报国家农发办评审；其他项目由省级农发办事机构评审，报国家农发办备案。

（一）由国家农发办组织评审的项目

地方各级农发办事机构要对申报材料的真实性负责，如弄虚作假或申报虚假材料，一经发现取消该项目的立项资格。同时，等额扣减所在省份下年度投资指标。

（二）由省级农发办事机构组织评审的项目

各省级农发办事机构要完善专家评审制度，建立项目评审责任制，严格评审标准。要从项目建设的必要性、建设条件、项目单位经营状况、产品市场现状和前景、项目投资估算和资金筹措、财务评价、环境影响评价、示范带动作用、存在问题等方面，进行评估论证。同时，要积极探索竞争立项机制，扩大选项范围，建立健全监督制约机制，保证公开、公正、公平地选择项目，确保择优选项。

由省级农发办事机构组织评审的项目，不得下放评审权力。

（三）严格查实项目法人单位的财务状况

无论是重点产业化经营项目，还是一般产业化经营项目，在项目评审过程中，都要严格查实项目法人单位的财务状况，不能简单地看会计（审计）师事务所出具的审计报告，要核实材料的真实性。一旦发现会计（审计）师事务所出具的审计报告存在虚假，不仅取消项目的立项资格，而且要将出具虚假报告的会计（审计）师事务所报告有关行业协会等部门（机构），按规定严肃查处。

七、投资规模的确定

（一）投资参股经营项目

根据项目申报、评审和资产评估情况，确定有关省（区）投资参股经营项目投资规模，如投资参股经营项目的指导性投资控制指标有结余，则转作本省（区）有偿无偿结合项目投资指标。

（二）有偿无偿结合项目

根据项目申报和评审情况，确定有偿无偿结合项目投资规模，如有偿无偿结合项目投资指标有结余，连同投资参股经营项目结余投资指标一道计算，25%转作本省（区、市）的土地治理项目，其余在全国范围内调剂用于其他省（区、市）经审定合格的产业化经营项目。

（三）贷款贴息项目

按照先付后贴的原则，2005年确定的各省（区、市）贷款贴息指标，仅为额度控制，待国家农发办审核合格后，按实际支付的金额，在2006年的产业化经营项目投资规模中进行安排。

八、项目申报材料

（一）有偿无偿结合项目

1. 重点产业化经营项目。单个项目的可研报告（一式三份）、由社会中介机构出具的项目法人单位近两年的审计报告、银行信用等级证明、新征用土地的批准文件、养殖和加工项目的环评报告及专家初步论证意见等。另附报项目申报汇总说明（包括选项的重点、申报项目可研报告的真实性和项目初选情况等）、项目基本情况表（附件3）和项目法人单位基本情况表（附件4）。

2. 一般产业化经营项目。项目评审总的说明（包括选项的原则、依据、重点和评估审定情况等）、项目基本情况表（附件5）及每个项目的专家初步论证意见（附件6）等。

（二）投资参股经营项目

省级农发办事机构向国家农发办申报投资参股经营项目须提供以下材料：单个项目的可行性研究报告（一式四份）、省级专家初步论证意见；由社会中介机构出具的项目法人单位2003、2004年的财务审计报告、项目法人单位新征用土地的批准文件；项目法人单位公司章程、银行信用等级评定证明；项目法人单位具备的技术水平证明材料（包括专利、成果、专有技术资料和技术依托单位证明等）、主要股东和持股数量（前5位）；企业营业执照复印件以及同意国家财政资金投资参股的书面意见。另附报项目申报汇总说明（包括选项的重点、申报项目可研报告的真实性和项目初选情况等）、项目基本情况表（附件7）和项目法人单位基本情况表（附件8）。

九、申报时间

各省（区、市）农发办事机构要于2005年3月底前，向国家农发办报送有无偿结合和投资参股经营项目申报（备案）材料。

附件：1. 有关省（区）投资参股经营项目指导性投资控制指标（不发地方）

2. 投资参股经营项目立项条件和项目法人单位条件（发有关省）

3. 重点产业化经营项目基本情况表

4. 重点产业化经营项目法人单位基本情况表

5. 一般产业化经营项目基本情况表

6. 一般产业化经营项目专家初步论证意见格式表

7. 投资参股经营项目基本情况表（发有关省份）

8. 投资参股经营项目法人单位基本情况表（发有关省份）

附件 1

有关省（区）投资参股经营项目指导性投资控制指标（不发地方）

单位：万元

省、区	产业化经营项目投资指标	
	小　计	其中：投资参股经营项目
河北	11 518	4 100
山西	6 175	1 600
内蒙古	10 321	3 700
辽宁	12 225	4 300
吉林	13 153	4 600
黑龙江	15 814	4 000
江苏	10 683	2 700
安徽	11 443	2 800
江西	10 526	2 700
山东	10 965	2 800
河南	11 145	3 900
湖北	11 479	4 000
湖南	11 809	3 000
广西	6 092	1 600
四川	11 477	11 477
云南	6 430	2 300
新疆	6 696	1 700

附件 2

投资参股经营项目立项条件和项目法人单位条件

一、投资参股经营项目立项的基本条件

1. 企业自愿申报，属于农业综合开发产业化经营项目扶持范围，原则上安排在农业综合开发县。

2. 重点扶持主要农产品的加工、转化以及对当地主导产业建设起积极促进作用的其他产业化经营项目。

3. 项目企业与农户联系紧密，通过与农户签订购销合同和服务合同、生产要素入股、二次分配利润等形式，建立起稳定、合理的利益联结机制，带动农民增收效果明显。

4. 符合国家产业政策，项目建设规模经济合理，产品工艺技术和生产设备先进适用，科技含量高；主营产品达到国内先进水平或领先水平，竞争优势明显，有一定的品牌知名度和固定的销售网络，产销率达 90% 以上。

5. 项目建设用地落实，原材料供应有保障，采购的原料占 70% 以上。

6. 项目建设符合环境保护和农业可持续发展要求；环保措施落实，污染物处理技术方案可行，“三废”排放达到相关环保标准。

7. 项目投资估算合理，自筹资金来源有保障，筹资方案切实可行；项目预期经济效益好，有较强的抗风险能力；投资利润率、投资利税率、财务内部收益率高于同行业基准收益率；能够实现企业增效、农民增收和国有资产保值增值。

二、项目法人单位的基本条件

1. 必须是国家级和省级农业产业化龙头企业（包括省级农发办事机构审定的产业化龙头企业），且为依法注册、具有独立公司法人的股份制公司。

2. 企业经营期须在两年以上，总资产规模6 000万元以上，固定资产规模不低于3 000万元，实收资本不低于2 000万元，年销售收入8 000万元以上。

3. 企业近两年连续盈利，发展前景良好，有较强的自筹资金能力。

4. 企业财务状况良好，资产负债率低于60%，银行信用等级AA级以上（含AA级，未有银行贷款的除外）；企业总资产报酬率高于同期银行贷款利率；企业不欠税、不欠工资、不欠社会保险金。

5. 建立了符合市场经济和现代企业制度要求的经营管理机制，企业法人信誉良好，具备与完成项目建设和经营相适应的经营管理能力。

附件3

重点产业化经营项目基本情况表

项目类型	项目名称	建设地点	项目法人单位	龙头企业认定级别	建设性质	主要建设内容	投资（万元）						
							总投资	财政资金			企业自筹	银行贷款
								申请中央财政投资	地方财政配套资金			
									小计	其中：省级		

附件4

重点产业化经营项目法人单位基本情况表

项目名称	项目法人单位	注册时间（年/月）	注册资金	资产总规模（万元）		上年净利税（万元）	资产负债率（%）	银行信用等级	法人代表及联系方式
				合计	其中：固定资产				

附件 5

一般产业化经营项目基本情况表

项目类型	项目名称	建设地点	项目法人单位	建设性质	主要建设内容	投资（万元）					
						总投资	财政资金			企业自筹	银行贷款
							申请中央财政投资	地方财政配套资金			
								小计	其中：省级		

附件 6

一般产业化经营项目专家初步论证意见格式表

项目名称：

申报单位			单位性质	
项目总投资		申请财政资金		
评估专家	姓名	工作单位	职称职务	专业

专家评估意见

一、项目建设的必要性

是否符合国家的产业政策、行业规划，是否具有资源优势，是否是当地的主导产业，对调整产业结构的作用，能否带动当地农民的增收和促进当地经济的发展。

二、项目的建设条件

项目厂（场）址选择是否合理——项目所选建设地点及所在地区的自然条件、资源条件、社会经济条件能否满足项目建设的需要，项目建设及各类建设内容是否符合地方政策、城乡规划、土地规划等；建设用地是否落实；交通、水、电、通讯等基础条件、配套设施是否具备等。

三、项目单位状况

是否符合国家农业综合开发产业化经营项目申报单位的有关条件，是否建立了现代企业制度，管理模式是否先进，人员结构是否合理，是否具有较强的研发能力和良好的企业资信等；要特别关注项目法人单位的财务状况，严格核查会计（审计）师事务所出具的审计报告的真实性。

四、产品的市场状况和前景

产品市场定位是否合理，市场对本产品的近期和远期需求量如何，本项目产品在市场上与同类产品的竞争力如何等。

五、项目建设方案

重点评估项目建设目标是否符合行业发展的要求，同时认真审查项目建设任务与规模、规划与布局、生产技术方案与工艺流程、项目实施进度安排等是否科学合理。

六、投资估算与资金筹措

投资估算依据是否科学，投资结构是否合理，财政无偿资金的使用是否符合国家农业综合开发的有关规定；资金筹措方案是否符合要求，自筹资金、银行贷款等能否落实。

七、财务分析

相关的取费标准是否符合规定、是否合理，项目的财务内部收益率、财务净现值、投资回收期等是否客观、真实、合理，项目是否具有较强的抗风险能力及有偿资金偿还能力等。

续表

八、环境影响评价

项目对周围环境产生影响的阐述是否清楚，是否采取了有效的措施，当地环保部门是否出具了环保证明等。

九、示范带动作用

企业与农民是否建立了合理的利益联结机制，项目建设能否带动农民增收、促进财政增长和当地经济稳定协调发展等。

十、主要问题及建议

该项目存在的主要问题及建议。建议要具体、准确、有针对性。

十一、附件是否齐全

根据《多种经营项目可行性研究报告编写大纲》、《2005 年国家农业综合开发产业化经营项目申报指南》、《2005 年国家农业综合开发产业化经营项目申报通知》的要求，一一对照。

十二、评估结论

评估结论要客观、科学、公正，并用精练、准确的语言阐明项目可行性的程度，一般分为可行、基本可行和不可行三种情况。

专家签名：

附件 7

投资参股经营项目基本情况表

项目名称	建设地点	项目法人单位	建设性质	主要建设内容	计划投资（万元）					带动农户（户）	带动基地（万亩）	专家初步论证意见
					小计	其中：						
						中央财政	省级财政	法人单位自筹	银行贷款			
合计												

附件 8

投资参股经营项目法人单位基本情况表

单位：万元

项目名称	项目法人单位	注册时间（年/月）	注册资金	实收资本	资产总规模		上年销售收入	上　年净利税	资产负债率（%）	银行信用等级	法人代表及联系方式
					合计	其中：固定资产					

国家农业综合开发办公室关于印发《关于加强作风建设　提高工作水平的意见》的通知

（2005 年 2 月 21 日　国农办［2005］24 号）

各省、自治区、直辖市、计划单列市财政厅（局）、农业综合开发办公室（局），新疆生产建设兵团财务局、农业综合开发办公室，农业部（黑龙江省农垦总局）农业综合开发办公室：

根据财政部保持共产党员先进性教育活动的要求，我办结合实际，制定了《国家农业综合开发办公室关于加强作风建设　提高工作水平的意见》，现印发给你们，供参考。

附件：国家农业综合开发办公室关于加强作风建设　提高工作水平的意见

附件

国家农业综合开发办公室关于加强作风建设　提高工作水平的意见

（二〇〇五年二月）

根据财政部保持共产党员先进性教育活动的要求，现结合实际，对加强作风建设，提高工作水平提出如下意见。

一、强化理论学习，提高思想认识

（一）抓好政治理论学习，加强思想政治建设。认真学习马列主义、毛泽东思想、邓小平理论和“三个代表”重要思想，牢固树立科学发展观，结合开展保持党员先进性教育活动，进一步加强干部的思想政治教育。要把政治理论学习放到重要位置，做到政治理论学习经常化、系统化、制度化。

（二）不断增强业务知识学习的主动性。农业综合开发是一项业务范围广、技术性较强的工作，涉及财政、农业、林业、水利、国土资源、金融、审计、评估等方面的专业知识。为了适应农业综合开发的工作要求，促进农业综合开发上新台阶、新水平，全体干部、特别是处级以上领导干部必须自觉地、有计划地深入、系统地学习各类专业知识。

（三）不定期举办业务知识培训班。根据工作需要举办专业知识辅导讲座，邀请有关专家或专业技术人员讲课，不断扩大广大干部的业务知识面，提高专业技术水平。要学以致用，结合工作需要，每人每年写一篇高质量的调研报告或论文。

二、树立科学发展观，规范项目资金管理

（一）用科学发展观指导农业综合开发工作。树立以人为本的观念，全心全意地为广大农民群众谋利益，把为农民谋利、为农民造福，作为农业综合开发的根本出发点和落脚点，着力解决好与农民群众增产增收密切相关的改善生产条件、基础设施建设等问题，重点抓好中低产田改造项目、中型灌区节水配套改造项目和生态综合治理项目建设，提高农业综合生产能力。不断改革创新，搞好投资参股经营试点工作，规范资本运营，继续加强产业化经营项目、科技项目管理。

（二）继续抓好农业综合开发制度建设。尽快出台修订后的《国家农业综合开发资金和项目管理办法》，以强化资金和项目管理；为使部门项目管理规范化，修订《农业综合开发部门项目管理办法》；为加强土地治理项目管理，制定《农业综合开发中型灌区节水配套改造项目管理实施办法》；为加强农业综合开发财务管理，修订《农业综合开发财务制度》、《农业综合开发会计制度》、《农业综合开发财政有偿资金管理办法》，制定《农业综合开发项目中央财政贴息资金管理办法》，严格资金管理；为使评审、验收考评工作科学化，修订《农业综合开发项目评审办法》和《农业综合开发竣工项目验收考评办法》等。

（三）择优选项，规范分配。按照规定程序和制度，公正、公开、透明地选择立项，分配农业综合开发中央财政资金。选项要突出重点，区分轻重缓急，分配要科学规范，保证及时拨付。严格执行《国家农业综合开发办公室重大事项民主决策制度》，重大事项实行集体决策。

（四）强化监管，讲求效益。根据《财政违法行为处罚处分条例》，制定《农业综合开发资金违纪违规处理办法》，切实加强对农业综合开发资金使用的监督检查，制定科学合理的绩效考核指标及评价体系，建立绩效考评制度，以保证资金使用的安全性、规范性和有效性。

三、加强调查研究，提高工作效率

（一）脚踏实地开展调查研究工作。精简会议、文件、简报，不搞文山会海，腾出更多时间加强调查研究，能不开的会坚决不开，必须开的会要严格按照部里的有关规定，节约开支，高效办会。平时要注意充分利用考察评估、检查验收、接谈工作、参加会议等各种机会，进行调查研究工作。同时，对重要的或是难点的问题，要及时组织开展专题调查，了解实际情况，总结好的经验与做法，研究存在的问题，提出改进的意见和措施，并写出高质量的调查报告，为领导决策提供参考依据。

（二）抓好农业综合开发课题研究工作。根据工作需要，每年确定五个以上的农业综合开发研究课题，研究农业综合开发中的重大问题，将理论研究与实际工作紧密结合起来。

（三）切实提高工作效率。狠抓落实党中央、国务院确定的重大财政方针政策、部党组研究决定的事项、办里安排的重点工作，明确责任，严格办理时限，坚决杜绝推诿扯皮和办事拖沓现象，切实提高工作效率和工作质量。要加强督办各类公文，该表扬的表扬，该批评的批评，保证件件有回音，事事有结果。

四、严肃工作纪律，强化各项考核

（一）建立反腐倡廉机制。坚决执行党中央、国务院和财政部廉政建设的各项规定，严格落实我办《关于建立约束机制加强内部监督的实施办法》。规范工作程序，严防各种以权谋私行为的发生。

（二）狠抓廉政建设制度落实情况。坚持廉政建设第一责任人制度，建立分级负责的领导责任制，要求一级抓一级，一级带一级，看好自己的门，管好自己的人，针对某些薄弱环节，加大监管力度。同时加强日常教育，进一步增强每位同志的廉洁自律意识。

（三）坚持民主生活会制度，不断提高会议质量。认真开好领导干部民主生活会，针对办里政治思想、业务工作和工作作风等方面存在的主要问题认真对照检查，分析问题，寻找差距，提出改进意见和措施，并及时向群众反馈。

（四）严格各项考核。将工作纪律、工作态度等工作作风表现作为年度干部考核的重要内容，并将考核结集作为对干部奖惩的依据。

国家农业综合开发办公室关于编报2005年国家农业综合开发土地治理项目计划的通知

（2005年2月22日　国农办［2005］25号）

各省、自治区、直辖市、计划单列市财政厅（局）、农业综合开发办公室（局），新疆生产建设兵团财务局、农业综合开发办公室：

根据《关于改革和完善农业综合开发若干政策措施的意见》（财发［2003］93号）、《关于下达2005年中央财政农业综合开发资金投资控制指标的通知》（国农办［2005］15号）、国家农业综合开发有关政策规定以及2005年全国农发办主任暨财务工作会议的有关要求，现就编报2005年农业综合开发土地治理项目计划的有关要求通知如下：

2005年土地治理项目计划编制的总体要求是：突出重点开发县，突出中低产田改造，坚持按流域或灌区统筹规划，集中投入，规模开发，综合治理，建设高标准基本农田，提高农业综合生产能力特别是粮食生产能力。

一、突出重点开发县

各粮食主产省（区）要把《国家优质粮食产业工程建设规划》确定的重点县（同时也是国家农业综合开发县）作为中低产田改造项目扶持的重点。其他各省（区、市）的中低产田改造项目，也要向本地确定的粮食主产重点开发县（市）倾斜。

二、突出中低产田改造

除内蒙古、青海两省（区）用于中低产田改造项目（含中型灌区节水配套改造项目）财政投资不得低于土地治理项目财政总投资的80%外，其他各省（区、市）不得低于90%。鼓励有条件的省份特别是粮食主产区，土地治理项目财政投资全部安排用于中低产田改造项目。同时要把中低产田改造与建设优势农产品特别是优质粮食生产基地紧密结合，努力把项目区建成发展优势农产品尤其是优质粮食生产的基地。

三、项目安排

每个开发县、市、区、农场（以下简称“开发县”）用于土地治理项目的财政投资在500万元以下的，只能安排1个项目；财政投资在500万元（含）至1 000万元的，原则上可安排2至3个项目；财政投资在1 000万元（含）以上的，原则上可安排4至5个项目。

四、治理面积

土地治理项目区内治理地块要相对集中连片，年度单个土地治理项目区治理面积，原则上中低产田改造平原地区不低于1万亩，丘陵山区不低于5 000亩；生态综合治理中的天然草场不低于5 000亩、人工草场不低于1 000亩，小流域治理和土地沙化治理不低于5 000亩。如受丘陵山区等自然客观条件限制，年度单个项目区治理面积达不到上述要求的，可不限于一个地块，但必须在同一小流域或同一灌区范围内。

五、投资标准

土地治理项目的亩投资标准（含中央和地方财政资金、农民筹资和投劳折资）按以下原则掌握：1. 平原地区、丘陵山区的中低产田改造项目分别为440元/亩、570元/亩；2. 生态综合治理项目的草原（场）建设参照《国家农业综合开发“十五”计划》中的有关标准执行，小流域治理参照《关于下发农业综合开发“四个重点”示范工程实施意见的通知》中的“坡改梯”标准执行，土地沙化治理可根据实际情况确定。各地可依据以上亩投资标准，对不同地方、不同条件的土地治理项目实行不同的标准，但以全省为单位加权平均计算，应大体上等同于上述投资标准。

六、建设标准

土地治理项目的建设标准严格执行《国家农业综合开发土地治理项目建设标准》（国农办［2004］48号）的有关规定。各省份中低产田改造项目建设，在注重综合措施建设的同时，要全面推行节水灌溉农业措施建设，北方干旱缺水地区要积极探索发展旱作农业路子。

七、关于中型灌区节水配套改造项目

各省（区、市）可以根据当地中低产田改造的实际需要，在土地治理项目资金中安排1至2个中型灌区节水配套改造项目，具体要求按即将下发的《国家农业综合开发中型灌区节水配套改造项目管理实施办法》执行。

八、关于农机具购置补贴

用于购置农业机械及配套机具的财政补贴，占土地治理项目财政资金的比重，原则上执行财政部《关于调整农业综合开发资金若干投入比例的规定》（财发［2004］2号）。对购置农业机械及配套机具的扶持，属于财政补贴性质，不能全部包下来。

九、关于科技推广费的安排

土地治理项目科技推广费必须在国家农发办规

定的政策比例和使用范围内进行安排，必须与土地治理项目紧密结合，并且要有推广新品种、新技术的具体内容，有技术依托单位，建设单位和技术依托单位签订相关合同。各省（区、市）集中的科技推广费，如何安排使用，应在上报国家农发办的项目计划中作专门说明，并在附表中填列逐个项目安排情况。各地应积极探索用好科技推广费的有效形式。

十、关于农民筹资投劳

农业综合开发土地治理项目农民筹资投劳的各项要求，暂执行《国家农业综合开发农民筹资投劳管理暂行规定》（国农办［2003］162号），同时要积极探索、总结、推广鼓励农民自觉自愿筹资投劳的有效机制和办法。要把农民是否有开发的积极性作为项目立项的重要条件之一，凡是中低产田改造和生态综合治理项目未达到项目区内村民大会（或村民代表大会、村民小组会议）参会三分之二以上人员和村民委员会负责人签字同意的，不得纳入扶持范围。

十一、项目评审

所有土地治理项目须经评审合格后，才能编入土地治理项目年度计划。按现行规定，国家农发办负责组织评审中型灌区节水配套改造项目、年度中央财政投资额在500万元（含）以上的单个中低产田改造和生态综合治理项目，省级农发办事机构负责组织评审其他土地治理项目。按照“谁评审，谁负责”的原则，要认真进行项目评估、审定。由国家农发办负责评审的项目可行性研究报告须于2005年4月底前报送。

十二、计划编制

各地要根据国家农发办下达的2005年中央财政农业综合开发资金投资控制指标，依据由具备相应资质的设计单位编制并经省级或地级农发办事机构审定的拟建项目初步设计或实施方案，编制项目年度计划。省级农发办事机构报送项目计划应包括计划编制说明书、计划报表及附件。1. 计划编制说明书主要包括：开发县范围及变更情况、区域布局与开发重点、投资规模及资金来源构成、开发任务与项目安排、主要治理措施及投资安排、预期效益目标等。2. 计划报表（含汇总报表软盘）按国家农发办2004年制定的汇总报表、基层报表及有关要求填列（报表及有关要求不再另发）。3. 附件包括省级财政部门承诺落实地方财政配套资金的正式文件（注明省级资金来源、如何决定的及地县级资金保障措施）、省级农发办事机构对全省项目区农民筹资投劳汇总情况的审查意见等。地级或县级农发办事机构编制项目计划的具体要求，由省级农发办事机构按国家农发办2004年的有关要求确定。

十三、计划报批

有关审批项目计划的要求与2004年的要求相同。各省（区、市）应在2005年5月底前向国家农发办报送年度项目计划，逾期不予受理。项目计划一经批复，地方各级农发办事机构不得擅自变动，如确需调整，应按审批权限，分别报送国家农发办或省级农发办事机构批准。调整项目需经国家农发办批准的，应在项目批准立项的当年12月底或次年6月底之前报送。调整项目由省级农发办事机构批准的，需报送国家农发办备案。

十四、相关要求

各省（区、市）农发办事机构要精心组织，统筹安排，按规定时间高标准、高质量地做好2005年土地治理项目申报和计划编报工作。同时，要认真执行国家农发办制定的招投标制、工程监理制、项目和资金公示制等有关规定，并规范农业综合开发工程设备招标采购工作，以确保提高工程建设质量。

附件：关于科技推广费的计划安排情况表

附件

关于科技推广费的计划安排情况表

项目名称	行次	地点	金额（万元）	具体推广内容	技术依托单位
合　计					

关于印发《国家农业综合开发中型灌区节水配套改造项目管理实施办法》的通知

（2005年2月25日　国家农业综合开发办公室　水利部　国农办［2005］26号）

各省、自治区、直辖市、计划单列市、新疆生产建设兵团财政（务）厅（局）、农业综合开发办公室（局）、水利（务）厅（局）：

根据国家农业综合开发有关政策和规定，国家农业综合开发办公室会同水利部研究制定了《国家农业综合开发中型灌区节水配套改造项目管理实施办法》（以下简称《办法》），现将该《办法》印发给你们，请遵照执行。在执行中有何问题和意见，请及时向国家农业综合开发办公室和水利部反馈。

附件：国家农业综合开发中型灌区节水配套改造项目管理实施办法

附件

国家农业综合开发中型灌区节水配套改造项目管理实施办法

第一章　总　　则

第一条　为加强和规范农业综合开发中型灌区节水配套改造项目（原称农业综合开发水利骨干工程项目，以下简称“中型灌区改造项目”）管理，保证项目建设顺利实施，提高投资效益，根据国家农业综合开发有关政策规定，结合中型灌区改造项目的特点，制定本办法。

第二条　中型灌区改造项目是指对灌溉面积5万～30万亩的中型灌区的灌排骨干工程进行配套完善和节水改造的项目，重点为农业综合开发中低产田改造提供灌排骨干工程条件。通过加强农业水利基础设施建设，改善农业生产条件，提高农业综合生产能力，保障国家粮食安全。

第三条　中型灌区改造项目实行自下而上申报，自上而下审定。坚持统筹规划、因地制宜、注

重实效、择优立项的原则。

第四条　中型灌区改造项目扶持的重点区域是农业主产区（特别是粮食主产区）、水资源短缺区，兼顾其他地区。项目建设资金以地方投入为主，中央给予补助。实行经济发达地区少补助、经济欠发达地区多补助的原则。按项目管理资金，不留资金缺口。

第五条　凡属农业综合开发扶持的中型灌区改造项目，均依照本办法管理。

第二章　申报条件和主要建设内容

第六条　拟申报的中型灌区改造项目需符合下列条件：

（一）与农业综合开发规划紧密衔接，并纳入《全国农业综合开发重点中型灌区节水配套改造建设规划》。

（二）灌区位于或跨越农业综合开发县（市、区），灌溉面积为5万～30万亩。

（三）灌区骨干工程设施老化失修严重，效益衰减，对实施农业综合开发中低产田改造、提高当地农业综合生产能力形成制约。

（四）单个项目的总费用（即总投资，下同）一般不超过2 000万元。在此限额内，根据配套政策和实际需要，确定单个项目的中央财政资金扶持额度。

第七条　中型灌区改造项目的主要建设内容包括：

（一）干支渠（沟）道开挖疏浚。

（二）干支渠道衬砌防渗。

（三）干支渠（沟）系建筑物（农桥、涵洞、水闸、渡槽、倒虹吸管、隧洞等）配套完善和更新改造。

（四）输水管道、暗渠建设及节水设备购置。

（五）水源及渠首工程改建、维修及加固。

（六）泵站（总装机容量不超过5 000KW）及配套输变电工程（电压等级不超过35KV）新建、改造。

（七）泵站、闸坝、干支渠管护设施及量水设施、施工临时工程设施等。

第三章　资金筹集和使用管理

第八条　中型灌区改造项目建设资金包括中央财政农发资金、地方财政资金和地方水利部门筹集资金（含灌区管理单位筹集资金，下同）。同时，依照农村税费改革的有关政策规定，鼓励引导受益乡镇、农村集体和农民以筹资、投劳的方式参与项目建设。

第九条　中央财政农发资金为一次性无偿补助。单个项目的补助额按照项目工程量的大小、资金配套政策和精打细算的原则安排。在中央财政农发资金的扶持上，鼓励地方财政资金和地方水利部门资金多配套、多筹集。

第十条　地方财政资金配套比例执行所在省的农业综合开发项目配套比例政策。地方水利部门资金按地方财政配套资金的同等比例筹集。地方财政配套资金和水利部门筹集资金须有可靠的资金来源。

第十一条　中型灌区改造项目建设资金用于项目的勘测设计费、建设管理费、不可预见费，占该项目建筑及安装工程费的比例，分别为2.5%、3%、5%，在地方财政资金中列支。

第十二条　项目建设资金应按照农业综合开发资金管理的有关规定严格管理。各项资金要及时、足额拨付到位，严禁挪用、截留和抵扣。财政资金按灌区管理单位的隶属关系实行县级财政或地级财政报账制，并做到专人管理、专账核算、专款专用。各级水利部门和农发办事机构应配合审计部门做好资金审计工作，对发现的问题及时予以纠正。

第四章　申报程序和评估审定

第十三条　省级水利部门会同同级农发办事机构（农发办设在财政的为农发办，未设在财政的为财政部门和农发办，下同）根据国家农业综合开发有关政策和中长期发展规划，结合《全国农业综合开发重点中型灌区节水配套改造建设规划》，组织编制阶段性中型灌区改造建设规划，并据此建立项目库。

第十四条　水利部农业综合开发办公室（以下

简称“水利部农发办”）与国家农业综合开发办公室（以下简称“国家农发办”）根据财力可能，于每年上半年，联合向各省（区、市）下达关于申报下一年度中型灌区改造项目的通知。

第十五条 县级水利部门会同同级农发办事机构，根据当地农业综合开发规划和中型灌区改造建设的需要，在编制项目可行性研究报告的基础上，共同向上级水利部门、农发办事机构提出项目申请。

项目可行性研究报告主要内容包括：项目提要，项目所在地经济社会概况和灌区基本现状，灌区骨干工程存在的主要问题及项目建设的必要性，水供需平衡及水质分析，建设标准及规划设计方案，主要建设内容及工程量，费用估算及资金筹措，效益及经济评价分析，环境影响评价，建设管理及施工组织，运行管护及灌区管理体制改革，结论和建议。

项目可行性研究报告需由具备相应资质的单位编制。可行性研究报告编制提纲另行制定。

第十六条 省级水利部门会同同级农发办事机构对项目可行性研究报告初审后，于每年8月底前联合向水利部农发办、国家农发办报送下一年度中型灌区改造项目可行性研究报告。

已申报项目可行但未立项实施的省（区、市），应暂缓申报新的项目。

第十七条 水利部农发办负责对各地报送的项目可行性研究报告进行技术审查，提出审查意见报送国家农发办。国家农发办针对水利部农发办提出的审查意见，组织项目评估。

项目评估采取实地考察、现场答辩和专家评议等方式进行。评估的重点包括项目建设的必要性、水土资源状况、采用的规划设计方案、费用估算、资金配套能力、项目效益情况和前期准备工作等。

实行项目评估责任制，参加评估的人员对评估项目有关内容的真实性和评估结论负责。

第十八条 国家农发办根据资金可能和项目评估情况，商水利部农发办提出项目审定方案。项目审定要力求布局合理，既体现向农业主产区倾斜，又兼顾各地的实际需要。凡在建项目地方资金不到位及挪用、挤占、截留项目资金的，暂不安排新项目。

项目审定方案确定后，由国家农发办下达关于中型灌区改造项目的审定意见和项目投资控制指标。

第五章　计划编报和批复下达

第十九条 水利部农发办根据国家农发办下达的中型灌区改造项目审定意见和项目投资控制指标向省级水利部门下达编报项目实施计划的通知。

第二十条 省级水利部门在接到编报项目实施计划的通知后，组织项目所在地水利部门、农发办事机构和灌区管理单位编报项目实施计划，并会同同级农发办事机构联合上报水利部农发办。

中型灌区改造项目实施计划依据审定意见和项目投资控制指标，在项目可行性研究报告基础上编制，主要内容包括：项目提要，项目所在地经济社会概况及灌区基本现状，灌区骨干工程存在的主要问题及项目建设的必要性，水供需平衡及水质分析，建设标准及规划设计方案，主要建设内容及工程量，费用估算及资金筹措，效益及经济评价分析，环境影响评价，建设管理及施工组织，运行管护及灌区管理体制改革，有关表格（包括项目费用估算总表，项目经济社会及基本现状表，项目水供需平衡及经济评价结果表，项目建设任务、投资、效益计划表等），有关图纸（包括项目位置图和平面布置图等）。项目实施计划中应体现项目技术审查、评估、审定意见等相关内容。

省级联合上报文件应专门对项目的地方财政资金和地方水利部门筹集资金作出明确承诺，并明确资金的具体来源。

第二十一条 中型灌区改造项目实施计划由水利部和国家农发办联合批复下达。省级水利部门和省级农发办事机构负责项目实施计划的转批下达。省级水利部门负责项目初步设计或施工图设计报告的审批。

第二十二条 地方各级水利部门、农发办事机构和灌区管理单位要严格执行批复下达的项目实施计划。如确需变更项目实施计划，应依据修订的项

目初步设计报告并按下述规定履行报批手续：

（一）拟变更建设内容的投资额达到或超过批复下达的项目总投资额的15%的，由水利部会同国家农发办批复。

（二）拟变更建设内容的投资额未达到批复下达的项目总投资额的15%的，由省级水利部门会同同级农发办事机构批复，并报水利部农发办备案。

（三）变更项目实施计划，应按上述要求在项目批准立项的当年12月底或次年6月底之前报送变更报告。

第六章　建设实施

第二十三条　中型灌区改造项目的建设期一般为2年。几经批准立项的项目，要按期建成并达到规定的建设标准。

第二十四条　项目实施计划一经批复，工程建设应先用地方配套和自筹资金，国家农发办视地方资金到位情况拨付中央财政农发资金。

第二十五条　中型灌区改造项目实行项目法人制、招标投标制、工程监理制和项目公示制。项目法人为灌区管理单位，在项目前期准备阶段予以明确。主要单项工程通过招标投标选择符合资质要求的施工单位承建，通过招标投标选择符合资质要求的监理单位进行监理。要对项目的主要建设内容、投资、资金来源和效益等进行公示。

第二十六条　灌区管理单位依据经批准的中型灌区改造项目初步设计或施工图设计报告，具体负责项目实施。

第二十七条　各级水利部门和农发办事机构要加强项目实施过程中的监督检查，发现问题及时纠正，确保工程质量和资金安全。

第二十八条　省级水利部门和农发办事机构于每年3月底前向水利部农发办、国家农发办报送上一年度项目计划完成情况统计表。

第七章　竣工验收

第二十九条　省级水利部门会同同级农发办事机构负责竣工项目的验收准备工作，并向水利部农发办提交竣工项目验收申请。验收申请文件应附有省级验收报告和项目验收统计表。水利部农发办负责对当年竣工项目组织全面验收（或将部分竣工项目委托省级验收）。

第三十条　竣工项目验收的主要内容包括：建设任务完成情况，主要单项工程质量情况；投资计划完成情况，资金到位及使用管理情况；预期效益；运行管护及灌区管理体制改革情况；文档管理情况等。

第三十一条　水利部农发办组织竣工项目验收，地方应提供下列资料：

（一）项目建设竣工报告；

（二）项目工程质量检验报告及监理报告；

（三）项目财政资金到位及使用管理情况报告；

（四）项目资金审计报告；

（五）项目验收统计表；

（六）项目竣工图纸；

（七）其他需要提供的资料。

第三十二条　水利部农发办在对竣工项目组织验收的基础上，向国家农发办提交竣工项目验收报告和抽查考评申请。经国家农发办抽查考评合格，由水利部颁发验收合格证。

第八章　运行管护及灌区管理体制改革

第三十三条　项目竣工后，应明确运行管护主体，及时办理资产移交和登记手续；建立健全各项运行管护制度，落实管护人员和管护经费，保证工程正常运行，长期发挥效益。

第三十四条　要按照国务院办公厅转发的《水利工程管理体制改革实施意见》的要求，深化灌区管理体制改革，建立新型的灌区运行机制，积极推行用水户参与灌溉管理模式，建立用水户协会。要按照有关规定重新测算供水水价，并经有关部门批准后执行。

第九章　附　　则

第三十五条　用土地治理项目资金安排扶持的中型灌区改造项目，比照本办法管理，其管理程序明确如下：

（一）省级农发办事机构与同级水利部门协商后，于每年8月底前向国家农发办报送下一年度项目可行性研究报告；

（二）水利部农发办受国家农发办委托对项目可行性研究报告进行技术审查。在此基础上，经国家农发办组织评估审定后，向省级农发办事机构下发项目审定意见的通知，抄水利部农发办；

（三）经评估审定可行的项目，省级农发办事机构向国家农发办单独编报项目计划；

（四）项目竣工后，与地方实施的农业综合开发项目一并验收。

第三十六条 本办法自印发之日起执行，原《国家农业综合开发水利骨干工程项目管理实施细则》（水农［2001］229号）同时废止。

第三十七条 本办法由国家农发办（商水利部农发办）负责解释。

国家农业综合开发办公室关于印发《国家农业综合开发部门项目管理办法》的通知

（2005年3月11日 国农办［2005］30号）

水利部、农业部、国家林业局、国土资源部农业综合开发办公室，各省（区、市）财政厅（局）、农业综合开发办公室（局），新疆生产建设兵团财务局、农业综合开发办公室：

为进一步加强和规范农业综合开发部门项目管理，国家农业综合开发办公室经反复征求中央农口部门和地方财政部门的意见，并经认真研究，重新制定了《国家农业综合开发部门项目管理办法》，现印发给你们，请遵照执行。在执行中有何问题和意见，请及时向国家农业综合开发办公室反馈。

附件：国家农业综合开发部门项目管理办法

附件

国家农业综合开发部门项目管理办法

第一章 总 则

第一条 为了促进国家农业综合开发中央农口部门项目（以下简称“部门项目”）管理科学化、制度化、规范化，保证资金安全运行和有效使用，根据国家农业综合开发有关政策和规定，结合部门项目特点，制定本办法。

第二条 部门项目是经国家农业综合开发办公室（以下简称“国家农发办”）批准，由中央农口部门组织实施的项目。凡属中央农口部门农业综合开发项目，均按本办法执行。

第三条 部门项目建设遵循国家农业综合开发的指导思想和方针政策，体现行业特点，发挥技术优势，增强项目示范引导作用。

第四条 部门项目分为两类：

（一）土地治理项目，包括水利部组织实施的中型灌区节水配套改造和水土保持、农业部组织实施的良种繁育、国土资源部组织实施的土地复垦、

国家林业局组织实施的林业生态示范。

（二）产业化经营项目，包括农业部组织实施的优势特色种养示范、国家林业局组织实施的名优经济林花卉示范。

第五条　地方各级农口部门应与同级财政部门（农发办设在财政部门的为农发办，下同）密切配合，各负其责，互相支持，共同做好部门项目管理工作。

第二章　扶 持 重 点

第六条　部门项目应按照统筹规划、突出重点的原则，根据各类项目的特点，确定各自的重点扶持区域和范围，并符合部门行业发展规划，与国家农业综合开发总体规划相衔接。原则上限于国家农业综合开发县（市、区、旗、国有农场），避免与其他同类项目重复安排。

第七条　中型灌区节水配套改造应通过对灌溉面积5万~30万亩的中型灌区灌排骨干工程进行配套完善和节水改造，重点为农业综合开发中低产田改造提供灌排骨干工程条件。其立项条件是：灌区骨干工程设施老化失修，功能不能正常发挥，成为当地农业综合开发进行中低产田改造的主要制约因素；单个项目总投资一般不超过2 000万元，在此限额内，根据配套政策和实际需要确定单个项目的中央财政资金扶持额度。

水土保持、林业生态示范和土地复垦应分别通过治理水土流失，增加林草植被和防治土地荒漠化，复垦工矿废弃地，保护和改善生态环境。其立项条件是：应有明确的区域范围，治理区面积集中连片，具有一定开发治理条件，对改善农业生产条件和生态环境具有明显的效果；年度单个项目连片治理面积水土保持、林业生态示范各3 000亩（含）以上，土地复垦1 000亩（含）以上；单个项目中央财政资金年度投资规模水土保持、林业生态示范分别不低于80万元，土地复垦不低于150万元。

良种繁育应通过良种繁育体系建设，为粮棉油等大宗农产品生产提供优质种子。良种繁育应以原原种扩繁和良种繁育基地建设为主，适当兼顾牧草种子繁育基地建设。其立项条件是：能在较大范围内增产且改善农产品品质效果明显，名优新品种资源开发具有明显的区域特征和良好的市场前景；项目建设单位具有较强的技术力量，拥有拟繁育推广品种的自主知识产权或生产经营权，有相应的新品种开发潜力或品种资源保护与利用能力，有良种育繁推一体化的经营机制；良种繁育推广的新品种，应经国家级或省级品种审定委员会审定通过，引进品种应经相关部门审批通过；单个项目中央财政资金年度投资规模一般不低于100万元。

第八条　优势特色种养示范应重点扶持秸秆养畜和优势特色种养业良种繁育体系及生产示范基地建设。名优经济林花卉示范应重点扶持名特优新经济林和花卉品种引进、繁育和示范推广。其立项条件是：有明显的资源优势和特色，开发的产品应有较高的科技含量和良好的市场前景；经济效益显著，示范带动作用明显，有利于形成区域主导产业和增加农民收入；项目建设单位有较强的技术力量、承建能力和适应市场经济的经营管理机制，具有独立的法人资格；单个项目中央财政资金年度投资规模一般不低于100万元。

第九条　部门项目的扶持对象重点是广大农民、农业产业化龙头企业、农民专业合作经济组织、基层专业技术推广组织以及农业科研单位。

第三章　资 金 管 理

第十条　部门项目应按中央财政资金投入的一定比例落实地方财政配套资金和自筹资金。地方财政配套资金和自筹资金比例，比照地方农业综合开发项目规定的比例执行。中型灌区节水配套改造项目自筹资金比例另行规定。

地方各级财政应按照经批准的项目计划足额落实财政配套资金，并将财政配套资金列入同级财政年度预算。

第十一条　部门项目中央财政资金分配实行奖优罚劣，与各部门和地区项目管理工作绩效挂钩，向工作成效好的部门和地区倾斜。

第十二条　用于土地治理项目的中央财政资金全部无偿投入。用于产业化经营项目的中央财政资金实行有偿和无偿扶持相结合，并积极探索其他扶持方式。产业化经营项目除优势特色种养示范中的海南省农垦天然橡胶基地中央财政资金无偿、有偿比例为 70:30 外，其余产业化经营项目的中央财政资金无偿、有偿比例均为 30:70。

部门项目中央财政有偿资金回收期限和资金占用费率执行国家农发办的统一规定。各级农口部门有责任催收到期应回收的财政有偿资金，与同级财政部门共同做好财政有偿资金回收工作。

第十三条 土地治理项目资金使用范围：

（一）中型灌区节水配套改造：干支渠（沟）道开挖疏浚，干支渠道衬砌防渗，干支渠（沟）系建筑物（农桥、涵洞、水闸、渡槽、倒虹吸管、隧洞等）配套完善和更新改造，输水管道、暗渠建设及节水设备购置，水源及渠首工程改建、维修及加固，泵站（总装机容量不超过 5 000KW）及配套输变电工程（电压等级不超过 35KV）新建、改造，泵站、闸坝、干支渠管护设施及量水设施、施工临时工程设施等。

（二）水土保持：坡地及沟道整治、土壤改良、保土耕作、田间道路，拦引蓄灌排小型水利水保工程等所需的材料、设备、机械施工补助及技工工资，营造水土保持林草、经济林所需的种子、苗木、整地、定植及幼林管护、封禁治理、苗圃建设，科技推广、技术培训及小型仪器设备购置等费用。

（三）土地复垦：工矿废弃地整治、土壤改良、田间道路，修建排灌蓄水工程等所需的材料、设备、机械施工补助及技工工资，营造农田防护林和经济林所需的苗木、整地、定植和幼林管护，科技推广、技术培训、小型仪器设备购置和农用机械及其配套机具购置补助等费用。

（四）林业生态示范：营造水源涵养林、水土保持林、防风固沙林、农田防护林所需的种子、苗木、整地、定植、封育、幼林管护及低效林改造、苗圃建设，科技推广、技术培训及小型仪器设备购置等费用。

（五）良种繁育：农作物及牧草良种扩繁、加工、贮藏必备的仓库、晒场、厂房、工作室等生产性基础设施及相关仪器设备，土地平整、土壤改良、田间道路、灌排设施及 10KV（含）以下输变电设备等，技术推广、技术培训、原种及原原种提纯和扩繁补助、新品种引进补助等费用。

第十四条 产业化经营项目资金使用范围：

种植业项目所需的基础设施建设及设备购置，包括温室大棚、工作室、土地平整、土壤改良、灌排及 10KV（含）以下输变电设施、田间道路建设等；养殖业项目所需的基础设施建设及设备购置，包括养殖与孵化设施、厂房、工作室、品种改良及防疫设施、秸秆饲料开发等；技术推广、技术培训及新品种引进补助等费用。

产业化经营项目的财政无偿资金应用于：项目可行性研究、初步设计（或实施方案）所需费用，新品种、新技术引进补助及示范和培训所发生的费用，部分必要的公益性基础设施建设投入补助。

第十五条 部门项目可行性研究、初步设计等支出由项目建设单位按单个项目财政资金总额 2% 以内控制使用，从地方财政配套资金中列支，按实际支出数计入工程成本。

中型灌区节水配套改造项目列支的相关费用另行规定。

第十六条 部门项目财政资金严格按照农业综合开发财务、会计制度进行管理，实行专人管理、专账核算、专款专用，及时足额拨借，按规定范围使用资金，严禁挤占挪用。财政无偿资金实行县级报账制；借出财政有偿资金应落实还款责任，借款单位应提供担保。

第十七条 各级财政部门、农口部门应加强项目资金使用的监督管理，发挥审计部门与社会中介机构的作用，对项目建设资金拨借、使用和配套资金落实情况进行检查和审计。

第十八条 挤占、挪用农业综合开发资金，或者虚报农业综合开发项目的，根据《财政违法行为处罚处分条例》及其他有关规定进行处理；对有偿资金未按期足额归还的，相应减少下年投资。

第四章 项目管理

第十九条 中央农口部门应依据国家农业综合

开发政策和行业发展规划，制定部门项目建设规划和阶段性实施方案，并在此基础上做好项目申报前的准备工作。

第二十条　中央农口部门应于每年上半年，通过发布下一年度项目申报指南以及推行项目招商或项目招投标等多种形式，在较大范围内择优选项。

第二十一条　申报部门项目应提交可行性研究报告。可行性研究报告的格式与内容，由中央农口部门参照国家农发办关于编制地方农业综合开发项目可行性研究报告的要求确定。

第二十二条　部门项目由基层农口部门会同同级财政部门逐级向上申报。省级农口部门会同同级财政部门对项目可行性研究报告初审后，按申报要求和超过当年投资规模的一定比例，于项目实施年度上一年6月底前联合向中央农口部门申报项目可行性研究报告（属国家农发办评估审定的项目，其可行性研究报告应同时报国家农发办）。

未按要求进行联合申报或越级申报的项目，不予立项。

第二十三条　中型灌区节水配套改造、中央财政年度投资500万元（含）以上的土地治理项目和中央财政年度投资300万元（含）以上的产业化经营项目，由国家农发办评估审定；低于以上额度的项目由中央农口部门评估审定。国家农发办对中央农口部门项目评估审定工作进行指导、监督和检查。

项目评估应建立责任制，明确专业评估人员的评估责任。评估人员应对评估项目的技术可行性、经济合理性等作出客观真实的评价。因评估结论失实影响项目正确决策的，评估人员及其所属评估机构应承担相应责任。

第二十四条　中央农口部门应按照超过国家农发办当年下达的投资控制指标的一定比例，提前选好下年度拟扶持的备选项目。待国家农发办正式下达下一年度的部门项目投资控制总指标后，从备选项目中择优选项，并经与国家农发办事先协商在20个工作日内正式报国家农发办，同时附报项目评估审定情况。

对经评估审定可行，拟纳入扶持计划的项目，由国家农发办在中央农口部门上报备选项目后20个工作日内下达分省分项目投资控制指标，中央农口部门下发编报项目实施计划的通知。

第二十五条　部门项目计划实行自下而上编报。地方农口部门应依据项目计划编报要求和中央财政资金分省分项目投资控制指标，会同同级财政部门逐级编报、汇总年度项目实施计划。省级农口部门应在中央财政分省分项目投资控制指标下达后2个月内会同省级财政部门将年度项目实施计划报送中央农口部门。同时附送省级财政部门出具的地方财政配套资金和中央财政有偿资金偿还的承诺文件。

中央农口部门据此汇总编制年度项目实施计划，于中央财政资金分省分项目投资控制指标下达后3个月内报国家农发办批复。中央农口部门依据国家农发办批复的汇总计划批复项目分省计划，并报国家农发办备案，同时抄送省级财政部门。

第二十六条　年度项目实施计划一经批复，应严格执行。如因特殊情况，确需调整、变更和终止的，应按国家农发办规定履行报批手续。

第二十七条　各级农口部门应加强项目实施监督管理，建立健全项目管理责任制。项目建设单位应由专人负责工程建设管理，严把工程质量关。应积极推行项目法人制、招投标制、资金和项目公示制。

中央农口部门应在每年3月底前向国家农发办报送上年度项目实施计划完成情况统计表。

第二十八条　已竣工的部门项目以中央农口部门组织验收为主。某些项目由国家农发办委托省级农发办事机构进行验收。部门项目验收应吸收地方财政部门参与。

基层农口部门、财政部门和项目实施单位应做好部门项目竣工验收前的准备工作，由上一级农口部门会同同级财政部门进行督查。

第二十九条　国家农发办对部门竣工验收项目每三年进行一次考评。中央农口部门在对竣工项目组织验收的基础上向国家农发办提交验收考评申请并附验收总结报告。国家农发办按一定比例随机抽样确定考评项目的数量和名单，采取直接组织和委托的方式进行考评。国家农发办对已竣工的部门验收项目考评后，按考评标准作出是否合格的综合评价。

第三十条 部门项目竣工验收后，应明确管护主体，及时办理移交手续。管护主体应建立健全各项运行管护制度，保证项目正常运转，长期发挥效益。基层农口部门和财政部门应加强对财政无偿资金投入形成国有资产的管理。

国家农发办和各级农口部门应做好后期项目监测评价工作，为改进项目管理提供依据。

第三十一条 国家农发办对竣工项目验收考评不合格的中央农口部门予以通报批评，限期整改。在限期内未能认真整改的，国家农发办可以根据情节轻重，不予安排新增资金、调减现有投资规模或者暂停投资。

第五章 附 则

第三十二条 中央农口部门可依据本办法制定部门项目管理实施细则，报国家农发办备案。《国家农业综合开发中型灌区节水配套改造项目管理实施办法》由国家农发办会同水利部研究制定。

第三十三条 本办法自颁发之日起施行，《国家农业综合开发部门项目管理试行办法》（国农办［2000］125号）、《关于进一步加强农业综合开发部门项目管理工作的通知》（国农办［2002］181号）同时废止。

国家农业综合开发办公室关于利用世界银行贷款农业科技项目投资概算审查有关问题的通知

（2005年4月6日　国农办［2005］39号）

安徽、湖南、黑龙江、陕西省财政厅、农业综合开发办公室（局）：

2005年3月8日，国家发展和改革委员会批复了利用世行贷款农业科技项目可行性研究报告。根据固定资产投资管理有关规定，以及与世行谈判达成的一致意见，需进一步审查该项目详细投资概算，现将有关问题通知如下：

一、农户投入问题

（一）根据《国家农业综合开发办公室关于利用世界银行贷款农业科技项目准备工作有关事项的通知》（国农办［2003］13号）要求，该项目直接用于农户的投入比例不能低于项目财政资金（世行贷款和地方财政资金）的50%，这些资金可通过项目建设单位向各级财政部门按世行贷款支付比例申请报账。

（二）对养殖项目中购买的由农户养殖的奶牛、肉牛、羊、猪、鸡等畜禽（种畜禽除外），请各省省级财政部门、农发办共同制定相关扶持政策，对农户进行补贴。

二、建设单位投资问题

（一）各项目建设单位的非生产用车、办公用房及其附属设施，世行贷款资金不予支付。

（二）各类农民技术服务用房（含培训用房），300平米以内的，其合格费用可以用世行贷款资金支付。

（三）财政无偿资金形成的农发国有资产的管理，另行规定。

三、项目培训、考察问题

国家农发办统一负责国外培训、考察团组的

组织和向世行申请报账；地方农发办按批复的年度计划组织的国内培训、考察，发生的合格费用可以申请世行贷款资金报账；企业按批复的年度计划组织的培训，只有针对农民及农民技术员，在当地发生的合格的培训费用，才能申请世行贷款资金报账，企业其他类型的培训活动，如对本企业员工的培训等，不予报账；企业组织的考察活动，不予报账。

四、子项目世行贷款额度问题

各省子项目无具体世行贷款额度，其原因：一是世行项目采取报账制，投资概算中不同建设内容有不同的报账支付比例，而支付比例的确定取决于实际采购程序和方法；二是若不履行世行采购和报账程序，世行也不予报账支付。因此，子项目实际使用的世行贷款，需按照项目投资概算和年度计划、国家农发办和世行的有关规定提款报账后确定。

五、相关要求

（一）各省要对项目投资概算认真审查，严格把关，确保财政资金安全有效使用。

（二）各省项目投资概算与世行评估确定的投资概算中不一致的内容，应按照世行和国家农发办的有关政策规定和要求，做出相应调整，并详细说明调整理由，以便与世行方面商定最终投资概算。

（三）请各省于 2005 年 4 月 20 日前，将审查调整后的投资概算上报国家农发办。

国家农业综合开发办公室关于加强国家农业综合开发项目竣工验收工作的指导意见

（2005 年 5 月 13 日　国农办［2005］64 号）

各省、自治区、直辖市、计划单列市财政厅（局）、农业综合开发办公室（局），新疆生产建设兵团财务局、农业综合开发办公室，农业部、水利部、国土资源部、国家林业局农业综合开发办公室：

为了适应依法行政、依法理财的要求，不断提高农业综合开发管理水平，根据财政部《关于改革和完善农业综合开发若干政策措施的意见》，国家农业综合开发办公室拟从今年起，改革农业综合开发项目竣工验收方式，探索新的验收管理机制。现就加强项目竣工验收工作提出以下指导意见：

一、验收工作管理体制

自 2005 年起，国家农业综合开发项目竣工验收工作实行县级农业综合开发办事机构进行竣工验收准备，地、市级检查验收准备情况，省级（含中央农口部门）农业综合开发办事机构对各类竣工项目进行全面验收，包括对国家农业综合开发办公室评估审定的专项科技示范、中型灌区改造、产业化经营竣工项目要逐个进行验收（部分由省级审定的项目可以委托地、市级验收），国家农业综合开发办公室进行抽查考评。

省级农业综合开发办事机构要对项目竣工验收结果的真实准确性负责。国家农业综合开发办公室对项目竣工验收的相关工作，以省为单位（含中央农口部门）每三年进行一次考评，并将考评结果作为增减中央财政投资的依据。

国家农业综合开发办公室今年将对原定由国家农发办组织验收的项目，进行抽查考评，具体考评办法另行制定。请有关省级农业综合开发办事机构按照本“意见”的要求，抓紧做好考评前的各项准备工作。

二、验收的基本内容

（一）项目前期准备，主要包括：农业综合开发与当地经济、农业发展规划的结合情况；项目库建设及入库项目动态管理情况；开展项目评估论证工作情况，项目评估中提出问题的改进情况；项目管理实施细则等规章制度建设情况等。

（二）项目计划执行和工程质量，主要包括：项目计划执行和变更情况；土地治理项目各项措施的实施情况，渠系工程及其他工程规划设计情况；产业化经营、专项科技示范项目建设规模、基础设施、服务体系、带动农户等情况；工程建设质量情况。

（三）项目管理及运行机制，主要包括：项目管理内部控制、管理机制情况，项目工程招标投标制、工程建设监理制和项目资金公示制度执行情况，项目形成国有资产登记和移交情况，工程管护情况，档案资料管理情况，项目审计监督机制落实情况。

（四）资金管理，主要包括：各级财政资金到位、拨借和使用情况，集体和农民筹资投劳情况，资金投入比例情况，财政有偿资金使用、管理和回收情况，资金“三专”管理和县级报账制的执行情况，审计及相关检查中发现问题的整改情况，前期工作费、技术推广费的提取、使用和事业费的安排情况。

（五）项目效益，主要包括社会、经济和生态效益情况，改善农业基础条件和生态环境、提高粮食综合生产能力、推进农业结构调整情况，发展优势农产品的示范带动作用、增加财源、增加农民收入情况，专项科技示范项目经营运转、工程设施利用及计划批复的示范、辐射及带动指标完成情况等。

三、验收工作的要求

（一）验收工作应遵循的原则：要做到职责明确，组织严密；严肃认真，讲究实效；实事求是，客观公正；奖优罚劣，激励竞争。

（二）制定相关制度。各省（区、市）和中央农口部门农业综合开发办事机构要根据分工要求，结合实际情况，制定相应的农业综合开发项目竣工验收办法，实现竣工项目验收管理工作制度化、规范化。

（三）严格执行验收依据。项目竣工验收的依据是国家制定的农业综合开发方针政策、规章制度、项目建设标准和相关部门行业规范，各类项目计划的批复及调整备案文件，以及经批复的项目初步设计或实施方案，各地要以此确定项目竣工验收标准。

（四）按时完成验收工作。省级农发办事机构必须于每年 6 月 30 日前（2005 年可推迟至 7 月 31 日前）完成全面验收工作，并向国家农业综合开发办公室报送三年项目竣工验收汇总报告、审计报告和验收统计表。竣工验收报告内容包括：组织开展项目验收情况，本期项目计划投资和任务完成情况，工程建设质量和工程管护情况，资料、文档管理情况，管理运行机制和效益情况，存在的问题、整改建议和验收结果，其他情况等。

四、验收工作的组织领导

（一）高度重视，加强领导。农业综合开发项目竣工验收是对项目建设进行综合评价的过程，是农业综合开发项目管理的必要环节，是检验开发成果和检查政策制度执行情况的有效途径，是改进管理工作、提高农业综合开发管理水平的重要手段，必须予以高度重视，把它作为整个农业综合开发工作的一项重要内容，作为落实“三个代表”重要思想的具体体现。要通过加强组织领导，确保验收工作顺利开展，取得实效。

（二）精心组织，落实责任。省级农发办事机构要制定详细的验收方案，合理配备验收工作人员并加强培训，做到资金检查和项目检查相结合，严格验收与认真整改相结合。建立健全项目竣工验收工作责任制，各验收组组长对验收结果承担全面责任，具体负责业务的人员对各自检查结果承担责任。

（三）严格要求，奖优罚劣。各地要严格执行

验收的标准，按照农业综合开发相关规章制度，落实奖惩措施，把工作成效和资金安排有机挂钩，达到验收的目的，使农业综合开发工作水平进一步提高。

国家农业综合开发办公室关于申报2005年农业综合开发产业化经营中央财政贴息项目的通知

（2005年6月14日　国农办［2005］74号）

各省、自治区、直辖市、计划单列市财政厅（局），农业综合开发办公室（局），新疆生产建设兵团财务局、农业综合开发办公室，农业部（黑龙江省农垦总局）农业综合开发办公室：

根据《农业综合开发中央财政贴息资金管理办法》（财发［2005］4号）、《国家农业综合开发办公室关于2005年农业综合开发产业化经营项目申报有关事宜的通知》（国农办［2005］20号）要求，现就2005年农业综合开发中央财政贴息项目申报事宜通知如下。

一、项目申报条件

1. 属于农业综合开发产业化经营项目扶持范围，符合产业化经营项目立项条件。

2. 2005年未申报过农业综合开发产业化经营项目的其他扶持方式。

3. 2005年已经落实或能够落实银行贷款的项目。

4. 申报项目应落实银行固定资产贷款1 000万元（含）以上。

二、项目申报材料

1. 项目单位已落实银行贷款手续的有关文件和证明材料，包括贷款银行对项目的评估论证报告、贷款合同（或贷款承诺函）等。

2. 省级财政部门、农发办事机构的审核意见。

3.《农业综合开发中央财政贴息项目申请表》、《农业综合开发中央财政贴息项目汇总表》（财发［2005］4号之附表1、附表2）。

三、项目申报额度

请按照我办下达你省（区、市）2005年产业化经营项目指导性投资控制指标10%的额度，组织项目申报。

四、贴息率和期限

2005年农业综合开发产业化经营项目中央财政贴息率为5.58%，贴息期限原则上为1年。

五、申报时间

各省（区、市）财政部门、农发办事机构要于2005年10月底前，向国家农发办报送产业化经营贴息项目申报材料。

国家农业综合开发办公室关于编报2005年度利用世界银行贷款农业科技项目计划有关事宜的通知

（2005年6月14日　国农办［2005］78号）

安徽、湖南、黑龙江、陕西省财政厅、农业综合开发办公室（局）：

我国政府已于2005年6月7日，与世界银行签订利用世界银行贷款农业科技项目（以下简称世行科技项目）《贷款协定》和《项目协定》，该项目正式进入实施阶段。据此，请各省根据项目总体实施计划，编制你省2005年度世行科技项目计划，并于7月10日前上报国家农业综合开发办公室。现将有关要求通知如下：

一、关于投资控制指标

2005年度，各省世行贷款（中央财政资金）投资额不得超过本省贷款分配额的15%，同时，各省列入2005年投资计划的项目，必须是已经世行评估通过的。

二、关于配套资金

各省要根据2005年度投资计划和规定的配套资金比例，落实地方财政配套资金，并出具相应的配套资金落实承诺意见函，随项目计划一同上报。

三、关于追溯贷款

各省若使用追溯贷款（即2004年9月29日以后，《贷款协定》生效日之前发生的合格支出），必须确保严格遵照世行采购规定、程序和方法，并保存好相关凭据，贷款生效后及时报账。

四、相关要求

（一）世行科技项目年度计划文件应包括：年度计划说明，当年计划实施措施和配套资金落实等内容。

（二）财政与农发机构分设的省份，项目计划须经两部门审核同意后联合上报。

（三）各省要按照“国家农业综合开发利用世界银行贷款农业科技项目计划报表”（附后）格式填写计划报表。

附件：国家农业综合开发利用世界银行贷款农业科技项目计划报表

附件

国家农业综合开发利用世界银行贷款农业科技项目计划报表

（2005年度）

2005年度××省世行科技项目投资计划汇总表

编制单位：　　　　　　　　　　　　　　　　　　　　　　　　　　　　单位：万元

序号	子项目名称	总投资	中央财政资金（世行贷款）		地方财政配套资金			自筹资金	
		合计	小计	其中：有偿	小计	其中：省级		小计	其中：投工投劳折资
						小计	其中：有偿		

2005年度××省××子项目投资计划表

编制单位：

项目建设内容	单位	任务量	总投资	中央财政资金（世行贷款）		地方财政配套资金			自筹资金	
				小计	其中：有偿	小计	其中：省级		小计	其中：投工投劳折资
							小计	其中：有偿		

注：项目建设内容可参照项目概算表填列

2005年度××省世行科技项目任务投资情况表

项目名称	行次	单位	任务量	年度投资计划							
				合计	财政资金		自筹资金			其他资金	银行贷款
					小计	其中：中央财政资金（世行贷款）	小计	其中：投工投劳			
								折资	数量（万工日）		
（一）技术引进	1	—	—								
引进品种	2	个		—	—		—	—	—	—	—
引进技术工艺	3	项		—	—		—	—	—	—	—
（二）技术示范	4	—	—								
示范品种	5	个		—	—		—	—	—	—	—

续表

项目名称	行次	单　位	任务量	年度投资计划							
				合计	财政资金		自筹资金			其他资金	银行贷款
					小计	其中：中央财政资金（世行贷款）	小计	其中：投工投劳			
								折资	数量（万工日）		
示范技术	6	项		—	—		—	—	—	—	—
示范面积	7	万亩		—	—		—	—	—	—	—
（三）技术推广	8	—	—								
推广品种	9	个		—	—		—	—	—	—	—
推广技术	10	项		—	—		—	—	—	—	—
推广面积	11	公顷		—	—		—	—	—	—	—
（四）技术服务体系建设	12	—	—								
组培中心	13	平方米									
工厂化育苗	14	平方米									
良种基地	15	万亩									
加工及检测设备	16	台套									
技术培训	17	人月						—	—		
产业化经营组织	18	个									
其他	19	—	—								
（五）科技市场建设	20	—	—								
交易厅、展厅及各类仓库	21	平方米									
信息网络设备	22	台套									
检测（疫）仪器、设备	23	台套									
配套设施	24	—	—								
（六）产业基地建设	25	—	—								
种植业生产基地	26	万亩									
经济林生产基地	27	万亩									
畜牧业生产基地	28	万头、只									
（七）配套设施建设	29	—	—								
机电井	30	眼									
排灌站	31	座									
排灌渠系	32										
机耕路	33	公里									
购置农业机械	34	台套									
其他	35	—	—								
（八）其他	36	—	—								

2005年度××省世行科技项目预期效益表

项目名称	行次	单位	数量
(一)年扩大良种种植面积	1	万亩	
(二)年新增养殖业良种养殖规模	2		
1. 肉牛	3	头	
2. 奶牛	4	头	
3. 猪	5	头	
4. 羊	6	只	
5. 家禽	7	万羽	
(三)年新增优质农副产品生产能力	8		
1. 粮食	9	万公斤	
2. 棉花	10	万公斤	
3. 油料	11	万公斤	
4. 蔬菜	12	万公斤	
5. 经济林果	13	万公斤	
6. 花卉	14	万公斤	
7. 饲草	15	万公斤	
8. 中药材	16	万公斤	
9. 畜禽肉类	17	万公斤	
10. 奶类	18	万公斤	
11. 蛋类	19	万公斤	
12. 其他	20		
(四)年新增农机总动力	21	万千瓦	
(五)年新增和完善农业服务体系建设	22	处	
(六)年新增高效饲料生产能力	23	吨	
(七)年新增农产品加工能力	24	吨	
(八)年新增农产品储运能力	25	吨	
(九)年新增总产值	26	万元	
(十)年新增增加值	27	万元	
(十一)年新增利税	28	万元	
(十二)项目年直接受益农户数量	29	户	
(十三)项目年直接受益农业人口数	30	人	
(十四)项目直接受益农民年纯收入增加总额	31	万元	

国家农业综合开发办公室关于编报利用世界银行贷款加强灌溉农业三期项目追溯计划的通知

（2005年4月29日　国农世便［2005］5号）

河北、江苏、安徽、山东、河南省财政厅、农业综合开发办公室（局）：

利用世界银行贷款加强灌溉农业三期项目（以下称世行三期项目）自2005年4月5日起进入追溯期，追溯期止于项目正式生效日。鉴于此，请你省尽快编制追溯计划，并于2005年6月15日前上报国家农业综合开发办公室。现将计划编报有关事宜通知如下：

一、关于投资控制指标：各省计划总投资控制在评估计划的15%以内，其中世行贷款金额不超过各省世行贷款额度的20%。

二、关于项目内容安排：根据世行采购政策，计划中只允许安排除国际、国内竞争性招标以外的项目内容。

三、关于配套资金：各省应积极采取措施，落实各级财政配套资金，保证追溯计划的顺利实施。

四、关于追溯期报账：各项目实施单位应妥善保存追溯期内发生的全部费用记录和会计原始支出凭证，以备项目正式生效后报账和世行检查。

五、关于追溯期风险：根据世行有关规定，如果由于某些不可预见的原因，项目未能获得世界银行的批准，其追溯期风险将由地方各级政府承担。

如世行三期项目于2005年12月31日之后正式生效，则追溯计划将视为2005年年度计划。

附件：

表1　世行三期项目任务和投资计划汇总表

表2　世行三期项目预期效益表

表3－1　世行三期项目开发任务和投资计划明细表

表3－2　绿色食品基地建设任务和投资计划明细表

表4　世行三期项目分县（市、区）任务和投资计划表

表1

世行三期项目任务和投资计划汇总表

任务和投资	单　　位	总　　计
一、任务		
（一）中低产田改造	千公顷	
（二）营造农田防护林	千公顷	
二、投资	千元	
（一）财政资金	千元	
1. 中央财政资金（世行贷款）	千元	
2. 地方财政资金	千元	
省级	千元	

续表

任务和投资	单　位	总　计
地级	千元	
县级	千元	
（二）自筹资金	千元	
投劳折资	千元	
群众自筹	千元	

表2

世行三期项目预期效益表

项　目	单　位	计划增加数量
（一）农业生产条件改善情况		
1. 改善灌溉面积	千亩	
2. 新增和改善除涝面积	千亩	
3. 新增节水灌溉面积	千亩	
4. 年节约水量	千立方米	
5. 增加农田林网防护面积	千亩	
6. 增加机耕面积	千亩	
7. 新增农机总动力	千瓦	
8. 扩大良种种植面积	千亩	
（二）提高农业竞争能力	—	
1. 扶持农技服务站	个	
2. 完善农产品质量检测体系	个	
3. 优质农产品种植面积	千亩	
其中：优质粮食种植面积	千亩	
4. 农产品优质品率	%	
5. 新增绿色食品种植面积	万亩	
（三）年新增主要农产品生产能力	—	
1. 粮食	千公斤	
2. 棉花	千公斤	
3. 油料	千公斤	
4. 蔬菜	千公斤	
5. 其他农产品	千公斤	
（四）项目区年直接受益农户数量	户	
（五）项目区年直接受益农业人口数	人	
（六）项目区直接受益农民年纯收入增加总额	千元	
（七）自主管理灌排区建设情况	—	
1. 亩均年节水量	立方米	
2. 水费收取率	%	

表 3－1

世行三期项目开发任务和投资计划明细表

序号	建设内容	单位	数量	投资（千元）			
				合计	财政资金	自筹资金	
						小计	其中：投劳折资
1	总费用合计						
2	一、节水灌溉						
3	（一）基础设施建设						
4	1. 开挖疏浚沟渠						
5	长度合计	公里					
6	土方量合计	千立米					
7	（1）支渠						
8	长度	公里					
9	土方	千立米					
10	（2）斗农渠						
11	长度	公里					
12	土方	千立米					
13	（3）支排水沟						
14	长度	公里					
15	土方	千立米					
16	（4）斗、农排水沟						
17	长度	公里					
18	土方	千立米					
19	2. 建筑物	座					
20	（1）桥	座					
21	跨度大于 10 米	座					
22	跨度 10－4 米	座					
23	跨度小于 4 米	座					
24	（2）涵洞	座					
25	直径 100 厘米以上	座					
26	直径 60－100 厘米	座					
27	直径 60 厘米以下	座					
28	（3）水闸	座					
29	流量大于 $3m^3/s$	座					
30	流量 $1-3m^3/s$	座					
31	流量小于 $1m^3/s$	座					
32	（4）渡槽	座					
33	（5）跌水	座					
34	（6）倒虹吸	座					
35	（7）出水口	座					

续表1

序号	建设内容	单位	数量	投资（千元）			
				合计	财政资金	自筹资金	
						小计	其中：投劳折资
36	3. 机电排灌站	座					
37	（1）新建	座					
38	装机大于100KW	座					
39	土建	平米					
40	设备	台套					
41	装机100－50KW	座					
42	土建	平米					
43	设备	台套					
44	装机小于50KW	座					
45	土建	平米					
46	设备	台套					
47	（2）改建	座					
48	装机大于100KW	座					
49	土建	平米					
50	设备	台套					
51	装机100－50KW	座					
52	土建	平米					
53	设备	台套					
54	装机小于50KW	座					
55	土建	平米					
56	设备	台套					
57	4. 机电井	眼					
58	（1）新建	眼					
59	打井	眼					
60	井房	个					
61	设备	台套					
62	（2）更新	眼					
63	打井	眼					
64	井房	个					
65	设备	台套					
66	（3）维修	眼					
67	洗井	眼					
68	井房	个					
69	设备	台套					
70	5. 农电线路 Rural	公里					
71	（1）10千伏	公里					
72	（2）380伏	公里					

续表2

序号	建设内容	单位	数量	投资（千元）			
				合计	财政资金	自筹资金	
						小计	其中：投劳折资
73	(3) 变压器	台					
74	6. 小型蓄水工程（10万方以下）	座					
75	新建	座					
76	改扩建	座					
77	7. 农村道路	公里					
78	(1) 砂石路	公里					
79	宽度6米以上（含6米）	公里					
80	宽度6米以下	公里					
81	(2) 土路	公里					
82	（二）工程节水措施						
83	1. 防渗渠道						
84	控制面积	公顷					
85	长度合计	公里					
86	防渗面积合计	千平米					
87	(1) 支渠						
88	长度	公里					
89	防渗面积	千平米					
90	(2) 斗农渠						
91	长度	公里					
92	防渗面积	千平米					
93	2. 低压管道	公里					
94	控制面积	公顷					
95	长度	公里					
96	(1) PVC管	公里					
97	管材、管件	公里					
98	安装	公里					
99	(2) 水泥管（含安装）	公里					
100	(3) 喷灌	公顷					
101	(4) 微灌（含滴灌）	公顷					
102	(5) 移动式地面软管	公里					
103	控制面积	公顷					
104	（三）农艺节水措施						
105	1. 土壤改良	公顷					
106	(1) 平整土地	公顷					
107	(2) 深翻、深松土地	公顷					
108	(3) 平衡施肥	公顷					
109	(4) 秸秆还田	公顷					

续表3

序号	建设内容	单位	数量	投资（千元）			
				合计	财政资金	自筹资金	
						小计	其中：投劳折资
110	2. 培训	人月					
111	3. 示范推广	公顷					
112	（四）管理节水措施						
113	1. 用水者协会	个					
114	（1）开办费						
115	（2）建筑物	平米					
116	（3）培训考察	人月					
117	（4）量水设备	台套					
118	2. 培训	人月					
119	3. 量水设备	台套					
120	二、农业标准化与组织化建设						
121	（一）现代农业服务体系建设						
122	1. 良种生产						
123	良种基地面积	公顷					
124	（1）建筑物	平米					
125	（2）原种、原原种引进	公斤					
126	（3）晒场	平米					
127	（4）设备和仪器	台套					
128	种子加工生产线	套					
129	种子加工单机	台					
130	检验仪器	台/件					
131	（5）运输车辆（5吨以下）	辆					
132	2. 病虫害综合防治						
133	（1）仪器	台/件					
134	（2）建筑物（测报站）	平米					
135	（3）培训	人月					
136	（4）示范推广	公顷					
137	3. 县农技推广中心						
138	（1）仪器	台/件					
139	（2）建筑物	平米					
140	4. 乡镇农技综合服务站						
141	（1）建筑物	平米					
142	（2）晒场	平米					
143	（3）仪器设备	台/件					
144	5. 农业机械	台					
145	（1）拖拉机	台					
146	大型拖拉机（50马力以上）	台					

续表 4

序号	建设内容	单位	数量	投资（千元）			
				合计	财政资金	自筹资金	
						小计	其中：投劳折资
147	中小型拖拉机（50马力以下）	台					
148	（2）配套机具	台					
149	（3）秸秆还田机	台					
150	（4）播种机	台					
151	（5）收割机	台					
152	（6）喷雾（粉）机	台					
153	6. 其他农业培训	人月					
154	7. 其他示范推广	公顷					
155	（二）优势农产品示范和发展						
156	1. 设施农业	平米					
157	（1）建筑物	平米					
158	（2）设备	台套					
159	2. 绿色农产品						
160	（1）生产基地建设	公顷					
161	（2）仪器	台/件					
162	（3）病虫害综合防治						
163	（4）培训	人月					
164	（5）示范推广	公顷					
165	（6）申报补助						
166	（7）监测						
167	3. 优势农产品示范和推广						
168	（1）培训	人月					
169	（2）购良种补助						
170	（三）农民组织化建设						
171	1. 农民专业协会	个					
172	2. 农民专业合作社试点	个					
173	三、农业生态环境建设与管理						
174	（一）农田林网	公顷					
175	（二）防护林带	公顷					
176	（三）苗圃	公顷					
177	（四）病虫害综合防治						
178	1. 仪器	台/件					
179	2. 建筑物（测报站）	平米					
180	3. 培训	人月					
181	4. 示范推广	公顷					
182	（五）环境监测管理						
183	1. 水环境						

续表5

序号	建设内容	单位	数量	投资（千元）			
				合计	财政资金	自筹资金	
						小计	其中：投劳折资
184	2. 土壤肥力						
185	3. 环境质量						
186	4. "四位一体"生态建设	元					
187	（六）其他培训	人月					
188	（七）其他示范推广	公顷					
189	四、机构发展与支持						
190	（一）培训	人月					
191	1. 国内培训	人月					
192	2. 国外培训	人月					
193	（二）考察	人月					
194	1. 国内考察	人月					
195	2. 国外考察	人月					
196	（三）技术援助	人月					
197	1. 国内技术援助（含流动专家组）	人月					
198	2. 国外技术援助	人月					
199	（四）科研与示范						
200	（五）办公设施						
201	1. 工程管理用车	辆					
202	2. 办公设备	台/套					
203	（六）管理信息系统						
204	软件开发						
205	五、项目设计与管理						
206	（一）勘测设计费						
207	（二）项目监测评价与管理						

表3－2

绿色食品基地建设任务和投资计划明细表

序号	建设内容	单位	数量	投资（千元）			
				合计	财政资金	自筹资金	
						小计	其中：投劳折资
1	总费用合计						
2	一、节水灌溉						
3	（一）基础设施建设						
4	1. 开挖疏浚沟渠						
5	长度合计	公里					
6	土方量合计	千立米					

续表 1

序号	建设内容	单位	数量	投资（千元）			
				合计	财政资金	自筹资金	
						小计	其中：投劳折资
7	（1）支渠						
8	长度	公里					
9	土方	千立米					
10	（2）斗农渠						
11	长度	公里					
12	土方	千立米					
13	（3）支排水沟						
14	长度	公里					
15	土方	千立米					
16	（4）斗、农排水沟						
17	长度	公里					
18	土方	千立米					
19	2. 建筑物	座					
20	（1）桥	座					
21	跨度大于 10 米	座					
22	跨度 10－4 米	座					
23	跨度小于 4 米	座					
24	（2）涵洞	座					
25	直径 100 厘米以上	座					
26	直径 60－100 厘米	座					
27	直径 60 厘米以下	座					
28	（3）水闸	座					
29	流量大于 $3m^3/s$	座					
30	流量 $1-3m^3/s$	座					
31	流量小于 $1m^3/s$	座					
32	（4）渡槽	座					
33	（5）跌水	座					
34	（6）倒虹吸	座					
35	（7）出水口	座					
36	3. 机电排灌站	座					
37	（1）新建	座					
38	装机大于 100KW	座					
39	土建	平米					
40	设备	台套					
41	装机 100－50KW	座					
42	土建	平米					
43	设备	台套					

续表2

序号	建设内容	单位	数量	投资（千元）			
				合计	财政资金	自筹资金	
						小计	其中：投劳折资
44	装机小于50KW	座					
45	土建	平米					
46	设备	台套					
47	(2) 改建	座					
48	装机大于100KW	座					
49	土建	平米					
50	设备	台套					
51	装机100－50KW	座					
52	土建	平米					
53	设备	台套					
54	装机小于50KW	座					
55	土建	平米					
56	设备	台套					
57	4. 机电井	眼					
58	(1) 新建	眼					
59	打井	眼					
60	井房	个					
61	设备	台套					
62	(2) 更新	眼					
63	打井	眼					
64	井房	个					
65	设备	台套					
66	(3) 维修	眼					
67	洗井	眼					
68	井房	个					
69	设备	台套					
70	5. 农电线路 Rural	公里					
71	(1) 10千伏	公里					
72	(2) 380伏	公里					
73	(3) 变压器	台					
74	6. 小型蓄水工程（10万方以下）	座					
75	新建	座					
76	改扩建	座					
77	7. 农村道路	公里					
78	(1) 沙石路	公里					
79	宽度6米以上（含6米）	公里					
80	宽度6米以下	公里					

续表3

序号	建设内容	单位	数量	投资（千元）			
				合计	财政资金	自筹资金	
						小计	其中：投劳折资
81	(2) 土路	公里					
82	(二) 工程节水措施						
83	1. 防渗渠道						
84	控制面积	公顷					
85	长度合计	公里					
86	防渗面积合计	千平米					
87	(1) 支渠						
88	长度	公里					
89	防渗面积	千平米					
90	(2) 斗农渠						
91	长度	公里					
92	防渗面积	千平米					
93	2. 低压管道	公里					
94	控制面积	公顷					
95	长度	公里					
96	(1) PVC管	公里					
97	管材、管件	公里					
98	安装	公里					
99	(2) 水泥管（含安装）	公里					
100	3. 喷灌	公顷					
101	4. 微灌（含滴灌）	公顷					
102	5. 移动式地面软管	公里					
103	控制面积	公顷					
104	(三) 农艺节水措施						
105	1. 土壤改良	公顷					
106	(1) 平整土地	公顷					
107	(2) 深翻、深松土地	公顷					
108	(3) 平衡施肥	公顷					
109	(4) 秸杆还田	公顷					
110	2. 培训	人月					
111	3. 示范推广	公顷					
112	(四) 管理节水措施						

续表4

序号	建设内容	单位	数量	投资（千元）			
				合计	财政资金	自筹资金	
						小计	其中：投劳折资
113	1. 用水者协会	个					
114	（1）开办费						
115	（2）建筑物	平米					
116	（3）培训考察	人月					
117	（4）量水设备	台套					
118	2. 培训	人月					
119	3. 量水设备	台套					
120	二、农业标准化与组织化建设						
121	（一）现代农业服务体系建设						
122	1. 良种生产						
123	良种基地面积	公顷					
124	（1）建筑物	平米					
125	（2）原种、原原种引进	公斤					
126	（3）晒场	平米					
127	（4）设备和仪器	台套					
128	种子加工生产线	套					
129	种子加工单机	台					
130	检验仪器	台/件					
131	（5）运输车辆（5吨以下）	辆					
132	2. 病虫害综合防治						
133	（1）仪器	台/件					
134	（2）建筑物（测报站）	平米					
135	（3）培训	人月					
136	（4）示范推广	公顷					
137	3. 县农技推广中心						
138	（1）仪器	台/件					
139	（2）建筑物	平米					
140	4. 乡镇农技综合服务站						
141	（1）建筑物	平米					
142	（2）晒场	平米					
143	（3）仪器设备	台/件					
144	5. 农业机械	台					

续表 5

序号	建设内容	单位	数量	投资（千元）			
				合计	财政资金	自筹资金	
						小计	其中：投劳折资
145	（1）拖拉机	台					
146	大型拖拉机（50 马力以上）	台					
147	中小型拖拉机（50 马力以下）	台					
148	（2）配套机具	台					
149	（3）秸秆还田机	台					
150	（4）播种机	台					
151	（5）收割机	台					
152	（6）喷雾（粉）机	台					
153	6. 其他农业培训	人月					
154	7. 其他示范推广	公顷					
155	（二）优势农产品示范和发展						
156	1. 设施农业	平米					
157	（1）建筑物	平米					
158	（2）设备	台套					
159	2. 绿色农产品						
160	（1）生产基地建设	公顷					
161	（2）仪器	台/件					
162	（3）病虫害综合防治						
163	（4）培训	人月					
164	（5）示范推广	公顷					
165	（6）申报补助						
166	（7）监测						
167	3. 优势农产品示范和推广						
168	（1）培训	人月					
169	（2）购良种补助						
170	（三）农民组织化建设						
171	1. 农民专业协会	个					
172	2. 农民专业合作社试点	个					
173	三、农业生态环境建设与管理						
174	（一）农田林网	公顷					
175	（二）防护林带	公顷					
176	（三）苗圃	公顷					

续表6

序号	建设内容	单位	数量	投资（千元）			
				合计	财政资金	自筹资金	
						小计	其中：投劳折资
177	（四）病虫害综合防治						
178	1. 仪器	台/件					
179	2. 建筑物（测报站）	平米					
180	3. 培训	人月					
181	4. 示范推广	公顷					
182	（五）环境监测管理						
183	1. 水环境						
184	2. 土壤肥力						
185	3. 环境质量						
186	4. “四位一体”生态建设	元					
187	（六）其他培训	人月					
188	（七）其他示范推广	公顷					
189	四、机构发展与支持						
190	（一）培训	人月					
191	1. 国内培训	人月					
192	2. 国外培训	人月					
193	（二）考察	人月					
194	1. 国内考察	人月					
195	2. 国外考察	人月					
196	（三）技术援助	人月					
197	1. 国内技术援助（含流动专家组）	人月					
198	2. 国外技术援助	人月					
199	（四）科研与示范						
200	（五）办公设施						
201	1. 工程管理用车	辆					
202	2. 办公设备	台/套					
203	（六）管理信息系统						
204	软件开发						
205	五、项目设计与管理						
206	（一）勘测设计费						
207	（二）项目监测评价与管理						

表 4

世行三期项目分县（市、区）任务和投资计划表

名称	任务量（公顷）		投资（千元）								
	改造中低产田	营造防护林	总投资	中央财政资金（世行贷款）	地方财政配套资金				自筹资金		
					小计	省级	地级	县级	小计	投劳折资	群众自筹
全省合计											
某市小计											
×××县											
×××县											
某市小计											
×××县											
×××县											
某市小计											
×××县											
×××县											
某市小计											
×××县											
×××县											

第六部分

统计资料

统计资料说明

一、本部分收集了农业综合开发2004年的统计数据及1988—2004年的汇总统计数据。

二、统计范围仅限于国家立项的农业综合开发项目，其他农业综合开发项目未统计在内。

三、统计资料分为“农业综合开发基本情况表”、“全国农业综合开发项目统计表”、“农业综合开发世界银行项目统计表”、“农业综合开发部门项目统计表”等四个部分，每个部分都附有各项统计指标的相关解释和说明。

四、“农业综合开发基本情况表”中各项统计指标的数据，均为农业综合开发地方项目、世界银行项目、部门项目统计数据的合计数。

五、在“全国农业综合开发项目统计表”中，“2004年全国农业综合开发项目投入情况表”及“1988—2004年全国农业综合开发项目投入情况表”中各指标的统计数据，为农业综合开发地方项目、世界银行项目、部门项目统计数据的合计数；其他统计表中各指标的数据均指地方项目的统计数据。

六、黑龙江省农垦总局农业综合开发项目是由农业部负责组织实施的部门项目，但由于该项目一直比照地方项目管理，因此，将其视同一个省级单位统计在“全国农业综合开发项目统计表”中，在“农业综合开发部门项目统计表”中未作统计。

七、2004年，国家农业综合开发办公室修订了农业综合开发统计报表格式及指标，因而本部分的表格样式、指标及指标说明也作了以下相应调整：

1. 将原“全国农业综合开发分项目投资完成情况表”中的“中央财政资金”、“地方配套财政资金”改为“财政资金”和“其中：中央财政资金”两栏。

2. 在原“全国农业综合开发土地治理项目主要建设内容完成情况表”和“全国农业综合开发土地治理项目主要建设内容投资完成情况表”中增加“生态综合治理”和“中型灌区节水配套改造”栏，“生态综合治理”栏下设“草原（场）建设”、“小流域治理”、“土地沙化治理”栏。

3. 原“全国农业综合开发科技示范项目主要建设内容完成情况表”中的“畜牧业生产基地”栏下不再分设“奶牛养殖”、“牛、猪、羊养殖”和“家禽养殖”栏。

4. 将原效益指标“农民人均纯收入”调整为“项目区直接受益农民人均增收额”等。

农业综合开

1988—2004年全国农业综

年份	开发范围（个）		资金投入（万元）					
	开发县（市、区、农场）总数	其中：开发县数	合计	中央财政资金	地方财政配套资金	银行贷款	自筹资金	改造中低产田（万亩）
1988	746	495	178 368.70	50 267.00	37 324.10	23 332.30	67 445.30	944.90
1989	949	658	347 770.38	100 858.00	77 694.60	61 236.00	107 981.78	2 189.58
1990	1 101	796	495 558.13	140 563.90	113 782.37	96 663.42	144 548.44	3 167.95
1991	1 092	864	566 910.25	152 508.30	139 653.07	111 549.48	163 199.40	2 736.26
1992	1 293	1 060	622 907.52	157 720.90	139 149.17	109 288.29	216 749.16	2 557.97
1993	1 335	1 106	720 708.58	182 138.90	153 749.40	129 552.33	255 267.95	2 755.15
1994	1 399	1 177	682 714.80	182 136.80	167 871.77	111 807.79	220 898.44	1 599.84
1995	1 441	1 197	871 689.40	235 224.00	226 903.00	122 120.57	287 441.83	2 022.59
1996	1 531	1 270	1 198 520.50	305 263.00	258 913.00	197 321.55	437 022.95	2 563.75
1997	1 547	1 335	1 291 707.54	293 129.00	302 841.00	199 825.54	495 912.00	2 623.41
1998	1 675	1 470	1 642 497.92	421 135.00	409 431.70	191 805.30	620 125.92	3 039.82
1999	1 745	1 516	1 887 745.37	472 563.81	468 367.80	210 188.94	736 624.82	3 647.36
2000	1 802	1 559	1 972 322.32	676 790.91	572 010.20	120 612.84	602 908.37	3 742.75
2001	1 884	1 645	2 065 077.22	708 629.60	594 679.90	182 712.12	579 055.60	3 058.76
2002	2 023	1 786	2 374 018.23	761 896.82	615 948.40	255 688.60	740 484.41	2 818.44
2003	2 101	1 864	2 379 916.78	867 132.39	625 027.81	203 686.30	684 070.28	1 711.16
2004	2 106	1 872	2 566 991.19	856 504.12	582 983.51	213 373.26	914 130.30	2 415.13
合计	—	—	21 865 424.83	6 564 462.45	5 486 330.80	2 540 764.63	7 273 866.95	43 594.82

发基本情况表

合开发基本情况表

主要建设内容								
生态综合治理（万亩）			开垦宜农荒地（万亩）	优质粮食基地（万亩）	优质饲料粮基地（万亩）	经济林、蔬菜、药材等种植面积（万亩）	水产养殖面积（万亩）	农产品加工和农业生产服务项目（个）
草原（场）建设	小流域治理	土地沙化治理						
58.20			168.00			31.25	1.25	60
163.63			289.60			28.15	12.25	15
231.97			382.83			45.79	10.36	42
176.03			329.95			44.16	6.11	56
309.17			374.15			103.96	21.75	77
261.57			281.99			166.48	49.91	108
222.12			154.06			123.98	27.36	166
244.02			169.85			156.31	32.68	297
326.43			242.17			162.84	55.16	547
245.03			284.70			138.40	60.05	527
205.05			227.07			149.19	41.81	374
178.95			84.16	49.35	23.40	171.28	44.76	395
265.55				197.26	104.63	194.43	43.62	419
296.68				430.65	82.10	190.21	72.32	433
345.87				461.50	90.57	127.83	118.57	516
301.66				988.65	228.73	91.60	39.17	668
254.46	96.54	49.85				70.36	56.39	429
4 086.39	96.54	49.85	2 988.53	2 127.41	529.43	1 996.22	693.52	5 129

续前表

年份	改善农业生产条件				新增主要农产品生产能力（万公斤）			
	新增和改善灌溉面积（万亩）	新增和改善除涝面积（万亩）	增加农田林网防护面积（万亩）	新增农机总动力（万千瓦）	粮食	棉花	油料	糖料
1988	917.50	387.10	874.10	40.60	130 549.00	5 878.80	3 507.40	42 638.70
1989	2 033.40	1 047.35	1 368.39	80.31	405 362.80	10 919.10	21 480.00	102 580.10
1990	2 636.08	1 610.88	2 411.61	97.83	522 038.20	13 089.90	19 159.80	91 947.70
1991	2 456.89	1 250.27	2 104.48	86.98	461 672.87	9 825.10	21 329.20	463 941.70
1992	2 202.97	1 181.93	2 102.86	98.83	450 494.36	11 261.50	17 768.78	324 520.00
1993	2 420.42	1 371.86	2 133.07	93.55	549 904.29	10 345.95	22 808.57	269 605.80
1994	1 284.87	752.61	1 344.14	76.31	305 218.50	9 384.33	21 745.15	106 523.30
1995	1 733.06	1 024.50	1 736.94	94.53	367 578.72	8 851.51	25 432.17	159 105.60
1996	2 327.90	1 153.71	1 747.69	114.39	531 918.14	12 833.29	29 117.82	266 256.90
1997	2 777.21	1 176.92	1 432.25	110.06	571 254.99	8 374.54	28 368.01	154 802.10
1998	3 019.23	1 298.67	1 813.90	262.30	592 407.33	8 647.51	30 225.39	124 592.70
1999	3 378.24	1 363.64	1 955.73	120.47	661 025.04	9 646.31	31 440.78	76 140.53
2000	3 460.87	1 398.41	2 394.31	101.99	644 201.96	9 774.41	33 630.60	60 060.25
2001	2 785.89	1 069.41	1 885.23	104.72	556 625.51	7 664.29	28 247.59	46 321.35
2002	2 655.03	866.64	1 525.99	83.38	498 229.60	5 145.62	22 662.10	39 955.23
2003	2 144.54	737.03	1 189.73	229.83	356 427.75	6 707.25	19 130.88	82 040.90
2004	2 082.55	717.75	1 041.33	95.81	308 533.62	5 095.46	15 641.43	54 771.07
合计	40 316.65	18 408.68	29 061.75	1 891.89	7 913 442.68	153 444.87	391 695.67	2 465 803.93

新增其他农产品产量（万公斤）					新增其他农产品产值（亿元）		农民人均纯收入（元）		项目区直接受益农民人均增收额（元）
肉	蛋	奶	水产品	干鲜果品、蔬菜、药材等	畜禽产品产值	水产品产值	项目区	项目区高于全国农民年人均纯收入	
4 253.00	13.09	35.15	69.79	19 119.00					
10 094.90	13.15	222.82	709.40	6 164.00					
17 241.60	523.57	365.91	3 754.20	24 324.20					
19 781.03	309.14	166.54	1 691.00	20 909.40					
15 533.17	891.50	225.42	5 247.43	28 525.85					
23 316.65	41.28	99.68	7 612.72	32 506.50					
33 717.35	2 336.02	389.47	5 072.87	38 072.54					
36 856.16	2 591.01	887.77	21 087.48	211 708.30					
37 350.54	3 274.59	2 793.08	8 766.55	84 180.31					
22 691.36	5 089.12	7 232.80	11 284.15	120 745.36					
29 288.17	2 934.15	3 109.09	17 400.88	153 464.82			2 400.00	238.02	
84 546.83	3 207.78	4 674.47	57 314.89	212 888.26			2 472.00	261.66	
				383 118.16	18.81	11.95	2 465.00	211.58	
				329 834.01	15.64	9.12	2 544.00	177.60	
					26.88	21.60	2 696.00	220.00	
59 012.62	1 425.95	49 268.22	29 501.18	132 382.96			2 782.57	160.57	
12 706.92	1 470.55	24 948.25	5 715.49	51 951.51					350.36
406 390.30	24 120.90	94 418.67	175 228.03	1 849 895.18	61.33	42.67			

全国农业综合

2004年全国农业综合

地　　区	开发范围（个）		
	开发县（市、区、农场）总数	其中：开发县（市、区）数	合　　计
全国合计	2 106.00	1 872.00	2 566 991.19
北京	10.00	10.00	31 632.61
天津	11.00	11.00	32 045.89
河北	121.00	113.00	80 263.89
山西	66.00	62.00	67 593.48
内蒙古	86.00	78.00	88 734.72
辽宁	66.00	60.00	234 290.19
其中：大连	7.00	7.00	65 552.39
吉林	63.00	61.00	176 154.37
黑龙江	87.00	84.00	111 520.90
上海	7.00	7.00	21 803.63
江苏	79.00	70.00	101 508.35
浙江	63.00	61.00	165 401.74
其中：宁波	9.00	9.00	34 189.87
安徽	93.00	84.00	72 783.44
福建	54.00	54.00	124 693.75
其中：厦门	1.00	1.00	36 522.35
江西	77.00	73.00	88 947.81
山东	123.00	122.00	134 175.86
其中：青岛	8.00	8.00	26 456.00
河南	121.00	121.00	102 817.49
湖北	83.00	73.00	78 403.37
湖南	90.00	88.00	113 811.77
广东	40.00	39.00	51 995.68
其中：深圳	2.00	2.00	7 308.23
广西	61.00	61.00	49 840.68
海南	18.00	18.00	33 877.50
重庆	35.00	34.00	58 002.16
四川	110.00	110.00	112 498.11
贵州	67.00	62.00	42 745.83
云南	67.00	67.00	69 529.79
西藏	17.00	17.00	12 840.00
陕西	78.00	76.00	74 617.41
甘肃	45.00	41.00	47 319.11
青海	34.00	29.00	22 670.89
宁夏	25.00	16.00	32 309.71
新疆	74.00	70.00	54 232.93
新疆兵团	67.00		36 117.50
黑龙江农垦	66.00		36 604.33
部门项目	2.00		2 000.00
国家办			3 206.30

开发项目统计表

开发项目投入情况表

资金投入（万元）			
其　中：			
中央财政资金	地方财政配套资金	银行贷款	自筹资金
856 504.12	582 983.51	213 373.26	914 130.30
8 246.00	16 543.00		6 843.61
7 972.00	14 188.30	200.00	9 685.59
34 520.00	17 469.57	2 929.00	25 345.32
21 356.00	11 528.00	6 104.00	28 605.48
38 822.00	19 452.10	2 068.32	28 392.30
44 969.00	39 949.84	41 993.80	107 377.55
6 613.00	13 860.00	16 647.00	28 432.39
38 314.00	23 496.37	16 361.00	97 983.00
45 358.00	24 660.00	400.00	41 102.90
5 460.00	11 877.78		4 465.85
32 677.00	32 666.41	3 981.44	32 183.50
33 988.00	55 276.30	23 656.00	52 481.44
6 620.00	14 003.52	3 910.00	9 656.35
29 228.00	19 390.39	3 981.90	20 183.15
21 777.00	22 570.49	30 330.00	50 016.26
2 371.00	1 768.00	11 100.00	21 283.35
34 236.60	18 669.70	7 267.00	28 774.51
42 110.00	46 424.89	3 928.80	41 712.17
7 096.00	12 757.00	600.00	6 003.00
36 272.90	23 273.40	9 084.00	34 187.19
33 439.00	14 124.92	5 190.00	25 649.45
44 668.00	21 975.90	10 238.00	36 929.87
13 597.50	21 212.37	5 701.80	11 484.01
1 350.00	2 800.00		3 158.23
23 363.00	12 211.71		14 265.97
15 004.00	8 131.50		10 742.00
21 944.00	11 092.00	7 133.00	17 833.16
42 923.00	26 611.25	4 832.13	38 131.73
18 850.00	8 148.98	2 114.08	13 632.77
24 486.00	22 920.54	5 339.00	16 784.25
9 180.00	3 660.00		
27 692.00	12 873.00	7 541.00	26 511.41
18 223.00	4 453.00	3 264.16	21 378.95
11 672.60	4 513.15		6 485.14
11 346.00	5 181.25	5 317.00	10 465.46
26 032.00	8 437.40	3 297.83	16 465.70
15 511.22		1 120.00	19 486.28
18 060.00			18 544.33
2 000.00			
3 206.30			

2004年全国农业综合开发

地　　区	土地治理项目				产业化经营项目	
	小计	财政资金	银行贷款	自筹资金	小计	财政资金
全国合计	1 175 220.89	798 689.83	2 876.37	373 654.69	1 062 709.42	337 036.35
北京	13 141.77	10 657.97		2 483.80	12 564.81	8 740.00
天津	13 672.17	11 061.63		2 610.54	13 158.90	6 882.90
河北	40 545.61	26 095.95		14 449.66	20 162.25	7 934.75
山西	29 197.25	20 587.68		8 609.57	32 363.77	6 979.86
内蒙古	50 618.63	33 265.92		17 352.71	23 782.04	11 085.13
辽宁	83 323.00	48 686.88	2 500.00	32 136.12	140 892.50	27 236.66
其中：大连	8 702.83	7 385.44		1 317.39	50 451.16	6 991.16
吉林	57 829.76	41 456.76		16 373.00	121 360.00	23 422.00
黑龙江	73 434.00	48 893.00		24 541.00	35 589.00	19 980.00
上海	7 619.93	5 360.88		2 259.05	6 582.43	4 769.83
江苏	28 827.63	17 733.40		11 094.23	35 679.74	11 046.63
浙江	43 804.51	31 645.06		12 159.45	87 309.62	25 242.52
其中：宁波	5 711.13	4 491.61		1 219.52	22 037.89	10 388.70
安徽	43 890.44	30 232.88		13 657.56	23 519.56	14 336.30
福建	40 553.54	30 721.13		9 832.41	85 466.60	16 158.10
其中：厦门	3 873.90	3 319.90		554.00	34 404.00	3 150.00
江西	50 765.40	34 975.39		15 790.01	33 747.75	13 696.25
山东	55 046.31	40 521.24		14 525.07	53 803.20	23 750.30
其中：青岛	9 984.00	8 028.00		1 956.00	12 672.00	8 025.00
河南	48 633.56	33 917.11		14 716.45	41 955.34	14 100.60
湖北	44 642.37	30 789.41		13 852.96	29 140.52	12 958.53
湖南	57 956.25	38 878.78		19 077.47	42 382.40	14 890.00
广东	17 646.80	13 063.09		4 583.71	18 004.85	6 449.05
其中：深圳	1 786.93	1 110.00		676.93	2 778.00	1 050.00
广西	34 401.02	24 665.82		9 735.20	9 500.68	5 299.91
海南	27 261.00	19 761.00		7 500.00	9 181.00	6 159.00
重庆	27 026.58	23 195.23		3 831.35	25 475.31	5 896.40
四川	40 249.47	24 167.78		16 081.69	32 170.70	5 677.60
贵州	25 111.41	17 485.76		7 625.65	14 519.60	6 975.50
云南	35 467.34	26 245.42		9 221.92	20 937.95	9 071.57
西藏	10 464.00	10 464.00				
陕西	37 675.29	25 899.24		11 776.05	29 707.74	7 658.07
甘肃	28 286.73	19 159.33		9 127.40	20 082.67	6 029.30
青海	15 806.27	9 321.13		6 485.14		
宁夏	12 273.97	7 832.45		4 441.52	12 764.94	1 979.00
新疆	26 374.20	15 875.80	376.37	10 122.03	14 118.91	5 697.53
新疆兵团	23 884.33	11 344.77		12 539.56	11 524.57	4 533.60
黑龙江农垦	29 790.35	14 727.94		15 062.41	5 260.07	2 399.46

分项目投资完成情况表

单位：万元

		科技示范项目			
银行贷款	自筹资金	小计	财政资金	银行贷款	自筹资金
205 095.87	520 577.20	63 297.14	37 698.88	5 401.02	20 197.24
	3 824.81	1 535.00	1 000.00		535.00
	6 276.00	2 959.05	1 960.00	200.00	799.05
2 729.00	9 498.50	3 008.58	1 411.42	200.00	1 397.16
6 104.00	19 279.91	1 554.00	838.00		716.00
1 868.32	10 828.59	1 050.00	639.00	200.00	211.00
39 233.80	74 422.04	3 752.39	2 673.00	260.00	819.39
16 647.00	26 813.00	1 711.00	1 409.00		302.00
16 361.00	81 577.00	257.56	224.56		33.00
	15 609.00	2 694.90	1 342.00	400.00	952.90
	1 812.60	1 044.20	650.00		394.20
3 866.05	20 767.06	2 154.58	1 716.98	115.39	322.21
23 380.00	38 687.10	3 538.42	2 325.17	276.00	937.25
3 910.00	7 739.19	1 824.84	1 127.20		697.64
3 322.90	5 860.36	2 992.63	1 668.40	659.00	665.23
30 010.00	39 298.50	4 028.35	2 823.00	320.00	885.35
11 100.00	20 154.00	1 575.35	1 000.00		575.35
7 267.00	12 784.50	1 057.00	857.00		200.00
3 928.80	26 124.10	2 926.00	1 863.00		1 063.00
600.00	4 047.00				
9 084.00	18 770.74	1 518.00	818.00		700.00
4 790.00	11 391.99	1 772.10	967.60	400.00	404.50
9 838.00	17 654.40	1 527.00	929.00	400.00	198.00
5 481.80	6 074.00	3 563.41	2 517.11	220.00	826.30
	1 728.00	2 353.30	1 600.00		753.30
	4 200.77	1 120.71	790.71		330.00
	3 022.00	1 060.00	840.00		220.00
6 854.00	12 724.91	3 585.90	2 030.00	279.00	1 276.90
4 700.00	21 793.10	1 221.59	832.52	132.13	256.94
2 114.08	5 430.02	1 309.10	732.00		577.10
5 339.00	6 527.38	1 284.95	250.00		1 034.95
7 541.00	14 508.67	457.49	230.80		226.69
2 584.16	11 469.21	3 168.78	1 706.44	680.00	782.34
		498.83	200.00		298.83
5 117.00	5 668.94	1 155.00	600.00	200.00	355.00
2 461.96	5 959.42	1 090.75	247.00	459.50	384.25
1 120.00	5 870.97	1 650.75	575.00		1 075.75
	2 860.61	935.28	313.97		621.31

2004年全国农业综合开发土地

地　　区	开 发 任 务					
	改造中低产田（万亩）	生态综合治理（万亩）			中型灌区节水配套改造（个）	修建小型水库（座）
		草原（场）建设	小流域治理	土地沙化治理		
全国合计	2 415.13	215.18	96.54	18.47		467.00
北京	24.56		2.36			
天津	30.32					
河北	82.40	1.27	4.90	6.04		5.00
山西	57.51		6.92			
内蒙古	89.90	105.82				
辽宁	114.39	1.37	9.47			1.00
其中：大连	14.81	0.20	1.77			
吉林	133.68	16.30				26.00
黑龙江	164.63	2.40	8.00	1.14		4.00
上海	6.71					
江苏	91.74					7.00
浙江	53.34		5.44			16.00
其中：宁波	6.94		1.00			
安徽	129.30		8.54			29.00
福建	72.43		3.37			9.00
其中：厦门	3.99					2.00
江西	79.97		5.19			112.00
山东	171.39		4.64	3.25		46.00
其中：青岛	19.61					32.00
河南	110.47		0.56	1.98		15.00
湖北	96.00		0.77			29.00
湖南	107.50	2.60	0.95			99.00
广东	31.48					3.00
其中：深圳	0.30					
广西	69.76					16.00
海南	46.93					
重庆	42.84		4.90			13.00
四川	80.59	6.84				21.00
贵州	67.35		3.34			3.00
云南	95.37		3.79			6.00
西藏	9.37	14.56				
陕西	72.08		12.52			1.00
甘肃	66.72	5.70	4.81	0.55		
青海	19.19	57.46	0.64			
宁夏	30.26		0.60	2.29		2.00
新疆	49.79	0.86	3.08	3.22		1.00
新疆兵团	48.83					
黑龙江农垦	68.33		1.75			3.00

治理项目主要建设内容完成情况表

主要措施							
水利措施		农业措施			林业措施	科技措施	
灌排渠系建设（公里）	新打和配套完善机电井（眼）	改良土壤（万亩）	机耕路（公里）	农机购置（台套）	造林（万亩）	扶持农技服务站（个）	技术培训（万人次）
98 245.19	49 583.00	1 041.31	34 380.24	33 015.00	214.74	1 633.00	885.11
1 404.79	790.00	2.70	292.94	156.00	2.53	5.00	2.67
1 649.93	639.00	9.80	258.50	3.00	4.06	15.00	1.54
6 140.75	5 649.00	53.82	2 963.86	849.00	8.82	89.00	29.72
2 161.21	1 166.00	27.27	1 135.29	540.00	9.56	49.00	18.93
4 633.14	4 162.00	64.79	2 688.65	2 829.00	8.02	90.00	31.43
6 496.65	10 128.00	35.83	1 248.74	722.00	16.51	43.00	101.80
383.20	76.00	5.68	239.84		1.77	1.00	46.91
1 495.49	1 140.00	60.53	1 163.25	473.00	5.33	21.00	16.47
3 589.04	2 526.00	53.70	2 577.25	2 456.00	10.32	42.00	40.69
301.67		2.35	235.07	2.00	0.27	20.00	1.86
4 340.42	500.00	41.36	989.29	722.00	4.25	80.00	14.57
2 393.92		22.77	1 306.92	263.00	6.83	87.00	11.45
162.65		0.69	145.91	30.00	0.52	4.00	0.50
3 910.57	2 859.00	51.36	1 089.21	2 266.00	16.92	91.00	92.58
2 582.97	123.00	24.33	834.55	324.00	4.30	61.00	22.56
248.72		2.47	91.00	20.00	0.04	1.00	2.71
4 811.55	74.00	10.55	1 008.64	164.00	5.53	81.00	17.69
6 919.03	6 760.00	107.65	3 724.92	322.00	9.42	125.00	52.05
317.30	131.00	3.48	253.80	26.00	1.11	4.00	1.94
4 547.20	9 177.00	40.18	2 756.38	1 257.00	7.62	73.00	46.77
5 273.20	145.00	25.23	1 804.29	1 438.00	6.78	182.00	27.82
6 547.96	103.00	31.13	990.14	2 281.00	9.42	89.00	13.50
1 795.08	41.00	21.10	278.09	651.00	4.05	41.00	18.26
33.19	5.00	0.18	22.80		0.02		0.20
2 097.18	28.00	36.22	525.08	1 522.00	4.91	78.00	41.85
1 997.16		6.00	561.39	1 039.00	0.75	9.00	9.50
1 396.39	1.00	15.90	475.98	482.00	12.60	32.00	33.52
5 634.38	136.00	52.14	945.10	4 930.00	8.00	107.00	87.16
992.34		7.14	266.06	349.00	0.31	14.00	11.41
1 245.45	6.00	16.18	441.91	4.00	10.02	17.00	52.64
310.02		6.63	117.48	104.00	0.49		3.70
2 677.58	1 919.00	75.83	1 052.71	193.00	13.39	38.00	32.09
1 526.23	662.00	42.17	951.54	5 510.00	9.12	31.00	17.46
1 393.68		9.10	156.89	311.00	0.85	5.00	5.42
1 466.73	161.00	0.40	25.80	15.00	3.02	1.00	5.54
2 366.04	161.00	39.24	754.30	63.00	6.54	7.00	11.95
681.82	64.00	16.56	125.30	13.00	1.37	1.00	8.08
3 465.62	463.00	31.35	634.72	762.00	2.83	9.00	2.43

2004年全国农业综合开发土地

地区	改造中低产田	农业生态治理			中型灌区节水配套改造	
		草原（场）建设	小流域治理	土地沙化治理		修建小型水库
全国合计	1 061 207.20	45 013.92	56 516.60	9 710.37	2 772.80	11 665.42
北京	11 503.40		1 638.37			
天津	13 672.17					
河北	32 287.83	680.36	2 618.21	4 959.21		26.86
山西	24 888.38		4 308.87			
内蒙古	37 248.72	13 369.91				
辽宁	58 852.20	17 019.50	7 451.30			18.50
其中：大连	7 997.63	43.00	662.20			
吉林	53 634.76	2 749.00			1 446.00	1 885.00
黑龙江	69 882.00	726.00	2 309.00	517.00		404.00
上海	7 619.93					
江苏	28 827.63					78.80
浙江	38 316.64		5 294.07		193.80	608.85
其中：宁波	5 308.30		402.83			
安徽	40 161.16		3 729.28			225.82
福建	38 876.29		1 677.25			190.05
其中：厦门	3 873.90					20.00
江西	46 002.26		4 763.14			3 140.70
山东	52 389.45		1 773.86	883.00		838.69
其中：青岛	9 984.00					485.96
河南	47 463.44		378.31	791.81		107.90
湖北	44 201.43		440.94			276.13
湖南	56 788.85	684.00	483.40			771.22
广东	17 624.80		22.00			59.00
其中：深圳	1 786.93					
广西	34 401.02					563.71
海南	27 261.00					
重庆	22 258.34		4 768.24			225.70
四川	39 006.02	1 243.45				490.98
贵州	23 630.99		1 480.42			944.24
云南	33 748.69		1 718.65			345.52
西藏	8 609.00	1 855.00				
陕西	30 541.42		7 133.87			35.95
甘肃	25 116.23	968.00	1 779.70	422.80		
青海	10 114.59	5 291.18	400.50			
宁夏	9 648.57		353.00	1 139.40	1 133.00	29.00
新疆	23 781.95	427.52	1 167.58	997.15		78.00
新疆兵团	23 884.33					
黑龙江农垦	28 963.71		826.64			320.80

治理项目主要建设内容投资完成情况表

单位：万元

主要措施							
水利措施		农业措施			林业措施	科技措施	
灌排渠系建设	新打和配套完善机电井	改良土壤	机耕路	农机购置	造林	扶持农技服务站	技术培训
366 949.78	73 872.08	67 725.47	109 545.44	34 942.27	52 032.83		16 709.99
3 011.24	1 762.60	559.51	2 741.94	143.20	897.60		80.10
4 673.69	2 784.35	408.13	628.50	22.20	804.49		65.50
10 667.26	8 063.96	2 526.70	4 223.39	1 121.79	2 698.45		298.50
6 118.09	4 834.89	2 657.32	3 068.06	729.09	3 233.68		458.59
13 449.73	6 939.02	2 923.97	2 846.45	2 019.79	2 826.55		480.44
11 483.69	8 881.92	6 195.86	3 973.92	1 041.30	3 852.92		1 189.94
1 963.35	364.79	545.14	601.94		164.30		128.00
12 964.00	3 003.00	2 285.00	4 505.00	2 245.00	2 075.00		1 001.76
9 456.56	8 585.63	1 727.10	7 238.33	5 998.72	3 322.18		839.20
2 608.24		556.70	2 302.17	6.20	389.01		85.50
10 129.98	170.23	2 031.95	4 277.20	488.16	610.38		366.50
16 152.50		2 240.72	8 688.24	247.71	1 278.67		376.45
1 702.70		87.69	1 634.25	59.12	285.39		36.75
9 387.79	2 110.81	2 246.43	4 433.05	2 898.92	1 993.98		528.98
16 743.39	147.71	2 114.06	6 770.37	339.80	693.70		624.70
1 755.60		548.90	806.60	10.00	14.00		130.00
22 493.71	229.58	1 925.21	4 628.61	458.38	1 523.69		905.59
16 103.62	4 951.61	3 458.89	4 193.45	405.26	3 119.03		917.20
2 927.70	373.00	416.43	531.58	134.00	566.83		48.00
11 774.68	7 595.34	1 488.13	4 657.64	2 178.71	2 114.18		663.02
14 568.26	659.48	3 998.74	4 393.67	660.44	1 029.90		805.59
29 412.28	180.55	2 367.26	6 483.32	1 677.76	1 586.71		663.70
6 449.16	116.50	1 170.72	1 450.44	356.49	338.40		213.79
567.83	62.00	302.00	142.00		108.00		30.00
15 413.87	157.20	3 692.85	4 179.79	851.64	833.39		738.58
17 652.00		751.00	2 350.50	712.00	190.00		340.00
9 401.29	3.00	1 616.85	2 949.17	74.82	3 152.70		591.20
14 777.14	127.73	4 212.61	3 702.23	560.28	1 091.11		523.67
11 507.28	16.30	552.12	2 157.59	223.60	148.01		543.56
16 266.86	22.60	2 276.20	4 005.41	35.30	2 468.50		633.59
5 403.80		984.40	223.60	218.60	206.80		225.00
11 428.55	6 356.79	1 454.57	2 428.39	412.22	2 941.56		586.54
7 095.20	2 040.79	3 247.66	2 031.49	412.21	2 289.14		841.05
5 937.80		556.58	297.21	100.30	233.03		124.77
4 837.35	921.74	6.40	26.00	225.31	844.50		181.00
10 223.23	1 490.49	3 922.48	1 747.39	315.04	2 276.18		284.80
3 758.47	679.52	972.55	179.39	31.30	439.88		310.36
5 599.07	1 038.74	596.80	1 763.53	7 730.73	529.51		220.82

2004年全国农业综合开发产业化经营

地　区	种植项目（万亩）			
	经济林	蔬菜	花卉	药材
全国合计	34.48	10.22	1.48	10.33
北京		0.02		
天津				
河北		0.15		
山西	1.01	0.01		1.00
内蒙古		0.09	0.02	
辽宁	0.15	0.07	0.06	0.35
其中：大连	0.10	0.01	0.05	
吉林	0.10	0.03		1.57
黑龙江		0.01		
上海	0.17	0.05		
江苏	0.50	0.02	0.02	
浙江	0.78		0.03	0.05
其中：宁波			0.03	0.05
安徽	3.87	0.20	0.05	
福建	3.29	2.18		0.05
其中：厦门				
江西	1.73	0.29	0.60	
山东	4.38	1.60		0.30
其中：青岛	0.35	0.20		
河南	0.67	0.53	0.09	0.50
湖北	0.86	0.01		1.56
湖南	3.15	3.10	0.42	1.27
广东				
其中：深圳				
广西	3.00	0.06		
海南	0.25		0.04	
重庆	0.10		0.09	0.80
四川	0.60			
贵州	0.74	0.02	0.02	0.20
云南	6.32	1.25	0.03	0.37
西藏				
陕西	2.16	0.03		0.45
甘肃		0.40	0.01	0.40
青海				
宁夏		0.08		
新疆	0.35	0.02		1.13
新疆兵团	0.30			
黑龙江农垦		0.01		0.32

项目主要建设内容完成情况表

养殖项目		加工项目（个）		农业生产服务项目（个）
水产养殖（万亩）	畜禽养殖（万头、只）	新建项目	改扩建项目	
56.39	14 929.14	134.00	253.00	42.00
10.01	2.25	2.00	2.00	
	22.55	2.00		
	83.97	4.00	6.00	5.00
	8.80		9.00	3.00
0.10	36.22	4.00	12.00	
9.75	119.92	13.00	14.00	2.00
7.15		5.00	2.00	2.00
	665.58	1.00	14.00	2.00
	32.47	8.00	8.00	3.00
		1.00	2.00	1.00
0.10	3 683.39		18.00	1.00
0.90	3 168.55	15.00	13.00	1.00
		4.00	6.00	
1.23	1 170.06	5.00	17.00	3.00
0.01	1 508.45	3.00	15.00	
		3.00	2.00	
3.27	46.15	16.00	12.00	1.00
1.80	585.67	6.00	31.00	1.00
0.70	2.95	2.00	9.00	1.00
0.01	398.62	5.00	8.00	3.00
0.15	142.40		8.00	
0.63	348.53	1.00	15.00	
1.00	265.80	2.00	3.00	
1.00	2.80			
	1 018.60	3.00	1.00	1.00
0.07	8.10	1.00	5.00	2.00
0.07	591.36	4.00	4.00	1.00
0.19	0.20	4.00	7.00	1.00
0.01	0.12	7.00	6.00	3.00
	2.50	6.00	6.00	1.00
	703.90	6.00	10.00	4.00
	205.50	5.00	2.00	
	1.42	3.00		
27.09	98.98	1.00	5.00	1.00
	0.67	3.00		2.00
	8.41	3.00		

2004年全国农业综合开发科技示范

地　区	农业高新科技示范（万亩）	农业科技推广综合示范（万亩）	农业现代化示范（万亩）	技术引进		技术示范		
				品种（个）	技术工艺（项）	品种（个）	技术（项）	面积（万亩）
全国合计	3.78	18.64	1.90	386.00	145.00	247.00	217.00	24.32
北京								
天津				1.00	3.00		2.00	
河北	0.90	0.15	0.08	23.00	13.00	22.00	9.00	1.13
山西		0.70		6.00			1.00	0.70
内蒙古		0.10		18.00	6.00	18.00	6.00	0.10
辽宁	0.11	0.50		40.00	1.00	62.00	47.00	0.61
其中：大连	0.11			8.00		6.00	2.00	0.11
吉林								
黑龙江	0.58			14.00	8.00		10.00	0.58
上海			0.90	3.00				0.90
江苏		0.08		21.00	4.00	11.00	14.00	0.08
浙江	0.33		0.03	67.00	9.00	16.00	3.00	0.36
其中：宁波			0.25	6.00	4.00			0.25
安徽		1.65		29.00	19.00	23.00	15.00	1.65
福建			0.10	2.00	6.00	4.00	4.00	0.10
其中：厦门			0.10			4.00		0.10
江西	0.24			6.00		2.00		0.24
山东	0.08			31.00	4.00	4.00	2.00	0.08
其中：青岛								
河南		0.50		17.00	9.00	2.00	6.00	0.50
湖北		0.20		10.00	3.00	3.00	1.00	0.20
湖南	0.65				1.00			0.65
广东				9.00	6.00			
其中：深圳					1.00			
广西		0.07		2.00	2.00	5.00	7.00	0.07
海南		0.02		2.00		3.00		0.02
重庆	0.72	8.50	0.54	21.00	4.00	8.00	4.00	9.76
四川		0.20		2.00	3.00	4.00	1.00	0.20
贵州		0.02				8.00	10.00	0.02
云南	0.11			13.00				0.11
西藏								
陕西		3.33		6.00	5.00	9.00	6.00	3.33
甘肃	0.06	0.79		12.00	5.00	37.00	50.00	0.85
青海				5.00			2.00	
宁夏						1.00	3.00	
新疆		1.58				5.00		1.58
新疆兵团				12.00	27.00		7.00	
黑龙江农垦		0.25		8.00	3.00		7.00	0.25

项目主要建设内容完成情况表

具体建设内容						
技术推广			产业基地建设			
品种（个）	技术（项）	面积（万亩）	种植业生产基地（万亩）	经济林生产基地（万亩）	畜牧业生产基地（万头、只）	水产养殖基地（万亩）
419.00	451.00	122.59	26.51	0.70	130.04	0.10
9.00	15.00	0.20	0.06	0.40		
					0.03	
26.00	21.00	13.50				
3.00	20.00	0.42				
48.00	36.00	2.80				
60.00	31.00	0.23	0.02	0.10		
		0.06	0.02	0.10		
14.00	13.00	1.95	0.10			
1.00	15.00	1.60				
5.00	3.00	2.08				
48.00	25.00	2.71			30.00	
10.00	10.00	1.40	0.15	0.02		
	5.00	0.60	0.10	0.02		
	9.00	11.00				
28.00	39.00	1.20	0.20	0.10		
14.00	7.00	0.20	0.10	0.10		
		2.33				
36.00	32.00	14.05	0.01	0.08	100.01	
		0.30				
	5.00	1.70				
3.00	7.00	30.60	25.00			
9.00	18.00	0.54				
22.00	11.00		0.97			0.10
1.00						0.05
5.00	5.00	1.70				
2.00	1.00	1.15				
23.00	4.00	0.84				
5.00	23.00	5.66				
6.00	15.00	1.00				
	10.00					
16.00	8.00	13.00				
27.00	38.00	7.13				
		3.10				
	1.00	0.70				
3.00	3.00					
10.00	30.00					
	3.00					

2004年全国农业综合

地　　区	改善农业生产条件			
	新增和改善灌溉面积（万亩）	新增和改善除涝面积（万亩）	增加林网防护面积（万亩）	新增机耕面积（万亩）
全国合计	1 863.41	717.75	1 041.33	474.53
北京	21.69	10.93	5.17	4.17
天津	25.98	25.12	13.35	0.50
河北	90.81	26.48	76.65	9.12
山西	42.62	0.97	40.58	11.12
内蒙古	95.01	12.88	78.67	44.74
辽宁	96.86	21.79	79.31	17.11
其中：大连	11.26		0.78	2.02
吉林	56.46	10.02	17.74	5.10
黑龙江	135.68	32.59	77.15	44.67
上海	4.49	3.08	4.17	0.42
江苏	68.04	60.04	52.88	7.57
浙江	47.02	41.24	19.54	11.29
其中：宁波	6.20	5.24	4.33	1.00
安徽	99.24	65.01	61.88	38.65
福建	41.77	13.15	18.45	28.24
其中：厦门	1.56	1.15	0.62	0.45
江西	66.26	26.74	6.39	16.66
山东	166.39	111.00	129.37	21.11
其中：青岛	15.43	7.40	14.55	0.77
河南	88.34	60.95	60.17	61.03
湖北	68.47	39.23	37.94	31.76
湖南	86.90	29.70	10.03	23.50
广东	30.35	13.22	6.48	7.30
其中：深圳	0.39	0.21	0.06	0.19
广西	41.32	14.46	5.79	14.48
海南	25.46	12.95	0.71	10.34
重庆	22.28	12.16	9.02	4.42
四川	53.66	16.22	11.92	11.65
贵州	25.62	8.34	3.26	10.57
云南	59.58	6.69	7.01	10.89
西藏	17.47			
陕西	73.62	1.94	58.19	13.18
甘肃	39.88		40.35	10.24
青海	15.92		1.45	0.50
宁夏	30.68		24.23	
新疆	48.12	0.80	49.36	1.70
新疆兵团	48.83		13.80	
黑龙江农垦	28.59	40.05	20.32	2.50

开发项目效益情况表

新增农机总动力（千瓦）	新增主要农产品生产能力（万公斤）				项目区直接受益农民人均增收额（元）
	粮食	棉花	油料	糖料	
958 129.56	308 533.62	5 095.46	15 641.43	54 771.07	350.36
6 778.50	2 776.50	0.50	80.37		732.96
1 200.00	5 020.50	234.25	35.00		656.84
22 748.00	14 766.66	918.70	741.79	120.00	525.26
4 147.08	7 802.50	124.01	71.10		359.20
5 862.65	11 036.01	30.00	594.84	928.60	513.82
514 110.25	16 656.27		366.50	204.11	519.76
506 800.00	6 156.70		146.00	30.00	905.15
4 489.26	8 369.00		335.00		534.92
21 920.00	16 160.82				729.07
65.00	983.30		8.70		710.08
8 998.47	12 032.86	194.68	371.09		430.44
6 149.45	5 590.19	14.00	128.59		744.47
0.48	320.50	14.00	8.00		1 077.40
64 601.00	15 950.65	329.11	2 163.18		223.06
15 282.00	4 864.76		157.70	50.00	308.69
15.00	236.00		38.90		2 148.04
4 706.00	18 180.07	112.21	1 225.00	10.00	239.11
16 801.18	40 241.10	603.05	763.70		380.41
2 600.00	1 953.00		221.00		556.80
62 671.11	19 281.69	518.95	1 228.96		439.22
24 697.76	12 323.22	483.18	2 266.69		162.91
51 996.21	15 530.94	182.72	1 360.62	400.00	219.34
2 581.14	3 869.86		226.76	28.03	435.10
22.00					2 800.00
40 657.80	11 662.94		168.20	40 008.65	267.08
6 950.00	3 257.10		135.25	570.20	147.84
1 652.45	9 709.78		393.65		504.03
14 788.00	13 947.21	74.88	771.03	2 500.00	172.06
6 080.01	5 389.15		842.45		153.51
	8 520.01		166.75	7 508.60	183.14
1 846.15	829.00		87.00		223.93
12 512.64	9 532.70	66.20	336.51		390.58
6 244.10	2 828.56	81.35	106.20	313.00	181.83
176.00	790.16		363.59		106.65
	1 625.09		38.87		296.17
3 209.00	2 576.55	373.57	97.64	1 885.00	437.44
	203.53	754.10	8.70	244.88	736.33
24 208.35	6 224.94				1 468.89

续前表

地　　区	新增其他农产品产量					
	干鲜果品（万公斤）	蔬菜（万公斤）	花卉（万株）	药材（万公斤）	肉（万公斤）	蛋（万公斤）
全国合计	13 439.50	30 924.53	3 138.85	4 448.63	12 706.92	1 470.55
北京		200.00				
天津					35.00	280.00
河北		924.00			57.60	
山西	520.00			50.00	405.66	100.00
内蒙古		120.00	153.60	156.00	476.50	
辽宁	4.30	405.00	1 000.00	104.80	621.00	231.00
其中：大连						
吉林	70.00	51.38		115.00	904.25	
黑龙江	2.07	29.00			456.24	270.00
上海	12.75	200.00				
江苏	200.00	41.00			230.00	
浙江		400.00	117.50	25.00	160.00	2.00
其中：宁波			117.50	25.00		
安徽	238.00	298.00	124.00		222.32	35.00
福建	182.00	7 935.20		9.00	1 305.90	43.80
其中：厦门						
江西	1 386.00	2 076.00			484.20	
山东	352.00	7 480.00		70.00	886.00	266.00
其中：青岛		800.00			117.00	
河南	404.00	2 386.25	405.00		428.75	
湖北	1 598.00	900.00		339.08	1 014.50	50.00
湖南	2 022.88	4 900.00	150.00	2 300.00	238.50	
广东		12.00			7.71	
其中：深圳					7.71	
广西	68.00	120.00			2 003.54	
海南	431.50		11.00			
重庆		100.00	60.00	87.50	1 720.00	
四川	480.00				79.50	
贵州	1 032.00	21.00	42.75	35.26		
云南	851.00	1 382.00	1 075.00	360.00	141.46	
西藏						
陕西	3 160.00	245.00		477.89	296.68	
甘肃		111.00		40.00	113.00	
青海						
宁夏		400.00			18.23	
新疆	45.00	96.90		269.00	270.38	192.75
新疆兵团	380.00				2.00	
黑龙江农垦		90.80		10.10	128.00	

		专项科技示范			
奶 （万公斤）	水产品 （万公斤）	扩大良种种植面积 （万亩）	技术培训 （万人次）	新增总产值 （万元）	增加值 （万元）
24 948.25	5 715.49	152.20	18.35	198 580.53	105 082.79
	32.00	0.25	0.04	427.00	250.00
900.80		0.96	0.85	6 415.30	5 736.40
1 271.80		8.18	0.41	3 356.05	1 256.60
1 473.00		3.72	0.33	6 291.13	3 620.92
934.86		0.20	0.47	1 198.00	592.00
2 827.00	3 068.79	11.13	0.72	21 102.80	17 576.50
	2 546.59	0.33		3 638.00	1 632.00
4 690.00					
1 398.30	0.10	9.43	0.09	2 106.84	842.32
		1.50	0.31	2 300.00	980.00
1 250.60	5.00	1.23	0.37	7 625.00	3 480.00
466.42	250.00	1.35	0.92	10 975.00	5 281.00
		0.38	0.45	2 704.00	1 106.00
263.00	265.60	15.50	3.31	20 458.00	6 604.12
	8.00	0.62	0.21	18 380.00	5 617.00
		0.10		2 892.00	1 000.00
	119.86	2.28	0.07	2 704.00	1 935.00
2 426.00	332.10	37.71	1.08	22 557.00	13 207.00
	240.00				
485.00	24.80	1.04	0.17	5 362.00	3 499.00
60.00	149.50	5.40	0.30	3 164.00	1 551.00
615.00	81.00	0.75	0.50	2 830.00	1 627.00
	1 000.00	8.68	0.70	10 354.00	6 370.10
	1 000.00	0.08	0.30	3 754.00	1 570.10
86.38		0.39	0.25	3 936.70	932.98
	206.84	6.37	0.05	650.00	260.00
70.00	60.00	1.43	0.15	18 830.00	10 245.00
		1.77	0.38	2 768.00	1 072.00
670.75		0.42	0.50	7 200.00	5 040.00
		1.17	0.56	1 714.00	422.00
2 972.02		6.11	0.32	1 781.20	539.04
		8.54	3.74	6 041.00	3 736.00
		3.70	0.25	156.03	101.42
200.00		6.00	0.10	1 655.00	975.00
1 414.32	111.90	1.87	0.03	3 921.11	542.22
150.00		1.50	0.98	865.00	552.00
323.00		3.00	0.21	1 456.37	639.17

1988—2004 年全国农业综合

地　　区	开发范围（个）		
	开发县及农场总数	其中：开发县数	合　　计
合计			21 865 424.83
北京			185 868.67
天津			184 947.36
河北			1 056 759.54
山西			429 001.86
内蒙古			786 234.66
辽宁			1 229 934.69
其中：大连			304 730.54
吉林			974 541.37
黑龙江			1 008 517.94
上海			128 852.86
江苏			1 101 040.59
浙江			1 059 269.85
其中：宁波			168 924.48
安徽			886 803.75
福建			660 731.54
其中：厦门			74 881.60
江西			697 037.96
山东			1 460 641.64
其中：青岛			141 235.90
河南			1 045 977.44
湖北			692 331.30
湖南			874 299.55
广东			324 854.53
其中：深圳			36 927.30
广西			441 629.08
海南			323 481.04
重庆			292 884.78
四川			1 040 094.18
贵州			362 368.18
云南			515 135.98
西藏			91 495.36
陕西			513 068.90
甘肃			292 745.11
青海			236 586.55
宁夏			248 818.96
新疆			619 408.36
新疆兵团			434 364.37
黑龙江农垦			484 903.62
部门项目			1 167 701.00
国家办			13 092.26

注：1．“部门项目”栏 1995—2004 年中央财政资金、地方财政资金数据，仅统计了海南农垦总局天然橡胶基地项目的数据，其他部门

开发项目投入情况表

资金投入（万元）			
中央财政资金	地方财政配套资金	银行贷款	自筹资金
6 564 462.45	5 486 330.80	2 540 764.63	7 273 866.95
44 326.30	85 136.89	568.50	55 836.98
39 171.00	83 390.00	12 854.94	49 531.42
319 842.50	259 269.90	109 208.94	368 438.20
134 413.80	100 156.40	54 018.85	140 412.81
277 513.00	170 643.10	101 880.32	236 198.24
291 413.90	321 605.16	201 655.74	415 259.89
38 875.00	79 329.40	79 224.89	107 301.25
296 585.00	224 381.37	133 386.00	320 189.00
335 592.00	276 245.34	86 847.20	309 833.40
27 063.00	65 263.88	2 200.00	34 325.98
303 701.07	316 085.38	163 607.83	317 646.31
218 173.00	368 641.28	153 237.54	319 218.03
35 278.00	77 777.20	7 310.00	48 559.28
305 731.51	230 611.88	123 830.62	226 629.74
136 827.10	135 333.75	125 932.58	262 638.11
9 417.00	11 836.00	16 793.00	36 835.60
253 915.40	184 174.30	92 537.72	166 410.54
377 389.00	438 856.23	100 041.94	544 354.47
37 424.00	62 124.30	5 314.20	36 373.40
339 560.92	309 178.50	122 160.30	275 077.72
241 698.00	185 265.82	89 514.93	175 852.55
278 509.50	237 091.01	138 666.03	220 033.01
100 102.00	129 385.37	20 115.80	75 251.36
5 560.00	13 453.00	0.00	17 914.30
162 992.30	135 874.71	33 510.10	109 251.97
103 201.64	63 458.80	64 857.00	91 963.60
113 941.50	83 427.80	19 436.80	76 078.68
348 827.00	301 096.37	147 404.23	242 766.58
144 213.00	107 924.60	30 424.88	79 805.70
165 093.00	200 594.65	70 465.29	78 983.04
56 093.00	25 325.20	2 177.98	7 899.18
182 153.00	121 770.00	47 698.39	161 447.51
106 182.00	52 560.00	33 794.21	100 208.90
87 163.15	47 540.45	35 631.71	66 251.24
89 362.00	49 418.75	37 845.90	72 192.31
201 410.80	86 896.22	53 034.18	278 067.16
122 870.00	4 259.00	32 757.90	274 477.47
189 467.80	135.00	50 555.50	244 745.32
156 872.00	85 333.69	48 904.78	876 590.53
13 092.26	0.00	0.00	0.00

项目数据含在各省（区、市）的数据中，因此，使用部门项目投入统计数时，应从“农业综合开发部门项目统计表”中提取。

1988—2004年全国农业综合开发

地　区	土地治理项目					
	小计	财政资金	银行贷款	自筹资金	小计	财政资金
全国合计	12 162 206.10	7 551 371.37	919 902.25	3 690 932.54	6 156 624.87	2 244 710.98
北京	93 759.88	65 870.64	158.50	27 730.74	61 487.21	36 052.11
天津	107 237.56	68 479.14	7 997.84	30 760.58	43 768.37	24 522.37
河北	634 688.96	371 969.76	50 858.78	211 860.42	245 098.83	72 753.75
山西	204 347.60	138 106.82	8 946.37	57 294.41	163 032.90	46 602.72
内蒙古	576 038.06	346 600.71	50 810.00	178 627.35	187 788.94	83 050.73
辽宁	663 258.99	398 329.69	53 385.25	211 544.05	541 968.72	156 786.86
其中：大连	85 540.73	60 129.89	4 600.00	20 810.84	198 769.26	37 758.46
吉林	569 490.76	382 290.76	38 542.00	148 658.00	401 023.00	137 331.00
黑龙江	730 951.90	473 425.84	36 312.14	221 213.92	271 651.99	137 250.35
上海	72 428.66	53 234.01	710.00	18 484.65	36 312.29	22 376.68
江苏	597 309.27	344 153.32	88 432.69	164 723.26	266 776.79	90 940.77
浙江	519 834.81	348 820.38	32 650.00	138 364.43	439 533.72	135 435.70
其中：宁波	78 066.95	59 795.32		18 271.63	71 251.44	36 069.60
安徽	501 419.59	298 041.16	65 942.13	137 436.30	203 110.70	100 151.21
福建	285 700.74	190 306.17	17 122.68	78 271.89	370 673.62	79 805.75
其中：厦门	19 336.82	14 450.47		4 886.35	56 488.90	9 434.00
江西	441 659.98	297 831.42	37 705.73	106 122.83	204 533.72	93 812.58
山东	722 129.73	426 088.79	49 870.20	246 170.74	430 342.10	137 677.79
其中：青岛	88 684.00	63 346.50	4 014.20	21 323.30	46 584.80	32 161.90
河南	544 305.39	323 952.89	63 568.30	156 784.20	203 128.86	81 606.50
湖北	448 176.62	296 630.01	34 422.10	117 124.51	193 983.95	83 180.68
湖南	573 376.01	373 760.57	59 865.73	139 749.77	260 684.25	103 809.30
广东	150 708.21	114 345.91	1 317.00	35 045.30	90 216.49	46 105.73
其中：深圳	9 451.43	6 696.00		2 755.43	7 047.50	4 464.00
广西	210 946.29	146 706.51	7 917.40	56 322.38	110 247.42	50 155.85
海南	224 017.70	161 109.10	16 869.00	46 039.60	130 162.00	39 788.00
重庆	160 924.75	124 348.58	321.20	36 254.97	89 848.21	40 972.00
四川	593 343.54	401 470.30	53 793.50	138 079.74	292 970.40	98 171.70
贵州	233 537.78	165 432.90	13 433.20	54 671.68	94 625.78	48 542.39
云南	257 258.38	198 153.34	9 106.60	49 998.44	126 188.97	53 936.35
西藏	79 235.88	76 809.44	869.00	1 557.44	3 416.55	2 479.57
陕西	318 097.34	225 661.25	7 609.10	84 826.99	183 699.74	63 077.47
甘肃	158 152.19	103 458.33	4 863.30	49 830.56	111 735.62	33 973.90
青海	167 292.17	105 062.30	11 358.96	50 870.91	62 547.33	24 186.49
宁夏	128 730.54	79 127.72	7 640.00	41 962.82	58 641.00	23 609.80
新疆	457 366.59	207 230.50	24 552.70	225 583.39	124 844.06	47 693.78
新疆兵团	357 251.08	100 879.57	21 155.90	235 215.61	64 302.71	17 743.20
黑龙江农垦	379 229.15	143 683.54	41 794.95	193 750.66	88 278.63	31 127.90

分项目投资完成情况表

单位：万元

产业化经营项目		科技示范项目			
银行贷款	自筹资金	小计	财政资金	银行贷款	自筹资金
1 517 810.58	2 394 103.31	295 420.64	173 438.79	39 482.73	82 499.12
1 962.80	23 472.30	5 087.92	3 800.00		1 287.92
3 822.00	15 424.00	8 732.84	6 262.00	1 035.10	1 435.74
56 890.16	115 454.92	14 497.98	8 095.12	1 460.00	4 942.86
40 712.18	75 718.00	7 233.00	4 003.00	600.00	2 630.00
49 173.32	55 564.89	9 288.00	5 385.00	1 897.00	2 006.00
161 120.49	224 061.37	12 669.57	8 563.00	1 400.00	2 706.57
74 224.89	86 785.91	5 740.00	4 235.00	600.00	905.00
93 644.00	170 048.00	7 907.56	5 224.56	1 200.00	1 483.00
49 135.06	85 266.58	12 342.90	7 590.00	1 400.00	3 352.90
90.00	13 845.61	8 445.72	5 050.00	1 400.00	1 995.72
73 749.75	102 086.27	11 340.08	7 729.48	1 425.39	2 185.21
121 631.54	182 466.48	18 488.32	11 699.50	2 016.00	4 772.82
6 910.00	28 271.84	7 912.01	4 596.20	800.00	2 515.81
58 521.63	44 437.86	8 864.77	4 789.07	1 875.66	2 200.04
108 409.90	182 457.97	15 306.05	8 985.80	2 346.00	3 974.25
16 547.00	30 507.90	4 857.35	2 320.00	1 096.00	1 441.35
52 631.99	58 089.15	10 782.16	6 383.60	2 200.00	2 198.56
48 898.98	243 765.33	21 730.20	13 129.77	1 632.77	6 967.66
1 060.00	13 362.90	4 234.20	2 400.00	600.00	1 234.20
57 774.00	63 748.36	12 692.05	7 235.00	818.00	4 639.05
53 441.83	57 361.44	6 773.60	3 756.00	1 651.00	1 366.60
78 724.20	78 150.75	7 800.40	4 634.40	1 800.00	1 366.00
17 498.80	26 611.96	12 476.08	8 332.11	1 300.00	2 843.97
	2 583.50	5 473.37	3 800.00		1 673.37
14 541.50	45 550.07	2 775.71	2 170.71		605.00
46 908.00	43 466.00	6 470.00	3 540.00	1 080.00	1 850.00
18 416.60	30 459.61	10 274.00	5 460.00	699.00	4 115.00
91 588.20	103 210.50	7 728.09	4 229.22	2 022.53	1 476.34
16 391.68	29 691.71	5 028.90	2 812.00	600.00	1 616.90
41 935.19	30 317.43	4 713.33	2 466.00	669.00	1 578.33
906.98	30.00	1 616.96	900.96	402.00	314.00
38 489.29	82 132.98	8 497.58	5 313.15	1 600.00	1 584.43
30 074.21	47 687.51	9 765.27	5 084.44	2 065.00	2 615.83
24 272.75	14 088.09	3 126.60	1 537.53		1 589.07
18 692.00	16 339.20	4 766.19	2 500.00	813.90	1 452.29
27 699.00	49 451.28	5 751.17	1 936.20	1 774.38	2 040.59
11 502.00	35 057.51	6 504.35	2 200.00	100.00	4 204.35
8 560.55	48 590.18	4 118.45	1 513.97	200.00	2 404.48

1988—2004年全国农业综合开发土地治理

地区	开发任务							
	改造中低产田（万亩）	生态综合治理（万亩）			中型灌区节水配套改造（个）	开垦宜农荒地（万亩）	建设优质粮食基地（万亩）	建设优质饲料作物基地（万亩）
		草原（场）建设	小流域治理	土地沙化治理				
全国合计	41 294.52	3 297.60	96.54	18.47		2 988.53	2 127.41	529.43
北京	180.22		2.36			10.20	15.20	
天津	252.55	1.00				19.90	2.90	3.38
河北	2 411.93	294.24	4.90	6.04		123.93	51.87	9.04
山西	627.01	8.25	6.92			40.70	29.64	16.58
内蒙古	1 608.56	1 217.60				158.00	38.50	54.70
辽宁	1 834.96	10.57	9.47			111.95	23.93	46.40
其中：大连	219.77	0.20	1.77			1.00	4.81	2.40
吉林	1 909.58	310.55				63.55	159.00	124.10
黑龙江	2 478.72	162.10	8.00	1.14		474.20	373.55	78.16
上海	102.97					5.73	6.28	
江苏	2 447.96	3.10				116.58	115.68	6.70
浙江	1 118.85		5.44			131.08	35.83	
其中：宁波	191.04		1.00			2.00	6.51	
安徽	2 299.98		8.54			55.70	160.38	
福建	788.61		3.37			16.18	81.70	
其中：厦门	16.28						0.17	
江西	1 102.84	4.70	5.19			33.60	14.67	
山东	3 841.75	63.10	4.64	3.25		435.60	49.10	0.20
其中：青岛	1 212.22					195.60	13.00	0.20
河南	2 799.64		0.56	1.98		40.28	143.01	3.30
湖北	1 693.71		0.77			2.17	50.10	
湖南	1 710.21	46.00	0.95			78.89	74.60	
广东	459.25					2.31	28.76	
其中：深圳	1.60							
广西	963.46					43.40	43.40	
海南	620.59					6.80	21.85	
重庆	433.89		4.90				11.92	
四川	2 137.79	162.66				30.86	119.71	5.46
贵州	809.17	5.54	3.34			10.20	37.57	12.47
云南	767.70	3.50	3.79			16.20	101.02	9.60
西藏	103.83	80.03				8.57	10.00	0.50
陕西	1 162.70	8.40	12.52			9.50	34.20	6.30
甘肃	415.50	25.49	4.81	0.55		29.93	38.52	17.37
青海	237.52	590.01	0.64			30.50	13.85	22.32
宁夏	391.45		0.60	2.29		83.13	70.57	46.47
新疆	1 135.56	176.46	3.08	3.22		436.49	3.00	12.18
新疆兵团	579.73					260.70		1.50
黑龙江农垦	1 866.33	124.30	1.75			101.70	167.10	52.70

项目主要建设内容完成情况表

主要措施								
水利措施			农业措施			林业措施	科技措施	
修建小型水库（座）	灌排渠系建设（公里）	新打和配套完善机电井（眼）	改良土壤（万亩）	机耕路（公里）	农机购置（台套）	造林（万亩）	扶持农技服务站（个）	技术培训（万人次）
10 517.00	1 503 548.75	1 040 767.00	23 716.15	550 795.67	962 483.00	5 665.74	29 945.00	12 233.57
5.00	4 941.67	5 390.00	52.89	1 785.39	4 838.00	24.65	245.00	76.27
35.00	14 548.64	3 738.00	199.10	2 525.20	2 803.00	42.86	131.00	18.99
335.00	53 551.54	158 536.00	1 807.25	55 871.71	12 928.00	509.12	4 047.00	1 326.99
10.00	26 094.28	17 704.00	330.54	13 920.19	6 676.00	123.06	1 166.00	195.11
17.00	67 462.98	76 212.00	1 180.69	43 811.48	35 755.00	261.98	1 168.00	669.34
149.00	78 277.79	74 199.00	588.47	5 542.04	82 184.00	217.63	589.00	741.84
7.00	3 226.71	1 204.00	63.44	1 051.44	254.00	29.59	48.00	108.51
528.00	30 467.31	71 202.00	915.72	10 357.40	12 425.00	225.11	578.00	325.11
123.00	90 937.39	65 409.00	422.38	25 912.69	49 901.00	255.58	437.00	347.04
1.00	6 134.32	41.00	39.33	2 788.03	1 120.00	42.63	110.00	10.58
87.00	16 140.54	2 630.00	717.28	14 231.06	73 555.00	186.08	2 082.00	371.45
481.00	47 338.05	8 065.00	744.11	18 736.53	36 881.00	47.18	1 462.00	162.39
121.00	3 814.14	3 891.00	78.04	3 338.07	4 105.00	7.14	55.00	16.29
1 923.00	108 982.33	60 583.00	1 174.54	19 265.09	27 584.00	516.84	1 187.00	793.62
311.00	17 046.97	2 601.00	429.46	7 919.69	4 358.00	106.06	652.00	145.13
77.00	698.08	267.00	139.78	2 325.30	983.00	0.69	40.00	3.81
629.00	79 076.86	7 174.00	495.40	9 205.10	9 488.00	150.33	589.00	218.32
1 024.00	99 402.19	137 628.00	3 342.81	87 119.92	79 479.00	343.33	1 604.00	1 111.97
610.00	28 789.15	58 234.00	1 228.58	39 771.33	38 267.00	149.13	170.00	135.29
322.00	84 325.61	272 132.00	1 195.07	78 701.05	88 506.00	189.68	2 177.00	839.18
1 292.00	88 200.31	2 240.00	520.85	36 995.03	47 961.00	214.10	2 638.00	339.04
1 850.00	110 690.75	474.00	602.39	12 270.31	35 762.00	332.69	849.00	349.37
177.00	18 433.18	207.00	347.06	3 663.32	5 130.00	39.03	579.00	186.59
85.00	49.19	18.00	61.11	839.49	1 193.00	0.02	1.00	0.20
276.00	22 360.86	310.00	791.83	15 985.23	10 966.00	131.36	1 093.00	414.07
84.00	15 751.93	5.00	531.36	3 843.71	2 576.00	76.90	135.00	288.20
132.00	11 970.59	14.00	305.36	3 890.08	5 950.00	98.16	392.00	233.88
370.60	99 989.54	2 299.00	1 456.65	15 211.81	181 624.00	420.78	2 984.00	1 329.86
132.00	11 468.10	9.00	406.03	2 128.65	30 416.00	312.21	159.00	486.02
48.00	12 618.37	106.00	339.90	3 193.91	3 298.00	183.94	69.00	393.45
7.00	3 807.82	2 531.00	154.22	2 721.25	1 146.00	13.42	12.00	41.51
65.00	38 330.86	28 891.00	1 192.33	9 898.60	12 586.00	184.41	1 657.00	385.88
18.00	15 495.51	3 986.00	345.12	5 377.13	13 769.00	58.03	566.00	92.08
15.00	8 567.37	171.00	146.50	1 440.71	12 515.00	27.66	92.00	27.59
2.00	21 237.51	1 938.00	380.21	7 115.58	2 441.00	47.25	247.00	99.05
20.00	95 057.84	5 436.00	973.61	16 176.96	15 973.00	100.61	171.00	151.24
7.00	31 846.72	3 808.00	730.18	6 010.95	7 692.00	32.92	30.00	40.03
42.00	72 993.02	25 098.00	857.51	7 179.87	44 197.00	150.15	48.00	22.38

1999—2004年全国农业综合开发土地

地　区	改造中低产田	农业生态治理			中型灌区节水配套改造	开垦宜农荒地	建设优质粮食基地	建设优质饲料作物基地
		草原（场）建设	小流域治理	土地沙化治理				
全国合计	4 549 205.18	187 425.94	56 516.60	9 710.37	2 772.80	61 032.25	282 406.91	68 009.39
北京	50 831.90		1 638.37				5 109.00	
天津	57 595.77	178.00				804.00	2 025.47	1 350.09
河北	149 981.83	1 657.53	2 618.21	4 959.21		1 584.24	9 117.86	3 477.37
山西	111 034.97	75.50	4 308.87			1 637.10	4 295.56	2 492.17
内蒙古	175 873.08	76 754.52				1 039.60	3 487.10	7 056.10
辽宁	269 848.36	17 766.50	7 451.30			1 577.98	3 801.08	2 953.00
其中：大连	45 592.83	43.00	662.20				1 040.00	621.00
吉林	206 908.76	18 588.00			1 446.00	2 741.50	15 321.00	12 282.00
黑龙江	318 363.00	7 085.00	2 309.00	517.00			34 801.00	14 198.00
上海	41 486.33						3 368.50	
江苏	144 422.72					416.73	27 266.70	2 541.89
浙江	202 330.65		5 294.07		193.80	4 341.22	16 342.41	
其中：宁波	42 154.86		402.83			515.84	1 883.50	
安徽	129 373.61		3 729.28				11 151.00	
福建	130 570.10		1 677.25				10 278.93	
其中：厦门	15 627.86						90.00	
江西	185 691.90	295.70	4 763.14				5 538.46	
山东	230 421.23	958.00	1 773.86	883.00			2 372.00	95.00
其中：青岛	48 571.00						490.00	95.00
河南	164 375.45		378.31	791.81			12 920.28	479.30
湖北	190 747.06		440.94				20 775.15	
湖南	226 338.99	2 225.40	483.40				6 442.20	
广东	95 503.98		22.00				8 467.77	
其中：深圳	5 249.43							
广西	123 819.92						4 804.43	
海南	90 882.00						6 317.20	
重庆	85 434.34		4 768.24				4 639.00	
四川	196 053.74	9 606.35				1 065.40	15 152.22	622.80
贵州	89 587.38	135.00	1 480.42				7 569.15	2 790.40
云南	117 625.23		1 718.65				9 025.28	622.00
西藏	40 249.90	7 079.36				768.42	331.08	122.00
陕西	141 351.00	31.00	7 133.87			200.00	1 855.85	530.00
甘肃	95 320.94	3 154.00	1 779.70	422.80		2 418.15	4 803.80	2 176.47
青海	35 524.77	25 584.63	400.50				2 016.00	3 074.90
宁夏	55 074.85		353.00	1 139.40	1 133.00	1 199.42	2 185.70	1 533.60
新疆	128 944.44	15 394.84	1 167.58	997.15		12 860.04	234.14	2 443.26
新疆兵团	101 218.01					28 378.45		407.07
黑龙江农垦	166 418.97	856.61	826.64				20 591.59	6 761.97

治理项目主要建设内容投资完成情况表

单位：万元

主要措施								
水利措施			农业措施			林业措施	科技措施	
修建小型水库	灌排渠系建设	新打和配套完善机电井	改良土壤	机耕路	农机购置	造林	扶持农技服务站	技术培训
67 900.14	2 005 898.68	441 290.72	372 671.12	418 171.51	313 056.35	338 597.90	9 133.82	89 502.39
338.00	13 312.58	8 227.74	2 132.97	8 416.98	5 360.27	7 241.55	108.00	761.95
147.00	26 682.17	14 691.90	3 454.80	2 996.92	3 617.44	3 958.51	76.00	585.48
1 076.71	41 694.56	42 050.22	7 946.66	7 734.14	12 431.31	21 461.21	376.00	2 119.40
159.39	28 781.18	23 412.77	11 027.57	11 576.10	5 634.68	12 086.36	208.00	3 011.40
49.00	74 190.11	37 401.12	16 852.73	11 993.66	12 917.87	20 371.98	406.05	3 072.14
2 723.20	79 551.78	54 548.13	40 137.19	12 757.09	9 606.78	22 330.37	62.00	5 269.31
222.00	16 883.61	3 124.19	2 961.12	2 525.24	195.00	3 121.26	1.00	500.00
9 521.00	82 778.18	18 493.97	9 799.50	14 475.00	23 275.40	17 743.43	144.02	6 084.66
3 249.42	95 843.77	43 851.70	8 007.98	27 962.87	52 851.26	15 927.99	369.00	4 762.70
	16 828.87		3 918.70	15 377.89	478.30	3 090.62	65.00	301.85
94.20	70 953.38	1 401.63	7 519.62	23 035.94	10 749.55	5 749.28	521.00	2 900.03
1 589.03	115 631.68	5 498.52	14 082.92	49 317.38	3 709.35	7 094.66	491.00	2 988.63
	19 153.55	56.00	968.38	14 847.56	654.04	1 435.99	21.00	525.58
1 987.92	49 210.14	12 655.35	7 342.47	14 965.63	11 541.20	8 410.61	244.00	2 355.17
8 215.25	64 320.91	2 789.21	8 065.44	21 860.92	2 472.94	4 398.92	326.00	2 273.89
248.00	6 398.57	64.00	2 126.84	3 396.67	309.00	147.00	37.00	308.00
10 161.64	97 546.78	4 428.08	12 963.45	15 810.20	6 231.28	21 844.51	294.00	4 553.10
6 466.49	84 812.86	23 716.20	14 518.65	14 065.00	6 154.86	15 420.68	349.00	4 435.80
4 205.86	15 348.85	2 561.70	1 664.03	3 289.63	1 452.30	4 407.23	34.00	616.80
540.04	47 652.97	42 537.13	7 117.46	10 428.92	12 827.76	11 369.72	561.00	3 138.73
2 427.37	82 984.16	4 854.72	14 481.49	16 302.88	9 644.01	9 992.11	966.00	4 813.01
2 844.44	138 549.25	1 594.94	11 168.00	26 814.28	12 613.97	9 265.33	272.00	3 583.28
980.85	54 418.27	858.50	8 703.88	11 311.59	4 587.60	1 787.14	357.00	1 622.74
30.00	1 025.83	87.00	1 817.00	367.00	22.50	108.00	1.00	35.00
1 860.24	59 948.56	2 905.91	17 627.75	16 078.12	6 788.59	3 943.93	740.55	3 036.71
513.20	71 892.34	960.80	4 643.60	8 058.22	6 621.00	7 938.00	22.00	1 835.00
1 005.73	46 257.86	47.20	12 119.02	10 003.73	801.76	12 713.85	60.20	2 204.11
2 371.03	120 511.31	4 879.13	30 120.40	14 190.23	8 222.26	12 751.60	552.00	3 817.32
3 788.32	51 079.36	2 976.30	8 220.45	5 036.63	2 888.55	5 867.28	32.00	3 292.10
978.62	60 807.73	2 353.70	11 157.45	12 540.07	2 014.35	12 619.58	23.00	2 268.40
	29 245.68	324.53	4 026.75	763.47	1 165.32	625.47	2.00	630.31
782.95	58 276.21	25 366.65	8 577.07	7 836.10	5 338.72	17 142.48	956.00	3 729.79
114.00	29 856.35	12 582.14	15 620.45	6 007.92	4 966.83	11 241.96	444.00	2 926.27
1 676.00	31 034.12	1 325.84	2 270.58	923.77	2 971.19	2 399.40	1.00	507.94
29.00	35 604.63	3 630.14	479.40	90.00	3 619.94	5 761.92	13.00	456.21
93.00	73 487.25	18 139.93	22 906.89	9 750.47	6 660.11	16 663.51	55.00	2 748.31
17.00	25 375.15	8 289.13	21 078.78	2 069.80	1 961.42	5 684.35	29.00	1 863.93
2 100.10	46 778.53	14 497.49	4 581.05	7 619.59	52 330.48	3 699.59	9.00	1 552.72

1988—2004年全国农业综合开发产业化

地　　区	种植项目（万亩）			
	经济林	蔬菜	花卉	药材
全国合计	1 119.78	335.94	30.58	117.87
北京	4.66	3.50	0.30	1.01
天津	0.32	0.07	0.02	
河北	46.60	18.79	1.52	0.31
山西	2.97	6.11	0.13	1.53
内蒙古	5.91	2.29	0.15	11.43
辽宁	24.24	19.76	2.80	2.85
其中：大连	1.66	1.86	0.20	
吉林	18.96	3.09	0.10	9.10
黑龙江	7.74	1.97	0.10	2.06
上海	0.40	0.06	1.06	
江苏	12.57	3.56	3.06	0.30
浙江	7.98	4.31	1.94	1.66
其中：宁波	2.01	2.96	0.47	0.05
安徽	97.35	18.74	0.46	4.80
福建	120.65	7.37	0.87	0.11
其中：厦门	2.48	3.88	0.01	
江西	109.03	12.08	1.68	5.59
山东	26.34	19.57	0.43	1.55
其中：青岛	1.15	0.34	0.37	
河南	37.03	11.92	1.26	2.77
湖北	53.28	10.36	0.44	9.18
湖南	136.56	24.47	1.16	13.22
广东	37.07	126.26	6.31	3.06
其中：深圳	1.50	0.10	2.51	
广西	32.67	1.78	0.01	0.17
海南	11.17	0.70	0.08	0.10
重庆	41.68	6.63	2.83	5.55
四川	136.06	7.82	1.35	15.66
贵州	22.98	4.43	0.82	5.50
云南	60.94	8.65	0.37	3.70
西藏	0.01	0.03		0.01
陕西	19.98	0.83	0.46	4.17
甘肃	7.69	2.10	0.05	2.85
青海	0.42	0.37	0.12	1.30
宁夏	3.13	4.02	0.02	1.03
新疆	11.87	0.74	0.65	6.90
新疆兵团	12.61	0.86	0.03	
黑龙江农垦	8.91	2.71		0.39

经营项目主要建设内容完成情况表

养殖项目		加工项目（个）		农业生产服务项目（个）
水产养殖（万亩）	畜禽养殖（万头、只）	新建项目	改扩建项目	
691.56	61 622.43	1 910.00	2 617.00	602.00
12.00	139.15	16.00	6.00	2.00
1.89	25.14	9.00	4.00	5.00
19.10	1 417.93	104.00	233.00	14.00
0.19	329.90	39.00	99.00	20.00
18.78	1 011.50	32.00	55.00	11.00
96.20	1 523.18	106.00	71.00	39.00
55.37	14.67	28.00	6.00	2.00
14.37	6 379.64	67.00	73.00	21.00
1.16	1 588.66	107.00	62.00	25.00
1.58	1.85	21.00	14.00	3.00
26.12	5 275.17	54.00	218.00	9.00
8.69	3 364.70	49.00	178.00	36.00
0.92	19.36	17.00	22.00	1.00
118.06	5 480.05	213.00	167.00	35.00
8.99	3 722.46	69.00	119.00	18.00
0.65	11.40	6.00	4.00	
49.71	2 761.07	108.00	137.00	28.00
12.47	6 246.42	118.00	218.00	44.00
1.09	358.01	28.00	26.00	4.00
13.08	9 719.61	178.00	245.00	22.00
69.10	947.94	60.00	64.00	24.00
154.38	2 023.31	68.00	164.00	31.00
3.83	1 844.03	36.00	24.00	14.00
2.40	2.80	1.00		1.00
1.10	2 340.58	32.00	22.00	15.00
2.33	269.10	15.00	10.00	23.00
0.48	1 495.50	30.00	11.00	9.00
12.34	739.58	75.00	68.00	20.00
4.56	219.30	53.00	50.00	23.00
2.31	226.32	61.00	47.00	11.00
	0.02			
0.85	796.26	69.00	110.00	52.00
0.08	248.67	28.00	29.00	5.00
5.33	97.01	19.00	18.00	1.00
2.54	185.91	15.00	49.00	17.00
27.45	260.56	16.00	22.00	16.00
0.64	28.28	13.00	9.00	5.00
1.85	913.63	30.00	21.00	4.00

1999—2004年全国农业综合开发科技示范

地　区	农业高新科技示范（万亩）	农业科技推广综合示范（万亩）	农业现代化示范（万亩）	具体建设内容				
				技术引进		技术示范		
				品种（个）	技术工艺（项）	品种（个）	技术（项）	面积（万亩）
全国合计	93.06	352.69	7.74	2 944.00	1 081.00	1 065.00	1 063.00	71.31
北京		5.90	0.40	1.00		8.00	6.00	
天津	1.10			35.00	5.00		3.00	
河北	5.17	27.66	0.08	101.00	44.00	49.00	38.00	1.90
山西	0.80	4.18		57.00	15.00	6.00	10.00	1.50
内蒙古	1.36	4.81		54.00	41.00	38.00	40.00	0.27
辽宁	3.10	8.20	0.46	158.00	58.00	88.00	113.00	1.01
其中：大连	0.95		0.46	32.00	8.00	10.00	7.00	0.11
吉林	24.00	15.70	0.30	51.00	57.00	95.00	89.00	9.20
黑龙江	2.78	9.78		90.00	46.00	49.00	39.00	1.38
上海	0.53	3.23	0.96	13.00	11.00	19.00	14.00	1.16
江苏	5.00	32.27	0.99	66.00	26.00	30.00	41.00	5.25
浙江	5.28	3.56	0.53	293.00	85.00	76.00	94.00	1.38
其中：宁波	3.00	2.80	0.45	104.00	41.00	49.00	10.00	0.60
安徽	0.96	28.55		177.00	195.00	63.00	53.00	3.75
福建	2.38	16.05	1.35	377.00	57.00	100.00	50.00	1.25
其中：厦门			0.45	90.00	3.00	4.00		0.10
江西	2.77	2.04		31.00	26.00	15.00	15.00	2.93
山东	3.44	29.00	0.09	512.00	46.00	70.00	86.00	3.25
其中：青岛		2.00		18.00	5.00	15.00	19.00	
河南	1.75	7.61		63.00	27.00	3.00	10.00	0.50
湖北	1.65	55.72		70.00	11.00	26.00	23.00	1.75
湖南	2.30	3.90		23.00	15.00		26.00	2.10
广东	1.25	30.00	1.24	224.00	57.00	59.00	27.00	1.38
其中：深圳				17.00	8.00			0.03
广西	0.20	1.87		7.00	5.00	5.00	12.00	0.10
海南	5.53	2.63		11.00	11.00	12.00	12.00	1.03
重庆	7.92	17.26	1.09	48.00	11.00	16.00	10.00	12.66
四川	1.81	2.86		58.00	32.00	57.00	21.00	1.22
贵州	3.00	0.02		51.00	18.00	8.00	22.00	0.92
云南	0.74	1.00		153.00	28.00	32.00	17.00	1.14
西藏		2.69		3.00		24.00	4.00	
陕西	0.12	8.83		15.00	14.00	25.00	14.00	6.93
甘肃	3.16	16.17		90.00	39.00	69.00	85.00	2.23
青海	0.80	3.10		19.00	3.00	3.00	6.00	0.61
宁夏		1.70		14.00	5.00	2.00	20.00	
新疆	1.66	1.71		32.00	17.00	8.00	19.00	1.94
新疆兵团	1.50	1.47		27.00	64.00	7.00	32.00	1.00
黑龙江农垦	1.00	3.25		14.00	8.00	3.00	12.00	1.35

项目主要建设内容完成情况表

技术推广			产业基地建设			
品种（个）	技术（项）	面积（万亩）	种植业生产基地（万亩）	经济林生产基地（万亩）	畜牧业生产基地（万头、只）	水产养殖基地（万亩）
1 128.00	1 698.00	616.15	76.24	15.74	276.34	2.18
18.00	41.00	5.50	0.12	0.80		
			0.20		0.03	
52.00	120.00	42.30	0.01			
10.00	58.00	6.49	0.68		5.00	0.01
96.00	106.00	8.02				
120.00	83.00	5.66	1.50	0.20		
		0.12	1.50	0.20		
57.00	117.00	35.90	0.25		5.50	
54.00	61.00	12.97	0.80			
23.00	29.00	7.09	0.05			
96.00	93.00	29.23	0.46		30.00	
55.00	51.00	7.89	1.96	1.54		0.70
35.00	36.00	6.11	1.79	1.54		0.70
	34.00	48.20				
78.00	125.00	14.11	0.86	0.59	0.15	0.15
28.00	14.00	0.40	0.45	0.20		
2.00	5.00	5.56	0.01	0.30		
93.00	150.00	44.11	0.17	0.16	200.01	
	52.00	4.60				
	17.00	16.23				
41.00	43.00	129.70	50.67	0.20	4.00	0.07
18.00	49.00	2.48				
59.00	75.00	47.40	15.08	11.00	5.00	1.25
2.00	3.00	0.40	0.14		5.00	0.05
10.00	22.00	3.46	0.30			
4.00	10.00	13.00	1.00			
51.00	16.00	7.62	0.58	0.80		
46.00	117.00	13.47	0.69	0.15	26.60	
	5.00	0.02	0.40			
32.00	31.00	22.00	0.10			
	26.00	3.53				
32.00	16.00	26.00				
54.00	88.00	27.81	0.06			
		6.20	0.20			
1.00	3.00	2.10			0.05	
6.00	6.00		0.10			
20.00	93.00	19.00				
	8.00	3.10				

1988—2004年全国农业综合

地　　区	改善农业生产条件			
	新增和改善灌溉面积（万亩）	新增和改善除涝面积（万亩）	增加林网防护面积（万亩）	新增机耕面积（万亩）
全国合计	36 446.66	17 555.58	27 305.21	20 100.44
北京	171.05	82.30	76.18	70.61
天津	276.58	240.80	117.95	0.50
河北	2 445.79	777.95	2 847.62	828.35
山西	636.55	17.03	502.22	304.20
内蒙古	1 685.32	377.16	1 591.03	1 061.93
辽宁	1 585.39	783.84	1 813.06	775.37
其中：大连	208.91	1.60	18.67	47.88
吉林	1 518.64	694.30	975.23	600.37
黑龙江	1 906.13	1 071.64	1 984.82	2 456.44
上海	96.43	67.21	36.51	15.89
江苏	2 539.34	1 495.81	1 882.17	480.45
浙江	1 066.45	955.64	675.49	401.45
其中：宁波	132.94	150.96	112.55	19.32
安徽	2 310.79	2 161.58	1 756.65	2 260.51
福建	590.99	164.19	137.89	188.50
其中：厦门	13.47	6.14	3.00	5.63
江西	1 427.78	530.62	823.09	854.74
山东	2 927.68	1 897.56	2 879.95	1 776.05
其中：青岛	262.27	136.12	268.89	114.33
河南	2 473.40	1 713.55	1 764.52	1 021.69
湖北	1 491.97	1 133.76	1 020.98	1 038.07
湖南	1 420.92	504.02	335.42	293.30
广东	425.91	263.69	103.24	163.36
其中：深圳	3.38	1.39	0.69	0.42
广西	769.87	138.52	129.99	2 558.96
海南	395.60	54.34	67.11	46.50
重庆	271.30	121.06	258.73	19.74
四川	1 477.65	999.53	858.11	646.15
贵州	297.30	67.36	238.94	107.06
云南	560.38	117.66	101.53	150.29
西藏	125.42	11.64	48.80	48.40
陕西	1 063.05	12.80	1 059.72	446.54
甘肃	332.32	14.63	253.28	139.89
青海	228.50		57.01	54.62
宁夏	469.63	2.89	368.59	249.36
新疆	1 811.26	0.80	798.09	540.71
新疆兵团	863.68		333.54	260.65
黑龙江农垦	783.59	1 081.70	1 407.75	148.05

注：1. 由于年度统计报表的口径不同，表中“新增其他农产品产量”列统计的是1988—1999年以及2003、2004年的数据；“新增其他农

开发项目效益情况表

新增农机总动力（千瓦）	新增主要农产品生产能力（万公斤）			
	粮食	棉花	油料	糖料
18 060 511.03	7 576 052.43	144 908.96	365 775.99	2 465 803.93
577 523.50	31 255.05	40.50	304.37	
110 852.00	63 917.49	430.62	1 200.34	
555 554.60	458 247.91	8 911.17	19 983.18	270.00
426 276.08	112 919.02	1 582.94	5 685.40	35 237.80
579 116.65	344 950.79	490.00	19 444.64	70 516.70
828 308.25	324 836.07	61.10	4 811.50	53 184.11
508 510.00	34 637.30		306.00	30.00
253 369.26	404 066.50	25.00	4 653.00	200.00
1 662 620.00	780 706.78		3 559.20	48 093.50
2 995.85	16 073.43	28.10	346.00	
604 456.19	375 732.88	7 623.35	16 971.65	3.00
322 691.45	201 345.95	3 602.89	10 426.01	134.00
69 600.48	12 547.51	566.06	382.47	
751 280.00	412 409.73	14 000.28	41 056.71	21.20
194 079.00	126 193.32	6.80	5 097.98	34 651.10
5 025.00	2 584.75		199.90	
300 521.00	315 331.87	4 472.61	25 112.25	16 049.20
742 451.18	588 404.52	23 737.34	25 975.83	360.00
218 328.00	51 612.90	286.00	8 205.90	
565 390.11	407 861.25	10 993.20	19 561.29	
1 678 710.76	314 793.04	14 152.51	36 004.39	163.20
531 754.21	357 320.29	3 165.03	24 338.99	21 498.30
176 390.43	64 770.32		1 985.88	9 487.43
22.00	40.00			
456 701.60	144 620.75		3 330.12	1 368 049.23
15 477.00	113 186.55		4 394.66	241 209.33
51 350.92	103 177.28	1 120.00	5 892.75	1 397.50
4 051 979.00	445 349.10	5 245.42	37 057.37	62 777.33
1 005 573.27	133 607.70		22 407.13	
38 961.00	136 251.54		4 043.27	302 215.29
8 945.15	12 185.83		951.30	
320 064.64	175 060.87	1 365.84	4 950.14	42.00
60 795.10	48 556.10	2 397.35	2 519.82	19 031.00
66 165.00	27 577.06		6 118.99	
22 776.48	63 233.14		329.72	1 844.00
372 072.00	90 277.50	19 730.76	4 871.07	141 682.33
145 683.00	46 860.13	21 726.15	1 156.10	33 858.88
579 626.35	334 972.67		1 234.94	3 827.50

产品产值”列统计的是 2000—2002 年的数据。

续前表

地区	新增其他农产品产量							
	干鲜果品（万公斤）	蔬菜（万公斤）	花卉（万株）	药材（万公斤）	肉（万公斤）	蛋（万公斤）	奶（万公斤）	水产品（万公斤）
全国合计	765 102.94	846 574.25	123 276.23	79 574.96	406 390.3	24 120.9	94 418.67	175 228.03
北京	13 968.8	8 742	600	19 801	1 031			807
天津		340	800		2 311.8	610	4 104.8	
河北	43 871.8	68 691.36	7 428.6	2 138	20 926.5	51.3	9 001.8	1 219.59
山西	1 462.3	10 260	425	1 141.5	2 922.96	100	2 568.8	1 134
内蒙古	4 117	8 170.2	1 553.6	2 239.5	26 520.43		3 816.81	75.5
辽宁	48 184	64 883.75	8 451.05	3 163.8	31 230.4	531	10 285.6	32 537.84
其中：大连	3 663.7	4 565	5 477		815			16 796.99
吉林	8 208	33 424.38		13 491.4	35 838.78	70	5 820	469.2
黑龙江	895.07	8 563.1	153	912	6 079.68	667.4	4 262.7	389.1
上海	76.75	5 879.5	1 960					469.6
江苏	6 872.3	12 439.03	10 224.13	176.53	25 374.9	1 054	4 745.6	11 365.44
浙江	15 814.58	18 884.48	3 805.5	25	1 425	6	1 717.97	10 758.06
其中：宁波	4 205.45	8 343.48	522.5	25				344.97
安徽	10 569.2	36 031.96	4 450	1 974.01	32 255.32	565.5	907.85	24 105.08
福建	192 204.22	13 800.4	1 000	28.4	9 536.2	2 308.9	5 380	18 502.13
其中：厦门	410	550	1 000					50
江西	63 413.96	25 309.08	4 430.5	2 028	24 466.17	1 165.3	1 440.07	8 393.35
山东	23 702.43	72 539.4	3 511	634	41 918.41	10 174	12 218	10 874.7
其中：青岛	9 612.8	4 547	2 370		10 200.3	18	162	530.6
河南	42 162.8	41 762.25	4 309	1 416	21 590	3 725.1	1 511	6 692.4
湖北	37 682	32 950.74	2 323.5	3 940.08	4 748.59	1 609	390	23 910.23
湖南	68 702.88	52 316.6	3 120	5 448.8	45 635.9	15	745	9 122.4
广东	16 517.8	249 725.5	39 524.1	2 913.5	4 117.96			3 829
其中：深圳	540		20 150		87.71			1 000
广西	27 361.7	3 685.46	676	817	14 844.38	360	86.38	113.7
海南	21 877.9	3 480	2 661	589	994			2 790.64
重庆	39 425	8 860	5 644	5 592.5	1 998.4		120	1 007
四川	25 724.2	19 931	5 635.3	3 275	29 153.6	300	312.5	1 196
贵州	5 586.6	6 551.5	2 487.75	481.75	1 494.49	164.6	1 073.05	291.1
云南	22 030.1	10 776	3 268	2 267.7	10 537.64	9.8	863.3	4 203.79
西藏					251.98			
陕西	7 918.4	5 995	417.2	2 459.89	3 131.88	28	10 691.02	133.8
甘肃	2 864.05	6 852.9		603	369.5		50	30.2
青海	864	2 536	714	28	415.85		338	72.2
宁夏	120	6 289.96		2.5	2 164.98	341	4 154.5	191
新疆	4 148.1	1 316.8	3 074	1 977	1 710.7	208.4	1 414.32	232.88
新疆兵团	8 669	1 853	630		913		2 738	92
黑龙江农垦	88	3 732.9		10.1	479.9	56.6	3 661.6	219.1

新增其他农产品产值（万元）		专项科技示范				项目区直接受益农民人均增收额（元）	农民人均纯收入（元）	
畜禽产品	水产品	扩大良种种植面积（万亩）	技术培训（万人次）	新增总产值（万元）	增加值（万元）		项目区农民人均纯收入	项目区高于本地区农民人均纯收入
583 196.81	419 112.33	592.18	100.95	629 333.39	305 059.13			
1 500	4 619.5	6.5	2.04	4 549.6	3 357			
4 100.3	3 015	2.65	2.48	10 239	8 579.2			
20 057.4	4 178	62.79	4.61	13 910.96	5 583.36			
11 114.8	2 401.84	6.76	3.98	14 302.13	8 654.92			
39 778.46	799.8	4.21	2.56	6 866	3 084			
33 677.5	79 189.8	24.09	3.47	36 562.6	23 017			
1 402	58 839	1	2.20	7 840	2 993			
104 868	7 011	13.5	2.00	10 625	4 353			
31 313.8	7 353.8	14.48	1.03	8 502.84	5 512.69			
	10 368	2.2	1.81	14 758.8	6 892.23			
18 999.2	17 244.84	12.25	3.34	24 213.9	9 929.1			
17 668	34 356	16.04	4.26	55 496	20 459.8			
850	1 720	8.01	1.32	33 986	11 105.8			
18 458.18	11 217.29	57.95	11.34	30 812.3	10 556.32			
16 641	4 416.4	6.44	3.03	41 882	18 781			
530	900	0.2	0.62	4 707	2 510			
14 601.36	23 371.84	5.01	0.80	13 832.7	8 365.23			
32 808.1	8 857.6	103.58	5.41	53 236.2	24 207			
18 216	2 143.6	5.58	0.90	8 958.2	1 083			
32 942.03	3 425.3	18.5	3.56	46 895.06	23 769.2			
17 317.6	34 991.76	21.89	1.12	8 029.69	4 175.93			
20 662.9	99 788	11.04	3.75	13 596.5	6 167.15			
9 539.38	3 978.5	50.5	7.47	74 964.9	38 372			
680	260	0.13	2.80	7 997.9	3 958			
13 335.27	3 552.6	2.39	0.67	9 006.7	1 812.38			
1 191	45 713	19.76	0.32	14 644	8 660.3			
2 800		3.17	1.70	23 845	12 095			
31 370.7	1 450.5	22.14	6.72	20 607.2	9 043.8			
5 086.48	1 108	8.57	2.70	16 181.9	9 445			
9 955	1 467	2.45	4.56	5 212.1	1 284.1			
630	30	0.66	0.50	210				
19 596	1 107	15.63	3.02	12 376.8	8 130.96			
4 154.5	1.4	33.24	9.24	17 696	9 175			
5 625.32	234.6	4.3	0.36	1 270.03	594.42			
15 759.94	1 926.5	9.2	0.26	6 983	3 706			
5 047.59	637.46	3.29	0.14	9 004.21	3 443.56			
4 488	1 300	17.9	2.19	3 422.7	1 915.3			
18 109		9.1	0.53	5 597.57	1 937.18			

全国农业综合开发项目主要统计指标解释

一、全国农业综合开发项目投入情况表

1."开发县（市、区、农场）总数"：指经国家农业综合开发办公室批准立项实施农业综合开发的县（市、区、旗）和农场（包括新疆生产建设兵团、黑龙江省农垦总局所属县团级农场）的总数。其中2004年的数值包括当年未安排项目的开发县（市、区、农场）数。

2."其中：开发县（市、区）数"：指经国家农业综合开发办公室批准立项实施农业综合开发的县（市、区、旗）的总数。其中2004年的数值包括当年未安排项目的开发县（市、区）数。

3."资金投入"：指投入农业综合开发的中央财政资金、地方财政配套资金、银行贷款和自筹资金之和。

4 ."中央财政资金"：指中央财政用于农业综合开发的资金。1988—1994年的数据摘自全国农业综合开发统计报表；1995—2004年的数据摘自全国农业综合开发财政资金决算报表（包括部门项目；指省级拨出数，含上年结转），其中1998—2004年的数据含作为中央财政资金安排用于农业综合开发的世界银行贷款。

5."地方财政配套资金"：指地方各级财政按照一定比例与中央财政资金配套投入农业综合开发的资金。1988—1994年的数据来自全国农业综合开发统计报表；1995—2004年的数据来自全国农业综合开发财政资金决算报表（包括部门项目；指当年地方财政落实的配套资金），其中1998—2004年的数据含世行贷款项目的地方财政配套资金。

6."银行贷款"：指用于农业综合开发项目建设的银行贷款及其他信贷资金投入数。

7."自筹资金"：指项目区农村集体、农民群众、项目建设单位（包括企业、农牧场、地方有关部门等）筹集的用于农业综合开发项目建设的现金和以物折资数。

8."部门项目"：指用于部门项目的中央财政资金、地方财政配套资金、银行贷款、自筹资金。但1995—2004年每年中央财政资金、地方财政配套资金栏目中仅填列了海南农垦总局天然橡胶基地项目的数据，其他部门项目含在各地区的数据中。

9.国家办：指国家农业综合开发办公室。国家办"中央财政资金"指在农业综合开发利用世界银行贷款加强灌溉农业二期项目中，国家农业综合开发办公室用于机构支持与发展的资金投入数，包含世界银行贷款和中央财政相应安排的配套资金。世界银行贷款由中央财政统借统还。利用世界银行贷款加强灌溉农业二期项目建设期为1998—2002年。

二、全国农业综合开发分项目投资完成情况表

1."财政资金"：分别指用于土地治理、产业化经营、专项科技示范三类项目的财政投资完成数，为中央财政投资和地方财政投资完成数的合计数。

2."银行贷款"：分别指用于土地治理、产业化经营、专项科技示范三类项目的银行贷款完成数。

3."自筹资金"：分别指用于土地治理、产业化经营、专项科技示范三类项目的自筹资金完成数。

三、全国农业综合开发土地治理项目主要建设内容完成情况表

1."改造中低产田"：指通过水利、农业、林业、科技等措施对现有中低产田进行综合治理，改善其基本生产条件和生态环境，使之成为高产稳产

农田的面积。

2.“生态综合治理项目”：指为保护和改善农牧业生态环境所进行的各类项目建设的面积，包括“草原（场）建设”、“小流域治理”和“土地沙化治理”三类小项目。

3.“草原（场）建设”：指在主要牧区省份为保护和建设草原（场）所进行的人工种草、天然草场改良、划区轮牧、饲草（料）基地建设以及支持草原畜牧业发展的配套设施建设。

4.“小流域治理”：指在水土流失较为严重的丘陵山区和黄土高原地区以小流域为单元进行综合性治理的面积。

5.“土地沙化治理”：指在农牧交错区和黄河故道沙区对沙化土地进行综合性治理的面积。

6.“中型灌区节水配套改造项目”：指对能够为项目区直接提供外部水利灌排条件、设计控制灌溉面积为5万—30万亩的已有中型灌（排）区的灌排骨干工程设施进行以节水配套改造为主的建设项目的数量。

7.“开垦宜农荒地”：指将宜于农用的尚未开发利用的土地或虽已耕种过但撂荒三年以上的撂荒地开发成耕地的面积。

8.“建设优质粮食基地”：指在已经完成中低产田改造或在同时进行中低产田改造的耕地上，规模化种植经过由国家认定资格的品种审定委员会审定的优质粮食品种的面积。

9.“建设优质饲料作物基地”：指在已经完成中低产田改造或在同时进行中低产田改造的耕地上，规模化种植经过由国家认定资格的品种审定委员会审定的优质饲料作物品种的面积。

10.“修建小型水库”：指新建、续建、扩建和除险加固库容在1 000万立方米（含）以下、10万立方米（不含）以上水库的座数。

11.“灌排渠系建设”：指新建、衬砌、开挖疏浚支渠以下（流量5立方米/秒以下）的灌溉和排水渠道公里数。

12.“新打和配套完善机电井”：指新建和在已有井的基础上配套机电提水设施使之可以进行正常灌溉的机电井眼数。

13.“改良土壤”：指通过平整土地、增厚土层、增施有机肥、培肥地力、掺和客土等工程和生物措施进行土壤改良的面积。

14.“机耕路”：指新修和改造能供农业机械通行的田间道路公里数。

15.“农机购置”：指利用财政资金扶持农机站和农户购置的为农业生产服务的动力农用机械和各种农用机具、植保机械的套数。

16.“造林”：指为减免项目区风、沙、水、旱等自然灾害，改善农田、牧场环境，保障农牧业生产，而营造的林木种植面积。

17.“扶持农技服务站”：指通过购置仪器设备和修建必要的仓储、化验室设施，支持项目乡镇农业、林业、水利、畜牧、农机、气象等各类农业服务站建设的个数。

18.“技术培训”：指对项目区农民和乡镇农业技术人员开展先进成熟的农业适用技术培训的受训人次。

四、全国农业综合开发土地治理项目主要建设内容投资完成情况表

本表横向指标同表3，表中填列的是用于土地治理项目主要建设内容的中央财政资金、地方财政配套资金、银行贷款和自筹资金完成数之和。由于1988—1998年没有土地治理项目主要建设内容的投资完成数，本表是自1999年开始填列的。表中“水利措施”、“农业措施”、“林业措施”、“科技措施”中只统计了几个主要单项的投资。几个主要单项投资之和小于该措施完成投资总额。

五、全国农业综合开发产业化经营项目主要建设内容完成情况表

1.“经济林”：指新种植和改造的林木面积，包括水果、干果、茶叶、木本油料、竹类及其他经济林等。

2.“蔬菜”：指项目扶持的保护地蔬菜种植和露地蔬菜种植面积。

3.“花卉”：指项目扶持的保护地花卉栽培和露地花卉栽培面积。

4.“药材”：指木本药材和草本药材种植面积。

5.“水产养殖”：指项目扶持的淡水养殖与海水养殖面积之和。

6.“畜禽养殖”：指项目扶持的大牲畜（牛、马、驴等）、猪、羊、兔、家禽养殖年内出栏和年末存栏之和。

7.“新建加工项目”：指农业综合开发立项扶持的新建农副产品加工项目个数。

8.“改扩建加工项目”：指农业综合开发扶持的扩大生产规模或技术改造的农副产品加工项目个数。

9.“农业生产服务项目”：指为项目区优势农产品开发服务的项目个数，包括产地批发市场和储藏保鲜库建设等。

六、全国农业综合开发科技示范项目主要建设内容完成情况表

1.“农业高新科技示范”：指1999年开始设立的，以市场为导向、效益为中心，以省级以上（含省级）的综合实力较强的农业科研、教学单位为技术依托单位，在改善农业基本生产条件的基础上引进2项以上农业高新技术，并与其他常规技术组装配套，探索形成不同区域优势产业先进适用技术支撑体系的项目的高新技术及品种示范应用面积。

2.“农业科技推广综合示范”：指2000年开始设立的，以市场为导向、效益为中心，以省级以上（含省级）的综合实力较强的农业科研、教学单位为技术依托单位，在改善农业基本生产条件的基础上着力进行农业先进适用成熟技术的大面积推广应用，促进区域优势产业升级，同时适当引进先进成熟技术进行示范，为今后推广应用增加必要技术储备的项目的先进成熟适用技术及品种推广应用面积。

3.“农业现代化示范”：指2002年开始设立的，以市场为导向、效益为中心，以省级以上（含省级）的综合实力较强的农业科研、教学单位为技术依托单位，以加强基础设施、投入要素、农业科技和经营管理体制的建设为主要内容，推进当地农业现代化建设的项目的先进成熟适用技术、品种示范推广面积与产业基地建设面积之和。

4.“引进品种”：指通过项目建设，引进优良种子（大田作物1 000亩以下）、种苗、种畜、种禽的个数之和。

5.“引进技术”：指通过项目建设，引进种植、养殖、加工与信息等方面的先进成熟适用技术的项数之和。

6.“示范品种”：指通过项目建设，优良种子、种苗、种畜、种禽的示范个数之和。

7.“示范技术”：指通过项目建设，种植、养殖、加工方面除种子、种苗、种畜、种禽等品种以外的其他技术的示范项数之和。

8.“示范面积”：指通过项目建设，种植业优良品种及先进成熟适用技术的示范面积之和。在同一地块的示范品种和技术没有重复计算面积。

9.“推广品种”：指通过项目建设，种植、养殖优良品种的推广个数之和。

10.“推广技术”：指通过项目建设，种植、养殖方面的先进成熟适用技术的推广项数之和。

11.“推广面积”：指通过项目建设，种植业优良品种、先进成熟适用技术的推广面积之和。在同一地块的推广品种和技术没有重复计算面积。

12.“种植业生产基地”：指通过项目建设，农田各种作物生产基地建设的面积之和。

13.“经济林生产基地”：指通过项目建设，果树、花卉、特种专用经济林生产基地建设的面积之和。

14.“畜牧业生产基地”：指通过项目建设，奶牛养殖、肉猪、肉羊和肉牛等肉用牲畜及家禽养殖年内出栏与年末存栏数总数之和。

15.“水产养殖”：指项目建设海水、淡水水产品养殖面积之和。

七、全国农业综合开发项目效益表

1.“新增和改善灌溉面积”：新增灌溉面积指通过新建（或改建）灌溉工程设施，新增加的正常年景下可保证灌溉的耕地面积；改善灌溉面积指通过配套和完善灌溉工程设施，使灌溉保证率提高的耕地面积。新增和改善灌溉面积指新增灌溉面积和

改善灌溉面积之和。

2．“新增和改善除涝面积”：新增除涝面积指通过新建（或改建）排涝工程设施，新增加的达到三年一遇以上除涝标准的耕地面积；改善除涝面积指通过配套完善排涝工程设施，使除涝标准提高的耕地面积。新增和改善除涝面积指新增除涝面积和改善除涝面积之和。

3．“增加林网防护面积”：指通过营造防护林新增加的受林网保护的农田及牧场面积。

4．“新增机耕面积”：指通过购置农业机械，新增加的农业机械耕作的面积。

5．“新增农机总动力”：指通过购置农（牧）业机械，新增加的用于农业、林业、牧业的各种农业机械动力之和。

6．“新增主要农产品生产能力”：指通过农业综合开发，项目区主要农产品（粮食、棉花、油料、糖料）在正常年景下能够较开发前增加的产量。该数据是运用典型调查、同等地块相比等方法计算得出的。

7．“项目区农民人均纯收入”：指项目区农民当年生产经营所得的总收入扣除总费用、税金和集体提留以后余额的平均值。该数据可以用项目区农民纯收入总额除以项目区总人口数得出。

8．“项目区高于本地区农民人均纯收入”：指项目区农民人均纯收入比同期当地整个地区农民人均纯收入高出的部分。该数据可以用项目区农民人均纯收入减去同期当地整个地区农民人均纯收入得出。

9．“直接受益农民人均增收额”：指项目区农业综合开发项目的直接受益农民人均增收的数额。该数据由农业综合开发年度统计报表效益表中的“直接受益农民年纯收入增加总额”除以“年直接受益农业人口数”计算得出。

10．“新增其他农产品产量”：指通过实施农业综合开发项目新增加的种植（粮棉油糖除外）、养殖产品产量。“干鲜果品”栏表示水果、干果等产品的新增产量，“蔬菜”栏表示商品菜和种子两类的新增产量，“花卉”栏表示切花切叶和盆栽植物两类的新增产量，“药材”栏表示种植药材的新增产量，“肉”、“蛋”、“奶”各栏分别表示相应的畜禽养殖增加的产品产量，“水产品”栏表示淡水养殖和海水养殖新增产量之和。

11．“新增畜禽产品产值”：指通过实施畜禽养殖项目，当年新增的以货币形式表现的畜禽产品价值总量。该数据按当年价格计算。

12．“新增水产品产值”：指通过实施水产养殖项目，当年新增的以货币形式表现的水产品价值总量。该数据按当年价格计算。

13．“扩大良种种植面积”：指通过科技项目建设，新增加的种植各种作物优良品种的面积之和。

14．“技术培训”：指通过科技项目建设，对项目区农民群众开展农业先进成熟适用技术培训的受训人次。

15．“新增总产值”：指通过科技项目建设，当年新增加的、以货币形式表现的、项目直接扶持生产的产品的产量。该数据按当年价格计算。

16．“增加值”：指科技项目直接扶持生产的产品对社会所做的贡献。按生产法计算，增加值＝总产值－中间消耗。中间消耗是指在生产过程中所消耗的物质产品和劳务价值，包括生产过程中的物质消耗和对非物质生产部门的劳务支出，如种子、化肥、原材料、燃料、农技服务、技术咨询等。按收入法计算，增加值＝劳动者报酬＋生产税净额＋固定资产折旧＋营业盈余。该数据按当年价格计算。

农业综合开发世界银行项目统计表

2004年农业综合开发世界银行项目投资、任务完成情况表

年度	开发范围	资金投入（万元）				任务	水利措施			农业措施			林业措施	科技措施		SIDD试点	
	项目县数	小计	世界银行贷款	地方财政配套资金	自筹资金	改造中低产田面积（万亩）	修建小型水库（座）	灌排渠系建设（公里）	新打和配套完善机电井（眼）	改良土壤（万亩）	机耕路（公里）	农机购置（台套）	造林（万亩）	扶持农技服务站（个）	技术培训（人月）	供水公司（个）	用水者协会（个）
合计	131																
河北	27																
河南	27																
山东	33																
安徽	20																
江苏	24																
国家办		3 206.30	3 206.30														

1998—2004年农业综合开发世界银行项目投资、任务完成情况表

省份	开发范围	资金投入（万元）				任务	主要措施									SIDD试点	
			其中				水利措施			农业措施			林业措施	科技措施			
	项目县数	合计	世行贷款	地方财政配套资金	自筹资金	改造中低产田（万亩）	修建小型水库（座）	灌排渠系建设（公里）	新打和配套完善机电井（眼）	改良土壤（万亩）	机耕路（公里）	农机购置（台套）	造林（万亩）	扶持农技服务站（个）	技术培训（人月）	供水公司（个）	用水者协会（个）
合计	131.00	713 099.55	248 479.92	235 523.57	229 096.06	2 300.30		64 738.88	66 624.00	1 897.99	38 005.90	22 708.00	141.22	1 663.00	164 900.80	11.00	516.00
河北	27.00	119 243.20	41 657.50	41 405.70	36 180.00	400.00		10 955.90	16 665.00	400.00	6 103.20	5 212.00	25.50	253.00	52 813.30	5.00	71.00
河南	27.00	150 199.73	51 730.02	48 463.60	50 006.11	500.00		13 271.98	21 965.00	483.69	13 981.00	6 076.00	27.10	333.00	44 990.10	1.00	64.00
山东	33.00	156 026.13	51 792.00	51 840.69	52 393.44	500.30		14 164.00	27 506.00	500.30	11 363.00	725.00	29.80	398.00	16 423.60	3.00	225.00
安徽	20.00	127 640.44	41 832.01	43 807.49	42 000.94	400.00		10 512.00		320.00	4 782.70	4 713.00	28.42	285.00	29 498.80	1.00	50.00
江苏	24.00	150 104.09	51 582.43	50 006.09	48 515.57	500.00		15 835.00	488.00	194.00	1 776.00	5 982.00	30.40	394.00	21 175.00	1.00	106.00
国家办		13 092.26	13 092.26														

1998—2004年农业综合开发世界银行项目效益情况表

省份	新增和改善灌溉面积（万亩）	新增改善除涝面积（万亩）	增加林网防护面积（万亩）	新增机耕面积（万亩）	新增农机总动力（千瓦）	新增主要农产品生产能力			
						粮食（万公斤）	棉花（万公斤）	油料（万公斤）	糖料（万公斤）
合计	1 991.69	853.1	1 756.54	2 285.79	858 259.21	337 390.25	8 535.91	25 919.68	
河北	391.67	66.78	270.1	111.19	99 339.5	64 302.36	826.5	4 690.52	
河南	441.77	261.48	283.75	1 792.63	258 063.88	79 045.6	2 402.39	4 935.63	
山东	500.3	0	471.42	133.81	85 503	52 366	2 160.1	5 498.5	
安徽	208.21	191.79	390	178.2	263 682.72	65 297.54	2 569.05	7 758.77	
江苏	449.74	333.05	341.27	69.96	151 670.11	76 378.75	577.87	3 036.26	

农业综合开发世界银行项目统计指标解释

1.“世界银行项目”：指农业综合开发利用世界银行贷款加强灌溉农业二期项目。项目实施范围为河北、河南、山东、安徽、江苏5省以及国家农业综合办公室，建设期为1998—2002年。

2.数据来源：世界银行贷款、地方财政配套资金数据来源于世界银行项目决算报表，其他数据来源于世界银行项目统计报表。

3.“世界银行贷款”：指由中央财政统借统还，作为中央财政资金安排用于农业综合开发加强灌溉农业二期项目的世界银行贷款。

4.“SIDD试点”：SIDD是英文Self - Management Irrigation and Drainage District的缩写，中文译为“自主管理灌排区”。它是一种新型的灌溉管理制度，是在国家政策的指导下，对计划经济体制下灌区管理体制和运行机制进行改革，按照市场经济的要求，组建具有法人资格、实行自主经营的经济实体——供水公司和用水者协会*，通过建立供水、用水两者之间的买卖关系，实行有偿供水、用水者直接参与灌区管理等措施，使用水户自主管理灌区水利实施，保证灌区水利设施的良性运行。在河北、河南、山东、安徽、江苏5省的世界银行项目区，进行了自主管理灌排区的试点。

5.“国家办”：指国家农业综合开发办公室。国家办“世界银行贷款”包含国家农业综合开发办公室用于机构支持与发展的世界银行贷款和中央财政相应安排的配套资金。

6.本表中其他指标解释同“1998—2002年全国农业综合开发项目统计表”。

7.由于2004年没有实施新的世界银行项目，当年仅发生用于国家农发办培训基地建设的报账数3206.3万元。项目效益情况和相关数据见以前年度《中国农业综合开发年鉴》。

* 2005年10月31日，水利部、发改委、民政部联合发文中，将“用水者协会”统一更名为“用水户协会”。

农业综合开发部门项目统计表

1989—2004年农业部农业综合开发原原种扩繁项目完成情况表

年份	资金投入（万元）					主要建设内容				主要效益	
	合计	财政资金	其中：中央财政资金	银行贷款	自筹资金	基地面积（万亩）	仓库（万平方米）	网室（万平方米）	晒场（万平方米）	新增原原种生产能力（万公斤）	新增原种生产能力（万公斤）
合计	20 967.28	17 113.85	8 697.00		3 853.43	3.94	1.05	10.40	3.75	3420.45	6 067.03
1989	500.00	500.00	500.00								
1990	951.00	600.00	500.00		351.00			1.69		230.00	
1991											
1992	1 000.00	1 000.00	500.00					0.98		170.00	
1993	1 273.00	1 127.00	500.00		146.00			0.99		150.00	
1994	1 143.00	943.00	500.00		200.00			0.54		860.00	
1995	1 187.00	935.00	500.00		252.00			1.51		620.00	
1996	1 026.00	929.00	500.00		97.00			0.14		60.00	
1997	1 058.00	962.00	500.00		96.00					250.00	
1998	1 200.00	1 130.00	600.00		70.00					273.00	
1999	1 564.00	1 386.00	700.00		178.00					30.00	
2000	1 541.00	1 338.00	700.00		203.00					70.00	
2001	1 854.00	1 364.00	896.00		490.00					323.00	
2002	2 175.80	1 703.00	1 000.00		472.80						
2003	1 482.67	932.00	801.00		550.67	2.06		1.99	1.62	169.04	2 597.22
2004	3 011.81	2 264.85			746.96	1.88	1.05	2.56	2.13	215.41	3 469.81

1989—2004年农业部农业综合开发良种繁育基地项目完成情况表

年份	资金投入（万元）					主要建设内容				主要效益		
	合计	财政资金	其中：中央财政资金	银行贷款	自筹资金	基地面积（万亩）	仓库（万平方米）	晒场（万平方米）	购置加工设备（台、套）	新增原种生产能力（万公斤）	新增种子加工能力（万公斤）	新增种子储备能力（万公斤）
合计	48 392.73	35 615.27	18 652.00		12 777.46	195.92	25.49	38.48	1 356.00	9 308.79	24 485.60	12 109.50
1989	2 521.80	2 000.00	1 000.00		521.80		1.88	4.28	370.00			
1990	2 664.30	2 000.00	1 000.00		664.30	0.07	1.23	3.72	87.00	13.31	1 500.00	1 130.00
1991	3 023.28	2 950.00	1 500.00		73.28	25.24	1.99	4.42	22.00	355.20	1 600.00	450.00
1992	2 010.79	1 900.00	1 000.00		110.79	24.00	1.97	4.74	54.00	365.00	1 900.00	
1993	2 112.60	2 000.00	1 000.00		112.60	27.00	1.87	5.02	23.00	381.00		
1994	2 008.49	1 700.00	1 000.00		308.49		1.86	3.64	27.00	822.05		
1995	2 220.21	1 744.00	1 000.00		476.21	0.48	1.83	4.55	61.00	734.00		
1996	2 177.00	1 640.00	1 000.00		537.00	3.50	1.70	3.79	64.00	617.00		
1997	1 876.00	1 212.00	850.00		664.00	3.10	2.05		32.00	651.00		
1998	3 597.99	1 971.40	1 400.00		1 626.59	13.30	2.65			271.00		
1999	3 186.60	1 791.00	1 300.00		1 395.60	16.80	1.09			2 080.00		
2000	3 841.00	2 659.00	1 675.00		1 182.00	26.80	1.47			890.00	350.00	202.00
2001	4 786.00	3 312.00	2 100.00		1 474.00	30.83	1.40			180.00	8 986.00	4 000.00
2002	4 509.50	3 525.00	2 300.00		984.50							
2003	1 601.34	846.00	527.00		755.34	14.75	0.52	1.30	152.00	43.00	1 650.00	1 170.00
2004	6 255.83	4 364.87			1 890.96	10.05	1.98	3.02	464.00	1 906.23	8 499.60	5 157.50

1989—2004年农业部农业综合开发优质农产品示范和菜篮子工程项目完成情况表

年份	资金投入（万元）					主要建设内容			主要效益			
	合计	财政资金	其中：中央财政资金	银行贷款	自筹资金	种植业基地（亩）	畜禽棚舍（万平方米）	水产养殖基地（亩）	蔬菜种苗（万株）	畜禽供种（万头、万只、万羽）	新增水产品供种能力（万公斤、万尾）	新增水产品成产能力（万公斤）
合计	121 261.68	68 669.34	32 036.53	30.00	52 562.34	148 785.37	70.87	103 955.02	225 163.22	391.42	1 330 592.23	3 142.68
1989	6 270.68	3 073.00	1 500.00		3 197.68	8 800.00	5.00	1 533.03				
1990	7 400.60	3 142.00	1 500.00		4 258.60	10 200.00	5.00	1 576.58		0.39		102.08
1991	7 028.72	3 085.00	1 500.00		3 943.72	7 600.00	5.30	1 656.16				120.00
1992	7 143.56	3 000.00	1 500.00		4 143.56		6.00	1 711.70	1 200.00	0.21	4 600.00	110.00
1993	6 462.79	2 900.00	1 500.00		3 562.79		6.00	1 741.70	2 000.00	0.30	5 000.00	114.00
1994	5 993.65	3 000.00	1 500.00		2 993.65		7.00	1 636.60	1 500.00	0.40		164.10
1995	5 143.80	3 000.00	1 500.00		2 143.80	18 500.00	7.16	1 696.70	800.00	0.70	5 000.00	200.00
1996	7 781.20	4 312.00	2 230.00		3 469.20	13 700.00	5.58	1 651.60	2 200.00	0.80	20 000.00	100.00
1997	7 467.76	4 655.10	2 290.00		2 812.66	8 930.00	4.52	1 852.90	4 700.00	0.73	15.90	300.00
1998	8 108.80	5 446.30	2 803.00		2 662.50	13 800.00	3.80	749.80	6 500.00	2.00	32 800.00	19.20
1999	8 221.19	4 875.57	2 630.00		3 345.62	7 000.00	2.10	1 131.08	600.00	0.26	9 500.00	340.00
2000	7 802.41	4 789.00	2 479.00		3 013.41		2.18	2 194.40	6 200.00	1.00	26 300.00	84.00
2001	6 710.60	4 761.00	2 576.00		1 949.60		3.81	504.50	4 000.00	3.70	65 900.00	45.00
2002	10 680.80	6 168.00	3 632.00		4 512.80							
2003	7 257.63	4 709.55	2 896.52	30.00	2 518.08	31 009.20	2.37	11 278.00	4 835.87	134.58	57 955.00	249.63
2004	11 787.49	7 752.82			4 034.67	29 246.17	5.05	73 040.27	190 627.35	246.35	1 103 521.33	1 194.67

1989—2004年农业部农业综合开发育草基金项目完成情况表

年份	资金投入（万元）					主要建设内容			主要效益	
	合计	财政资金	其中：中央财政资金	银行贷款	自筹资金	围栏草场（万亩）	人工种草（万亩）	草场改良（万亩）	新增草种生产能力（万公斤）	新增草种加工能力（万公斤）
合计	24 363.59	17 122.23	9 057.25		7 241.36	358.63	311.31		376.54	393.30
1989	1 026.00	715.00	500.00		311.00	70.00	70.00		111.80	
1990	1 170.00	840.00	500.00		330.00	80.00	80.00			
1991	1 449.70	968.00	500.00		481.70	50.00	50.00			
1992	1 347.60	953.00	500.00		394.60	50.00	50.00			
1993	1 365.80	979.00	500.00		386.80	26.80	13.70			
1994	1 369.90	927.00	500.00		442.90	24.00	11.00			
1995	1 451.50	1 023.00	500.00		428.50	20.00	14.00			
1996	1 156.79	1 016.47	500.00		140.32	8.70	6.20			
1997	1 460.87	915.12	500.00		545.75	9.20	12.00			
1998	1 540.38	992.00	500.00		548.38	7.60	3.30			
1999	1 280.00	955.00	500.00		325.00	11.00				
2000	2 258.60	1 598.40	1 000.00		660.20	0.40			56.80	
2001	1 966.54	1 464.00	1 000.00		502.54	0.05			55.00	
2002	1 922.25	1 546.00	1 180.00		376.25					
2003	935.91	539.05	377.25		396.86	0.88	1.11		6.20	1.00
2004	2 661.75	1 691.19			970.56				146.74	392.30

1992—2004年农业部农业综合开发秸秆养畜项目完成情况表

年份	资金投入（万元）					主要建设内容			主要效益			
	合计	财政资金	其中：中央财政资金	银行贷款	自筹资金	青贮氨化池（万立方米）	养殖示范场、户（个）	秸秆处理机械（台）	牛出栏（万头）	羊出栏（万只）	氨化、微贮秸秆（万吨）	青贮数量（万吨）
合计	671 535.54	105 489.85	50 672.15	49 814.78	514 683.30	2 776.95	32 461.00	111 312.00	2 926.49	12 428.50	5 075.11	9 521.23
1992	65 204.00	2 142.00	1 000.00	7 891.00	55 171.00				82.71		132.90	113.31
1993	107 937.54	9 165.69	3 932.00	12 393.30	86 378.55	506.00		18 820.00	470.54		528.70	941.73
1994	56 657.92	3 196.00	1 500.00	5 246.60	48 215.32	163.00		7 808.00	115.19	33.40	150.68	270.93
1995	63 119.57	8 447.27	4 000.00	6 525.29	48 147.01	306.10		12 995.00	310.30	595.30	474.20	945.70
1996	69 157.99	8 984.45	4 382.00	2 526.65	57 646.89	415.48	2 023.00	18 557.00	264.20	1 030.00	534.85	966.59
1997	46 035.34	9 795.30	4 860.00	2 286.54	33 953.50	353.15	2 325.00	14 881.00	237.12	950.65	478.09	780.82
1998	63 056.07	10 780.00	5 400.00	7 157.80	45 118.27	335.89	5 493.00	9 205.00	263.59	1 233.76	558.88	946.87
1999	103 813.53	10 718.85	5 400.00	4 277.60	88 817.08	241.98	1 552.00	9 634.00	176.42	801.44	340.00	601.79
2000	32 795.00	10 547.76	5 486.10		22 257.43	137.85	1 152.00	5 426.00	123.50	1 338.65	406.74	806.87
2001	25 929.71	9 436.70	5 306.40		14 892.71	110.22	5 501.00	4 241.00	115.44	1 421.57	290.53	513.84
2002	13 974.08	8 299.20	5 314.00		5 717.38							
2003	13 149.66	7 140.16	4 091.65	1 510.00	4 499.50	150.31	7 523.00	4 639.00	309.15	2 942.47	581.33	1 265.79
2004	10 705.13	6 836.47			3 868.66	56.97	6 892	5 106	458.33	2 081.26	598.21	1 366.99

1994—2004年农业部农业综合开发海南农垦总局天然橡胶基地项目完成情况表

年份	资金投入（万元）				主要建设内容				主要效益			
	合计	中央财政资金	银行贷款	自筹资金	橡胶更新定植（亩）	橡胶中小苗抚管（亩）	防护林营造（亩）	防护林管理（亩）	橡胶平均增粗（厘米）	干胶亩产（公斤）	干胶总产量（吨）	新增开割面积（亩）
合计	52 890.80	22 050.00		30 840.80	219 354.00	1 955 951.00	11 502.00	25 702.00	59.00	947.30	405 175.00	207 712.0
1994	3 512.00	2 000.00		1 512.00	13 010.00	170 033.00	2 400.00	8 790.00	4.80	69.00	29 122.00	19 072.00
1995	4 532.00	2 000.00		2 532.00	26 290.00	165 619.00	3 310.00	6 005.00	5.20	75.80	33 267.00	25 710.00
1996	5 213.00	2 000.00		3 213.00	24 700.00	179 375.00	3 340.00	6 100.00	4.90	79.00	31 354.00	18 313.00
1997	4 672.00	2 000.00		2 672.00	26 162.00	174 519.00		451.00	5.20	83.80	33 860.00	16 112.00
1998	5 693.00	2 000.00		3 693.00	26 529.00	184 853.00	16.00	200.00	5.20	87.30	35 662.00	16 802.00
1999	5 131.00	2 000.00		3 131.00	21 586.00	182 124.00	543.00	1 800.00	5.40	93.30	37 324.00	19 677.00
2000	5 101.00	2 000.00		3 101.00	19 303.00	189 675.00	262.00	1 686.00	5.30	86.60	36 763.00	17 716.00
2001	4 937.00	2 000.00		2 937.00	14 756.00	190 247.00	168.00	399.00	5.60	83.60	36 391.00	17 112.00
2002	4 691.00	2 000.00		2 691.00	14 053.00	180 767.00	61.00	68.00	6.10	90.30	39 926.00	13 883.00
2003	4 808.00	2 000.00		2 808.00	15 470.00	178 515.00	701.00	63.00	5.70	98.20	44 570.00	19 410.00
2004	4 600.80	2 050.00		2 550.80	17 495.00	16 0224.00	701.00	140.00	5.60	100.40	46 936.00	23 905.00

1989—2004年国家林业局农业综合开发长江防护林工程项目完成情况表

年份	资金投入（万元）				主要建设内容				主要效益		
	合计	财政资金	其中：中央财政资金	自筹资金	人工造林（万亩）	封山育林（万亩）	飞播造林（万亩）	低效防护林改造（万亩）	控制水土流失面积（万亩）	新增有林地面积（万亩）	提高森林覆盖率（%）
合计	188 358.10	95 715.30	45 700.00	58 851.90	6 415.18	1 660.07	559.00	404.62	78 926.20	5 177.23	
1989	2 610.00	2 000.00	1 000.00	610.00	124.00	13.00			1 068.00	76.54	0.09
1990	6 900.00	3 400.00	1 700.00	1 600.00	411.00	155.00	20.00		4 932.30	344.86	0.40
1991	11 018.00	3 400.00	1 700.00	4 678.00	657.00	90.00	17.00		6 359.10	444.62	0.52
1992	16 097.00	5 400.00	2 700.00	5 097.00	933.00	205.00	65.00		9 815.40	686.28	0.81
1993	19 420.00	5 400.00	2 700.00	7 320.00	917.00	190.00	116.00		9 311.10	651.02	0.76
1994	18 076.00	6 000.00	3 000.00	6 389.00	1 057.00	198.00	127.00		9 655.50	675.10	0.79
1995	20 094.00	7 000.00	3 500.00	7 543.00	761.00	190.00	54.00		6 961.80	498.08	0.58
1996	21 385.00	7 000.00	3 500.00	8 289.00	544.00	182.00	74.00		5 916.30	373.15	0.44
1997	11 100.00	7 400.00	3 700.00	3 700.00	180.00	121.00	40.00	120.00	7 109.40	393.88	0.46
1998	9 250.00	7 400.00	3 700.00	1 850.00	224.00	118.00	25.00	105.00	5 633.40	317.70	0.37
1999	9 250.00	7 400.00	3 700.00	1 850.00	220.00	100.00	21.00	90.00	5 412.00	301.00	0.35
2000	9 250.00	7 400.00	3 700.00	1 850.00	80.00	18.00		20.00	4 526.40	247.42	0.29
2001	9 535.00	7 400.00	3 700.00	2 135.00	180.00	40.00		9.00	748.83	49.58	0.34
2002	9 490.00	7 400.00	3 700.00	2 090.00	50.00	20.00		10.00	706.45	44.96	0.34
2003	8 625.00	7 400.00	3 700.00	1 965.00	43.00	10.50		48.22	632.00	45.00	0.21
2004	6 258.10	4 315.30		1 885.90	34.18	9.57		2.40	138.22	28.04	0.19

1994—2004年国家林业局农业综合开发太行山绿化示范工程项目完成情况表

年份	资金投入（万元）				主要建设内容				主要效益		
	合计	财政资金	其中：中央财政资金	自筹资金	人工造林（万亩）	封山育林（万亩）	飞播造林（万亩）	低效防护林改造（万亩）	控制水土流失面积（万亩）	新增有林地面积（万亩）	提高森林覆盖率（%）
合计	92 381.50	46 032.00	15 100.00	46 349.50	239.24	1 141.93	168.00	51.35	21 354.38	1 480.97	
1994	19 704.00	5 583.00	500.00	14 121.00	7.00	100.00	30.00		1 268.13	88.67	0.34
1995	20 048.00	6 135.00	1 000.00	13 913.00	20.00	180.00	12.00		2 029.50	162.36	0.62
1996	15 490.00	5 513.00	1 000.00	9 977.00	18.00	180.00	20.00		2 431.71	168.05	0.64
1997	4 500.00	3 000.00	1 500.00	1 500.00	9.00	50.00	6.00	4.00	2 822.85	197.37	0.76
1998	5 000.00	3 900.00	1 700.00	1 100.00	30.00	180.00	20.00	13.00	3 280.50	208.98	0.80
1999	4 250.00	3 400.00	1 700.00	850.00	50.00	160.00	20.00	10.00	2 952.00	216.00	0.83
2 000	4 265.00	3 400.00	1 700.00	865.00	20.00	70.00	30.00	6.00	2 680.67	156.96	0.60
2001	5 224.00	4 000.00	2 000.00	1 224.00	20.00	90.00	10.00	4.00	1 503.80	106.37	0.58
2002	5 215.00	4 000.00	2 000.00	1 215.00	15.00	30.00	15.00	6.00	1 168.92	55.85	0.31
2003	4 444.50	3 700.00	2 000.00	744.50	20.00	51.00	0.00	8.35	979.00	56.00	0.31
2004	4 241.00	3 401.00		840.00	30.24	50.93	5.00	0.00	237.30	64.36	0.33

1998—2004年国家林业局农业综合开发防沙治沙示范项目完成情况表

年份	资金投入（万元）					主要建设内容				主要效益	
	合计	财政资金	其中：中央财政资金	地方财政配套资金	自筹资金	人工造林种草（万亩）	封沙育林育草（万亩）	飞播造林种草（万亩）	沙生经济作物（万亩）	治理沙化土地面积（万亩）	提高林草植被覆盖率（%）
合计	27 933.85	20 994.80	7 470.00	8 563.00	6 686.05	142.78	13.40	7.00	0.60	210.68	
1998	620.00	400.00	200.00	200.00	220.00	2.00	1.40		0.60	4.00	0.07
1999	2 160.00	1 440.00	720.00	720.00	720.00	14.00	3.00	6.00		25.00	0.17
2000	2 750.00	2 200.00	1 100.00	1 100.00	550.00	15.00	2.00			18.35	0.40
2001	3 259.00	2 248.00	1 100.00	1 148.00	1 011.00	15.00	7.00			23.45	0.12
2002	6 300.00	4 200.00	2 100.00	2 100.00	2 100.00	31.00				73.10	0.10
2003	6 795.00	5 545.00	2 250.00	3 295.00	1 250.00	35.40				35.40	0.86
2004	6 049.85	4 961.80			835.05	30.38		1.00		31.38	0.32

1990—2004年国家林业局农业综合开发名优经济林和花卉项目完成情况表

年份	资金投入（万元）						主要建设内容		主要效益		
	小计	财政资金	其中：中央财政资金	地方财政配套资金	银行贷款	自筹资金	经济林基地（万亩）	花卉基地（亩）	新增经济林产品（万公斤）	新增花卉（万枝、盆）	新增总产值（万元）
合计	171 319.87	114 979.00	52 800.00	50 370.00	790.00	55 550.87	381.61	16 700.00	100 426.68	13 260.88	336 758.05
1990	3 000.00	2 000.00	1 000.00	1 000.00		1 000.00	10.00		800.00		5 000.00
1991	3 000.00	2 000.00	1 000.00	1 000.00		1 000.00	10.00		800.00		5 000.00
1992	4 500.00	3 000.00	1 500.00	1 500.00		1 500.00	15.00		1 200.00		7 500.00
1993	6 884.00	5 800.00	2 900.00	2 900.00		1 084.00	50.90	200.00	3 950.00	350.00	11 540.00
1994	6 290.00	5 200.00	2 600.00	2 600.00		1 090.00	46.30	200.00	3 594.00	320.00	10 517.00
1995	7 378.00	6 300.00	3 100.00	3 200.00		1 078.00	54.70	200.00	4 247.00	530.00	12 391.00
1996	10 800.00	7 212.00	3 600.00	3 612.00		3 588.00	29.00	100.00	3 529.00	830.00	30 668.00
1997	11 721.00	7 800.00	3 900.00	3 900.00		3 921.00	13.00	100.00	7 663.00	548.00	31 679.00
1998	13 151.00	8 400.00	4 200.00	4 200.00		4 751.00	19.60		6 149.00		26 520.00
1999	14 100.00	9 400.00	4 700.00	4 700.00		4 700.00	32.10		6 270.00		8 667.00
2000	15 000.00	10 000.00	5 000.00	5 000.00		5 000.00	23.00		8 270.00		9 500.00
2001	18 883.00	12 500.00	6 200.00	6 300.00	10.00	6 373.00	28.50		9 350.00		12 212.00
2002	20 453.00	12 518.00	6 200.00	6 318.00	590.00	7 345.00	18.18	5 500.00	9 792.00	302.00	31 416.00
2003	18 170.00	11 040.00	6 900.00	4 140.00	0.00	7 130.00	17.93	5 900.00	18 812.68	5 380.88	69 148.05
2004	17 989.87	11 809.00			190.00	5 990.87	13.40	4 500.00	16 000.00	5 000.00	65 000.00

1998—2004年水利部农业综合开发水利骨干工程项目完成情况表

年份	资金投入（万元）				主要建设内容		主要效益			
	合计	财政资金	其中：中央财政资金	自筹资金	渠道防渗（公里）	渠系建筑物（座）	新增灌溉面积（万亩）	改善灌溉面积（万亩）	新增供水能力（亿立方米）	节约水量（亿立方米）
合计	273 029.11	254 651.00	154 615.00	93 094.01	5 569.00	12 236.00	662.50	1 202.00	17.10	25.09
小计		76 970.00	76 970.00							
1988		5 760.00	5 760.00							
1989		5 425.00	5 425.00							
1990		4 955.00	4 955.00							
1991		4 800.00	4 800.00							
1992		8 465.00	8 465.00							
1993		12 035.00	12 035.00							
1994		16 200.00	16 200.00							
1995		9 130.00	9 130.00							
1996		10 200.00	10 200.00							
小计	273 029.11	177 681.00	77 645.00	93 094.01	5 569.00	12 236.00	662.50	1 202.00	17.10	25.09
1997	31 343.00	18 800.00	9 400.00	12 543.00	560.00	680.00	150.00	200.00	1.91	3.89
1998	31 675.00	19 200.00	9 600.00	12 475.00	672.00	710.00	147.00	185.00	2.48	5.05
1999	35 465.00	21 290.00	10 645.00	14 175.00	716.00	1 292.00	76.00	187.00	1.47	3.00
2000	25 250.00	16 200.00	8 100.00	9 050.00	598.00	1 537.00	49.00	78.00	1.16	2.35
2001	33 160.00	21 700.00	10 850.00	11 460.00	431.00	1 770.00	37.00	156.00	1.49	3.03
2002	40 033.00	26 100.00	13 050.00	13 933.00	814.00	1 622.00	73.00	86.00	1.67	3.41
2003	48 066.11	32 000.00	16 000.00	16 066.11	916.00	2 669.00	73.00	150.00	3.83	2.06
2004	28 037.00	22 391.00		3 391.90	862.00	1 956.00	57.50	160.00	3.09	2.30

1989—2004年水利部农业综合开发水土保持项目完成情况表

年份	资金投入（万元）				主要建设内容						主要效益		
	合计	财政资金	其中：中央财政资金	自筹资金	坡改梯（万亩）	水土保持林（万亩）	经济林（万亩）	种草（万亩）	封禁治理（万亩）	小型水利水保工程（万立方米）	减少土壤侵蚀量（万吨）	新增活立木蓄积量（万立方米）	提高林草覆盖度（%）
合计	254 547.45	191 481.60	98 400.00	62 259.95	623.73	1 830.26	738.39	335.81	2 040.48	28 245.68	12 387.54	640.66	
1989	3 250.00	3 250.00	2 500.00		37.99	89.72	35.53	25.33	109.75	1547.70	703.50	26.92	17.84
1990	6 240.00	6 240.00	4 800.00		68.88	170.02	65.97	41.47	194.67	2 790.29	1 268.31	51.01	10.25
1991	6 240.00	6 240.00	4 800.00		70.83	166.45	68.58	37.93	216.59	2 874.03	1 306.38	49.94	17.41
1992	6 240.00	6 240.00	4 800.00		67.42	159.24	64.96	38.27	209.25	2 813.21	1 278.73	47.77	13.65
1993	6 240.00	6 240.00	4 800.00		44.73	107.02	40.27	24.47	120.24	1 761.78	800.81	32.11	10.35
1994	7 540.00	7 540.00	5 800.00		49.27	116.74	45.31	30.82	144.80	2 041.51	927.96	35.02	17.32
1995	15 750.00	12 600.00	6 300.00	3 150.00	41.61	176.33	45.28	23.12	183.32	2 076.82	944.01	52.90	12.85
1996	15 750.00	12 600.00	6 300.00	3 150.00	48.85	183.04	59.53	23.73	185.83	1 951.43	1 016.37	43.60	14.65
1997	17 000.00	13 600.00	6 800.00	3 400.00	54.67	197.19	63.82	28.23	203.70	2 156.83	1 100.42	59.16	12.86
1998	18 250.00	14 600.00	7 300.00	3 650.00	20.57	60.46	30.98	5.55	48.36	902.35	296.82	22.13	15.60
1999	20 750.00	16 600.00	8 300.00	4 150.00	25.34	74.86	39.46	7.18	55.68	1 123.65	390.65	32.28	13.65
2000	20 745.00	16 600.00	8 300.00	4 145.00	22.60	62.60	37.12	9.97	56.75	1 145.80	465.86	42.66	10.52
2001	22 061.00	17 600.00	8 800.00	4 461.00	22.65	65.70	38.20	9.65	63.86	1218.60	436.75	56.80	8.86
2002	23 426.00	18 600.00	9 300.00	4 826.00	25.15	71.25	39.50	11.23	65.90	986.80	438.65	49.68	11.46
2003	22 256.90	17 166.60	9 500.00	5 090.30	13.31	62.04	32.08	9.96	84.82	2174.43	420.32	38.68	11.52
2004	42 808.55	15 765.00		26 237.65	9.86	67.60	31.80	8.90	96.96	680.45	592.00	13.67	

1995—2004年国土资源部农业综合开发土地复垦项目完成情况表

年份	资金投入（万元）				主要建设内容		主要效益	
	合计	财政资金	其中：中央财政资金	自筹资金	复垦土地（万亩）	营造防护林（万亩）	新增耕地（万亩）	新增灌溉面积（万亩）
合计	62 109.75	30 016.24	14 740.00	32 093.51	35.93	4.94	27.87	13.80
1995	3 774.20	1 000.00	500.00	2 774.20	0.90	0.03	0.80	0.64
1996	3 774.20	1 000.00	500.00	2 774.20	0.90	0.03	0.80	0.64
1997	3 774.20	1 000.00	500.00	2 774.20	0.92	0.03	1.03	0.64
1998	4 500.00	3 000.00	1 500.00	1 500.00	4.60	0.40	4.00	
1999	8 877.00	3 922.00	2 000.00	4 955.00	7.54	0.90	7.10	3.00
2000	9 569.00	4 035.00	2 200.00	5 534.00	6.57	1.59	4.62	4.00
2001	9 489.00	4 500.00	2 400.00	4 989.00	5.68	0.70	3.69	
2002	6 831.30	3 274.00	2 540.00	3 557.30	3.90	0.40	3.00	2.20
2003	6 587.94	4 660.00	2 600.00	1 927.94	2.18	0.52	0.97	1.04
2004	4 932.91	3 625.24		1 307.67	2.74	0.34	1.86	1.64

农业综合开发部门项目主要统计指标解释

一、农业部农业综合开发原原种扩繁项目完成情况表

1. 本项目是自1989年起立项并在全国范围内实施的。

2. “基地面积”：指项目建设单位通过项目建设而形成的种子生产的面积。

3. “仓库”：指低温低湿库和常温库及物资库的库房面积。其中低温低湿库指具有降温除湿功能，温度控制在5℃—15℃，湿度控制在50%—70%的仓库；常温库及物资库指种子周转库、种用物资储备库、农业机具库。

4. “网室”：指用于防止鸟类、昆虫等对作物的破坏、传粉的专用隔离设施。

5. “晒场”：指用于晾晒种子以降低其含水量的场所的面积。晒场一般为水泥地面。

6. “新增原原种生产能力”：指项目建成后，项目承担单位每年原原种的生产总量比项目实施前的增加数量。

7. “新增原种生产能力”：指项目建成后，项目承担单位每年原种的生产总量比项目实施前的增加数量。

二、农业部农业综合开发良种繁育基地项目完成情况表

1. 本项目是自1989年起立项并在全国范围内实施的。

2. “基地面积”：指项目建设单位通过项目建设而形成的种子生产的面积。

3. “仓库”：同原原种扩繁项目。

4. “晒场”：同原原种扩繁项目。

5. “购置加工设备”：指种子加工项目购置的单机加工设备，以及精选、分级、包衣、包装计量、传送设备和叉车等设备。

6.“新增原种生产能力”：解释说明同原原种扩繁项目。

7.“新增种子加工能力”：指项目建成后，项目承担单位每年机械加工种子的总量比项目实施前的增加数量。

8.“新增种子储备能力”：指项目建成后，项目承担单位仓储设施所能储藏种子总量比项目实施前的增加数量。

三、农业部农业综合开发优质农产品示范和菜篮子工程项目完成情况表

1. 本项目由优质农产品示范和菜篮子工程两个项目组成。菜篮子工程项目是自1989年起立项并在全国范围内实施的。优质农产品示范项目是自1996年起立项实施的，建设范围历年来涉及除黑龙江、贵州、云南、西藏、宁夏、新疆以外的所有省区市。由于该两个项目建设内容大体相同，过去一直没有分开统计，因此合并为一个项目统计。

2.“种植业基地”：指通过项目实施，建成的露地、园地、温室、大棚等面积之和。

3.“畜禽棚舍”：指通过项目实施，建成的畜禽繁殖、饲养的房屋、厩舍面积。

4.“水产养殖基地”：指通过项目实施，建成的海水、淡水养殖面积之和（包括育苗设施）。

5.“蔬菜种苗”：指通过项目实施，到竣工年度达到的蔬菜种苗生产供应能力。

6.“畜禽供种”：指通过项目实施，到竣工年度猪、牛、羊等畜禽良种的供应能力。

7.“新增水产品供种能力”：指通过项目实施，到竣工年度水产品苗种供应能力。

8.“新增水产品生产能力”：指项目建成后，水产品产量比项目实施前的增加数量。

四、农业部农业综合开发育草基金项目完成情况表

1. 本项目是自1989年起立项实施的，建设范围涉及大部分牧区省份。

2.“围栏草场”：指以墙体、金属网等对天然草场及人工草地实施封育管理的面积。

3.“人工种草”：指经人工播种及施肥、灌溉等管理的草场和草地的面积。

4.“草场改良”：指对天然草场实施围栏、松土、补播、切根、施肥等措施进行改良的面积。

5.“新增草种生产能力”：指项目建成后，治理区草种生产总量比项目实施前的增加数量。

6.“新增草种加工能力”：指项目建成后，项目承担单位每年机械加工草种的总量比项目实施前的增加数量。

五、农业部农业综合开发秸秆养畜项目完成情况表

1. 本项目是自1992年起立项实施的，建设范围历年来涉及除西藏以外的所有省、区、市。

2.“青贮氨化池”：指通过项目实施，农户或养殖示范场建成青贮氨化池的体积数量。

3.“养殖示范场、户”：指补助棚圈等基础设施建设的农场个数。

4.“秸秆处理机械”：指购置各种秸秆处理机械的数量。

5.“牛出栏”：指项目实施区当年牛出栏数。

6.“羊出栏”：指项目实施区当年羊出栏数。

7.“氨化、微贮秸秆”：指氨化、微贮风干秸秆及相关作物的数量。

8.“青贮数量”：指青贮鲜秸秆及相关作物的数量。

六、农业部农业综合开发海南农垦总局天然橡胶基地项目完成情况表

1. 本项目是自1994年起立项实施的，建设范围为海南农垦总局下属的西庆、西流、西培、西华、西联、龙江、卫星、西达、八一、昆仑等10个农场。

2.“橡胶更新定植”：指更新年限已到并经批准而更新定植的橡胶面积（当年定植的以林段为单位计算保苗率达到85%以上的胶园面积）。

3.“橡胶中小苗抚管”：指对未投产橡胶幼树进行管护。

4.“防风林营造”：指为了减少风、沙、水、旱等自然灾害而在橡胶林段四周营造的胶园防风林。

5."防风林管理":指对已定植防风林幼树进行管护。

6."橡胶平均增粗":指本年内未开割橡胶树围茎实际茎粗的平均增加量。

7."干胶亩产":指每亩开割胶园年产干胶数量。

8."干胶总产量":指当年生产的鲜胶水和杂胶(即扣除杂物后的胶线、胶块、胶泥)经过加工制成的烟胶片、标准胶、浓缩胶乳、浅色胶等橡胶成品的总量。

9."新增开割面积":指橡胶中小苗中当年达到开割标准并已投产的橡胶面积。

七、国家林业局农业综合开发长江防护林工程项目完成情况表

1.本项目是自1989年起立项实施的,建设范围初期主要在长江中上游地区,2002年调整为长江中下游及淮河流域。

2."人工造林":指建设期内在荒山、荒地、沙丘、退耕地等一切可以造林的土地上,采用人工播种、植苗造林、分植造林等方法新植成片乔木林和灌木林的面积。

3."封山育林":指利用林木或灌草天然更新的能力使其成为森林或灌草植被的面积。

4."飞播造林":指在大面积荒山、荒地或人烟稀少、地处边远地区的造林地上利用飞机撒播林木种子或种子丸的造林面积。

5."低效防护林改造":指对树种组成、林相、郁闭度等方面不符合经营要求,林分质量次、生长慢、产量低、无培育前途或遭受严重自然灾害的人工林进行改造,使其转变为能生长大量优质木材和其他多种林产品,并能发挥多种有益效能的优良林的面积。

6."控制水土流失面积":指项目建成后,治理区水土流失强度控制在轻度侵蚀强度(每年每平方公里水土流失500—200吨)以下的面积。

7."新增有林地面积":指项目建成后,治理区形成由乔木树种构成,郁闭度0.2以上的林地或灌溉宽度10米以上林带的面积。

8."提高森林覆盖率":指项目建成后,治理区增加森林面积占土地总面积的比重。

八、国家林业局农业综合开发太行山绿化示范工程项目完成情况表

1.本项目是自1994年起立项实施的,建设范围涉及北京、山西、河北、河南4省、市。

2.本表指标、指标解释与"国家林业局农业综合开发长江防护林工程项目完成情况表"完全相同。

九、国家林业局农业综合开发防沙治沙示范项目完成情况表

1.本项目是自1998年起立项实施的,先在内蒙古、陕西两省区试点,逐步扩大到西部省份(甘肃、新疆、宁夏、青海),2002年将重点转移到黄河故道沙化地区,涉及河北、内蒙古、山东、河南、陕西、甘肃、宁夏7个省、区。

2."人工造林种草":指在无林(草)地上恢复森林(草)的面积,包括人工定植与人工播种造林种草。人工定植是指采用移栽苗木使其成林的营造林方式;人工播种是指人工把树木种子或种子丸直接播种于造林地使其成林的营造林方式。

3."封沙育林育草":指利用林木或灌草地天然更新能力,对具有天然下种能力的疏林地、灌丛地、采伐迹地、火烧迹地以及荒山荒地、沙荒地等有条件的地方,采用划界封禁和限制开垦、采樵、放牧等人工辅助措施,使其成为森林、灌草植被的面积。

4."飞播造林种草":指在大面积荒山、荒地或人烟稀少、地处边远地区的造林地上利用飞机撒播林木(草籽)种子或种子丸的造林(种草)面积。

5."沙生经济作物":指在适宜的沙地上种植适合沙地生长的特有的经济作物的面积。

6."治理沙化土地面积":指项目建成后,得到治理的和防风固沙林网有效控制的沙化土地面

积。

7．“提高林草植被覆盖率”：指项目建成后，治理区增加林草植被面积占项目县土地总面积的比重。这一口径于2004年作了调整，2003年以前该指标指种植林草面积占项目区面积的百分比（参看以前年度统计数据）。

十、国家林业局农业综合开发名优经济林和花卉项目完成情况表

1．本项目是自1996年起立项开始实施的，建设范围历年来涉及除西藏、天津以外的所有省、区、市。

2．“经济林基地”：指通过项目实施，新建或改造的经济林面积。

3．“花卉基地”：指通过项目实施，新建或改造的花卉栽培面积（含保护地栽培面积）。

4．“新增经济林产品”：指项目建成后，在正常年景下年新增的经济林产品产量。

5．“新增花卉”：指项目建成后，在正常年景下年新增的花卉产品产量。

6．“新增总产值”：指通过项目实施，新增的以货币表现的经济林和花卉产品的总量。该数据按正常年景下的年平均产值计算。

十一、水利部农业综合开发水利骨干工程项目完成情况表

1．本项目是自1988年起立项实施的，1997年以前专项用于黄淮海五省跨省灌排骨干工程建设，1997年以后每年在全国部分省份实施。

2．“渠道防渗”：指干支渠断面衬砌防渗工程的长度。

3．“渠系建筑物”：指干支渠系建筑物的数量。

4．“新增灌溉面积”：指项目建成后，在原有效灌溉面积之外，扩大或恢复的有效灌溉面积。

5．“改善灌溉面积”：指项目建成后，使原有灌溉保证率低或渠系不配套的灌溉面积得到改善、提高的部分的灌溉面积。

6．“新增供水能力”：指项目建成后，灌区新增加的年供水量和节约的水量。

7．“节约水量”：指项目建成后，灌区节约的水量。

十二、水利部农业综合开发水土保持项目完成情况表

1．本项目是自1989年起立项实施的，1998年以前建设范围主要在长江上游（包括金沙江下游及毕节地区、陇南及陇南地区、嘉陵江中下游、三峡库区），1999年后扩大到黄河中游水土流失严重地区，建设范围涉及山西、甘肃、宁夏、陕西、四川、重庆、湖南、河南、江西等省、区。

2．“坡改梯”：指为保持水土，防治水土流失，发展农业生产，将坡耕地修建成阶梯式断面的田块面积。

3．“水土保持林”：指以防治水土流失为主要功能的人工林和天然林的面积，包括乔木林和灌木林。

4．“经济林”：指以利用林木的果实、叶片、皮层、树液等林产品作为工业原料或供人食用为主要目的人工林或改造的天然林面积。

5．“种草”：指在水土流失地区为蓄水保土、改良土壤、发展畜牧、美化环境而人工种植草本植物的面积。

6．“封禁治理”：指对稀疏植被实施定期封禁管理，依靠人工补植和抚育促进植被自然恢复的措施的面积。

7．“小型水利水保工程”：指为实施水土保持综合治理而配套建设的沟渠、机井、塘池、水窖、谷坊、沟头防护等工程的土石方量。

8．“减少土壤侵蚀量”：指工程建成后，治理区所减少的土壤侵蚀的数量。计算方法：单位面积减少的土壤侵蚀量×治理水土流失面积。

9．“新增活立木蓄积量”：指从项目实施后第5年开始，治理区因实施水土保持措施所增加的活立木蓄积量。计算方法：单位面积增产量×新增林木面积。

10．“提高林草覆盖度”：指项目建成后，治理区增加植被覆盖面积占土地总面积的比重。计算方

法：新增水土保持林草面积÷项目区面积。

十三、国土资源部农业综合开发土地复垦项目完成情况表

1. 本项目是自1995年起立项实施的，建设范围涉及河北、山西、黑龙江、江苏、安徽、山东、内蒙古、河南、辽宁等省、区。

2. “复垦土地”：指对在生产建设过程中因挖损、塌陷、压占等造成破坏的土地采取整治措施，使其恢复到可供利用状态的土地面积。

3. “营造防护林”：指为减少风、沙、水、旱等自然灾害而营造的农田防护林的面积。

4. “新增耕地”：指通过项目建设，完善配套设施，在原有效耕地面积之外，当年新增加或扩大的耕地面积。

5. “新增灌溉面积”：指通过新建（或改建）水利工程设施，在原有效灌溉面积之外，当年新增加或扩大的部分有效灌溉面积。

第七部分

文　　选

搞好农业综合开发 加速农业和农村经济发展

贾治邦

一、统一思想，提高认识，进一步增强搞好农业综合开发的责任感和使命感

全面建设小康社会，重点在农村，关键在增加农民收入。陕西省是一个经济欠发达省份，农村人口多，农业比重大，农民收入水平低，全省近三分之一的村属于贫困村，“三农”问题始终是全省建设和发展的首要问题。不能有效地增加农民收入，消除农村贫困问题，就难以保持全省稳定的大局；农业不能做大做强，建设经济强省就无从谈起；没有农村的小康，就没有全省的小康。农业综合开发作为建设现代农业，发展农村经济和增加农民收入的重大战略措施，是加快发展农村生产力、迅速提高农业综合生产能力的有效途径，在建设西部经济强省、全面建设小康社会中肩负着重要的历史使命。

总体上看，新阶段农业问题主要是调整结构、开拓市场和提高效益的问题，农村问题主要是增加就业和全面发展的问题，农民问题主要是增加收入的问题。农业综合开发工作的中心任务就是，着力改善农业和农村基础设施条件，加快推进农业和农村经济结构的战略性调整，努力提高农村劳动者素质，尽快增加农民收入，使农业综合开发在新阶段全省农业和农村经济发展中发挥更加重要的作用。

二、理清思路，突出重点，提高农业综合开发的实效

农业综合开发工作是全省农业和农村工作的重要组成部分，要按照全省农业和农村工作的总体安排部署，围绕促进县域经济发展、增加农民收入这个中心，着力改善农业和农村基础设施条件，着力调整农业和农村产业结构，着力提高农村劳动者素质，努力为建设经济强省和全面建设小康社会做出积极贡献。

一是要着力加强农业和农村的基础设施建设，为县域经济发展和农民增收奠定基础。改善基础设施条件，是发展壮大县域经济、增加农民收入的重要保障。农业综合开发要抓住中央增加农业和农村基础设施建设投入的机遇，进一步加大工作力度，以中低产田改造为重点，实行山水田林路综合治理，提高农业综合生产能力，增加农产品有效供给，保证粮食安全。

二是要着力推进农业和农村经济结构的战略性调整，促进县域经济发展和农民增收。加快农业和农村经济结构的战略性调整，是当前和今后一个时期农业和农村工作的主要任务，也是加快县域经济发展、增加农民收入的重要途径。农业综合开发要以推进农业和农村经济结构的战略性调整为己任，以转变农业增长方式、推进农业现代化建设为目标，以增加收入为中心，以发展优质、高产、高效、生态、安全农业为重点，进一步改进和加强产业化项目建设，加快全省农业和农村经济结构的战略性调整步伐。农业综合开发产业化项目建设要继续扶持具有地方特色的优势产品和优势产业，按照扶大、扶优、扶强的原则，重点扶持国家级和省级龙头企业，努力提升陕西省农产品的市场竞争能力。

三是要着力提高农村劳动者素质，为县域经济发展和农民增收创造条件。农业综合开发要注重以人为本，把提高农村劳动者素质放在重要位置，切实加强技术培训工作。要按照实际、实用、实效的原则，搞好先进适用技术培训。要根据农村劳动力就业状况的变化，紧密结合业务工作实际，积级开展多

种形式的专业技能培训活动，努力提高培训水平，不断拓宽就业渠道，进一步扩大劳务输出规模。

三、与时俱进，深化改革，不断创新和完善农业综合开发工作机制

要继续坚持和完善行之有效的管理制度和办法，并按照中央的要求，加速推进农业综合开发工作的机制创新，加快建立和完善适应新阶段农业和农村经济发展需要的运行机制和管理体制。在实践中，要注意把握以下三点：

第一，把观念创新放在首位。改革进行到今天，只有从体制上创新，综合配套，整体推进，才能取得新的突破。解放思想，创新观念，是体制改革和机制创新的前提和先导。要按照市场经济的要求，适应农业和农村经济发展的新形势，从因循守旧、抱残守缺的思想中解放出来，以与时俱进的精神、敢为人先的勇气，打破陈旧过时的条条框框，突破一切不合时宜的思想观念，在改革中求出路，在创新中求发展。要树立科学的发展观，把农业综合开发工作放在“三农”工作和全面建设小康社会的大局中统筹考虑，安排各项工作，推进各方面的改革。既要尊重自然规律，又要尊重经济规律；既要提高农业综合生产能力、保证粮食安全，又要提高农业综合效益、促进农民增收；既要加强农业基础设施建设，又要保护和改善生态环境，促进农业和农村经济的全面、协调和可持续发展。

第二，注重以人为本。要牢记群众利益无小事，坚持以人为本，从实现人的全面发展出发，始终把增加群众收入、改善群众生活作为中心任务，努力提高开发成效，切实把广大农民群众的根本利益维护好、实现好、发展好。群众是实施农业综合开发的主体，也是最终受益者。要充分尊重群众的知情权、参加权，无论是扶持对象的确定，还是扶持项目的选择、实施和管理，都要让群众广泛参与，切实把好事办好。这不仅是一个经济问题，还是一个民主政治问题。改革创新的成效如何，关键要看人民群众是否满意，能不能提高效率，推进工作。基层和群众蕴藏着无限的创造力，要尊重基层和群众的首创精神，鼓励和引导他们从实际出发，大胆实践创新。对于基层和群众创造的一些好的做法，要及时总结，并不断丰富和完善。

第三，坚持市场取向。农业综合开发是政府主导的工作，在今后的改革和创新中都要科学运用有形和无形这“两只手”，把政府行为和市场行为有机结合起来，充分运用市场机制，优化资源配置，激活存量，扩大增量，促进发展。政府的主要责任在于制定规划，兑现政策，协调关系，抓好落实。凡是可以利用的市场机制和手段，都要充分地去利用；凡是市场办得了和办得好的事情，政府就不要参与；凡是群众自己能干的事，就放手让群众去干。在项目管理上，要逐步推行项目法人负责制、工程监理制和立项招标制，进一步改进和完善工程管护制度，一些建成的基础设施项目，可以通过拍卖、租赁、承包等形式，明晰产权，落实管护责任，发挥长期效益。在资金筹措上，要发挥财政资金“四两拨千斤”的作用，通过贴息、补助等多种方式，吸引信贷资金，吸收民间资本、工商资本等社会资金和外资参与农业综合开发。同时要积极探索各种涉农项目资金捆绑使用的有效机制，逐步形成全方位、多渠道、多途径的投人格局。

四、加强领导，狠抓落实，进一步促进农业综合开发再上新台阶

当前和今后一个时期，陕西省农业综合开发任务艰巨、责任重大，各级党委和政府要高度重视，切实加强领导。农业综合开发各有关部门要进一步明确自己的职责，加强协作与配合。农业综合开发办事机构要按照省委、省政府赋予的职能，做好项目的前期准备、计划的编报下达、项目的组织实施和检查验收工作。财政部门要做好财政配套资金的筹措和项目资金的及时投放，进一步加强对资金使用管理的监督，搞好有偿资金的回收。

搞好新时期的农业综合开发，关键在于不断增加资金投入。省级主管部门要积极争取国家的支持，争取更多的开发资金扶持。各级政府要克服困难，千方百计落实配套资金，同时，要加大统筹协调力度，积极探索建立资金捆绑使用、部门联合作战的新机制，保证开发的顺利进行。金融机构要把

防范和化解金融风险同提高经营效益、社会效益结合起来，适当放宽抵押、担保条件，不断增加农业综合开发的信贷投入。

今年是省委、省政府确定的基层工作年，各级政府和农业综合开发部门要进一步转变作风，深入基层，开展调查研究，及时了解和掌握基层的具体困难，切实帮助基层解决实际问题，努力为基层搞好服务。要树立正确的政绩观，不能搞华而不实、劳民伤财的“形象工程”。要通过建立严格的考核制度和奖惩制度，使勤政为民、求真务实的干部得到褒奖，使好大喜功、弄虚作假的干部受到惩戒，在各级领导干部中形成勤政为民、踏实苦干的良好风气。

农业综合开发是陕西省农业和农村工作的重要组成部分，工作量大面广，要求高，难度大，要加强机构建设，注意保持队伍的稳定。各级党委、政府要重视和关心农业综合开发机构建设，落实工作经费，创造必要的工作条件，确保开发工作顺利进行。

（作者系陕西省省长）

农业综合开发要为振兴山西农业富裕山西农民作出更大的贡献

范堆相

山西省自1990年开始实施农业综合开发，到今年已是第十五个年头。在财政部和国家农业综合开发办公室的大力支持下，在省委、省政府的正确领导下，在各有关部门的协调配合下，全省农业综合开发适应农业发展新阶段的要求，积极调整工作思路，继续加大投入力度，不断强化项目和资金管理水平，取得了明显成效。2001—2003年，全省农业综合开发累计投入资金17.6亿元。其中中央财政投入5.5亿元，省、市、县财政配套投入4.8亿元，农民自筹投入5.3亿元，银行贷款2亿元，与1998—2000年相比，资金总额增加4.1亿元，增长30%。全省累计改造中低产田159.3万亩，造林125.4万亩，建节水农田12.3万亩、优质粮食基地29.2万亩、优质饲料草基地15.6万亩、农业生态工程16.6万亩，扶持农产品加工、贮藏、保鲜、生产服务等产业化经营项目128个。通过实施农业综合开发，全省共新增灌溉面积44.3万亩，改善灌溉面积99.6万亩；营造农田防护林21.3万亩，农田林网防护面积达到110.8万亩；新增粮食生产能力2.5亿公斤、棉花329.2万公斤、油料1 103.2万公斤。通过农业综合开发基础设施建设，项目区农业生产条件和农业生态环境明显改善，农业综合生产能力显著提高。

当前，山西省农业和农村经济已经进入一个新的发展阶段，特别是在国家致力于加强粮食生产能力的形势下，农业综合开发面临着新的发展任务。全省要认真贯彻落实全国农业综合开发工作会议和省委农村工作会议精神，牢固树立服务“三农”的意识，围绕全面建设农村小康社会的战略目标，突出抓好粮食主产区基础设施建设、农业生态工程建设、优势农产品产业带建设以及产业化龙头企业建设四个重点。要进一步深化改革、加强管理，以科学的发展观创新机制、落实政策，促进农业增效、农民增收，保障国家粮食安全。

一、始终把农业综合生产能力建设作为农业综合开发的基本任务

实施农业综合开发的出发点就是要改善粮食主产区的农业生产条件，提高农业的综合生产能力。这一要求并没有随着时间的推移和形势的发展而改变，提高农业综合生产能力将始终是农业综合开发最基本的任务。这些年，山西农业综合开发按照“区域规划，规模开发，集中连片，突出重点，综合配套，全面建设”的原则，高标准、高质量地建成了一批高产稳产农田，有效地改善了项目区的农业生产条件，提高了农业综合生产能力。着眼粮食安全，必须继续扎扎实实地在改善农业生产条件上下功夫。今年，仍然要把工作重点放在中低产田改造方面，特别是要加强粮食主产区的粮食生产能力建设。全年计划投资2.5亿元，其中中低产田改造投资2.1亿元，对47.59万亩中低产田实施改造。这些项目资金、任务有80%以上安排在小麦、玉米主产区。要抓好这些项目的建设，为提高农业综合生产能力特别是粮食生产能力、确保粮食安全做出积极的贡献。

二、坚持把发展优质高效农业作为当前农业综合开发的主攻方向

当前，农业已进入新的发展阶段，调整农业结构、增加农民收入成为农村工作的中心任务和基本目标。农业综合开发作为农业和农村经济的重要组成部分，作为国家扶持和保护农业、促进农民增收的重要手段，只有适应新形势的要求，不断推进农业结构调整，大力发展优质高效农业，最大限度地提高效益，才能保持持久的生命力。这几年，全省农业综合开发在大力搞好中低产田改造的基础上，积极推进结构调整，积极发展有较高效益的特色农业，对区域主导产业的形成、区域经济的发展、农民收入的增加起了重要的推动和促进作用。今后，农业综合开发要着眼于全省农业结构的进一步优化升级，更好地发挥在农业结构调整中的先导作用和示范带动作用。在产业选择上，优质杂粮、草食畜、干鲜果、蔬菜四大主导产业以及制种、种苗、中药材、特种养殖四大亮点产业是推进农业结构调整应重点发展的产业，也是全省的优势产业。农业综合开发要把这些产业作为重点来扶持，进一步扩大规模，提高其市场占有率。在区域选择上，要把优势农产品生产基地作为扶持的重点。全省在农业生产上，已经形成了雁门关生态畜牧经济区、中南部果蔬产业区和东西两山干果杂粮经济区的区域化布局。农业综合开发项目安排，要按照这样的总体布局，有侧重地进行扶持。在扶持的环节上，要在搞好中低产田改造的同时，把农业生产的薄弱环节作为扶持的重点。从现在的情况看，先进实用技术运用得还不够充分，良种的覆盖率还有提高的空间，市场的开拓力度还不够大，等等。这些都是需要加强、改进的环节。农业综合开发要本着因地制宜、缺什么补什么的原则，选择具体的扶持项目，重点可以放在良种繁育体系、标准化示范基地建设、科技推广、技术培训等方面，增强项目安排的针对性。要通过努力，把具有山西特色的优质高效农业发展起来。

三、严格管理，努力提高资金使用效益

这些年，全省农业综合开发下了很大的功夫，狠抓了资金和项目的管理，先后出台了十多项管理制度，有效地提高了资金使用效益。下一步，要继续紧紧围绕项目和资金管理这一主线，继续按照科学化、规范化管理的总体要求，进一步完善项目和资金管理制度建设。在项目管理上，要强化项目前期立项、中期监督检查、后期竣工验收和监测评价工作，全面推行专家评审制和项目法人制，提高决策的科学性。对一些经营性项目和竞争性项目，要引入竞争机制，实行招投标制，以切实提高资金使用效益。要充分考虑各地的经济发展水平和农民的承受能力，尽可能地把工程建得标准高一些，但必须坚决克服形式主义，杜绝出现“形象工程”和“花架子工程”。在资金管理上，要科学合理地确定地方财政配套比例，比较富裕的地方可以多安排一些，做到实施每个项目都有充足的资金保障，确保不因为地方配套落实不了而变成“半拉子工程”。要合理确定农民筹资筹劳比例，严格按照农村税费改革的有关规定，将农民筹资筹劳纳入“一事一议”的范畴，不准搞强迫命令，不准强行以资代

劳。要坚持实行专人管理、专账核算、专款专用，进一步推进项目资金公示制、工程建设招投标制、财政资金县级报账制，对资金使用实施全过程监管，真正把资金用活、用好。

四、密切配合，共同推进农业综合开发事业发展

农业综合开发与一些单一的项目不同，不只是财政部门一家的工作，而是涉及到农业、林业、水利、国土、农机等多个部门，需要各涉农部门通力合作才能更好地完成。特别是在当前各个部门项目比较多、投入比较大的情况下，加强部门协作，避免多头投资、重复建设，就显得尤为重要。农业综合开发办公室要加强与有关部门的沟通合作，有关部门也要与农业综合开发办公室经常联系。农业部门安排农业建设、林业部门安排农田林网建设、水利部门安排水源工程和节水改造、国土资源部门安排土地复垦、扶贫部门安排扶贫项目，都要和农业综合开发项目结合起来，统筹安排，相互支持，密切配合，共同推进农业综合开发事业的发展，合力改善农业生产条件。

（作者系山西省委常委、常务副省长）

统一思想　明确任务　狠抓落实
做好新阶段农业综合开发科技工作

张桃林

一、统一思想，认清形势，进一步增强做好农业综合开发科技工作的紧迫感和使命感

（一）增加农民收入，越来越需要以科技为后盾

2004年以来，国家采取了一系列扶持农业的政策措施，力度之大，是历史上少有的，例如实行粮食直补、减免农业税等。这些措施取得了明显成效。但是，我们应该看到，农业的发展、农民收入的增加，仅仅靠政策还是不够的。尤其是在目前我国单位土地承载劳动力过多、投入成本大、劳动生产率低的条件下，农民增收的出路，要靠政策，要靠投入，更要靠科技。靠特殊政策只能富一阵子不能富一辈子。如果科技不进步的话，仅靠投入，也有很大的限制性。政策和投入仅是战术手段，农业科技才是一种增加农民收入的战略措施。从长远来讲，从根本上讲，增加农民收入还是要靠科学技术。

（二）确保粮食安全，越来越需要以科技为支撑

当前，江苏省已进入工业化的快速发展时期，工业用地、生态用地的扩大是一个必然趋势。在耕地等重要资源有限的条件下，要保持主要农产品供求总量基本平衡，确保粮食安全，必须依靠科技来大幅度提高土地生产率，使实现粮食增产的手段由扩大播种面积的外延型向依靠科技促增产的内涵型转变。

（三）提高农产品竞争力，越来越需要以科技为先导

当前，世界上新的农业科技革命突飞猛进，农产品国际竞争日趋激烈。无论是在国际市场还是在国内市场上，农产品的竞争主要是质量和价格的竞争，但其实质上是科技的竞争。谁的产品科技含量高，谁的农业就会获得主动权，就具有市场竞争力。目前，江苏省农产品总体质量不高，生产成本大，国际竞争力不强。只有依靠科技进步，提高农业生产和农产品加工过程中的科技含量，才能增加农产品的市场竞争力。

（四）促进农业和农村经济的可持续发展，越来越需要以科技为保障

可持续发展是农业现代化的必由之路，是农村经济社会健康发展的必然选择。要实现农业可持续发展，必须切实转变农业增长方式，即从传统的外延型、速度型、数量型和粗放型的增长方式向现代的内涵型、效益型、质量型和集约型的增长方式转变，从根本上讲，就是将增长方式转到依靠科技进步上来。江苏省人均资源量少，环境承载力有限，要实现农业资源的高效利用与生态环境的有效保护，其根本出路在于科技进步。

目前江苏省的农业科技水平与新形势的要求仍有很多不适应的地方。从总体上来讲，科技进步对全省农业和农村经济发展的支撑力度还不够强，农业科技发展的整体水平还有待于进一步提高。农业综合开发是江苏省实现农业现代化的战略措施，必须更加重视农业科技。各级农业综合开发部门必须充分认识做好科技工作的重要性和紧迫性，进一步增强责任感和使命感，坚定信心，加大力度，加快步伐，把江苏省农业综合开发科技工作推向一个新阶段，努力促进传统农业向现代农业的根本转变。

二、理清思路，明确任务，大力推进农业综合开发科技进步

全省农业综合开发科技工作要认真贯彻落实科学发展观，紧紧围绕粮食增产、农业增效、农民增收这一中心任务，大力推进农业科技进步，在继续重视农业数量增长的同时，重点提高农业整体质量和效益，坚持“优质、高效、高产、低耗、安全”目标，推动农业生产力实现质的飞跃，加速农业现代化进程。

（一）农业综合开发要成为江苏省农业落实科学发展观的先导者

在农业综合开发工作中，必须牢固树立和认真落实科学发展观，依靠科技，做到综合开发、协调开发、可持续开发。

一要坚持开发资源和保护资源相结合。农业资源开发要依据生态学和经济学的原理，在保护中开发，在开发中保护，决不能“竭泽而渔”，搞掠夺式的开发。要使有限的农业资源得到最有效、最合理的开发利用，并取得最佳的、综合的经济、社会和生态效益。二要坚持项目建设与科学规划相结合。科学发展观追求的是全面、协调和可持续发展，而科学规划是实现这一目标的第一步。农业综合开发要很好地遵循“项目建设，规划先行”的科学路径，避免资源开发的盲目性、无序性，求得资源开发的最佳经济效益和社会效益。近期，特别要注意按流域或区域统一区划，集中连片，规模开发。三要坚持将改善农业生产条件和改善农民生活环境相结合。开展山水田林路综合治理，要把土地开发与农村水利建设、道路建设、植树造林和环境整治有机结合起来，改善乡村面貌，提高农民生活质量。

（二）农业综合开发项目区要成为农业科技应用的主战场

农业综合开发要通过项目引导，使科技力量向优势农产品和优势产区集中，使项目区成为农业科技示范、科技推广、科技培训的主战场。为此，要做以下几项工作：第一，转化一批科研成果。要加快从实验室研究到商品化生产过程中的技术熟化、中间试验和深度开发，按照“技术—产品—产业”的链式开发模式，组织新品种、新技术的生产性试验、示范，为农业生产和产业化经营提供成熟配套的推广技术，尽快将科技成果转化为现实生产力。第二，推广一批先进技术。要通过项目实施，积极探索技术推广的新机制、新途径，发挥龙头企业、农业科技示范园区、经营示范大户、农民合作经济组织的作用，在现有生产技术水平的基础上，进一步加强先进实用技术的组装与配套，将各种生产技术集成到农业生产的全过程。第三，培训一批新型农民。实现传统农业向现代农业的转变，提高农民的科技文化素质至关重要。农业综合开发项目区要积极开展多层次、多渠道、多形式的农业科技培训，着力培育和造就一支用现代农业科技武装起来的新型农业劳动者大军。

（三）农业综合开发要引导龙头企业成为科技创新和成果转化的主体

目前，龙头企业作为技术创新和成果转化的主体地位正在逐步确立，在农业技术推广中发挥着越来越重要的作用。近年来，农业综合开发扶持了一大批龙头企业，要积极引导这些企业成为科技型企业，鼓励它们牢固树立科技意识，采用国内外先进的技术和设备，特别是高新技术和现代管理技术，对农产品进行

一系列的深加工和精加工，大幅度提高农产品附加值，增强市场竞争能力。同时，要鼓励龙头企业与农民结成紧密的利益共同体，实现农业科技系列化、全程化推广，大大提高农业生产的组织化程度。

三、加强领导，狠抓落实，努力提升农业综合开发科技工作水平

（一）加强部门协作

农业综合开发要树立全局观念，加强与农业科研、教育、推广以及中介等部门的联合，推动跨地区、跨专业推广机构的横向协作，促进全社会科技资源的整合和共享。以科技为支撑的农业综合开发要有所创新，有所进步，必须与农业科技部门多接触，建立必要的信息咨询联系网络，建立科学的联结机制，及时了解掌握、研究、吸纳适宜农业综合开发的科技成果。农业科研机构、农业高等院校、各类技术服务机构，要充分发挥人才和成果优势，通过技术开发、技术咨询、技术服务、技术转让等多种形式，广泛开展科技推广和科技服务工作。

（二）加强机制创新

农业综合开发要进一步解放思想，更新观念，大胆创新科技开发机制，逐步建立适应市场经济和农业科技发展要求、高效运转的新机制。新阶段迫切需要改革与科技依托单位的联结机制，实现科技依托的依赖型向创业型的转变。农业综合开发项目区要鼓励科研单位和技术人员通过入股或技术转让等形式，建立风险共担、利益均沾的机制。这种技术服务方式，有利于项目长久的技术供给，有利于持续提高项目的科技含量，有利于加速科技成果向现实生产力的转化。

（三）加强人才培养

农业综合开发科技工作离不开科技人才的强力支撑。我们必须强化人才意识，牢固树立人才资源是第一资源的思想，把促进人的全面发展作为科技工作的重要任务，努力造就一支高素质的农业科技队伍。一是要营造有利于人才成长的适宜环境。要鼓励和支持农业科技人员开发农业科技产业，创办农业科技企业，领办农民专业合作经济组织。第二，要加快知识更新步伐。在科学技术日新月异、经济社会不断发展的新形势下，农业开发部门必须加强学习，更新知识，提高水平，扩大视野。三是要开发各类人才资源。既要开发高级人才资源，挖掘培养能挑起江苏省农业科技工作大梁的拔尖人才，也要开发应用人才、经营人才，还要开发“乡土”人才，培养大批“农民科技专家”，充分发挥他们特有的亲和力、感召力和影响力，带领农民学科技、用科技，依靠科技致富。

（作者系江苏省副省长）

全面提高安徽省农业综合开发水平

赵树丛

一、农业综合开发工作要为农民增收做出更大贡献

当前农业和农村工作的中心任务是千方百计增加农民收入。世纪之初，党中央、国务院就提出要把农业、农村、农民问题作为全党工作中的重中之重。2004年下发的中央1号文件，主题就是促进农民增收，其中提出了37项政策措施，每一项措施“含金量”都非常高，这是指导农业和农村工作的纲领性文件。安徽省也即将出台具体的贯彻实施意见。十六届三中全会提出了“五项统筹发展”的战略性意见，党的十六大提出了全面建设小康社会的目标。整体看，安徽省目前的小康水平还是低水平、不全面、不平衡的，水平低低在农村，不全面表现在农村，各地区之间的差异也是在农村。因此，“五项统筹”中最大的困难就是城乡之间的统筹。所以解决农民收入问题不仅仅是解决农民的问题，而且是解决我国现代化发展的方向和动力的重大问题。改革开放20多年来，我国国民经济有了很大发展，人民生活水平有了很大提高，但是城乡居民收入差距越来越大，这不仅严重阻碍了农民生活水平的提高，更重要的是阻碍了整个国民经济的健康发展。因此，“三农”问题的核心是增加农民收入。农业综合开发是农业和农村工作的重要组成部分，是和国际接轨、适应社会主义市场经济发展要求的国家财政支持农业的一个范例。因此，农业综合开发要紧紧围绕中央1号文件的贯彻落实，全面体现政府支持和保护农业的重要职能，为加快农村小康社会建设做出更大的贡献。

（一）着力扶持粮食主产区发展生产，不断提高种粮农民收入

提高粮食主产区农民的收入，就抓住了农村工作的重点；调动农民种粮的积极性，就抓住了粮食安全的关键。2003年7月，温家宝总理主持召开了全国粮食工作会议，重新把粮食安全问题提上了议事日程，并提出了具体政策措施。这些措施的核心就是围绕提高种粮农民的积极性这个目标，加大对粮食主产区的支持和投入，建设优质粮生产基地和粮食加工基地。这也是安徽省农业综合开发工作的着力方向。农业综合开发要选择粮油棉增产潜力大、商品率高、产业优势明显、基础条件好、开发成效显著的县（市、区），加大资金投入，进行重点开发。为提高粮食生产能力，安徽省着重要在提高单产和复种指数上做文章，在这方面农业综合开发有优势，也有潜力。从2004年起，原则上每年新增的农业综合开发资金，应主要集中用于农业主产区特别是粮食主产区，并向重点开发市、县倾斜。

（二）加大对农业产业化龙头企业的扶持力度，促进产业化经营

扶持产业化就是扶持农业，扶持龙头企业就是扶持农民，这是农业走向市场的一个经验和结论。根据安徽省政府关于进一步加快发展农业产业化经营实施意见的要求，“十五”期间，安徽省重点围绕水果、畜牧、优质粮、优质油、水产、茶叶、蔬菜、棉花、中药材、茧丝绸等10大主导产业，下大力气培育一批产业关联度大、技术装备水平高、具有较强竞争力、在全国有一定影响的大型龙头企业。农业综合开发也要围绕省政府确定的10大主导产业和重点龙头企业，进一步发挥项目区的优势，积极发展多种形式的产业化经营，加大对龙头企业的扶持力度，优先培育、发展一批10大主导产业中成长性较好的企业，特别是粮油、水果、蔬菜、畜产品、茶叶等大宗农产品的加工转化企业，促其做大做强。安徽省要在3—5年内培育10个年销售额在10亿元以上的龙头企业，成为带动全省农产品加工业发展的航母。要通过一大批龙头企业的建设和拉动，更加广泛地联结广大农户，推动基地建设，使产业化链条不断延伸，辐射领域不断拓宽，农民收入不断增加。

（三）大力扶持优势农产品产业带建设，培育优势特色产业

优化农业区域布局，是农业结构调整的重要步骤。在国家农业综合开发第一次联席会议上，回良玉副总理明确指出：“在区域布局上，要突出农业主产区和农产品优势产区”；“要按照优势农产品区域布局规划，积极支持优势农产品产业带建设”。安徽省农业综合开发要按照省内优势农产品区域布局规划，围绕区域布局建基地，围绕特色农业建基地，对优势农产品进行重点扶持建设，尽快提高安徽省农产品的市场竞争力。淮北地区重点建设畜牧、蔬菜、水果、棉花、中药材生产基地；皖南、皖西重点建设林特产品、蚕茧生产基地；沿江沿淮地区重点建设水产品、蔬菜、棉花、家禽养殖生产基地；江淮之间重点发展优质粮油生产基地。力争优先培育10种具有一定批量、在国内外市场上有较强竞争力的农产品，形成有地方特色的优势产区，建立一批国内外知名品牌，将传统产品做优，将特色产品做强，提高安徽省农产品在国内外市场的份额。同时，中低产田改造项目要重点扶持优势区域内农业基础设施建设，为发展优势农产品提供条件。要将优势产业的发展与结构调整、提高农产

品市场竞争力和农民增收紧密结合起来。山区县要结合建设“生态安徽”，突出林、茶、果、药等特色产业发展，进一步改善农业生态环境，着力推进山区农业优势产业发展。

（四）积极扶持农民专业合作经济组织，为农民增收搭建服务平台

农民专业合作经济组织是一种与市场化经营体制相适应的农业生产经营组织，是市场经济条件下联结农户、企业和市场的桥梁和纽带，它重点解决把农民组织起来的问题。农业综合开发作为安徽省农业发展的排头兵，要在建立农民专业合作经济组织和农产品专业协会的发展上有所作为。要坚持先发展、后规范的原则，积极鼓励和支持农民、龙头企业按照“民办、民管、民营、民受益”的要求，建立各种专业合作社、专业协会以及其他形式的合作与联合，把千家万户的小生产与千变万化的大市场联结起来，形成专业协作的规模经济。

二、农业综合开发要加强管理，提高效益

搞好新时期农业综合开发，要以“三个代表”重要思想为指导，认真贯彻中央农村工作会议和中央1号文件精神，适应农业、农村经济形势发展变化和公共财政体制建设的要求，进一步完善政策，创新机制，切实保障农民增收目标的实现。

（一）加大资金投入，完善筹资机制

根据国家农业综合开发办公室的要求，安徽省要在进一步完善“国家引导，配套投入，民办公助，滚动开发”的投入机制基础上，多形式、多渠道、多层次地筹措农业综合开发资金。要围绕效益这个中心，不断改革和完善投融资体制和机制，加大招商引资力度，积极探索多渠道引资、引智投入以及参股、租赁、拍卖、贴息等开发方式，不断加大对农业综合开发的投入。要确保农业综合开发财政投入达到或超过支农支出的增长比例。要加大市、县农发资金的配套投入。各地征收的耕地占用税要按有关政策规定用于国家农业综合开发项目配套建设；土地出让金也要拿出一部分，用于国家农业综合开发项目配套建设。要积极用市场机制引导农民投入，增加开发投入的总量，以投劳为主，筹资为辅。对于农民筹资筹劳问题，要严格执行农村税费改革政策，不准搞强迫命令，不准搞平调，不准搞以资代劳。

（二）整合项目，调整资金投向

将现有各类农业综合开发项目整合为土地治理项目和农业产业化经营项目两大类，很有必要，体现了集中投入、讲求效益的开发思路。要适应优势农产品生产的要求，以土地治理项目（包括中低产田改造、生态综合治理、中型灌区节水配套改造）为重点，根据“统筹规划，集中投入，连片开发”的原则，按照灌区、流域或相对完整连片的耕地进行全面规划，整体建设任务可分年度连续实施。农业产业化经营项目扶持的重点是国家级、省级农业产业化龙头企业和农民专业合作经济组织，包括农产品加工、产地批发市场及储藏保鲜项目等。同时，要适当支持经济林及设施农业种植基地、畜牧水产养殖基地项目建设。要进一步加大对农业主产区特别是粮食主产区的投入力度。要根据不同地区、不同产业发展需要，逐步提高项目建设单位面积投资标准。

（三）改革项目管理体制，实行项目县轮换制

根据省直管县财政管理体制的规定，省对农业综合开发重点县，实行投资规模确定到县、项目评估到县、项目计划管理到县、资金拨付到县、债权债务落实到县、管理责任到县。同时，在保持各市开发投资总规模不减的情况下，引入竞争机制，实行项目县轮换制。要按照公开、公平、公正原则，大力推行公开竞争选项和专家评审制，探索项目公示制，确保项目规划高起点、建设高标准、取得高效益。

（四）强化对项目和资金的监督检查

农业综合开发要逐步推行项目法人制、项目招投标制和工程监理制等科学的管理方式。农业综合开发的所有工程建设项目都要通过公开招标进行建设，货物实行政府集中采购，严禁私自发包和转包工程。对重点工程，要委托具有资质的专业监理单位或专业人员进行监理，确保工程建设质量达到建

设标准。监督检查工作要做到经常化、制度化、规范化。要加大项目验收检查力度，聘请社会中介机构对项目资金开展独立审计，建立项目资金管理责任制和责任追究制，严肃查处各种违纪违规行为。

（作者系安徽省副省长）

新阶段搞好农业综合开发的五大举措

陈延明

根据党中央、国务院关于新阶段农业和农村工作的方针政策和对农业综合开发工作的要求，按照“区域化布局、规模化开发、基地化建设、标准化生产、产业化经营、外向化发展”的总体思路，农业综合开发工作要做好“三篇文章”，突出“三个重点”，建立“三个机制”，全面提高农业综合开发水平。“三篇文章”就是加强农业基础设施建设；促进农业结构调整；以科技进步、提高农民素质为动力，推进农业增长方式转变。“三个重点”就是抓好农业综合开发的产业化经营和对龙头企业的扶持；搞好中低产田改造，促进粮食增产；搞好优势农产品产业带的建设。“三个机制”就是以财政资金为引导，信贷资金、工商资本和外资等广泛参与的多元化投入机制；市场化运行与政府指导相结合的管理机制；自我积累、滚动开发机制。据此，今后五年山东省农业综合开发工作总的目标是：第一，以粮食主产区为重点，改造中低产田500万亩，全部建成优质粮棉油基地。第二，以山东省确定的11种优势农产品为重点，支持优质农产品产业带建设，发展各类名特优新农产品生产基地500万亩。第三，以农产品加工龙头企业为重点，扶持和培养30个企业成为国家或省级龙头企业。

一、继续加强农业基础设施建设，巩固和加强农业基础地位，确保粮食安全

农业综合开发通过大规模的中低产田改造、加强农业基础设施建设，既为解决农产品短缺状况、实现供需平衡做出了重要贡献，也积累了大量农业固定资产，为农业和农村经济的进一步发展奠定了重要的物质基础。今后，农业综合开发仍然要抓住中低产田改造这个“老本行”，这是一篇农业资源增量的大文章，是确保农产品供需总量平衡的需要，也是确保粮食安全的重要手段。农业综合开发要紧紧围绕确保粮食安全和促进农民增收这个中心任务，继续下大力气，加强农业基础设施建设，保护和提高粮食综合生产能力，把促进农民增收和发展粮食生产有机地统一起来，以粮食主产区为重点，进一步加大中低产田改造力度。今后五年全省力争完成中低产田改造500万亩，全部建成高产稳产、旱涝保收的高标准农田，为确保粮食供需平衡做出应有的贡献。

二、大力抓好农业结构的深层次调整，提高农业综合开发效益，促进农民增收

按照优势农产品区域布局规划，优质专用小麦、玉米、棉花、花生、蔬菜和苹果是山东省具有国内和国际优势的农产品，具有一定的国际竞争力。各地应根据本地实际，进一步明确扶持优势农产品的种类和区域，从基础设施建设、品种引进和改良、农产品精深加工和市场开拓等环节入手，做大做强优势农产品，优化开发布局，走规模化开发的路子，促进区域化布局和专业化生产。在这方面，寿光、昌乐农业结构调整的成功经验值得重视。它们的结构调整已从前几年量的

优化布局转向以质为重的深层次调整，通过结构调整，调出农产品的质量优势来，调出农业发展的科技含量优势来，调出农产品的特色优势来，调出农产品的规模效益优势来，为新阶段的农业生产赋予了全新的理念。全省各地要在下一步的农业结构调整中积极推进农业标准化生产，按照国际农产品通用生产规程和标准，重点扶持一批农产品安全生产基地和有机农产品生产基地，不断提高农产品的质量和档次。通过项目支持，培育壮大区域特色和优势产业，尽快形成优势农产品产业带，提高山东省农产品的国际竞争力，增加农民收入。

三、积极推动农业科技进步，促进农业增长方式转变，建设现代农业

农业发展新阶段的重要标志在于依靠科技进步和提高劳动者素质，促进农业由粗放式增长向集约式增长转变，这是新阶段农业综合开发的一项重要任务。农业综合开发各类项目建设要加大科技力度，通过实施产、学、研结合，探索农业科技研究与推广的新机制和新途径，创新生产力配置机制，加速推进最新农业科研成果在农业生产领域的推广应用；通过实施农科教结合，建立农业科技示范与推广基地，大力推广农民能够学得上、摸得着、看得见、用得好的农业实用科学技术。要加大对农民的科技培训，通过多种途径和方式，努力改善农民接受知识、技能、经验和信息的外部条件，进一步提高农民的科技文化素质。

四、突出重点，提高农业开发的综合效能

一是大力扶持农业产业化龙头企业，充分发挥示范带动作用。运用产业化经营的方式进行农业综合开发，是山东省的成功经验。在下一步的农业综合开发产业化经营中，要突出三个重点。一要从培育龙头企业向扶持龙头企业做大做强上转变，集中资金，突出重点，着力培育壮大一批起点高、规模大、带动力强的国家级或省级大型龙头企业，充分发挥龙头企业在开拓市场、加工增值、科技创新、标准化生产等方面的重要作用。二要在项目区内大力推进产业化、标准化、专业化三位一体的生产方式，提高农业综合开发的整体水平。三要加快产业化经营服务体系建设。重点扶持有市场、有效益、能带动当地农业结构调整，与农民建立紧密利益联结机制，有效增加农民收入的农副产品精深加工、储藏保鲜以及具有区域性的农产品产地批发市场等服务体系建设。对农民专业合作经济组织和农产品行业协会进行扶持，是农业综合开发支持的新领域，全省各地要按照民办、民管、民受益的原则，重点扶持以产品与产业为纽带组织起来的农民专业经济组织。对农产品专业协会，要重点扶持其开展科技推广、科技培训、营销服务等。

二是突出中低产田改造，提高农业综合生产能力特别是粮食生产能力。粮食是关系国计民生的战略物资，是安民心、保天下、促稳定的重要物质基础。在农业比较效益中，粮食比较效益最低，“剪刀差”最大。山东省确保粮食安全的底线是700亿斤，这个任务十分艰巨，目前最缺的就是粮食，突出重点，就是突出粮食。因此要继续加大土地治理力度，排除影响农业生产特别是影响粮食生产的障碍因素，提高农业综合生产能力。

三是突出培育优势农产品，建设优势农产品产业带。要以省确定的11种优势农产品为重点，加大土地治理和产业化经营项目的结合力度，以“产业建设”的思路来综合配套两类项目，发挥整体优势，集中投入，连续扶持，使优势农产品尽快形成规模大、水平高、效益明显的产业化经营体系，努力把农业综合开发项目区建设成为区域特色鲜明、优势产业突出、结构效益显著、农民收入快速增长的优势农产品产业带。

五、创新机制，增强农业综合开发工作活力

要适应建立社会主义市场经济秩序的要求，大胆进行改革创新，学会更多地按照市场规则、运用市场手段解决问题。要创新运行机制，积极探索新路子。

一是引入市场机制，充分调动各方面积极性，变扶持性开发为经营性开发，真正形成以农民为主体、政府引导、社会各方面参与的农业综合开发新机制。按照经济合理、技术可行、效益可观的要求，全面推行专家评审制度和立项招投标制度，大力推行项目法人责任制、工程监理制，建立科学规范的项目验收标准，严格监督制约制度和责任追究制度。

二是完善财政资金引导机制，发挥财政资金“四两拨千斤”的作用，吸引信贷资金、民间资本、工商资本以及外资投入农业综合开发领域，逐步形成多元化、多层次、多渠道的农业综合开发投入格局，提高资金使用效益。

三是建立自我积累、滚动开发机制。土地治理项目建成的有一定经济效益并可独立使用的工程设施，可以采取移交、拍卖、租赁、承包等方式，及时明晰产权，收回资金用于滚动开发或工程管护。

（作者系山东省副省长）

突出重点　创新机制
努力推进农业综合开发工作

王明义

河南是国家首批实施农业综合开发的省份。16年来，全省先后有121个县（市、区）被列入农业综合开发区域范围，累计投入农业综合开发资金近80亿元，经过不懈努力，项目区面貌发生了显著变化。农业基础设施建设得到加强，生产条件得到改善。改造中低产田3 100多万亩，新打和维修机井25万眼，开挖疏浚排灌沟渠7.8万公里，修建桥涵10多万座，新增有效灌溉面积1 460万亩，新增和改善排涝面积1 540万亩，植树造林（折实）210万亩。农业综合生产能力稳定提高。项目区共新增粮食生产能力400万吨、棉花15万吨、油料30万吨、蔬菜50万吨、肉类30万吨。农业产业化经营水平明显提高。项目区共建立良种繁育基地30多万亩，建立各种优质专用农产品种植、养殖基地126个，扶持培育农业产业化龙头企业100多个，畜牧养殖业、农产品加工业和农村第三产业发展加快。农民收入增速加快。目前项目区农民人均纯收入达到2 500多元，比全省平均水平高出300多元，年均增速比全省平均水平快1个多百分点。项目区生态环境保护和建设显著加强，科技教育和社会事业加快发展。

多年以来，在中央及中央有关部门的关心支持下，山东省进行了一些有益的探索，积累了一些成功的经验。

第一，统一思想认识，加强组织领导，把农业综合开发作为支持、发展农业的重要举措。多年来，山东省各级党委、政府充分认识农业综合开发的重要意义，将其列入重要议事日程。各级政府成立了领导小组和相应办事机构，将农业综合开发工作纳入目标管理，实行了明确的工作责任制，为农业综合开发提供了组织保障。省政府定期召开会议，分析农业综合开发形势，研究解决有关问题，提出指导性意见。各级、各方面结合实际，认真贯彻落实。在财力十分紧张的情况下，千方百计确保配套资金及时足额到位。同时，还实行了开发项目建设督察制度，推动了农业综合开发的顺利实施。

第二，实事求是，科学规划，合理布局开发项目，促进农业开发有序进行。河南地处亚热带和北暖温带的过渡地带，平原和山丘区基本各半，各地的气候、地形、资源、生产条件千差万别。根据这种实际情况，河南的农业综合开发立足协调发展，在深入调查、科学论证的基础上，因地制宜地制定了总体规划，提出了开发的目标、任务、工作重点和措施。各部门和各市县、乡分别制定了专项规划，做到重点突出、布局合理。平原地区以建设高标准农田和优质特色农产品基地为重点，丘陵区以改善生态环境为重点，山区以农林一体化建设为重点，实施综合开发工程。

第三，以市场为导向，实施开发工程，推动农业结构调整，促进农民增收。在抓好中低产田改造的同时，紧紧围绕农业结构调整这条主线，以市场为导向，通过政策调动、资金支持、信息技术服务等措施，引导优质特色产品向优势产区集中，形成了不同类型的优势产业带。同时还集中扶持一批龙头企业开发新产品，进行技术改造，使企业扩大规模、提高效益，实现了企业增效、农民增收的双赢目标。

第四，立足长远，着眼当前，科学开发利用资源，走可持续发展的路子。根据河南人口多、人均占有资源量少的省情，坚持用可持续发展的理念指导农业开发，注重科学合理地利用资源，节约资源和保护环境，增强可持续发展的能力。在水资源开发利用上，按照科学利用地表水、合理开采地下水、努力蓄存天上水的要求，统筹规划项目区的农田水利工程。改变过去大水漫灌的浇地方式，大力推行节水灌溉，形成了喷灌、微灌、滴灌、地埋管灌、“白龙灌”等多种节水灌溉形式，大大节约了水资源。认真做好“林”的文章，坚持生态林、经济林并重，既抓好农田林网，又抓好荒山绿化，实现了经济和生态双丰收。

第五，健全落实制度，加强审计监督、管好用好开发资金。在坚持实行专人管理、专账核算、专款专用和“乡级报账制”的基础上，积极推行农业综合开发资金“县级报账制”。推广了项目建设资金收支情况张榜公布等项制度，提高了资金管理的透明度，规范了各项资金的运作方式。同时，实行资金管理奖惩制度，激励各地加强资金管理。

第六，严格管理，跟踪督查，确保工程建设质量。在开发项目的安排上，实行公开招标。制定质量管理制度，落实项目责任制和责任追究制，奖优罚劣。实施工程异地监理机制，加强日常监管，严格竣工验收，保证了项目工程质量。

在充分肯定取得的成就的同时，也要清醒地看到河南省的农业综合开发还面临不少困难和问题，任务依然十分艰巨。全省还有5 700万亩中低产田需要改造，还有一些地方生产条件恶劣亟待改变；全省农业结构性矛盾依然比较突出，尤其是专用农产品比重小，影响市场开拓和效益提高；现行农业综合开发运行机制有的已不适应市场经济发展的要求，急待改进完善；个别地方项目和资金管理还有薄弱环节等等。对这些问题一定要努力加以解决。

为了适应新形势、新任务，进一步做好新时期全省农业综合开发工作，河南提出了下一步农业综合开发的总体思路和要求：坚持以邓小平理论和“三个代表”重要思想为指导，全面贯彻党的十六大、十六届三中全会和十届人大二次会议精神，认真落实2004年中央一号文件的规定和关于农业综合开发的方针政策，以农民增收为目标，以粮食主产区为重点，统筹规划，协调发展，努力走出一条加快开发的新路子；加强农业基础设施和生态建设，提高农业综合生产和可持续发展能力；着力推进农业和农村经济结构的战略性调整，提高农业综合效益；用现代管理、先进技术和设施装备农业，积极推进农业产业化经营；注重体制和机制创新，按照发展市场经济的思路和办法，不断提高农业综合开发水平。

——更新观念，加速推进农业综合开发机制创新。一是树立全局意识。全面贯彻中央关于“解决农业、农村、农民问题是全部工作的重中之重”的决策，把农业增效、农民增收、逐步解决“三农”问题作为农业综合开发的总目标，采取更直接、更有力、更具体的措施，把农民及有关方面参与农业综合开发的积极性引导好、保护好、发挥好，形成城乡互动、农民和政府联动、多方参与、全面推进农业综合开发的工作格局。二是树立市场意识。彻底摈弃计划经济体制下形成的传统观念，按照社会主义市场经济规律创新机制，在项目安排、规划、建设、管理等环节，引入竞争机制和激励机制。三是项目的结构和布局要顺应发展现代农业的要求。河南省农业总体上进入了一个中产向高产过渡、“数量农业”向“质量效益农业”转变、传统农业向现代农业转变的阶段。农业综合开发项目的结构要在继续改造中低产田的同时，注重“优质、高产、高效、生态”农业项目的开发建设。同时要加大对龙头企业的扶持力度，帮其做大做强，增强对农民发展生产的辐射带动能力。在项目布局上，要进一步向粮食主产区倾斜，统筹规划，加快建设各具规模的优质粮食生产基地，稳定提高粮食生产能力，有效地保证粮食安全。四是资金投放方式可以多样。在对农业基础设施建设无偿投入的同时，对生产性项目采用贷款贴息的办法，以扩大融资规模，同时增强经营者的责任感和风险意识；对于一些龙头企业，可以采取投资参股、利益共享、风险共担的办法，这样不仅能增加龙头企业的资金规模，而且有利于引导农民和社会有关方面向农业综合开发项目投资，变投资一元化为多元化。

——积极支持优势产品基地建设，促进农业结构调整。为适应国内外市场日益增长的优质化、多样化、专用化需求，要积极扶持优势产品，做强做大特色产业，提高农产品市场竞争力。在种植业方面，注重支持特色农业发展，引导其向优势产区集中，实行连片开发、规模经营。围绕养殖业结构调整，重点扶持肉牛、肉羊、瘦肉型猪、良种禽类生产基地建设。注重扶持良种引进、繁育，发展大型养殖场和小规模、大群体的养殖带。加大对优势农产品主产区的科技开发扶持力度，推动优势农产品基地的科技创新。

——大力扶持龙头企业，推进农业产业化经营。要把培育和壮大龙头企业作为农业综合开发的重点之一，通过农业综合开发的扶持，引导龙头企业适应市场消费优质化、多样化、专用化、精细化的需求，围绕超市和餐桌做文章，培育优势，发挥优势，围绕特色创名牌、上规模、增效益，更好地带动农民增收。同时，围绕建立健全开发项目区农业现代服务体系，制定对农民专业合作经济组织和农产品专业协会的扶持政策，发挥其在农业综合开发中的促进作用。

——适应市场经济特点，不断完善农业综合开发机制。要完善以农民为主体的开发机制，逐步做好经营性开发工作；完善财政资金引导机制，吸引信贷资金和民间资本、工商资本等社会资金以及外资投入农业综合开发；积极探索农业开发、农业结构调整、扶贫开发、农业生态建设、农村中小型基础设施建设等资金相互配合、统筹安排的投资机制，把分散的资金整合起来。对已建工程，要及时明晰产权，健全运行管理机制，逐步形成国有资产运营收益继续用于农业综合开发的自我积累、滚动开发机制，形成良性互动搞开发的局面。

——强化监督管理，使农业综合开发逐步规范化、制度化。要进一步完善项目管理责任制和责任追究制，实行项目谁审批、谁建设、谁负责的办法，把责任落实到人。全面推行专家评审制、招投标制、项目法人制、工程监理制和竣工验收制，将科学管理和监督贯彻落实到项目立项、建设和运行管护的全过程。加大督查力度，加强对竣工项目的监测评价，确保项目建设的高质量。实行项目和资金管理有机结合，以资金投入确定项目规模，有多少钱办多少事，严防出现劳民伤财的“半截子工程”。按项目管理资金，资金跟着项目走。积极落实各级财政配套资金，继续实行“三专”管理，全面实行县级报账制、资金公示制和审计制。加大有偿资金的回收力度，使有限的资金发挥更好的效益。

——讲究科学，加强论证，注重实效。从规划编制、目标任务的提出到全面实施，都要实事求是。既要积极进取，加快开发步伐，又要量力而行，不能脱离实际追求高指标和乱提口号。突出重点，不强求面面俱到；发挥优势，各具特色，不搞一刀切和盲目攀比；在求实效上下功夫，不搞形式上的花红热闹，更不搞无实际效果的形象工程。要以“严、细、实、快”的作风，实实在在地推进农业综合开发工作。

（作者系河南省委常委、常务副省长）

突出重点 创新机制 努力提高农业综合开发的效益和水平

孔垂柱

2004年，按照财政部的改革要求和省委、省政府关于新阶段农业、农村工作的方针政策，云南省农业综合开发的总体要求是：以“三个代表”重要思想和党的十六大精神为指导，坚持科学的发展观，着力推进农业和农村经济结构的战略性调整，大力支持优势农产品产业带建设和以农产品加工为重点的龙头企业发展，提高农业综合效益，增加农民收入；围绕建立优势农产品产业带，加强农业基础设施建设，提高农业综合生产能力，稳定和提高粮食产量；适应公共财政管理体制和农村改革要求，进一步加强科学管理，完善投资政策，创新开发机制，把农业综合开发各项工作提高到一个新的发展水平。

一、大力支持优势农产品开发，进一步推进农业产业结构调整

农业综合开发资金要相对集中，向优势农产品和优势产区倾斜，是国家从推进农业和农村经济战略性调整、提高我国农业市场竞争力大局出发做出的一项具有长远意义的重要决策。云南省要紧紧抓住云南被列入农业主产区的机遇，以优势农产品主产区为重点，加大优势农产品开发的力度。要围绕云南省优势农产品区域市局规划和农业综合开发“十五”规划，通过自上而下宏观指导与自下而上申报相结合，确定跨区域、跨行业和真正具有比较优势的农业综合开发扶持的重点优势产业、优势产区和优势产品。扶持重点要向畜牧业、马铃薯、优质稻、甘蔗、蔬菜等产业倾斜。要充分运用“综合”优势，紧密围绕优势产业的发展，统筹安排各类农业综合开发项目，在基地建设、产品加工、贮运保鲜、批发市场、科技服务体系建设等方面给予全力支持，确保立项一个，开发一个，成功一个。

二、大力扶持重点龙头企业，不断提高农业产业化经营水平

发展优势农产品，产业化经营是关键，而推进产业化经营，龙头企业是核心，因此，要把龙头企业的培育作为发展优势农产品的重点来抓。一是要本着“大（规模大）、广（辐射广）、强（牵动力强）、高（科技水平高）、名（创名牌）”的原则培育扶持国家级、省级重点龙头企业，使其成为优势农产品开发的排头兵。二是对龙头企业的扶持要彻底打破所有制、地域和行业界限，不管是国有企业还是私营企业，不管是本地企业还是外来投资企业，只要能够带动农民增收，就要一视同仁地给予支持。三是根据农民直接受益的程度、龙头企业发展的实际需要，分别采取贴息、补贴、投资参股、有偿资金扶持等灵活多样的支持方式，积极探索多元化扶持、市场化运作的有效途径。四是扶持龙头企业不能光看项目自身的经济效益，还要更多地关注社会效益。

三、进一步加强农业基础设施建设，不断提高农业综合生产能力

农业基础设施建设是现行体制下广大农民群众迫切需要政府帮助解决的一个难题，是农业、农村和农民赖以生存和发展的基础，是农业综合开发的基本任务，也是农业综合开发资金投入的重点所在。要加大云南省粮食和优质饲料主产区土地治理项目的投入力度，尤其要重点支持基本农田保护区的中低产田改造，建设一批优质、高产、稳产、节水和高效农田，提高农业综合生产能力，特别是提

高粮食生产能力。从云南省实践看，农业综合开发在全省粮食增产总量中的贡献份额约为30%左右，在确保粮食安全方面作用不可忽视。要继续加大优质粮的开发力度，将粮食的生产与农业结构调整、优质良种补贴和农民增收结合起来，为推进粮食产业发展做出贡献。

四、积极调整政策，加速推进体制机制创新

第一，建立完善竞争机制。结合贯彻国家对开发县实行动态管理的要求，要按照“总量控制，有进有退，违规淘汰，末位暂停”的原则，切实建立项目县的进退机制。“十五”期间，云南省国家和省级开发县数量原则上控制在82个以内，通过绩效考核，触犯“高压线”、问题严重、影响恶劣的县要暂停或取消项目县资格；开发项目优势不足、开发效益不够明显、失去开发潜力的县要退出开发范围；对于项目优势明显、开发成效显著的县要加大扶持力度，促其尽快做强做大；对于工作积极主动、开发潜力较大的县要及时将其补充进农业综合开发队伍。此外，按照公平、公开、公正的原则，要进一步把竞争机制引入到农业综合开发项目管理中，无论是项目的确定，还是重点工程的建设，原则上都应实行竞争机制。

第二，建立完善约束机制。不管对土地治理项目还是对产业化经营项目，不管对项目本身还是对承担项目建设的单位，都要加强监督检查和目标任务的考核，建立相应的约束机制。凡是只想办法争项目、争资金，甚至靠政府立项保运转，只有轰动效应，没有实际行动，政府投多少钱，企业就干多少事的，必须采取相应的制裁措施，不能让凑数字上项目、编效益争支持的行为蔓延。

第三，探索经营性开发机制。经营性开发是农业综合开发适应市场经济和公共财政的要求，将财政资金以资本金或股本的方式投入农业生产和农产品流通企业，由此形成的收益继续用于农业综合开发的一种投资模式，是农业综合开发投入机制的重大创新。省农开办要积极与财政、计划、农业、水利、林业、农垦等部门加强协调，及时提出争取国家扶持的优势产业和重点企业，以此指导相应区域、企业的参与，并初步选择部分有市场、有实力、带动面大、跨区域开发的重点龙头企业进行经营性开发的试点。

第四，完善项目配合机制。农业综合开发要抓好优势农产品产业带建设，实现农业增效、农民增收的目标，单靠有限的农业综合开发资金是远远不够的，必须动员一切力量，形成建设合力。农业综合开发要积极探索与扶贫、林业、农业等各部门项目配合的机制，把农业综合开发融入整个大农业中，打破孤立的项目开发格局，围绕全省农业发展的总体布局，按照“各炒一盘菜，共做一桌席”的要求，变分散开发为板块开发，变平面开发为立体开发，坚持整体联动，优势互补，走嫁接开发、合力开发的路子，实现农业开发综合效益的最大化。

第五，完善财政资金引导机制。农业综合开发是政府稳定增加农业投入的一个长效机制，要依靠这个机制，发挥财政资金“四两拨千斤”的作用，积极创造条件，广泛招商引资，通过财政资金贴息、补贴、参股等多种方式引导和鼓励，吸引金融资本、企业资本、民间资本、工商资本进入农业综合开发领域，与财政资金形成合力，建立强大的资金支撑体系。

第六，完善以农民为主体的机制。农业综合开发项目要充分体现“农民要办”、“为农民办”、“按农民的意愿办”的原则，切实维护好、实现好、发展好广大农民群众的根本利益。土地治理项目的确立，要充分尊重农民的意见，采取民主的办法和农民参与的方式，努力把一家一户想办但办不了的事办实办好，让农民得到看得见、摸得着的利益；产业化经营项目的确立，要以带动广大农民增收为前提，让农民切实分享到农产品增值部分的利益；农业综合开发项目建设，要更多地吸收农民工参与，增加农民的就业机会；项目和资金管理要实行公示制，自觉接受农民群众的监督。

五、建立健全各项规章制度，进一步提高管理水平

要立足农业综合开发效益最大化，根据国家农业综合开发政策措施的变化，结合云南省实际，加快制定经营性开发办法、扶持龙头企业的办法、项

目县进退管理办法；及时修订完善配套规定、贴息办法、农民筹资投劳规定；积极推行项目招标制、工程监理制和项目资金公示制；全面推行专家评审制、项目法人制和工程物资政府采购制，进一步提高农业综合开发的科学管理水平。同时，要关心和重视农业综合开发机构和队伍建设，根据新任务和新要求，提高自身素质，增强指导能力，加强调查研究，调整工作思路，创造性地开展工作，增强工作的科学性和预见性。

（作者系云南省副省长）

理清思路　推动农业综合开发再上新台阶

吴碧莲

一、进一步把握形势，准确定位

搞好农业综合开发工作，关键是要客观地分析形势，深刻认识省情、市情和县情，准确定位，科学合理地确定开发的目标、任务、重点和措施。这是做好工作的基础和前提。

从甘肃省的实际情况来看，尽管甘肃省基本实现了农产品供求大体平衡，但形势并不容乐观，与东部、中部的省份相比，制约甘肃省农民增收的因素更多，难度更大。一方面，甘肃省农业基础条件差，自然灾害频繁，农业生产和农民收入低而不稳，一旦遇到大的灾害，就可能出现粮食短缺、农民返贫的问题；另一方面，甘肃省农业和农村经济结构调整的广度和深度不够，目前仍然体现在量的层次上，结构性矛盾仍然十分突出，调整的任务非常艰巨，特别是农业产业化经营水平不够高，特色优势农产品和产业还没有形成明显的市场竞争能力。再者，甘肃省农村工业化层次化水平低，第二、三产业发展缓慢，农村剩余劳动力转移规模小，增收渠道狭窄。全省从事非农产业和劳动力输出的农民不到300万人，不足农村劳动力的四分之一；农民人均收入中来自非农产业的比重仅占44%，工资性收入比重仅有28%，都低于全国平均水平。具体到贫困市县，非农收入和工资性收入比重更低。这样的省情、市情和县情，决定了甘肃省必须把解决“三农”问题放在全省工作的十分重要的位置上，在政策、资金、工作等方面给予重点倾斜和支持。

农业综合开发作为政府支持农业和农村经济发展的一个重要方式和手段，在解决“三农”问题、推动小康社会建设中，具有十分重要的地位和作用。农业综合开发在促进农民增收方面，有自己的特点和优势。从全省角度看，今后要在改造中低产田，改善农业基础条件，提高粮、棉、油生产能力，培育特色优势农产品基地的同时，注意发挥区域比较优势，大力支持甘肃省特色优势农产品产业化经营和龙头企业的发展，着力提高农产品市场竞争力和市场占有份额，真正把促进农民增收作为工作的出发点和落脚点。

二、与时俱进，改革创新

农业综合开发要有大的发展，必须适应转变农村经济增长方式和运行机制的新要求，大胆进行改革创新，用改革的办法解决发展中存在的问题。从这几年甘肃省农业综合开发工作的实际情况看，在以下几个方面应该而且必须有新的突破。

一是创新观念。要牢固树立科学发展观、全局观、法制观和市场观，既要服从和服务于全省改革发展稳定的大局，又要根据形势发展的需要，不断拓展和增加新的内涵；既要尊重自然规律，又要尊重市场经济规律，把经济效益、社会效益和生态效益有机地结合起来；既要依法行政、依法理财，又要依法打击各种违法乱纪活动，切实维护国家、集体和农民群众的利益；既要发挥政府的引导和示范作用，更要发挥市场在资源配置中的基础性作用，将政府主导与市场机制有机地结合起来。

二是要创新机制。要认真贯彻落实全国农业综合开发工作会议提出的加快农业综合开发机制创新的要求，积极探索新路子，总结新经验，逐步改变目前农业综合开发主要靠行政手段推进的做法，积极引入市场机制，充分调动各方面的积极性，变政府要开发为农民要开发，变农业综合开发单兵作战为各方面协同作战，真正形成以农民为主体、政府引导、社会各方面参与的农业综合开发新机制。要认真研究，主动工作，拿出方案，尽快试点，积累经验。

三是创新制度。要根据变化了的新情况，对过去的制度进行认真的清理，该废止的要废止，该完善的进行补充完善。同时，要针对实际工作中发现的问题，研究和制定一些有利于加强管理、堵塞漏洞、提高效率和效益的办法和措施，真正把农业综合开发工作纳入规范化、制度化、科学化的轨道。

三、规范管理，提高水平

提高管理水平是农业综合开发的永恒主题，对2004年的工作来说，这具有更为重要的意义。一是全国农业综合开发工作会议将其列为2004年的重要任务，二是当前甘肃省农业综合开发的管理水平还不适应形势发展的要求。今后，必须高度重视规范管理工作，把规范项目管理和资金管理放在突出位置，真正用法规、制度来规范工作行为，减少人为因素影响，坚决防止项目审批、资金使用上的违法乱纪现象和腐败行为。要把2004年作为农业综合开发的规范管理年。要加大工作力度，把规范管理的制度、措施制定得更细一些、更实一些，增强可操作性，争取取得实质性进展。要抓好落实。制度对于规范管理，更具有长期性和根本性，但光有制度还不行，还必须狠抓落实，决不能仅仅是写在纸上、挂在墙上而贯彻落实不到工作当中。

四、统一思想、加强配合

第一，加强组织领导。市、县党政一把手要亲自过问，主管领导要全面负责，要经常性地开展调查研究，及时了解掌握农业综合开发的进展情况、存在的问题和困难，积极协调予以解决，为农业综合开发工作提供支持，创造条件。要落实地方财政配套资金。项目县要严格执行国家和省的政策，该纳入财政预算要纳入预算，确保配套资金落实到位。要防止出现挤占、挪用项目资金问题。市、县主要领导要充分认识各类违法违纪问题的严重性和紧迫性，牢固树立依法理财的观念，进一步完善制度，强化监督，从严查处，从制度上、根源上防止挤占、挪用现象的再次发生。

第二，加强协调配合。农业综合开发是一项涉及计划、财政、水利、农业、林业、土地等多个部门，需要由省、市、县、乡以及千村万户农民群众共同组织实施的工作。仅仅依靠农发办的力量是不行的，必须统筹各方面因素，调动各级的积极性，形成工作合力。因此，需要进一步加强本级政府部门之间、上下级政府部门之间的协调合作。各级、各部门一定要在农业综合开发方面统一思想，统一步调，达成共识。工作上要相互理解，相互支持，密切配合，统筹兼顾。信息上要加强联系沟通，资源共享。资金安排上要各有侧重，互为补充，有机结合。特别是各级农发办，要充分发挥职能部门的作用，主动工作，主动协调，积极争取党政领导的支持和各有关部门的理解，努力形成领导关心重视、部门协调一致、广大农民群众自觉参与的良好工作氛围，尽可能减少工作上的阻力和摩擦。

第三，大力弘扬求真务实的工作作风。各级政府、政府有关部门一定要从践行“三个代表”重要思想的高度，增强工作责任感，牢固树立为民、务实、清廉意识，坚持讲实话、出实招、办实事、务实效，真正把农业综合开发这件好事办好。要切实转变工作作风，树立正确的政绩观，落实科学的发展观，坚决反对不思进取、作风浮漂、急功近利、虚报浮夸甚至弄虚作假现象；坚决制止不讲实际效果、实际

效率、实际成本的形式主义，反对搞任何形式的"花架子"和"形象工程"，真正把广大农民群众的利益实现好、维护好。要以实实在在的工作成绩，维护农业综合开发工作的形象，赢得各级、各部门以及社会各界的肯定和支持。只有这样，才能为农业综合开发工作创造更加良好和更加有利的工作环境。

（作者系甘肃省副省长）

牢固树立为农民群众谋利益的思想 扎扎实实做好农业综合开发工作

赵鸣骥

2004年是实现"十五"计划的关键一年，也是全面落实十六大和十六届三中全会精神的重要一年。做好今年的农业综合开发工作，对于深入贯彻党中央、国务院关于新阶段农业农村工作的方针政策和国家农业综合开发联席会议精神、开创农业综合开发的新局面，具有重要的意义。根据廖副部长提出的当前和今后一个时期农业综合开发工作的总体要求，今年农业综合开发工作要认真贯彻落实《关于改革和完善农业综合开发若干政策措施的意见》，大力推进改革，加速机制创新，严格监督管理。重点要做好以下七个方面的工作：

一、紧紧围绕确保国家粮食安全和促进农民增收，推进农业综合开发工作

中央反复强调"三农"问题是全党工作的重中之重。"三农"问题当前主要表现为农民收入问题。同时，近年来，国家粮食安全出现隐患，解决农民增收和粮食安全问题，是"三农"工作的重要任务。因此，中央农村工作会议提出：兼顾保障粮食供给和增加农民收入两个目标，把发展粮食生产与增加农民收入有机结合起来。农业综合开发是提高粮食综合生产能力的关键措施，是推进农业结构调整、增加农民收入的重要途径。我们必须自觉、认真地贯彻中央农村工作会议精神。今年的项目计划安排要继续坚持以中低产田改造为重点，特别是要加强优势农产品产业带范围内的中低产田改造，着力建设高标准基本农田，扩大高产稳产、旱涝保收面积。同时，着力加强优势农产品基地建设，大力扶持辐射带动作用强的产业化龙头企业和与农民建立起紧密的利益联结机制的专业合作经济组织，积极促进农业和农村经济结构的战略性调整。

二、集中资金，突出重点，下决心解决开发面铺得过大的问题

必须清醒地认识到，与新阶段农业和农村发展的需求相比，农业综合开发的资金有限，必须有所为，有所不为；必须集中资金办大事，突出重点抓关键。

一是严格项目县管理。今后，要根据"总量控制，有退有进，违规淘汰，末位暂停"等原则对项目县进行管理。各地可以对现有项目县进行动态管理，严格工作绩效考核，按一定比例实行末位暂停。

二是以农业主产区特别是粮食主产区为重点，加大投入力度。对列入农业主产区的地区，在投入上不搞平均分配，要以粮食主产区为重点。同时，要通过工作绩效的考核情况和财力状况，确定每个主产区省份中央财政投入的额度。无论主产区还是非主产区，都要确定本省（区、市）的粮食主产市、县，并对其进行倾斜，重点投入。

三是以农产品优势产区为重点，积极支持优势农产品产业带建设。各项目县都要围绕优势产业建设安排各类农业综合开发项目；中低产田改造项目要适应优势产业的要求，龙头项目要能带动优势产业的发展，将加强基础设施建设与结构调整、提高农产品市场竞争力和农民增收紧密结合起来。

四是整合项目。在整合后的两类项目中，要以土地治理项目为重点，这是由农业综合开发的基本任务所决定的。土地治理项目整合后，要以中低产田改造项目为重点。同时，对中低产田改造项目的要求要进一步提高，即要建成高产稳产、旱涝保收的基本农田和粮、棉、油、糖等大宗优势农产品的生产基地。各地要根据实际，突出生态综合治理项目重点建设内容。要进一步加大对与中低产田改造密切相关的中型灌区配套节水改造项目的扶持力度。

五是严格控制项目个数。从2004年起，每个项目县每年原则上只安排1—2个土地治理项目。同时，要根据"统筹规划，集中投入，连片开发"的原则，按灌区、流域或某一相对集中连片的耕地安排项目。

三、调整和完善投入政策，重点解决地方财政配套和有偿资金两大难题

一是调整地方财政配套比例，主要解决地、县两级配套困难的问题。当前，很多县级财政比较困难，不加区别地要求所有县级财政足额落实配套资金，不切实际。有的即使账面上配足了，很大程度上也是弄虚作假。因此，应当实事求是地降低地方财政配套比例。根据量力而行、区别对待和突出重点、兼顾一般的原则，调整地方财政配套比例的初步设想是：对主产区和非主产区及沿海地区分别确定配套比例，再根据地方财力状况作适当调整。降低地方配套比例主要是解决地、县两级的财政配套困难问题，必须要落实到地、县两级特别是县级。今后国家级、省级扶贫县以及财政收支困难的县原则上可以不配套，这些县的财政配套资金全部由省级财政承担。支持农业发展是中央和地方政府共同的责任，地方财政配套比例降低以后，各地要积极落实配套资金，努力增加农业综合开发投入。如果还不能落实配套资金，原则上要实行"倒配制"。

二是继续调整财政有偿资金政策。当前，有偿资金回收难度很大，不少地方存在各级财政垫付和"上清下不清"的现象；一些地方还存在用当年有偿资金抵顶现象，造成项目的空转；一些地方有偿资金债务积累加剧，有可能形成财政风险。回收难直接导致了投放难，相当部分有偿资金出现了滞留。因此，对有偿资金政策必须实事求是地进行调整。调整的设想是：取消土地治理项目的有偿资金，产业化经营项目的无偿资金比例在原基础上适当提高，但对无偿资金要规定严格的使用范围。

三是完善财政贴息政策。农业综合开发现行贴息政策效果不理想，主要原因是项目贷款没有硬性要求，贷款难以落实，贴息资金用不出去。今后要在农业综合开发中央财政资金中单独设立贴息资金，真正发挥财政资金"四两拨千斤"的作用，吸引更多的资金投入农业综合开发。

四是修订项目建设标准，提高投资标准。各地实际情况不同，农业综合开发项目建设标准也不能搞一刀切，而是要体现出南北方差异，体现出平原、丘陵、山区的差异。因此，要抓紧修订《土地治理项目建设试行标准》，同时制定《产业化经营项目建设规定》，争取尽快颁发执行。在此基础上，还将逐步提高项目的单位投资标准。

五是积极开展扶持农民专业合作经济组织试点工作。根据农业发展新阶段的要求，农业综合开发首次明确了"坚持民办、民管、民受益的原则，重点扶持以产品或产业为纽带组织起来的农民专业合作经济组织"政策。各地要积极组织试点，并注意总结经验。

四、强化资金运行和项目建设的全过程管理

一是发布项目申报（招商）指南，增强项目申报工作的透明度。从2004年起，国家农发办将于

每年上半年向各省（区、市）发布下一年度项目申报指南，明确项目申报的指导思想、重点建设内容及其他相关要求，以利于各地组织申报项目。其中对产业化龙头项目，要通过新闻媒体向社会公布招商指南。

二是改革投资指标的下达方式。在中央财政资金原则上30%用于产业化经营项目的前提下，国家农发办每年分别下达土地治理项目和产业化经营项目的投资指标。其中产业化经营项目的投资指标是指导性的，各地根据这个指导性投资指标及有关选项要求选定项目，然后再报国家农发办最终确定各地的产业化经营项目投资规模。

三是严格执行产业化经营项目的申报条件。今后产业化经营项目的申报，一定要坚持实事求是的原则，严格按立项条件如实申报项目，"宁可少些，也要好些"。符合立项条件的项目少，可以少报；没有，可以不报；如果多，可以多报。对为了争取资金，不严格把关，凑数申报的，一经查处，将扣减控制指标；对带来严重问题或恶劣影响的，将严肃追究责任，并取消今后立项资格。对龙头企业的扶持，要坚持扶大、扶优、扶强的原则，申报农业综合开发产业化龙头项目的企业，必须是国家级和省级产业化龙头企业，同时还需具备一系列严格的条件。

四是改进项目评审和计划审批工作。项目评审是项目前期准备工作的重要组成部分，是项目建设成败的关键环节。目前项目评审工作存在着评审权限不清、职责不明、评审质量不高、评审方法还不够科学等问题。因此，要改革项目评审工作，按照谁评审、谁负责和权责统一、分级管理的原则，建立严格的评审责任制。部分产业化经营项目的评审审定权下放后，必须相应建立制约监督机制：(1) 县级农发办要确保项目申报材料的真实性，如弄虚作假或申报虚假材料，一经发现即取消项目县资格；(2) 要公平、公正、透明地选择项目，对申报项目进行严格审查，并要求提供必要的证明材料；(3) 明确规定下放的部分产业化经营项目评估审定权和调整权由省级农发办负责，不准层层下放。

五是加强中期检查监督。要抓紧制定并推行项目工程监理制、项目和资金公示制、项目工程招投标制；逐步建立项目运行的监测评价体系，真实地评价农业综合开发整体项目（特别是土地治理项目）的效益；完善项目建设和资金使用快报制度，定期了解项目工程进度和财务支出进度；规范项目计划调整事项。

六是改进验收工作。实行"谁审批、谁负责，谁检查、谁验收"的责任制，改变目前审定项目与验收项目权责不统一的问题。总结完善省际间互查互验的方式，加大利用社会中介机构（如会计师事务所）、专员办进行检查验收的力度。

五、加速农业综合开发机制创新

当前，加速改革创新，既是推进农业综合开发事业的必然选择，也是解决违规违纪问题的基础和前提。只有改革创新，才能为农业综合开发的管理机制注入新的活力，才能真正确保农发资金的安全运行和有效使用。改革创新既是一个难得的机遇，更是一个严峻的挑战。我们一定要抓住机遇，迎接挑战。尽管我们会面临许多崭新的领域，会遇到许多复杂的难题，但改革创新的方向不能摇摆，改革创新的决心不能动摇。在改革创新中，各地可以因地制宜，实事求是地开展一些试点。只要有利于建立农业综合开发资金安全运行和有效使用的机制，都可以通过实践，总结经验。当前，要重点创新产业化经营项目的经营性开发机制。

经营性开发是指国家财政以出资人身份委托或授权资本运营机构将农业综合开发财政资金以资本金或股本方式投入到农业生产和农产品流通企业，由此实现的经营性开发收益继续用于农业综合开发的行为。经营性开发的主要设想是：(1) 财政资金只参股，不控股。这有利于化解财政投资风险，激发企业活力。(2) 实行委托监管的管理模式。国家农发办委托省级财政部门对中央财政资金投资参股的经营性开发项目实行统一监管；省级财政部门根据需要选择有条件的国有资产运营机构，授权其按照《公司法》等有关规定代表财政部门对项目实施企业履行出资人职责，对经营性开发项目的国有资产进行运营管理。(3) 确定科学合理的收益分配方法。中央财政与地方财政部门之间，按照既确保及时收回投资、不影响滚动开发规模，又能充分调动地方积极性、体现奖优罚劣的原则进行分配。(4) 建立有效的适时退出机制。实行经营性开发的关键在于建立有效的适时退出机制。即通过国家财政资金的投入，帮助龙头企业摆脱资金短缺的困境后，应及时通过有偿转让的方式将财政资金从竞争性领域退出，产权转让收入继续用于农业综合开发再投入。

六、强化基础工作，提高农业综合开发水平

一是加强工作绩效考核。要按照权责统一、分级管理、分级负责的原则，进一步明确各级农发办事机构的工作职责。各级农发办都要加强对下一级农发办工作绩效的考核。

二是加强统计工作。各级农发办事机构要把统计作为农业综合开发的一项重要基础工作，主要领导要亲自负责，实事求是地填报各类统计报表，切实提高统计数据的准确性、科学性、及时性和权威性，要逐步将农业综合开发统计纳入到国家统计指标体系中。

三是加强干部培训和宣传工作。要定期或不定期的举办各种业务培训；要创新培训形式，提高培训质量。要围绕“深化改革、加强管理”这一主题，重点宣传农业综合开发工作的新思路、新举措、新经验和新成绩，增强宣传工作的主动性、针对性和实效性。

四是安排好农业综合开发的事业费，确保农发业务的顺利开展。

七、切实转变观念和作风，尽快建设一支高素质的农发干部队伍

一是要转变观念。必须承认，16 年来，农业综合开发取得了辉煌成就，做出了巨大贡献，得到了党中央、国务院和各级政府的充分肯定，也得到了项目区广大农民群众的称赞。这些成绩的取得，是和各级农发办的同志多年来辛勤工作，努力奋斗分不开的。但是，这些成绩首先应当归功于党和人民，应当归功于农业综合开发战线的前辈们。我们今天没有资格躺在过去的功劳簿上沾沾自喜，更没有理由还沉浸在“德政工程”的赞誉声中。既使做了一些工作，也应当谦虚谨慎，而不能去“吃老本”。我们应该做的是继续开拓进取，努力奋斗，用我们自己辛勤工作的汗水，再创农业综合开发的新辉煌！

二是转变作风。农业综合开发因为给老百姓办实事，老百姓才称之为“民心工程”。如果我们不能办实事，老百姓不会这样称赞。因此，我们必须牢固树立为项目区广大农民群众谋利益的思想。从事农发工作的同志，一定要努力践行“三个代表”的重要思想，想群众之所想，急群众之所难，办群众之所盼，与民亲，分民忧；在工作中要时刻想着项目区老百姓的利益，要了解他们的真实情况，看他们到底需要我们办什么事，把他们的呼声、意见如实地反映上来；能给项目区老百姓办的事就办，不能办的事就不要搞花架子。能办一件就把它扎扎实实地办好，让老百姓看得见、摸得着，能够从中受益，能够真正解决生产当中的实际困难。从事农业综合开发工作的同志，不要追求个人荣誉，更不要贪图功劳，我们给老百姓办事是应该的。尤其不要搞形象工程，我们要靠诚心诚意和实实在在的工作，在项目区老百姓的心中树立丰碑！总之，要通过扎扎实实的工作，让项目区广大农民群众切实享受到农业综合开发的成果，切实感受到党和政府的温暖，切实沐浴到公共财政的阳光。

三是勤奋学习。学习是增长知识，提高素质的基础。如果我们不学习，没有深厚的理论功底，没有扎实的文化知识，就难以跟上时代发展的步伐，就难以承担历史赋予我们的重任。人非生而知之。不知就要学习，学而后知不足。圣贤由学而成，道德由学而进，才能由学而得。因此，每一个农发干部都应该把学习作为一种责任，一种义务。要努力学习马列主义、毛泽东思想、邓小平理论，特别是“三个代表”重要思

想，以此作为统领农业综合开发全局、贯穿农业综合开发各项工作的灵魂。同时，要努力学习经济学和科技知识，特别要结合农业综合开发工作的特点和需要，着重学习公共财政理论、市场经济理论和专业知识，努力使自己成为既懂项目管理，也懂资金管理的行家里手。

（作者系财政部国家农业综合开发办公室常务副主任）

完善以农民为主体的农业综合开发机制

赵鸣骥 黄家玉 张 透 李建民 何 冰

财政部《关于改革和完善农业综合开发若干政策措施的意见》提出“要完善以农民为主体的机制”。为贯彻落实这一要求，我们组织开展了“完善以农民为主体的农业综合开发机制”专题研究，现将研究结果报告如下：

一、以农民为主体的农业综合开发机制运行现状

农业综合开发实施十多年来，不仅为我国农业和农村经济发展做出了重要贡献，也积累了宝贵经验。按照“国家引导、配套投入、民办公助、滚动开发”的投入原则，以农民为主体、国家补助投资、引导社会各方参与农业综合开发，是农业综合开发取得的重要经验之一。

（一）以农民为主体的农业综合开发机制的由来

上世纪80年代末，针对我国农业生产特别是粮食生产徘徊不前的状况，党中央、国务院做出实施农业综合开发的战略决策，目的在于通过加强农业基础设施建设，改造中低产田，改善农业生产条件，提高粮、棉、油等主要农产品综合生产能力。农业综合开发的主要建设内容是以水利为主的小型农业基础设施，帮助农民解决一家一户想办但办不了的农业生产问题，直接让农民受益，在建设资金方面国家需要投入，农民个人也要适当投入一部分资金和劳力。为此，国务院提出农业发展基金（后改为农业综合开发资金）使用原则为“民办公助”①。90年代初，国家又进一步明确农业综合开发“在资金投入上，实行多渠道、多层次、多形式，国家、地方投入与农民筹资、投劳相结合，部分资金采用有偿滚动使用的办法”②。90年代中期，国务院领导强调，农业综合开发不同于常规农业建设的一个特点，就是有一个具有中国特色的资金积累投入机制，即“国家引导、配套投入、民办公助、滚动开发”的机制。简要地说，这种机制就是：中央引导地方，国家引导农民；国家财政投入为导向，集体和农民投入为主体，信贷投入为补充③。十多年来，农业综合开发坚持实行这一机制，并根据社会主义市场经济体制特别是农村改革和发展的要求，并在实践中不断丰富和完善这一机制的内涵，探索建立以农民为主体、政府辅助和引导、社会各方参与的运行机制，走出了一条独具特色的开发之路。

① 见《国务院办公厅转发国家土地开发建设基金管理领导小组两个管理办法通知》（国办发［1989］45号）。

② 摘自1991年10月28日田纪云副总理参观全国农业综合开发成果展览后的谈话要点。

③ 见1995年4月24日陈俊生国务委员在全国农业综合开发经验交流会上的讲话。

（二）以农民为主体的农业综合开发机制的运行特点

农村税费改革之前，农民投入在农业综合开发投入总量上占有较大比重，以农民为主体的机制更多的是强调农业综合开发中农民投入的重要意义。农村税费改革后，农民筹资投劳受到一些限制，农业综合开发进一步降低了农民筹资投劳比例，农民投入在农业综合开发总投入中所占的比重逐步减少。在这种情况下，以农民为主体的农业综合开发机制扩大了外延，丰富了内涵，更多的是强调要坚持以人为本，把尊重农民意愿、促进农民增收和强化农民监督的意识与思想贯穿到农业综合开发的每一项工作中，让农民成为农业综合开发的活动主体、受益主体和监督主体。

目前，以农民为主体的农业综合开发机制的运行主要有以下特点：

1. 尊重农民意愿，充分调动农民参与农业综合开发的积极性。农业综合开发的基本任务和目标是保证国家粮食安全、促进农民增收，这与包括农民在内的广大人民群众的根本利益是一致的，因此农业综合开发是把尊重农民意愿作为立项开发的前提。特别是最近几年，根据中央农村税费改革的要求，在农业综合开发工作中突出强调，农民群众自愿搞开发的积极性高是确定农业综合开发县的条件之一。占农业综合开发资金投入总量70%以上的土地治理项目的确立，要以“农民要办”为前提，充分尊重农民的意愿，采用民主的方法，多与农民商量，努力把一家一户农民想办但办不了、办不好的事情，办实办好，让农民得到看得见、摸得着的利益。农业综合开发中凡需要农民筹资投劳的事项，要在项目申报之前，以预案方式在受益范围内向农民张榜公布，及时召开村民大会或村民代表大会征求意见，在征得三分之二以上参会人员同意后才可申报。

黑龙江省农业综合开发把农民愿不愿意作为选项立项的第一准则。凡是农民愿意办且符合条件的，积极扶持；农民积极性不高或不愿办的，坚决不办。农业综合开发在扶持该省讷河市马铃薯产业化开发上，就充分体现了尊重农民意愿的原则。讷河农民多年来具有种植马铃薯的习惯，1998年前，该市年均种植马铃薯就有30万亩左右。但是，由于受多种因素影响，当地的马铃薯产量和品质一直上不去。为解决这一问题，该市决定积极申请农业综合开发项目，加大对马铃薯产业的扶持。立项前，当地农发办事机构在全市有关乡村农民中开展了种什么、怎么种才能效益好的大讨论，广泛征求农民意愿。大部分农民愿意大面积种植马铃薯，企盼通过农业综合开发帮助他们改善种植条件。但同时，农民又担心着生产多了卖不出去。根据农民的实际需要，该市农业综合开发从1999年实施了马铃薯产业开发项目。他们一方面进行土地综合治理，改善马铃薯生产条件，支持先进的马铃薯种植技术推广，建设马铃薯生产基地；另一方面，扶持马铃薯加工企业，搞好后续产品开发，保证马铃薯“种得出，销有路”，解决了农民的后顾之忧，增加了农民收入。到2003年，该市累计投入财政资金7 643.2万元，实施了10个马铃薯开发项目，使全市马铃薯产业有了长足发展。2002年，全市共种植马铃薯83万亩，总产120万吨，实现产值8.5亿元，财政增收4 000万元，农民人均增收700元。

江苏省农业综合开发积极推行立项招投标制和公示制，变“要农民开发”为“农民要开发”，充分调动了农民参与开发的积极性。2003年如皋市26个乡镇有21个乡镇参与农业综合开发项目建设，涉及141个行政村、46 744户农户，其中同意立项开发并愿按政策筹资投劳的农户45 510户，占97.4%。徐州市召开了农业综合开发土地治理项目立项公示现场会暨铜山县沿湖项目区村民代表大会，向农民征求意见，让农民行使立项权。参加会议的群众代表在项目立项书上一一签字，认可了这一项目，同意上报立项。农民的积极参与，为基层农业综合开发工作的顺利开展创造了有利条件。

为了进一步了解农业综合开发在尊重农民意愿方面的实际情况，我们对河北省徐水县遂城镇城西和城北两个自然村、山东省东平县沙河站镇小杨庄和前河沿两个村、新泰市泉沟镇庙子牌和靳家牌两个村共153户农民进行了问卷调查（以下简称“问卷调查”）。对“农业综合开发项目立项前，征求过

您的意见吗”这一问题，109户农民回答“征求过意见”，占调查总数的71.2%。这说明不少项目区在立项前尊重农民意愿，广泛地征求了农民意见，多数农民对农业综合开发还是知情的。

2. 引导农民投入，巩固和拓宽农业综合开发资金来源渠道。由于农业综合开发解决的是农民一家一户想办但办不了的事情，建设项目主要是提供农业生产的一些公共产品和准公共产品，因此，国家投入财政资金支持农业综合开发，能让农民感受到公共财政的阳光。但是，农业综合开发的主要建设内容是扶持农民在自己承包的耕地上发展农业生产，提高农田抵御自然灾害的能力，降低农业生产成本，节约农户种地开支，使一家一户农民直接受益，这使得这种建设活动又不同于农村一般性的公益事业建设，不能完全由国家财政包下来。按照“谁受益，谁负担”的原则，农民在农业综合开发中应该有一定的投入。十多年来，农业综合开发根据农村实际情况，采取以劳折资、以物折资等灵活多样的方式，引导农民增加投入。农村税费改革后，农业综合开发认真贯彻国务院关于农村税费改革的有关规定，进一步规范对农民筹资投劳的管理行为，强调将农业综合开发农民筹资投劳纳入村级“一事一议”范围，实行专项管理。筹资投劳遵循“农民自愿、量力而行、民主决策、数量控制”的原则进行筹集，以村为单位统一组织，不准强迫命令。由于采取了有效措施和灵活方式，农业综合开发极大地调动了农民的投入积极性，自筹资金投入在整个农业综合开发投资构成中日益占据重要位置，从最初的6.7亿元，增加到2004年的108亿元，年均增长19%，已成为农业综合开发一个重要的资金来源（见图1）。

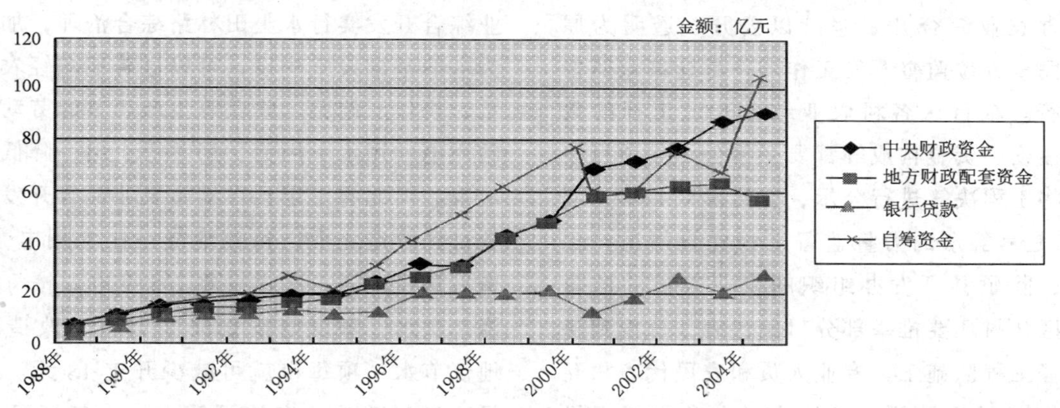

图1 农业综合开发各类资金变化图

黑龙江省讷河市2000年立项开发讷全水田，项目区农民筹资投劳积极性非常高。村集体从村办企业中拿出50万元，并组织农民投工投劳2万个工日，进行整地、修路和挖渠等基础建设，农民筹资投劳占到项目总投资的48%。拜泉县农民王世新在国家农业综合开发财政资金投入的鼓舞和引导下，又自筹2万元，打井6眼，配置6套喷灌设备，既满足了自家农田灌溉需要，还为周边农户浇地提供了方便。河北省邢台市在实施2000—2002年农业综合开发项目时，把发挥财政资金引导作用、鼓励农民和其他资金投入，作为农业综合开发的一项重要工作，三年期间农业综合开发自筹资金平均比重达33%。沙河市项目区自筹资金和其他社会资金投入则占到项目总投资的110%，高的年份达到200%。有效的资金投入不仅确保了农业综合开发项目建设，而且提高了标准，扩大了农业综合开发建设规模。

在我们组织的问卷调查中，对“您认为（实施农业综合开发）出工多了，还是少了”这一问题，有95户问答是“还可以”，占62.1%；13户回答是“还可以多出些”，占8.5%；有2户回答“多了”，占1.3%。调查表明，目前多数农民认同农业综合开发农民投工投劳政策，只要措施得当，农业综合开发可以吸引更多的农民增加投入。

3. 强化农民监督，不断提高农业综合开发资金和项目管理水平。为了提高农业综合开发项目建设质量和资金使用效益，农业综合开发始终坚持加强对资金和项目的管理，建立了一整套比较完善的项目和资金管理制度，严格检查监督和验收工作。一方面，规定上级财政部门和农发机构应当加强对下级财政部门和农发机构的监督检查，及时发现和纠正农业综合开发工作中的违纪违规行为；县级以上财政部门和农发机构应当依法对农业综合开发资金和项目管理情况进行监督检查；充分发挥审计和社会中介机构的监督作用。另一方面，强调各级农发办事机构要采取多种行之有效的方式，如设立举报电话、举报信箱等，建立起社会各界及项目区农民群众对农业综合开发工作的监督渠道。对群众举报的问题，要高度重视，及时调查，秉公处理，并将处理结果在一定范围内公开，让群众满意。

河南省农业综合开发坚持以公开、透明为原则，让农民全方位监督开发工作。一是让群众监督计划的执行。项目区各村农业综合开发工程的数量、投资额度、资金构成等都要张榜公示。项目竣工后，要将工程决算进行公示，交给群众一本“明白账”。二是靠群众的力量监督工程建设情况。工程施工中，除了县开发办组织的专业人员的监督外，项目区各村还要推举部分村民代表，分派到各个工地监督工程队施工。专业人员和农民代表相互协作，严把工程质量关。三是让群众参与招标投标。每次组织工程招投标和物资采购招标，要让项目区各村推举若干名村民代表全程参与评标议标。选择工程队和供货企业，群众说了算。四是让群众参加工程验收。由县开发办、专业部门、乡政府、村干部和群众代表共同组成验收组，共同对工程进行验收，工程质量合不合格也让群众说了算。

在河北、山东两省农业综合开发项目区进行的农民问卷调查中，对“您看到了农业综合开发项目建设内容和资金使用公示情况没有”这一问题，有81户回答“看到了”，占52.9%；56户回答“没有看到”，占36.6%；16户没有回答。这表明，农业综合开发在充分发挥农民监督的作用方面，已经迈出了坚实一步。

4. 促进农民增收，让更多的农民从农业综合开发中受益。农业综合开发促进农民增收，主要体现在六个方面：

一是加强农业基础设施建设，提高农业综合生产能力，为农民增收奠定坚实的基础。农业综合开发以中低产田改造为重点，改善农业生产条件，提高农业综合生产能力特别是粮食综合生产能力，建成了一大批旱涝保收、稳产高产的基本农田，农业抗灾能力显著提高，农民增收有了坚实的基础。1988—2004年，农业综合开发累计改造中低产田4.4亿亩，新增和改善灌溉面积近4亿亩，新增和改善除涝面积1.8亿亩，新增农机总动力1 892万千瓦，项目区主要农产品综合生产能力显著增强，其中新增粮食生产能力791亿公斤。

二是减轻农业劳动强度，降低农业生产成本，提高耕地使用价格，为农民增收创造必要条件。农业综合开发实行水土田林路综合治理，加强以水利为主的基础设施建设，可以显著地减轻农民种地浇水、耕作、施肥、收获等生产环节的劳动强度，节约用电、用水、用劳、用时等支出，降低农业生产成本。河北省正定县在实施农业综合开发土地治理项目区改造之前，每亩地浇一次水用电12度，改造后每亩地浇一次水只要7.5度电。按每亩地每年浇7次水，每度电按0.56元计算，改造后农民种地仅节水一项每亩就可减少开支18元。同时，项目区经过改造，实施了管灌，每年还可节约用水40%左右。

三是推进农业结构战略性调整，大力支持农业产业化经营，拓宽农民增收渠道。农业综合开发先后扶持了一大批经济林、蔬菜、花卉等种植业基地，发展水产养殖，扶持农产品加工和农业生产服务项目。特别是最近几年，农业综合开发加大了参与农业结构战略性调整、促进农业产业化经营的力度，重点扶持优势农产品基地建设和有利于促进优势农产品发展与农民增收的重点农业产业化龙头企业，致力于提高农业效益。仅2003年，全国土地治理项目中投入优势农产品基地建设的财政资金就达30.02亿元（其中中央财政资金投入16.98亿元），共扶持优势农产品基地建设1 711.5万亩。在

农业部、财政部等8部（委、行）确定的农业产业化国家重点龙头企业中，农业综合开发扶持过的有92家。

四是引进推广新技术、新品种，提高农民科学文化素质，示范、带动和推动农民增收。农业综合开发注重科技投入，强调要把科技开发和资源开发结合起来，不断加大科技措施投入，大力推广优良品种和配套技术，加速农业科技成果转化。1988—2004年，农业综合开发共扶持了近3万个基层农技服务组织，开展农民技术培训1亿多人次。从1999年开始，国家农业综合开发办公室安排专项资金，用于扶持科技示范项目建设，着力推动农业科技进步。农业综合开发为农民增收起到了示范、带动和推动作用。

五是广泛吸收农民工参与项目建设，扩大农民就业，增加农民现金收入。农业综合开发在进行项目建设时，广泛吸收当地农民工参与，增加农民就业机会，扩大农民就业渠道，让更多的农民通过参与工程建设，直接增加现金收入。农业综合开发土地治理项目中的打井、修渠、修路、植树、建桥涵、埋设地下管道等工程建设，多数都是就地取材、就地用工，充分吸收项目区当地农民参与建设施工。即使是专业施工队，用的也都是农民工。农业综合开发产业化经营项目支持的龙头企业，绝大多数也是以吸收农村富余劳动力为主的劳动密集型农产品加工企业，种植和养殖基地更是依靠组织农村劳动力进行建设的。在接受问卷调查的153户农民中，有101户农民参与了农业综合开发项目工程建设，占调查总数的66%。其中80户农民回答："施工队支付的报酬还可以"，占79.2%；没有一户农民认为"施工队付给的报酬太少了"。

六是加强生态建设，促进农业可持续发展，为农民增收提供生态保障。农业综合开发坚持水土田林路综合治理，工程、农艺和管理措施综合运用，加强农田林网建设和草原（场）工程建设，改善农业生态环境。1988—2003年，农业综合开发共建设草原（场）3 832万亩，新增农田林网防护面积2.8亿亩。而山东省兖州市项目区进行过测算，农业综合开发农田林网可降低风速40%，提高空气湿度6%，增加土壤含水量9%。通过调节小气候，粮食亩产可提高5%以上。

5. 组织农民管护，发挥农业综合开发工程的长期使用效益。农业综合开发规定，单项工程验收合格后，要及时明确产权主体，及时办理移交手续，落实管护制度及经营管护单位和人员。较大水利排灌设施，设专门的管理组织。比较分散的沟、渠、路、林、桥、涵、闸等，要明确管理责任人。借鉴世界银行先进的项目管理经验，农业综合开发在一些地区组织农民建立用水者协会，实行经济自立项目运行管护机制。按照"谁受益，谁负担"和以"工程养工程"的原则，筹集项目管护资金。对盈利性工程项目可以实行拍卖、租赁、承包，所得收入或用于非盈利工程的运行维护，或继续投入农业综合开发。在我们组织的问卷调查中，有125户农民回答"村里的农业综合开发工程有人管护"，占调查农户总数的81.7%。

江苏省农业综合开发通过明晰产权关系，落实经营主体，把项目工程、基础设施、农田林网等农发资产的经营管理责任真正落到实处。部分项目区对一些泵站、林网、农机具的经营权、使用权进行了拍卖、承包，收回一部分资金，加强项目工程管护，促进农业综合开发工程能够长期发挥效益。黑龙江省农业综合开发对已建成的项目及时办理项目移交手续，明确管护责任。项目受益单位负责项目运行中的设备维护、维修，并定期向农发办汇报有项目区农民签字的项目运行情况和效益情况，确保工程正常运行。河北省石家庄市丰润区在实施农业综合开发世行二期项目建设时，为了解决农田林网管护问题，采取一次性拍卖和股份制分成拍卖等形式，及时明确50万株林网树木的产权归属，项目区林木成活率达到了98%以上，保存率达到了95%以上。

（三）以农民为主体的农业综合开发机制目前存在的主要问题

农业综合开发是我国农业投融资体制改革的一个创新。它实行项目和资金管理的有机结合，走的是传统的一般性财政支农专项资金支出所没有走过的道路，因而有许多办法、制度和机制需要在实践中不断调整、充实、完善和健全。随着农村经济改革和发展的不断推进，以农民为主体的农业综合开发机制在运行中也逐渐暴露出一些问题，目前主要表现在三个方面：

1. 对以农民为主体的农业综合开发机制认识上存在偏差。农业综合开发是通过中央预算安排资金，带动地方财政、金融部门和广大农民，对农业资源进行综合开发利用的活动。从1988—2004年，在整个农业综合开发资金投入中，财政资金投入一直大于自筹资金投入（见图2），而且农民自筹资金多数都是以劳折资和以物折资。因而从投资的角度看，农业综合开发是一种政府行为。同时，在我国，由于农户生产经营规模小，专业化、组织化程度低，能提供的商品量少，农民自我积累能力较差，投入农业再生产的资金非常有限。即使是在经济较为发达地区，愿意拿出钱来投入农业基础设施建设的农民仍占少数。多数农业基础设施项目建设在更多的情况下要依靠政府来组织实施。所以不少人认为，农民从来都不是农业综合开发的投入主体，也不是农业综合开发的组织者，农业综合开发不能强调农民的主体地位，政府才是农业综合开发的主体。基于这一认识，在一些地方，农业综合开发项目立项、建设、管理等都是政府说了算，政府"包办项目"，造成有些工程只注重形象而忽视实际使用效果。农民也认为农业综合开发是政府"要我开发"，筹资投劳是为了给国家农业综合开发财政资金配套。

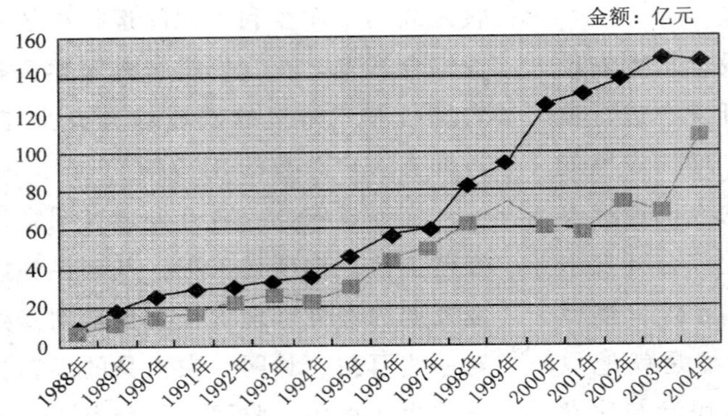

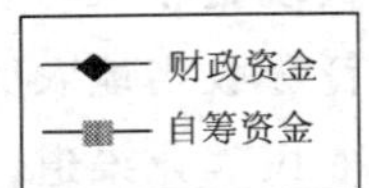

图2 财政资金和自筹资金变化图

2. 以农民为主体的农业综合开发机制运行中存在偏差。一是一些地方在立项前没有广泛征求农民意见，导致农民筹资投劳积极性不高，个别的还认为农业综合开发加重了农民负担。二是一些工程设计由于没有让农民参与，没有听取农民意见，导致工程建设脱离农村实际。比如一些地方超标准建井房和标志牌，脱离实际建设农田林网，农民反映强烈。三是一些地方没有建立行之有效的农民监督机制，导致项目建设质量不高，工程效益发挥不理想，有的还出现造假工程，严重影响了农业综合开发形象。同时，由于缺乏农民监督，一些地方资金使用不规范，违纪违规情况时有发生。

3. 农业综合开发的一些管理机制与完善以农民为主体的机制的要求存在偏差。一是现行的立项开发机制不适应完善以农民为主体的机制的要求。虽然新制定的开发县管理暂行办法把农民有无开发积极性作为新增和退出开发的一个重要条件，但在没有具体的衡量农民开发积极性大小的量化指标且开发又更多地体现为政府意识、领导意识的情况下，即使是农民没有开发积极性，开发仍然会在领导的压力下继续进行。二是现行的一些管理制度不适应完善以农民为主体的机制的要求。农业综合开发工程多数是小型田间配套工程，其中不少工程农民自己就能干。但是，现行的项目管理制度要求农发工程实行招投标制，农民自己的施工队有的没有注册，其资质也够不上评定等级，从而限制了农民参与工程建设的机会。同时，现行的农业综合开发资金管理制度规定不能大额现金支付，不能白条入账，由于农民没有工程队账户，没有正规的税务发票，因此有些工程想干干不了。比如农村有大量的农用运输车，可以给农发工程运沙石物料，但农户自己没有账号和发票，村里也只能花高价到外面租

车；有的村组织群众集资修路，为了能报账只能到税务部门买发票。

总之，目前在一些地方，农业综合开发还没有真正地完全确立农民的主体地位，有些政策制度与以农民为主体的机制的要求还不相适应，农业综合开发在尊重农民意愿、增加农民收入、接受农民监督等方面，还有许多工作亟待改进和完善。

二、完善以农民为主体的农业综合开发机制的重要意义

深化改革，加速推进农业综合开发机制创新，既是解决当前农业综合开发工作中存在问题的迫切要求，也是推动农业综合开发事业长期稳定发展的动力和保障，是一篇关系农业综合开发工作全局的大文章。完善以农民为主体的机制，是深化农业综合开发改革、创新农业综合开发机制的客观需要和重要内容。

（一）完善以农民为主体的机制是农业综合开发工作应遵循的基本原则

农业综合开发坚持“国家引导、配套投入、民办公助、滚动开发”的投入机制，既发挥了财政资金的导向和支持作用，又调动了农民和社会各方面的积极性，为增加农业综合开发资金投入、保障开发任务的顺利完成，发挥了重要作用。温家宝总理在2001年国家农业综合开发联席会议上指出：“这种以农民为主体、国家补助投资、社会各方参与的农业综合开发体制，符合社会主义市场经济体制要求，符合当前我国农业发展的客观实际，必须长期坚持。”回良玉副总理在2003年国家农业综合开发联席会议上强调：“民办公助，就是按照‘国家引导、配套投入、民办公助、滚动开发’的投入原则，以农民为主体、国家补助投资、引导社会各方参与农业综合开发。”“这些在实践中创造和积累起来的宝贵经验，是今后农业综合开发工作应该遵循的基本原则。”为贯彻落实这些要求，必须进一步完善以农民为主体的农业综合开发机制。

（二）完善以农民为主体的机制是农业综合开发落实科学发展观的重要体现

坚持科学的发展观，是新世纪新阶段我们党的重大战略思想，也是新一届政府的重要执政理念。科学的发展是以人为本的发展，是全面、协调、可持续的发展。树立和落实科学发展观，必须在经济发展的基础上，推动人的全面发展和社会的全面进步。农业综合开发既是我国农业和农村经济工作的一个重要组成部分，也是财政支农的一个重要手段。牢固树立和认真落实科学发展观，是新阶段农业综合开发的客观需要和必然要求。农业综合开发树立和落实科学的发展观，就是要坚持以人为本，就是要把维护好、实现好、发展好最广大农民群众的根本利益，作为农业综合开发的根本目的。开发活动的每一个环节，都要维护农民的利益；涉及农民的每一件开发工作，都要充分尊重农民意愿；开发活动的每一项成效，都要让农民真正感受到。在农业综合开发工作中落实科学的发展观，就是要坚持促进农业和农村经济的全面、协调、可持续的发展，把尊重农民意愿、维护农民利益，同尊重自然规律、经济规律有机结合起来；把加强农业基础设施建设、提高农业综合生产能力、保证粮食安全，同推进农业结构调整、提高农业综合效益、促进农民增收有机结合起来；把加强中低产田改造、综合治理水土田林路，同加强农业生态建设、推动农业可持续发展有机结合起来。

（三）完善以农民为主体的机制是农业综合开发深化改革的必然要求

当前农业综合开发在机制和体制上还存在一些问题，突出表现在：一些地方违背市场经济发展规律，忽视农民利益和意愿，政府包办项目，靠行政指挥推动开发工作；开发的面铺得过大，有些地方项目和资金安排比较分散，重点不突出，效益不高等。对于农业综合开发机制和体制上存在的这些问题，必须坚持用改革和发展的办法去解决。要适应社会主义市场经济、公共财政管理体制和农村改革要求，适应新阶段农业和农村经济发展需要，充分发挥市场在资源配置中的基础性作用。凡是市场办得了和办得好的事情，农业综合开发就不要参与；凡是可以利用的市场机制和手段，农业综合开发都要充分利用。要把政府主导和市场机制有机结合起来，同农民的自觉自愿有机结合起来，特别是要发

挥农民的主体作用，让农民成为农业综合开发的活动主体，把农业综合开发这件好事办好办实。

（四）完善以农民为主体的机制是农业综合开发提高管理水平的重要手段

加强管理，提高管理水平，是关系到农业综合开发是否有生命力和成败与否的大事。农业综合开发实施十多年来，建立了一整套比较完善的项目和资金管理制度，实行了科学化、规范化和制度化的管理。但是，随着形势的变化，农业综合开发管理工作承担的任务越来越重，要求越来越高。树立先进的管理理念，采取科学的管理方式，运用有效的管理手段，不断提高管理质量和水平，是提高整个农业综合开发工作质量和水平的客观要求，也是当前加强农业综合开发管理工作的重要举措和关键环节。为此，必须统一思想，提高认识，把加强、改进农业综合开发管理与改革创新农业综合开发的机制和体制紧密结合起来。特别是要适应市场经济发展的要求，把切实维护和保障农民权益、充分调动和发挥农民主体作用、广泛建立以农民为主的监督管理基础，作为加强和改进农业综合开发管理工作的重要内容。只有这样，农业综合开发管理工作的基础才能更加牢固，管理工作的成效才能为农民及整个社会所认可和接受。

三、国外在实施农业开发上的一些有益做法

国外虽然没有农业综合开发这一提法，但它们的一些做法与我们所提的农业综合开发具有很多相同之处，特别是在发挥农民的主体作用，搞好政府支持的农业基础设施建设方面，有许多经验可供借鉴。

美国政府在1933年之前强调加强农业基础设施建设，支持农田灌溉事业的发展，其资金由政府和民间共同负担。1933年之后，由于美国面临严重的农产品过剩，农业政策和农业开发强调以反危机为重心，改善自然生态环境和农业的生产条件，加强综合治理，支持和奖励农业集约经营，同时强调保护自然资源。

法国政府支持农业基础设施建设和农村地区开发，通过颁布法令，成立各种专业化的公私合营公司来承担农田水利和土壤改良工程，由政府统筹管理。1955年又通过法令扩大公司范围，吸收农业部门和工业部门都参与投资和管理，并且允许银行集团参加投资。在法国北部和东部没有土地公司的地区，由市政府出面，在各市之间组成联合公司来进行土壤改良工作，并为公司配备挖土机、推土机等必要的机器设备。

日本政府十分重视整治土地。日本的农田水利建设包括兴修水利设施、农道建设、开垦荒地、围海造田、农田规划和平整土地、改良土壤等。日本规定，假如在一个地区有三分之二的农户同意进行农田水利建设，该地区的其他农户也必须参加，并由国家对水利建设所需要的费用提供长期低息贷款。为了扩大耕地面积，政府规定开垦事业费的6%由国家的补助金提供；受益面积超过500公顷的改良排灌水设施，由国家提供的补助金占总事业费的50%。1945年又制定法律，规定过去由地主经营的土地改良事业，现在完全由政府和农业团体（主要是日本农协）来进行，并把土地改良作为国家补助事业进行，受益的农民要担负一部分事业费。日本农业基本建设的资金由中央政府、地方政府和农民个人三者共同负担，一般是中央政府负担45%。在农户资金负担比例大的项目中，农户一般可以获得长期低息贷款，贷款期一般为25年，头10年还利不还本，利率比国家银行低三分之一多。日本对农田基本建设项目的补贴高达90%，对农民购买大型农业机械和设备的补贴达50%。

韩国政府直接投资修建农村道路等设施，并要求公民按“勤勉、自助、合作”的原则建设农村，由政府无偿提供水泥和钢材，支援农民在农闲时改善居住条件和周围环境，并抽调大批官员到农村进行指导。政府每年拨出巨款和提供技术，帮助农民进行农田基本建设，兴修水利。同时，根据自然和气候条件，将整个农村划分为9个区域，在每个区域中分别确定示范基地、示范村和示范户。对示范点政府进行投资，兴建基础设施，对参加示范的农户给予资金和技术援助。

墨西哥政府在20世纪70年代以前，大量投资兴建大中型水利工程，颁布了《灌溉法》，以低价出售灌溉区的土地、收取低微水费的形式，给农民

以补贴。70年代以后，政府又把资金主要投入小型灌溉工程和配套工程建设方面，部分私人大中农场及村社也集资修建喷灌、滴灌等设施。

以色列政府除直接承担农业基础设施建设中兴建水利工程的费用外，还支持成立用水管理部门，协调计划和统一分配用水。以色列《农业投资鼓励法》规定，每年由财政部、农业部等部门制定国家农业投资指南（含温室、花卉、蔬菜、水产养殖、奶牛养殖等项目），各地政府组织专业技术人员承担农业项目。

澳大利亚一些大型的骨干水利工程等公益性项目一般由政府出资兴建，生产性和经营性项目一般由私人投资兴建。有些项目还采取了政府与私人投资商各管一段的办法，如大型水库灌区的兴建，一般由政府投资建水库，由私人投资建输水系统，由农场主投资建田间工程。澳大利亚的水利灌溉工程项目，都是由农场主根据农场灌溉的需要，向政府提出申请后才开始兴建的。有些项目由政府提出，但必须先争得相关人群的同意才能立项。例如，政府为了保护猎人谷地区的地下水不被超采，打算修建一处引水工程，把远处水库的水引来灌溉，减少农民用地下水灌溉的用水量。这对于习惯了用井水灌溉的农场主来说，是件很不情愿的事，政府必须努力说服农场主们接受政府的想法，否则，该项目将无法实施。项目自2000年上半年提出后，为了保证得到广泛的支持，项目提出方在大量搜集有关资料、做出初步分析的基础上，与将来的受益者——项目区内的农场主进行了广泛的讨论，对农场主关心的诸如项目完成后灌溉用水水费是多少、每个农场主可利用的水量是多少、地下管道铺设的路线在哪里、有多少农场参加该项目等问题，都作了认真的研究和答复。

概括起来，国外政府支持农业基础设施建设主要有四个特点：第一，采用法律、法规的形式，规范政府支持农业基础设施建设的资金投入行为。第二，实行政府投入和农民投入相结合的方式，其中政府投入多采用补助、补贴等形式。第三，充分尊重农民意愿，争取更多的农民支持。第四，通过农民组织，落实政府支持农业基础设施建设的各项政策措施。

四、完善以农民为主体的农业综合开发机制的基本思路和主要措施

完善以农民为主体的农业综合开发机制的基本思路是：适应社会主义市场经济发展需要，按照财政部《关于改革和完善农业综合开发若干政策措施的意见》要求，牢固树立服务“三农”的意识，转变工作方式，创新运行机制；以尊重农民意愿为前提，以促进农民增收为目的，以达到农民满意为标准；明确农民主体地位，落实农民主体权利，发挥农民主体作用；让更多的农民了解、参与、监督农业综合开发，让更多的农民从农业综合开发中受益。

完善以农民为主体的农业综合开发机制主要措施是：

（一）创新观念，明确农民的主体地位

市场经济体制下，政府经济管理的主要任务是宏观调控，核心职能是服务。党的十六届三中全会提出，要加快转变政府职能，切实把政府的经济管理职能转到主要为市场主体服务和创造良好发展环境上来。农业综合开发的重点是通过加强农业基础设施建设，支持农民发展农业生产。农业综合开发能否达到目的，取得成效，最终是要看项目区农民是否有进一步发展农业生产的积极性，是否从发展农业生产中受益。各级农发办事机构不能把争取到项目和资金、有了“政绩工程”，作为实施农业综合开发的动力。要把观念转到通过实施农业综合开发为农民服务和创造农业发展良好环境上来，由以政府为中心的开发转变为以农民为中心的开发。不能以投入多少作为判断主体地位的唯一依据。要适应市场经济体制要求，彻底摈弃计划经济下政府“包办项目”、既当“运动员”又当“裁判员”的观念和做法，赋予农民群众更多的知情权、参与权、监督权和管理权，增强农业综合开发的透明度和公众参与度。

（二）转变方式，分阶段推进农民主体机制的建立

以农民为主体的机制中的“农民”，指的是广

义上的农民，包括农民个体、农业生产经营组织等。完善以农民为主体的农业综合开发机制，必须转变农业综合开发工作方式，根据农业生产经营的市场化程度和农民组织的发育程度等实际情况，分阶段实施。在目前情况下，不能过分强调农民筹资投劳要占较大比重，而是要把深入到农民群众中广泛宣传农业综合开发方针政策、认真听取农民群众意见、了解农民群众急需解决的难点问题、增强开发的实效性和可行性，作为完善以农民为主体的机制的主要工作。特别是要注意，农业综合开发土地治理项目的确立，要严格执行《国家农业综合开发土地治理项目和资金公示制暂行规定》的各项要求，充分尊重农民群众的意愿，广泛吸收农民参与项目设计、项目建设、资金使用和管理、项目验收、工程管护工作，让农民评判，让农民满意；农业综合开发产业化经营项目的确立要以能带动农民增收为前提，并逐步过渡到以受益农民同意支持为先决条件，把农民受益情况作为评判产业化经营项目成功与否的重要标志。同时，要量化农民愿意不愿意、农民满意不满意、农民受益没受益等指标，把完善以农民为主体的机制的要求落到实处。

（三）完善政策，适应农民主体机制的要求

一是调整完善农业综合开发农民筹资投劳政策。将土地治理项目财政资金投入总体上视为对农民的补助，不再硬性规定农民筹资要求；允许各地根据农民实际情况，确定筹资投劳比例；按照“有多少钱、出多少力、办多少事”的原则，确定开发规模；要与农民签订合同，落实农民同意的筹资投劳数量。要大力支持通过农民生产经营组织落实项目自筹资金、开展项目建设的开发模式。二是调整完善资金使用政策。根据目前农村的实际情况，适当调整农业综合开发项目资金开支范围。在严格手续、严肃纪律、加大对违规现象的处罚力度的前提下，允许将使用农民工和购买当地农民自产自销原材料或建设物资的费用列入项目开支。三是调整完善现行项目建设标准。本着实用、效益的原则，合理确定不同地域总的建设标准。允许各地因地制宜地确定建设内容和具体工程标准，进一步提高项目工程的实用价值。四是研究探索项目管理费提取和使用规定。参照世界银行的项目管理办法，在深入调研、广泛听取各方意见的基础上，研究探索项目管理费提取和使用政策规定，以加强项目前期管理和后期管护工作。

（四）转变职能，发挥农民的主体作用

完善以农民为主体的机制，目的在于调整和摆正农业综合开发工作的行政行为与农民群众参与之间的关系，即明确农民群众是主体，政府及职能部门是为主体提供服务的机构。要在明确各级农发办事机构工作职责的前提下，重点规范县级农发办事机构工作职能。总的原则是要改变县级农发办事机构包办项目的做法。具体建议是：第一，项目申报权与审批权分离。确定农民是主体，项目立项的申报权由农民决定，农民有权决定开发与不开发。但农民申报不意味着项目就立项，项目的审批权在县以上农发办事机构。第二，项目管理权与建设权分离。确定农民是主体，项目的建设应由主体负主要责任。在项目建设上，应充分发挥农业生产经营组织的作用，项目工程招标、组织实施、质量监管应主要由农民代表组成的组织负责，县级农发办事机构只负责计划的实施、质量验收和资金的使用监督，真正让农民自己办自己的事。第三，所有权与使用权分离。国家财政无偿资金投入所形成的资产是国有资产，属国家所有，由项目区农民无偿使用，农业生产经营组织负责管理。对于一些经济效益不明显的资产，可以采用“一事一议”办法由受益农户出资、国家或集体补助的办法共同维护；对于一些有经济效益的资产，可以通过移交、拍卖、租赁、承包等方式，及时明晰产权，并将资产收益用于工程运行管护或滚动开发，确保项目工程长期发挥效益。

（五）加强宣传，调动农民的积极性

要进一步加大农业综合开发宣传力度，特别是要加大面向农民群众的宣传，为实现好、维护好农民的主体地位营造良好的舆论氛围。一是要通过新闻媒介，广泛宣传国家农业综合开发的方针政策，宣传农业综合开发的重要意义和作用，宣传农业综合开发的成果和效益，让广大农民群众认识农发、理解农发、支持农发、参与农发。二是要提供导向服务，通过发布信息指南、宣传科技、市场引导等

手段，引导农民主动进入市场，发展农业，增强农民发展生产的责任性和自觉性。三是要加强对典型的宣传，通过典型事例，让农民真切、直观地认识农业综合开发的重要性，感受农业综合开发带来的实惠，从而激发农民群众的开发热情，自觉地加入到农业综合开发中来，真正成为农业综合开发的主人。四是实行项目和资金公示制度。严格按照国家农业综合开发的有关规定，建立农业综合开发项目资金公示制度，通过新闻媒体的宣传报道、设立公示墙（牌）等形式，把项目和资金向项目区农民公示，让农民知晓项目计划、建设内容、资金规模、工程质量、资产状况等情况，将项目建设权、监督权和管理权交给农民，由农民进行监督和管理。

（作者单位：财政部国家农业综合开发办公室）

关于农业综合开发实行经营性开发试点有关问题的调研报告

赵鸣骥　刘世江　李若云

为积极稳妥地推进农业综合开发经营性开发工作，国家农发办组织了5个调研组，于2004年2月2日—7日分赴河北、内蒙古、黑龙江、吉林、山东、江苏、湖北、湖南、四川、云南10个省（区）进行了专题调研。调研主要采取召开座谈会的形式，分别听取了省政府有关领导、省发改委、农委、国资委、财政厅（预算、法规、企业、农业处）、农业厅、省政府政策研究室、各级农发办以及国有资产运营机构和农业产业化龙头企业代表的意见。各地同志站在不同的角度对开展经营性开发试点发表了很多意见。有关调研情况如下：

一、各地对经营性开发工作的认识

大多数省份对经营性开发持赞成态度，但主张先小范围进行试点再逐步推开；有少部分省的同志明确表示不赞成这种做法。具体情况为：

（一）对试行经营性开发工作表示赞成的情况

黑龙江、吉林、河北、内蒙古、山东、江苏、四川、云南8个省（区）的政府、财政（农发）部门、资产经营公司及产业化龙头企业在座谈时均表示赞成开展经营性开发工作（特别是资本运营机构和龙头企业更是对这种做法表示完全赞成），认为经营性开发是农业综合开发投入方式的重大改革，是农业综合开发投入机制和管理体制的大胆创新，是市场经济条件下政府对农业支持方式的重大变革和有益尝试。这种改革和创新符合党的十六大、十六届三中全会精神，符合市场经济的改革与发展取向，符合世界贸易组织（WTO）规则要求，是农业综合开发工作领域中的一项新突破。

但是持赞成意见的同志（特别是政府、财政部门及相关部门的同志）都主张先在小范围进行试点，待试点成功后再逐步推开。理由为：第一，市场经济变数较多，农业企业发展的不可预见风险较大。如果经营性开发试点范围太大、资金量过多，一方面地方会难以承受财政配套压力；另一方面，项目一旦失败，各级财政也无力垫还。第二，担心难以选到足够多的项目，财政资金用不出去。以四川省为例，2004年中央财政已经分配给该省产业化经营项目存量资金8 900万元，再增加1亿元后为1.89亿元，加上四川省应予安排的财政配套资金9 500万元，中央财政与地方财政配套资金合计将达到2.84亿元。省财政厅和农发办的领导同志均表示，如果将这些资金全部用于经营性开发试点，恐难以选到足够多的好项目，将会陷入“有钱用不出”或“用出有风险”的两难境地。第三，目前国资运营机构相对较少，且基本上没有农业项目财政资金运作的经验，对确保财政投资参股资金保值增值没有太大的把握。基于以上原因，将经营性开发全面铺开的条件尚不具备。

（二）对经营性开发工作持不赞成意见的情况

湖南、湖北两省财政厅（预算处）及湖北省发改委、农业厅、省农行部分同志认为不宜实行经营性开发。其主要理由如下：

首先，实行经营性开发违背了财政改革和企业产权制度改革的方向，与公共财政职能和国有股退出竞争性领域的要求背道而驰。发改委、财政厅(预算处)、农业厅一些同志认为，为适应我国市场经济改革和发展的要求，当前财政改革的整体方向是逐步退出竞争性领域，转为扶持社会公共领域。企业产权制度改革也要求国有资本尽可能地从竞争性领域彻底退出，为完善公司治理奠定股权结构基础，促进现代公司制度的建立。在这样的一种政策背景下，农业综合开发财政资金反而要以国家资本的形式在竞争性领域实行投资参股，无疑是与宏观政策相悖的。湖北省农行的同志则认为，财政参股资金既要参与企业分红，又要规定退出时限，与银行贷款资金只有利率上的差异，而无本质上的区别。在银行信贷资金管理体系比较完备的情况下，投入农业产业化企业的信贷资金回收率尚且很低，那么通过委托国资运营机构实现财政安全回收的成功率也值得认真考虑。

其次，如果财政投资不能适时退出，省级财政资金根本无力垫付中央财政资金，最终将陷入抵顶项目资金的怪圈。湖南省农发办的一些同志认为，在投入企业的中央财政资金转化为股权后，如不能适时通过股权转让或企业赎回变现，省级财政除了垫付以外别无他选。而省级财政预算中绝对不可能安排这部分资金，垫还资金没有出处，只能用当年省级配套财政资金安排或用中央财政资金抵顶，这样势必再次陷入用新钱还旧债的恶性循环中。

第三，中央财政资金与地方财政资金权责利风险不对等。省财政厅（预算处）和农发办的一些同志认为，中央财政和省级财政的借贷关系本质上没有改变，中央财政实质上承担零风险，全部风险落在省级财政方面。中央财政资金与地方财政资金同股不同权、同股不同利、同股不同险，不符合市场经济的原则要求。

第四，进一步加大了省级农发办的工作难度。两省农发办的部分同志认为，委托国资运营机构实行经营性开发后，由过去的农发办一家选项变为多家选项，协调难度加大，操作环节增多，管理成本提高，协调不好容易影响工作，不如现在的财政资金借贷关系简单、易操作。

二、各地对实行经营性开发的建议

调研过程中，各地认为要在目前进行经营性开发试点，必须在某些具体政策上进一步放宽，同时要进一步明确相关问题。具体意见如下：

（一）建立中央财政与地方财政“利益共享、风险共担”的投入机制

各省认为，无论财政参股资金是否从企业中退出，中央财政资金都要从第7年收回，与“谁投资，谁所有，谁受益，谁承担风险”原则不一致，特别是在市场经济条件下，“只许成功，不许失败”是不客观的。既然是投资参股，中央财政与地方财政应按实际的投资参股比例共享投资收益、共担投资风险。

（二）对省级财政与资本运营机构的关系应予明确

这是各省（区）讨论较多的问题，也是经营性开发中的一个难点问题。目前的意见有三种：一是委托与被委托的关系，省级财政部门与资本运营机构签署委托协议，委托资本运营机构对已选定的项目进行参股，资本运营机构收取委托费，不承担投资风险和投资收益；二是省级财政与资本运营机构是借贷关系，国资运营公司负责在选项范围内进行选项，国资运营机构对财政参股资金负有完全的保值责任。三是合作关系，项目的选择由省级财政（农发）部门与国有资本运营公司共同筛选报国农办审批，资本运营公司代表省级财政（农发）部门对选定的项目投资参股，并与省级财政共享收益、共担风险。

（三）取消财政参股资金固定收益率

山东、江苏、黑龙江、吉林四省认为，农业综

合开发投资总体上属于政府扶持性投资，着眼点在于社会的整体利益，因此，应当重点体现扶持和发展的导向，只要资本保全即可，不一定追求收益。建议财政资金不收取参股收益。

（四）延长国有股权的转让时间

由于农业项目总体收益水平比较低，项目投资回收期长，且项目的审批及股权转让需要一定的时间，各省财政（农发）部门又存在还款压力，因此多数省（区）认为要适当延长国有股权的转让时间。

（五）完善国有股权适时退出的办法

国有股权能否适时地退出是实行经营性开发成败的关键，对此各省也提出了一些可行性很强的建议。内蒙古、山东提出对不便于直接参股到集团公司的大型企业，如项目可行，可以采取由集团公司大股东出具在一定期限内收购国有股的承诺，由集团公司与资本运营公司组建一个新的股份合作制企业。山东、江苏、湖南、湖北各省提出建立激励机制，鼓励国资运营公司或企业尽早将财政参股资金退出，对提前退出的给予一定的奖励。

（六）适当放宽经营性开发区域范围

四川、云南两省提出，经营性开发要以项目为依托，以资源为前提，以带动农民增收致富为目标，不一定局限于粮食主产区，其他农业主产区的优势产业也可以纳入扶持范围；也不要限定在农业综合开发项目县，因为很多粮食加工企业在城市内，而基地并非均在项目县，按现行规定，投资建设基地便受到限制。

（七）延长粮食加工、转化的产业链条

各省（区）均提出粮食加工企业粗加工多，精加工少，产业链条相对较短，如果经营性开发仅限于粮食加工类产业，则难以选取到足够的项目。河北、内蒙古、四川建议在重点投入粮食加工企业的同时，将与粮食生产有关的种子繁育、粮食储藏、运销等纳入扶持范围。鉴于畜禽产业与粮食转化直接相关，可将畜禽养殖加工项目也纳入扶持范围。云南省建议经营性开发应将各地的优势特色产业纳入扶持范围，重点支持蔬菜、蔗糖、茶叶、花卉、畜牧、马铃薯、经济林果类项目的产业化开发。

（八）适当降低经营性开发项目的立项门槛

由于各省（区）的以粮食加工为主的国家级和省级农业产业化龙头企业数量较少，特别是一些经济欠发达地区，国家级龙头企业相当有限，而很多省级龙头企业又尚未评定，因此各地建议应适当扩大经营性开发项目扶持对象的范围，以国家级和省级农业产业化龙头企业为重点，同时适当投资正在成长上升、确能带动农民致富、较小规模的龙头企业。

（九）中央财政资金的分配方式

河北、内蒙古、黑龙江、吉林、四川、云南、湖南、湖北8省认为，应以切块方式分配经营性开发中央财政资金，这有利于项目的申报、选择、管理，能够提高资金的使用效益，避免盲目争项目导致各级财政部门或农发部门把关不严等情况发生。山东、江苏省则建议按照项目确定投资规模，这样做能够有效避免平均主义，有利于竞争立项，避免出现部分省区“消化不了”、部分省区“尚未吃饱”的现象。

（十）建立偿债风险准备金，降低省级财政还款风险

如何降低省级财政的还款风险是各省较为关心的问题。多数省认为应当在省级财政建立偿债风险准备金。准备金的来源主要由两部分组成，一是溢价转让项目的部分溢价收益，二是按一定比例提出的国有股权按时转让奖励资金。

（十一）对产业化经营项目实行多元化扶持

为适应建立和完善社会主义市场经济体制和公共财政的要求，应逐步淡化有偿投入的扶持方式，建立补贴、贷款贴息、经营性开发有机结合、互为补充的产业化经营项目投入新模式。

三、国有资本运营机构设置情况

在调研的10个省（区）中，除内蒙古、湖南仅有一家省级国有资本运营机构外，其余8省的省级国家资本运营机构均在两个以上，其中绝大部分隶属于省（区）财政厅，代表国家行使资产出资人的权利，并进行国有资本运作和管理。这些资本运营机构中，除四川省的国有资产经营投资管理有限

责任公司、河北省农业投资公司及黑龙江省农发办创业中心外，绝大多数为综合性的投资机构，只有少量的涉农业务，缺少从事农业项目的投资经验。

四、开展经营性开发试点的工作思路和初步打算

（一）解放思想，大胆创新，积极开展经营性开发试点工作

改革和完善农业综合开发的机制和体制，既是解决当前农业综合开发工作中诸多问题的迫切要求，也是推动农业综合开发事业长期稳定发展的动力和保障，是一篇关系农业综合开发事业兴衰成败的大文章。要坚持解放思想，实事求是，与时俱进，敢为人先，在改革中找出路，在实践中拓视野，在创新中求发展。要摒弃一切不合时宜的思想观念，不断增强改革创新的意识。只有从体制上创新，农业综合开发工作才能取得新的突破。经营性开发作为创新农发资金运行管理机制的一项积极探索，其在体现财政投资公平与效率兼顾原则、明晰农业综合开发项目产权、实现国有资产保值增值等方面能够发挥积极的作用。特别是在现行的农业综合开发财政有偿资金运行模式存在诸多问题、滚动开发的投入机制难以有效实现的情况下，经营性开发更是开辟农发资金使用途径的一种有益尝试，应以积极认真的态度大胆探索。

（二）稳步推进2004年经营性开发试点工作

经营性开发是农业综合开发一项全新的资金运行方式，没有成熟的经验和模式可供借鉴，在实践过程中可能会出现很多始料不及的问题；而且目前部分省（区）国有资产运营机构并不是很健全，一些省财政（农发）、发改委、国资管理等部门对试行经营性开发的认识不够统一；另外省级财政也要承担配套资金的压力。鉴于以上这些客观情况，并吸取过去财政周转金使用管理中的教训，建议稳步推进2004年的经营性开发试点工作。在分配2004年中央财政农业综合开发新增资金时，或者采取切块分配的方式，对经营性开发各试点省下达指导性投资指标；或者采取按申报项目分配的方式，由各省按照实事求是的原则严格选项，据实申报经营性开发项目，中央财政按各省申报项目情况下达投资指标。一省的经营性开发投资指标如有节余，既可以在全国试点省份调剂使用，也可以转用于该省土地治理项目。

（三）适当拓宽经营性开发的区域范围和项目范围

一是在区域范围上适当考虑非粮食主产区。经营性开发应重点放在粮食主产区，提高主产区的粮食加工、转化能力，为国家粮食安全提供保障。但对粮食主产区以外的地区也可以适当考虑，特别是一些原料来自于主产区，但加工企业在非主产区的项目，也可以纳入扶持范围。

二是适当放宽必须在农业综合开发项目县进行试点这一限制。经营性开发项目的管理职责主要在省级，并通过委托国资运营机构进行资本运作，经营性开发项目单位是否在农业综合开发项目县并不影响管理质量。因此，对一些非项目县中符合经营性开发立项条件的项目也可考虑纳入试点范围。

三是适当扩大经营性开发试点项目的范围。经营性开发项目重点是对农业主产区的粮食加工项目进行扶持，这一指导思想符合党的十六届三中全会精神，有利于保护和提高主产区农民种粮的积极性。但从调研的情况看，如果经营性开发仅限于粮食加工项目，一些粮食主产省难以选择足够数量的优质项目（如四川省各地、市2004年申报的粮食加工企业只有2个，只占申报项目总数的1%）。根据这一实际情况，应适当扩大经营性开发试点项目的范围，在以粮食加工项目为主的同时，对能够间接消耗和转化粮食的畜禽加工业等产业化经营项目也应纳入扶持范围，适当延伸产业链条。

（四）明确立项条件和严格项目评审，保证试点项目成功

经营性开发是农业综合开发工作中一项全新的业务，为确保试点项目成功，必须做到“宁缺勿滥”，严把立项关。

一是要从严掌握立项条件。立项条件应包括：(1）项目申报单位必须是依法注册两年以上的企业法人，且近两年连续盈利，发展前景良好。(2）有一定的经营规模和经济实力，固定资产规模不低于2 000万元，实收资本不低于1 000万元，年销售收

入不低于5 000万元。(3)资信良好，资产负债率小于60%，银行信用等级A级以上（含A级）。(4)主营产品符合国家产业政策、环保政策和质量管理标准体系，科技含量高，竞争优势明显，产销率在90%以上。(5)对区域经济发展和农民致富带动能力较强，与农户建立了紧密、合理的利益分配机制，带动农户不少于1 000户，通过订立合同、入股和合作方式采购的原料占所需原料量的70%以上。(6)企业形成了符合市场经济要求的经营管理机制。(7)企业法人代表有良好的社会形象和综合素质。

二是要严格执行项目评审制度。主要要求是：(1)根据权责统一、分级负责的原则，要求项目所在地县级财政（农发）部门对申报材料的真实性负责，如发现县级财政（农发）部门与项目申报企业串通一气弄虚作假、故意欺骗的，取消该县农业综合开发项目立项资格。(2)项目申报须附中介机构出具的、具有法律效力的企业财务审计报告和银行信用等级证明。(3)省级财政（农发）部门对项目进行评估论证时，应邀请受托的资产经营公司参加，并将项目评估总结和有关材料报国家农发办。(4)对项目进行评估时，要坚持专家评审和实地考察相结合，探索项目申报单位答辩的新模式，力求评估结论科学、准确。同时要强化专家评审责任，建立专家信誉制度。

(五)视经营性开发项目的具体情况，合理确定财政资金投资参股的比例

坚持财政资金只参股不控股的原则，是为了避免改变企业性质，防止出现国有资本一股独大的局面，同时也是为了规避国有资本比重过大形成的潜在投资风险。各地政府有关部门和龙头企业对此均表示赞同。但参股的比例不宜过小，如果国有资本所占比重太低，投入的资金太少，一方面起不到对参股企业的带动扶持作用，另一方面也不利于维护国有股权的安全完整。建议综合考虑参股企业的承受能力、国有资本退出后对企业正常运营的影响以及企业资产的变现能力，合理确定财政资金参股比例。综合对各省调研情况，国有资本投资参股比例以10%—30%为宜。

(六)充分发挥国资运营机构的作用，按照市场化方式进行资本运作

一是赋予国资运营机构充分的选项参与权，在县、市逐级上报的产业化经营项目中，由省级农发办与受托的国资运营机构共同组织项目评审。省级农发办重点审核项目是否符合农业综合开发的立项条件、扶持方向以及项目布局是否合理；国资运营机构重点审核项目企业的资质条件。上报国家农发办的经营性开发项目必须经省级农发办和受托的国资运营机构双方认可。

二是国资运营机构拥有充分的资本运营权。经营性开发项目报国家农发办同意后，由省级财政（农发）部门将中央财政资金和财政配套资金全额委托给国资运营机构，由其对财政参股资金实行统一经营，对农业产业化项目以投资参股的方式进行资本运作，同时对财政参股资金负有完全的保值责任。

(七)采取有效措施对国有资产运营机构进行控制，避免信息失灵

实行经营性开发后，为保证财政参股资金发挥应有的作用，避免与国资运营机构之间出现信息失灵现象，必须要建立国有资产的跟踪问效机制。受托经营的国有资产运营机构，应定期向省级财政（农发）部门报送项目实施企业的财务报表；省级财政（农发）部门每年向国家农发办报送国有资产运营情况的财务报告。同时，省农发办应对项目建设情况进行必要的监督检查，确保项目顺利实施。为激励资产运营机构，省级财政（农发）部门在委托国有资产运营机构进行资本运作时，要向其下达考核指标，制订奖惩办法。此外，为确保财政资金安全，要求省级财政（农发）部门在委托国有资产运营机构时，应在委托协议中明确以下几点：一是未经省级财政（农发）部门批准，国有资产运营机构不得改变财政资金用途；二是因不可抗力等因素导致国家参股企业清算破产的，按照国家有关规定处理后，要报经省级财政（农发）部门审核，并报国家农发办备案。

(八)探索对产业化经营项目的其他扶持方式

农业产业化经营既是农村产业结构调整的带动力

量，又是增加农民收入的重要渠道，从某种意义上说，扶持了产业化龙头企业就是扶持了农民。另外，一些与农民建立了紧密利益联接机制的产业化经营项目，在一定程度上还承担了部分政府职能，应采取多种扶持方式帮助其增强带动能力和市场竞争能力。一是对一些效益较好、资信度较高的企业借给有偿资金，由财政部门与企业签订借款协议，确定资金投向和还款时间。二是对带动农户数量达到一定规模的企业，财政资金直接进行无偿补助。三是对符合条件的龙头企业，按一定比例对其贷款资金予以贴息，吸引金融资本的投入。四是采取信用担保方式，即利用银行资金的放大功能，将财政资金存在银行作为抵押，银行向企业放大几倍贷出资金，扩大资金规模。目前我国已经建立了比较完善的信用担保体系，制度健全，实践证明其效果显著，运行状况良好。

（作者单位：财政部国家农业综合开发办公室）

完善农业综合开发财政资金引导机制的思路与对策

刘世江　李纯湘　高永珍

为适应农业和农村经济形势发展的需要，应进一步健全和完善农业综合开发财政资金引导机制，以吸引更多资金用于农业综合开发，为改善农业生产条件，提高粮食综合生产能力创造条件。

一，现行农业综合开发财政资金引导机制的特点

农业综合开发实施以来，逐步形成了以财政资金为引导，银行贷款、自筹资金（农村集体、农民群众和项目建设单位筹集的现金和以物折资）等共同参与的资金投入格局，为改善农业生产条件、优化农业和农村经济结构以及促进农民增收做出了积极贡献。

1. 财政资金引导力度不断加大。1988—2002年，农业综合开发累计投入中央财政资金 483.24 亿元，年均增长 21.34%；地方财政配套资金投入 427.83 亿元，年均增长 22.18%，财政资金引导力度不断加大。由此带动银行贷款和自筹资金投入 779.94 亿元，为农业综合开发的发展提供了有力的资金保障。

2. 财政资金引导手段逐渐多样化。作为政府行为，农业综合开发是国家支持和保护农业发展的一个强有力手段。同时，农业综合开发必须在运作机制上遵循市场经济规则，引入市场主体共同参与开发。为了实现两者的有效融合，在引导机制上，中央对地方规定配套比例，使用的是行政手段；对社会资金等市场主体则采用多样化的经济手段，包括贴息、补贴等方式进行引导，从而找到了政府行为与市场机制的结合点，营造出了“中央引导地方、国家引导社会”的格局，凝聚成农业综合开发工作的合力。

3. 财政资金引导范围不断扩展。现行农业综合开发财政资金引导机制，不仅着力引导其他资金投入，还通过实施科技培训，引入了先进适用的技术；通过实施利用世界银行贷款项目，引进了全新的项目管理办法；通过出国考察和聘请专家参与农业综合开发项目评估和检查，吸引了优秀人才，提高了开发工作的管理水平。财政资金引导范围不断扩展，为加快农业综合开发步伐提供了新的动力。

4. 财政资金引导方向更加明确。农业综合开发强调农业增产和农民增收相统一，强调经济效益、社会效益和生态效益相统一。财政资金在引导方向上也明确了这一目标，提出要把提高农业生产的质量和效益以及改善农业生态环境、促进农民增收作为重点，同时兼顾中央政府、地方政府、相关金融机构和农民等不同投入主体的利益要求，促进了农业综合开发的可持续发展。

二、新形势下完善农业综合开发财政资金引导机制的基本思路

农业综合开发财政资金引导机制在发展过程中也暴露出一些问题，并且随着社会主义市场经济体制改革步代的加快，一些计划经济体制下的引导方式已经失灵，迫切需要进一步完善。总体思路是：充分运用市场机制，拓展对象，创新方式，调整导向，形成“国家和地方财政共同引导，社会多方参与，多要素投入，综合使用，良性运行，持续开发”的格局。

1. 顺应入世后支持和保护农业发展的形势，提高财政资金引导能力。基于农业生产的特殊性及其在国民经济和社会发展中的地位，各国政府始终重视对农业的支持和保护，这也为世贸组织《农业协定》所认可。我国是农业大国，虽然现代农业初见端倪，但总体上说我国农业仍处于传统农业阶段。以政府投资为主实施农业综合开发，是由我国农业发展的阶段性特征所决定的，也符合《农业协定》中的“绿箱”政策。因此，应在财力许可的范围内，进一步加大财政资金投入力度，强化国家财政资金的引导能力。

2. 顺应分税制财政体制的形势，调动地方财政投入的内在动力。在分税制财政体制约束下，农业主产区受产业结构制约，经济发展相对滞后，财政较为困难。为避免出现农业综合开发在地方财政配套资金上相互推诿和不顾各地实际一刀切的做法，应按照量能负担原则，在中央政府和所有地方政府之间建立起科学合理的农业综合开发财政资金引导分担机制，在要求地方承担职责的同时，通过加大中央财政投入、减低配套比例等手段，调动地方财政资金投入的内在动力。

3. 顺应农业生产多元化的需要，拓展财政资金引导对象。随着农业生产新型组织的不断产生以及工业反哺农业、工农一体化发展的趋势，农业生产不仅出现了生产主体多元化，还出现了生产要素的多元化，需要财政资金根据每个对象的差异分门别类加以引导。鉴于当前农民增收缓慢、自我积累能力低下和农村税费改革让农民休养生息政策的实施，要求农民投资的难度较大，但可以引导其适度投入劳力，发展劳动密集型农业。在民间资本、工商资本、金融资本和外商资本投入方面，要尽快形成“一资带四资”的共同投入格局。同时，财政资金也要推动产学研的有机结合，并引进先进的管理理念，推动科技、管理直接转化为农业生产力。

4. 顺应市场经济体制的需要，创新财政资金引导方式。市场经济体制下，市场在资源配置中起基础性作用。这就要求财政资金在引导社会要素时应更多地采取市场经济体制下通行的贴息、补贴等间接方式。鉴于当前我国农业比较效益低和财政资金总量有限的实际情况，在充分运用市场手段引导社会诸多要素投入的同时，必须注意财政资金引导的经济效益和规模效应，防止财政引导资金的分散使用、低标准使用，力求用较高的补贴、较大的规模，提高社会要素投入农业综合开发的收益水平，引导更多的经济主体和生产要素投入农业综合开发。

5. 顺应公共财政体制的需要，找准财政资金引导方向。为适应建立公共财政体制的要求，对于中低产田改造、生态综合治理、基础设施建设等属于社会公共领域的项目，农业综合开发财政资金投入应以无偿的方式为主；对那些具有竞争优势、赢利优势的农业产业化龙头企业，财政资金则应通过有偿投入和投资参股的方式进行引导，为社会要素的投入提供一个良好的发展环境。

三、对策和建议

1. 构建财政资金稳步增长机制，增强引导能力。应通过加大增量、整合存量、开辟新的资金渠道等措施，不断增加农业综合开发财政资金投入总量，构建财政资金稳步增长机制。一是加大农业综合开发预算内资金的投入，提高中央财政资金在整个财政资金投入中的比重。二是对现有财政支农资金进行有机整合，可将资金投向相同的支农资金和项目捆绑起来，统一规划，统筹使用，充分发挥农业综合开发优势进行规模开发。三是进一步研究将国有土地出让金纯收益用于农业综合开发的政策，开辟农业综合开发财政资金新的来源渠道，做好“取之于地，用之于地”的资金转化工作。四是力争国家安排部分长期建设国债资金用于农业基础设施建设项目，列入农业综合开发范围。

2. 围绕农业综合开发任务目标，进一步明确引导方向和重点。新时期农业综合开发的根本任务和目标是确保国家粮食安全和促进农民增收，财政资金应围绕这一目标明确引导方向和重点。一是应突出农业基础设施和生态建设，着力改善农业生产条件，提高农业综合生产能力。二是应积极推进农业产业化经营，着力提高农业经济效益，增加农民收入。三是应引导社会资金投向科技及社会服务体系建设，实现农村经济、社会的全面协调发展。四是应以农业主产区特别是粮食主产区为重点，财政资金应重点向这些地区倾斜，并且要向这些地区的重点县倾斜。

3. 针对不同的引导对象，采取多元化的引导方式和手段。随着社会主义市场经济的发展，财政资金引导的对象发生了变化，除了金融部门、农民群众，还有工商企业、民营企业和外资企业，呈现出多元化的趋势。针对不同的引导对象，应采取多元化的引导方式和手段，主要包括无偿投入、有偿扶持、贷款贴息、参股经营等。

4. 深化项目管理机制改革，为引导机制提供良好环境。完善农业综合开发财政资金引导机制必须要有一个良好的环境。资金的引导机制和项目管理机制既相互促进，又相互作用，因此农业综合开发项目管理机制必须实行同步配套改革。一是推行项目招商，扩大选项范围，更好地吸引民间资本、工商资本和外商资本的投入。二是完善建后工程管护制度，明确产权主体和利益主体，确保工程长期发挥效益。三是推行项目县轮换制，整合项目，集中资金，调动各地从事农业综合开发的积极性。

5. 建立监管体系，确保引导机制安全有效运行。要保证财政资金引导机制发挥较好的作用和效益，就必须加大对引导主体和引导方式的监管。一是实行内部监督与外部监督相结合。在做好中期检查、竣工验收以及竣工决算工作的同时，借助社会中介及审计等外部力量进行检查，同时加大新闻舆论的监督力度。二是实行事前、事中、事后监督相结合。事前做到竞争立项、择优开发；事中做到发现问题、及时整改；事后做到建管并重，确保工程发挥效益。三是实行项目监管和资金监管相结合。项目建设要全面推行施工管理的招投标制、质量管理的监理制、物资采购的招投标制、工程管理的业主负责制等。资金管理要逐步推行中央、省、县三级管理，减少管理层次，提高体制效率。

6. 完善绩效评价体系，及时反映引导机制运行效果。为全面、客观、公正地衡量和评价农业综合开发财政资金引导效果，应进一步完善现行的绩效评价体系。一是要设计增加反映财政资金引导效果的统计指标，如反映项目招商引资、贴息引资、补助引资等方面的指标。二是本着目标性、精简性和可操作性的原则，对原效益考核指标进行调整，使目标更明确、含义更清晰、操作更简便，同时也能保证对农业综合开发项目的经济效益、社会效益和生态效益进行定性和定量分析。

（作者单位：财政部国家农业综合开发办公室）

为确保国家粮食安全要更好地发挥农业综合开发的作用

宋志刚　杜　原　吕彤轩

近年来我国连年出现的粮食播种面积减少、产量下降、库存减少等新情况，日益引起方方面面的重视和关注。这些情况再次证明，对于我们这样一个人口众多、耕地资源相对紧缺的国家来讲，粮食

生产在任何时候都不能放松。

一、农业综合开发能够为提高我国粮食生产能力发挥重要作用

从十几年的实践看，农业综合开发在管理机制上积累了许多宝贵经验。农业综合开发坚持集中投入，规模开发，按项目区进行建设，针对制约农业生产的主要障碍因素，实行山水田林路综合治理，采取水利、农业、林业和科技等综合配套措施，力求治理一片，成效一片，因而它取得的是经济、社会和生态多方面的效益，实行“国家引导，配套投入，民办公助，滚动开发”的投入机制，1988—2002年用于农业综合开发土地治理项目的中央财政资金304亿元，相应吸引其他资金678亿元；借鉴世界银行管理项目的经验，实行按项目管理，择优选项，并且资金跟着项目走，严格资金投向和使用范围，不受“人吃马喂”影响，确保资金全部用在项目上。在国家农业综合开发联席会议领导下，农业、水利、林业、科技、财政等有关部门，围绕农业综合开发的总体目标，各司其职，各尽其责，密切配合，合奏出一曲曲合力搞开发的交响乐。

从投入力度看，农业综合开发资金是支农专项资金中一笔较大的投入。1988—2000年，各级财政用于农业基本建设、支援农村生产、扶贫等改善农业生产条件的支出约有4 005亿元，其中农业综合开发财政投入为644亿元，占同期各级财政用于改善农业生产条件支出的16%。由于农业综合开发财政投资重点用于排灌站、机电井、防渗渠、机耕路和农田林网等工程设施，在改善农业生产条件方面比其他专项资金更为直接。2004年中央“一号文件”强调“继续增加农业综合开发资金”，可以预见，随着国家财力增长，今后几年内各级财政用于农业综合开发的资金还会不断增加，这将为改善农业生产条件、提高粮食生产能力提供更为雄厚的资金保障。

从开发成效看，农业综合开发为提高我国粮食综合生产能力做出了重大贡献。1988—2002年，农业综合开发累计改造中低产田39 869万亩，其中新增和改善灌溉面积36 090万亩，新增和改善除涝面积16 954万亩，已改造中低产田约占全国中低产田面积的31%；适度开垦宜农荒地3 046万亩，占全国同期新增耕地面积8 663万亩的35%；新增粮食生产能力725亿公斤，约占全国同期新增粮食产量1 553亿公斤的47%，为推动我国主要农产品实现由长期短缺到总量基本平衡、丰年有余的历史性转变做出了重要贡献。

从开发潜力看，全国尚有大量待改造的中低产田。在全国19.51亿亩耕地中，约2/3即13亿亩为中低产田，扣除已改造的4亿亩，尚有中低产田9亿亩，还有大量增产潜力可挖。

二、2004—2010年全国农业综合开发可新增粮食生产能力385亿公斤，其中70%分布在粮食主产区

按照现行政策规定，中央财政农业综合开发资金近70%用于土地治理项目（主要是中低产田改造），2004年投入额为51亿元，据以往土地治理项目中央财政资金年均增长11.7%计算，2004—2010年用于土地治理项目的中央财政资金将达到513亿元。目前每改造一亩中低产田需投入中央财政资金200元，7年内可改造中低产田25 650万亩，每年平均3 660万亩；每改造一亩中低产田大体上可新增粮食生产能力150公斤，共可新增粮食生产能力385亿公斤。以往用于13个粮食主产省区的土地治理项目的中央财政资金约占总金额的63%，考虑到今后要将新增中央财政资金主要用于粮食主产区的因素，粮食主产区土地治理项目财政投资及新增粮食生产能力所占比例将会提高到70%。

实施国家优质粮食产业工程，农业综合开发可承担80%的标准粮田建设任务。最近国务院原则通过的《国家优质粮食产业工程建设规划》，选择13个粮食主产省区的484个县（农场）进行优质粮食工程建设，2004—2007年中央投入各类资金150亿元，用于完善良种繁育、病虫害防治体系，建设标准粮田5 000万亩。其中，中央财政农业综合开发资金年均投入20亿元，全部用于标准粮田建设，按建设一亩标准粮田需投入中央财政资金200元计算，4年内共可建设标准粮田4 000万亩。

三、农业综合开发把提高粮食生产能力作为基本任务，是由我国国情所决定的

1988年实施农业综合开发以来，在指导思想上始终坚持以中低产田改造为重点，着力加强农业基础设施建设，提高农业综合生产能力特别是粮食生产能力。但近年来在出现卖粮难现象、种粮效益相对较低的情况下，某些地方一定程度上放松了中低产田改造，个别地方甚至变通资金用途，这种倾向应当改变。

农业综合开发始终坚持以提高粮食生产能力为基本任务，这是由我国的国情所决定的。人口多、耕地少、水资源紧缺是我国的基本国情。我国人均耕地不到1.5亩，不及世界人均耕地的一半，且还在逐年减少。我国每年因经济建设减少耕地200多万亩，而人口则以每年新增1 100万人的速度在增加，预计到2030年全国人口将达到16亿，到那时人均耕地将会更少。我国水资源偏紧且分布极不均衡，黄淮海地区的耕地面积占全国的39%，而水资源仅占全国的7.7%，粮食主产区缺水矛盾十分突出。我国自然灾害频繁，每年旱涝灾害的受灾面积4亿多亩，农业在很大程度上还是靠天吃饭。而随着人口的增加、消费水平的提高，人们所食用的肉、蛋、奶等农产品会不断增加，这需要消耗更多的粮食。目前全球每年的粮食贸易量只有2 000亿公斤，还不及我国粮食消费量的一半，依靠进口粮食保证粮食供给也不现实。这决定了我们国家的粮食安全必须建立在立足国内、进出口适度调剂的基础上。

所以说，农业综合开发坚持以提高粮食生产能力为基本任务，不是权宜之计，也不是应急措施，而是必须始终坚持的指导思想。要充分利用我国的农业自然资源，加强农业基础设施建设，提高现有土地产出率和水资源利用率，走以内涵式开发为主、确保粮食安全的路子。

坚持以提高粮食生产能力为基本任务，应当处理好增产与增收的关系。农民收入增长缓慢是当前农业和农村工作中的突出问题，千方百计地帮助农民增收是各级政府和有关部门义不容辞的责任。但农业综合开发资金是有特定用途的专项资金，党中央、国务院基于我国国情，赋予农业综合开发的基本任务是提高粮食生产能力。党的十五届三中全会明确提出：农业综合开发要“力争平原地区大部分耕地实现旱涝保收、高产稳产，丘陵山区人均达到半亩以上高标准基本农田”。只有集中资金重点进行中低产田改造，才能完成中央赋予农业综合开发的任务。实际上，提高粮食生产能力并不排斥农民增收。搞好农田基础设施建设，可以降低农业生产成本，可以为发展优势农产品和农业产业化创造物质基础条件，可以在一定程度上促进农民增收。那种放松中低产田改造，随意变通资金用途，什么效益高就搞什么的做法是不可取的。

四、为进一步提高粮食生产能力拟采取的几项措施

1. 确保农业综合开发资金主要用于粮食主产区。国家确定的黑龙江等13个粮食主产区，其耕地面积和粮食播种面积占全国的60%以上，粮食产量约占全国的70%，近3年平均每年提供的商品粮约占全国的80%以上。我国粮食安全主要靠粮食主产区支撑，稳住了粮食主产区，就稳定了全国粮食供给的大局。从2004年起，农业综合开发要进一步加大对粮食主产区的投入力度，将每年新增中央财政资金主要用于粮食主产区。要把国务院确定的484个标准粮田建设重点县（农场），作为对粮食主产区投入的重点。非粮食主产省区也要对各自粮食重点县进行重点投入。

2. 确保农业综合开发资金主要用于中低产田改造。从2004年起，要将土地治理项目财政资金的90%用于中低产田改造项目。要严格资金使用范围，严禁用中低产田改造资金扶持在基本农田范围内种植经济林、挖鱼塘等项目。

3. 下大力建设稳产高产、旱涝保收、节水高效的高标准基本农田。旱涝灾害频繁是制约我国农业生产的主要障碍因素，因此，要在南方地区突出解决工程性缺水及排涝不畅的矛盾，在北方地区突出解决资源性缺水的矛盾。要因地制宜采用科学合理的节水模式，最大限度地提高水资源的利用效率；集中部分资金进行中型灌区节水配套改造，解

决项目区水利上的“瓶颈”问题；采取建设微水工程、推广耐旱作物等措施，探索发展旱作农业的路子。

4. 努力提高农业综合开发项目科技含量及农机装备水平。在重点进行农田基础设施建设的同时，注意搞好新品种、新技术的引进推广，加强对农民的技术培训，鼓励科研院校在项目区进行科技示范，提高农业综合开发科技含量。采取适当补贴的方式，加大对人均耕地较多地区农机购置和更新的扶持力度，以节本增效，提高劳动生产率。

5. 进一步创新投入机制。这是一个需认真研究的很现实的课题。温家宝总理曾多次强调：“现在支农的项目是完全必要的，但比较分散，应该逐步地加以整合归纳，形成几个比较大的有力的支农项目。”根据这一精神，农业综合开发除了在内部进一步整合项目、突出中低产田改造项目外，要积极探索与扶贫开发、农业生态建设、农村中小型基础设施建设等相互配合、统筹安排的投入机制，以最大限度提高农业综合开发资金使用效益，在确保国家粮食安全方面发挥农业综合开发更大的作用。

（作者单位：财政部国家农业综合开发办公室）

新时期农业综合开发的发展与创新

赵建生

一、农业综合开发面临的新形势与新问题

（一）农业综合开发面临的新形势

入世后，面对国际经济一体化的趋势，国外农产品对我国形成了强有力的竞争，我国农业生产在内容结构上、空间布局上将进行大幅度调整。农业综合开发需要适应新形势，进一步完善投资和管理机制，健全服务体系，以提高农业生产的综合能力，提升农产品的国际竞争力。

多年来，山西农业综合开发在全面加强农业基础设施建设、提高农业综合生产能力的同时，采取了“发挥区域特点，集中优势产业，全力重点突破，点面结合增效”的发展方针，从“平面式”向“立体式”发展，从“自然式”向“设施式”推进，从“农场式”向“园林式”过渡，从“散户型”向“联合型”扩展，农业综合开发工作取得了很大成效。但在我国农业进入到一个新的发展阶段，面临新的发展形势时，农业综合开发如何促进当前农村产业结构调整？如何增加农业生产的科技含量？如何更有效地管护项目设施？这是一些迫切需要解决的问题。我们认为，农业综合开发应从山西整体规划出发，划分农业产业格局，确定主导产业，扶持优势产业，发展特色产业，建立健全农业科技推广体系、生产技术服务体系、农产品质量标准体系、检测检验和农业信息体系等，提供专业化服务，科学引导项目区向专业化生产基地发展。目前农业综合开发的机构职能、人员力量、投资方式还不能完全适应农业发展的需要，仍存在着一些不足和缺陷。

（二）目前存在的主要问题

1. 资金总量不足。十多年来，山西农业综合开发的资金重点投向了生产条件较好、经济较发达的农业生产区，建成了一大批标准高、规模大、效益好的农业生产基地。但从宏观上看，全省农业基础设施依然脆弱，抗御自然灾害能力不强，生态环境恶化的趋势在全省范围内仍然没有得到有效遏制，水土流失面积高达70%，全省人均森林面积仅为全国平均水平的50%，农地中仍有80%的中

低产田急需改造，农业综合开发的任务还十分艰巨。

从经济发展水平、财政收入总量、人均财力和农业投资能力以及农业生态环境条件来看，山西实际上属于西部，甚至还不及西部的有些省份。由于投资规模的限制，对当前面积更为广阔、更富社会效益和比较效益的经济欠发达地区或一般项目区的投资力度还明显不足，因此迫切需要国家加大对山西农业综合开发的投入力度。山西省将积极采取措施，内引外联，积极吸纳社会力量投入开发，这样才能在更大的区域内实现经济共同繁荣、区域经济相互拉动和协调发展。

2. 投入机制尚需完善。一是土地治理项目投资标准还较低，有的项目区以面积定标准、定规模，以规模平铺各类项目建设内容，难以灵活、优化配置资源，项目建设的标准还不高，农产品品质和商品率也较低。二是区域开发还缺乏长期、稳定、符合经济发展趋势的整体规划。目前项目按年度编报实施，前期工作量较大，资金到位迟，而且容易由于人为因素造成项目地点、发展思路的变更，不利于区域经济的持续发展和主导产业的建设。三是农业综合开发需要减轻负担，轻装上阵。经过十多年的开发，特别是老项目区，由于先期有偿资金比例高、规模大，资金偿还负担较重。当前国家财政投入的其他农业项目的资金全部为无偿投入，也将会影响到今后项目区农民还款、用款的积极性。

3. 服务体系尚需进一步完善。山西省在产业结构方面做了大量、积极的摸索，形成了具有一定比较优势的特色产业和专业化生产基地。但是由于缺乏整体统一的市场营销体系、科技推广体系、生产技术服务体系、产品质量标准体系、检测检验和农业信息体系，优势特色产业对市场反映慢，技术含量不高，难以做大做强；生产基地产品质量参差不齐，档次不高，不能连续供应适合市场各个时期、各个阶层需求的优质农产品，制约了山西省农业综合开发产业化经营的发展。

二、农业综合开发的发展与创新

我国农业综合开发进入第三阶段以来，确立的指导思想是：围绕农业增效、农民增收，坚持“两个着力、两个提高”。但这一思路仅是对我国农业新阶段的发展方向的基本把握，农业综合开发还应在投资方向、投资方式上有所创新，拓展内涵，提出发展的新思路。

（一）拓宽农业综合开发的内涵

农业发展的总目标是保证国家粮食安全和农产品总量基本平衡，实现农业的可持续发展。促使农业增效、农民增收的关键是提高农产品的市场竞争力。所以，农业综合开发加强农业基础设施建设，不仅是改善农业的基本生产条件，同时还应注入构筑市场平台、增加科技含量的新内涵，以提高农业的综合生产能力和农产品的市场竞争力。也就是说，农业基础设施这个概念要广义化，既包括农田、水利、道路、林木、农机的“硬”设施，又包含市场开拓、产品认证、科技引入、信息保障的“软”设施。

在农业发展的新阶段、新形势下，农业综合开发坚持“两个着力、两个提高”的指导思想，其目标与任务应拓展为：农业综合开发要在保证国家农产品总量基本平衡，实现农业可持续发展的前提下，围绕农业增效、农民增收，构筑市场平台，增加科技含量，实施区域开发，建设专业化生产基地和生态示范区，提高农业综合生产能力，提高农产品市场竞争能力。

（二）调整农业综合开发的投资方向

农业综合开发的投资方向应以提高农业综合效益为目标，在搞好农业基础设施建设的同时，突出新技术、新品种的引进和推广，注重农业综合开发与产业化经营的结合，强化龙头带动作用和市场运作，提高农民组织化程度，实现农业生产、加工、流通的一体化。

从投资内容来看，农业综合开发主要是在加强农业基础建设、保护和改善生态环境的同时，向构筑市场平台延伸，建立质量标准生产的技术支撑体系，建立专业化的服务体系，发展优质、高效农业。这是支持我国农业参与国际竞争的有效手段，也是我国支撑农业发展的主要途径。从投资管理方式来看，农业综合开发应借鉴世行项目和其他项目

的管理经验，建立与市场对接的具有科学化、规范化、程序化、制度化的管理办法，以提高项目资金的使用效率。

（三）创新农业综合开发的投资方式

1. 按照产业化经营的思路，组织实施农业综合开发。面对新的形势和任务，农业综合开发应从项目建设向产业建设转变。应按照区域比较优势，培育壮大区域主导产业，建设生产基地，培植龙头企业，延长产业链，促进销、加、产和贸、工、农之间的有机衔接，做大做强主导产业，做优做亮特色产业。以往的土地治理项目，强调集中连片，注重工程实效，但科技配套不足，连续性较差，结构调整、科技应用、深度加工涉及较少。这种开发方式难以适应新形势、新时期农业发展对农业综合开发的要求。为此，农业综合开发应从项目建设转移到产业建设上来，围绕具有区域优势的主导产业、特色产业来总体规划，统一布局，把土地治理、生态项目、多种经营、科技示范、龙头项目有机结合起来，充分发挥农业综合开发内在的“综合”功能，大幅度地提高农业综合开发效益。

2. 按基地建设要求，扩展农业综合开发建设内容。农业综合开发建设内容要由以传统粮棉油为主向区域优势产业延伸，把改造中低产田的基础设施建设转变为优质高效农业与龙头企业配套基地的基础设施建设，通过农业综合开发建设一批无公害、绿色农产品和有机食品的生产基地，逐步形成具有市场竞争能力的产业带和产业群体。农业综合开发应改变项目规划、项目建设、基地建设的程式，确立在市场调研、优势分析基础上，先制定基地建设总体规划，再进行农业综合开发的项目计划、建设的新程式。应做到依法开发，避免出现换一个书记、县长搞一片的“领导工程”，确保项目建设服从、服务于基地建设的需要。在项目建设内容上，应进行农业产业化经营的基础设施建设，把基地建设成为充分发挥区域优势的科技示范基地、农业产业化经营的先导基地、农民增收的先行基地。

3. 加大科技含量，提升农产品的市场竞争力。农业综合开发应加大科技投入比重，根据区域实际，大力推广应用能提高投入产出水平的节本增效技术、能提高农产品品质的新品种、新技术、能扩大增值的加工、保鲜、储运技术和能促进可持续发展的资源综合利用技术。同时，要强化对农民的技术培训，提高农民素质，提升农产品的市场竞争能力。

4. 加强管理，建立项目后评价体系。投资项目后评价是项目实施的最后阶段，世行项目、亚行项目及发达国家的援外项目都有相应的项目后评价体系。我国在20世纪80年代的中后期，也开始了投资项目的后评价工作，其作用在于为改善决策和管理服务、对项目执行单位进行监督和对前评估进行检验。目前我国农业综合开发项目尚未进行此项工作，建议建立开发项目的后评价体系，完善农业综合开发的管理机制。

（作者单位：山西省农业综合开发办公室）

以粮食主产县（市）为重点　大力推进农业综合开发

湖北省农业综合开发办公室

湖北地处长江中游，是全国重要的粮食主产区，在国家粮食安全体系中具有重要地位，自古就有“湖广熟、天下足”之说。在中央和地方各级政府高度重视粮食生产、千方百计促进农民增收的宏观政策背景下，2004年湖北省认真贯彻落实国家农业综合开发联席会议第一次会议精神，按照财政部《关于改革和完善农业综合开发若干政策措施的意见》的要求，紧紧围绕国家粮食安全和农民增收两大目标，以粮食主产县（市）特别是水稻生产重点县（市）为重点对象，在集中资金、加强高产农田建设上进行了一些有益的摸索和尝试，提高了农业综合生产的能力和效益。

一、坚持规模开发，实行统一规划

水稻是湖北省粮食生产的优势产品和主导产品。按照新阶段国家农业综合开发工作的要求和省委、省政府集中资金、重点支持产粮大县的重大决策，湖北省农业综合开发工作明确了支持粮食主产县（市）的重点是加强水稻生产重点县（市）高产农田建设。

第一，统一编制了《湖北省粮食主产区高产农田建设规划（2004—2010年）》，明确水稻生产重点县（市）范围。按照人口、水田面积和水稻产量，确定了监利县、随州市曾都区、仙桃市等20个县（市）为2004年湖北省首批高产农田建设的重点县（市）。2003年20个重点县（市）水田面积和水稻总产量均占到全省水田总面积和水稻总产量的40%。

第二，控制项目申报个数。2004年20个重点县每县最多只能申报相对集中连片的2个高产农田建设项目，项目建设范围主要涉及1—2个乡镇。2004年全省20个重点县申报高产农田建设项目共33个，平均每县1.7个，比2003年减少了1倍多。

第三，实行连片开发，集中治理。在高产农田建设项目区的规划设计中，坚持按灌区、流域或某一相对完整连片的水稻生产农田进行分年实施、总体推进。20个重点县（市）在建设规模上分为两个层次：一是水稻种植（水田）面积在50万亩以上的13个县（市），连片建设高产农田面积4万亩以上；二是水稻种植（水田）面积在45万—50万亩的7个县（市），连片建设高产农田面积2万亩以上。20个重点县（市）全年高产农田治理面积达74万亩，比2003年增加了41万亩，增长了1倍多。

第四，因地制宜，解决项目区内制约农业生产的主要因素。重点县（市）的项目建设，根据不同区域的不同特点，有针对性地突出各自项目建设内容，坚持开发与保护生态并重，以小型农田水利建设为主，重点解决“灌得进、排得出、降得下”问题，同时兼顾田、林、路等配套工程建设，建设“田成方、路相通、林成网、渠相连、土肥沃”的旱涝保收高标准基本农田，以提高粮食综合生产能力。

从实行规模开发的实践来看，集中连片治理彻底改善了项目区农业生产条件，解决了过去因开发规模小而不能解决的问题，极大地推动了水稻种植标准化、农业生产机械化，提高了农田的复种指数和土地产出率。

二、坚持集中投入，实行重点倾斜

按照集中资金办大事、突出重点抓关键的原则，湖北省2004年对20个重点县（市）在资金投入上实行了重点倾斜。

一是集中全省农业综合开发土地治理项目财政投资的67%共2.2亿元，支持20个重点县（市）的高产农田建设。对50万亩以上的13个重点县（市），每县（市）农业综合开发财政投资达1 370万元，比2003年增加近800万元，增长了138%；对45万—50万亩的7个重点县（市），每县（市）农业综合开发财政投资达703万元，比2003年增加了200多万元，增长了50%。

二是按照扶优、扶大、扶强要求，在产业化经营项目选项立项上重点支持粮食主产县（市）特别是产粮大县，培育和发展了一批经营粮食加工的国家和省级产业化龙头企业，有力地促进了粮食加工转化，搞活了粮食市场，带动了农民增收。如湖北省产粮第一大县监利县，是典型的粮食大县、财政穷县，种粮农民人均年纯收入一直徘徊在2 000元左右。2004年，监利县在实施高产农田建设，大力发展粮食生产的同时，县所属湖北银欣集团的新型大米健康系列方便食品开发项目还被纳入国家农业综合开发投资参股经营试点范围，全年用于支持

粮食产业发展的农业综合开发财政投资达 3 300 多万元。监利县粮食产业的整体推进，将辐射带动该县 50 多万亩优质粮食生产基地建设和带动全市 5 万种粮农户致富。

2004 年全省农业综合开发项目投资实行集中投入、重点倾斜的做法，大大激发了重点县（市）各级党委、政府大搞高产农田建设的积极性，形成了上下一心、合力开发的好局面。

三、坚持民主自愿，实行示范引导

大规模高产农田建设带来的最突出问题是加大了农民筹资投劳任务，增加了项目建设难度，处理不好，不仅影响全省高产农田建设的全局，还将损害农民的切身利益，甚至可能引发纠纷或群体性事件。为有效解决这一问题，全省在严格执行农村税费改革政策、充分尊重农民愿意的基础上，通过典型引路、示范带动、宣传发动、政府引导等各项措施，调动项目区农民筹资投劳的积极性。

第一，政府引导，宣传发动。在项目前期规划和实施过程中，各重点县（市）在项目区三分之二农户签字同意的基础上，听取各方意见，专业勘测设计，宣传动员到户，传达到人，最大限度地争取农民的理解和支持。在农民筹资投劳的组织上，一些重点县（市）政府协调项目区受益村、组，集中投入项目区的重点土方工程，还有的县（市）政府减少当年受益项目区内劳动力的大型水利建设义务工，将人力集中用于农业综合开发高产农田建设。

第二，以点示范，典型带动。项目实施的初始阶段，根据 20 个重点县（市）项目建设实际情况，全省共建设了 30 多个 1 000 亩以上的高产农田建设核心示范区。核心示范区建设立足高标准、高质量，坚持因地制宜、综合治理，努力实现高效益，使项目区干部和广大农民摈弃了消极思想，增强了对农业综合开发高产农田建设的认同感。如仙桃市郭河镇时合垸项目区属于典型的低湖冷浸田，地形低洼，废沟、废塘较多，开发治理难度大，4.3 万亩高产农田建设共需投工 60 万个，比 2003 年度该市的土地治理项目投工增加了 40 万个。面对如此大的建设任务，项目区干部和农民群众存在畏难情绪。2 000 亩核心示范区实施以后，形成了田成方、树成行、渠相连、路相通、具有高标准排灌能力的园田化新格局，过去易涝怕旱的农田旧貌得到了彻底的改观。核心示范区的建设成果，使项目区干部和农民对项目总体规划建设充满了信心，看到了粮食生产的美好前景，于是积极筹资投劳，紧密配合，参与开发的热情空前高涨。同时，核心示范区也给整个项目工程建设提供了样板工程，为实施大面积建设积累了经验，有力推动了整个项目建设任务高标准、高质量地完成。

第三，群众监督，舆论促动。由于发动工作搞得好，项目区广大农民把农业综合开发当作与自己密切相关的大事，高度关注，积极参与。群众自发组成监理组、督办组，全过程参与项目区的项目建设和管理，极大地促进了项目工程建设。市、乡（镇）两级管理单位和建设单位丝毫不敢懈怠，积极接受舆论监督，认真做好项目公示，全神贯注地投入农业综合开发高产农田建设。

目前，20 个重点县（市）高产农田建设项目已全面开工，在整个项目建设中政府引导得力，部门配合密切，前期工作充分，宣传动员到位。基层干部和群众体现出高度觉悟，一些县（市）项目区农民主动不要青苗补偿费，在以往较易出现纠纷的房屋搬迁、田块调整、农民筹资投劳等问题上，给予当地政府积极的支持与配合。农民群众普遍认为这次实施的高产农田建设是政府执政为民，办好事、办实事的具体体现。

四、坚持规范管理，确保开发成效

为了按计划完成高产农田建设任务，2004 年全省农业综合开发在项目组织管理上主要采取了以下措施：

第一，加强组织管理。主要是：成立项目建设专班，主要负责协调指挥全省高产农田建设；采取行政首长负责制，各级政府层层签订目标责任状，各部门协调配合；实行农发专管员制度。如随州市曾都区办公室将项目区划分为若干责任片块，区农业综合开发办公室人人都有责任片，参与项目全过程管理。

第二，严格项目计划管理。全省建立了项目扩初设计的专家汇审、分级审批制度，重点县（市）组成专班，通过周密的现场勘测、摸清现状、掌握第一手资料，由具有乙级以上的设计单位专业设计，保证了项目实施方案的科学合理性和操作性。项目实施计划经国家和省批复后，不得擅自调整或变更，保证项目实施计划的严肃性。

第三，加强财政资金报账管理。按照项目实施计划，实行县级财政资金报账制管理；通过项目工程预、决算，进行单项工程核算；对财政投资5万元以上的单项工程实行招投标管理，并实行项目工程监理制，按照工程监理报告的资金审核数，核拨财政资金。在资金报账时，严格审查项目用款报账票据的真实性，规范资金报账手续，严禁弄虚作假、侵占和套取项目资金。项目资金支出，按国家规定的财务制度管理，实行国库集中支付。

第四，加强监督管理。全省建立了农业综合开发项目和资金违纪违规处罚制度、责任追究制度，研究制定了对农发资金违纪违规行为的处罚办法，发现问题，从严处理。从2004年开始，在全省实施了“三条”禁令：严禁挤占、挪用、截留项目资金；严禁擅自调整项目计划；严禁弄虚作假。如有违反，一经查实，一律暂停其立项资格，严重的取消立项资格。

关于南非、希腊农业支持与保护体系的考察报告

国家农业综合开发办公室赴南非、希腊考察团

一、南非、希腊农业概况

（一）南非农业

南非共和国位于非洲大陆最南端，面积122.3万平方公里，可耕地面积约占国土总面积的13%，但其中高产耕地仅占全部耕地面积的22%。全国人口4 500多万，农村人口约占全国人口的45%，其中农业从业人员占全国就业总人口的9%左右。南非原是一个农牧业国家，后来随着采矿业的发展，农业在国内生产总值中的比重不断下降，目前仅占3.2%左右。尽管如此，农业在南非国民经济中仍占重要地位，并且对整个南部非洲地区的发展和稳定起着至关重要的作用。其农业发展具有如下特点：

1. 农业具有鲜明的二元结构。南非国内存在着两种截然不同的农业生产机制，其生产内容、水平和特点都存在着巨大差异。一方面是白人农场主经营着发达的大农场，是高度商品化的农业，提供的农产品占南非农业总产值的90%以上；另一方面则是非洲黑人仅用来维持生计的传统农业。

2. 农业商品率、生产率高居非洲前列。农业商品经济在南非发展的历史较为悠久，它从一开始就同宗主国的海外市场紧密相联。二战以后，农业机械化的推广大大提高了农业生产率和商品率。南非农业虽然受气候和地形的影响较大，但除了少数干旱年份以外，它一直是一个粮食自给有余并且出口的国家。目前南非平均每个农业劳动力生产谷物7 700多公斤，生产肉类660多公斤。

3. 地区差异十分明显。南非农业因地理、资源条件不同而异，每个地区都有自己的鲜明特色，主要农作物也都有集中产区。最重要的农作物玉米集中在西北省及自由州的西北部、北部和东部。小麦主要集中在冬季降雨的西开普省、西北省、北部省和自由州。其他粮食作物中，大麦、黑麦、燕麦等播种面积不大，集中于西南部地中海气候区。棉花分布在北方省。南非是世界第十大产糖国，甘蔗主要集中于沿海无霜冻地区及夸祖鲁——纳塔尔省沿海湿润区。

(二) 希腊农业

希腊位于南欧巴尔干半岛南部，面积13.19万平方公里；农业用地350万公顷，占希腊总面积的27%；人口约1 000万。截至2000年，农业人口约占全国从业人口的17%，农业产值约占国内生产总值的5%—6%。农业以中小农场为主要生产单位，平均每个农场的土地面积仅3.5公顷。种植业是农业的主要组成部分，占农业总产值的三分之二，畜牧业占三分之一。主要农作物为小麦、大麦、玉米和稻谷，其中小麦种植面积占谷物种植总面积的63%，产量约占谷物总产量的56%。粮食生产不能自给，肉类、奶产品生产尤其不足，但蔬菜、水果、烟草等农产品却自给有余，因此希腊与欧共体其他成员国的农业生产有较好的互补关系。农产品出口是希腊外汇收入的重要来源，农产品出口值占全国出口总值的36%。

二、南非、希腊农业的支持与保护体系

南非、希腊虽然分属非洲和欧洲，但基本上都是走的以农牧业起步、制造业（南非还包括采矿业）后来居上成为其支柱产业的独特道路。尽管如此，两国农业在本国经济中仍占有重要地位，在各自的经济区域中也都发挥着非常重要的作用。两国农业在发展进程中，分别从政策框架、农技教育、科研推广、农业协会、咨询服务等方面构建了一套农业支持与保护体系。一些有益的经验和做法值得我们借鉴。

(一) 重视对农业的保护和支持，制定了一系列有利于农业发展的政策措施

为支持本国农业的发展，加强农业的基础地位，两国都采取了很多积极有效的措施，推动本国农业和农村经济的发展与进步。

南非政府颁布了许多有关扶持农业的法令，2001年和2003年又分别发布了《南非农业战略计划》和《农业全面支持计划》，使政府支持和保护农业的措施进一步具体化。例如，自1998年以来，农业部先后投入了1亿4千万兰特用于推广可持续的土地管理方法，扭转土地资源的退化；为了减轻2003—2004年旱灾的影响，政府拨出5亿兰特专门用于抗旱救灾。另外，政府还通过为贫困农民发放小额信贷资金、重视水利建设、提高农产品的收购价格、降低农产品的运输价格及制定保护农业的关税政策等措施，支持和保护本国农业的发展。

希腊则通过执行欧盟制定的“共同农业政策”(CAP) 加强对农业的保护和支持，主要包括对内建立共同农业基金、统一农产品市场和价格、对农产品出口予以补贴；对外则设置随市场供求变化而调整的差价税、配额等贸易壁垒，使本国农业免遭欧盟以外廉价农产品的竞争。通过以上措施提高农业的劳动生产率，确保农业人员的“公平”收入，稳定农产品市场，保持农产品合理的销售价格以及确保农产品供应，从而实现农业和农村多功能和可持续发展。

(二) 建立完整的教育与科研体系，努力提高农民的素质和科技水平

南非、希腊两国政府均非常重视农业科学技术，把农业研究与开发看作是发展农业的先决条件。

南非政府建立了较为完整的教育、科研、实验和咨询推广服务体系，重要的研究项目由公共、半公共和独立的研究机构各自组织和实施，政府农业部门和教育部门集中了农业科研的主要力量，农业部门每年用于农业研究的公共支出占农业部门预算的比例较高。农业研究委员会（ARC）是南非国家级的农业研究实体，由农业部和工艺科学部共同领导，拥有17个研究所和在全国各地的40个试验站。ARC和各省的农业研究机构以及大学的农学院形成了较为完善的农业研究体系。研究机构的装备先进，基础研究和高新技术条件可与欧美发达国家相媲美。1998年ARC的研究经费为4.3亿兰特，其中78%来自国会拨款。

希腊主要的农业科研机构有“雅典农业研究中心”和“中希腊农业研究中心”，此外还有众多的专业性研究机构，如棉花研究所、烟草研究所、植物病理研究所等。政府与国外某些科研机构有广泛的合作，常常得到经费资助。为避免战线过长，有的研究所集中力量主攻一个课题，如在防治油橄榄实蝇方面能够持之以恒，其成果在世界上有突出地

位。希腊还经常派人出国攻读农学博士学位，并吸引国外高水平学者到本国进行长期的农业科研工作。全国7所大学中，与农业教育有关的有3所，包括帕特拉斯大学、雅典国立技术大学和萨洛尼卡的亚里士多德大学。这些大学设有农、林学院和相关学科，强调教学与科研、生产相结合，为希腊农业科研和生产培养了大批人才，在科学技术推广中做出了很大成绩。

南非、希腊都具有较为健全的中等和职业农业教育体系，农民一般都受过专门的职业培训。雄厚的教育和科研力量为造就高素质的现代农民提供了强有力的技术条件。由于国家重视农业科技的教育和推广，南非和希腊的农民整体文化水平和技术水平在不断提高，这在南非农民（农场主）身上体现得尤为明显。他们有强烈的市场和质量意识，清晰地知道不改进技术、提高质量、降低生产成本，就会失去市场竞争力。现在南非的农民（农场主），无论是经营温室花卉还是大田作物，无论是奶牛饲养还是养猪养禽，利用电脑进行管理已经成为其必不可少的技术手段。在生产投资方面，一个农场主一次投资十几甚至几十万美元来改进生产设备已不是什么新闻。高素质的农民加上现代化的科学管理，带动了农业生产率不断提高，农产品在国际市场上的竞争力也不断增强。

（三）重视农业技术的推广和普及，广泛应用现代农业技术

南非农业部大力组织科研力量进行农业、园艺、兽医学的研究和普及工作，ARC的很多科学研究都与企业和市场的需要紧密联系，并且十分重视适宜小农户应用的技术的开发，如小规模节水作物园区综合配套技术、贫困小农户初级产品加工技术、家畜和水产品养殖配套技术等，经济实用，效果很好。南非农牧场还通过推广优良品种、高产品种，实现了农作物和畜禽的良种化。由于农业科研成果的推广应用和畜牧管理水平不断提高，在过去的30年中，南非的畜牧业产值增长了近一倍。早在上个世纪70年代末，南非就培育并推广普及了世界上最好的玉米品种，小麦也因为选用了抗锈菌品种致使产量大幅度提高并可供出口，其研制出的抗干旱新型饲料也推广到全国并受到世界各国的普遍重视。

希腊则设有负责农业推广和发展的专门机构“农业推广理事会”。该机构成立于1951年，包括咨询、培训、信息与农户经济3个部，并在国内7个主要农业区都设立了地区一级的分支机构，下属区级理事会共56个。农业部在56个区都设有直属的农业技术培训中心，为农民提供免费的技术培训，每年举办的短期培训班约有1 000个，培训人数可达3万人。以上措施为农业技术的推广普及和现代农业技术的广泛应用提供了强有力的技术支撑。

（四）建立面向千家万户的农业咨询服务体系

南非、希腊都有一套比较健全的农业服务体系，其构成也大致相近，基本上由政府部门、农业合作机构和私人机构三部分组成，其中由各种农业合作社组成的服务体系在整个农业咨询服务体系中占有最重要的地位。多年来，两国致力于建立各种农业研究所和咨询服务机构，咨询中心遍及全国各地。其咨询服务大体按照国际标准设立，主要特点是：咨询服务工作由被服务者来管理，机构由农民组织建立，分地方和全国两个层次。咨询服务获得国家的经费补助，咨询人员经济上独立。咨询机构必须做到为农业生产各个领域提供良好的服务，且服务要具有权威性和公正性。两国均有众多的专门和行业组织，涉及粮食、酒类、乳制品、种子、水果蔬菜、家禽饲养等协会，可以为农民提供详细的信息、咨询服务、专门的技术，并组织和扩大出口。在两国的农业服务体系中，政府参与得并不很多，主要是负责咨询服务人员的再教育工作，通过农业部门提供咨询服务人员的大部分工资、再教育费用及部分差旅费用，其余部分由地方协会补足。

（五）实现专业化与合作组织的有机结合，有一套相对健全的合作组织体系

南非、希腊两国的农民都已在长期的市场竞争中形成了这样的共识：市场取决于产品的质量，质量依靠每个人的知识和技能，而知识和技能只有在合理分工的条件下才能趋于完善。在南非和希腊，专业农场在农业构成中占了很大比重。近年来，两

国的农场数目不断减少，农场规模日益扩大。但是，单个家庭农场的经营规模再大，在市场面前仍然是渺小的。农业合作组织的作用就是“积小为大”，增强农民抵御市场风险的能力。

近20年来，南非农民以他们的劳作技能和管理能力提高了农业在国民经济中的地位，为国民经济做出了很大的贡献。而这些成就的取得在很大程度上归功于南非农民能够携起手来，将他们的利益和农民协会紧密联系在一起。南非农协代表了一个坚实的联合阵线，将农民的整体利益统一到了一个全国性的组织中来。农民劳作于土地，与农民协会、农产品合作组织有着不可分割的联系，他们渗透在从区域性组织、省级协会到全国性的农民协会中。这种结构为每个农民提供了参与农业协作的机会，同时负有相应的责任。南非农协具有很强的联络功能，能够在政府和其他部门与组织之间进行沟通。作为一个有代表性的团体和南非涉农部门的全国性代言人，南非农协的代表遍布于众多国际、官方团体和私人机构中。同时南非农协还承担着另一项职责，即不断为农民提供关系其切身利益的信息，如每个农协成员会按月收到《农民》月报，同时通过查阅农业互联网和出版物也可以得到全面或专业的农业相关信息。近年来，由于缺乏资金和人力资源等原因，南非农协正经受着困扰，自身的发展也受到了一定程度的限制。目前南非政府正致力于这方面的改革，力图通过建立新兴的农业合作社来继续发挥其应有的作用。

希腊的农业合作协会由农民自愿参加，任何一级的合作协会都是具有商业地位的法人实体。政府为支持农协的发展，专门制定了《农业合作组织法》，对农协在其辖区内建立企业时购买不动产、农协成员上缴会费、对成员提供贷款等给予免征任何税金等优惠，但任何一级的农协都要接受农业部委派的会计和财政人员的审计监督。希腊农协的首要职责是满足本地农产品、农业技术和区域内闲置劳动力的供应和配置。例如利姆诺斯岛农业协会集中代表了该岛几乎全部葡萄酒生产者的利益。农协提供生产资料、收购、加工和出售产品、提供贷款、保险和咨询服务等，农民通过协会购买生产资料和借贷所需资金，也通过协会出售产品。坐落于A&S岛的农业协会成立于1949年，其会员由41个合作社和8 000多个橄榄油生产者组成，负责组织与调节该地区橄榄油各阶段的生产与加工。为确保橄榄油质量，该农协制定了栽培、养护、加工与生产橄榄油的一系列标准，使协会成员能够真正生产出高质量的克里特橄榄油，从而有效提高了产品的竞争力。同大多数拥有农协组织的国家一样，希腊农业实行产、加、销一体化管理，这主要是靠农民合作组织实现的。合作组织使中间商无插足之地，农民因而能通过合作销售和加工获得较大收益。合作社及时反映农民的意见，保护农民的利益，是农民减少风险、提高收入、增强竞争力的重要保证。这一事实有力地说明，农民组织化程度越高，他们的利益也越能得到保护，农民的收入也就越多。

三、几点启示

（一）加强农业科研与教育体系建设，努力培养和造就高素质的农民队伍，为实现农业现代化打下坚实的基础

在南非，做农民（农场主）并不是一件很容易的事，一般要在中小学就开始接受农业专题课程教育，真正从事农业工作时还要再接受一系列的技能培训。正因为如此，南非的农民（农场主）才会轻松掌握先进的农业科技知识，并在市场经济的大潮中应付自如。我国要实现农业现代化，归根结底也要靠提高农业劳动者的素质，这就需要进一步加大对农业科研的投入力度，积极开展对农民的各项专业技能教育和培训。就农业综合开发而言，应广泛开展对农民的技术培训，通过多种途径和方式，改善项目区农民接受新知识、新技术的外部条件，增加农民接受教育和培训的机会，不断提高农民的科学文化素质；同时还要适应新形势下农业现代化的要求，进一步拓宽培训领域，增加对农民的农业生产管理和市场营销等方面知识的培训，培养既懂技术，又懂流通，又会管理的复合型人才。

（二）进一步加大对农业的支持力度，积极应对国际农业竞争中的严峻挑战

作为制造业（采矿业）为其支柱产业的国家，

南非、希腊两国农业对国民经济的贡献相对来说不算很大，但政府对农业仍然非常重视，把对农业的投入，特别是把农业基础设施建设、农业科研、农业科技推广和教育的投入当作重点，大大加强了农业的基础地位。两国的经验很值得我们思考和借鉴。我国是一个农业大国，农业关系到绝大多数农民的切身利益。由于我国农业所固有的弱势，加入WTO以后，其所受到的冲击无疑也是非常大的，这就需要政府采取一系列有效措施，在WTO《农业协议》条款允许的范围内对农业加以保护。

按我国在加入WTO农业多边谈判中达成的协议，我国政府对农业的“黄箱”补贴应占农业产值的8.5%以内，但目前我国实际补贴规模很小，离8.5%的标准还相距甚远。我国粮、棉、油等主要农产品的国际竞争力很差，如果以现在的价格和国际市场上的同类产品抗衡，其后果可想而知，受损害的最终还是广大农民群众。为维护绝大多数农民的切身利益，应对加入WTO以后所面临的挑战，我们应充分利用《农业协议》允许的“黄箱”补贴空间，进一步加大对农产品收购的保护力度，将市场的粮食等主要农产品的价格维持在一个较为合理的水平上。

“绿箱”支出是指对农产品贸易扭曲作用很小，因而不需削减的农业补贴支出，如农业基础设施建设、农业科研、技术推广和培训、生态工程建设支出等。目前我国平均每年用于这方面的支出很少，占同期全国农业产值的比例也较低，应进一步加大投入力度。农业综合开发投入属政府一般服务支出范畴，符合WTO的“绿箱”政策。为适应加入世贸组织的要求，在不断加大中央财政农业综合开发投入力度的前提下，农业综合开发也要认真研究针对性的措施，提高我国农产品的国际竞争力。一是要加大对农业主产区特别是粮食主产区的扶持力度，支持这些地区改善农业生产条件，降低生产成本，引进、改良品种，加强产品质量监测和检疫，提高农产品竞争力。二是要全面提高农产品质量，努力按照国际质量和安全标准组织农产品生产，积极扶持安全、无公害农产品生产，加快绿色食品、有机食品的发展步伐。三是要大力扶持具有比较优势的农产品的生产、加工和销售，利用我国劳动力资源比较丰富的优势，突出扶持劳动密集型产品，根据各地的资源优势，因地制宜扶持发展特色农产品。四是要不断加大对农业科技示范推广的投入力度，提高农产品的科技含量。

（三）因地制宜搞好农产品产地批发市场，建立和完善农业咨询服务体系

结构调整的过程实质上是资源优化配置的过程。在市场经济条件下，政府引导和推动结构调整，主要任务就是培育市场，创造良好的市场环境，充分发挥市场对结构调整的带动作用。借鉴南非、希腊两国在建立农业咨询服务体系方面的经验，结合我国农业和农村经济发展的实际情况，农业综合开发应在以下几个方面发挥积极的作用：一是要因地制宜搞好农产品产地批发市场建设。产地批发市场是农民销售产品并感受市场信息的快捷渠道，对农业区域化、专业化生产有重要带动作用。应把产地批发市场建设作为农业基础设施基建的重要内容，在合理规划的基础上，增加投入，重点扶持。二是要加快农产品质量标准体系建设。只有建立起严格的、科学合理的质量标准，才能真正实现农产品的优质优价，也才能促进农产品质量的提高。三是加强农产品市场信息网络建设。我国目前多渠道的市场信息服务正在发展，但由政府部门建立的权威性农产品市场信息网络尚在起步阶段，农业综合开发可以进行积极的探索。通过建立市场信息网络，及时、准确地向农民提供价格信息、生产信息、库存信息以及气象气候信息，提供中长期的市场预测分析，帮助农民按照市场需求安排生产和经营，使农产品市场信息网络成为政府引导农民调整结构的重要手段。

（四）根据我国实际情况发展农民合作组织，提高农业产业化经营水平

南非和希腊的经验告诉我们，农民的组织化程度越高，农民的收入也越高，他们的利益也就越能得到充分的保护。两国的经验还证明，千家万户的农业小生产者不是市场经营的主体，只有农业合作组织才能在市场经营中发挥主导作用。与南非、希腊相比，我国家庭经营规模更小，农业小生产与社

会化大生产、大市场之间的矛盾更加突出。我们应采取有效措施，积极探索符合我国国情的农业合作组织，支持和鼓励农民专业经济合作组织的健康发展，以切实保护农民的利益，最大限度地减少加入世贸组织对我国农业和农民所带来的冲击。为此，一是要进一步提高对发展农民专业合作经济组织的必要性、重要性和紧迫性的认识，从深化农村改革、提高农产品质量安全水平和增加农民收入的高度，采取得力措施加快该类组织的发展。二是要尽快制定针对农民专业合作经济组织的相关法律、法规，明确其法律地位，为合作组织的发展提供法律保障。三是研究制定对合作组织的优惠政策，诸如税收优惠、资金扶持、信贷支持等。四是政府有关部门要根据国家法律法规的要求，帮助合作组织建立规范的章程、依法办理登记注册、完善内部管理制度和运行管理机制等。五是加强合作组织的信息网络建设，实现信息资源共享，提升信息服务质量。六是选择那些产业基础好和专业化、市场化程度高的地方开展合作组织试点，及时总结经验，引导其健康发展。通过以上措施，加大对农民专业合作经济组织的扶持力度，增强其市场竞争力和对农民的带动力，提高农业生产的组织化程度和农业产业化经营水平，最终提高我国农业的国际竞争力。

英国农业发展和农村环境保护政策及启示

国家农业综合开发办公室赴英国培训考察团

2004年6月26日至7月16日，财政部国家农发办组团赴英国进行了农业发展和农村环境保护政策学习培训。在英国期间，培训班重点听取了伍斯特大学农村问题研究中心专家关于农业经济与农村环境保护的系列讲座，参观了皇家农业协会举办的皇家农业展，拜访了英国农业支付局、国家农民协会、环境局总部，并与环境、食品及农村事务部以及内阁办公室的官员进行了会谈和交流。

一、英国农业发展现状

英国属典型的温带海洋性气候，一年四季气候温和，降雨充沛，温差变化小，具有十分优越的发展农业的自然条件。英国的国土面积为24.4万平方公里，其中耕地面积6.4万平方公里，约占整个国土面积的26%。2002年英国人口接近6 000万，其中农业人口仅为100万左右，约占总人口的1.7%；农业从业人口约53万人，利用全国可耕地近四分之三。英国地势东南低西北高，其中东南部为平原地带，土壤肥沃，适宜耕种，是英国的粮食主产区，主要发展种植业（包括大田作物和园艺），约占农业总产出的40%；北部和西部多为山区和丘陵地带，雨水较多，草木茂盛，主要发展畜牧业，占农业总产出的60%。农产品主要有谷物（如小麦、大麦）、肉类、奶制品、蔬菜等。畜牧业较为发达，包括养牛、养羊、养猪和养禽等生产部门，其中养牛业产值最大。英国农业总产值占GDP的比重较小，目前尚不到1%，约合66亿英镑。虽然英国的农业在国民经济中的地位并不突出，且呈逐年缩小趋势，但英国优越的自然环境和现代的农耕技术，使其农业劳动生产率达到了相当高的水平。据统计，英国1%的农业劳动力就能生产全部所需的60%的农产品，农业部门每年为本国提供了全部粮食需求的三分之二，以及所需农产品的五分之四。

二、英国农业发展和农村环境保护政策的特点

（一）以欧盟共同农业政策为基准

欧盟共同农业政策早在1962年就已经形成，

其基本内容是：统一农产品经营法规，统一价格、预算和竞争法则，统一农产品市场，统一关税贸易壁垒，建立进口征税、出口补贴的双重机制。英国1972年加入欧盟，5年的过渡期后，于1977年正式全面执行共同农业政策。20多年来，英国农业发展和农村环境保护一直以此项政策为基准。经过1992年、2000年共同农业政策两轮大的改革，过去以价格支持为基础的机制已逐步过渡到以价格和直接补贴为基础的机制，共同农业政策被赋予了更为广阔的内涵，转变为“共同农业和农村发展政策”。英国政府相应地开始强调实行稳定农业地区政策的重要性，大力支持农村可持续发展，积极推行繁荣农业经济与环境保护相结合的政策。

（二）通过立法保护农业发展和农村环境

1942年，英国政府出台了以农村土地利用为主旨的《斯考特报告》，提出对土地实施分类，确认农业用地，让农民拥有土地的使用决定权。1947年《城市和乡村规划法》规定，要通过规划来保护土地。1947年《农业法》强调要扩大农业规模，提高农业生产率，在经济上保护农业，大力推广适用技术等。1949年《国家农村场地和道路法》主要针对农村自然景观的保护，并规定城市的扩大不能占用特殊科学试验用地。这些立法和政策在一定程度上促进了英国农业的发展，同时也带来了环境问题，如由于农场和土地扩大造成一些农场和农村用地自然界限的消失，林木面积减少，池塘、水沟被填平，传统农业建筑物缺乏保护，野生动植物生长环境退化，农村自然景观遭到破坏，牲畜、营养剂、农用化学品污染以及转基因技术的负面影响等。战后多年，人们注重发展生产不重视环保问题。直到1981年，《野生动植物和农村法》开始强调农业环保问题。该法采取了两种方式来进行环保，一是引导方式，这种方式总体上作用较弱；二是自愿方式，这种方式比较受欢迎。如农业用水污染问题处理办法和具有较高价值的特殊科学试验用地的保护等均采用了引导方式，环境敏感地区行动计划和农村管理工作计划则采用的是自愿方式。

（三）制定严格的农村环境保护标准

20世纪80年代以来，英国政府开始着手研究农业发展与农村环境保护的衔接问题，制定了一系列适用于农村环境保护的标准和规范。如针对氮肥对地下水质的污染，1980年颁布并于1985年强制实施的《饮用水指导法》规定，消费者饮用水每升中氮含量不得高于50毫克。1989年的《水法》对氮肥使用较多地区的氮肥使用要求做了明确详细的规定。另外，英国政府除执行1991年《欧盟施用氮肥指导法》中“自然水每升不得超过50毫升氮”的规定外，还规定了更加严格具体的施肥标准：冬季使用氮肥的标准为每公顷25千克；秋季则禁止使用氮肥。氮污染严重地区，每年8月1日或9月1日至11月1日，也禁止使用氮肥。施用有机肥料要距离河道10米以上，距离泉涌50米以上，并且每次施肥不能超过每公顷250公斤；施肥要制定计划，不能过高，每次施肥都应有书面记录。2003年《水框架工作指导》规定，2015年所有的水均应达标。

（四）大力实行农业补贴和保护政策

英国政府在欧盟共同农业政策的框架内对本国农业发展和环境保护采取了积极的农业补贴和保护政策。一是对农村基础设施建设，如农村道路、地界围栏、排水设施等予以一定补贴。二是对农产品价格实施补贴，即当农产品价格低于目标价格或干预价格时，政府仍按目标价格或干预价格收购农产品，以保护农民的收益不被降低。这项补贴每年平均高达25亿英镑，远远高于农业和农村经营收益。三是对农村环境保护进行补贴。如英国政府规定，农民要负责对农场附近的树林、河沟的保护；养殖农场必须有环保计划书，说明如何计划进行环保的。如果农场遵守了这些措施，政府支付105英镑补贴费；如果农场在改变土地用途过程中不施用氮肥，政府则每公顷补贴450—550英镑。在氮污染敏感地区，如果农户每公顷氮肥施用量小于150公斤，则补贴65英镑；如果把耕地转作种植牧草，则每公顷补助590英镑。针对农村居住区的保护以及英格兰9条河流制定的《河流盆地计划》规定，每年每公顷土地政府平均给予175英镑的补贴，以解决水质问题。英国农村环境保护类补贴每年平均累计为15亿英镑，且有增加趋势。四是发放不同

农村地区农产品津贴，即按农民所在地区农业环境条件，根据农产品数量、作物面积、牲畜数目直接给农民进行补贴。如对威尔士和英格兰西部、中部养牛的补助为每年每头牛 123.93 英镑，种牛补助为每年每头牛 90—130 英镑（每个农场只能补助 90 头种牛）；对苏格兰、威尔士、北爱尔兰农村环境差的地区，每公顷农作物补贴 220.5 英镑；对英格兰及其他农村环境较好的地区，每公顷农作物补贴 225.8 英镑。五是对农产品贸易实施关税壁垒。受本国“疯牛病”、“口蹄疫”的影响以及国外农产品进口的冲击，英国同欧盟其他国家一样，对进口农产品实施了强制性的关税贸易壁垒，大大提高了外国农产品进入英国的“门槛”；同时也鼓励出口，并制定了出口补贴条款。六是普遍实行了免费向农民提供技术服务和农产品市场信息服务等政策，并在税收、服务等方面加大了对农村地区的扶持力度。

（五）注重发挥农民协会的作用

英国 1908 年就成立了国家农民协会，当时属英格兰和威尔士，同时在北爱尔兰和苏格兰地区也成立有类似组织。目前国家农民协会在英格兰和威尔士有 6 万名会员，大部分是农场主。每个县有 1 名农协主席，遇到国家农协的会议，每县要选 1 名农协代表参会。农民协会的主要任务是听取和反映农民意见，游说政府机构帮助农民，替农民进行调研。农协有专门的出版物，并成立有专门的农产品贸易公司，主要经营牲畜、小麦、水果、蔬菜等农产品。公司有董事会，经常和有关部门联系、交换信息、帮助农民贷款等。英国国家也成立了农产品协会董事会。国家农民协会每年有 4 次大的会议，参会的都是各地区的农协主席、副主席和代表，主要讨论协会事务及政策，每两年进行 1 次选举。农协的会费从会员中收取，专门为会员提供各项服务。国家农民协会在伦敦地区有 100 名雇员，其他地区各有 10 多名雇员，与政府、银行、公司等均建立了良好的关系，从而为英国农民争取到了较大的利益和好处。

（六）坚持以人为本、人与自然和谐发展的原则

英国农业发展和农村环保政策始终坚持以人为本、人与自然和谐发展的原则。英国政府认为，农业的发展固然很重要，农村地区环境保护问题也同等重要。食品、水、土壤、空气是人类生存的必需，既要量的满足，也需质的保证。1992 年英国召开了有各方人士参加的“环保战略决策会议”，之后的 1994 年便发布了一个旨在提高人民生活质量的章程，指导人们一是正确利用农村资源；二是加强国际合作；三是在提高农业生产力的同时对农村环境保护做出贡献；四是以人为本，考虑成本收益，缩小贫困线，尊重环保。2001 年布莱尔首相上台后，新成立了环境、食品和农村事务部，其主要作用是促进英国农业的可持续发展、突出农村地区环境保护、进行有效的农业改革、促进可持续发展并有竞争力的食品链建设。同时，专门成立了“未来农业与食品政策委员会”，鼓励农民在生产的同时注重环境保护，并建议对农业补贴政策作出相应调整。2001 年英国“口蹄疫”爆发后，政府及时制定了“农村食品战略方针”，主要考虑利润、环境、人这三个因素，提出了规划和措施，目的是更好地利用自然资源，改善景观和生存状态，保护生物多样性，提高公共健康水平和动物福利。

三、几点启示

英国农业在世界经济中并不占多大份额，农业产值占 GDP 的比重也比较低，农业发展和环境保护曾走过曲折的道路。但英国之所以发展成为世界先进的现代化农业国，与政府的保护政策密切相关。我国人多地少，自然条件和工业基础与英国相比均有很大差距，农业现代化的道路还十分漫长，需要借鉴英国的经验和做法。

（一）在 WTO 的协议框架下加大对农业和农村经济发展的支持和保护力度

我国农业受自然条件的影响很大，地区间、城乡间发展极不平衡，农业和农村经济发展的公共投入长期不足，农业基础设施建设、农村公共医疗卫生、中小学教育、社会保障、环境保护、农产品市场体系建设等方面均存在很大的历史欠账。根据 WTO 协议，我国目前的农业投入空间尚十分巨大，用足用好“绿箱”政策和“黄箱”政策应是

各级政府义不容辞的责任和使命。今后除了应加大基础设施建设投入和公共投入外，还应在农民专业技术培训、农村科技推广、农产品市场信息服务等方面重点加大投入。同时，要严格清理向农民收取的不合理的收费和摊派，划清支出的界限和责任，事权和财权要匹配，并出台一系列鼓励和保护政策，认真落实好党中央国务院“多予、少取、放活”的政策。

（二）下决心大力解决好农村环境保护问题

英国政府和广大民众对农村自然景观的重视程度很高，并采取了多方面的保护措施，取得的效果十分明显。我国自实施联产承包责任制以来，农村经济总的状况是越来越好，农村环境卫生状况也有所改变。但与英国相比，我国农村环境存在的问题仍然不容乐观。一是农村地区普遍存在人畜粪便不经处理就露天堆放的情况，生活污水和生活垃圾的处理几乎处于无人管理状态，使农村居民的生产、生活环境受到污染，一些传染性病毒通过粪便、垃圾和污水肆意扩散，给农村公共健康带来威胁。二是化肥、农药使用不合理或存在的质量问题，以及地膜等白色污染，使农产品品质不高，影响身体健康，也影响农产品出口，为国外对我国设置农业“绿色壁垒”提供了口实，影响了农民增收。三是一些工业废水、废气、废渣由于没有净化处理或由于处理设备简易陈旧等，在农村地区轻易找到了“落脚点”，加大了农田的损毁和污染程度。因此，要下大力气解决好农村地区的环境问题，积极帮助农民处理好生活垃圾、生活污水以及人畜粪便等问题，倡导农民合理使用化肥和农药，同时，加大对工业“三废”直排农村的处罚力度，提高农村地区广大农民的生产、生活质量，这是全面建设小康社会的一个重要任务。

（三）制定切实可行的保证粮食安全和食品安全的政策措施和规划

粮食安全和食品安全一般有两层含义，一是粮食和食品在数量上是安全的，能够养活居住在这块土地上的人们；二是粮食和食品在品质和质量上是可靠的，不会影响人类健康。英国有十分严格的粮食和食品安全检测标准和体系，从多方面制定了明确的保证措施和规划。我国人均拥有的耕地面积一直不高，加之一些地区盲目开发，人地矛盾十分突出。近20多年来的农村政策和土地政策基本解决了我国12亿人口的吃饭问题，粮食和食品“量”的问题已初步解决，但“质”的问题仍然非常严峻。应制定和完善保障农产品质量安全的法律法规体系，完善保障粮食安全和食品安全的责任制度，加强管理，提高服务意识和水平，整合农业资源和管理队伍，建立粮食和食品安全预警机制，制定保证粮食安全和食品安全的政策措施和规划。

澳大利亚生态农业培训考察报告

国家农业综合开发办公室赴澳大利亚培训考察团

为学习和借鉴澳大利亚生态农业建设和管理经验，提高农业综合开发生态综合治理项目管理和建设水平，财政部国家农业综合开发办公室于2004年9月5日至26日组团赴澳大利亚进行了为期21天的培训和考察。在此期间，维多利亚州第一产业部以及拉丘伯大学的专家分别向培训考察团介绍了澳大利亚和维多利亚州生态农业发展的基本情况，通过培训传授了澳大利亚在保证食品安全、病虫害防治、复合肥生产及应用方面的主要措施与技术。培训考察团先后考察了墨尔本西部再循环水处理工厂，草莓、葡萄生态种植园，奶牛、家禽饲养农场以及墨尔本北部生态农场。

一、澳大利亚及维多利亚州生态农业发展概况

20世纪90年代以来，随着现代农业的迅猛发展，资源匮乏、环境污染、生态恶化等问题日益突出，世界上越来越多的消费者开始关注食品的质量和安全。建设生态农业，走可持续发展之路已成为世界各国农业发展的共同选择。澳大利亚作为世界主要的农产品出口国之一，一直非常重视并致力于生态农业的建设。

澳大利亚生态农业特别是有机农业从上世纪80年代开始迅猛发展，其核心是在为人类提供健康、安全食品的同时，有效保护生态环境，建立和恢复农业生态系统的生物多样性和良性循环，以实现农业的可持续发展。据统计，澳大利亚从事有机食品生产的农场主有近1 500个，其中22%的有机农场主从事有机食品生产超过15年，44%的有机农场主从事有机食品生产超过10年；有机农场的土地认证面积已达到1 050万公顷，其中，69%的耕地种植大宗农产品，8%的耕地种植园艺作物；有机食品销售额已从1990年的2 800万澳元增加到2003年的10 000万澳元，年均增长5%—10%，而国内市场更是保持着每年60%的增长速度。澳大利亚的《有机产品认证标准》制订于1992年，该标准对有机产品生产的论证、不同行业和产品的具体要求等都有明确规定。国际有机农业运动联盟(IFOAM)、美国、欧盟及日本均认可澳大利亚的有机产品标准，澳大利亚出口的有机农产品由本国的认证机构认证后，可直接出口上述国家。目前，澳大利亚全国共有7家政府授权的有机产品认证单位，其中影响最大的是澳大利亚持续农业协会(NASAA)，该协会认证的有机农场面积约占全澳洲有机农场面积的三分之一。

维多利亚州位于澳大利亚东南部，其农产品和食品生产总值超过150亿澳元，其中奶制品产量占全国的61%，蔬菜水果产量占全国的30%。由于其农产品特别是乳类制品在全国占有举足轻重的特殊地位，维多利亚州政府在发展生态农业、保证农产品安全方面也采取了一系列严格措施。以乳类产品的生产和销售为例：一是做到了有法可依。澳大利亚有适用全国的《食品法》，在此基础上，不同行业或类别又有其特有的法规，如《乳品业法》明确规定了乳品生产标准。二是实施从田园到餐桌的全过程监控，包括对牧场化学污染物和微生物污染物的使用、水质、挤奶场地及挤奶过程的卫生及清洁、运输设备及容器的消毒、生产加工环节的处理过程等实行全程监控。三是注重对农业管理人员特别是农药使用人员的培训。为了保证农产品安全，将农药的危害控制到最低程度，所有的农药使用者都必须进行培训。培训一般由政府有关部门、高校或被授权的私营机构实施，重点讲解农药的储藏、配置、操作和使用程序，受训者在培训合格获得证书后才被允许使用农药。同时，积极推广生物病虫害防治技术，利用害虫的天敌进行病虫害防治，并研究种植自身能抗病害的作物。四是注重生态环境的保护和资源的可持续利用。为了有效保护土地资源，积极推广生态农场建设，通过植树造林和引进豆科作物，预防水土流失，提高土壤生产能力。

二、澳大利亚发展生态农业的主要特点

（一）优越的自然环境使澳大利亚发展生态农业具备得天独厚的条件

澳大利亚国土面积辽阔，全国有牧草地43 860万公顷，林地10 600万公顷，可耕地4 800万公顷，而总人口还不到2 000万人，是世界上人均占有农业资源最多的国家之一。澳洲大陆可划分为3个明显的农牧业区：一是集约农业带，又称高雨量带，其范围从昆士兰州北部海岸延伸到南澳州的东南角，以及西澳州的西南部和塔斯马尼亚，降水较充沛，适于发展种植业和奶牛业。二是小麦、养牛带，其范围从昆士兰州中部向南延伸，经过新南威尔士州坡地至维多利亚北部和南澳州农业区，是半干旱至湿润气候的过渡区，年降雨量400—600毫米，以旱作农业为主，大多数农场经营小麦、养羊和肉牛业。三是牧业带，包括西澳州、南澳州大部分地区及新南威尔士州西部、昆士兰州南部，年降雨量少于400毫米，大陆中部沙漠地区少于200毫米。该地带面积最大，牧场面积达3.8亿公顷。

由于牧场面积广大，澳洲草场的载畜量都较

低。我们考察的墨尔本北部一个家庭农场，经营着280公顷草场，只放养了400头肉牛（其中有200头小牛），平均每公顷养牛1.4头。由于今年雨水充沛，牧草长势良好，放眼望去，连绵不断的牧草郁郁葱葱，悠闲自在的牛群散落其间，一幅自然和谐的完美画面。

（二）先进的农技推广手段为澳大利亚生态农业发展提供了强有力的技术支持

澳大利亚的农技推广机构力量雄厚，组织网络健全。其农技推广工作主要通过以下三个渠道来实施：一是政府机构，主要由各州第一产业部承担，下设乡村事业发展总部，统管农技推广工作。各州划分为6—7个大区，大区又分为若干小区，小区设立乡村事业发展中心，负责该区域的农技推广工作，作为州第一产业部的派出机构，实行垂直管理。州第一产业部下设农业技术研究机构，负责将研究成果编成材料，出售或免费发给农民。我们在考察草莓种植场时，便遇到了维多利亚州第一产业部研究所的两名农技推广人员，为减轻化学肥料对臭氧层的破坏程度，她们正在义务宣传和介绍熏土剂（溴甲烷）的危害及其替代技术的使用方法。二是农资公司、银行和食品加工企业等私人机构，它们为农民提供技术服务及经营方面的咨询，实行有偿服务。三是科研和教育机构。科研和教育机构都有为技术推广服务的生产试验农场，进行推广性的示范工作。推广人员把生产中存在的问题及时反映到科研和教育机构，然后把研究和试验的成果在生产中推广，再把效果反馈给科研和教育机构。农技推广人员必须是大专院校毕业生，具有独立工作和帮助农民解决实际问题的能力。澳大利亚以职前培训和在职培训两种方式对推广人员进行培训。

澳大利亚农技推广的另一个主要特点是农业科研机构与农民之间建立起了密切的利益联结机制，这也是澳洲生态农业技术得以较快推广和运用的重要原因之一。以我们考察的草莓种植合作社为例，该合作社为澳大利亚全国提供80%的草莓藤苗，严格按澳洲草莓行业协会制定的生态技术标准进行生产。由于技术要求较高，该合作社与维多利亚州第一产业部研究所之间建立了密切的合作关系。研究所从合作社每年上交的税收中提成1%—3%作为科研经费，其研究成果则无偿提供给合作社，新技术和课题的推广与应用由政府机构、科研人员和合作社代表共同决定，实现了技术研究推广与生产应用的有机结合。

（三）严密的卫生检疫系统为澳大利亚生态农业发展筑起了坚实的绿色屏障

澳大利亚是一个独处于南大洋，远离其他大陆的国家。为了将各种农作物病虫害挡在澳洲大门之外，联邦政府和各州之间都有自己独立的法律和独立的卫生检疫系统。所有进入澳大利亚国境的农副产品和食品都需要申报，肉、蛋、奶等产品未经检疫坚决不允许携带入境。我们考察团入境时携带的一些方便食品便经过了严格的检查，虽然感觉很繁琐，但正是这种严格的检疫系统为澳大利亚生态农业的发展筑起了坚实的绿色屏障。即便是在澳大利亚国内，各州之间的农副产品也不能直接流通，仍然需要进行各种严格的检疫。一旦发现动植物的流行病，联邦政府和各州政府都不惜一切代价严控疾病的蔓延。疯牛病、口蹄疫在欧美大陆流行期间，澳大利亚虽然没有发现此类疫病，但是他们派出了几十名科研人员去国外学习有关方面的知识。联邦政府和各州检疫部门相互配合，严加防范，成功地阻挡了疯牛病、口蹄疫等疫病的侵入，确保了澳洲畜牧产品的安全。

（四）农民及全社会自觉的环保意识是澳大利亚生态农业得以持续发展的重要基础

19世纪60年代以来，兔子的引进和蔓延曾对澳大利亚造成了严重的生态破坏，导致19世纪90年代和20世纪40年代暴发了两次大的旱灾，使农牧业大幅度减产。另外，近年来在一些灌溉农业区出现了地下水位上升、土壤严重盐碱化的趋势。历史的教训和现实的危机使人们越来越重视环境保护特别是水土流失的治理。除了联邦和各州政府的水土保持部门和流域管理部门承担了一部分水质监测、颁发取水许可证等政府职能以外，农民们以社区为单元自发建立了土地关爱组织。该组织主要针对社区存在的土地和环境问题开展活动，旨在保证社区土地（农场）的长期健康发展，其开展各项活

动都是义务的。不同的土地关爱小组的关注对象（例如农作物病虫害、草场改良、土壤结构、土地次生盐碱、林木退化等）和发展规模都不完全相同。由于全社会对自然资源的保护意识和农业可持续发展的观念逐渐增强，近年来澳洲土地关爱小组的发展速度很快，已经从1992年的1 000多个发展到目前的5 000多个，澳洲40%的农场主都加入了关爱小组，而这些农场主拥有的土地占整个澳洲土地面积的60%。土地关爱小组的建立和迅速推广，为澳大利亚生态农业的可持续发展奠定了良好基础，也收到了明显成效。以我们考察的生态农场为例，该农场主加入土地关爱小组后，为了控制土壤的次生盐碱化，保护生态，从1996年开始种植速生桉树，到2004年，其所在农场的地下水位已从2米多下降至5米多，盐碱化得到了有效控制，整个农场的生态环境也得到了明显改善。

三、借鉴与启示

我国与澳大利亚在农业自然条件和经济体制方面有较大差异。我国人多地少，人均耕地面积仅为世界平均水平的三分之一，在农业和经济发展中承受着巨大的资源和环境压力。加入世贸组织后，我国农业同时又面临较大的市场风险，虽然水果、蔬菜等部分劳动密集性农产品有一定的价格优势，但由于农产品质量和安全问题的影响，出口仍然受到较多限制。因此，加快发展生态农业、提高农产品质量和品质、促进农业资源的可持续利用显得尤为必要和紧迫。通过此次培训和考察，我们从澳大利亚发展生态农业的做法中学到了许多值得借鉴的经验，获得了一些启示。结合我国国情，对我国发展生态农业提出以下几点建议：

（一）加强农产品质量标准体系建设

世界贸易组织关于农产品质量的规定中，明确要求各成员国使用国际标准，并做到国内标准与国际标准接轨。但我国目前的农产品质量还较低，绿色产品、无公害产品尚处于发展阶段，有机产品的生产则只是处于起步阶段，而且缺乏完整的质量标准体系，使我国有机产品的出口只能由进口国的认证机构按本国标准进行检查认证。这样既增加了认证的成本，也影响了我国有机农业的生产和有机食品的出口。虽然近几年国家财政已经设立了农业质量标准制定与监督专项资金，支持农产品质量标准的制定工作，但与加入世贸组织的要求相比，与我国生态农业发展的需要相比，还有很大差距。今后应进一步完善农产品标准体系建设，实现环境体系、生产体系和检测体系的标准化，积极参与和配合IFOAM的活动，加快与国际接轨，尽快推动我国生态农业产品市场的形成。

（二）加强农业生态技术的研究和推广应用工作

生态农业既继承了传统农业精耕细作、施用有机肥、用地养地相结合等技术，同时更离不开现代科学技术特别是生物技术的运用和推广。我国目前虽然有较完整的农业科技推广体系，但农业科研和推广的费用主要靠政府补贴，一些农技推广部门热衷于经营农业生产资料，对农业新技术的示范与推广兴趣不大，科技成果的转化率较低，严重制约了我国农业生态技术的普及和应用。今后，可以考虑逐步将开发和推广应用性农业技术的工作推向社会，在建立健全有关法律规章的前提下，鼓励和支持民营企业投资于农业科技领域，参与农业科研成果的开发利用，千方百计提高农业科研成果的转化率和应用率，为生态农业的发展提供有力的技术支撑和保障。

（三）加强宣传与培训，提高对生态农业的重视程度

生态农业的一个重要方面是保护农业资源和自然环境，促进农业的可持续发展，这既是国际农业发展的趋势，也是为子孙后代谋福利的事业。但是目前仍有一些地方基层政府盲目上项目，只考虑经济效益，不讲究生态效益；只在乎眼前利益，不顾及长远利益。而农民群众在环境保护、水土保持和生态产品的生产方面则普遍存在认识不到位、意识不强的问题，难以自觉地采取有效措施进行生态保护。因此，要加强对生态农业重要性的宣传，使各级政府领导和管理人员树立和增强农业资源有限的意识、农业发展要兼顾资源与环境承载力的意识及农业经济与农业生态要同步规划、同步发展、同步改善的意识，按照“统筹规划，人与自然和谐发

展”的原则和要求制订农业和经济发展规划。同时，要使农民群众了解建设和发展生态农业的重要意义，树立自觉保护生态环境的意识。对农民的宣传可以和生态技术的推广相结合，通过培训让农民学习和了解生态农业技术，体会到生态产品巨大的市场潜力，从而真正调动农民的积极性。只要全社会都重视和支持农业环境的保护和生态产品的开发与应用，我国生态农业的发展必定会有广阔的前景。

（四）大力推进农业综合开发，将稳产高产农田建设与生态农业建设相结合

目前我国生态农业建设的一项主要内容是保护和改善生态脆弱地区的生态环境，其投资重点是退耕还林（草）、天然林保护、防沙治沙以及水土保持等项目建设。生态项目的建设导致了一部分耕地的减少，在我国人多地少、粮食安全问题日益突出的形势下，必须大力推进农业综合开发，通过加强农业基础设施建设，提高农业综合生产能力，建设稳产高产基本农田，确保国家粮食安全。只有将稳产高产农田建设与生态农业建设相结合，才能保证生态项目真正能够建得稳、建得久。二者相互补充、相互配合，既可以有效改善生态环境，发挥生物资源和气候资源多样性的优势，又可以解决退耕后农民的生产生活和当地经济的发展问题。农业综合开发应逐步加大农业生态综合治理工程建设，如草原场建设、小流域治理和土地沙化治理等，同时可以有重点地支持有利于生态保护和恢复的圈养业和家庭经济，与其他生态项目相互补充，共同促进我国生态农业实现持续有效的发展。

加拿大、巴西土地资源开发利用管理考察报告

山东省世行二期项目赴加拿大、巴西考察团

山东省农业综合开发办公室、省财政厅组成的农业土地资源开发利用与管理考察团，于2004年4月10—23日，对加拿大、巴西两国土地资源的开发利用情况进行了学习考察。

一、加拿大、巴西两国土地资源开发利用与管理的主要做法和特点

（一）政策措施

1. 建立农业保护区，强化资源管理。加拿大的大部分省如BC（大不列颠哥伦比亚）省、安大略省等均成立了农业用地委员会，制订了《农业用地委员会法》、《农业用地法》，并建立了农业保护区。

巴西政府也非常重视农业可持续发展，为实现资源的可持续利用，根据资源特点，对全国进行区域划分，规定不同区域种植不同作物，合理开发利用。同时还划定若干资源保护区，在保护区内不许进行任何形式的开发。

2. 拓宽农业资源利用空间，搞好农产品的系列开发。加拿大政府全方位开发一切可供利用的农业资源，如利用沿海滩涂发展蓝色农业及利用林地发展林地农业，使农业所获得的资源及发展空间更加广阔，农业可持续发展的基础条件更加雄厚。在生产与消费方面，根据市场需求充分利用各种农业资源，增加奶、肉、禽、蛋、水果、蔬菜、水产品及花卉，尤其是蔬菜的生产与供给。

3. 鼓励农民保护水土资源。巴西政府鼓励农民建设水土保持等水利设施和工程，种植绿肥作物进行土壤改良和土壤培肥，并为从事这一项目的农民提供贷款等帮助。近年来，政府还利用世界银行提供的贷款实行“提高小农生活质量”计划，实行小流域综合治理。主要做法是应用先进技术，改变小农的掠夺式经营方式，保护水土资源，促进资源

的持续利用。

加拿大政府也特别注重农业土地资源的用养结合，在不断提高农业产量的同时，鼓励农户采取各种措施，保护耕地，促进耕地质量和用水质量的提高。如轮作、免耕、秸秆还田以及利用绿肥进行田间覆盖等。政府部门设有专门的农业研究机构，研究用地养地的科学方法。

4. 政府与企业共同投资，使科研与生产密切结合。为了使科研与生产密切结合，并利于推广应用，加拿大农业与农业食品部在其所属的19个研究中心发起了“对等投资行动”，即由企业及科研单位共同提出研究课题，经审定通过后，由企业和政府按1:1的比例共同投入研究经费。

（二）主要技术

1. 实行区域化种植。如巴西的大豆主要在南部和东南部种植，柑桔的主产地为圣保罗州。加拿大BC省主要种植水果，南部的安大略省主要种植小麦和玉米等作物。

2. 避免雨水击溅而引起的土壤侵蚀。主要是通过在地面覆盖一些植被和落叶，减少由大雨而引起的土壤溅蚀。溅蚀不仅使土壤自身减少，而且由于它加大了表土的裂隙，产生过大的流失通道，从而带走其他的土壤。

3. 减少地表侵蚀。具体措施有：(1) 在地表种植一些短寿命的植被，使其在有径流形成时产生很大的屏障作用，且能提高粗糙度和水流深度，从而降低径流速度。(2) 平整地表面，使地面径流坡度降低到一个合理的水平，如采用梯形阶地、小型贮水池塘，或等高耕作、扩大林地以及其他类似的措施。

4. 减少地面总径流量。具体措施是用植被覆盖地面。植被不仅保护地面不受雨水的冲刷，降低地表径流速度，而且由于活的和死的根系可以截留水分，土壤中拥有大量的微生物可改善土壤结构，从而能增加土壤的贮水速度与数量。植被的范围和密度越大，地下土壤的作用就越大，植被生态系统的“松软程度”就越好。

5. 实行作物覆盖免耕直播耕种技术。这是一种保护性的耕作技术，这种土壤管理方法避免了对土壤成分、结构和自然生物多样性的危害，具有不破坏土壤、蓄水、提高土壤有机质含量、减少投入提高产量的良好效果。在农村推广服务部门的鼓励下，多数农民在大田休闲期和种植季节采用活的或死的生物物质覆盖大田。这种免耕直播技术在巴西的应用面积逐步扩大，大豆应用的面积达到65%以上，玉米的应用面积也较大。

二、几点启示

第一，加拿大、巴西两国政府都十分重视资源的持续利用问题，特别是重视对土地资源的开发利用，非常注重用养结合，做到农业生产的可持续发展。我国人均耕地仅为1.5亩，全国已有三分之一的省人均耕地面积少于1亩，有660多个县人均耕地面积不足半亩，而联合国确定的土地对人口最低生存保障线是人均不低于0.8亩。所以我们在农业综合开发中，必须重视和加强土地资源的可持续利用。

第二，山东省在农业综合开发中应着眼市场需求，根据农业生产条件、技术条件、自然环境、人们的思想观念等，研究和发展我们的优势产业，形成小麦、专用玉米、棉花、花生、蔬菜5种优势农产品生产区域带。要坚持规模化开发、产业化经营、标准化生产、外向型发展，走建设专业经济带、特色产业区的路子。通过调整逐步达到结构优、规模大、品种良、效益高的目标。

第三，加拿大、巴西两国的农业科研与生产结合紧密，生产需要什么，研究单位就研究什么，而且有相当一部分研究课题是企业或农场主委托研究的。这样的研究针对性强，研究成果可以很快应用到生产上并转化为现实生产力，科技成果转化率高，这是值得我们借鉴的做法。

第四，在今后的农业综合开发项目建设中，要进一步加大对农田生态环境的保护和改造力度，因地制宜地建设高标准乔灌结合的农田防护林、防护林带，采用适宜的植被保护好沟渠边坡，搞好农作物秸秆的转化利用，控制化肥与农药的施用，最大限度地减少化学污染，继续搞好项目区的配方施肥工作，减少对土壤和水源的污染。

第八部分

大　事　记

2004年

1月

6日 全国农业综合开发工作会议在浙江杭州召开，财政部副部长廖晓军出席会议并作重要讲话。他指出，农业综合开发工作要以"三个代表"重要思想和党的十六大精神为指导，正确认识当前面临的形势和任务，加速机制创新，加强科学管理，进一步提高工作水平，为确保国家粮食安全和增加农民收入做出新的贡献。会上，国家农发办常务副主任赵鸣骥对学习贯彻廖副部长讲话精神以及做好2004年农业综合开发工作进行了全面部署。会议还重点围绕农业综合开发深化改革、加强管理的基本思路，农业综合开发实施产业化经营的方式等进行了讨论。

6—7日 财政部副部长廖晓军在浙江省考察农业综合开发工作。在嵊州市南田畈中低产田改造项目区、上虞市东海速冻蔬菜加工有限公司以及舟山市兴业有限公司，廖副部长认真听取了项目单位的情况汇报，向基层干部详细询问了项目资金的筹集、使用以及工程建设、管护的情况，并就搞好农业综合开发工作与广大基层干部、农民群众进行了座谈，广泛征求了意见。

14日 财政部发出《关于调整农业综合开发资金若干投入比例的规定》。这次调整的目的，主要是降低农业主产区和西部财政困难地区财政配套比例，减轻地方财政配套困难；同时明确土地治理项目实行100%无偿投入，产业化经营项目有偿无偿资金的投入比例按项目类型分别确定，并适当延长产业化经营项目有偿资金的回收期限。

17日 财政部国家农业综合开发办公室、监督检查局分别发出通报，就2003年组织财政部驻各地财政监察专员办事处对12个省（区、市）以及新疆生产建设兵团、黑龙江省农垦总局进行专项检查的情况进行总结，指出检查中发现的主要问题，提出处理原则及处理意见，明确整改的措施和要求。

18日 国家农业综合开发办公室印发《国家农业综合开发办公室2004年工作要点》，提出2004年农业综合开发工作要认真贯彻落实中央农村工作会议和全国财政工作会议精神，不断提高开发成效；进一步集中投入，突出开发重点；适应新形势要求，加速机制创新；与时俱进，调整完善投入政策；健全制度，提高管理质量和水平；加强学习，加大宣传和培训力度；加强调查研究，改进工作作风。

19日 国家农业综合开发办公室在《农民日报》上公开发布了《2004年国家农业综合开发扶持产业化经营项目申报指南》。这是农业综合开发推进政务信息公开，鼓励符合条件的农业产业化龙头企业积极申报项目，在更大范围内择优选项，提高选项透明度所采取的重要举措。

2月

1日 国家农业综合开发办公室派出5个调研组，分赴河北、内蒙古、黑龙江、吉林、山东、江苏、湖南、湖北、四川、云南10省（区），就农业综合开发开展投资参股项目试点工作进行专题调研。

20日 国家农业综合开发办公室在水利部召开国家农业综合开发联席会议成员单位座谈会。会上，国家农发办通报了农业综合开发2003年的主要工作情况及2004年工作要点，提出了关于与各成员单位配合协作加强部门项目管理等问题的意见。水利部农发办介绍了该部门加强农业综合开发部门项目管理的做法和经验，其他成员单位也就此议题进行了座谈讨论。

20日 国家农业综合开发办公室发出通知，要求各地要高度重视县级报账工作，积极推行规范的县级报账制，并强调：从2004年起，凡是没有实行县级报账制的县，一律取消其农业综合开发县资格。

3月

16日 国家农业综合开发办公室印发《国家农业综合开发县管理暂行办法》。《暂行办法》遵循“总量控制、适度进出、奖优罚劣、分级管理”的原则，对农业综合开发县新增、恢复、暂停、取消、适时退出和行政区划变更确认等事项作出了明确规定。该办法的出台，对于规范和加强农业综合开发县管理工作将起到重要作用。

23日 国家农业综合开发办公室发出通知，要求各级农业综合开发办事机构要主动吸收供销合作社参加农业综合开发联席会议或相应机构；对其推荐或申报的符合立项条件、评审合格的项目要一视同仁予以扶持；要开展联合调研，进一步探索对农民专业合作组织和农产品专业协会的扶持方式；要积极支持供销合作社举办的有关农业综合开发政策和项目管理的培训工作等。

31日 《人民日报》报道，国务院将采取更直接有力的措施促进粮食增产农民增收。文中指出：现有农业固定资产投资、农业综合开发资金和土地复垦资金等要相对集中使用，向粮食主产区倾斜。继续增加农业综合开发资金，新增部分主要用于粮食主产区，加大中低产田改造力度。

4月

6日 国家农业综合开发办公室印发《国家农业综合开发土地治理项目和资金公示制暂行规定》，明确了农业综合开发土地治理项目和资金公示制的实施主体、公示形式、公示环节、公示内容和公示期限等。《暂行规定》的实施，将进一步提高农业综合开发土地治理项目和资金使用的透明度，更好地接受农民群众和社会的监督。

17日 中央电视台《新闻联播》对四川省都江堰市农业综合开发项目区作了专题报道。报道通过对项目区干部群众的采访，充分肯定了农业综合开发在改善农业基本生产条件、扶持农业产业化经营和增加农民收入等方面所发挥的重要作用。同时，报道还就2004年农业综合开发的主要任务采访了国家农发办常务副主任赵鸣骥同志。

24日 在海南省出席博鳌亚洲论坛2004年年会的中共中央总书记、国家主席胡锦涛24日考察了琼海市嘉积镇龙寿洋农业综合开发中低产田改造项目区和海口市石山镇魁星农业园，对农业综合开发的做法给予充分肯定，鼓励海南省要再接再厉，充分发挥海南独特的农业资源优势，面向市场，依靠科技，积极推进农业结构调整，进一步提高农业综合效益。

5月

12日 国家农业综合开发办公室向中央农村工作领导小组汇报农业综合开发工作，领导小组副组长徐有芳以及领导小组办公室的有关同志听取了汇报。徐有芳同志充分肯定了农业综合开发多年来取得的成绩和国家农发办为贯彻落实中央一号文件精神所采取的一系列措施，并对强化农业综合开发在“三农”工作中的地位和作用提出了重要意见。

26日 国家农业综合开发办公室印发《国家农业综合开发土地治理项目建设标准》，对农业综合开发中低产田改造、中型灌区节水配套改造、生态综合治理等项目的建设内容及标准进行了规范，并明确今后凡国家立项投资的农业综合开发土地治理项目，必须按照本建设标准进行规划设计、施工建设和检查验收。

28日 国家农业综合开发办公室印发《国家农业综合开发办公室土地治理项目工程建设监理办法（试行）》，对农业综合开发项目应实施监理的范围及内容、监理单位应具备的资质条件、有关监理合同与监理程序的设定、监理委托单位与监理单位之间的权利义务关系、监理费用等作出了明确规定。

6月

9日 国家农业综合开发办公室派出调研组，

赴安徽就探索改革创新农业综合开发机制的新思路、解决农业综合开发面铺得过大和资金安排分散问题的新举措以及总结农业综合开发实施利用世行贷款加强灌溉农业二期项目的经验成效等进行调研。

21日　世界银行专家、英国国际发展部官员以及国家农发办有关同志组成考察团赴山东进行考察。考察团实地察看了山东省已建成的供水公司和农民用水者协会，听取了山东省农发办关于利用世界银行贷款加强灌溉农业二期项目中自主管理灌排区建设与运行情况、利用英国国际发展部赠款实施面向贫困人口的农村水利改革项目准备情况的工作汇报。考察团对山东省自主管理灌排区的建设成效给予高度评价，并对面向贫困人口的农村水利改革项目的准备工作提出了一些建议。

24日　国家农业综合开发办公室发出通知，要求各地认真做好2004年农业综合开发竣工项目的验收工作，明确2004年竣工项目的验收将实行自下而上、分级管理，采用省、市级农发办事机构自验与国家农发办重点抽验相结合的方式进行，并对验收的范围与依据、验收内容、验收组织、验收评价、验收奖惩等作了具体规定。

25日　国家农业综合开发办公室印发《关于严格推行农业综合开发土地治理项目工程建设监理制的通知》，要求各地要认真贯彻执行《国家农业综合开发土地治理项目工程建设监理办法（试行）》，并明确从2004年起，凡国家立项的农业综合开发土地治理项目都必须推行工程监理制，择优选择监理单位，严格控制和管理监理费用。国家农发办将把监理办法的执行情况作为考核各地项目管理工作质量的重要内容。

25日　世界银行派出项目代表团，对农业综合开发利用世界银行贷款加强灌溉农业二期项目进行全面总结。经考察，代表团对项目取得的成绩给予了高度评价，认为这是世行贷款最成功的项目之一。这标志着加强灌溉农业二期项目基本结束，并通过世界银行的验收。

7月

7日　国家农业综合开发办公室派出检查组，就广东省农业综合开发资金和项目管理中存在问题的整改情况进行检查。检查组认真听取了广东省财政厅、农发办关于整改工作的汇报，并实地查看了佛山市高明区、三水区的具体整改情况，提出了进一步加强资金和项目管理的意见和建议。

26日　国家农业综合开发办公室派出调研组，赴四川、重庆两地就农业综合开发贯彻落实中央一号文件，在促进农民增收和加强粮食生产能力建设方面所采取的措施，以及如何进一步完善农业综合开发“自我积累、滚动发展”的运行机制，做好农业综合开发投资参股试点准备工作等情况进行实地调研。

8月

3日　国家农业综合开发办公室派出调研组，赴西藏自治区就西藏农业综合开发的实施情况、政策调整和发展方向等问题进行实地调研。

19日　国家农业综合开发办公室发出通知，要求各地认真研究总结国家农业综合开发“十五”计划实施的总体情况，重点总结实施中的经验教训，深入分析存在的问题，并对改进“十一五”规划编制工作提出有针对性的、可操作性强的具体意见和建议。

9月

6日　财政部印发《国家农业综合开发投资参股经营试点管理暂行办法》，对农业综合开发投资参股经营应遵循的原则、投资参股经营项目的申报和审批、各级财政（农发）部门对项目的管理职责、国有股投资收益管理及国有股权转让管理等作出了明确规定，并选择河北、内蒙古、辽宁、吉林、安徽、河南、湖北、四川、云南、新疆等10省（区）作为试点地区，开展国家农业综合开发投资参股经营试点工作。

17日　面向贫困人口的农村水利改革项目启动会在京召开。英国国际发展部、世界银行、财政部、水利部及有关项目省的代表出席了会议。面向贫困人口的农村水利改革项目是利用英国国际开发署赠款，通过建立和发展用水者协会，促进我国农村小型水利工程管理体制改革。该项目由世界银行负责管理，水利部和国家农发办负责组织实施。项目启动会的召开，标志着该项目正式进入了实施阶段。

20日 世界银行派出评估团，对农业综合开发利用世界银行贷款农业科技项目进行评估。评估团着重就项目的财务可行性、经济可行性、技术可行性以及对环境和社会的影响等展开了全面评估论证，并就进一步加强和改善项目前期准备工作提出了一些意见和建议。

28日 财政部印发《关于加强农业综合开发专项科技示范项目运行监管和农发国有资产处置管理的指导意见》，要求各地要加强对已建成专项科技示范项目的运行监管，并明确了农发国有资产的管理范围、管理原则、管理机构和管理职责，对农发国有资产的界定、登记、评估和处置等也作出了具体规定。《指导意见》对确保农发资金形成国有资产的安全、完整和正常运行将起到重要作用。

30日 国家农业综合开发办公室印发《2005年国家农业综合开发产业化经营项目申报指南》，对2005年农业综合开发产业化经营项目申报的指导思想、扶持范围和重点产业、扶持对象、立项条件、扶持政策等作出明确规定。《申报指南》同时在《经济日报》、《农民日报》等报刊媒体上刊登。

10月

15日 国家农业综合开发办公室派出调研组，分赴湖北、安徽两省，就修订农业综合开发项目统计报表进行专题调研。调研组采取座谈、试填新报表等多种形式，就新报表体系、指标设置、统计口径及数据来源等问题广泛征求了地方同志的意见。

21—24日 中共中央委员、中央农村工作领导小组副组长徐有芳同志视察农业综合开发项目区。徐有芳在安徽就各地贯彻落实中央一号文件情况进行调研时，实地视察了农业综合开发项目区，并对农业综合开发工作给予高度评价。国家农业综合开发办公室有关领导全程陪同了视察。

11月

2日 国家农业综合开发办公室在山东威海举办利用英国赠款实施面向贫困人口农村水利改革项目启动培训班。培训班上，世行项目专家分别就建立参与式农民用水户协会、加强农村小型水利设施管理等内容对各地项目管理人员进行了培训。

15日 世界银行派出项目准备团就农业综合开发利用世界银行贷款加强灌溉农业三期项目的前期准备工作进行检查。准备团分别与国家农发办及河南、河北、江苏、安徽、山东等省农发办就进一步完善项目前期准备工作进行了讨论，提出一些意见和建议。

12月

1日 财政部办公厅发出通知，明确全国农业综合开发办公室主任暨计划财务会议将于2005年1月11—12日在江苏镇江召开。会议的主要内容是学习贯彻中央农村工作会议和全国财政工作会议精神，总结2004年农业综合开发工作和部署2005年工作；同时，对各省（区、市）贯彻落实国家农业综合开发第一次联席会议和财政部“关于改革和完善农业综合开发若干政策措施的意见”的情况进行总结，并交流各地在资金和项目管理中形成的有效经验和做法等。

6日 国家农业综合开发办公室印发《国家农业综合开发项目统计报表》和《国家农业综合开发部门项目统计报表》，要求各地和中央农口有关部门农发办高度重视报表填报、严把数据审核关、及时报送报表和正确使用统计数据。新报表是按照“科学、规范，真实、准确，简要、实用”的原则和要求，在充分调研和广泛征求意见的基础上，对1999年制订的国家农业综合开发项目统计报表进行重新修订形成的。

7日 财政部印发《农业综合开发财政资金配套保障试点办法》，明确内蒙古、吉林、江西、河南、重庆、贵州、甘肃、新疆等8省（区、市）将作为试点地区，从2005年起实施农业综合开发财政资金配套保障试点，即每年将根据地方财政配套资金的实际落实情况来确定其中央财政资金投入规模。

14日 国家农业综合开发办公室就2004年农

业综合开发项目和资金专项检查情况发出通报，对各地开展项目和资金自查自纠工作所取得的成绩给予了充分肯定，同时结合国家农发办抽查验收情况，通报了部分地区在项目和资金管理中仍存在的问题，提出具体整改要求。

28日　回良玉副总理在中央农村工作会议的讲话中，要求“继续增加农业综合开发资金”。

31日　中共中央、国务院发出《关于进一步加强农村工作提高农业综合生产能力若干政策的意见》，明确“中央和省级财政要较大幅度增加农业综合开发投入，新增资金主要安排粮食主产区集中用于中低产田改造，建设高标准基本农田”。

（财政部国家农业综合开发办公室综合处供稿，吴川执笔）

第九部分

机　构　人　员

国家农业综合开发联席会议
领导成员名单*

召集人：回良玉（国务院副总理）

成员单位	领导成员
	张　勇（国务院副秘书长）
国家发展和改革委员会	刘　江（副主任）
财政部	廖晓军（副部长）
水利部	翟浩辉（副部长）
农业部	张宝文（副部长）
国土资源部	鹿心社（副部长）
国家林业局	李育材（副局长）
中国人民银行	吴晓灵（副行长）
中国农业银行	张　云（副行长）
中华全国供销合作总社	李春生（副主任）

财政部国家农业综合开发
办公室领导名单

常务副主任：赵鸣骥

副　主　任：刘世江　宋志刚

巡　视　员：王　征

助理巡视员：黄家玉

* 本部分人员名单、职务均以2004年12月31日时的任职者及其职务为准。

财政部国家农业综合开发评审中心领导名单

主　任： 王　征（兼）

副主任： 韩国良

各省、自治区、直辖市和计划单列市，新疆生产建设兵团，黑龙江省农垦总局农业综合开发办公室领导名单

一、北京市农业综合开发办公室

主　任：高　麓

副主任：赵玉民

二、天津市农业综合开发办公室

主　任：李志强

三、河北省农业综合开发办公室

主　任：乔　满

副主任：金树林　郝同信

四、山西省农业综合开发办公室

主　任：赵建生

副主任：孙长富

五、内蒙古自治区农业综合开发办公室

主　任：陈文平

副主任：王　湖　任俊山

六、辽宁省农业综合开发办公室

主　任：陈广君

副主任：马　健　张景祥　陈　学

七、大连市农业综合开发办公室

主　任：李维明

副主任：霍士彬

八、吉林省农业综合开发办公室

主　任：雒鹏飞

副主任：张茂平　齐　健

九、黑龙江省农业综合开发办公室

主　　任：李继纯

常务副主任：运连鸿

副 主 任：薛英杰　张力新

十、上海市农业综合开发办公室

主　　　任：朱炜琪

评审中心主任：贾春廷

副　主　任：吴志傲

十一、江苏省农业资源开发局

主　任：吴洪彪

副主任：张秀才　李俊超　张学平

十二、浙江省农业综合开发办公室

主　　任：沈继宁

常务副主任：谭景玉

副 主 任：叶　旦　赵国瑛

十三、宁波市农业综合开发办公室

主　任：胡望真

副主任：刘展国　陈建国

十四、安徽省农业综合开发局

主　任：罗建国

副主任：孔少林　吴行一

十五、福建省农业综合开发办公室

主　任：孙婷婷

副主任：陈武仁　柯光明
　　　　郑成炳

十六、厦门市农业综合开发办公室

主　任：庄志杰

十七、江西省农业综合开发办公室

主　任：章康华

副主任：刘光华　喻　云

十八、山东省农业综合开发办公室

主　任：曹云龙

副主任：张殿德

十九、青岛市农业综合开发办公室

主　任：迟华东

二十、河南省农业综合开发办公室

主　任：张成智

副主任：井剑国　史献志
　　　　郭生建　范增玉

二十一、湖北省农业综合开发办公室

主　任：柳以洲

副主任：熊动员　王　珂
　　　　付艳云

二十二、湖南省农业综合开发办公室

主　任：罗志宏

副主任：张立东　张保明
　　　　余健来

二十三、广东省农业综合开发办公室

主　任：瞿志印

副主任：容康栋　李华东

二十四、深圳市农业综合开发办公室

主　任：李廷忠

副主任：林庆雄

二十五、广西壮族自治区农业综合开发办公室

主　任：王　岩

副主任：李丽琪

二十六、海南省农业综合开发办公室

主　任：曾德运

副主任：钟振雄

二十七、四川省农业综合开发办公室

主　　　任：张其昌

常务副主任：廖崇良

副　主　任：刘万春　吴跃峥

二十八、重庆市农业综合开发办公室

主　任：刘念慈

副主任：黄同均　陈腾杰
　　　　张洪寿

二十九、贵州省农业综合开发办公室

主　任：周培荣

副主任：龚晓宽　王卫东

三十、云南省农业综合开发办公室

主　任：赵新黔

副主任：郭　鸣　赵晓静
　　　　李勇明

三十一、西藏自治区农业综合开发办公室

主　任：赵宪忠

三十二、陕西省农业综合开发办公室

主　任：雷生辉

副主任：杨效宏　梁振思

三十三、甘肃省农业综合开发办公室

主　任：马自学

副主任：吉国荣

三十四、青海省农业综合开发办公室

主　任：杨珠生

三十五、宁夏回族自治区农业综合开发办公室

主　任：董　锋

副主任：马　琮　刘兆柏

三十六、新疆维吾尔自治区农业综合开发办公室

主　任：夏代提·海木都拉

副主任：夏玉华　白西荣
　　　　莫合塔尔·土尔地

三十七、新疆生产建设兵团农业综合开发办公室

主　任：陈大川

三十八、黑龙江省农垦总局农业综合开发办公室

主　任：侯培耀
副主任：高起中　刘　伟
　　　　田玉明

国家农业综合开发联席会议成员单位负责农业综合开发工作的司领导名单

国家发展计划委员会
杜　鹰（农村经济司司长）
水利部
李代鑫（农村水利司司长）
农业部
李伟方（发展计划司副司长）
国土资源部
刘仁芙（耕地保护司助理巡视员）

国家林业局
姚昌恬（发展计划与资金管理司司长）
中国人民银行
姜维俊（货币政策司副司长）
中国农业银行
崔宗河（农业信贷部总经理）
中华全国供销总社
张祥茂（科教部部长）

地、县级农业综合开发办公室领导名单

地　区	姓　名	地　区	姓　名	地　区	姓　名
北京市		无极县	陈庆儒	馆陶县	王义道
门头沟区	胡　雷（副）	平山县	王彦明	魏　县	刘敬民
房山区	刘　明（副）	高邑县	任秀省	临漳县	崔振海
通州区	陈玉红（副）	赞皇县	张喜臣	磁　县	王新生
顺义区	于宏伟（副）	鹿泉市	高士信	曲周县	王希光
大兴区	方志军（副）	唐山市	莫连营（副）	邱　县	张银华
昌平区	汤学刚（副）	丰润区	谷孝功	邢台市	王富友
延庆县	孟庆云（副）	丰南区	张满新	邢台县	宋晓淮
怀柔区	冯国明（副）	滦南县	何俊林	沙河市	甄德军
密云县	曹　圣（副）	滦　县	贡怀民	南宫市	田桂新
平谷区	张献华（副）	乐亭县	张连金	临城县	李建㧐
天津市		迁西县	李维中	隆尧县	董长平
东丽区	赵　晖	迁安县	宋志勇	任　县	谷少波
津南区	刘金权（兼）	遵化市	毛成海	清河县	李俊珂
西青区	阎德来（兼）	玉田县	马连生	新河县	张世华
北辰区	周荣娟	唐海县	孙建东	巨鹿县	李现坤
塘沽区	张志龙（兼）	秦皇岛市	张树江（兼）	平乡县	王仁忠
大港区	孙培高	昌黎县	张兆红	广宗县	王奎山
武清区	韩铁军（兼）	抚宁县	李立明	威　县	肖恩灿
宝坻区	陈　宇（兼）	卢龙县	李福桥	宁晋县	耿秋安
静海县	刘庆尧（兼）	青龙县	张振东	临西县	史方哲
宁河县	王东军（兼）	邯郸市	李广华	保定市	崔义祥
蓟　县	李春华（兼）	成安县	韩振平	徐水县	崔宝平
河北省		肥乡县	李士江	清苑县	张彦宏
石家庄市	杜占贞	邯郸县	张献忠	涿州市	王　伟
辛集市	陈国光	大名县	郭臣波	高碑店市	魏贺立
藁城市	郝雨勤	永年县	崔现江	涞水县	胡金庚
晋州市	李振军	鸡泽县	赵银章	易　县	崔增宝
正定县	刘领军	广平县	张学诗	满城县	韩冀州

续表

地　区	姓　名	地　区	姓　名	地　区	姓　名
安国市	杨志敏	永清县	张金智	太原市	白斌寿
雄　县	张忠良	固安县	陈　彪	小店区	刘宝玉
高阳县	魏增铎	霸州市	甄　强	清徐县	牛润喜
安新县	刘东臣	文安县	刘凤桐	大同市	孟耀雄
蠡　县	赵昌平	大城县	李有朝	天镇县	张如胜
博野县	陈昌志	大厂县	李有义	广灵县	薛凯旋
容城县	赵贺兴	沧州市	刘树祥	灵丘县	王　涵
定州市	安冬至	任丘市	席永平	阳高县	马元杰
曲阳县	万树勋	河间市	李顺增	大同县	仝济峰
定兴县	许保明	肃宁县	曹文霞	南郊区	王秀生
承德市	姜凤详	献　县	刘德平	左云县	李　凯
双滦区	许　明	泊头市	周炳义	浑源县	王振业
丰宁县	徐化广	吴桥县	郭　峰	阳泉市	林有亮
围场县	杨自立	东光县	张吉海	平定县	李小平（兼）
滦平县	陈卫东	南皮县	迟新明	长治市	李文钰
隆化县	姜志民	黄骅市	沈涣晨	郊　区	闫素青
宽城县	孙　福	海兴县	张福龙	长治县	牛旭山
平泉县	李继权	盐山县	刘新马	襄垣县	韩国兴
承德县	吕国良	孟村县	张振国	屯留县	罗俊保（兼）
张家口市	曹汉武	青　县	王汉宝	长子县	张先堂（兼）
沽源县	尹　钊	沧　县	孙重英	晋城市	王志明
尚义县	王　元	临港区	于连志	高平市	张永昌
张北县	张　旺	南大港	吕书华	泽州县	杨贵川
康保县	史良才	衡水市	裴保顺	阳城县	张永斌
万全县	张万宝	桃城区	杨群豹	朔州市	兰文增（兼）
宣化县	王瑞成	冀州市	黄同明	朔城区	郭文运
蔚　县	方英杰	枣强县	高全义	山阴县	何培龙
阳原县	郭连忠	武邑县	杨存生	应　县	董荣品
赤诚县	于春禄	深州市	刘丙戌	怀仁县	夏文政
怀来县	张初晓	武强县	郝骥路	右玉县	景志强
怀安县	张美英	饶阳县	张庆功	忻州市	王俊章
廊坊市	邢桂桐	安平县	袁和平	忻府区	刘明祥（副）
三河市	李宪庭	故城县	王义海	原平市	陈谦海
香河县	周志广	景　县	孟庆安	定襄县	李文怀
安次区	刘兆福	阜城县	蒋铁树	五台县	边和平
广阳区	王景生	**山西省**		代　县	赵岸俊

续表

地 区	姓 名	地 区	姓 名	地 区	姓 名
繁峙县	刘 刚	方山县	冯连保（兼）	察右中旗	刘永宽
晋中市	武景林	**内蒙古自治区**		四子王旗	云志军
平遥县	霍维忠	呼和浩特市	王贵生	通辽市	王套图格
昔阳县	赵春华	土左旗	韩晋国	科尔沁区	刘增和
寿阳县	张锡智	托克托县	王先士	开鲁县	王耀华
介休市	李怀珠（兼）	和林格尔县	郭 瑞	科左中旗	包 金
祁 县	段 福	武川县	周 勇	科右中旗	冯树忠
太谷县	武友林	赛罕区	王富根	奈曼旗	杜 良
临汾市	王久生	呼伦贝尔市	李睿军（兼）	库伦旗	辛 富
尧都区	王长平	扎兰屯市	杨 华	扎鲁特旗	肖树生
霍州市	安志勇	阿荣旗	姜立波	霍林郭勒市	齐风学
曲沃县	付孟喜（兼）	莫力达瓦旗	严 波（兼）	赤峰市	李景荣
翼城县	郝安生	鄂伦春旗	陈淑玲（兼）	阿鲁科尔沁旗	李宝军
安泽县	赵红兵	海拉尔区	孙桂兰	巴林左旗	张振雨
襄汾县	郭忠民（副）	鄂温克旗	张桂华	巴林右旗	许国利
洪洞县	张执刚	陈巴尔虎旗	佟宝泉（兼）	林西县	姚玉清
乡宁县	马海水	陈巴尔虎左旗	韩 峰	克什克腾旗	吕 贵
汾西县	谭雪凡	陈巴尔虎右旗	吴 英	翁牛特旗	李 方
侯马市	马明礼	海拉尔农场区	沈 宽（兼）	喀喇沁旗	许俊哲
大宁县	高红旭	额尔古纳市	闫立新	宁城县	曲志林
运城市	柴广林	根河市	蔿 军	敖汉旗	尹文清
盐湖区	管树岗	包头市	任 福	元宝山区	王殿喜
永济市	张仰民	土右旗	段慧森	松山区	王风学
芮城县	姚应强	固阳县	张子英	鄂尔多斯市	高子奎（兼）
临猗县	陈广运	达茂旗	格日勒图	东胜区	李 军
万荣县	王建民	九原区	王 忠	达拉特旗	马 玺
新绛县	刘国柱	石拐区	郭小春	准格尔旗	张万春
稷山县	程建校	万水泉	贾彦宙	鄂托克旗	石三才
河津市	张中秋	乌海市	段小平	乌审旗	哈斯巴图
夏 县	王锋俊	乌达区	王均献	伊金霍洛旗	李录泽
平陆县	杨万禄	海南区	李栓和	鄂托克前旗	张艳阳
垣曲县	王英武	海渤湾区	王 峰	杭锦旗	王新海
吕梁市	刘 澎	乌兰察布市	周世生	巴彦淖尔市	燕贵枫
孝义市	田 江	兴和县	郝生云	磴口县	孟 彪
文水县	郭 贵（兼）	卓资县	郝精神	五原县	刘 军
岚 县	崔月明（兼）	凉城县	刘世平	临河区	张红岐

续表

地　区	姓　名	地　区	姓　名	地　区	姓　名
乌拉特前旗	郭　峰	金州区	宫国伟	辽阳市	茹文鹤
乌拉特中旗	张建华	长海县	张中燊	辽阳县	张俊义
乌拉特后旗	阿拉腾格日勒	瓦房店市	段　凯	灯塔市	李恩富
杭锦后旗	黄文林	普兰店市	李开亮	太子河区	曹熙芝
锡林郭勒盟	包满那	庄河市	王茂开	铁岭市	李　军（兼）
锡林浩特市	袁红丽（兼）	鞍山市	王金洲	铁岭县	徐　萍
阿巴嘎旗	白云江（兼）	海城市	万明哲	开原市	关士刚
苏尼特左旗	刘鸿雁（兼）	台安县	曹向前	昌图县	马永宽
苏尼特右旗	鲍向东（兼）	岫岩县	闻运峰	西丰县	董　连（兼）
东乌珠穆沁旗	牛卫东（兼）	千山区	张春梅	调兵山市	王玺安
西乌珠穆沁旗	海　山（兼）	抚顺市	郎奕华	清河区	苏跃贵
正蓝旗	王坤云（兼）	抚顺县	刘新刚	朝阳市	顾尚武
正镶白旗	刘全福（兼）	清原县	杨维君	北票市	刘永杰
镶黄旗	革　命（兼）	新宾县	冯艳菊	朝阳县	贾福生
兴安盟	潘继光	本溪市	王焕顺	建平县	潘继峰
乌兰浩特市	洪胜利（兼）	本溪县	张庆刚	喀佐县	刘树德
科右前旗	白玉成（兼）	桓仁县	宋文禄	凌原市	胡革政
突泉县	王焕志（兼）	丹东市	李　春	龙城区	陈　静
科右中旗	陈贵生（兼）	东港市	孙大伟	盘锦市	eq建华
扎赉特旗	贾忠双（兼）	凤城市	安云升	盘山县	李兴忱
阿拉善盟	闫小鹏	宽甸县	王维新	大洼县	张宝勤
阿拉善左旗	刘鸿功	振安区	吕振业	葫芦岛市	赵贵祥
额济纳旗	杨永跃	锦州市	杨文奕	兴城市	赵殿彪
辽宁省		凌海市	李吉安	绥中县	李秀环
沈阳市	路玉甫（兼）	义　县	白　英	建昌县	张　启
辽中县	蔺欣光	北宁市	郑大志	连山区	岳忠新
新民市	龚　兵	黑山县	金铁奎	**吉林省**	
康平县	刘凤武	太和区	宋继龙	长春市	刘　晶
法库县	老建平	营口市	邵德祥	榆树市	王忠升
苏家屯	白寿发	盖州市	赵明石	农安县	张君成
新城子	李树正	大石桥	许　伟	德惠市	张为志
东陵区	孙　敏（兼）	老边区	沈源香	九台市	刘　伟
于洪区	周景顺	阜新市	曹　权	双阳区	曹　合
大连市	李维明	阜新县	张云杰	朝阳区	张文伟
甘井子区	范景清	彰武县	陈　权（兼）	南关区	丁　俊
旅顺口区	徐克凯	细河区	符　宏	宽城区	朱广庆

续表

地　区	姓　名	地　区	姓　名	地　区	姓　名
绿园区	付彩霞（兼）	洮南市	徐　影	宾　县	王玉申
二道区	王　彪（兼）	洮北区	刘　友（兼）	依兰县	朱庆民
净月区	陈希元（兼）	通榆县	李金成	延寿县	商洪纯
高新区	李　辉（兼）	镇赉县	张立新	木兰县	于海江
经济开发区	齐　志（兼）	大安市	林　坚	通河县	吕方太
吉林市	张吉丰	松原市	王　涛	方正县	杨　伟
船营区	王利慧	长岭县	房纯田	道里区	李桂玲
昌邑区	王泽祥	乾安县	张　清	道外区	王　聪（兼）
龙潭区	王晓明	扶余县	程万利	南岗区	韩良芝（兼）
丰满区	黄庆利	前郭县	郤仲智	香坊区	景云岗
永吉县	李云楼	宁江区	奚中俊	松北区	李　侃
蛟河市	王胜利	农业高新技		动力区	张秋波（兼）
桦甸市	董艳玲	术开发区	郑国志	平房区	金　锋（兼）
舒兰市	王树滨	白山市	王学连	呼兰区	刘文军
磐石市	邱玉明	八道江区	刘玉武	齐齐哈尔市	任国英
四平市	王子蓬	江源县	王维义	龙江县	王宝清
梨树县	张文军	靖宇县	许广平	讷河市	王启春
双辽市	赵世武（兼）	长白县	陈　敏	依安县	陈伟光
公主岭市	田　云	抚松县	王　亮	泰来县	路文波
伊通满族		临江市	法维生	甘南县	梁宪臣（兼）
自治县	王福山	延边朝鲜族自治州	张永日	富裕县	徐连富
铁西区	金　凯	延吉市	李万株	克山县	徐凤学（兼）
铁东区	蔡君复	图们市	朴永哲	克东县	史玉林
辽源市	孙　伟	郭化市	姬广建	拜泉县	顾凤林（兼）
龙山区	刁　坤	珲春市	金哲龙	龙沙区	马宝忠
西安区	赵东梅	龙井市	张仁石	建华区	文元奎
东丰县	孙连邦	和龙市	朴炳三	铁锋区	李　伟
东辽县	岳长龙	汪清县	石万吉	富拉尔基区	梁　钢
通化市	李　智	安图县	禹敬爱	昂昂溪区	王明之（副）
东昌区	张晓杰（副）	**黑龙江省**		梅里斯区	李尚威
二道江区	尹长河	哈尔滨市	王贵良	碾子山区	苏宏光
梅河口市	张友毅	五常市	楚立飞	牡丹江市	金日勋（兼）
集安市	孙　勇	双城市	刘纯宏	宁安市	夏继亮（兼）
辉南县	张盛明	阿城市	蒋险峰	穆棱市	王中才（兼）
柳河县	王凤斌（兼）	尚志市	陈　遐	林口县	高月清（兼）
通化县	孙鹏红				
白城市	申江发（兼）	巴彦县	李丛林	东宁县	张传林

续表

地　区	姓　名	地　区	姓　名	地　区	姓　名
海林市	孙宪文（兼）	伊春市	安忠辉	塔河县	孙宝岩
绥芬河	黄继杰	嘉荫县	夏万江	加格达奇区	王迎新
东安区	李广志（兼）	铁力市	陈天临	漠河县	唐凤军
西安区	刘文艺（兼）	友好区	杨建忠	**上海市**	
爱民区	于　强（兼）	翠峦区	张大稳	宝山区	陈仕宏
阳明区	郭艳华（兼）	绥化市	于耀志	南汇区	储野元（兼）
佳木斯市	牟秀荣	北林区	张彦方	奉贤区	罗　敏
富锦市	赵　君	安达市	方喜维	松江区	闵德云
同江市	于明太（兼）	肇东市	高连武	金山区	沈　文
抚远县	吴柏林	海伦市	邹立国	青浦区	汤福明
桦川县	冯玉广（兼）	望奎县	张忠汉	崇明县	顾圣群（兼）
桦南县	马耀宪	绥棱县	李明义	浦东新区	龚重苏
汤原县	郝建民	青冈县	孙长河	**江苏省**	
郊　区	曹家祥（兼）	庆安县	刘景仁	南京市	夏功年
鸡西市	李传良（兼）	兰西县	王建武	江宁区	彭永海
鸡东县	魏福才	明水县	王朝君	浦口区	吴建银
密山市	李侃瑞	大庆市	曲殿玉	六合区	季文群
虎林市	张少华	肇州县	侯绪宏	溧水县	周光友
鸡冠区	徐春波（兼）	肇　源	仇殿阁	高淳县	徐小金
恒山区	邢雁和（兼）	林　甸	刘喜福	无锡市	周洪庚
滴道区	毛冬艳（兼）	杜　蒙	夏　杰	江阴市	徐林峰
城子河区	张玉娥（兼）	大同区	马银生	宜兴市	吴良才
梨树区	金辉善（兼）	红　岗	张学武	锡山区	丁伦元
麻山区	李　慧（兼）	让胡路区	陈德旺	惠山区	周群演
鹤岗市	孟祥全（兼）	龙凤区	李国忠	滨湖区	计惠明
萝北县	范永吉（兼）	萨尔图区	王志辉	徐州市	恽芝健
绥滨县	隋士敏（兼）	开发区	孔令民	丰　县	刘法贞
七台河市	翟春玉	黑河市	郭文贵	沛　县	徐兴常
勃利县	侯殿义	北安市	郭志峰（兼）	铜山县	李长洲
茄子河区	张宝权	嫩江县	马庆喜（副）	邳州市	王广栋
双鸭山市	张振伟	五大连池	刘宝志	睢宁县	王万鹏
尖山区	林庆富	逊克县	宋振中	新沂市	郭希端
饶河县	谷建国	孙吴县	王胜义（兼）	贾汪区	周刘生
宝清县	朱庆喜	爱辉区	孙永德	常州市	吴新法
集贤县	于兴禾	大兴安岭地区	高　军	溧阳市	许洪保
友谊县	于跃春	呼玛县	李耀龙	金坛市	汤和平

续表

地 区	姓 名	地 区	姓 名	地 区	姓 名
武进区	田炳坤	亭湖区	周质恂	建德市	王建廷
新北区	屠伟庆	阜宁县	殷祝山	淳安县	宋士中（兼）
苏州市	陆云福	盐都区	裔式元	临安市	马泽华（兼）
相城区	矫国兴	射阳县	耿 耿	宁波市	胡望真
吴中区	顾建列	大丰市	赵锦国	慈溪市	陈亚伟
太仓市	徐建平	扬州市	樊必余	余姚市	陆秀根
昆山市	钱军雄	宝应县	朱志扬	奉化市	潘飞跃
张家港市	黄建中	仪征市	金恒元	宁海县	王祥满
吴江市	陈其榕	高邮市	吴恒华	象山县	郑 勇
常熟市	钱祖元	江都市	樊洪喜	鄞州区	杨华春
南通市	朱瑞琴	邗江区	刁敏龙	江北区	邬文珍
海门市	赵友法	镇江市	王德友	北仑区	李 军
如东县	康 凯	丹徒区	朱春龙	镇海区	王信永
如皋市	鲍家华	丹阳市	贡国良	嘉兴市	郁杭嘉
通州市	陆洪兵	句容市	倪玉祥	嘉善县	陆志荣（兼）
海安县	吴世林	扬中市	缪士荣	平湖市	杜永春
启东市	花妙洪	泰州市	赵留贯	桐乡市	陈梓林
连云港市	刘洪伟	靖江市	朱 鹄	海盐县	张志炎
赣榆县	韩友善	兴化市	陈茂旺	海宁市	李月娇（兼）
东海县	卢 毅	泰兴市	刘中荣	湖州市	王建农
灌云县	刘以祝	姜堰市	陈亮宏	安吉县	郭常安（兼）
灌南县	侯传伟	海陵区	冯淦寿	德清县	赵金生（兼）
淮安市	尤其中	高港区	王晓球	长兴县	毕悦芹（兼）
金湖县	朱元明	宿迁市	刘文俊	温州市	厉 行
淮阴区	周以忠	宿豫区	刘金楼	平阳县	兰天荣
涟水县	李宗维	泗阳县	曹翠平	苍南县	夏正相（兼）
清浦区	高筱林	泗洪县	张其中	瑞安市	蔡永水（兼）
楚州区	沈寿伦	沭阳县	汪 汛	绍兴市	裘纪言
洪泽县	杨廷举	宿城区	吕 耀	绍兴县	李法泉
盱眙县	刘金柱	**浙江省**		诸暨市	赵一平（兼）
盐城市	卢 峰	杭州市	陈锦梅（兼）	嵊州市	王益明（兼）
响水县	王其贝	萧山区	俞国雄	上虞市	王永土
滨海县	张艾之	余杭区	王建勤	新昌县	陈明远（兼）
建湖县	陶会銮	富阳市	崔伊凯	金华市	赵依信（兼）
东台市	侯树源	桐庐县	项丽珠	兰溪市	周望林

续表

地　区	姓　名	地　区	姓　名	地　区	姓　名
义乌市	傅志明	涡阳县	何金彩	南谯区	王光宝
东阳市	胡耀华	利辛县	江洪章	六安市	宗克炳
永康市	楼美如（兼）	谯城区	李龙禹	金安区	阮正文
浦江县	许　杉	宿州市	陈立新	裕安区	杜成发
武义县	程晓晖	砀山县	黄瑞奎	叶集区	赵真武（兼）
衢州市	蒋移祥（兼）	萧　县	郝　新	寿　县	方　杰（兼）
江山市	祝钦史	桥　区	潘家旺（兼）	舒城县	宣昌林（副）
龙游县	徐赛良	灵璧县	朱　松	霍山县	潘声荣（兼）
常山县	戴根林（兼）	泗　县	姚玉刚	霍邱县	李　峰
开化县	邱俊峰	蚌埠市	常乃光	金寨县	陈　勇
舟山市	章宏宇（兼）	怀远县	尚　毅	马鞍山市	史正涛
岱山县	舒伟强（兼）	五河县	陈耀章（兼）	当涂县	秦传明
台州市	王　灵	固镇县	崔华北（副）	郊　区	葛善清
临海市	应　勇	淮上区	沈名仕（兼）	巢湖市	傅春光
温岭市	陶夏生	阜阳市	杨世新	庐江县	周　健
三门县	李　坚（兼）	太和县	尚卫东	无为县	朱光继
天台县	方国耀	阜南县	周丽华	居巢区	朱立平
丽水市	何赤峰（兼）	颍上县	孙大刚	含山县	陈　康
缙云县	黄　杰	颍州区	许　勇	和　县	汪祖斌
松阳县	徐承标（兼）	颍东区	吴　超	芜湖市	吴春兰
遂昌县	廖为义	颍泉区	苏志云	芜湖县	孙力新
龙泉市	吴旭文（兼）	界首市	李顺民	南陵县	程晋华（兼）
景宁县	蓝朝星（兼）	临泉县	赵学军	繁昌县	戴元宏
省监管局	郑荣华	淮南市	丁淮生	宣城市	胡轶群
安徽省		凤台县	刘玉淮	宣州区	陈金生
合肥市	张锦菁	潘集区	屈良海	郎溪县	张本博（兼）
长丰县	程　林（兼）	毛集区	朱克云（兼）	广德县	晏文灿
肥东县	柯善章	滁州市	赵友祥	宁国市	吴祝春
肥西县	武克银（副）	天长市	朱玉琪（兼）	泾　县	赵家田（兼）
包河区	高光胜	明光市	王立炯（兼）	旌德县	程建元（兼）
淮北市	王素美	凤阳县	魏立东	绩溪县	周　友
濉溪县	宗兆惠	定远县	杨世传	铜陵市	唐　海
郊　区	刘道德	来安县	詹晓平（兼）	铜陵县	刘银华
亳州市	闫　勇	全椒县	张　雷（兼）	池州市	汪民主（副）
蒙城县	李明华	琅琊区	赵玉贵（兼）	贵池区	胡孔龙（副）

续表

地　区	姓　名	地　区	姓　名	地　区	姓　名
东至县	张春燕	福清市	陈昌文	龙岩市	林火兰
石台县	江龙云	厦门市	庄志杰	长汀县	黄发辉
青阳县	宁光华	同安区	程进国	永定县	赖永平
安庆市	丁卫星	翔安区	胡亮信	连城县	张　杰
郊　区	查结根（兼）	集美区	华国强	武平县	林占礼（兼）
桐城市	崔家旺	宁德市	夏嘉茂	新罗区	郑柏村
枞阳县	吴兆和（兼）	福安市	林书顺（兼）	上杭县	黄为民
怀宁县	郝金龙	福鼎市	陶大贵	三明市	王荣福（兼）
潜山县	陈名扬（副）	霞浦县	王乃峰	清流县	官师应（兼）
太湖县	程林森（兼）	寿宁县	李式春	宁化县	伍国俊
岳西县	汪可盈	周宁县	陈云毅	大田县	范成淮
望江县	宿　星	柘荣县	陈松富（兼）	沙　县	张勉兴
宿松县	何　平	莆田市	吴国华	尤溪县	于加旺
黄山市	胡大庆	仙游县	傅加兴	永安市	邢振善
歙　县	张冬春	城厢区	连峰杰	明溪县	严悦水
黟　县	常爱珍	荔城区	张锦扬	建宁县	王福生（兼）
休宁县	贾维光	涵江区	蔡文煌	南平市	欧阳光
祁门县	郑贵龙	秀屿区	张筑安	延平区	刘久西（兼）
屯溪区	杨金全	泉州市	赖丽水	顺昌县	陈　旭（兼）
徽州区	朱银钱	惠安县	林清恩（副）	光泽县	宋凤英（兼）
黄山区	陈鸿新	晋江市	杨振辉	松溪县	陆昌良（兼）
省农垦事业管理局	王玉信	南安市	洪注来（副）	邵武市	曾福财（兼）
寿西湖农场	朱维龙	安溪县	姚软润	武夷山市	邱玉妹（兼）
大圹圩农场	项道宏	永春县	吴德伟	建瓯市	冯晓丹（兼）
方邱湖农场	丁怀礼	德化县	黄永怀	建阳市	杨玉忠
华阳河农场	蒋仲季	泉港区	刘永和	**江西省**	
皖河农场	何宏顺	洛江区	刘江昭	南昌市	陶海龙
省监狱管理局	袁光学	漳州市	沈林洪（副）	南昌县	胡来明
安徽省劳教局	方煜文（兼）	云霄县	林长江	新建县	陶端栋
南湖劳教所	夏洪强	漳浦县	陈励明	进贤县	邱树林
福建省		诏安县	方平海	安义县	王礼信
福州市	林桂模	长泰县	陈乌金	景德镇市	张维汉
长乐市	林世国	南靖县	黄少达	乐平市	石车生
连江县	陈金乐	平和县	蔡志斌	浮梁县	吴金会
闽清县	黄言明	华安县	郭美健	萍乡市	刘唐发
平潭县	练云钦	龙海市	洪亚通	上栗县	秦国庆

续表

地　区	姓　名	地　区	姓　名	地　区	姓　名
莲花县	朱书平	樟树市	孙文达	金溪县	胡德龙
芦溪县	黎焕高	靖安县	王一东	**山东省**	
九江市	夏小勇	高安市	熊爱根	济南市	李绪银
九江县	高品林	上饶市	吴正良	历城区	刘加润
都昌县	刘涛松	鄱阳县	黄金臣	商河县	胡传岭
彭泽县	钱立华	余干县	张来顺	长清区	王正兰
永修县	刘星海	万年县	叶建国	济阳县	王茂民（副）
星子县	李平贵	德兴市	张春林	章丘市	李维祥
德安县	王忠贵	婺源县	潘友钊	天桥区	王法清
修水县	丁德祥	弋阳县	宋文彬	平阴县	李庆宝
新余市	丁颖文	玉山县	严水清	青岛市	迟华东
渝水区	刘安华	横峰县	杨思旺	平度市	陈瑞光
分宜县	梁　超	信州区	诸葛明（副）	莱西市	孔祥月
鹰潭市	童北海	吉安市	刘爱民	胶南市	冯增志
余江县	舒有亮（副）	吉安县	刘永久	胶州市	刘金升
贵溪市	吴坝太	吉水县	李长贵	即墨市	胡思荣
赣州市	胡勇明	峡江县	陈贱根	城阳区	于成璞
赣　县	李贵元	新干县	皮宝龙	黄岛区	金志祥
兴国县	肖正元	永丰县	杨青生	崂山区	刘明佳
宁都县	廖咸勋	青原区	彭家迎	淄博市	王本富（兼）
石城县	陈愿流	泰和县	刘金平	张店区	常绍孔
瑞金市	付兴荣	万安县	罗宜贵	周村区	高明东（兼）
会昌县	姚　勇	遂川县	袁兴俊	临淄区	路玲秀
寻乌县	赖格斌	井冈山市	谢万宁	桓台县	许日梓
定南县	张文先	永新县	刘明友	高青县	王泽法（兼）
安远县	施志福	吉州区	张建芽	沂源县	崔广金
信丰县	施超洋	安福县	周向荣	淄川区	王　岳
大余县	东绪平	抚州市	祝友清	枣庄市	张学功
章贡区	刘通福	临川区	吴四生	滕州市	李永平
宜春市	冯子谨	东乡县	饶洁来	台儿庄区	刘兆启
袁州区	彭海明	崇仁县	丁书峨	峄城区	王振元
万载县	江来生	南城县	胡志刚	薛城区	孙晋群
上高县	谢抗元	南丰县	陈剑平	山亭区	周宗辉
奉新县	陈爱兰	宜黄县	余明华	东营市	宋金兰
宜丰县	皱金明	广昌县	包国柱	东营区	商少华
丰城市	饶云根	乐安县	熊高文	河口区	孙卫东

续表

地 区	姓 名	地 区	姓 名	地 区	姓 名
广饶县	燕增林	泰安市	叶余江	齐河县	闫广玉
垦利县	张增新	泰山区	常清新	夏津县	李 庚
利津县	燕观才	岱岳区	张辉东	武城县	梁新元
烟台市	吕学良	新泰市	宋炳林	临邑县	王化禄
莱山区	初世满	肥城市	荆庄忠	陵 县	温从平
牟平区	任庄伟	宁阳县	朱玉吉	庆云县	张宝明
福山区	于 光	东平县	贯继升	乐陵市	王春邦
蓬莱市	林贵禄	威海市	袁文促（兼）	宁津县	于凤明
莱阳市	宋建浩	环翠区	丛强日	滨洲市	任晓明
海阳市	乔永勤	荣城市	张 健	滨城区	张振海
莱州市	周亚博	文登市	王建军	博兴县	窦洪志
招远市	于彦亮（兼）	乳山市	秦韶珊	邹平县	孙岐山
潍坊市	曾宪林	日照市	陈修坤	惠民县	石仁慧
诸城市	戚炳来	东港区	郑承钊	阳信县	崔明义
青州市	张立民	莒 县	张清华	无棣县	李德华
寿光市	张树军	王莲县	李兆明	沾化县	崔延锋
昌邑市	孙恒玖	莱芜市	沈桂秀	聊城市	苏本生
昌乐县	吴宪田	莱城区	朱庄海	临清市	魏明远
临朐县	李宗成	临沂市	宋家振	东昌府区	张洪祥
高密市	杜钦德	兰山区	李开贤	冠 县	李洪忠
潍城区	季建潍	河东区	苏效荣	莘 县	杜国华
坊子区	王善玉	罗庄区	张传成	阳谷县	丁玉华
寒亭区	冯延亮	沂水县	常东慧	东阿县	卓斌增
济宁市	陈宪东	沂南县	刘勋元	茌平县	张观禄
任城区	薛秀玲	平邑县	李 彬	高唐县	王英刚
兖州市	张文祥	费 县	王洪志	菏泽市	刘庆国
曲阜市	高广东	蒙阴县	罗广海	牡丹区	王争鸣
邹城市	董龙振	郯城县	高广辉	曹 县	尚连仲
泗水县	孙迎秋	苍山县	李执照	定陶县	黄复存
微山县	张宜才	莒南县	陈 思	成武县	许庆民
鱼台县	田素明	临沭县	李永金	单 县	马风新
金乡县	张兆启	德州市	刘宗生（兼）	巨野县	常传斌
嘉祥县	王悦启	德城区	卢顺利（兼）	郓城县	张友祥
汶上县	郑 惠	平原县	宋振兴	鄄城县	陈 华
梁山县	仝义泉	禹城市	于英祥	东明县	胡世冉

续表

地　区	姓　名	地　区	姓　名	地　区	姓　名
河南省		郏　县	李建岭	夏邑县	杨钦孟
郑州市	周可义	新乡市	陈艺平	柘城县	宋效凌
巩义市	马守振	新乡县	刘文祥（兼）	永城市	张彩云
登封市	王建平	原阳县	李庆修（兼）	梁园区	汪俊方
新郑市	马国林	延津县	何尚玉	睢阳区	何俊卿
荥阳市	孙儒林	封丘县	赵思同	信阳市	张永忠
新密市	刘建军	长垣县	邵建芳（兼）	河　区	徐连元
中牟县	赵小海	卫辉市	张明新（兼）	平桥区	邢常喜
中原区	孙喜玲	辉　县	杨永刚	固始县	石学国
二七区	宋春仙	获嘉县	张光斌	商城县	徐立义
金水区	吴选民	漯河市	周国云	息　县	李洪俊
管城区	杨立衡	召陵区	彭桂琴	新　县	黄文来
邙山区	张秀英	源汇区	彭惠民	罗山县	余全文
开封市	郭广平	舞阳县	周瑞锋	潢川县	柳贤宾
开封县	董芳震	郾城区	庞幸福	淮滨县	孙晓靓
尉氏县	吴进忠	临颍县	钱爱国	焦作市	王秀梅
通许县	袁永功	南阳市	赵玉坤	武陟县	赵舟河
兰考县	王武生	宛城区	徐有志	修武县	杨公民
杞　县	陈振堂	淅川县	王金定	温　县	孟庆丰
洛阳市	张荣真	南召县	李松朝	博爱县	王玉明
偃师市	王文昌	镇平县	张建勇	沁阳市	张子壮
孟津县	马景堂	唐河县	白保明	孟州市	高南方
新安县	王跃进	桐柏县	罗同业	安阳市	毛延安
宜阳县	仝洪波	内乡县	刘三定	林州市	马天宝
伊川县	宋赞斌	邓州市	程银海	滑　县	王自纯
汝阳县	马增超	新野县	齐傲胜	内黄县	侯兰生
洛宁县	张海东	卧龙区	蔡跃生	汤阴县	张素华
嵩　县	高社敏	西峡县	陈福印	安阳县	李九元
栾川县	韦平川	方成县	张新民	龙安区	任国林
平顶山市	陈中宇	社旗县	胡述平	鹤壁市	韦泽淇
舞钢市	黄春芳	商丘市	吕建华	浚　县	赵居青
汝州市	于刚健	虞城县	许文豪	淇　县	秦涞清
叶　县	王爱民	宁陵县	杨批修	濮阳市	边少青
鲁山县	杨满林	民权县	李茂广	濮阳县	刘进山
宝丰县	王　清	睢　县	张学友	清丰县	张振华

续表

地区	姓名	地区	姓名	地区	姓名
南乐县	张焕松	枣阳市	任显成（兼）	黄州区	喻中华
范县	牛茂聚（兼）	宜城市	王兆防（兼）	团风县	余昌喜
台前县	孙刚成（兼）	南漳县	刘有荣（兼）	红安县	罗子平
三门峡市	冯志刚	谷城县	杨帆（兼）	麻城市	李建平
卢氏县	张新民	老河口市	刑全德（兼）	罗田县	沈孝德
灵宝市	王项生	襄阳区	郭跃（兼）	英山县	姜新成
陕县	胡书才	襄城区	尤建平	浠水县	陈雄
渑池县	杨立丙	樊城区	王新来	蕲春县	丁友义（兼）
许昌市	孙怀亮	鄂州市	高惠明	武穴市	何仕贵
许昌县	杜子君	梁子湖区	陈新柱（兼）	黄梅县	洪泽忠
鄢陵县	张水勤	华容区	廖顺枝	龙感湖农场	陈金桃（兼）
襄城县	胡会亚	鄂城区	肖松青	咸宁市	魏皓琼
长葛市	武录民	荆门市	丁祥承（副）	咸安区	张秉全
禹州市	王跃进	钟祥市	刘天洋	嘉鱼县	杨建国（兼）
湖北省		沙洋县	杜中山	赤壁县	王荣昌
武汉市	代斌	京山县	孟广大（副）	崇阳县	金勋（副）
蔡甸区	周明	东宝区	袁鹏	随州市	蒋欣然
江夏区	殷先汉	掇刀区	刘精华（副）	曾都区	周宗友（兼）
黄陂区	顾冬冰	屈家岭管理区	徐寒（兼）	广水市	张群（副）
新洲区	邱得胜（兼）	孝感市	陈新桥（兼）	恩施州	李勇
东西湖区	曾香香	云梦县	蔡喜明（兼）	恩施市	蔡泽兴
黄石市	刘安定（副）	安陆市	余小林（兼）	利川市	孙凯（副）
大冶市	冯海潮（兼）	孝昌县	曹国清（兼）	建始县	樊友国
阳新县	李强（兼）	汉川市	王怀斌（兼）	巴东县	谭文教
十堰市	程永川（兼）	应城市	张俊华（兼）	来凤县	邱安
丹江口市	陈刚（兼）	孝南区	李耀明（兼）	咸丰县	舒建华（兼）
房县	阳亚苏（兼）	荆州市	郑荆陵	宣恩县	覃遵成（兼）
宜昌市	胡芳	荆州区	郑磊	鹤峰县	安彪
枝江市	谢长青	沙市区	熊昌凤（兼）	仙桃市	胡灯祥
当阳市	朱友鲜（兼）	江陵县	李纯松（兼）	潜江市	甘敦勇
宜都市	周发全	松滋市	严肃（兼）	天门市	周晓仿
夷陵区	赵勇（副）	公安县	潘志海	省监狱管理局	李勇
远安县	杨宏伟（兼）	石首市	李大勇	**湖南省**	
兴山县	任福兴（兼）	监利县	张汉平	长沙市	王翔
长阳县	程家祥（兼）	洪湖市	万远喜	长沙县	陈来清
襄樊市	肖待友（副）	黄冈市	毛建文	望城县	刘建武

续表

地　区	姓　名	地　区	姓　名	地　区	姓　名
浏阳市	卢仕平	平江县	陈尚奇	资兴市	薛向东
宁乡县	王道成	岳阳县	何报亮	桂阳县	侯建平
株洲市	冯新琪	汨罗市	丁雪飞	宜章县	谭世亮
株洲县	张立侃	湘阴县	吴松良	永兴县	李书林
醴陵市	李　星	华容县	王凯华	嘉禾县	刘建雄
攸　县	李根元	临湘市	孙德安（副）	临武县	卢少成
茶陵县	颜　祥	君山区	廖乾云	汝城县	郭晓雄
炎陵县	罗爱健	屈原区	谭革成	桂东县	郭名峰
湘潭市	王爱球	云溪区	唐露尧	安仁县	朱成龙
湘潭县	赵金池	常德市	罗贻林	永州市	秦　坤
湘乡市	张加良	武陵区	于娟清	冷水滩区	吕永东
韶山市	左年丰	鼎城区	梁腊清	芝山区	许青石
衡阳市	谭先锦	汉寿县	黄荣耀	祁阳县	杨迎春
衡南县	符孝国	桃源县	黎泽中	双牌县	何晓东
衡阳县	刘德生	临澧县	邵国超	东安县	唐新柱
衡山县	赵申广	石门县	封向阳	道　县	蒋团喜
衡东县	刘石林	澧　县	陈蔚东	江永县	吕云斌
常宁市	吴柏生	津市市	朱传协	江华县	郑志亮
祁东县	张三定	安乡县	齐跃生	宁远县	朱士旺
耒阳市	吴谷生	西洞庭		新田县	刘大军
珠晖区	邓志超	管理区	罗跃林	蓝山县	陈光伍
邵阳市	林彰龙	益阳市	周先雄	怀化市	张远铁
邵东县	赵云凤	安化县	杨世怀	鹤城区	田　军
新邵县	何劲健	南　县	高宏清	洪江市	段春安
邵阳县	罗耀国	赫山区	曾点明	沅陵县	谢爱莲
新宁县	郭小平	沅江市	朱建武	辰溪县	张元团
洞口县	曾广化	资阳区	郭克明（兼）	溆浦县	黄志安
隆回县	邱清响	桃江县	文爱华	麻阳县	陈山海
武冈市	曾纪红	大通湖区	李中秋	新晃县	杨才民
城步县	阳刘杰	张家界市	张旭鹏	芷江县	李新民
绥宁县	吴良槐	桑植县	王素萍	会同县	宋德勇
南山牧场	王建华	慈利县	李永辉	靖州县	林　勇
大祥区	高平良	永定区	李祥松	通道县	伍国怀
双清区	谢文武	郴州市	谢守志	中方县	张庭久
北塔区	朱素云	北湖区	何　军	洪江区	曾德富
岳阳市	周继祥	苏仙区	刘铁雄	娄底市	刘德禹

续表

地区	姓名
涟源市	刘保初
冷水江市	刘鸿丹
新化县	阳平华
双峰县	李　勤
娄星区	贺善谋
湘西自治州	周必勇
泸溪县	李长斌
龙山县	钟小菊（兼）
永顺县	向隆银
花垣县	麻奇才
凤凰县	黄前伟
保靖县	杨昌文
广东省	
广州市	闻伟龙
增城市	夏汉文
深圳市	李延忠
宝安区	曹　健
龙岗区	彭文晓
梅州市	温桂忠
兴宁市	罗寿恒
五华县	魏百洲
江门市	刘伟乾
新会区	黎金英
台山市	刘素想（兼）
鹤山市	李德明
河源市	叶石亮（副）
紫金县	王东麟（兼）
连平县	麦永生（兼）
云浮市	李坤容（兼）
罗定市	李　强
新兴县	赵玉培（兼）
云城区	陈振棠（兼）
珠海市	杨　尧（兼）
斗门区	何日升（兼）
清远市	郑会龙
清城区	馀国强
韶关市	范　莹
始兴县	张祥令（兼）
翁源县	陈伟忠
南雄市	邓荣球（兼）
茂名市	江　标
高州市	梁家强（兼）
电白县	陈　文（兼）
茂南区	朱煜强（兼）
茂港区	陈伟强（兼）
揭阳市	林汉钟
揭东县	陈惜贤（兼）
佛山市	全智敏
南海区	孔祥流（兼）
三水区	黄天德（兼）
高明区	钟晓玲
顺德区	赵善章（兼）
阳江市	林源昌
阳春市	罗宗明
阳东县	黄家光
湛江市	王国杰
徐闻县	郑　鑫（兼）
吴川市	曾华生
廉江市	苏　芳
潮州市	张培烽
潮安县	曾俊森（兼）
肇庆市	谢汉茂
高要市	梁向明（兼）
封开县	苏快利（兼）
惠州市	刘明春
惠阳区	张延开
博罗县	陈群胜
汕头市	郑会光（兼）
澄海区	陈利远（兼）
潮南区	郑延杰（兼）
广西壮族自治区	
南宁市	莫均雄
西乡塘区	李文锋（兼）
邕宁区	黄有逸（兼）
武鸣县	韦礼才
宾阳县	刘建军（兼）
横　县	陈振泰
上林县	黄辉武（兼）
隆安县	黄辉武（兼）
防城港市	曾小山
上思县	李世初（兼）
东兴市	杨高志（兼）
贵港市	邓　平（兼）
桂平市	张蒙成
平南县	臧成健（兼）
覃塘区	冯建华（兼）
北海市	杨贞龙
银海区	梁　勇
铁山港	区叶超
合浦县	莫厚和
钦州市	吴锡东
钦南区	钟兆祥（兼）
灵山县	梁尚微
浦北县	杨　俊
河池市	于　凌
宜州市	唐郁山（兼）
环江县	潘礼文（兼）
金城江区	何建华（兼）
桂林市	陆克东
兴安县	何久端
阳朔县	贾玉贵（兼）
灵川县	易玉德（兼）
全州县	张伍元
平乐县	刘广平（兼）
临桂县	黄玉琼
荔浦县	莫飞学（兼）
灌阳县	戴国军（副）
永福县	黄业涛（兼）

续表

地　区	姓　名	地　区	姓　名	地　区	姓　名
恭城县	林光明（兼）	柳城县	叶彦军（兼）	江津市	苏炳忠
崇左市	吉先林（副）	鹿寨县	廖志炎（兼）	合川市	杨安凯
江州区	文仁孙	**海南省**		长寿区	程德华
大新县	赵　特	海口市	殷文波	綦江县	赵加伟
龙州县	韦建海	昌江县	王仁寿	潼南县	杨廷荣
宁明县	李峥玄	东方市	符　海	铜梁县	柏光荣
扶绥县	梁本英（兼）	乐东县	陈运富	大足县	王纯波
贺州市	奉明友	三亚市	钟前云	荣昌县	李荣中
八步区	黄裕立	儋州市	陈　双	璧山县	梁凤鸣
钟山县	廖绪礼（副）	临高市	许智根	梁平县	唐　红
富川县	高魁凯	澄迈县	蔡琼辉	城口县	刘朝阳
来宾市	何怀明	文昌市	余盛兴	南川市	吴卓昌
兴宾区	陈超恒（兼）	琼海市	韦裕平	丰都县	李　华
象州县	陈刚怀（兼）	万宁市	王衍亮	垫江县	黄国评
武宣县	覃祖范（兼）	定安市	程孟贤	武隆县	何　林（兼）
忻城县	白春乐	陵水县	郑金述	忠　县	冯成法
百色市	岑光恒	屯昌县	韦吉强	开　县	赵永光（副）
右江区	麻明福（兼）	琼中县	林　瑞	云阳县	程德心
田阳县	余电忠（兼）	保亭县	王明珍	奉节县	吴　江
田东县	黄汉宁（兼）	白沙县	陈有星	巫山县	谢跃翔
平果县	江海宽（兼）	五指山市	王　干	巫溪县	吴应明
玉林市	陈海东（副）	**重庆市**		石柱县	吴新民
玉州区	陈道远（兼）	万州区	冯天全	秀山县	李传宏
福绵区	黄一波（兼）	黔江区	冉苏昌	酉阳县	邓小军
容　县	甘　杰（兼）	涪陵区	李　谨（兼）	彭水县	王　健
北流市	缪远和	大渡口区	冯大鹏	**四川省**	
博白县	刘　伟	江北区	姚寿贻	成都市	刘　学（兼）
兴业县	庞英有	沙坪坝区	黎　明	金堂县	刘显勇（兼）
梧州市	谢文浩	九龙坡区	李　渝	青白江区	徐　彪（兼）
长洲区	张文辉（兼）	南岸区	肖仲云	龙泉驿区	曾　锋（兼）
苍梧县	廖炳光（兼）	北碚区	唐建平	彭州市	刘新洲（兼）
藤　县	黄祖全（兼）	万盛区	余小池	双流县	游承志（兼）
岑溪县	唐家明（兼）	渝北区	李洪树	蒲江县	李麒麟（兼）
柳州市	盘建庄（副）	巴南区	黄建新	邛崃市	季德良（兼）
柳北区	甘传斌（兼）	双桥区	梁多富	新都区	熊西民（兼）
柳江县	曹玉虎（兼）	永川市	曾自然	崇州市	王　庆（兼）

续表

地区	姓名	地区	姓名	地区	姓名
大邑县	杜守仪	营山县	杨义国	乐至县	伍建业
自贡市	何泽莉（兼）	阆中县	宋学刚	安岳县	王俊杰
荣县	陈挺	遂宁市	朱志光	巴中市	张鸣（副）
富顺县	谢玲	市中区	刘洋（兼）	马州区	贾新华（兼）
攀枝花市	郝惠琼	蓬溪县	陈跃文	平昌县	杜中华
盐边县	陈远忠（兼）	射洪县	杨德勇	通江县	吕希才（副）
米易县	朱光泽	大英县	岳建宏（兼）	南江县	赵勇（兼）
仁和区	陈公林	内江市	高伟（副主任）	达州市	李德勇
德阳市	李志鹏	市中区	段毅	达县	鲁龙平
绵竹市	黎洲国	东兴区	万晓英	通川区	邱凡
广汉市	黎邦芝	资中县	李洛川	宣汉县	肖雄林
罗江县	张虹琳	威远县	吴开友（副主任）	开江县	陶政
中江县	段启平	隆昌县	苏虎	万源市	杨琼
旌阳区	冯进	泸州市	叶常青	渠县	田泽富
绵阳市	胥执俊	江阳区	符晓琪（兼）	大竹县	陈正益
涪城区	郑仕跃	龙马潭区	张伟东（兼）	广安市	蒋德树
游仙区	李斌	纳溪区	苟永和（兼）	广安区	杨有成
江油市	曹蒙	泸县	高峰（兼）	岳池县	汤才林
梓潼县	李永海	合江县	罗毅（兼）	武胜县	陈文果（兼）
安县	王建墉	宜宾市	李永生	华云市	刘圣贵
北川县	王建全	翠屏区	刘长荣	邻水县	刘啸泉
平武县	翁少伦	宜宾县	陶天驰	眉山市	戚加平
三台县	李胜文	南溪县	甘远松（兼）	东坡区	秦中树
盐亭县	申光芹	江安县	胡逢彦（兼）	仁寿县	骆德君（兼）
广元市	边辉吉	长宁县	彭诚（兼）	彭山县	徐宁
苍溪县	王永生	乐山市	张世明（兼）	洪雅县	吴光田
剑阁县	李黎明	市中区	杜学慧（兼）	雅安市	赵建
旺苍县	何太明（兼）	五通桥区	陈齐（兼）	雨城区	洪缨
南充市	张青	沙弯区	宋志斌（兼）	名山县	李开华
顺庆区	刘明（兼）	夹江县	许建文（兼）	阿坝州	刘峰（兼）
高坪区	贾春燕	井研县	童建文（兼）	红原县	高光鹏（副）
嘉陵区	胡永秀	峨嵋山市	陈宏（兼）	甘孜州	徐思云
西充县	阳雷	犍为县	许中勤（兼）	理塘县	杨正康（兼）
南部县	何兴政	资阳市	李洪明	色达县	文长彬（兼）
仪陇县	李鑫跃	雁江区	贺栋才（副）	凉山州	贾纪三
蓬安县	吕国荣	简阳市	田新（副）	西昌市	段瑞康

续表

地　区	姓　名	地　区	姓　名	地　区	姓　名
德昌县	马发祥（兼）	盘　县	何继荣	罗甸县	曾兴铁
会理县	李新民（兼）	水城县	简正隆	毕节地区	杨洪贤
会东县	王文湘（兼）	六枝特区	吴开发	毕节市	胡家显
宁南县	胡胜高	铜仁地区	龙久和	大方县	胡显令
冕宁县	袁士远（兼）	铜仁市	刘云鹤	黔西县	龙昌发
盐源县	吴显贵（兼）	玉屏县	杨世木	金沙县	董连华
昭觉县	瓦扎木基	印江县	叶向能	织金县	李龙举
普格县	巫俊才（兼）	思南县	梁　军	纳雍县	蔡　辉
喜德县	的日莫体（兼）	江口县	杜拉萨	威宁县	熊世明
雷波县	张贵斌（副）	德江县	曹永直	赫章县	毛广礼
越西县	冯志凌	石阡县	郭定文	**云南省**	
贵州省		松桃县	唐琪先	昆明市	邹荣付
贵阳市	刘晓东	黔东南州	陆林贵	嵩明县	韩绍祥（兼）
白云区	莫子烈	凯里市	吴江涛	寻甸县	尹嘉明（兼）
乌当区	万中淙	黄平县	潘世良	安宁市	李国祥（兼）
花溪区	童建明	施秉县	肖多祥	富民县	熊　勤（兼）
修文县	刘元珍	三穗县	曾祥军	禄劝县	杨大卫（兼）
开阳县	吴　洪	镇远县	吴万贤	东川区	马　玲（兼）
息烽县	刘顺平	天柱县	蒋景高	晋宁县	方长文（兼）
清镇市	胡声荣	锦屏县	杨从清	石林县	苏云波（兼）
遵义市	徐祥林	黎平县	吴锦志	昭通市	谢序华
红花岗区	陆定权	麻江县	郑　灏	昭阳区	秦明聪（兼）
遵义县	罗光林	丹寨县	王春光	鲁甸县	高爱国（正科级）
桐梓县	刘帮远	黔西南州	安国勋	巧家县	王元智（兼）
绥阳县	吴学东	兴义市	文筑邑	永善县	赵少红（兼）
道真县	戴庆林	兴仁县	杨礼国	镇雄县	张　琼（兼）
凤冈县	邱　峰	安龙县	张英龙	水富县	张继华（兼）
湄潭县	李金志	黔南州	周　齐	曲靖市	王清林
余庆县	樊　平	福泉市	陈　涛	罗平县	李光贤（兼）
仁怀市	黄　润	瓮安县	任正涌	陆良县	计永斌
赤水市	任明利	贵定县	朱奉余	会泽县	马　春（兼）
安顺市	涂新善	龙里县	许修模	马龙县	孔德军
平坝县	黄　河	独山县	胡凤祥	宣威县	王德勇（兼）
普定县	林　涛	荔波县	刘洪举	麒麟区	段建平（兼）
西秀区	金泽智	惠水县	陈志佳	楚雄州	白　明
六盘水市	吴显龙	都匀市	林科军	楚雄市	沈春生

续表

地区	姓名	地区	姓名	地区	姓名
元谋县	周志荣	鹤庆县	寸锡坤	墨竹工卡县	杜国君
禄丰县	郜家华（兼）	保山市	刘东福	日喀则地区	边索、王晨旭
姚安县	甘勇（兼）	隆阳区	杨洪	江孜县	尼玛
大姚县	沙朝安（兼）	腾冲县	周德问（兼）	白朗县	程贤贵
永仁县	杨开寿（兼）	昌宁县	鲁全明（兼）	日喀则市	扎西
玉溪市	苏建云	施甸县	杨培团（兼）	林芝地区	胡洪松
通海县	王玮	龙陵县	范生枝	林芝县	张一军
江川县	李彦林	德宏州	雷保才	工布江达县	次欧
易门县	王耀中（兼）	潞西市	韩顺刚	昌都地区	张斌
元江县	李忠祥	瑞丽市	尹宁华（兼）	丁青县	冯健
红河州	林德元	畹町经济		昌都县	李秋春
蒙自县	潘有清	开发区	散亮（兼）	山南地区	洛旦
弥勒县	李永红	陇川县	寸待强（兼）	乃东县	次仁达娃
泸西县	汪明才	盈江县	李华（兼）	贡嘎县	李浩路
建水县	杨伟	梁河县	赵家德（兼）	扎朗县	新金边
石屏县	苏官来	丽江市	李献民	那曲地区	刘文彦
文山州	李晋红	玉龙县	木丽东	那曲县	塔青
砚山县	代建文	永胜县	严世才	比如县	热嘎
丘北县	陈自祥（兼）	华坪县	刘建华	阿里地区	贡布扎西
广南县	何朝东	宁蒗县	曹文彬	日土县	白玛旺扎
富宁县	许福建	古城区	王文生	噶尔县	扎西罗布
思茅市	王正福	怒江州	曲里言	**陕西省**	
景东县	丁文忠（兼）	泸水县	麻继昆（兼）	西安市	蔡保平
景谷县	周晓	兰坪县	赵斌挺（兼）	户县	白三龙（兼）
普洱县	李正学（兼）	迪庆州	李金华（副）	周至县	李明毅
翠云区	胡有详（兼）	香格里拉县	旦从文	高陵县	张驰
澜沧县	李开智（兼）	临沧市	兰凤明	蓝田县	蔡长升
孟连县	李成忠（兼）	临翔区	范和昌（兼）	长安区	罗建成
西双版纳州	邢映明	永德县	杨建明	临潼区	贾广平
景洪市	刀建康（兼）	镇康县	彭江华（兼）	阎良区	权利军
勐海县	王海洋	双江县	李富昌（兼）	灞桥区	姚延喜
勐腊县	张荣江（兼）	耿马县	俸小青	未央区	范社忠
大理州	杨华章	沧源县	鲍忠明（兼）	雁塔区	张亮
祥云县	张慧莲（兼）	**西藏自治区**		宝鸡市	刘永耀
宾川县	蒲爱军（兼）	拉萨市	赵爱凤	陈仓区	张永峰
洱源县	艾城城（兼）	达孜县	杨小平	凤翔县	宁录庆

续表

地区	姓名	地区	姓名	地区	姓名
岐山县	刘尚义	延川县	李清海	平利县	张锡坤
扶风县	魏建儒	延长县	高合强	商洛市	彭学章
眉　县	邓贵兴	黄龙县	杜少怀	商州区	杨家长
陇　县	刘都良	宜川县	蔡义林	洛南县	王志华
千阳县	李润平	洛川县	贺发财	丹凤县	张建民
咸阳市	郝俊凯	富　县	张秀梅	商南县	陈家水
秦都区	霍智军	甘泉县	李夏林	镇安县	刘建民
渭城区	窦明星	黄陵县	吴志宏	杨凌示范区	郭建树（兼）
武功县	李政通	志丹县	刘光锋	杨凌区	刘彩鹏（兼）
乾　县	王俊忠	安塞县	高海平	省农垦局	杨浩民（兼）
兴平市	李永政	子长县	薛玉和	华阴农场	曹国梁（兼）
礼泉县	杜　鑫	榆林市	白耀东	沙苑农场	贾克强（兼）
彬　县	赵义民	榆阳区	黄飞鹏	朝邑农场	刘根发（兼）
淳化县	白辉波	神木县	康国玉	大荔农场	刘敏会（兼）
泾阳县	李建斌	府谷县	张文彪	**甘肃省**	
三原县	常鸣龙	横山县	杨旺保	兰州市	刘存民（副）
永寿县	郭亚平	靖边县	窦继贤	皋兰县	陈自忠
铜川市	李忠鹏	定边县	张振荣	酒泉市	徐永芳
耀州区	徐建运	绥德县	康继和	玉门市	杨生祥
印台区	杨建宁	米脂县	常升旺	金塔县	麻润漉
宜群县	周晓乾	佳　县	贺金喜	安西县	刘国民
渭南市	刘仁奎	吴堡县	贾宏喜	肃州区	周爱民
临渭区	姚国强	清涧县	王　震	敦煌市	康有儒
富平县	李潮刚	子洲县	崔艮升	张掖市	付吉明（副）
白水县	元普民	汉中市	李家典	高台县	朱伟东（兼）
浦城县	徐平安	汉台区	金秀铭	肃南县	李建玉（副）
韩城市	孙均林	南郑县	岳华山	甘州区	张辅民（兼）
合阳县	王有社	城固县	昝立仁	临泽县	钟常青（兼）
澄城县	杨智慧	洋　县	张文凯	山丹县	周得玮（兼）
大荔县	田昌河	西乡县	葛永成	民乐县	白有芳
华　县	袁开农	勉　县	周明荣	武威市	汪晓青
华阴市	汪　华	留坝县	郑建忠	凉州区	张泰基
潼关县	赵新民	安康市	同金成	古浪县	褚　勇（兼）
延安市	陈建军	汉滨区	陈昌文	民勤县	张学民（兼）
宝塔区	贾志斌	汉阴县	陈世宁	金昌市	李春晓
吴旗县	王文昌	石泉县	何运勇	金川区	赵贵天

续表

地 区	姓 名	地 区	姓 名	地 区	姓 名
永昌县	徐伟年	甘南州	房玉和	果洛州	徐 宁（兼）
金塔县	麻润漉	临潭县	屈玉平	达日县	高胜利
嘉峪关市	周玉琳	**青海省**		班玛县	多 杰
白银市	张克智	西宁市	曹喜忠	玉树州	更尕昂江（兼）
白银区	杨加鸿	城西区	桑淑娥（兼）	玉树县	东 周（兼）
景泰县	梁银泉	城东区	王春来（兼）	囊谦县	成林公保（兼）
靖远县	陈尚志	城北区	樵群生	省三江集团	狄平武
平凉市	张继先	大通县	冯浙青	贵南牧场	蒋云龙（兼）
崆峒区	安文忠（兼）	湟中县	段发禄	省牧草良	
泾川县	徐爱成	湟源县	张 刚（兼）	种繁殖场	韩 科（兼）
灵台县	李宝林	海东地区	燕永飞	省监狱管理局	铁 轮（兼）
静宁县	靳卫国	民和县	范承明	诺木洪农场	王进青
崇信县	郑显周	乐都县	贯 玲（兼）	**宁夏回族自治区**	
华亭县	李树荣	互助县	曾水清（兼）	银川市	孙丽萍
庆阳市	黄耀龙	循化县	马全福	兴庆区	周会荣
宁 县	徐 权	化隆县	贺生忠（兼）	西夏区	陈经铭
庆城县	岳景深	平安县	祁生民（兼）	金凤区	陈蕴丹
合水县	邵森奇	海北州	杨海林（兼）	灵武市	杨正武
镇原县	黄维生	门源县	李芳业	贺兰县	陆生荣
西峰区	闫盼印	祁连县	昂 智	永宁县	邹光新
正宁县	邢养林	刚察县	张秉海	石嘴山市	
天水市	刘玉荣	海晏县	李 育	平罗县	王金喜
秦城区	张玉中	同宝牧场	孔繁孝	惠农区	牛 惠
北道区	王永泽	海南州	张学海（兼）	吴忠市	
甘谷县	王学枢	贵德县	毕生旺（兼）	利通区	郭 强
武山县	阎敏毅	共和县	王宏林	青铜峡市	陈培寿（兼）
泰安县	宋丕智	同德县	邓昌录	盐池县	王耀武
陇南市	张文瑞	贵南县	杨延生	同心县	李文才
徽 县	杨克忠（副）	海西州	刘守忠	红寺堡开发区	李国荣
成 县	王廷雄	格尔木市	张 敏（兼）	中卫市	徐福珍
定西市	张文斌	德令哈市	景 超	中宁县	刘 欣
临洮县	李柏林	天峻县	达哇才让	固原市	
陇西县	孙一民	都兰县	芦 涛	原州区	李国安
临夏州	李万泽	乌兰县	李长福	彭阳县	郝生仓
和政县	王 礼	黄南州	雷延鹏（兼）	自治区农垦局	任岚生
广河县	马瑞刚	尖扎县	索南达吉（兼）	自治区监狱管理局	师光林

续表

地　区	姓　名
新疆维吾尔自治区	
乌鲁木齐市	杨建平
克拉玛依市	邱长林（兼）
石河子市	刘　斌
巴州	刘成生
库尔勒市	王光辉
轮台县	刘水平
且末县	李海峰
若羌县	唐明君
焉耆县	李　勇
和静县	王　斌
和硕县	姜新祺
博湖县	孟宪清
阿克苏地区	裴海文
阿克苏市	周　力
温宿县	张兆虎
阿瓦提县	张　斌
拜城县	吕学奎
乌什县	唐刚英
新和县	赵全福
沙雅县	刘庆福
喀什地区	依明·司地克（兼）
喀什市	热夏提·阿不拉（兼）
莎车县	杨文军
疏勒县	朱新平
疏附县	延水兰
叶城县	曹东昆（兼）
伽师县	艾则孜·卡得尔（兼）
巴楚县	吴兆旭
麦盖提县	叶丛香（兼）
泽普县	连广禄（兼）
英吉沙县	黄　立（兼）
岳普湖县	阿不力克木·肉苏力
和田地区	程为民
和田市	黄卫东
和田县	刘永利

地　区	姓　名
策勒县	刘丽莉（兼）
于田县	张宵悦
民丰县	陈伟民
伊犁州	李树雄
伊宁市	刘书雷
奎屯市	坚　强
伊宁县	李　军
霍城县	韩小江
察布查尔县	钟　义
巩留县	杨玉祥
尼勒克县	郭新民
特克斯县	刘　杉
昭苏县	张国富
博　州	魏　平
博乐市	韩志勇
精河县	郑福全
温泉县	彭光明
塔城地区	全占学
塔城市	朱兴才
额敏县	王　永
裕民县	孙松涛
和丰县	李俊海
乌苏县	罗玉新
沙湾县	王利平
吐鲁番地区	雷建新
吐鲁番市	吴小东
鄯善县	贯书玲
托克逊县	王　辉
阿勒泰地区	艾　丁
阿勒泰市	黎正文
布尔津县	沈持印
哈巴合县	熊传信
吉木乃县	李精武
福海县	张和军
富蕴县	金海生
青河县	李劲松

地　区	姓　名
哈密地区	段西麟
巴里坤	李建勇
哈密市	买卖提（兼）
伊吾县	杨　军
克　州	李　淼
阿图什市	韩西明
阿克陶县	阿不都西库
乌恰县	庞　奇
昌吉州	宋锦辉
玛纳斯县	何健武（兼）
呼图壁县	李江豫（兼）
昌吉市	郭　健
米泉市	王志云
阜康市	杨　英（副）
奇台县	薛红兵
吉木萨尔县	闫向东
木垒县	赵生发
新疆生产建设兵团	
一师	孔　兵
1团	熊明浩
3团	张远新
5团	张光超
6团	张留云
7团	白庆龙
8团	黄复林
10团	聂　勇
11团	童国映
12团	周家新
13团	唐　中
14团	冯世学
16团	关志一
二师	杨立斌
27团	周为民
29团	朱为民
30团	李　愈
31团	潘立忠

续表

地 区	姓 名	地 区	姓 名	地 区	姓 名
34 团	安瑞民	131 团	凌 平	红兴隆分局	刘福臣
36 团	张安群	八师	刘 斌	友谊农场	马东升（兼）
三师	苟玉玲	121 团	王大毛	五九七农场	陈建卓
43 团	吕 瑛	122 团	李林皋	八五二农场	侯士龙
44 团	郝河安	132 团	周新勋	八五三农场	于令会
45 团	孙疆鲁	133 团	王雪莲	饶河农场	李永刚
46 团	何 池	135 团	潘小六	二九一农场	李树本
49 团	曾庆华	136 团	谢 明	双鸭山农场	王 录
50 团	王建军	141 团	郭本军	曙光农场	刘永杰
51 团	王利敏	144 团	秦胜业	红旗岭农场	韩立胜
52 团	刘 志	石总场	张宏伟	北兴农场	蒿万清
53 团	李国安	红旗农场	乔金国	江川农场	王晓光
四师	孟新伟	149 团	李新海	建三江分局	范光临
62 团	姚 刚	九师	马新平	八五九农场	马永辉（副）
63 团	陆 军	167 团	陈劲松	胜利农场	陈 晖（副）
67 团	郭 勇	十师	刘同波	七星农场	王玉超
71 团	王毅丹	181 团	谢志刚	前进农场	卢建华
五师	岳绪朝	185 团	袁少刚	红卫农场	刘文远
81 团	钱 军	十二师	赵志刚	洪河农场	侯福忠
83 团	孙国林	三坪农场	王 军	前锋农场	胡长清
84 团	曹建忠	十三师	焦利平	前哨农场	刘东林（副）
86 团	郭之龙	红星一场	陆 萍	浓江农场	王耀武
90 团	段守明	红星二场	张保华	鸭绿河农场	刘玉贤
91 团	段新成	黄田农场	公建民	牡丹江分局	赵文祯
六师	邱建江	火箭农场	刘宴森	八五〇农场	盛宝贺
102 团	王建江	**黑龙江省农垦总局**		八五四农场	朱乐林
105 团	李忠东	宝泉岭分局	冯葵新	八五五农场	孙林涛
111 团	李 润	二九〇农场	梁学光	八五六农场	涂军弟（兼）
芳草湖农场	甘润付	绥滨农场	尹玉宝（兼）	八五七农场	朱立军
七师	熊鹏举	江滨农场	孙海疆	八五八农场	柳新民
123 团	李新民	军川农场	薛守道	八五一〇农场	赵福成
124 团	马永彪	名山农场	王一民（兼）	八五一一农场	韩树海
125 团	胡曾礼	共青农场	孙国军	庆丰农场	侯爱国
127 团	宁根朝	宝泉岭农场	马胜华（副）	云山农场	栾开佑（兼）
128 团	苏章来	新华农场	虢文玉	宁安农场	彭玉柱
130 团	白新民	普阳农场	于 军（兼）	北安分局	刘世彬

续表

地　区	姓　名	地　区	姓　名	地　区	姓　名
二龙山农场	赵庆海				
赵光农场	索丽英				
红星农场	魏　志（兼）				
尾山农场	李中元				
龙镇农场	栾红胜				
长水河农场	柳长青				
红色边疆农场	印海请				
襄河农场	王庆海				
建设农场	李宏军（兼）				
逊克农场	王家玉				
引龙河农场	崔景尧				
九三分局	王　岩				
鹤山农场	张永宽				
红五月农场	王立荣				
大西江农场	刘　峰（兼）				
荣军农场	肖国峰				
嫩江农场	吴　坤				
嫩北农场	刘继业				
齐齐哈尔分局	段景田				
查哈阳农场	杨振春				
克山农场	黄克京（兼）				
依安农场	徐兆军				
绥化分局	陈宝贵				
铁力农场	李淑华（兼）				
绥棱农场	黄　晶				
海伦农场	马海清				
红光农场	王立波				
嘉荫农场	李慧萍（兼）				
柳河农场	高春伟				
哈尔滨分局	卫玉章				
岔林河农场	刘　鹏				
红旗农场	王进喜				
香坊农场	李剑钊				

第十部分

附　　录

2004年度国家农业综合开发办公室
在财政部“优秀论文、优秀调查报告、优秀公文”评选中获奖情况

一 等 奖

调 查 报 告

完善以农民为主体的农业综合开发机制　　赵鸣骥、黄家玉、张逶、李建民、何冰

三 等 奖

论 文

关于国家粮食安全问题的调查与思考　　李若云

论农业综合开发中的农民主体地位　　朱铁辉

调 查 报 告

关于农业综合开发实行经营性开发试点有关问题的调研报告　　赵鸣骥、刘世江、李若云

公 文

财政部关于农业综合开发项目资金专项检查情况的通报　　楼晨、李纯湘、刘世江

鼓励奖

论文

树立科学的发展观，全面推进农业综合开发　赵鸣骥

坚定不移地以提高农业综合生产能力为基本任务　赵鸣骥、龚英秀

完善农业综合开发财政资金引导机制的思路和对策　刘世江、李纯湘、高永珍

农业综合开发投入产出效果的地区差异　韩国良

调查报告

农业综合开发在稳粮增收中发挥重要作用　赵鸣骥、付涛、高永珍

统筹规划　科学配置　切实提高支农资金使用效益　刘世江、李纯湘、龙小燕

关于甘肃省整合支农投资情况的调研报告　李若云